U0540064

命理叢書 1140

大六壬占卜解碼

甲子旬・甲戌旬・甲申旬

甲午旬・甲辰旬・甲寅旬

< 解碼情境 >
天候・人事
考試・婚姻
財祿・升遷
疾病・失物
子嗣・官司

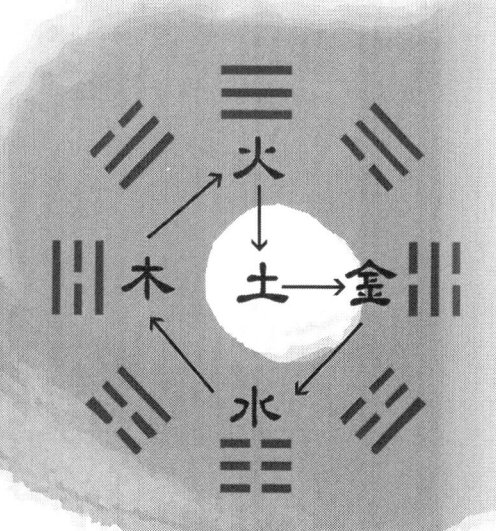

李長春 編著

大元書局 / 出版發行

編者的話

　　一個歷史悠久而且文明卓越的民族，必然有其獨特之處，才能屹立不搖，長存於天地之間，其中最重要的，應該是蘊藏於該民族內部的各種智慧結晶，如人文科學、傳統道德，超越潮流的科學研究、創新等等。置身於世界東隅的中華民族在智慧的結晶中，最值得提出來讓世人正視的，莫過於長久以來對大自然種種現象的觀察及演繹，在中國傳統文化中，古人以易經八卦為基礎，結合星相曆法、天文地理、陰陽五行等要素，在眾多有心人士將種種心得除口耳相傳外，更形諸以文字闡述大自然種種現象的源起，所衍生的種種變化歷程，這就是自古迄今膾炙人口的哲學寶典，中國道家著名天書三式。

　　天書三式是古代最高層次的預測術：太乙神數相當於天、奇門遁甲相當於地、大六壬相當於人，這是古人的天地人三才體現。大六壬占卜簡稱為「六壬」是易學領域最高層次的人事預測學，歷來被奉為皇家絕學，其以精深嚴密系統準確客觀的人事預測最為精妙。萬物生靈人為貴，人世又有最多紛繁複雜的事物，所以大六壬適合於現在的應用，它測的是人世間最難測的萬事、萬物。

　　其實大六壬神課，昔日之所以被稱為占卜之王，是因為它能提供豐富充裕訊息，主客關係非常明確，占算事情的來龍去脈、顯性和隱性的事情人、事、物。由邏輯辯證及推理，其準確度相當之高，事後的驗證等，六壬神課的功能是超越了其它占卜術很多。

　　一般研習大六壬神課者常有在起課時就放棄。起課後的天地盤、四課、三傳、十二神將、八殺、九寶、生旺墓絕、遁干、神

煞、強弱、年命、並參照畢法賦等要素解斷各項事物的吉凶，常因課式複雜，要素眾多，缺乏入門書籍，古籍難懂，判斷困難，不好著手等，叫人望而卻步，這或許就是大六壬神課難以成為流行，並廣泛運用之緣由。

　　五術界同好：葉朝成先生、陳瑋鋒先生及本人，基於上述緣由組成團隊，將認識大六壬占卜、大六壬基本組成、大六壬占卜吉凶之論斷、畢法賦一百法、畢法賦一百法註解、大六壬占卜課傳格局等分別說明外，並將六十甲子每日十二時辰，共七百二十局（配合正常作息時間，本書僅發表晝占局），有關經常且與人生最密切關係者，如天候、人事、考試、婚姻、財祿、升遷、疾病、失物、子嗣、官司等十項吉凶占斷解析，提供五術界同好，在易卦解卦時可以酌參佐證，可謂是六壬占卜的一本活字典。編者團隊才疏學淺，尚祈五術界的先輩，不吝指教，銘感五內。

電子郵件信箱：lcc5568@gmail.com

中華玄機風水命理研究會
第五、六屆理事長：李長春謹識

李長春

推薦序

　　道德經云：人法地、地法天、天法道、道法自然，所以古人認為先有天、地、玄而後有生命。一般人都認為人算不如天算、一切都是天註定的宿命論。爾今科技發達，醫學、科學突飛猛進，人們生病不會光只是去求神問卜，而會利用科學儀器去檢查病因對症下藥。然而還是有些對事業與前途有所迷惘者，仍然相信精通方術的大師們能夠造命開運。

　　古往今來太乙、奇遁與大六壬被稱為方術之王，尤其是先賢張良、諸葛亮與劉伯溫用奇門遁甲術，將戰術與預測發揮到淋漓盡至。故一般百性認為只要學會奇門遁、來人不用問；精通奇門遁、能把天下論。其實太乙、奇遁與大六壬，先賢是用來解釋天、地、人三種形態的數術，所謂（奇門遁甲）是把（元帥～六甲）遁入戊、己、庚、辛、壬、癸六個天干，加上乙、丙、丁三奇分佈在八卦九宮裡，再依方位分為開、杜門、休、景門、生、死門、傷、驚門，依時間的格局去判斷吉凶，而非僅將值符、值使、八卦、九星與占卜時的干支去預測諸事的吉凶為首務。

　　但由於六壬課被譽稱為占卜之王，是因為課式複雜難學。
（一）要依月將起天地盤、依九宗法起三傳四課，名目繁雜。
（二）判斷非常難除非有八字跟占卜的基礎，又要熟記畢法賦一百條的用意。
（三）市面上的六壬書籍多半抄至古書，或只重視演盤而無循序漸進的帶入，詞句又生澀難懂。

　　所以我個人很佩服作者很用心的為每一位讀者著想，書中循序

漸進的從起盤、三傳（三門）作詳細的介紹，並且將六十甲子配十二個時辰的三傳、四課、天地盤，及十二天將配十二長生的盤面，每局有數條的畢法賦，配合盤面去預測各種事項占卜的吉凶悔吝。

　　作者為有心想學六壬課的初學者細心的分析每個步趣，讓初學者容易進入狀況，有基礎者更值得深入去探討好好利用為工具書本。更建議用奇門遁甲或文王卦占卜者能夠透過時事的結果來驗証這本書的功效，一定會讓各位先進覺得很值得深入去品賞。

五術同好
葉朝成　謹識

推薦序

  大六壬，或稱六壬神課，簡稱六壬，是古代三大占卜術之一，都是依陰陽五行、九宮八卦、干支生剋、河洛之術作為理論基礎。大六壬與奇門遁甲、太乙神數並稱三式，代表包羅乾坤萬象，萬事萬物皆可占卜之意。不同的是大六壬主要是依據神將加臨時辰來推論吉凶，以日在加時所臨之方為斷其中將占時月之主氣「月將」引入，再根據月將、占時來模擬出時空環境的天盤與地盤，根據日干支以及對應的天盤與地盤組合成四課，導出三傳做精密論斷，為其他筮法所無。

  宇宙具有『共時性』，大六壬為什麼能預測未來知曉過去，還能改變及影響事物發展的態勢，其關鍵就在於《來人起心動念時的問測時間》，因為大六壬這門數術是藉由時間精準的計算，而得知氣場的流行運轉，進而推算出氣場與氣場之間的碰撞會產生什麼樣的吉凶作用，也就是說大六壬它基本上是一種時空計算器。一動才分陰陽，不動是不分陰陽，預測占卜沒有起心動念的問事，盤為變數什麼都有可能，一但來預測，開始變定數了，開始陰陽不斷變化，一問一答之間就把整個盤的未來情勢摸清楚，此為預測的最高法門。六壬神課的占斷是因剋而知動機，因相生相合來求事的成果；四課是知彼此現在的形象，三傳是知道事相始終的形象，以遁干來補捉變化的妙理。

  研究四柱推命八字學之人必須也要兼修六壬神課以相連貫，因四柱八字學可為處世生活的指針，是一種能察知先天命運性格及後天行運的學問，然人生在日常生活上有大大小小要發生的事情，而預見並知悉其該行之道，端賴百問百驗之六壬神課。

李長春老師博古通今，精研古學，為當今之佼佼者，將近於失傳之大六壬經由其精研之心得，以易懂之方式整理出書，不吝公諸於世，以益後學之研習，誠為當今欲學「大六壬」者之一大福音。僅此推薦，與有榮焉。

　　長春老師此次編寫的大六壬占卜解碼一書，由淺入深通俗易懂，為了針對各個層次的讀者，將本書分為入門、進展、提高三個階段，無論你有無基礎，都可以從中受到啟發，尤其對於古書上一些晦澀難懂的字句，用通俗易懂的語言表達出來，使讀者一看就明白如何應用，只要將本書認認真真的讀一遍，就會領悟大六壬的奧秘，啟開預測學的大門，李長春老師注重操作性及實戰性，在本書中以流暢細膩的筆墨由淺入深地講解大六壬的原理及方法，把自己獨到的心得及見解寫進來，並且寫出其他許多大六壬書中所沒有的內容，此本大六壬占卜解碼確實是不可多得的書籍。

社團法人中華民國占驗紫微學會
理事長：莊　信　緯　謹識

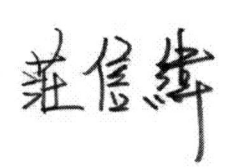

推薦序

　　五術是中國傳統文化中極為重要的組成部分，是對龐大複雜的道術系統的最主要的分類，包括山、醫、命、卜、相五類作為基本構成，這些都是源自易經。易經涵蓋時空，宇宙的萬事萬物，都是陰陽相互對立又能相互轉化，如冬去春來，夏去秋來，月升日落，老死少生等等。本人深研中醫醫學史、中醫基礎理論、黃帝內經、難經、中醫方劑學、中醫藥物學、針灸療法及子平、紫微….等醫、命、卜相關道術。在民國六十八年取得中醫師執照，於民國八十六年假新北市永和區（原台北縣永和市）成功路二段九十號，經營華興中醫診所擔任院長迄今。

　　有緣認識隔壁成功路二段一百號，正旺文理補習班創辦人：李長春先生。長春兄曾擔任過中華民國養豬合作社聯合社總經理，台北市畜產運銷股份有限公司總經理，服務全國畜牧產業產銷雙方。不幸的是在民國九十三年冬，摔了一跤顱內出血，造成半身癱瘓，無法繼續上班服務。古云：【造命在天，立命在人，知命掌運，運由己定】，長春兄除了西醫及中醫針灸療法復健外，就利用時間研讀子平八字、紫微斗數及卜筮等五術書籍，遇到瓶頸就去拜師學習。在多看、多問、多學，三多的精神及勇於演練印證下，也擔任了中華玄機風水命理研究會第五、六屆理事長，可說是五術界的奇才異類。

　　我和長春兄相識多年，深知他熟捻五術之學，不論紫微、子平、堪輿、擇日、卜卦皆有深入研究，尤精卜卦、奇門遁甲、天星擇日。曾多次請教卜卦之術，不論颱風、時事、人事預測，皆神奇

準確，令人嘖嘖稱奇，百思不解，世間竟有此奇妙靈驗之術。今長春兄欲寫大六壬占卜解碼之書，就是把卜卦的奧秘公諸於世，令同道或心中有疑惑者，可以從中學習，明了卜卦的內涵、思辨方式。弟雖不才，于大六壬之學無所知悉，但知道大六壬占卜是古傳神秘又靈驗之術，期望他能儘快成書，多所學習。因此在成書之際，樂為贅序。也為長春兄不藏私秘，把古傳秘學公諸於世，分享大眾，其寬闊胸襟，令人欽佩。

華興中醫診所
院長：羅 經 和 謹識

大六壬占卜解碼

目錄

編者的話……………………………………	1
推薦序／葉朝成…………………………	3
推薦序／莊信緯…………………………	5
推薦序／羅經和…………………………	7
認識大六壬占卜…………………………	12
大六壬基本組成…………………………	14
大六壬占卜吉凶之論斷…………………	20
畢法賦……………………………………	26
畢法賦一百法註解………………………	28
大六壬占卜課傳格局……………………	40
月將排例說明……………………………	44
大六壬占卜程序說明……………………	45
干上神速查表……………………………	52
甲子日……………………………………	*59*
乙丑日……………………………………	*72*
丙寅日……………………………………	*85*
丁卯日……………………………………	*98*
戊辰日……………………………………	*111*
己巳日……………………………………	*124*
庚午日……………………………………	*137*
辛未日……………………………………	*150*
壬申日……………………………………	*163*
癸酉日……………………………………	*176*
甲戌日……………………………………	*189*
乙亥日……………………………………	*202*
丙子日……………………………………	*215*
丁丑日……………………………………	*228*
戊寅日……………………………………	*241*

己卯日	254
庚辰日	267
辛巳日	280
壬午日	293
癸未日	306
甲申日	319
乙酉日	332
丙戌日	345
丁亥日	358
戊子日	371
己丑日	384
庚寅日	397
辛卯日	410
壬辰日	423
癸巳日	436
甲午日	449
乙未日	462
丙申日	475
丁酉日	488
戊戌日	501
己亥日	514
庚子日	527
辛丑日	540
壬寅日	553
癸卯日	566
甲辰日	579
乙巳日	592
丙午日	605
丁未日	618
戊申日	631
己酉日	644

庚戌日	657
辛亥日	670
壬子日	683
癸丑日	696
甲寅日	709
乙卯日	722
丙辰日	735
丁巳日	748
戊午日	761
己未日	774
庚申日	787
辛酉日	800
壬戌日	813
癸亥日	826

認識大六壬占卜

　　自天運值七運（中元七運1984-2003甲子-癸未）兌卦以來（兌卦類象開口），以顧問的行業及術數熱潮大為興盛，世界各地掀起了中國玄學的研究熱潮。炒熱了這個自古以來就不受爭論的神秘領域，現在天運值八運（中元八運2004-2023甲申-癸卯）資訊科技的發達年代在互聯網上搜尋有關玄學的資訊更加容易。

　　目前五術文化皆有比較完善完整的系統的好書在市面上流通，在占卜方面的領域上，如六爻易卦、梅花易數、易經、奇門遁甲、都有好的作者出書。但被譽為占卜之王之美譽（大六壬神課）可以說是進展緩慢，令一眾有志學習大六壬神課的朋友們無從入手。

　　一般研習大六壬神課者常有起課時就放棄，起課後的天地盤、四課、三傳、十二神將、八殺、九寶、生旺墓絕、遁干、神煞、強弱、年命、吉象凶象混雜，常有不知從何入手，叫人望而卻步。或許這就是大六壬神課難以成為流行的主因吧。

　　其實大六壬神課昔日之所以被稱為占卜之王，是因為它能提供豐富充裕訊息，主客關係非常明確，占算事情的來龍去脈，顯性和隱性的事情、人、事、物。由邏輯辯證及推理，其準確度相當之高，事後的驗證等，六壬神課的功能是超越了其它占卜術很多。

　　<u>太乙神數</u>、<u>奇門遁甲</u>、<u>六壬神課</u>等古稱三式，在眾多術數未興起之前，如子平八字、紫微斗數、六爻易卦、梅花易數、測字等。三式一直是道家和陰陽家視以秘寶，歷代輔助帝王建基立業的大臣和軍師，大多是精通三式。如<u>姜太公</u>、<u>伍子胥</u>、<u>范蠡</u>、<u>張良</u>、<u>諸葛亮</u>、<u>李靖</u>、<u>劉伯溫</u>，中國歷史上著名稱軍師者皆精通三式，但由於三式難掌握，逐漸被較為容易入手的占卜工具取代，只流傳於古代的知識份子手中。

　　三式之學太乙神數以天元為主，是我國古代推演國家重大政治事件，天災人禍，氣數命運以及歷史發展變化規律的數術學。

　　奇門以地元為主，我國古代多廣泛運用於國事、兵法方面，占測行軍作戰、佈陣制敵。當今多用於商業發展、市場經營、管理方面，收效非常顯著。

六壬以人元為主，古人多用於占測人事。人對應大六壬之萬物生靈人為貴，人世又是最為紛繁複雜的，所以大六壬適合於現在的應用，它測的是人世間最難測的萬事萬物。

　　天地盤、四課、三傳、支神、天將、日辰、遁干、年命等等，都是大六壬的基本概念。

許多易友都認為大六壬難學，原因有：

一、課式複雜，要素眾多，僅僅看到大六壬課那複雜的結構、眾多的名詞，就足以讓初學者眼花繚亂甚至頭暈目眩了，只記住這些名詞，就需要相當多的功夫。許多學習者用了好長的時間，還不會起課，更不用說達到袖傳一課的程度了。

二、判斷困難，不好著手。得到不同的課體，占斷不同的事情，判斷的切入點是不同的，有從這個方面看的，有從那個方面看的，這叫人很迷糊。沒有一本「真正的入門書籍」，很難找出一個普遍的判斷方法。

三、缺入門書，古籍難懂。正因為課式複雜，判斷不易，所以學大六壬是需要相當的毅力和時間的，這對於學壬者的一些主客觀條件提出了較高要求。正因如此，古代的大六壬流行於高官顯貴、文人雅士之中，壬書多由他們總結編纂，所以多是古雅難懂，以書為師的人們必須有相當的文化水兒。現代的壬書，多是抄襲古籍，既不條理，也不通俗，更可怕的是謬說流行，胡說八道，壬友找不到好的入門書，找到一些入門書也不一定敢相信，還經常越讀越糊塗，許多壬友的學壬困難可能主要導源於這個方面。

六壬基本組成

　　六壬主要是以幾個元素組成的內容，進而根據內容進行判斷以測吉凶，其中元素有：

太歲：占卜的那個時間點的那一年的天干地支，譬如 2015 年立春後為乙未年，在下一個立春之前太歲都是乙未。

月建：月建是用來判斷日干支以及其他元素五行力量的基準，是看二十四節氣中的「節」來切換的，譬如在立春節到驚蟄節之間月建為「寅」，到了驚蟄後會轉變為「卯」。

節氣：正月建寅。立春節，雨水氣。
　　　二月建卯。驚蟄節，春分氣。
　　　三月建辰。清明節，穀雨氣。
　　　四月建巳。立夏節，小滿氣。
　　　五月建午。芒種節，夏至氣。
　　　六月建未。小暑節，大暑氣。
　　　七月建申。立秋節，處暑氣。
　　　八月建酉。白露節，秋分氣。
　　　九月建戌。寒露節，霜降氣。
　　　十月建亥。立冬節，小雪氣。
　　　十一月建子。大雪節，冬至氣。
　　　十二月建丑。小寒節，大寒氣。

月將：月將代表一月之將，主要是看太陽在黃道十二宮的哪個宮位，以二十四節氣的中氣作為換將基準，譬如雨水節到春分節之間太陽在亥宮，則月將則為亥。月將在六壬的另外一個名稱即為「太陽」。
　　　雨水至春分。月將為亥。
　　　春分至穀雨。月將為戌。
　　　穀雨至小滿。月將為酉。

小滿至夏至。月將為申。
夏至至大暑。月將為未。
大暑至處暑。月將為午。
處暑至秋分。月將為巳。
秋分至霜降。月將為辰。
霜降至小雪。月將為卯。
小雪至冬至。月將為寅。
冬至至大寒。月將為丑。
大寒至雨水。月將為子。

十二月將和十二地支的對應：
　　亥為登明一月將，戌為河魁二月將。
　　酉為從魁三月將，申為傳送四月將。
　　未為小吉五月將，午為勝光六月將。
　　巳為太乙七月將，辰為天罡八月將。
　　卯為太沖九月將，寅為功曹十月將。
　　丑為大吉十一月將，子為神後十二月將。

十二月將所主人事：
　　登明（亥）：主田宅、文書、爭訟、徵召事。
　　河魁（戌）：主墳墓、骸骨、僧人、孤寡等。
　　從魁（酉）：主婦人釵釧、酒器、陰私之事。
　　傳送（申）：主行移、道路、音信、為人官貴。
　　小吉（未）：主婦人婚姻喜美、酒宴會等。
　　勝光（午）：主文書、財帛、信息、車馬等。
　　太乙（巳）：主夢寐、窯灶、乞索，為婦人主輕薄。
　　天罡（辰）：斗訟、官司、文書、醫藥等。
　　太沖（卯）：主盜賊、門戶、車船、又主分家。
　　功曹（寅）：主官吏、老人、文字、林木等。
　　大吉（丑）：主橋樑、道路、田宅、詛咒等。
　　神後（子）：主婚姻、陰私、奸詐不明之事。

日干支：占卜當日的天干與地支，翻萬年曆或者透過手機軟體皆可查詢。

占時：這是六壬占卜的重點之一，是占卜的那個時間點或者隨意抽取的一個地支（也可以是數字一到十二的其中一個，進而轉換成地支）。占時分為「正時法」與「活時法」，古代先賢在古籍上以正時較多。正時法就是占卜當前的時辰為主，譬如辰時占卜，那占時就是辰。活時法則靈活許多，可由任何一個方式來決定占時是哪一個地支，譬如今日有人前來占事，時間是辰時，但是抽籤抽到了午，那便以午作為占時，只是需要另外紀錄是「抽時」。

空亡：空亡是以日干支所處的旬為主所排出來的資訊。每一天都會在一個旬中，而旬總共有六個，分別是甲子旬、甲戌旬、甲申旬、甲午旬、甲辰旬、甲寅旬，每十天換一個旬。但是天干有十、地支有十二，兩個搭配起來一定會有漏掉兩個地支沒有天干可以配，這就是空亡。
甲子旬空亡戌亥。甲戌旬空亡申酉。
甲申旬空亡午未。甲午旬空亡辰巳。
甲辰旬空亡寅卯。甲寅旬空亡子丑。

年命：年命組成為行年跟本命兩個，本命是指求占者或對象出生的那一年的太歲，行年則是根據行年表來查男命或女命的年紀來換算的。

天地盤：天地盤是六壬的重點之一，它根據月將、占時來模擬出一個時空環境，進而根據生、尅、刑的關係來演化出其餘的占卜資訊。天地盤其實是天盤與地盤的組合，組成元素都是十二地支，只是地盤的十二地支位置是固定的，而天盤的十二地支要將月將放置在占時（或抽時）上，進而形成天盤。

地盤說明：地盤即子、丑、寅、卯、辰、巳、午、未、申、酉、戌、亥之十二占時也，其式如下，乃靜而不動，定而不變者也。

天盤說明：天盤，即月將加於占時，而成盤者也。月將與占時，故其宮位，錯綜參伍，不若地盤之呆定不變也。舉例如下。

十一月冬至後丑將寅時天地盤：

天盤丑將，地盤即是寅時。

正月雨水後亥將申時天地盤：

天盤亥將，地盤即是申時。

四課： 四課是根據日干支以及對應的天地盤位置排列出來的，由右到左分別是第一課、第二課、第三課、第四課。第一課的下神為日干，代表求占者或事情的主體；第三課的下神為日支，代表所占對象或者事情的客體。而第一課的上神為第二課的下神、第三課的上神為第四課的下神，再找出其天盤是哪一個地支。四課裏藏有許多的訊息，是六壬盤解析的重點關鍵。四課取法如下：

十干寄宮歌訣：
> 甲課寅兮乙課辰。丙戊課巳不須論。
> 丁己課未庚申上。辛戌壬亥是其真。
> 癸課原來丑宮位。分明不用四正神。

> 說明：甲寄寅宮，乙寄辰宮，丙與戊皆寄巳宮，丁與己皆寄未宮，庚寄申宮，辛寄戌宮，壬寄亥宮，癸寄丑宮。四正神即子、午、卯、酉也。

取法第一步： 先將日干寫上，然後依十干寄宮例，查其寄入地盤何宮，即從其處，將天盤所加之字，寫於干上。即為第一課。

取法第二步： 以干上所得之字，寫於日干之左，從地盤上查此字上之天盤為何字，即書於此字之上。是為第二課。

取法第三步：將日支寫在第二課之左，與第一、二課之下一字平列，再從地盤上查得支上所加之天盤為何字，寫於支上。是為第三課。

取法第四步：以支上所得之字，寫於日支之左，再從地盤上查得此字上之天盤為何字，即書於此字之上。是為第四課。

三傳：三傳則是根據四課上下神彼此間的生尅刑關係來排列出來的，而排列出來的類型有九種，被稱為九宗門，分別是：賊尅法、知一法、涉害法、遙尅法、昴星法、別責法、八專法、伏吟法、返吟法。三傳分為初傳，又稱發端、發用或用神，代表事情的初始；中傳又稱移易，代表事情中間的轉折變化；末傳又稱歸計，代表事情的結果。一般來說三傳還會搭配遁干以及六親與十二天將，來讓得到的資訊更加的完整與豐富。

十二天將：十二天將又稱天乙貴人，有：貴人、螣蛇、朱雀、六合、勾陳、青龍、天空、白虎、太常、玄武、太陰、天后，並且依照順序順時針或逆時針排在天盤上。十二天將在分析六壬盤中佔有很重要的地位，因此一般都需要再三確定排列正確。

大六壬占卜吉凶之論斷

月將：
　　月將為值事門，蓋占事以月將加占時，分四象之陰陽，別三才之生尅，非神不能決禍福，非將不能取吉凶也。月將入傳，為福不淺，係吉神則增吉，係凶神則減凶。即值空亡，亦不以空論。蓋月將乃每月中氣後，太陽躔次也，太陽為諸躍之主，管三旬之事，不可得而空也。

日辰：
　　日干為外事門，蓋占事，以日干為人。動作謀為，皆主乎日也。支辰為內事門，凡占事，以支辰為宅。欲知盛衰，須察支之吉凶也。
　　充其量，論其變，則
* 占婚姻，以日為男，支為女。
* 占訟詞，以日為告訴人，支為受訴人。
* 占疾病，以日為病人，支為所患之病。
* 占胎產，以日為子，支為女。
* 占交易，以日為人，支為物品。
* 占墳墓，以日為生人，支為亡人之墓。
* 占奴僕，以日為主人，支為僕人。
* 占出行，以日為住、為陸，支為行、為水。
* 占謀望，以日為我，支為所求之人。
* 占交戰，以日為我軍，支為敵軍。
* 占動靜，以日為動，支為靜。
　　事類紛繁，不遑細舉，言以蔽之，則日為主體，為陽，支為客體，為陰也。
* 日上神生日，謂益氣，諸事皆吉，主有人助、神庇。
* 日上神尅日，謂損氣，諸事皆凶，主被人害、鬼擾。
* 日生日上神，謂脫氣，主耗損。日尅日上神，主抑塞。
* 日上神生支，支上神生日，主賓主相得，人宅相生，兩方均順利。

* 日上神尅支，支上神尅日，謂交尅，主賓主不投，兩方均不利。
* 日上神脫支，支上神脫日（洩氣曰脫），謂交脫，主彼脫而此耗。
* 日上神為支之帝旺，支上神為日之帝旺，主靜吉而動招凶。
* 日加支上，被支尅，我就彼被欺，支加日上，又尅日，彼就我又欺我。
* 支加日上，被日尅，妻財就我，日加支上，又尅支，我就妻財。
* 日加支上被支生，主受人包容相助。
* 支加日上又生日，主得人濟助。
* 日加支上又生支，主人衰宅旺，或我就彼又脫我。
* 支加日上又脫日，主彼就我又脫我。
* 日上神為驛馬，主官職榮遷。
* 支上神為驛馬，主家宅移動。
* 日上神見日祿，主有榮名，勿捨此而他求。
* 辰上神見日祿，主權攝不正，尊屈於卑。
* 日支上神，各見日德，再乘吉將，主有意外之喜，最喜進取。
* 日支上神，為六合，主合作成就。但占疾病、詞訟、則反凶。
* 日、支均乘墓，或坐墓，終日昏昏，主閉塞難通。
* 日、支上神，各見敗氣（敗氣即沐浴），主人氣衰血敗，宅則屋舍崩頹，凡事不宜。
* 日、支之上，各見絕神（即十二長之絕），宜結束舊事。
* 日、支上神，各見空亡或天空，主虛空不實。
* 日課不足，主心意不安。支課不足，主家宅不寧。
* 日、支上見卯酉，主阻隔不通。
* 日、支上見魁罡（魁即戌，罡即辰），主傷折難免。
* 日上見魁罡，事不由己，支上見魁罡，家宅不寧。

三傳：

初傳（又名發用）為發端門：

凡占，以初傳為應事之「始」，傳吉事吉，傳凶事凶，禍福之端，皆從此而發也。

* 日上兩課為初傳，主外事。自干上發用傳歸支上者，為朝支格。主我去求人，不得自由。
* 支上兩課為初傳，主內事。自支上發用傳歸干上者，為朝日格。人來託我，易於成事。
* 日上兩課為初傳，貴人順布。
  初傳在貴人前，吉凶應驗皆速。
* 支上兩課為初傳，貴人逆布。
  初傳在貴人後，吉凶應驗皆遲。
* 第四課為初傳，主有巧遇。
* 上尅下為初傳，主事自外來，利男不利女，利先不利後，利尊長，不利卑幼。
* 上尅下為初傳，逢內戰，主有阻礙，目的難達。
* 下賊上為初傳，主事從內起，利女不利男，利後不利先，利卑幼，不利尊長。
* 下賊上為初傳，逢內戰，主事將成而中變；逢外戰，主身不自由，受人驅策。
* 初傳為日干長生，主謀為順利。若坐墓，主舊事復發。
* 初傳遇敗與死，主毀壞無成。
* 初傳遇絕，主事即了結。占行人，主有信息至。
* 初傳遇墓，主緩滯不進。占病，主纏綿床褥。
  占失物，主並未遺失。占行人，即歸。
  占舊事，不再發。
* 初傳與日支上神，見刑沖破害，均主阻隔不通。
* 初傳遇空亡，憂喜皆無實在，驚則虛驚，喜則虛喜。
* 初傳尅日，主身心不安。尅支，主家宅有擾。
  尅占時，主變生意外。尅末傳，主有始無終。

＊初傳尅本命上神，主財運不通。
　　　尅行年上神，主事情乖舛。
　　＊初傳值休，主疾病。值囚，主刑罰。
　　＊初傳所乘吉將，與初傳為同類（如貴人乘丑，青龍成寅之類，蓋貴人屬丑土，青龍屬寅木也），主喜上添喜。
　　＊初傳所乘凶將，與初傳為同類（如申乘白虎，巳乘螣蛇之類），主凶中不凶。
　　＊初傳為太歲，中末傳見月建或日辰，有移遠就近之象，事宜急速進行。
　　＊初傳為日前一位，末傳日後一位，曰：前後引從，有升官陞等之喜。（前後引者，有遷居入新宅之慶）

中傳為移易門：

　　凡占，以中傳為應事之「變遷」，初吉而中凶，其事移吉變凶。如初凶中吉，由凶轉吉也。
　　＊初傳、中傳，母傳子則順，子傳母則逆。
　　＊中傳為鬼，主事壞。
　　＊中傳為墓，主事止。
　　＊中傳為害，多阻隔。
　　＊中傳為破，主中輟。
　　＊中傳為空，主事不成。

末傳為歸計門：

　　凡占，以末傳為應事之「終」，初、中雖凶，末傳若吉，事終有成。初、中雖吉，末傳轉凶，事終有悔也。
　　＊若初傳受下賊而尅，末傳能制其賊尅，終可反凶為吉。
　　＊末尅初，為終尅始，遠行萬里，入水不溺，入火不燒，病甦災止。若加破害，則有阻隔，吉凶皆不成。逢空亡，則事無結果。
　　＊初為日之長生，末為日之墓庫，則有始無終。
　　＊初為日之墓庫，末為日之長生，則先難後易。

* 初傳凶，中、末吉，能解之。初、中凶，末吉，亦能解。
* 三傳凶，行年吉，能解之。若三傳、行年俱凶，不能解也。
* 三傳神將（神將為十二天將），若將尅神（主十二支神），為外戰，憂輕，雖凶可解。
  神尅將，為內戰，憂重，雖吉亦有凶咎。
* 三傳皆空，占事了無一實。如兩傳空、一傳實，卻見天空，亦作三傳空論。如初、中空，以末傳為主。中、末空，以初傳為主。
* 三傳自干上發用，傳歸支上者，主我去求人幹事，不得自由。自支上發用，傳歸干上者，主人來託我幹事，易於成合。
* 傳吉神吉，妙不可言。傳凶神凶，禍不旋踵。
* 三傳不離干支，求物得、謀事遂、行人回、賊不出鄉、逃不脫。
* 三傳不離四課（曰：如珠走盤），謀事成、吉則吉、凶則凶。忌占病、訟、憂生產。
* 三傳離日遠，凡事難成。惟占避難及訟災，可退。
* 三傳生日，百事吉。三傳尅日，百事凶。
* 干尅初、初尅中、中尅末，求財大獲。
* 三傳日、支全逢，下賊上者，毫無和氣，訟必刑、病必死，占事必家法不正，自取其辱。
* 三傳日、支互換，三合遞相牽連，占事翻來覆去，不易妥當。
* 三傳三合，為日干全脫、全生、全鬼、全財、全兄弟看，俱視天將吉凶及五行制化何如。
* 假如全鬼，為凶兆。若年、命、日、支四處有子孫爻，則制鬼矣。故脫氣要見父母，全生不可見財。
* 三傳與日、支上下皆合緊，則不宜妄動。得日、月衝破之，方可他求。然又要看三傳吉凶何如，若吉，則宜合，不宜衝破。遇凶衝破，則凶解散。

年命：

年命為變體門：

　　凡占，以年命為事之變易。蓋命為一身之應，年為用事之助，傳有一定吉凶，人有各殊年命。如傳財本吉，年命見官鬼而反凶。傳鬼本凶，年命見子孫而成吉。故謂之「變體」也。

* 年命臨生、旺地者吉，臨死、絕地者凶。與日上神及發用，生、合、比、和者吉，與日上神及發用，刑、沖、尅、害者凶。
* 初傳發用雖吉，若為年命上神所破壞，則反吉為凶。

發用雖凶，若為年命上神所尅制，則化凶為吉。

* 例如：日財發用，利於求財，年命上神若為日之官鬼，則財能生官鬼，謂之脫氣，反主脫耗也。
* 例如：日鬼發用，不利於占病。年命上神若為日之子孫，則子孫能制日鬼，自不能為禍也。
* 年命上見日財，宜求財。見日官，宜求官。
* 年命上見月將最吉，消一切禍，增一切福。
* 年命上見天馬、驛馬，主遷官，尤利遠行。
* 年命上天喜貴人，凡事吉慶。
* 年命上見傳送（即申）乘凶將，主疾病服藥。
* 年命上見登明（即亥）乘凶將，主水厄。
* 年命上見螣蛇，主凝滯。
* 年命上見白虎乘死氣尅日，而無救助，不日必死。見白虎乘生氣尅命，主有癆瘵之疾。
* 占個人休咎，須與年命合參，始無舛誤。

畢法賦

1、前後引從陞遷吉。　　2、首尾相見始終宜。
3、簾幕貴人高甲第。　　4、催官使者赴官期。
5、六陽數足須公用。　　6、六陰相繼儘昏迷。
7、旺祿臨身徒妄作。　　8、權攝不正祿臨支。
9、避難逃生須棄舊。　　10、朽木難雕別作為。
11、眾鬼雖彰全不畏。　　12、雖憂狐假虎威儀。
13、鬼賊當時無畏忌。　　14、傳財太旺返財虧。
15、脫上逢脫防虛詐。　　16、空上乘空事莫追。
17、進茹空亡宜退步。　　18、踏腳空亡進用宜。
19、胎財生氣妻懷孕。　　20、胎財死炁損胎推。
21、交車相合交關利。　　22、上下皆合兩心齊。
23、彼求我事支傳干。　　24、我求彼事干傳支。
25、金日逢丁凶禍動。　　26、水日逢丁財動之。
27、傳財化鬼財休覓。　　28、傳鬼化財錢險危。
29、眷屬豐盈居狹宅。　　30、屋宅寬廣致人衰。
31、三傳遞生人舉薦。　　32、三傳互尅眾人欺。
33、有始無終難變易。　　34、苦去甘來樂裏悲。
35、人宅受脫俱招盜。　　36、干支皆敗事傾頹。
37、末助初兮三等論。　　38、閉口卦體兩般推。
39、太陽照武宜擒賊。　　40、后合占婚豈用媒。
41、富貴干支逢祿馬。　　42、尊崇傳內遇三奇。
43、害貴訟直作屈斷。　　44、課傳俱貴轉無依。
45、晝夜貴加求兩貴。　　46、貴人差迭事參差。
47、貴雖在獄宜臨干。　　48、鬼乘天乙乃神祇。
49、兩貴受尅難干貴。　　50、兩貴皆空虛喜期。
51、魁度天門關隔定。　　52、罡塞鬼戶任謀為。
53、兩蛇夾墓凶難免。　　54、虎視逢虎力難施。
55、所謀多拙逢羅網。　　56、天網自裹己招非。
57、費有餘而得不足。　　58、用破身心無所歸。

- 26 -

59、華蓋覆日人昏晦。	60、太陽射宅屋光輝。
61、干乘墓虎無占病。	62、支乘墓虎有伏屍。
63、彼此全傷防兩損。	64、夫婦蕪淫各有私。
65、干墓併關人宅廢。	66、支墳財併旅程稽。
67、受虎尅神為病證。	68、制鬼之位乃良醫。
69、虎乘遁鬼殃非淺。	70、鬼臨三四訟災隨。
71、病符尅宅全家患。	72、喪弔全逢掛縞衣。
73、前後逼迫難進退。	74、空空如也事休追。
75、賓主不投刑在上。	76、彼此猜忌禍相隨。
77、互生俱生凡事益。	78、互旺皆旺坐謀宜。
79、干支值絕凡謀決。	80、人宅皆死各衰羸。
81、傳墓入墓分憎愛。	82、不行傳者考初時。
83、萬事喜忻三六合。	84、合中犯殺蜜中砒。
85、初遭夾尅不由己。	86、將逢內戰所謀危。
87、人宅坐墓甘招晦。	88、干支乘墓各昏迷。
89、任信丁馬須言動。	90、來去俱空豈動宜。
91、虎臨干鬼凶速速。	92、龍加生氣吉遲遲。
93、妄用三傳災福異。	94、喜懼空亡乃妙機。
95、六爻現卦防其尅。	96、旬內空亡逐類推。
97、所筮不入仍憑類。	98、非占現類勿言之。
99、常問不應逢吉象。	100、己災凶逃返無疑。

畢法賦一百法註解

第一法：前後引從升遷吉
　如遇初傳居日干前為引，末傳居日干後為從，值此格者，必升擢官職；又如遇初傳居支辰前引，末傳居支後為從，值此格者，必遷修家宅，二事皆吉。

第二法：首尾相見始終宜
　謂干上有旬尾，支上有旬首，名周而復始格，凡值此者，占事不脫，所謀皆成。

第三法：簾幕貴人高甲第
　簾幕官者，如畫占乃夜貴，夜占乃畫貴。如占科目，專視此神，臨於占人年命之上，或臨日干上，試必高中矣。

第四法：催官使者赴官期
　凡占上官赴任，見日鬼乘白虎加臨日干或年命之上，乃名催官使者，縱是遠缺，必催速赴任也。

第五法：六陽數足須公用
　六陽格謂支干四課三傳皆居六陽之位是也，凡占皆利公幹而不利私謀。

第六法：六陰相繼盡昏迷
　六陰格謂課傳皆居六陰之位是也，凡占利陰謀私幹，不利公聞，尤盡昏迷也，或自畫傳夜昏迷愈甚。

第七法：旺祿臨身徒妄作
　謂日之祿神，又作日之旺神，臨於干上者，切不可捨此而別謀動作。

第八法：權攝不正祿臨支
　謂日干祿神加臨支辰上者，凡占不利自己，受屈折於他人。

第九法：避難逃生須棄舊
　干支脫氣，三傳既無所益，四面受敵，須另尋他處避難而逃生。

第十法：朽木難雕別作為
　謂蹴輪課中，卯木坐空亡者，故名朽木不可雕也。凡值此例，宜改科易業而別作營生。

第十一法：眾鬼雖彰全不畏

三傳雖皆為日鬼，但干上食傷可制，對日主不能為害。

第十二法：雖憂狐假虎威儀

干上神逢白虎或玄武，須靠三、四課制之，如無制，凡占切不可動謀。

第十三法：鬼賊當時無畏忌

假令戊子日干上午，三傳（寅卯辰）皆是日鬼，如春占木旺，反無畏也，殊不知木至春令而榮旺，既貪榮盛而無意克土，故戊土不畏木克也。此例雖春占無畏，防至夏秋其禍仍發。

第十四法：傳財太旺反財虧

三傳雖皆為日財，又值旺令，身弱不可取，待節令退方可取。

第十五法：脫上逢脫防虛詐

謂日干生其上神，上神又生天將者，故名脫上脫，凡占盡被脫耗，多虛詐不實之象也。

第十六法：空上乘空事莫追

謂干上神見旬空乘天空者，凡占者指空化空，全無實象，凡占皆虛無不實也。

第十七法：進茹空亡宜退步

假令壬子日干上子，三傳寅卯辰，皆是空亡，既向前值三空亡，即宜退步，抽身縮首，卻就支干上子與丑合，反有所得，致使壬水不被傳木全脫，可以身退而遠害，不利托人。

第十八法：踏腳空亡進用宜

謂三傳後退全值空亡者，故名踏腳空亡，退後既遇空亡，宜進而不宜退也，惟不宜守舊。

第十九法：胎財生氣妻懷孕

謂日干之胎神，作日之妻財，又逢月內之生氣者，如占妻必孕也。

第二十法：胎財死氣損胎推

戊己日子為胎財，七月死氣在子；庚辛日卯為胎財，十月死氣在卯；壬癸日午為胎財，正月死氣在午；甲乙日酉為胎財，四月死氣在酉，但凡占胎神作月內之死氣，婦孕不育。

第二十一法：交車相合交關利
干上神交合支上神，利於合夥。

第二十二法：上下皆合兩心齊
謂干支上神作六合，地盤支干亦作六合。如乙酉、丙申、戊申、辛卯、壬寅，此五日伏吟者是也。值此例者，客主相順，神和道合。

第二十三法：彼求我事支傳干
謂初傳從支上起，末傳歸干上者，凡占必主他人委託我幹謀事體，吉凶皆成，故占吉則吉遂，占凶則凶成，行人至，求取得。

第二十四法：我求彼事干傳支
謂初傳從干上起，末傳歸在支上者，凡事勉強，不免俯求於人，亦為人抑制，難自屈伸，旺相尤吉，死囚不安。

第二十五法：金日逢丁凶禍動
如有官人占之，則赴任極速，常人占之，必主凶動。

第二十六法：水日逢丁財祿動
惟畏占人流年上神尅去六丁所乘之神，則財不動。凡壬癸二日，三傳、年命、日辰等六處，逢旬內之丁神者，必主財動，或遠方寄財物給予本身之象。如未婚者，則有娶妻之喜，如已婚者，則主別妻之憂（離妻換妻）。

第二十七法：傳財化鬼財休覓
謂三傳皆作日之財，而生起干上日鬼，而傷其日干者，必因取財而致禍，預防妻與鬼結交而損失。

第二十八法：傳鬼化財錢險危
謂三傳俱鬼，於傳內有一作財現，財從險中出，君子不宜取其財。

第二十九法：眷屬豐盈居狹宅
謂三傳生其日幹，反脫其支辰者是也，值此必人口豐隆而居宅窄狹也。

第三十法：屋宅寬闊致人衰
謂三尅洩日干反生支辰者是也，凡值此課，必宅人口少而居寬廣之屋舍，餘占事皆我衰他旺，我負他勝。

第三十一法：三傳遞生人舉薦

此格有二，一自初傳生中，中生末傳，末傳生日干；一自末生中傳，中傳生初傳，初傳生日幹。凡占值二例，必隔三隔四有人於上位推薦之意，所謂皆賴眾人之說。初末傳空亡者，有心無實。

第三十二法：三傳互尅眾人欺

此例有二，一初尅中，中尅末，末尅日干；一末尅中，中尅初，初尅日干。凡占值此二例，必有人遞互而相尅害我也。

第三十三法：有始無終難變易

此一句，乃是二項事體。夫有始無終者，乃因初傳是日之長生，末傳為干之墓是也。夫難變易者，乃初為干墓，末為干之長生是也。如乙未日，初傳亥加未為干之長生，末傳未加卯為干墓。占得此例者，如初起謀事之時，如花似錦，後將必無成合。

第三十四法：苦去甘來樂裡悲

此一句亦宜分為二項說，且夫苦去甘來者，如戊午日干上寅，末傳申生中傳亥水，中傳水生初傳寅木，而尅日干之戊土，誠為被寅木所苦，殊不知反賴末之申金沖尅其寅，又為戊土之長生，乃應苦去甘來之喻也。凡占未免先受磨折，後卻安逸。

第三十五法：人宅受脫俱招盜

此例亦有二，一則支上干上皆乘脫氣；一則干上脫支，支上脫干。以上二例，凡占人被脫洩，家宅必被盜竊財物。

第三十六法：干支皆敗事傾頹

謂干支上皆逢敗氣者，日漸狼狽，全無長進。其餘占用，彼此皆值衰敗，乃應俗諺云：（殺人一萬，自損三千）之意也。

第三十七法：末助初兮三等論

謂末傳助其初傳而生日干者，亦有末助初而尅干者，亦有末助初傳而作日之財神者，此三等皆是，傍有相助而各成。其上說：末助出生尅日者，年命制末始可言吉。

第三十八法：閉口卦體兩般推

旬尾加旬首為發用者，例更值初末上下六合，則氣塞於中，如占病即是不納飲食，如占胎產定是啞兒。

第三十九法：太陽照武宜擒賊
謂玄武坐於太陽月將之上，占賊必捕。

第四十法：后合占婚豈用媒
謂干為夫，支為妻，凡占婚全看此，豈宜支干上乘天后、六合，以應私情，更以女之年命居在干上，男之年命居在支上，此乃私情先相交誼，至嫁娶之時，何有用媒伐乎。

第四十一法：富貴干支逢祿馬
謂干上有支驛馬，支上有干祿神者，故名真富貴卦，凡君子占之加官添俸，富貴雙全，常人占之，病訟俱凶，宅移身動。

第四十二法：尊崇傳內遇三奇
夫三奇者有二，有三傳全遇甲庚戊者，有三傳全遇乙丙丁者，君子占之，官居一品之尊，貴入巖廊，縱使常人占之，雖無吉泰之兆，亦可消除災禍。

第四十三法：害貴訟直作曲斷
晝夜雙貴上下相尅或乘墓，占訟理雖直而必致曲斷，事小而必大凶，餘占皆弄巧成拙。

第四十四法：課傳俱貴轉無依
四課三傳，皆是晝夜貴人所聚，名曰遍地貴人，貴多者不貴，凡占不歸其一，反無依倚。或權攝所委不一，托事無成。

第四十五法：晝夜貴加求兩貴
四課三傳，有晝夜貴人相乘者，如占告貴求事，必有雙貴加持而成事。

第四十六法：貴人差迭事參差
謂晝貴臨於夜地，夜貴卻臨晝方，故名貴人差迭，如占告貴人求事，多不歸一，如俗諺云：尖擔兩頭脫也。

第四十七法：貴雖在獄宜臨干
謂天乙貴人加臨地盤辰戌上者，名曰入獄，惟宜私謀陰禱，亦名貴人受賄。如辰戌二日占之，乃為貴人入宅，非坐獄論也。

第四十八法：鬼乘天乙乃神祇
如六辛日午加干，如用晝占，雖是日鬼臨身，緣為貴人，切不可作鬼祟看，占病必是神祇為害。

第四十九法：兩貴受尅難干貴

凡晝夜貴人皆立受尅之方者，切不可告貴用事，緣二貴自受尅制，必自怒而不能成就我也，不論在傳不在傳，皆可用之，占得此課，不如不告天乙，謾被怒阻也。

第五十法：二貴皆空虛喜期

凡晝夜貴人皆空亡者，如干投貴人，事已蒙許允，後卻被人攙越。凡占若值此，事事成拙，待出旬才有希望。

第五十一法：魁度天門關隔定

謂戌為天魁，亥為天門，凡戌加亥為魁度天門，占謀用皆被阻隔。占病多是隔氣，或食積隔，或是邪祟為災，服藥宜下之為佳。

第五十二法：罡塞鬼戶任謀為

謂辰為天罡，寅為鬼戶，凡辰加寅為罡塞鬼門，不論在傳不在傳，皆名罡塞鬼戶，使眾鬼不得窺覬，所作任意謀為，無阻無障礙也。

第五十三法：兩蛇夾墓凶難免

謂丙戌日戌加巳及支辰來墓日干，兼晝夜天將皆乘蛇及地盤之巳亦是騰蛇之位，故名為"兩蛇夾墓"也，凡占事主進退不得，占病難愈，占產凶。

第五十四法：虎視逢虎力難施

謂虎視課者，乃柔日也，昴星課者，乃剛日也，緣雞鳴則仰首，虎視則俯首也。如柔日虎視卦中，天將又乘白虎者，譬如前後皆有猛虎，縱勇夫至於此時，亦難施力，凡占豈免至驚至危乎，課中縱有救助之神，也無能為力。

第五十五法：所謀多拙逢網羅

謂干上乘干前一辰，支上乘地支前一辰，故名曰天羅地網，凡得此卦，網羅兜裹身宅，諸占豈能亨快。

第五十六法：天網自裹己招非

如甲申日干上未加寅，乃墓神覆日，如占人本命又是未生，乃名天網自裹，凡值此課，必是自招其禍，非他人暗算。

第五十七法：費有餘而得不足

如丙午日干上寅、支上卯，此干支第1、第三課全相生，其第二、第四課卻全見鬼賊，寅卯又旬空，生而不能生，官鬼皆實，可謂得之不足，費之有餘，亦喻所得不償所費。

第五十八法：用破身心無所歸

如戊申日干上未，三傳子寅辰，初傳雖是日財，奈坐戌土之上受尅，又乘白虎，緣戀此驚危之財，主虎載財而走。

第五十九法：華蓋覆日人昏晦

申子辰華蓋在辰、亥卯未華蓋在未、巳酉丑華蓋在丑、寅午戌華蓋在戌，日之華蓋，作干之墓神發用是也。凡占身位，多昏多晦；占行人不歸，盡在彼處不如意也。

第六十法：太陽射宅屋光輝

如丙午日干上酉戌加支上，乃是支墓，如占家宅，誠為宅舍不吉，如用戌為月將，反名太陽輝照家宅，其屋必向陽而明朗。

第六十一法：干乘墓虎無占病

謂六辛日丑加戌晝將乘白虎作墓神，占病凶，辛酉日丑為空亡尤可畏也，至辛巳日可畏愈甚，緣丑作丁神乘虎作墓，占病必死。

第六十二法：支乘墓虎有伏屍

此例有二，一者干墓臨支，二者支墓臨支，以上二例占宅必有伏屍鬼禍，鬼魅為禍。

第六十三法：彼此全傷防兩損

謂干支各被上神尅伐者，故名此例，占身被傷，占宅崩損，如占訟必兩家皆被撲責。諸占必兩邊各有所虧。

第六十四法：夫婦蕪淫各有私

謂干被支上神尅，支卻被干上神尅者，為蕪淫卦，既名蕪淫，何又云夫婦各有私乎？繡夫婦乃人之大倫，既無夫婦好合之情，必有奸私不協之意，而言夫婦之私情也。

第六十五法：干墓並關人宅廢

謂日干之墓作四季之關神（春丑、夏辰、秋未、冬戌）發用者是也，宜分干支發用。如日干之兩課上作發用者，主人衰，如支辰之兩課上發用者，主宅廢。

第六十六法：支墳財併旅程稽

謂地支之墓作日干之財者，必主商販折本，在路阻程，凡謀蹇滯不亨通也。

第六十七法：受虎尅神為病症

金神乘白虎，必是肝經受病，可治肺而不可治肝。
木神乘白虎，必是脾經受病，可治肝而不可治脾。
水神乘白虎，必是心經受病，可治腎而不可治心。
火神乘白虎，必是肺經受病，可治心而不可治肺。
土神乘白虎，必是腎經受病，可治脾而不可治腎。
以上諸法，常得靈驗，惟虎受尅及而亡，不必治也。

第六十八法：制鬼之位乃良醫

凡鬼喜見者，惟妻占夫與有官人占官職為宜，其餘皆凶。巳午作虎鬼，不宜灸，申酉作虎鬼，不宜針。制鬼為亥子者宜湯藥，制鬼為土者宜丸藥。

第六十九法：虎乘遁鬼殃非淺

謂白虎加臨旬內之干上神為日鬼者，此法應驗如神，凡占皆畏其咎彌深，難以消除，縱空亡亦不能為救。

第七十法：鬼臨三四訟災隨

謂日干之鬼臨於第三四課全者，官訟病患繼踵而至，唯宜修德作福，及歸正道，庶得稍輕，猶未免於病訟二事也。

第七十一法：病符尅宅全家患

夫病符者，每年舊太歲是也，且如子年亥為病符，丑年子為病符，餘年仿此。若病符臨支又尅支者，乃主闔家病患，更乘天鬼，定遭時疫而無疑也，病符乘白虎而臨支尅支更凶。

第七十二法：喪吊全逢掛縞衣

謂歲前二辰為喪門，歲後二辰為吊客。如干支上全逢此二位凶煞，主凶，又於占人行年本命上神乘之，其年必哭送親姻，身披孝服也。若論支干上全逢喪吊者，唯甲午、丁亥、己亥、庚子、癸巳，乃干上乘吊客，支上乘喪門。甲戌、丁卯、己卯、庚辰、癸酉，乃干上乘喪門，支上乘吊客。

第七十三法：前後逼迫難進退

假令壬寅日干上子，三傳辰巳午皆空而不可進，欲退後一步，逢地下寅盜氣，又退一步，逢丑為干鬼，乃前不可進，後不可退，只宜守舊，亦進退不能也。

第七十四法：空空如也事休追

謂三傳皆空亡者是也，于進退連茹課中多有，如三合課兩傳空亡，縱有一傳不空，而上乘天空將者，亦系此例，不必細具。凡值此等例，占事皆主指空話空，全無實象，成事不足也。

第七十五法：賓主不投刑在上

凡支干乘刑者有三，凡占未免有相刑之意，所謀交涉事，必各有異心。一曰刑者，乃四課上神全逢辰午酉亥自刑者是也。二曰刑者，乃支干上全乘子卯是也。三曰刑者，乃三傳寅巳申或丑戌未是也。

第七十六法：彼此猜忌害相隨

此例有五：一者，干支上下皆各作六害，凡值此者，彼此各相猜忌，主客不相顧接，乃兩意相謀，各有戾害。二者，干支上神作六害，亦主各相猜忌。三者，干支、天盤與地盤皆作六害，此等戾害尤甚。四者，干支三傳作六害，此局全無和氣。五者，干支上下交互作六害，如我方動念害人，人已早思害我，此局更為危難。

第七十七法：互生俱生凡事益

互生格干上神生支，支上神生干是也。此例兩相有益，各有生意。

第七十八法：互旺皆旺坐謀宜

互旺格只甲申、庚寅二日有之。甲申日干上酉，乃是支之旺神，支上卯乃是干之旺神。庚寅日干上卯乃是支之旺神，支上酉乃是干之旺神。凡值此者，惟宜兩相投奔，各有興旺，客旺主而主旺客，人旺宅而宅旺人，夫旺妻而妻旺夫，父旺子而子旺父，兄旺弟弟旺兄，朋友彼此助益。

第七十九法：干支值絕凡謀決

如甲申、甲寅日返吟，乃干支上皆乘絕神。又丙申、丙寅日亦是返吟，絕神作鬼，只宜結絕凶事，亦宜釋解官訟，占病痊。丙辰、丙戌日如畫占，亦宜告貴結絕凶吉二事。

第八十法：人宅皆死各衰贏

干支上互乘死氣，不宜弔喪問病，如乘月內之死氣尤甚，如占病必死。干支全乘死氣，只宜休息，萬事不利謀動。

第八十一法：傳墓入墓分憎愛

此例詳看初傳是何類神而言之，如是日之財神、祿神、長生、官星等，不可值中末之墓，如是日之鬼及盜氣等，卻喜中末墓也。

第八十二法：不行傳者考初時

夫不行傳者，乃中末空亡是也，中末既空，但只以初傳斷其凶吉。

第八十三法：萬事喜忻三六合

謂三傳寅午戌，干支上見未；三傳亥卯未，干支上見戌；三傳申子辰，干支上見丑；三傳巳酉丑等，干支上見辰，皆名為三合課，又與中間一字作六合者是也。故經云：三六相呼見喜忻，縱然帶惡不成嗔。

第八十四法：合中犯殺蜜中砒

謂三傳寅午戌，如干支上有午為自刑，見丑為六害，見子為沖；三傳亥卯未，如干支上有子為無禮刑，見辰為六害，見酉為沖；三傳申子辰，如干支上有卯為無禮刑，見未為六害，見午為沖；三傳巳酉丑，如干支上有酉為自刑，見戌為六害，見卯為沖，凡值此例，所謂三合犯殺少人知，惟防好裏定相欺，笑裏有刀誰會得，事將成合失便宜。占得此者，必至恩中變怨，合中有破，雖是屬我之事，亦被人在中阻隔，俗諺云：笑裏刀，蜜裏砒，正此意也。

第八十五法：初遭夾尅不由己

謂初傳坐於尅方，又被天將所傷，故取名夾尅。凡占必身不由己，及受人驅策。

第八十六法：將逢內戰所謀危
　干支六合又尅者（如卯戌合又尅），凡用事將成合而被人攪擾也。三傳日辰內戰格，干支三傳皆下尅上者，凡占皆是家法不正，或自窩犯，或醜聲出於堂中，以致爭競，斯占極驗。

第八十七法：人宅坐墓甘招晦
　謂天盤支干皆坐於地盤墓上者，乃心肯、意肯情願受其暗昧，凡事皆自招其禍，切不可怨天尤人也。不惟本身甘招其禍，猶且將家宅亦情願假借與人作賤，欲兌賃終不能出脫也。

第八十八法：干支乘墓各昏迷
　如干支全被上神墓神覆蓋者，其人如雲霧中行，其家宅敝而自塵暗，凡彼此占不亨快，經云：墓覆日辰，人宅昏沉。

第八十九法：任信丁馬須言動
　夫任信者，伏吟卦也。如剛日名自任，可委任於他人，柔日名自信，可取信於自己。凡值伏吟卦，切不可便言伏匿而不動。于傳中及干支上有旬內丁神，或乘天馬驛馬者，必靜而求動，不可不知。

第九十法：來去俱空豈動宜
　夫來去者，返吟卦也，緣初傳與末傳、初中末往來交互也。故凡占得返吟卦，切不可便言凡事往來動移，內有三傳皆空亡者，雖有動意，實不動也。

第九十一法：虎臨干鬼凶速速
　謂日干之鬼上乘白虎者，凡占凶禍速中又速。

第九十二法：龍加生氣吉遲遲
　謂青龍乘生日干之神，又作月內之生氣者，雖目下未足崢嶸，卻徐徐而發福也。

第九十三法：妄用三傳災福異
　時人起三傳尚有錯誤或誤用，想災福應無應驗也。

第九十四法：喜懼空亡乃妙機
　凶神宜空，救助之神不宜空，天盤空亡凶七分，地盤空亡凶十分。

第九十五法：六爻現卦防其尅
財爻現卦，必憂父母。歌云：「三傳俱作日之財，得此須憂長上災，年命日辰乘干鬼，爭知此類不為乖」。

第九十六法：旬內空亡逐類推
甲子旬戌亥空亡。甲子、乙丑日妻財及父母空；丙寅、丁卯日墓貴及官鬼空；戊辰、己巳日兄弟及妻財空；庚午、辛未日父母及子息空；壬申、癸酉日官鬼及兄弟空。又壬日德祿皆空。以上縱戌亥在六處亦不可用。

第九十七法：所筮不入仍憑類
如占失脫，雖玄武並脫氣、日鬼不在六處，亦宜用此類而言其方所、色目也。余所占萬類皆如其法。

第九十八法：非占現類勿言之
如前賢有諸秘法，用之極靈。且如白虎臨寅在支上發用者，必宅中有棟折榱崩之驚，斯法極驗。設有占課君子問求財事，蔔得此課，切不可言其梁棟摧折大抵與求財異。如此條貫犯之極多，時人不可不為自警。

第九十九法：常問不應逢吉象（貴課利貴人不利小人）
諸龍德、鑄印、高蓋乘軒，斫輪、官爵、富貴、三光、三奇、三陽之吉泰卦，但有官，君子占之則為吉兆，或遷官轉職，或面君而奏事也。如常人占得上項吉卦，恐致災咎臨身，不利常人。

第一百法：已災凶逃返無疑。
凡值喪魂、魄化、天禍、天寇、伏殃、天獄、天網四張、天地二煩諸凶否卦，如已見病訟災迍，之後占得前項諸凶卦，其災卻可消除，不足為慮，如未見病訟之前占得此者，必病訟喪禍並至，更無疑也。

大六壬占卜課傳格局

子水發用初傳：
【子丑寅】曰：含春。和氣精中勿銜玉而求售。
【子辰申】曰：出奇。自新改過。
【子申辰】曰：仰玄。守疑寒之困。
【子戌申】曰：偃蹇。陰入陰，陰暗不明，宜動作威儀出入謹慎。
【子亥戌】曰：重陰。安吉嘉遯之形。

丑土發用初傳：
【丑子亥】曰：遞傳。三奇所卜皆宜。
【丑寅卯】曰：將泰。有聲名而未蒙實惠。
【丑卯巳】曰：出戶。巳為地戶，出門入地戶墮落之象。
【丑巳酉】曰：藏金。因事而韜。
【丑酉巳】；法罡。防肅殺之咸。
【丑亥酉】曰：極陰。如月隱於雲端，以陰入陰，極則變變則通，只在一念之差。

寅木發用初傳：
【寅子戌】曰：冥陰。光明退入盛陰，如鼠入牛角，入易出定難。
【寅丑子】曰：遊魂。乘凶坐，見成立敗。
【寅卯辰】曰：正和。展經略而果浴恩光。
【寅辰午】曰：出三陽。金鯉波中。
【寅午戌】曰：炎上。華明彰睛，光於天表。
【寅戌午】曰：華明。彰精光於天表。

卯木發用初傳：
【卯丑亥】曰：斷潤。卯入重陰明消暗長，斷潤之細流逐阻斷亡羊歧路。
【卯寅丑】曰：否極泰來。

【卯辰巳】曰：離漸。利用賓於王家。
【卯巳未】曰：盈陽。物極必反宜持中和之氣，收謙益之功。
【卯未亥】曰：合縱。彼我懷其忿。
【卯亥未】曰：先春。未萌先動非時過。

辰土發用初傳：
【辰子申】曰：循順。貴母躓等。
【辰寅子】曰：涉疑。入禍福雙關之道，辰進子退，知進退，審得失無不利。
【辰卯寅】曰：返照。行藏攸利。
【辰巳午】曰：陞階。親觀光於上國。
【辰午申】曰：登三天。得雲雨之蛟龍，得青龍登天行雨，官貴登天。
【辰申子】曰：星斗。現陰陽於天象。

巳火發用初傳：
【巳卯丑】曰：轉悖。巳丑交纏誘導二陽歸一陰，悖入悖出，皆自作自受。
【巳辰卯】曰：人物咸亨，庶績咸熙。
【巳午未】曰：近陽。名實相符。
【巳未酉】曰：變盈者，陽轉陰，吉變凶，新病凶久病癒。
【巳酉丑】曰：從革。宜革放從新。

午火發用初傳：
【午寅戌】曰：正義。顯朱夏之形。
【午辰寅】曰：顧祖。午為寅之子，子顧母，火以木明，若回龍顧祖。
【午巳辰】曰：登庸。舍井蛙而旋登月蕨。
【午未申】曰：麗明。威權獨盛。
【午申戌】曰：出三天。倒退出似，鳴鶴之在陰，宜自強不息。
【午戌寅】曰：庭有桂馥蘭。

未土發用初傳：

【未卯亥】曰：正陽。遵發生之意。
【未巳卯】曰：迪明。而利有攸往，吉事漸成，凶事漸消。
【未巳午】曰：梅猶帶雪，柳尚含煙。
【未午巳】曰：梅猶帶雪，柳尚含煙。
【未申酉】曰：迴春。若干夜殘燈。
【未酉亥】曰：入冥。陽消陰長，兵凶戰危速歸吉。
【未亥卯】曰：從吉。待機而動。

申金發用初傳：

【申子辰】曰：潤下。以和順為義。
【申辰子】曰：間十。聚秀氣於懷中。
【申午辰】曰：凝陽。離入半局之水，有自溺之憂。
【申未午】曰：凌陰。主行險僥倖實者危，危者安。
【申酉戌】曰：流金。似霜橋走馬。
【申戌子】曰：涉三淵。如蹈虎尾，如履薄冰。

酉金發用初傳：

【酉丑巳】曰：獻刃。遠近俱被傷。
【酉巳丑】曰：操會。既符莫失。
【酉未巳】曰：勵明。自酉入巳，棄暗投明，明時勢知進退。
【酉申未】曰：出獄。主離醜出群疎者親親者疎。
【酉戌亥】曰：革過從新。小人進而君子退。
【酉亥丑】曰：凝陰。履霜堅冰至，商旅宜防奸盜。

戌土發用初傳：

【戌子寅】曰：入三淵。屈不能伸，宜未雨綢繆。
【戌寅午】曰：預墓。會消息於方輿。
【戌午寅】曰：就燥。行合乎中庸。
【戌申午】曰：悖戾。有追悔之心，行人阻，婚作變。
【戌酉申】曰：返駕。主行肅殺之道。

【戌亥子】曰：隱明就暗。私事吉而公事凶。

亥水發用初傳：
【亥子丑】曰：龍潛陽光。身沐皇恩。
【亥丑卯】曰：暝濛。黎名將至憂慮不寧進退未決，惟君子終日乾乾夕惕若雖凶無咎。
【亥卯未】曰：曲直。福祿漸長，舉著得宜。
【亥未卯】曰：轉輪。因顛蹶而自反。
【亥酉未】曰：時遁。無出潛之意，淡泊明志，君子吉，小人悔吝。
【亥戌酉】曰：迴陰。心懷暗昧之私。

月將排例說明

　　自古以來，農民都以一年365天有餘來分成二十四節氣，當作農務作息的標準，一年十二個月份，再依每個月的中氣（因天帝順行、太陽逆佈，故每個月的中氣實指太陽在十二宮的位置）。
每月節氣排例如下：

節名稱	宮位	日期	月令	中氣	宮位	日期	月將	
立春	寅	2/4~5	正月	雨水	亥	2/18~19	亥	登明
驚蟄	卯	3/5~6	二月	春分	戌	3/20~21	戌	河魁
清明	辰	4/4~5	三月	穀雨	酉	4/20~21	酉	從魁
立夏	巳	5/5~6	四月	小滿	申	5/21~22	申	傳送
芒種	午	6/5~6	五月	夏至	未	6/21~22	未	小吉
小暑	未	7/7~8	六月	大暑	午	7/22~23	午	勝光
秋分	申	8/7~8	七月	處暑	巳	8/23~24	巳	太乙
白露	酉	9/7~8	八月	秋至	辰	9/23~24	辰	天罡
寒露	戌	10/8~9	九月	霜降	卯	10/23~24	卯	太冲
立冬	亥	11/7~8	十月	小雪	寅	11/22~23	寅	功曹
大雪	子	12/7~8	十一月	冬至	丑	12/21~22	丑	大吉
小寒	丑	1/5~6	十二月	大寒	子	1/20~21	子	神后

然以大六壬之占卜，查找月將時，皆以「中氣」名稱為依據標準。

大六壬占卜程序說明：

占卜時，依占卜日之天干依附在地盤的宮位上，但要切記，十宮寄宮不入四正（子午卯酉）卦上。圖例如下：

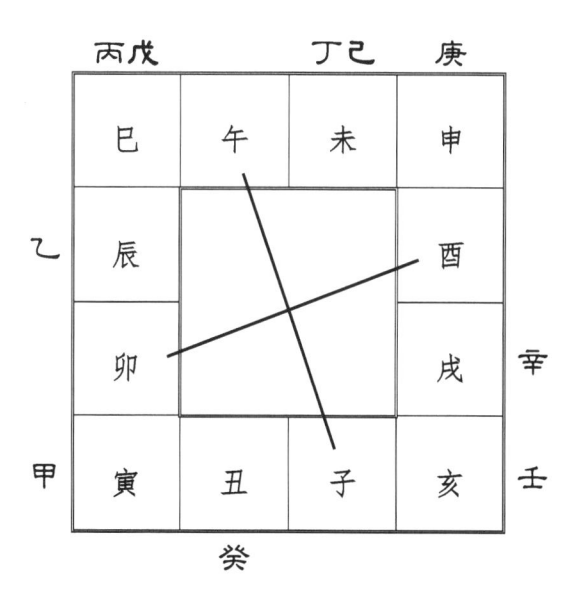

	丙戊		丁己	庚
	巳	午	未	申
乙	辰			酉
	卯			戌	辛
甲	寅	丑	子	亥	壬
		癸		

占卜時，要將月將加在用時上的宮位，依序順排十二宮。
例如 2024 年 3 月 21 日以後月將為戌，占卜時辰值巳時。天盤的排例如下：

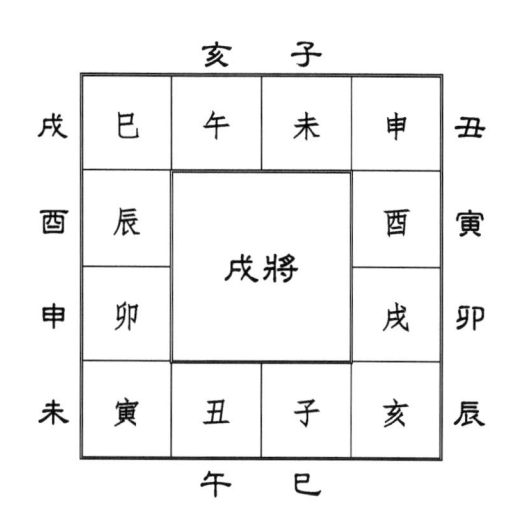

	亥	子		
戌	巳	午	未	申	丑
酉	辰		酉	寅
申	卯	戌將	戌	卯
未	寅	丑	子	亥	辰
	午	巳		

例一：
若 2024 年 3 月 21 日巳時占「人事」。
由每月節氣排例表得到 3 月 21 日值**戌將**。
2024 年 3 月 21 日農曆是甲申日，巳時占卜，〔甲〕申日所以要查（六甲）用時表「巳」時，月將「戌」，得「未」。即為**甲申日之干上未**。
即翻找本書籍第 327 頁**甲申日干上未**。
占斷解析：
【人事：晝貴臨干，暮貴臨支，交車相合。有利人事。】

例如 2024 年 5 月 22 日以後值申將，巳時占卜。天盤如下：

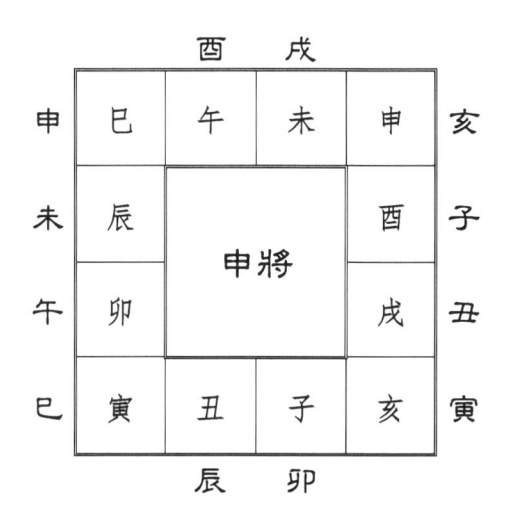

	酉	戌		
申	巳	午	未	申	亥
未	辰		酉	子
		申將		
午	卯		戌	丑
巳	寅	丑	子	亥	寅
	辰	卯		

例二：
若 2024 年 5 月 22 日巳時占「婚姻」。
由每月節氣排例表得到 5 月 22 日值**申將**。
2024 年 5 月 22 日農曆是丙戌日，巳時占卜，〔丙〕戌日所以要查（六丙）用時表「巳」時，月將「申」，得「申」。得**丙戌日之干上申**。
故翻找本書籍第 354 頁**丙戌日干上申**。
占斷解析：
【婚姻：后合占婚吉，天后入墓，六合臨帝旺。姻緣未到。】

例如 2024 年 4 月 22 日以後值酉將，巳時占卜。天盤如下：

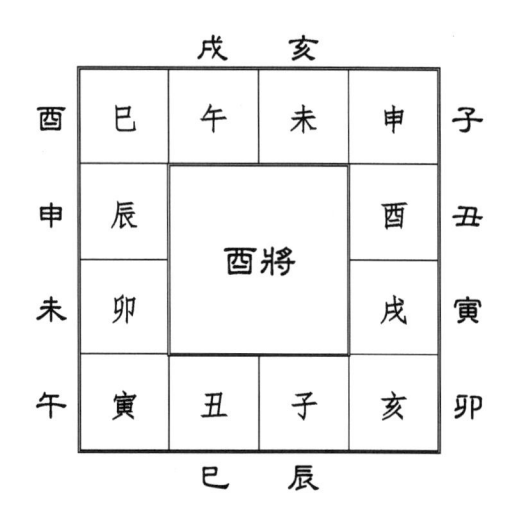

	戌	亥		
酉	巳	午	未	申	子
申	辰	酉將	酉	丑
未	卯		戌	寅
午	寅	丑	子	亥	卯
	巳	辰		

例三：

若 2024 年 4 月 22 日巳時占「失物」。

由每月節氣排例表得到 4 月 22 日值**酉將**。

2024 年 4 月 22 日農曆是癸巳日，巳時占卜，〔癸〕巳日所以要查（六癸）用時表「巳」時，月將「酉」，得「巳」。得**癸巳日之干上巳**。

故翻找本書籍第 442 頁**癸巳日干上巳**。

占斷解析：

【失物：玄武臨敗地，喜貴人乘財入課傳。失物復得。】

例如 2024 年 2 月 19 日以後值亥將，巳時占卜。天盤如下：

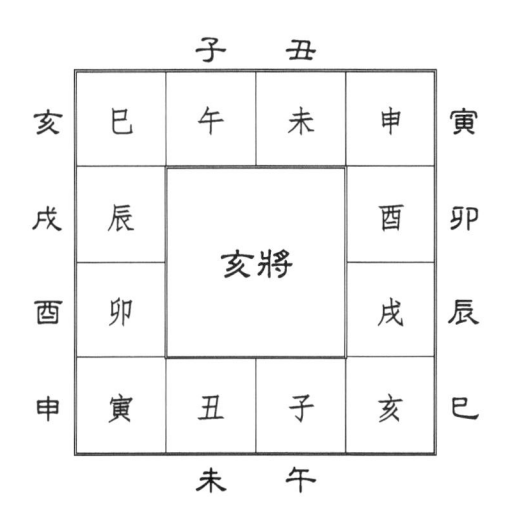

	子	丑	
亥	巳	午	未	申	寅
戌	辰	亥將	酉	卯
酉	卯		戌	辰
申	寅	丑	子	亥	巳
	未	午	

例四：

若 2024 年 2 月 19 日巳時占「升遷」。

由每月節氣排例表得到 2 月 19 日值**亥將**。

2024 年 2 月 19 日農曆是癸丑日，巳時占卜，〔癸〕丑日所以要查（六癸）用時表「巳」時，月將「亥」，得「未」。得**癸丑日之干上未**。

故翻找本書籍第 704 頁**癸丑日干上未**。

占斷解析：

【升遷：兩貴受尅，干支乘墓，水日逢丁，傳財化鬼。不利升遷。】

例如 2025 年 7 月 19 日因為還沒到大署，宮位還在夏至（未），所以值未將，巳時占卜。天盤如下：

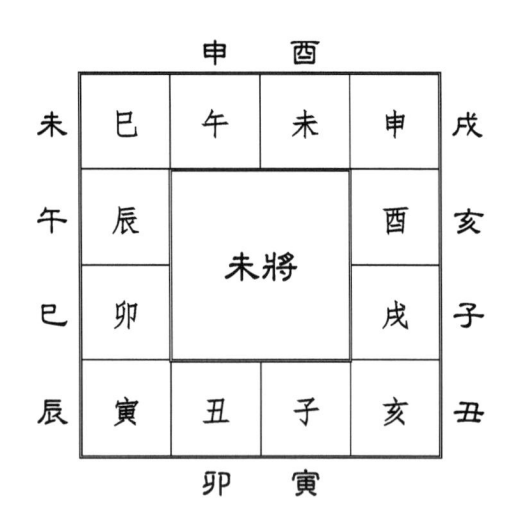

	申	酉	
未 巳	午	未	申 戌
午 辰	未將	酉 亥
巳 卯		戌 子
辰 寅	丑	子 亥	丑
	卯	寅	

例五：

若 2025 年 7 月 19 日巳時占「官司」。
由每月節氣排例表得到 7 月 19 日值**未將**。
2025 年 7 月 19 日農曆是己丑日，巳時占卜，〔己〕丑日所以要查（六己）用時表「巳」時，月將「未」，得「酉」。得**己丑日之干上酉**。
故翻找本書籍第 394 頁**己丑日干上酉**。
占斷解析：
【官司：末傳官鬼爻乘丁馬動，喜父母爻帝旺臨支洩殺生身。官司可解。】

又 2025 年 5 月 1 日因為還沒到小滿，宮位還在穀雨（酉），所以值酉將，巳時占卜。天盤如下：

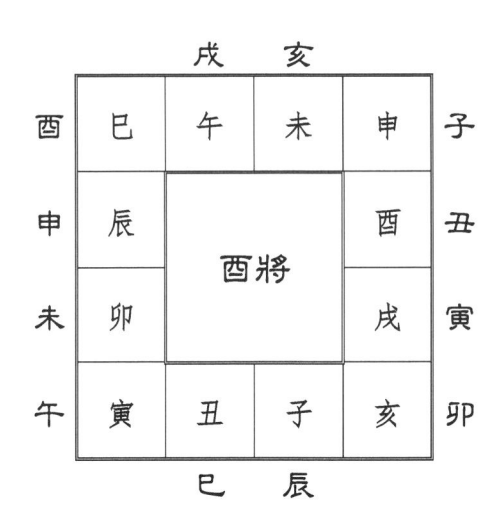

	戌	亥		
酉	巳	午	未	申	子
申	辰		酉	丑
未	卯	酉將	戌	寅
午	寅	丑	子	亥	卯
	巳	辰		

例六：
若 2025 年 5 月 1 日巳時占「婚姻」。
由每月節氣排例表得到 5 月 1 日值**酉將**。
2025 年 5 月 1 日農曆是庚午日，巳時占卜，〔庚〕午日所以要查（六庚）用時表「巳」時，月將「酉」，得「子」。得**庚午日之干上子**。
故翻找本書籍第 138 頁**庚午日干上子**。
占斷解析：
【婚姻：后合占婚豈用媒，后合臨宅逢三合。婚喜可期。】

切記，凡事皆以「中氣」名稱為依據標準。餘妨類推…

干上神速查表

六　甲											
月將\用時	亥	戌	酉	申	未	午	巳	辰	卯	寅	丑	子
子	丑	子	亥	戌	酉	申	未	午	巳	辰	卯	寅
丑	子	亥	戌	酉	申	未	午	巳	辰	卯	寅	丑
寅	亥	戌	酉	申	未	午	巳	辰	卯	寅	丑	子
卯	戌	酉	申	未	午	巳	辰	卯	寅	丑	子	亥
辰	酉	申	未	午	巳	辰	卯	寅	丑	子	亥	戌
巳	申	未	午	巳	辰	卯	寅	丑	子	亥	戌	酉
午	未	午	巳	辰	卯	寅	丑	子	亥	戌	酉	申
未	午	巳	辰	卯	寅	丑	子	亥	戌	酉	申	未
申	巳	辰	卯	寅	丑	子	亥	戌	酉	申	未	午
酉	辰	卯	寅	丑	子	亥	戌	酉	申	未	午	巳
戌	卯	寅	丑	子	亥	戌	酉	申	未	午	巳	辰
亥	寅	丑	子	亥	戌	酉	申	未	午	巳	辰	卯

六　乙											
月將\用時	亥	戌	酉	申	未	午	巳	辰	卯	寅	丑	子
子	卯	寅	丑	子	亥	戌	酉	申	未	午	巳	辰
丑	寅	丑	子	亥	戌	酉	申	未	午	巳	辰	卯
寅	丑	子	亥	戌	酉	申	未	午	巳	辰	卯	寅
卯	子	亥	戌	酉	申	未	午	巳	辰	卯	寅	丑
辰	亥	戌	酉	申	未	午	巳	辰	卯	寅	丑	子
巳	戌	酉	申	未	午	巳	辰	卯	寅	丑	子	亥
午	酉	申	未	午	巳	辰	卯	寅	丑	子	亥	戌
未	申	未	午	巳	辰	卯	寅	丑	子	亥	戌	酉
申	未	午	巳	辰	卯	寅	丑	子	亥	戌	酉	申
酉	午	巳	辰	卯	寅	丑	子	亥	戌	酉	申	未
戌	巳	辰	卯	寅	丑	子	亥	戌	酉	申	未	午
亥	辰	卯	寅	丑	子	亥	戌	酉	申	未	午	巳

干上神速查表

六　丙（戊）

月將 / 用時	亥	戌	酉	申	未	午	巳	辰	卯	寅	丑	子
子	辰	卯	寅	丑	子	亥	戌	酉	申	未	午	巳
丑	卯	寅	丑	子	亥	戌	酉	申	未	午	巳	辰
寅	寅	丑	子	亥	戌	酉	申	未	午	巳	辰	卯
卯	丑	子	亥	戌	酉	申	未	午	巳	辰	卯	寅
辰	子	亥	戌	酉	申	未	午	巳	辰	卯	寅	丑
巳	亥	戌	酉	申	未	午	巳	辰	卯	寅	丑	子
午	戌	酉	申	未	午	巳	辰	卯	寅	丑	子	亥
未	酉	申	未	午	巳	辰	卯	寅	丑	子	亥	戌
申	申	未	午	巳	辰	卯	寅	丑	子	亥	戌	酉
酉	未	午	巳	辰	卯	寅	丑	子	亥	戌	酉	申
戌	午	巳	辰	卯	寅	丑	子	亥	戌	酉	申	未
亥	巳	辰	卯	寅	丑	子	亥	戌	酉	申	未	午

六　丁（己）

月將 / 用時	亥	戌	酉	申	未	午	巳	辰	卯	寅	丑	子
子	午	巳	辰	卯	寅	丑	子	亥	戌	酉	申	未
丑	巳	辰	卯	寅	丑	子	亥	戌	酉	申	未	午
寅	辰	卯	寅	丑	子	亥	戌	酉	申	未	午	巳
卯	卯	寅	丑	子	亥	戌	酉	申	未	午	巳	辰
辰	寅	丑	子	亥	戌	酉	申	未	午	巳	辰	卯
巳	丑	子	亥	戌	酉	申	未	午	巳	辰	卯	寅
午	子	亥	戌	酉	申	未	午	巳	辰	卯	寅	丑
未	亥	戌	酉	申	未	午	巳	辰	卯	寅	丑	子
申	戌	酉	申	未	午	巳	辰	卯	寅	丑	子	亥
酉	酉	申	未	午	巳	辰	卯	寅	丑	子	亥	戌
戌	申	未	午	巳	辰	卯	寅	丑	子	亥	戌	酉
亥	未	午	巳	辰	卯	寅	丑	子	亥	戌	酉	申

干上神速查表

<table>
<tr><th colspan="13">六　　庚</th></tr>
<tr><th>月將
用時</th><th>亥</th><th>戌</th><th>酉</th><th>申</th><th>未</th><th>午</th><th>巳</th><th>辰</th><th>卯</th><th>寅</th><th>丑</th><th>子</th></tr>
<tr><td>子</td><td>未</td><td>午</td><td>巳</td><td>辰</td><td>卯</td><td>寅</td><td>丑</td><td>子</td><td>亥</td><td>戌</td><td>酉</td><td>申</td></tr>
<tr><td>丑</td><td>午</td><td>巳</td><td>辰</td><td>卯</td><td>寅</td><td>丑</td><td>子</td><td>亥</td><td>戌</td><td>酉</td><td>申</td><td>未</td></tr>
<tr><td>寅</td><td>巳</td><td>辰</td><td>卯</td><td>寅</td><td>丑</td><td>子</td><td>亥</td><td>戌</td><td>酉</td><td>申</td><td>未</td><td>午</td></tr>
<tr><td>卯</td><td>辰</td><td>卯</td><td>寅</td><td>丑</td><td>子</td><td>亥</td><td>戌</td><td>酉</td><td>申</td><td>未</td><td>午</td><td>巳</td></tr>
<tr><td>辰</td><td>卯</td><td>寅</td><td>丑</td><td>子</td><td>亥</td><td>戌</td><td>酉</td><td>申</td><td>未</td><td>午</td><td>巳</td><td>辰</td></tr>
<tr><td>巳</td><td>寅</td><td>丑</td><td>子</td><td>亥</td><td>戌</td><td>酉</td><td>申</td><td>未</td><td>午</td><td>巳</td><td>辰</td><td>卯</td></tr>
<tr><td>午</td><td>丑</td><td>子</td><td>亥</td><td>戌</td><td>酉</td><td>申</td><td>未</td><td>午</td><td>巳</td><td>辰</td><td>卯</td><td>寅</td></tr>
<tr><td>未</td><td>子</td><td>亥</td><td>戌</td><td>酉</td><td>申</td><td>未</td><td>午</td><td>巳</td><td>辰</td><td>卯</td><td>寅</td><td>丑</td></tr>
<tr><td>申</td><td>亥</td><td>戌</td><td>酉</td><td>申</td><td>未</td><td>午</td><td>巳</td><td>辰</td><td>卯</td><td>寅</td><td>丑</td><td>子</td></tr>
<tr><td>酉</td><td>戌</td><td>酉</td><td>申</td><td>未</td><td>午</td><td>巳</td><td>辰</td><td>卯</td><td>寅</td><td>丑</td><td>子</td><td>亥</td></tr>
<tr><td>戌</td><td>酉</td><td>申</td><td>未</td><td>午</td><td>巳</td><td>辰</td><td>卯</td><td>寅</td><td>丑</td><td>子</td><td>亥</td><td>戌</td></tr>
<tr><td>亥</td><td>申</td><td>未</td><td>午</td><td>巳</td><td>辰</td><td>卯</td><td>寅</td><td>丑</td><td>子</td><td>亥</td><td>戌</td><td>酉</td></tr>
</table>

<table>
<tr><th colspan="13">六　　辛</th></tr>
<tr><th>月將
用時</th><th>亥</th><th>戌</th><th>酉</th><th>申</th><th>未</th><th>午</th><th>巳</th><th>辰</th><th>卯</th><th>寅</th><th>丑</th><th>子</th></tr>
<tr><td>子</td><td>酉</td><td>申</td><td>未</td><td>午</td><td>巳</td><td>辰</td><td>卯</td><td>寅</td><td>丑</td><td>子</td><td>亥</td><td>戌</td></tr>
<tr><td>丑</td><td>申</td><td>未</td><td>午</td><td>巳</td><td>辰</td><td>卯</td><td>寅</td><td>丑</td><td>子</td><td>亥</td><td>戌</td><td>酉</td></tr>
<tr><td>寅</td><td>未</td><td>午</td><td>巳</td><td>辰</td><td>卯</td><td>寅</td><td>丑</td><td>子</td><td>亥</td><td>戌</td><td>酉</td><td>申</td></tr>
<tr><td>卯</td><td>午</td><td>巳</td><td>辰</td><td>卯</td><td>寅</td><td>丑</td><td>子</td><td>亥</td><td>戌</td><td>酉</td><td>申</td><td>未</td></tr>
<tr><td>辰</td><td>巳</td><td>辰</td><td>卯</td><td>寅</td><td>丑</td><td>子</td><td>亥</td><td>戌</td><td>酉</td><td>申</td><td>未</td><td>午</td></tr>
<tr><td>巳</td><td>辰</td><td>卯</td><td>寅</td><td>丑</td><td>子</td><td>亥</td><td>戌</td><td>酉</td><td>申</td><td>未</td><td>午</td><td>巳</td></tr>
<tr><td>午</td><td>卯</td><td>寅</td><td>丑</td><td>子</td><td>亥</td><td>戌</td><td>酉</td><td>申</td><td>未</td><td>午</td><td>巳</td><td>辰</td></tr>
<tr><td>未</td><td>寅</td><td>丑</td><td>子</td><td>亥</td><td>戌</td><td>酉</td><td>申</td><td>未</td><td>午</td><td>巳</td><td>辰</td><td>卯</td></tr>
<tr><td>申</td><td>丑</td><td>子</td><td>亥</td><td>戌</td><td>酉</td><td>申</td><td>未</td><td>午</td><td>巳</td><td>辰</td><td>卯</td><td>寅</td></tr>
<tr><td>酉</td><td>子</td><td>亥</td><td>戌</td><td>酉</td><td>申</td><td>未</td><td>午</td><td>巳</td><td>辰</td><td>卯</td><td>寅</td><td>丑</td></tr>
<tr><td>戌</td><td>亥</td><td>戌</td><td>酉</td><td>申</td><td>未</td><td>午</td><td>巳</td><td>辰</td><td>卯</td><td>寅</td><td>丑</td><td>子</td></tr>
<tr><td>亥</td><td>戌</td><td>酉</td><td>申</td><td>未</td><td>午</td><td>巳</td><td>辰</td><td>卯</td><td>寅</td><td>丑</td><td>子</td><td>亥</td></tr>
</table>

干上神速查表

六 壬											
月將\用時	亥	戌	酉	申	未	午	巳	辰	卯	寅	丑	子
子	戌	酉	申	未	午	巳	辰	卯	寅	丑	子	亥
丑	酉	申	未	午	巳	辰	卯	寅	丑	子	亥	戌
寅	申	未	午	巳	辰	卯	寅	丑	子	亥	戌	酉
卯	未	午	巳	辰	卯	寅	丑	子	亥	戌	酉	申
辰	午	巳	辰	卯	寅	丑	子	亥	戌	酉	申	未
巳	巳	辰	卯	寅	丑	子	亥	戌	酉	申	未	午
午	辰	卯	寅	丑	子	亥	戌	酉	申	未	午	巳
未	卯	寅	丑	子	亥	戌	酉	申	未	午	巳	辰
申	寅	丑	子	亥	戌	酉	申	未	午	巳	辰	卯
酉	丑	子	亥	戌	酉	申	未	午	巳	辰	卯	寅
戌	子	亥	戌	酉	申	未	午	巳	辰	卯	寅	丑
亥	亥	戌	酉	申	未	午	巳	辰	卯	寅	丑	子

六 癸											
月將\用時	亥	戌	酉	申	未	午	巳	辰	卯	寅	丑	子
子	子	亥	戌	酉	申	未	午	巳	辰	卯	寅	丑
丑	亥	戌	酉	申	未	午	巳	辰	卯	寅	丑	子
寅	戌	酉	申	未	午	巳	辰	卯	寅	丑	子	亥
卯	酉	申	未	午	巳	辰	卯	寅	丑	子	亥	戌
辰	申	未	午	巳	辰	卯	寅	丑	子	亥	戌	酉
巳	未	午	巳	辰	卯	寅	丑	子	亥	戌	酉	申
午	午	巳	辰	卯	寅	丑	子	亥	戌	酉	申	未
未	巳	辰	卯	寅	丑	子	亥	戌	酉	申	未	午
申	辰	卯	寅	丑	子	亥	戌	酉	申	未	午	巳
酉	卯	寅	丑	子	亥	戌	酉	申	未	午	巳	辰
戌	寅	丑	子	亥	戌	酉	申	未	午	巳	辰	卯
亥	丑	子	亥	戌	酉	申	未	午	巳	辰	卯	寅

大六壬占卜解碼

甲子日

祿神：寅

驛馬：寅

貴人：丑、未

空亡：戌、亥

長生：亥

帝旺：卯

墓庫：未

甲子日

四課	三課	二課	一課
天后	玄武	玄武	白虎
申	戌	戌	子
戌	子	子	甲

干上子

妻財	◎	戌	玄武	初傳
官鬼	⊙	申	天后	中傳
子孫		庚	午	螣蛇	末傳

畢法賦/詮釋：
末助初傳三等論。　　支生干主外事求我。
傳財化鬼財休覓。　　初傳逢空，中傳坐空。
腳踏空亡進用宜。　　避難逃生須棄舊。
制鬼之位乃良醫。

占斷解析：
天候：戌（玄武），傳申（天后），傳午（螣蛇）。主多陰轉晴。
人事：末傳尅干上子。人事不利己。
考試：官鬼申金尅青龍寅木，朱雀臨衰。不利考運。
婚姻：后合占婚吉，天后入墓，初傳玄武沖六合。姻緣未到。
財祿：財爻空亡乘玄武，主虛耗。財運不佳。
升遷：末傳尅干上子。升遷不利己。
疾病：白虎乘子水尅火，主心疾，官鬼乘申金生旺子水助旺。未覓良醫。
失物：玄武乘戌財發傳末乘蛇。失物難尋。
子嗣：天后入墓，六合乘旺。先得男。
官司：傳財化鬼，幸得末傳子孫相制。官司可解。

甲子日

重陰
干上丑

父母	甲	子	白虎	初傳
父母	◎	亥	太常	中傳
妻財	◎	戌	玄武	末傳

四課	三課	二課	一課
玄武	太常	白虎	天空
戌	亥	子	丑
亥	子	丑	甲

比用課

畢法賦/詮釋：
貴人差迭事參差。　干上神六合白虎。
不行傳者考初時。　支上神乘長生。（宅中有喜事）
我求彼事干傳支。　交車相合交關利。
傳財太旺反財虧。

占斷解析：

天候：子（白虎），傳亥（太常），傳戌（玄武）。主陰雨。

人事：初傳白虎，中末空亡，主虛耗。不利人事。

考試：初傳白虎庚申制青龍甲寅，末傳玄武癸亥制朱雀丙午。天將自己戰尅，考運不佳。

婚姻：后合占婚吉，天后臨絕，六合臨衰。姻緣未到。

財祿：財爻空亡乘玄武，財有失。不利財運。

升遷：課傳不見官爻，財又逢空。不利升遷。

疾病：白虎乘子水尅火，主心疾，白虎子水入課傳助旺。未覓良醫。

失物：玄武乘空，財爻入課傳。失物復得。

子嗣：天后臨絕，六合逢衰。子息緣淡。

官司：虎臨遁鬼，末傳財爻生官。官司難解。

甲子日

四課	三課	二課	一課
白虎	白虎	青龍	青龍
子	子	寅	寅
子	子	寅	甲

干上寅

兄弟	丙	寅	青龍	初傳
子孫	己	巳	朱雀	中傳
官鬼	壬	申	天后	末傳

伏吟課

畢法賦/詮釋：
賓主不投刑在上。　　刑中有合有害。
旺祿臨身徒妄作。　　利靜、利上、利君子。（各懷鬼胎）
將逢內戰所謀危。　　虎臨遁鬼防有殃。
貴人差迭事參差。　　龍加生氣吉遲遲。

占斷解析：
天候：寅（青龍），傳巳（朱雀），傳申（天后）。有風無雨。
人事：青龍臨干，白虎臨支。龍虎相爭。人事利己。
考試：初傳青龍泮喜，中傳朱雀報喜。入榜可期。
婚姻：后合占婚吉，天后入傳，六合乘辰申子三合。婚喜可期。
財祿：德祿臨干，得官印相生。財祿旺。
升遷：三傳逢刑，官祿相沖。不利升遷。
疾病：白虎乘子水尅火，主心疾，喜青龍乘寅木臨干洩水生火。疾病可癒。
失物：初逢青龍乘祿神，中傳朱雀制官鬼，玄武入墓。失物復得。
子嗣：天后值絕，六合臨衰。子息緣淡。
官司：三傳逢刑，末傳官鬼，喜干祿青龍相制。官司可解。

甲子日

升階
干上卯

妻財	戊	辰	六合	初傳
子孫	己	巳	朱雀	中傳
子孫	庚	午	螣蛇	末傳

四課	三課	二課	一課
青龍	天空	六合	勾陳
寅	丑	辰	卯
丑	子	卯	甲

重審課

畢法賦/詮釋：
所謀多拙逢羅網。　進連茹春夏占之。
權攝不正祿臨支。　子孫發貴財自至。
龍加生氣吉遲遲。　吉者連吉。凶則重重。
傳財太旺反財虧。

占斷解析：
天候：辰（六合），傳巳（朱雀），傳午（螣蛇）。主天晴。
人事：干支逢羅網，日祿臨支。人事不利己。
考試：青龍臨宅泮喜，朱雀入傳報喜。入榜可期。
婚姻：后合占婚吉，天后臨絕，六合臨衰。姻緣未到。
財祿：財爻六合，中末子孫生財。有利財運。
升遷：四課多兄弟爻，三傳子孫多。不利升遷。
疾病：白虎乘子水尅火，主心疾，喜青龍乘寅木入宅洩水生火。疾病可癒。
失物：玄武臨空亡，喜中末傳子孫生財。失物復得。
子嗣：天后值絕，六合臨衰。子息緣淡。
官司：官鬼爻臨胎絕，喜中末傳子孫爻相制。官司可解。

甲子日

登天
干上辰

妻財	戊	辰	六合	初傳
子孫	庚	午	螣蛇	中傳
官鬼	壬	申	天后	末傳

四課	三課	二課	一課
六合	青龍	螣蛇	六合
辰	寅	午	辰
寅	子	辰	甲

畢法賦/詮釋：
簾幕貴人高甲第。　　求官愈尊愈吉。
罡塞鬼戶任謀為。　　小人反不利。
權攝不正祿臨支。　　制鬼之位乃良醫。
后合占婚豈用媒。

占斷解析：

天候：辰（六合），傳午（螣蛇），傳申（天后）。多雲轉晴。

人事：簾幕貴人登天門。有利人事。

考試：青龍乘日祿泮喜。有利考運。

婚姻：后合占婚豈用媒。婚喜可期。

財祿：財爻乘祿發用。有利財運。

升遷：財爻乘祿又暗合官祿。有利升遷。

疾病：白虎乘子水尅火，主心疾，喜青龍乘寅木入宅洩水生火。疾病可癒。

失物：玄武臨空亡，罡塞鬼戶，貴登天門。失物復得。

子嗣：天后值絕，六合臨衰。子息緣淡。

官司：官鬼爻入傳，喜青龍乘寅木有制。官司可解。

甲子日

干上巳

	初傳	中傳	末傳
官鬼	壬申		螣蛇
父母	◎	亥	勾陳
兄弟	⊙	寅	白虎

四課	三課	二課	一課
天后	太常	螣蛇	太陰
午	卯	申	巳
卯	子	巳	甲

重審課

畢法賦/詮釋：
人宅受脫俱招盜。　　雙貴逢羅網。
不行傳者考初時。　　凡事有始無終。
貴雖在獄宜臨干。　　干支俱洩於上神。
三傳遞生人舉薦。　　制鬼之位乃良醫。

占斷解析：
天候：申（螣蛇），傳亥（勾陳），傳寅（白虎）。有風無雨。
人事：官印相生發用，日祿歸末傳。有利人事。
考試：青龍臨敗地，朱雀乘胎。不利考運。
婚姻：后合占婚吉，太常乘旺臨宅逢天后。婚喜可期。
財祿：課傳不見財爻又逢空亡。財運不佳。
升遷：三傳遞生人舉薦。有利升遷。
疾病：白虎乘寅木尅土，主胃疾，喜干上神巳火洩木生土。疾病可癒。
失物：人宅受脫俱招盜，玄武賊星乘天罡。失物難尋。
子嗣：天后臨死地，六合臨養。先得男。
官司：官鬼爻三傳遞生日祿。官司可解。

- 65 -

甲子日

四課	三課	二課	一課
騰蛇	玄武	六合	天后
申	辰	戌	午
辰	子	午	甲

星斗
干上午

妻財	戊	辰	玄武	初傳
官鬼	壬	申	騰蛇	中傳
父母	甲	子	青龍	末傳

元首課

畢法賦/詮釋：
三傳遞生人舉薦。　　潤下格（三合水局）。
支墳財氣旅程稽。　　三傳遞生（支上神）。
夫婦蕪淫各有私。　　萬事喜忻三六合。
合中犯煞蜜中砒。　　后合占婚豈用媒。

占斷解析：
天候：辰（玄武），傳申（騰蛇），傳子（青龍）。主多雨。
人事：干上逢三合、六合、天后。人事利己。
考試：青龍臨末傳，初傳合朱雀。入榜可期。
婚姻：后合占婚豈用媒。婚喜可期。
財祿：財爻乘支墓臨宅，玄武犯小人，財逢劫。不利財運。
升遷：三傳遞生人舉薦。有利升遷。
疾病：白虎乘寅木尅土，主胃疾，喜干上神午火洩木生土。疾病可癒。
失物：玄武乘辰財，干上辰戌相沖。失物復得。
子嗣：天后臨死地，六合臨養。先得男。
官司：三傳遞生，官印相生生日干。官司可解。

甲子日

干上未

四課	三課	二課	一課
六合	太陰	青龍	貴人
戌	巳	子	未
巳	子	未	甲

父母	甲子	青龍	初傳
子孫	己巳	太陰	中傳
妻財	◎戌	六合	末傳

知一課

畢法賦/詮釋：
貴人差迭事參差。　　干上逢貴入墓。
害貴訟直遭屈斷。　　墓逢六害發用。
彼此猜忌害相隨。
我求彼事干傳支。

占斷解析：
天候：子（青龍），傳巳（太陰），傳戌（六合）。近日雨。
人事：傳貴皆吉將，見吉論有吉。有利人事。
考試：貴人臨干，青龍泮喜。有利考運。
婚姻：后合占婚吉，天后臨死地，六合臨養。姻緣未到。
財祿：貴人乘財臨干，末傳財乘六合。財運旺。
升遷：傳貴皆吉將，見吉論有吉。有利升遷。
疾病：白虎乘寅木尅土，主胃疾，喜子孫巳火入課傳洩木生土。疾病可癒。
失物：玄武乘衰，貴人乘財臨干。失物復得。
子嗣：天后臨死地，六合臨養。先得男。
官司：官鬼爻臨胎絕，喜青龍乘子水洩殺生身。官司可解。

- 67 -

甲子日

	一課	二課	三課	四課
	申	寅	午	子
	甲	申	子	午
	騰蛇	白虎	天后	青龍

干上申

兄弟	丙	寅	白虎	初傳
官鬼	壬	申	騰蛇	中傳
兄弟	丙	寅	白虎	末傳

伏吟課

畢法賦/詮釋：
干支值絕凡謀決。　　天地返吟全無和氣。
晝夜貴加求兩貴。　　去而復來凡事滯怠。
彼此全傷防兩損。　　旺祿臨身徒妄作。
三傳互尅眾人欺。

占斷解析：
天候：寅（白虎），傳申（騰蛇），傳寅（白虎）。有風無雨。
人事：陰陽刑沖，龍蛇雜處。不利人事。
考試：課傳刑沖，青龍逢沖。不利考運。
婚姻：后合占婚吉，天后臨死地，六合臨養。姻緣未到。
財祿：課傳不見財爻，祿逢沖。財運不佳。
升遷：祿馬逢沖，貴人入墓。不利升遷。
疾病：白虎乘寅木尅土，主胃疾，喜干上申金相制。疾病可癒。
失物：玄武入獄，干支值絕凡謀決。失物難尋。
子嗣：天后臨死地，六合臨養。先得男。
官司：官鬼爻臨干，喜干祿臨官相制。官司可解。

- 68 -

甲子日

干上酉

兄弟	丙	寅	白虎	初傳
官鬼	癸	酉	朱雀	中傳
妻財	戊	辰	玄武	末傳

四課	三課	二課	一課
白虎	貴人	玄武	朱雀
寅	未	辰	酉
未	子	酉	甲

知一課

畢法賦/詮釋：
權攝不正祿臨支。　　干上逢鬼墓覆支。
干支全傷防兩損。　　不利干謁（面上求祿位）人亦昏晦。
貴人差迭事參差。　　日祿發用傳至衰家道歇。
彼求我事支傳干。　　傳財化鬼財休覓。

占斷解析：
天候：寅（白虎），傳酉（朱雀），傳辰（玄武）。有風無雨。
人事：祿貴臨宅，財官六合臨干。有利人事。
考試：祿貴臨宅，朱雀入課傳報喜。入榜可期。
婚姻：后合占婚吉，天后臨死地，六合臨養。姻緣未到。
財祿：權攝不正，貴人乘財臨支上。財祿不利己。
升遷：官祿入課，朱雀入課傳報喜。升遷在即。
疾病：白虎乘寅木尅土，主胃疾，喜干上酉金相制。疾病可癒。
失物：玄武乘辰財合朱雀尅日干。失物難尋。
子嗣：天后臨死地，六合臨養。先得男。
官司：白虎發用傳官鬼，財爻合官鬼臨干上，花錢消災。

甲子日

妻財	◎	戌	六合	初傳
子孫	⊙	午	天后	中傳
兄弟		丙	寅	白虎	末傳

四課	三課	二課	一課
玄武	螣蛇	天后	六合
辰	申	午	戌
申	子	戌	甲

就燥
干上戌

重審課

畢法賦/詮釋：
夫婦蕪淫各有私。　　干支上神三合互尅。
后合占婚豈用媒。　　支為內事，以卑犯尊。
六陽數足須公用。　　以賤犯貴，事多不順。
萬事喜忻三六合。　　腳踏空亡進用宜。

占斷解析：
天候：戌（六合），傳午（天后），傳寅（白虎）。晴無雨。
人事：六陽數足須公用。人事宜守舊。
考試：龍乘敗地，朱雀臨胎。不利考運。
婚姻：后合占婚吉，六合旬空，天后臨死。姻緣未到。
財祿：干上財乘空亡，逢玄武相沖。財運不佳。
升遷：祿馬乘白虎。升遷在即。
疾病：白虎乘寅木尅土，主胃疾，喜子孫爻入課傳洩木生土。疾病可癒。
失物：玄武乘辰財臨螣蛇入宅。失物難尋。
子嗣：天后臨死地，六合臨養。先得男。
官司：官鬼爻臨胎絕，喜子孫爻入課傳相制。官司可解。

甲子日

干上亥

子孫	庚	午	螣蛇	初傳
兄弟	丁	卯	勾陳	中傳
父母	甲	子	白虎	末傳

四課	三課	二課	一課
螣蛇	太陰	天后	太常
午	酉	申	亥
酉	子	亥	甲

畢法賦/詮釋：
互生俱生凡事益。　　元首課，上尅下。尊制卑，貴制賤。
三傳逆生人舉薦。　　凡占多順利。
賓主不投刑在上。　　干上逢長生，支上逢印。
貴雖在獄宜臨干。　　任信丁馬需言動。

占斷解析：
天候：午（螣蛇），傳卯（勾陳），傳子（白虎）。天晴有風。
人事：傳課皆刑，各懷鬼胎。不利人事。
考試：干上申官乘亥印，青龍乘寅祿，朱雀乘巳。干上官印相生再生祿神，利考運。
婚姻：后合占婚吉，天后臨絕，六合臨衰。姻緣未到。
財祿：課傳不見財爻。財運不佳。
升遷：官祿臨宅，干支逢長生。升遷在即。
疾病：白虎乘子水尅火，主心疾，喜印木乘丁馬洩水生火。疾病可癒。
失物：玄武乘戌財臨空亡，課傳不見財爻。失物難尋。
子嗣：天后臨絕，六合臨衰。子息緣淡。
官司：官鬼爻臨胎絕，喜子孫爻入課傳相制。官司可解。

- 71 -

乙丑日

祿神：卯

驛馬：亥

貴人：子、申

空亡：戌、亥

長生：午

帝旺：寅

墓庫：戌

乙丑日

反射
干上子

子孫	己	巳	玄武	初傳
妻財	乙	丑	青龍	中傳
官鬼	癸	酉	螣蛇	末傳

四課	三課	二課	一課
玄武	螣蛇	貴人	勾陳
巳	酉	申	子
酉	丑	子	乙

元首課

畢法賦/詮釋：
三傳遞生人舉薦。　巳丑酉從革格。先從後革。
貴登天門高甲第。　四課發用有意外的憂喜。
眾鬼雖彰全不畏。　三傳遞生首尾相見。
一旬周遍始終宜。

占斷解析：
天候：巳（玄武），傳丑（青龍），傳酉（螣蛇）。有雨。
人事：三傳遞生人舉薦，貴人臨干，官印相生。有利人事。
考試：青龍乘衰，朱雀乘戌入墓。考運不佳。
婚姻：后合占婚吉，天后臨養，六合臨死地。姻緣未到。
財祿：青龍財乘衰，鬼眾財弱。財祿不旺。
升遷：三傳遞生人舉薦，貴人臨干，官印相生。有利升遷。
疾病：白虎乘卯木尅土，主胃疾，末傳酉金相制。病可癒。
失物：玄武巳逢三合，臨支上，巳臨敗地三合絕。失物可追回。
子嗣：天后臨養，六合臨死地。先得女。
官司：三傳從革，貴人臨干，官印相生。官司可解。

- 73 -

乙丑日

四課	三課	二課	一課
天后	朱雀	朱雀	青龍
未	戌	戌	丑
戌	丑	丑	乙

干上丑

妻財	乙	丑	青龍 初傳
妻財	◎	戌	朱雀 中傳
妻財	☉	未	天后 末傳

重審課

畢法賦/詮釋：
人宅坐墓甘招晦。　　稼穡格又名三丘五墓。
賓主不投刑在上。　　閉塞不通暗昧不明。
傳財太旺反財虧。　　日墓覆干支又入傳。
六爻現卦防其剋。　　不行傳者考初時。

占斷解析：

天候：丑（青龍），傳戌（朱雀），傳未（天后）。陰轉晴。
人事：人宅坐墓，賓主不投，課傳皆刑。不利人事。
考試：青龍發用泮喜，朱雀報喜。入榜可期。
婚姻：后合占婚吉，天后臨養，六合臨死地。姻緣未到。
財祿：課傳皆財不得祿，傳財太旺反財虧。不利財運。
升遷：人宅坐墓，賓主不投，課傳皆刑。不利升遷。
疾病：白虎乘卯木剋土，主胃疾，喜太陰午火來洩木生土。疾病可癒。
失物：玄武臨敗地，青龍乘財發用，。失物復得。
子嗣：天后臨養，六合臨死地。。先得女。
官司：官鬼爻臨胎絕，課傳皆財爻生助。官司難解。

乙丑日

時遁
干上寅

父母	◎	亥	玄武	初傳
官鬼	☉	酉	天后	中傳
妻財	辛	未	螣蛇	末傳

四課	三課	二課	一課
天后	玄武	太常	天空
酉	亥	子	寅
亥	丑	寅	乙

重審課

畢法賦/詮釋：
三傳逆生人舉薦。　　時不利兮末尅初。
交車相合交關利。　　君子待時方得吉。
有終無始難變易。　　初中逢空末逢墓。
腳踏空亡進用宜。　　貴雖在獄宜臨干。

占斷解析：
天候：亥（玄武），傳酉（天后），傳未（螣蛇）。陰轉晴。
人事：貴人入獄，驛馬乘空。不利人事。
考試：青龍臨祿，朱雀乘長生。有利考運。
婚姻：后合占婚吉，天后乘空，六合乘敗地。姻緣未到。
財祿：財爻逢螣蛇，祿馬乘空。財祿不旺。
升遷：貴人入獄，驛馬乘空。不利升遷。
疾病：白虎乘丑土尅水，主腎疾，初傳末傳暗合青龍相制。疾病可癒。
失物：玄武發用，螣蛇入墓。失物難尋。
子嗣：天后乘空，六合乘敗地。子息緣淡。
官司：官鬼爻臨支，喜太常乘父母爻臨干，官印相生在生日。官司可解。

乙丑日

重陰
干上卯

父母	甲	子	太常	初傳
父母	◎	亥	玄武	中傳
妻財	◎	戌	太陰	末傳

四課	三課	二課	一課
玄武	太常	天空	青龍
亥	子	寅	卯
子	丑	卯	乙

重審課

畢法賦/詮釋：
旺祿臨身毋妄作。　　中末空亡考初時。
不行傳者考初時。　　旺祿臨身宜守舊。
有始無終難變易。　　干支相刑。
富貴干支逢祿馬。　　婚姻難美滿。

占斷解析：
天候：子（太常），傳亥（玄武），傳戌（太陰）。陰有雨。
人事：青龍乘祿逢丁神臨干。有利人事。
考試：青龍乘祿泮喜，朱雀逢長生。入榜可期。
婚姻：后合占婚吉，天后臨絕，六合臨敗地。姻緣未到。
財祿：財爻乘空亡入末傳，兄弟爻旺相爭財。財祿不旺。
升遷：青龍乘祿逢丁神臨干。升遷有望。
疾病：白虎乘丑土尅水，主腎疾，貴人乘申金洩土生水。疾病可癒。
失物：玄武乘亥臨死地，青龍臨祿逢帝旺。失物復得。
子嗣：天后臨絕，六合臨敗地。子息緣淡。
官司：官鬼爻臨胎絕，喜太常子水發用洩殺生身。官司可解。

乙丑日

妻財	戊	辰	勾陳	初傳
妻財	乙	丑	白虎	中傳
妻財	◎	戌	太陰	末傳

干上辰

四課	三課	二課	一課
白虎	白虎	勾陳	勾陳
丑	丑	辰	辰
丑	丑	辰	乙

伏吟課

畢法賦/詮釋：
全財病體難擔負。　　日干一木尅九土。
用破身心無所歸。　　財多身弱因財起禍。
賓主不投刑在上。　　三丘五墓伏吟課。
我求彼事干傳支。　　華蓋覆日人昏晦。

占斷解析：

天候：辰（勾陳），傳丑（白虎），傳戌（太陰）。久陰不雨。

人事：賓主不投刑在上，華蓋覆日。不利人事。

考試：課傳皆白虎與勾陳，不見龍雀。不利考運。

婚姻：后合占婚吉，天后臨絕，六合臨敗地。姻緣未到。

財祿：財旺身弱無依，傳財太旺反財虧。不利財運。

升遷：課傳皆凶將，不見祿馬。不利升遷。

疾病：白虎乘丑土尅水，主腎疾，六爻俱土比助。未覓良醫。

失物：財爻旺生官鬼尅子孫，玄武乘亥臨死地。失物難尋。

子嗣：天后臨絕，六合臨敗地。子息緣淡。

官司：官鬼爻臨胎絕，九土財爻生助。官司難解。

- 77 -

乙丑日

正和
干上巳

兄弟	丙	寅	天空	初傳
兄弟	丁	卯	青龍	中傳
妻財	戊	辰	勾陳	末傳

四課	三課	二課	一課
青龍	天空	朱雀	六合
卯	寅	午	巳
寅	丑	巳	乙

畢法賦/詮釋：
權攝不正祿臨支。　　洩干尅宅唯春季不論害。
人宅受脫俱招盜。　　喜春占吉無不利。
彼此猜忌害相隨。　　三傳合祿須干謁。任信丁馬須言動。
首謀多拙逢羅網。　　三會木局進連茹。龍加生氣吉遲遲。

占斷解析：

天候：寅（天空），傳卯（青龍），傳辰（勾陳）。有風無雨。
人事：權攝不正祿臨支。人事不利己。
考試：青龍入傳泮喜，朱雀臨干上報喜。上榜可期。
婚姻：后合占婚吉，天后臨絕，六合臨敗地。姻緣未到。
財祿：三會木旺兄弟爭財。不利財運。
升遷：權攝不正祿臨支。升遷不利己。
疾病：白虎乘丑土尅水，主腎疾，喜貴人乘申金洩土生水。疾病可癒。
失物：玄武死地，青龍旺相，末傳得財爻。失物復得。
子嗣：天后臨絕，六合臨敗地。子息緣淡。
官司：官鬼爻臨胎絕，干上逢巳火六合有制。官司可解。

乙丑日

涉三淵
干上午

四課	三課	二課	一課	
官鬼	壬	申	貴人	初傳
妻財	◎	戌	太陰	中傳
父母	☉	子	太常	末傳

四課	三課	二課	一課
六合	青龍	貴人	朱雀
巳	卯	申	午
卯	丑	午	乙

重審課

畢法賦/詮釋：
權攝不正祿臨支。　干祿臨支，貴入發用。
兩貴受尅難干貴。　進退艱難吉凶無成。
鬼乘天乙乃神祇。　人宅皆死各衰贏。（日洩支尅）。
不行傳者考初時。　傳財化鬼財休覓。

占斷解析：

天候：申（貴人），傳戌（太陰），傳子（太常）。陰雨。
人事：青龍臨官入宅，貴人臨干發傳。有利人事。
考試：青龍臨宅泮喜，貴人乘朱雀臨干上報喜。上榜可期。
婚姻：后合占婚吉，天后臨絕，六合臨敗地。姻緣未到。
財祿：財爻入傳，喜子孫父臨干支相生，有利財運。
升遷：青龍臨官入宅，貴人臨干發傳。有利升遷。
疾病：白虎乘丑土尅水，主腎疾，喜初傳鬼乘天乙洩土生子水。疾病可癒。
失物：玄武死地，青龍旺相，財爻入傳。失物復得。
子嗣：天后臨絕，六合臨敗地。子息緣淡。
官司：官鬼臨干發用，喜末傳子水洩殺生身。官司可解。

- 79 -

乙丑日

干上未			
妻財	辛	未	螣蛇 初傳
妻財	◎	戌	太陰 中傳
妻財	⊙	丑	白虎 末傳

四課	三課	二課	一課
螣蛇	勾陳	太陰	螣蛇
未	辰	戌	未
辰	丑	未	乙

重審課

畢法賦/詮釋：
全財病體難康復。　三傳皆財三丘五墓。
賓主不投刑在上。　干墓併關人宅廢。
不行傳者考初時。　六爻現卦防其尅。
　　　　　　　　　人宅坐墓甘招晦。

占斷解析：
天候：未（螣蛇），傳戌（太陰），傳丑（白虎）。主天晴。
人事：螣蛇臨干，勾陳臨支，干墓併關。不利人事。
考試：龍雀不入課傳，三傳成刑，課傳皆墓。不利考運。
婚姻：后合占婚吉，天后臨絕，六合臨敗地。姻緣未到。
財祿：傳財太旺反財虧。不利財運。
升遷：螣蛇臨干，勾陳臨支，干墓併關。不利升遷。
疾病：白虎乘丑土尅水，主腎疾，九土財爻比旺。未覓良醫。
失物：螣蛇發用成三刑，玄武臨死地。財爻逢空。失物難尋。
子嗣：天后乘絕，六合臨敗地。子息緣淡。
官司：官鬼臨胎絕，課傳皆財生助。官司難解。

乙丑日

獻刃
干上申

官鬼	癸	酉	螣蛇	初傳
妻財	乙	丑	青龍	中傳
子孫	己	巳	玄武	末傳

四課	三課	二課	一課
螣蛇	玄武	勾陳	貴人
酉	巳	子	申
巳	丑	申	乙

重審課

畢法賦/詮釋：
眾鬼雖彰全不畏。　　從革之課革故鼎新。
制鬼之位乃良醫。　　三合金局剋日干。難免於官訟。
鬼乘天乙乃神祇。　　貴德臨干能除凶咎。
貴雖在獄宜臨干。　　革故鼎新從革課。

占斷解析：

天候：酉（螣蛇），傳丑（青龍），傳巳（玄武）。有雨。

人事：貴人臨干，鬼乘天乙官印相生。有利人事。

考試：青龍乘支，貴人臨干。上榜可期。

婚姻：后合占婚吉，天后臨養，六合臨死地。姻緣未到。

財祿：青龍乘財臨衰入傳，喜末傳子孫生助。財漸旺。

升遷：貴人臨干，鬼乘天乙官印相生。利升遷。

疾病：白虎乘卯木剋土，主胃疾，喜末傳巳火洩木生土。疾病可癒。

失物：玄武臨敗地，螣蛇發用傳玄武。失物難尋。

子嗣：天后臨養，六合臨死地。先得女。

官司：眾鬼雖彰全不畏，鬼乘天乙臨干官印相生。官司可解。

乙丑日

四課	三課	二課	一課
六合	太陰	天空	螣蛇
亥	午	寅	酉
午	丑	酉	乙

干上酉

兄弟	丙	寅	天空	初傳
妻財	辛	未	天后	中傳
父母	甲	子	勾陳	末傳

重審課

畢法賦/詮釋：
賓主不投刑在上。　　三傳互尅凡事宜忍。
制鬼之位乃良醫。　　酉為日鬼臨干。
貴人差迭事參差。　　支上午火制之（凶中藏利）。
后合占婚豈用媒。　　末助初兮三等論。

占斷解析：

天候：寅（天空），傳未（天后），傳子（勾陳）。有風有雨。
人事：末助初兮三等論。末傳子水洩殺生身。有利人事。
考試：龍雀不入課傳，賓主不投干支皆自刑。不利考運。
婚姻：后合占婚吉，六合空亡，天后臨養。姻緣未到。
財祿：財爻逢合，子孫爻逢長生。有利財運。
升遷：驛馬乘六合臨支，螣蛇臨干。升遷不利己。
疾病：白虎乘卯木尅土，主胃疾，喜午火臨支洩木生土。疾病可癒。
失物：玄武臨敗地，財爻入墓臨衰，寅木兄弟發用。失物難尋。
子嗣：天后臨養，六合臨死地。。先得女。
官司：官鬼臨胎絕，喜末傳子水洩殺生身。官司可解。

乙丑日

干上戌

妻財	◎	戌	朱雀	初傳
妻財	⊙	辰	太常	中傳
妻財	◎	戌	朱雀	末傳

四課	三課	二課	一課
青龍	天后	太常	朱雀
丑	未	辰	戌
未	丑	戌	乙

返吟課

畢法賦/詮釋：
六爻現卦防其尅。　　返吟課體事多反覆。
來去俱空豈動移。　　日墓臨支三傳俱陷。
三傳互尅眾人欺。　　三傳皆空，占事了無一實。
空空如也事休追。　　六爻全財憂父母。

占斷解析：

天候：戌（朱雀），傳辰（太常），傳戌（朱雀）。天晴。

人事：三傳臨空互沖，干墓併關。不利人事。

考試：青龍入宅泮喜，朱雀臨干發用報喜。入榜可期。

婚姻：后合占婚吉，天后臨養，六合臨死地。姻緣未到。

財祿：三傳全財逢空亡，尅傳皆財，財來財去。不利財運。

升遷：三傳臨空互沖，干墓併關。不利升遷。

疾病：白虎乘卯木尅土，主胃疾，喜太陰午火逢長生洩木生土。疾病可癒。

失物：玄武臨敗地，青龍乘財臨支。失物復得。

子嗣：天后臨養，六合臨死地。先得女。

官司：官鬼臨胎絕，朱雀乘財發用生助主訴訟，三傳互沖。
官司反覆難解。

- 83 -

乙丑日

兄弟	丁	卯	白虎
妻財	◎	戌	朱雀
子孫	☉	巳	玄武

干上亥

初傳
中傳
末傳

四課	三課	二課	一課
白虎	貴人	太陰	六合
卯	申	午	亥
申	丑	亥	乙

知一課

畢法賦/詮釋：
不行傳者考初時。　　長生不生祿臨之。
任信丁馬須言動。　　仕官占吉祿動有喜。
鬼乘天乙乃神祇。　　（白虎逢丁神占病危）。
權攝不正祿臨支。

占斷解析：
天候：卯（白虎），傳戌（朱雀），傳巳（玄武）。有風無雨。
人事：貴入宅，干上逢午火太陰長生。有利人事。
考試：青龍乘支貴入宅，朱雀入傳報喜。上榜可期。
婚姻：后合占婚吉，天后臨養，六合臨死地。姻緣未到。
財祿：祿神發用合財爻，財祿逢合。有利財運。
升遷：祿神逢丁乘白虎。有利升遷。
疾病：白虎乘卯木尅土，主胃疾，喜太陰午火逢長生洩木生土。疾病可癒。
失物：玄武空亡，出空逢沖，財爻空亡入傳。失物難復。
子嗣：天后臨養，六合臨死地。先得女。
官司：官鬼爻臨胎絕，鬼乘天乙乃神祇。官司可解。

丙寅日

祿神：巳
驛馬：申
貴人：酉、亥
空亡：戌、亥
長生：寅
帝旺：午
墓庫：戌

丙寅日

干上子

初傳			
官鬼	甲	子	六合
子孫	辛	未	太陰
父母	丙	寅	青龍

四課	三課	二課	一課
白虎	貴人	太陰	六合
辰	酉	未	子
酉	寅	子	丙

畢法賦/詮釋：
干支全傷防兩損。　　干上得旬首逢六合。
我求彼事干傳支。　　支上得旬尾得貴人。
龍加生氣吉遲遲。　　末傳得吉將喜慶之占。
貴人差迭事參差。　　一旬周遍始終宜。

占斷解析：

天候：子（六合），傳未（太陰），傳寅（青龍）。雨轉晴。

人事：子水臨干尅干，貴人臨支。人事不利己。

考試：官星發用，末傳父母青龍泮喜。入榜可期。

婚姻：后合占婚吉，天后臨病，六合臨胎。姻緣未到。

財祿：財爻雖臨病死，貴人臨財合子孫入宅。財漸旺。

升遷：官星乘六合，貴財臨宅，末傳逢青龍。升遷有望。

疾病：白虎乘辰土尅水，主腎疾。喜貴人乘酉金洩土生水。疾病可癒。

失物：玄武乘旺，喜貴人乘財爻臨宅。失物可復得。

子嗣：天后臨病，六合臨胎。先得男。

官司：官鬼爻臨干發用，喜末傳父母臨青龍洩殺生身。官司可解。

丙寅日

就燥
干上丑

子孫	◎	戌	螣蛇	初傳
兄弟	☉	午	玄武	中傳
父母	丙	寅	青龍	末傳

四課	三課	二課	一課
玄武	螣蛇	貴人	勾陳
午	戌	酉	丑
戌	寅	丑	丙

重審課

畢法賦/詮釋：
三傳逆生人舉薦。　墓庫發用傳長生。
干墓併關人宅廢。　支傳炎上火太旺。
萬事喜忻三六合。　萬事和合災速解。
龍加生氣吉遲遲。　腳踏空亡進用宜。

占斷解析：

天候：戌（螣蛇），傳午（玄武），傳寅（青龍）。主天晴。

人事：貴人臨干乘死氣，干上逢勾陳。人事不利己。

考試：貴人臨死氣，青龍逆生玄蛇。考運不佳。

婚姻：后合占婚吉，天后臨病，六合臨胎。姻緣未到。

財祿：貴財乘死氣，課傳火旺兄弟劫財。不利財運。

升遷：三傳逆生人舉薦，支傳三合炎上。升遷不利己。

疾病：白虎乘辰土尅水，主腎疾。喜貴人乘酉金洩土生水。疾病可癒。

失物：玄武乘蛇入墓，貴人乘財坐墓。失物難尋。

子嗣：天后臨病，六合臨胎。先得男。

官司：官鬼爻不入課傳，喜末傳父母臨青龍洩殺生身。官司可解。

丙寅日

```
    干上寅
┌────┬───┬───┐
│官鬼│◎ │亥 │朱雀│ 初傳
│妻財│☉ │申 │天后│ 中傳
│兄弟│巳 │巳 │太常│ 末傳
└────┴───┴───┘

┌────┬────┬────┬────┐
│四課│三課│二課│一課│
├────┼────┼────┼────┤
│天后│朱雀│朱雀│青龍│
│ 申 │ 亥 │ 亥 │ 寅 │
│ 亥 │ 寅 │ 寅 │ 丙 │
└────┴────┴────┴────┘
```

嚆矢課

畢法賦/詮釋：
上下皆合兩心齊。　　干支上神皆生干支。
互生俱生凡事益。　　又都值長生名曰在格。
龍加生氣吉遲遲。　　龍加長生發吉遲。
腳踏空亡進用宜。　　貴人差迭事參差。

占斷解析：

天候：亥（朱雀），傳申（天后），傳巳（太常）。久陰不雨。

人事：三傳逆生，龍加生氣臨干。人事利己。

考試：青龍泮喜，朱雀報喜。榜上有名。

婚姻：后合占婚吉，天后臨病，六合臨胎。姻緣未到。

財祿：財爻臨病死，財祿臨宅乘馬入傳。財漸旺。

升遷：官印相生又生干上神。有利升遷。

疾病：白虎乘辰土尅水，主腎疾。喜天后乘申金入宅洩土生水。疾病可癒。

失物：玄武帝旺，財爻入課傳。失物可復得。

子嗣：天后臨病，六合臨胎。先得男。

官司：官鬼爻臨干支發用，喜青龍乘寅木洩殺生身。官司可解。

丙寅日

極陰
干上卯

子孫	乙	丑	勾陳	初傳
官鬼	◎	亥	朱雀	中傳
妻財	☉	酉	貴人	末傳

四課	三課	二課	一課
螣蛇	六合	勾陳	天空
戌	子	丑	卯
子	寅	卯	丙

重審課

畢法賦/詮釋：
不行傳者考初時。　　干支上神子刑卯。
二貴皆空虛喜期。　　干支上神皆敗氣。
干支皆敗事傾頹。　　各存異心訟必敗。
賓主不投刑在上。　　貴登天門高甲第。

占斷解析：

天候：丑（勾陳），傳亥（朱雀），傳酉（貴人）。主陰天。

人事：干上神刑支上神，又乘敗地。不利人事。

考試：青龍臨長生，朱雀臨絕。不利考運。

婚姻：后合占婚吉，天后臨病，六合臨胎。姻緣未到。

財祿：財爻臨病死，貴人乘財尅干上神。不利財運。

升遷：賓主不投刑在上，干支皆敗。不利升遷。

疾病：白虎乘辰土尅水，主腎疾。喜末傳乘酉金洩土生水。疾病可癒。

失物：玄武臨帝旺，財爻臨病死，卯印臨干沖貴財。失物難尋。

子嗣：天后臨病，六合臨胎。先得男。

官司：官鬼爻臨胎絕，喜卯木臨干洩殺生身。官司可解。

丙寅日

```
重陰
干上辰
```

官鬼	甲	子	玄武	初傳
官鬼	◎	亥	太陰	中傳
子孫	◎	戌	天后	末傳

四課	三課	二課	一課
玄武	太常	天空	青龍
子	丑	卯	辰
丑	寅	辰	丙

知一課

畢法賦/詮釋：
不行傳者考初時。　　官貴皆空枉心機。
眾鬼雖彰全不畏。　　三傳退茹先難後易。
龍加生氣吉遲遲。　　中末皆空看初期。
貴人差迭事參差。　　兩貴皆空虛喜期。

占斷解析：

天候：子（玄武），傳亥（太陰），傳戌（天后）。雨轉晴。

人事：官祿臨支發用，青龍乘冠帶臨干。利人事。

考試：青龍臨干暗合貴人，青龍泮喜。入榜可期。

婚姻：后合占婚吉，天后入墓，六合帝旺。姻緣未到。

財祿：財爻臨病死，青龍乘辰暗合貴財。財漸旺。

升遷：官祿臨宅發用，青龍乘冠帶臨干。利升遷。

疾病：白虎乘寅木尅土，主胃疾。官鬼臨宅發用生助寅木。未覓良醫。

失物：玄武臨胎，財爻臨病死，青龍辰土暗合貴財。失物復得。

子嗣：天后入墓，六合帝旺。先得男。

官司：官鬼爻臨胎絕，喜寅木逢長生洩殺生身。官司可解。

丙寅日

干上巳

四課	三課	二課	一課	
	己	巳	勾陳	初傳
兄弟				
妻財	壬	申	螣蛇	中傳
父母	丙	寅	白虎	末傳

四課	三課	二課	一課
白虎	白虎	勾陳	勾陳
寅	寅	巳	巳
寅	寅	巳	丙

畢法賦/詮釋：
我求彼事干傳支。　干祿傳馬財。
賓主不投刑在上。　末傳逢長生入宅。
旺祿臨身徒妄作。　財祿生聚占皆宜。
互旺皆旺坐謀宜。

占斷解析：

天候：巳（勾陳），傳申（螣蛇），傳寅（白虎）。主天晴。

人事：伏吟盤，三傳逢三刑。不利人事。

考試：龍雀不入課傳，勾陳臨干發用，末傳逢白虎。不利考運。

婚姻：后合占婚吉，天后入墓，六合帝旺。姻緣未到。

財祿：財爻臨病死，旺祿臨身，財逢刑沖。財運反覆不定。

升遷：兩貴夾墓，旺祿乘勾陳。不利升遷。

疾病：白虎乘寅木尅土，主胃疾。喜巳火臨干發用洩木生土。疾病可癒。

失物：玄武臨胎，財爻臨病死，勾陳發用傳蛇。失物難尋。

子嗣：天后入墓，六合帝旺。先得男。

官司：官鬼爻臨胎絕，喜末傳寅木洩殺生身。官司可解。

丙寅日

升階
干上午

子孫	戊	辰	青龍	初傳
兄弟	己	巳	勾陳	中傳
兄弟	庚	午	六合	末傳

四課	三課	二課	一課
青龍	天空	朱雀	六合
辰	卯	未	午
卯	寅	午	丙

重審課

畢法賦/詮釋：
所謀多拙逢羅網。　四課發用有巧遇。
互旺皆旺坐謀宜。　末傳回歸干上神。
貴人差迭事參差。　格曰朝日易於成事。
任信丁馬須言動。　龍加生氣吉遲遲。

占斷解析：
天候：辰（青龍），傳巳（勾陳），傳午（六合）。陰轉晴。
人事：青龍乘丁馬臨支。人事有利對方。
考試：朱雀臨干報喜，青龍入宅泮喜。榜上有名。
婚姻：后合占婚吉，天后入墓，六合帝旺。姻緣未到。
財祿：財爻臨病死，印比滿盤財逢劫。不利財運。
升遷：三傳順進，干上神帝旺乘六合。有利升遷。
疾病：白虎乘寅木尅土，主胃疾。喜末傳午火洩木生土。疾病可癒。
失物：玄武臨胎，財爻臨病死，課傳兄弟旺相劫財。失物難尋。
子嗣：天后入墓，六合帝旺。先得男。
官司：官鬼爻臨胎絕不入課傳，青龍辰土發用。官司可解。

丙寅日

登天
干上未

四課	三課	二課	一課
六合	青龍	貴人	朱雀
午	辰	酉	未
辰	寅	未	丙

子孫	戊	辰	青龍	初傳
兄弟	庚	午	六合	中傳
妻財	壬	申	螣蛇	末傳

重審課

畢法賦/詮釋：
晝夜貴加求兩貴。　三傳卦名登三天。
罡塞鬼戶任謀為。　利君子不利小人。
龍加生氣吉遲遲。　青龍入宅，貴人臨干。官貴登天。
交車相合交關利。

占斷解析：

天候：辰（青龍），傳午（六合），傳申（螣蛇）。陰轉晴。

人事：貴乘雀，龍乘六合。有利人事。

考試：朱雀臨干報喜，青龍臨宅洋喜。榜上有名。

婚姻：后合占婚吉，天后入墓，六合帝旺。姻緣未到。

財祿：財爻臨病死，青龍乘辰，六合貴財。財漸旺。

升遷：貴乘雀，龍乘六合。有利升遷。

疾病：白虎乘寅木尅土，主胃疾。喜午火入傳洩木生土。疾病可癒。

失物：玄武臨胎，財爻臨病死，青龍發用傳螣蛇。失物難尋。

子嗣：天后入墓，六合帝旺。先得男。

官司：官鬼爻臨胎絕，鬼乘天乙乃神祇。官司可解。

丙寅日

四課	三課	二課	一課
螣蛇	勾陳	太陰	螣蛇
申	巳	亥	申
巳	寅	申	丙

干上申

妻財	壬	申	螣蛇	初傳
官鬼	◎	亥	太陰	中傳
父母	☉	寅	白虎	末傳

重審課

畢法賦/詮釋：
權攝不正祿臨支。　三傳順生交車合（有引薦之喜）。
三傳遞生人舉薦。　主人亨利時運通。
不行傳者考初時。　富貴干支逢祿馬。
交車相合交關利。

占斷解析：
天候：申（螣蛇），傳亥（太陰），傳寅（白虎）。陰有風無雨。
人事：富貴干支逢祿馬，三傳遞生。有利人事。
考試：龍雀不入課傳，三傳蛇生虎。不利考運。
婚姻：后合占婚吉，天后入墓，六合帝旺。姻緣未到。
財祿：財爻臨病死，富貴干支逢祿馬。財漸旺。
升遷：富貴干支逢祿馬，三傳遞生。有利升遷。
疾病：白虎乘寅木尅土，主胃疾。三傳遞生寅木。未覓良醫。
失物：玄武臨胎，財爻臨病死，財乘螣蛇臨干支。失物難尋。
子嗣：天后入墓，六合帝旺。先得男。
官司：官鬼爻臨胎絕，財爻入課傳生助官鬼。官司難解。

丙寅日

獻刃
干上酉

妻財	癸	酉	貴人	初傳
子孫	乙	丑	太常	中傳
兄弟	己	巳	勾陳	末傳

四課	三課	二課	一課
天后	六合	太常	貴人
戌	午	丑	酉
午	寅	酉	丙

重審課

畢法賦/詮釋：
兩貴受尅難干貴。　　三合金局名從革。
傳財太旺反財虧。　　先從後格笑中有刃。
萬事喜忻三六合。　　太常乘貴臨干。
后合占婚豈用媒。　　后合入宅三合。

占斷解析：

天候：酉（貴人），傳丑（太常），傳巳（勾陳）。陰轉晴。
人事：干上貴人乘財發用。人事利己。
考試：貴人臨干乘死氣，朱雀臨衰。不利考運。
婚姻：后合占婚吉，天后入墓又逢旬空。姻緣未到。
財祿：財爻臨病死，財爻三合逢支上三合炎上。不利財運。
升遷：干上貴人乘財發用，太常吉將乘貴人臨干三合。人事利己。
疾病：白虎乘寅木尅土，主胃疾。午火臨支洩木生土。疾病可癒。
失物：玄武臨胎，財爻臨病死，末傳勾陳兄弟劫財。失物難尋。
子嗣：天后入墓，六合帝旺。先得男。
官司：官鬼爻臨胎絕，三傳三合酉財生助官鬼。官司難解。

丙寅日

官鬼	甲	子	六合 |初傳
兄弟	己	巳	太常 |中傳
子孫	◎	戌	螣蛇 |末傳

干上戌

四課	三課	二課	一課
六合	太陰	天空	螣蛇
子	未	卯	戌
未	寅	戌	丙

比用課

畢法賦/詮釋：
兩蛇夾墓凶難免。　　兩蛇夾墓覆干上。
干支乘墓自昏迷。　　支上覆墓家遭咒詛。
貴人差迭事參差。　　人宅坐墓甘招晦。
干墓併關人宅廢。　　不行傳者考初時。

占斷解析：
天候：子（六合），傳巳（太常），傳戌（螣蛇）。陰轉晴。
人事：干墓併關人宅廢，蛇墓覆干。人事不利己。
考試：干上蛇墓發用未見青龍。考運不佳。
婚姻：后合占婚吉，天后臨病，六合臨胎。姻緣未到。
財祿：財爻臨病死，干支乘墓，宅昏人晦。財運不佳。
升遷：干墓併關人宅廢，蛇墓覆干。升遷不利己。
疾病：白虎乘辰土尅水，主腎疾。喜青龍乘寅木逢長生尅制。疾病可癒。
失物：玄武臨帝旺，蛇墓覆干。失物難尋。
子嗣：天后臨病，六合臨胎。先得男。
官司：官鬼爻臨胎絕，喜青龍寅木逢長生洩殺生身。官司可解。

丙寅日

干上亥

父母	丙	寅	青龍	初傳
妻財	壬	申	天后	中傳
父母	丙	寅	青龍	末傳

四課	三課	二課	一課
青龍	天后	太常	朱雀
寅	申	巳	亥
申	寅	亥	丙

返吟課

畢法賦/詮釋：
干支值絕凡謀決。　　課傳互尅曰返吟。
鬼乘天乙乃神祇。　　干支臨絕曰無依。
干支全傷防兩損。　　祿馬交合官鬼旬空。
彼此猜忌害相隨。

占斷解析：

天候：寅（青龍），傳申（天后），傳寅（青龍）。有風無雨。

人事：四課返吟，三傳互沖。人事反覆不定。

考試：四課六合，龍雀相合，青龍泮喜，朱雀報喜。入榜可期。

婚姻：后合占婚吉，天后臨病，六合臨胎。姻緣未到。

財祿：財爻臨病死，祿臨干上財入傳。財漸旺。

升遷：四課返吟，三傳互沖。升遷不利。

疾病：白虎乘辰土尅水，主腎疾。喜青龍乘寅木逢長生尅制。疾病可癒。

失物：玄武臨帝旺，財爻入課傳。失物復得。

子嗣：天后臨病，六合臨胎。先得男。

官司：官鬼爻臨胎絕，喜青龍寅木入課傳洩殺生身。官司可解。

丁卯日

祿神：午
驛馬：巳
貴人：亥、酉
空亡：戌、亥
長生：酉
帝旺：巳
墓庫：丑

丁卯日

干上子

兄弟	己	巳	天空	初傳
子孫	◎	戌	螣蛇	中傳
父母	⊙	卯	太常	末傳

四課	三課	二課	一課
太陰	六合	天空	天后
丑	申	巳	子
申	卯	子	丁

重審課

畢法賦/詮釋：
干支全傷防兩損。　三傳皆空事無一實。
來去俱空豈動移。　重審課又名鑄印。
交車相合交關利。　卯摸戌印逢空亡。
后合占婚豈用媒。　破印損摸難陞遷。

占斷解析：

天候：巳（天空），傳戌（螣蛇），傳卯（太常）。主天晴。

人事：交車相合交關利。有利人事。

考試：雀酉冲丁卯，龍午冲干上子。不利考運。

婚姻：天后臨干，六合臨支。婚喜可期。（后合占婚豈用媒，已經在一起了）

財祿：財爻乘敗臨支上。財祿不旺。

升遷：來去俱空豈動移。不利升遷。

疾病：白虎乘辰土尅水，主腎疾。喜末傳卯木尅制。疾病可癒。

失物：玄武臨死地，喜財爻乘六合入宅。失物復得。

子嗣：天后臨絕，六合臨敗地。子息緣淡。

官司：官鬼爻臨胎絕，喜末傳卯木父母洩殺生身。官司可解。

丁卯日

干上丑

父母	丁	卯	太常	初傳
妻財	癸	酉	朱雀	中傳
父母	丁	卯	太常	末傳

四課	三課	二課	一課
太常	朱雀	勾陳	太陰
卯	酉	未	丑
酉	卯	丑	丁

返吟課

畢法賦/詮釋：
干墓併關人宅廢。　　滿盤皆丁豈容少停。
貴人差迭事參差。　　干支上神互尅干支。
任信丁馬須言動。　　課名又曰蕪淫。
夫婦蕪淫各有私。　　反覆蹉跎，君子貞吉。

占斷解析：
天候：卯（太常），傳酉（朱雀），傳卯（太常）。主天晴。
人事：課傳皆返吟相沖尅。人事反覆不定。
考試：朱雀報喜，丁馬臨宅。榜上有名。
婚姻：后合占婚吉，天后臨絕，六合臨敗地。姻緣未到。
財祿：財爻逢沖，印比旺。財運不佳。
升遷：干墓併關，貴人差迭。不利升遷。
疾病：白虎乘辰土尅水，主腎疾。喜卯木父母臨支發用入傳尅制。疾病可癒。
失物：玄武乘財臨敗地，財爻課傳沖尅。失物難尋。
子嗣：天后臨絕，六合臨敗地。子息緣淡。
官司：官鬼爻臨胎絕，喜卯木父母入課傳洩殺生身。官司可解。

丁卯日

干上寅

四課	三課	二課	一課
天空	天后	太陰	六合
巳	戌	酉	寅
戌	卯	寅	丁

子孫	◎	戌	天后	初傳
兄弟	⊙	巳	天空	中傳
官鬼	甲	子	螣蛇	末傳

重審課

畢法賦/詮釋：
干支乘墓各昏迷。　　初中逢空末為主。
將逢內戰所謀危。　　末傳值絕凡謀決。
腳踏空亡進用宜。　　將逢內戰所謀危。
后合占婚豈用媒。　　鬼乘天乙乃神祇。

占斷解析：

天候：戌（天后），傳巳（天空），傳子（螣蛇）。主天晴。

人事：簾幕貴人臨干上。人事利己。

考試：青龍暗合簾幕貴人，貴人福助。入榜可期。

婚姻：后合占婚吉，六合臨死地，天后臨養。姻緣未到。

財祿：財爻乘長生臨干上。財漸旺。

升遷：簾幕貴人高甲第。有利升遷。

疾病：白虎乘午火尅金，主肺疾。喜末傳子水尅制。疾病可癒。

失物：玄武乘財臨敗地，兄弟爻入課傳劫財。失物難尋。

子嗣：天后臨養，六合臨死地。先得女。

官司：官鬼爻臨胎絕，末傳子水官鬼比助，幸得父母爻臨干洩殺生身。官司可解。

丁卯日

入局
干上卯

子孫	☉	未	太常	初傳
父母	丁	卯	勾陳	中傳
官鬼	◎	亥	貴人	末傳

四課	三課	二課	一課
太常	貴人	貴人	勾陳
未	亥	亥	卯
亥	卯	卯	丁

元首課

畢法賦/詮釋：
互生俱生凡事益。
鬼乘天乙乃神祇。
二貴皆空虛喜期。
任信丁馬須言動。

三傳不離四課。
曰：如珠走盤，謀事成，吉者吉，凶者凶。
三合木局生日。君子吉小人凶。

占斷解析：

天候：未（太常），傳卯（勾陳），傳亥（貴人）。主天晴。

人事：三傳不離四課，謀事吉。有利人事。

考試：龍衰雀墓，貴逢空。不利考運。

婚姻：后合占婚吉，天后臨養，六合臨死地。姻緣未到。

財祿：課傳皆三合父母爻不見財爻。財運不佳。

升遷：三傳合印生干逢丁神。升遷在即。

疾病：白虎乘午火尅金，主肺疾。喜末傳貴人乘亥水尅制。疾病可癒。

失物：玄武乘財臨敗地，三傳三合印旺不見財爻。失物難尋。

子嗣：天后臨養，六合臨死地。先得女。

官司：官鬼爻臨胎絕，喜三傳三合父母洩殺生身。官司可解。

丁卯日

干上辰

官鬼	甲	子	螣蛇	初傳
妻財	癸	酉	太陰	中傳
兄弟	庚	午	白虎	末傳

四課	三課	二課	一課
太陰	螣蛇	朱雀	青龍
酉	子	丑	辰
子	卯	辰	丁

遙尅課

畢法賦/詮釋：
華蓋覆日人昏晦。　　日上青龍逢羅網。
干支皆敗事傾頹。　　末傳日祿逢白虎。
彼此猜忌害相隨。　　龍雀臨干，蛇鬼入宅。
交車相合交關利。　　日上自刑，支上子卯刑。

占斷解析：

天候：子（螣蛇），傳酉（太陰），傳午（白虎）。陰有風無雨。
人事：華蓋覆日人昏晦，干支皆敗。人事不利己。
考試：朱雀乘青龍報喜。榜上有名。
婚姻：后合占婚吉，天后臨養，六合臨死地。姻緣未到。
財祿：財逢陰貴相助六合干上神。財漸旺。
升遷：交車相合，陰貴暗助，鬼乘天乙。有利升遷。
疾病：白虎乘午火尅金，主肺疾，喜干上子孫爻洩火生金。疾病可癒。
失物：玄武乘財臨敗地，喜中傳得酉財，末傳逢干祿。失物復得。
子嗣：天后臨養，六合臨死地。先得女。
官司：官鬼爻臨胎絕，青龍乘辰土子孫臨干尅制。官司可解。

丁卯日

```
時遁
干上巳
```

官鬼	◎	亥	貴人	初傳
妻財	☉	酉	太陰	中傳
子孫	辛	未	太常	末傳

四課	三課	二課	一課
貴人	朱雀	勾陳	天空
亥	丑	卯	巳
丑	卯	巳	丁

涉害課

畢法賦/詮釋：
二貴皆空虛喜期。　　時遁：無出潛之意。
鬼乘天乙乃神祇。　　傳課皆陰又遞生。四課發用有巧遇。
腳踏空亡進用宜。　　日上逢驛馬。支傳逢雙貴。
六陰相繼盡昏迷。　　利君子，不利小人。

占斷解析：
天候：亥（貴人），傳酉（太陰），傳未（太常）。主陰雨。
人事：官貴臨支入傳尅干上神。人事不利己。
考試：朱雀入墓，干乘天空。不利考運。
婚姻：后合占婚吉，天后臨養，六合臨死地。姻緣未到。
財祿：財爻坐空乘敗。財不旺。
升遷：官貴臨支發用尅干上神。升遷不利己。
疾病：白虎乘午火尅金，主肺疾。喜末傳未土六合洩火生金。疾病可癒。
失物：玄武乘財臨敗地，喜末傳未土子孫生財。失物復得。
子嗣：天后臨養，六合臨死地。先得女。
官司：官鬼爻臨胎絕，子孫爻逢太常吉將入末傳相制。官司可解。

丁卯日

遞傳
干上午

四課	三課	二課	一課
朱雀	六合	天空	白虎
丑	寅	巳	午
寅	卯	午	丁

子孫	乙	丑	朱雀	初傳
官鬼	甲	子	螣蛇	中傳
官鬼	◎	亥	貴人	末傳

重審課

畢法賦/詮釋：
旺祿臨身徒妄作。　　三奇退茹，凡謀多阻，守舊則吉。
鬼乘天乙乃神祇。　　日乘旺祿休狂妄。
富貴干支逢祿馬。　　白虎乘祿不宜守。
魁度天門關格定。

占斷解析：
天候：丑（朱雀），傳子（螣蛇），傳亥（貴人）。主陰雨。
人事：旺祿臨身，官貴入傳。人事利己。
考試：祿臨身，朱雀發用。榜上有名。
婚姻：后合占婚吉，天后臨養，六合臨死地。姻緣未到。
財祿：祿馬臨干，財爻逢生。財漸旺。
升遷：富貴干支逢祿馬，白虎乘祿臨干。利升遷。
疾病：白虎乘午火尅金，主肺疾。喜末傳亥水尅制。疾病可癒。
失物：玄武乘財臨敗地，喜子孫入宅發用生財。失物復得。
子嗣：天后臨養，六合臨死地。先得女。
官司：鬼乘天乙乃神祇，喜六合臨寅洩殺生身。官司可解。

丁卯日

四課	三課	二課	一課
勾陳	勾陳	太常	太常
卯	卯	未	未
卯	卯	未	丁

干上未

父母	丁	卯	勾陳	初傳
官鬼	甲	子	螣蛇	中傳
兄弟	庚	午	白虎	末傳

伏吟課

畢法賦/詮釋：
華蓋覆日人昏晦。　　支上神發用，丁卯重見。
貴登天門高甲第。　　卯子相刑子午冲。
賓主不投刑在上。　　凡占宜靜動則滯。
信任丁馬須言動。　　鬼乘天乙乃神祇。

占斷解析：
天候：卯（勾陳），傳子（螣蛇），傳午（白虎）。主天晴。
人事：丁馬三重，太常臨干，貴登天門。利人事。
考試：青龍臨衰，朱雀入墓。不利考運。
婚姻：后合占婚吉，天后臨養，六合臨死地。姻緣未到。
財祿：財爻不入課傳，印旺財敗。財祿不佳。
升遷：貴登天門，三合四課。利升遷。
疾病：白虎乘午火尅金，主肺疾。末傳午火比助。未覓良醫。
失物：玄武乘財臨敗地，末傳午火兄弟劫財。失物難尋。
子嗣：天后臨養，六合臨死地。先得女。
官司：官鬼爻臨胎絕入傳，子孫爻臨干尅制。官司可解。

丁卯日

升階
干上申

子孫	戊	辰	白虎	初傳
兄弟	己	巳	天空	中傳
兄弟	庚	午	青龍	末傳

四課	三課	二課	一課
天空	白虎	朱雀	六合
巳	辰	酉	申
辰	卯	申	丁

察微課

畢法賦/詮釋：
所謀多拙遭羅網。　　升階：觀光於上國。
交車相合交關利。　　支上神發用，驛馬巳再傳日祿午。
干支皆敗事傾頹。　　末傳得祿逢青龍。
貴雖在獄宜臨干。

占斷解析：
天候：辰（白虎），傳巳（天空），傳午（青龍）。主天晴。
人事：交車相合，末傳日祿。有利人事。
考試：青龍入傳，朱雀臨干上。榜上有名。
婚姻：后合占婚吉，天后臨絕，六合臨敗地。姻緣未到。
財祿：財爻乘長生課得祿馬。財漸旺。
升遷：所謀多拙遭羅網，喜交車相合交關利，青龍臨祿。利升遷。
疾病：白虎乘辰土尅水，主腎疾，喜干上逢申洩吐生水。病可癒。
失物：玄武臨死地，財爻臨長生，喜子孫臨支發用合干上財。失物復得。
子嗣：天后臨絕，六合臨敗地。子息緣淡。
官司：官鬼爻臨胎絕，財爻臨干生助。官司難解。

丁卯日

四課	三課	二課	一課
勾陳	天空	貴人	朱雀
未	巳	亥	酉
巳	卯	酉	丁

凝陰
干上酉

妻財	癸	酉	朱雀	初傳
官鬼	◎	亥	貴人	中傳
子孫	⊙	丑	太陰	末傳

重審課

畢法賦/詮釋：
晝夜貴加求兩貴。　　凝陰：覆霜堅冰至。
鬼乘天乙乃神祇。　　日上逢雙貴，晝夜貴聚。
課傳俱貴轉無依。　　課傳皆陰疾病纏延。
用破身心無所歸。

占斷解析：
天候：酉（朱雀），傳亥（貴人），傳丑（太陰）。主陰天。
人事：晝夜雙貴乘朱雀臨干上。人事利己。
考試：朱雀乘長生臨干。榜上有名。
婚姻：后合占婚吉，天后臨絕，六合臨敗地。姻緣未到。
財祿：財爻臨干發用。財漸旺。
升遷：課傳俱貴轉無依，用破身心無所歸。不利升遷。
疾病：白虎乘辰土尅水，主腎疾。末傳丑土比助。未覓良醫。
失物：玄武臨死地，財爻臨長生，喜財爻臨干發用。失物復得。
子嗣：天后臨絕，六合臨敗地。子息緣淡。
官司：官鬼爻入傳，鬼乘天乙乃神祇。官司可解。

丁卯日

四課	三課	二課	一課
朱雀	青龍	太陰	螣蛇
酉	午	丑	戌
午	卯	戌	丁

干上戌

妻財	癸	酉	朱雀	初傳
官鬼	甲	子	天后	中傳
父母	丁	卯	太常	末傳

重審課

畢法賦/詮釋：
權攝不正祿臨支。　　干支生上神曰脫氣。
人宅受脫俱遭盜。　　四課發用有巧遇。
三傳遞生人舉薦。　　日墓覆干昏晦不明。
賓主不投刑在上。　　人宅受脫虛耗不實。

占斷解析：
天候：酉（朱雀），傳子（天后），傳卯（太常）。主陰轉晴。
人事：青龍臨支，螣蛇臨干。人事利他人。
考試：青龍泮喜、朱雀報喜入宅。榜上有名。
婚姻：后合占婚吉，天后臨絕，六合臨敗地。姻緣未到。
財祿：權攝不正祿臨支，因財生弊端。不利財運
升遷：青龍臨支，螣蛇臨干。升遷不利己。
疾病：白虎乘辰土尅水，主腎疾。喜朱雀臨酉洩土生水。疾病可癒。
失物：玄武臨死地，財爻臨長生，喜財爻入課傳。失物復得。
子嗣：天后臨絕，六合臨敗地。子息緣淡。
官司：官鬼爻入傳，喜末傳卯木父母洩殺生身。官司可解。

丁卯日

```
曲直
干上亥
```

四課	三課	二課	一課
貴人	勾陳	太常	貴人
亥	未	卯	亥
未	卯	亥	丁

官鬼	◎	亥	貴人	初傳
父母	☉	卯	太常	中傳
子孫	辛	未	勾陳	末傳

涉害課

畢法賦/詮釋：
腳踏空亡進用宜。　曲直格曰：福祿漸長，舉止得宜。
鬼乘天乙乃神祇。　四課發用逢天乙貴人。
制鬼之位乃良醫。　三傳遞生成印局。
兩貴受尅難干貴。　三傳生日得雙貴。（地盤相尅）。
　　　　　　　　　占凶凶成，占吉吉就。

占斷解析：
天候：亥（貴人），傳卯（太常），傳未（勾陳）。主晴有風。
人事：太常乘貴人臨干。人事利己。
考試：龍雀不入課傳，兩貴受尅。不利考運。
婚姻：后合占婚吉，天后臨絕，六合臨敗地。姻緣未到。
財祿：財爻不入課傳，課傳印旺。財運不佳。
升遷：太常吉將乘貴人臨干上。升遷利己。
疾病：白虎乘辰土尅水，主腎疾，喜酉金逢長生洩土生水。疾病可癒。
失物：玄武臨死地，財爻臨長生，喜子孫入課傳生財。失物復得。
子嗣：天后臨絕，六合臨敗地。子息緣淡。
官司：鬼乘天乙臨干到支又入傳。官司可解。

戊辰日

祿神：巳
驛馬：寅
貴人：丑、未
空亡：戌、亥
長生：寅
帝旺：午
墓庫：戌

戊辰日

干上子

妻財	甲	子	螣蛇	初傳
兄弟	辛	未	天空	中傳
官鬼	丙	寅	天后	末傳

四課	三課	二課	一課
白虎	朱雀	天空	螣蛇
午	亥	未	子
亥	辰	子	戊

涉害課

畢法賦/詮釋：
胎財生氣妻懷孕。　　胎上逢蛇戊癸合。
傳財化鬼財休覓。　　支上逢貴財旬空。
貴人差迭事參差。　　三傳互尅病訟生。
三傳互尅眾人欺。　　空蛇臨干虎臨支。

占斷解析：
天候：子（螣蛇），傳未（天空），傳寅（天后）。陰轉晴有風。
人事：傳財化鬼，三傳互尅。不利人事。
考試：青龍臨病，朱雀臨絕。考運不佳。
婚姻：后合占婚吉，天后臨長生，六合入墓。姻緣未到。
財祿：傳財化鬼財休覓，課傳無子孫爻生財。財運不佳。
升遷：三傳四課不現青龍、太常、貴人等吉將，官鬼爻入末傳。不利升遷。
疾病：白虎乘午火帝旺尅金，主肺疾，喜未土兄弟入課傳洩火生金。疾病可癒。
失物：玄武乘墓，財爻臨胎絕。失物難尋。
子嗣：天后臨長生，六合入墓。先得女。
官司：傳財化鬼，課傳無子孫爻制鬼。官司難解。

- 112 -

戊辰日

仰玄
干上丑

妻財	甲	子	螣蛇	初傳
子孫	壬	申	青龍	中傳
兄弟	戊	辰	玄武	末傳

四課	三課	二課	一課
青龍	螣蛇	勾陳	貴人
申	子	酉	丑
子	辰	丑	戌

重審課

畢法賦/詮釋：
萬事喜忻三六合。　　三合潤下逢仰玄。守凝寒之困。
三傳逆生人舉薦。　　干上逢貴龍入傳。
傳財太旺反財虧。　　觸處皆財順財利。
交車相合交關利。　　交車相合財利順。

占斷解析：
天候：子（螣蛇），傳申（青龍），傳辰（玄武）。主陰雨。
人事：貴人乘祿臨干上。人事利己。
考試：青龍入傳，朱雀乘卯丁神動。入榜可期。
婚姻：后合占婚吉，天后臨長生，六合入墓。姻緣未到。
財祿：財爻發用成三合。財祿漸旺。
升遷：三傳得青龍生財，干上得貴六合。升遷在即。
疾病：白虎乘午火尅金，主肺疾，喜丑土貴人臨干洩火生金。疾病可癒。
失物：課傳皆財，末傳逢玄武，青龍臨病。失物難尋。
子嗣：天后臨長生，六合入墓。先得女。
官司：課傳不見官鬼爻，子孫爻旺相尅官鬼，官司可解。

戊辰日

```
干上寅
┌──┬──┬──┬──┐
│官鬼│丙 │寅 │螣蛇│初傳
│妻財│◎ │亥 │太陰│中傳
│子孫│☉ │申 │白虎│末傳
└──┴──┴──┴──┘

┌──┬──┬──┬──┐
│四課│三課│二課│一課│
├──┼──┼──┼──┤
│玄武│貴人│太陰│螣蛇│
│戌 │丑 │亥 │寅 │
│丑 │辰 │寅 │戊 │
└──┴──┴──┴──┘
```

元首課

畢法賦/詮釋：
三傳逆生人舉薦。　　干鬼發用動入空鄉。
貴雖在獄宜臨干。　　四孟入傳，五行生處百事新。
不行傳者考初時。　　干上馬生官鬼財自空。
傳財化鬼財休覓。

占斷解析：

天候：寅（螣蛇），傳亥（太陰），傳申（白虎）。有風無雨。

人事：三傳逆生，官鬼尅干，貴人臨支。人事不利己。

考試：朱雀乘龍暗合支，螣蛇乘官鬼臨干。考運不利己。

婚姻：后合占婚吉，天后臨胎，六合臨冠帶。婚喜可期。

財祿：財爻乘空亡，又生官鬼，傳財化鬼財休覓。財運不佳。

升遷：官鬼乘蛇尅干，貴人臨支，升遷不利己。

疾病：白虎乘申金尅木，主肝腎之疾，喜青龍乘午火帝旺尅制。疾病可癒。

失物：財爻逢空亡，玄武入墓。失物難尋。

子嗣：天后臨胎，六合臨冠帶，有男有女。子息旺。

官司：官鬼乘蛇臨干發用，喜末傳子孫爻尅制。官司可解。

戊辰日

極陰
干上卯

兄弟	乙	丑	貴人	初傳
妻財	◎	亥	太陰	中傳
子孫	⊙	酉	太常	末傳

四課	三課	二課	一課
天后	螣蛇	貴人	朱雀
子	寅	丑	卯
寅	辰	卯	戊

重審課

畢法賦/詮釋：
干支全傷防兩損。　極陰變一念之間。
用破身心無所歸。　丁卯尅日丙寅尅宅。
夫婦蕪淫各有私。　貴人發用月將逢空。
不行傳者考初時。　任信丁馬須言動。變則通。

占斷解析：
天候：丑（貴人），傳亥（太陰），傳酉（太常）。密雲不雨。
人事：貴乘丁馬臨干上。人事利己。
考試：青龍臨帝旺，朱雀乘丁馬臨干。入榜可期。
婚姻：后合占婚吉，天后臨胎，六合臨冠帶。婚喜可期。
財祿：財爻逢空亡，喜得子孫爻相生。財祿漸旺。
升遷：貴乘丁馬臨干上。升遷在即。
疾病：白虎乘申金尅木，主肝腎之疾，喜財爻臨支洩金生木。疾病可癒。
失物：財爻乘空亡，玄武入墓。失物難尋。
子嗣：天后臨胎，六合臨冠帶，有男有女。子息旺。
官司：官鬼爻尅干支，幸得貴人發用，末傳得子孫爻乘太常相制。官司可解。

戊辰日

否極泰來
干上辰

四課	三課	二課	一課
官鬼	丁	卯	朱雀	初傳
官鬼	丙	寅	騰蛇	中傳
兄弟	乙	丑	貴人	末傳

四課	三課	二課	一課
騰蛇	朱雀	朱雀	六合
寅	卯	卯	辰
卯	辰	辰	戊

元首課

畢法賦/詮釋：
尊崇傳內遇三奇。　　否極泰來末傳得貴。
彼此猜忌害相隨。　　干上朱雀逢六合。
鬼臨三四訟災隨。　　課傳地支木尅土。天干喜逢乙丙丁。
魁度天門關隔定。　　華蓋覆日人昏晦。

占斷解析：

天候：卯（朱雀），傳寅（騰蛇），傳丑（貴人）。主天晴。
人事：六合乘祿臨干上。人事利己。
考試：青龍臨帝旺，朱雀乘丁神臨干。入榜可期
婚姻：后合占婚吉，天后臨胎，六合臨冠帶。婚喜可期。
財祿：財爻不入課傳，官鬼旺。財運不佳。
升遷：官祿乘六合臨干上，末傳逢貴。有利升遷。
疾病：白虎乘申金尅木，主肝腎之疾，喜青龍乘午火帝旺尅制。疾病可癒。
失物：課傳皆官鬼，無財爻，玄武乘墓。失物難尋。
子嗣：天后臨胎，六合臨冠帶，有男有女。子息旺。
官司：官鬼爻入課傳，喜青龍午火帝旺洩殺生身。官司可解。

戊辰日

干上巳

父母	己	巳	勾陳	初傳
子孫	壬	申	白虎	中傳
官鬼	丙	寅	螣蛇	末傳

四課	三課	二課	一課
六合	六合	勾陳	勾陳
辰	辰	巳	巳
辰	辰	巳	戊

伏吟課

畢法賦/詮釋：
三傳互尅眾人欺。。。　三傳三刑伏吟。
旺祿臨身徒妄作。　　　三傳遞尅末生初。
賓主不投刑在上。　　　制鬼之位乃良醫。
將逢內戰所謀危。　　　干祿傳鬼鬼生祿。

占斷解析：

天候：巳（勾陳），傳申（白虎），傳寅（螣蛇）。晴有風。

人事：三傳互尅又逢刑，人事多波折。不利人事。

考試：青龍六合天空，朱雀六合玄武。考運不佳。

婚姻：后合占婚吉，天后臨胎，六合臨冠帶。婚喜可期。

財祿：財爻不入課傳，課傳印比多。財運不佳。

升遷：末助初兮三等論，官鬼爻逢長生助祿神臨身。有利升遷。

疾病：白虎乘申金尅木，主肝腎之疾，巳祿六合申金相制。疾病可癒。

失物：課傳不見財爻，玄武乘墓。失物難尋。

子嗣：天后臨胎，六合臨冠帶，有男有女。子息旺。

官司：課傳逢刑，末傳官鬼爻寅木生干上祿神，官司相生。官司可解。

戊辰日

四課	三課	二課	一課
青龍	勾陳	天空	青龍
午	巳	未	午
巳	辰	午	戊

干上午

官鬼	丙	寅	螣蛇	初傳
父母	庚	午	青龍	中傳
父母	庚	午	青龍	末傳

別責課

畢法賦/詮釋：
權攝不正祿臨支。　　四課不全三傳別責。
互生俱生凡事益。　　凡事依人借徑而行。
所謀多拙逢羅網。　　干祿臨支，青龍生日。
龍加生氣吉遲遲。　　官鬼臨馬，蛇化為龍。

占斷解析：

天候：寅（螣蛇），傳午（青龍），傳午（青龍）。主天晴。

人事：權攝不正，龍乘干祿臨支。人事不利己。

考試：青龍逢帝旺，朱雀乘官祿。上榜可期。

婚姻：后合占婚吉，天后臨胎，六合臨冠帶。婚喜可期。

財祿：課傳印旺，財爻不現。財祿不佳。

升遷：權攝不正祿臨支。升遷不利己。

疾病：白虎乘申金尅木，主肝腎之疾，喜青龍乘午火帝旺尅制。疾病可癒。

失物：課傳不見財爻，玄武入墓。失物難尋。

子嗣：天后臨胎，六合臨冠帶，有男有女。子息旺。

官司：三傳官鬼生印，印生身，青龍帝旺。官司可解。

戊辰日

涉三淵
干上未

子孫	壬	申	白虎	初傳
兄弟	◎	戌	玄武	中傳
妻財	⊙	子	天后	末傳

四課	三課	二課	一課
白虎	青龍	太常	天空
申	午	酉	未
午	辰	未	戌

重審課

畢法賦/詮釋：
貴登天門高甲第。　　涉三淵：如陷虎尾，如履薄冰。
罡塞鬼戶任謀為。　　虎臨遁鬼殃非淺。
不行傳者考初時。　　貴登天門凡事益。
交車相合交關利。　　龍加生氣吉遲遲。

占斷解析：

天候：申（白虎），傳戌（玄武），傳子（天后）。多陰雨。

人事：貴登天門，青龍太常吉將交車相合。有利人事。

考試：青龍臨干合天空，朱雀逢酉相沖。考運不佳。

婚姻：后合占婚吉，天后臨胎，六合臨冠帶。婚喜可期。

財祿：末傳財爻坐空亡，得子孫爻相生。財祿漸旺。

升遷：貴登天門，又逢吉將交車相合。有利升遷。

疾病：白虎乘申金尅木，主肝疾，末傳喜得子水洩金生木。疾病可癒。

失物：玄武入墓，末傳天后乘財，失物復得。

子嗣：天后臨胎，六合臨冠帶，有男有女。子息旺。

官司：官鬼爻不現，子孫爻旺相。官司可解。

戊辰日

妻財	◎	亥	朱雀	初傳
官鬼	☉	寅	天后	中傳
父母	巳	巳	太常	末傳

四課	三課	二課	一課
六合	天空	朱雀	青龍
戌	未	亥	申
未	辰	申	戌

彈射課

畢法賦/詮釋：
三傳遞生人舉薦。　　空亡發用逐類推。
胎財生氣妻懷孕。　　四孟入傳。五行生處百事新。
腳踏空亡進用宜。　　傳財生官鬼鬼生祿。
貴雖在獄宜臨干。　　后合占婚豈用媒。三傳遞生初中空。

占斷解析：

天候：亥（朱雀），傳寅（天后），傳巳（太常）。由陰轉晴。

人事：青龍臨病，朱雀臨絕沖干祿。人事不利己。

考試：青龍臨病，朱雀臨絕。考運不佳。

婚姻：后合占婚豈用媒，天后臨官爻入傳，六合臨宅。婚喜可期。

財祿：財爻空亡，喜逢申金相生。財運漸旺。

升遷：祿馬入傳，又與干上神交車相合。有利升遷。

疾病：白虎乘午火尅金，主肺疾，喜貴人乘丑土洩火生金。疾病可癒。

失物：玄武乘辰臨支為內賊，財爻空亡。出空後可尋。

子嗣：天后逢長生，六合入墓。先得女。

官司：官鬼爻逢長生入傳，喜末傳得父母爻巳火洩殺生身。官司可解。

戊辰日

出奇
干上酉

妻財	甲	子	螣蛇	初傳
兄弟	戊	辰	玄武	中傳
子孫	壬	申	青龍	末傳

四課	三課	二課	一課
螣蛇	青龍	貴人	勾陳
子	申	丑	酉
申	辰	酉	戊

彈射課

畢法賦/詮釋：
交車相合交關利。　　出奇曰：改過自新。
萬事喜忻三六合。　　龍生螣蛇四課發用。有巧遇
末助初兮三等論。　　潤下合財。天助可得。
人宅受脫俱招盜。　　貴人差迭事參差。

占斷解析：
天候：子（螣蛇），傳辰（玄武），傳申（青龍）。主有雨。
人事：貴人三合祿神臨干上，干支交車相合。利人事。
考試：青龍乘病入傳，朱雀乘亥沖干祿。考運不佳。
婚姻：后合占婚吉，天后臨長生，六合入墓。姻緣未到。
財祿：財爻發用逢三合。財漸旺。
升遷：貴人三合祿神臨干上。升遷利己。
疾病：白虎乘午火尅金，主肺疾，喜貴人乘丑土洩火生金。疾病可癒。
失物：財爻得青龍相生，玄武又生青龍。失物復得。
子嗣：天后逢長生，六合入墓。先得女。
官司：官鬼爻逢長生，子水發用生助，青龍申金臨病又三合成財局生官鬼。官司難解。

戊辰日

干上戊			
官鬼	丙	寅	天后 初傳
兄弟	辛	未	天空 中傳
妻財	甲	子	螣蛇 末傳

四課	三課	二課	一課
天后	勾陳	太陰	六合
寅	酉	卯	戊
酉	辰	戊	戊

重審課

畢法賦/詮釋：
三傳互尅眾人欺。　　三傳互尅交車六害。
上下皆合兩心齊。　　卯酉阻隔辰戌傷。
貴人差迭事參差。　　上下皆合化六沖。
彼此猜忌害相隨。　　傳財化鬼財休覓。后合占婚豈用媒。

占斷解析：

天候：寅（天后），傳未（天空），傳子（螣蛇）。主天晴有風。
人事：三傳互尅日墓臨干。人事不利己。
考試：課傳只見勾陳、螣蛇凶將，龍雀乘病絕。考運不佳。
婚姻：后合占婚吉，六合入墓，天后發用。男方尚未決定。
財祿：傳財化鬼財休覓。財運不佳。
升遷：三傳互尅，干支交車六害。不利升遷。
疾病：白虎乘午火帝旺尅金，主肺疾，課傳皆木來生午火，青龍臨病。未覓良醫。
失物：財爻乘蛇生官鬼，玄武氣旺。失物難尋。
子嗣：天后逢長生，六合入墓。先得女。
官司：末助初兮三等論，官鬼旺子孫臨病死無制。官司難解。

戊辰日

干上亥

父母	⊙	巳	太常	初傳
妻財	◎	亥	朱雀	中傳
父母	⊙	巳	太常	末傳

四課	三課	二課	一課
玄武	六合	太常	朱雀
辰	戌	巳	亥
戌	辰	亥	戊

返吟課

畢法賦/詮釋：
來去俱空豈動移。　　課傳俱空久病則凶。
賓主不投刑在上。　　祿入天門臨干上。
旺祿臨身徒妄作。　　丑未貴加為魁星。
晝夜貴加求兩貴。　　三傳互尅眾人欺。

占斷解析：

天候：巳（太常），傳亥（朱雀），傳巳（太常）。主天晴。

人事：賓主不投，三傳互尅。不利人事。

考試：干祿乘朱雀報喜。入榜可期。

婚姻：后合占婚吉，天后臨長生，六合入墓。姻緣未到。

財祿：課傳俱見財與祿。財祿可期。

升遷：三傳互尅，四課皆六沖。不利升遷。

疾病：白虎乘午火帝旺尅金，主肺疾，課傳六沖病情反覆，青龍臨病。未覓良醫。

失物：玄武逢沖，財臨干。失物復得。

子嗣：天后逢長生，六合入墓。先得女。

官司：課傳不見官鬼爻，晝夜貴加。官司可解。

- 123 -

己巳日

祿神：午
驛馬：亥
貴人：申、子
空亡：戌、亥
長生：酉
帝旺：巳
墓庫：丑

己巳日

干上子

四課	三課	二課	一課
玄武	朱雀	白虎	貴人
卯	戌	巳	子
戌	巳	子	己

父母	己	巳	白虎	初傳
兄弟	◎	戌	朱雀	中傳
官鬼	☉	卯	玄武	末傳

畢法賦/詮釋：
不行傳者考初時。　　三傳不離四課。謀事成。
末助初兮三等論。　　吉則吉、凶則凶。
任信丁馬須言動。　　白虎乘印，忌占生產、病訟。
將逢內戰所謀危。　　貴人坐財臨日干。我求彼事干傳支。

占斷解析：

天候：巳（白虎），傳戌（朱雀），傳卯（玄武）。主天晴。

人事：三傳官印相生，貴人臨干上。人事利己。

考試：貴人乘青龍，朱雀報喜。入榜可期。

婚姻：后合占婚吉，天后入墓，六合逢長生。姻緣未到。

財祿：貴人乘財臨干，可惜逢絕。財運不佳。

升遷：貴人臨干，丁馬入傳。有利升遷。

疾病：白虎乘巳火尅金，主肺疾，青龍未土洩火生金。疾病可癒。

失物：玄武乘官鬼，貴人乘財逢絕。失物難尋。

子嗣：天后入墓，六合逢長生。先得男。

官司：官鬼爻臨支入傳，父母爻臨干發用洩殺生身。官司可解。

己巳日

```
干上丑
┌────┬───┬───┬────┐
│父母 │ ⊙ │ 巳 │白虎│初傳
│妻財 │ ◎ │ 亥 │騰蛇│中傳
│父母 │ ⊙ │ 巳 │白虎│末傳
└────┴───┴───┴────┘

┌────┬────┬────┬────┐
│四課│三課│二課│一課│
├────┼────┼────┼────┤
│白虎│騰蛇│青龍│天后│
│ 巳 │ 亥 │ 未 │ 丑 │
│ 亥 │ 巳 │ 丑 │ 己 │
└────┴────┴────┴────┘
```

返吟課

畢法賦/詮釋：

來去俱空豈動移。　　返吟卦來去俱空。
喜懼空亡乃妙機。　　蛇虎臨支發三傳。
三傳互尅眾人欺。　　日墓覆干空財臨支。
干支值絕凡謀決。　　上巳亥。將逢內戰所謀危。

占斷解析：

天候：巳（白虎），傳亥（騰蛇），傳巳（白虎）。主天晴有風。
人事：三傳四課皆返吟。人事反覆不定。
考試：青龍臨干，上下沖尅，朱雀乘戌相刑。考運不佳。
婚姻：后合占婚吉，天后入墓，六合逢長生。姻緣未到。
財祿：財爻臨空亡，三傳上下尅。財運不佳。
升遷：三傳四課皆返吟。升遷反覆不定。
疾病：白虎乘巳火帝旺尅金，主肺疾，青龍乘未土洩火生金。疾病可癒。
失物：玄武乘官鬼，財爻逢空乘騰蛇。失物難尋。
子嗣：天后入墓，六合逢長生。先得男。
官司：課傳不現官鬼爻，父母爻臨宅發用洩殺生身。官司可解。

己巳日

干上寅

子孫	癸	酉	六合	初傳
兄弟	戊	辰	太常	中傳
妻財	◎	亥	螣蛇	末傳

四課	三課	二課	一課
青龍	貴人	六合	太陰
未	子	酉	寅
子	巳	寅	己

涉害課

畢法賦/詮釋：
干支全傷防兩損。　四課皆逢上尅下。
彼此猜忌害相隨。　干祿乘空貴臨絕。
貴人差迭事參差。　家人不睦傷彼此。
胎財死氣損胎推。　龍加生氣吉遲遲。

占斷解析：

天候：酉（六合），傳辰（太常），傳亥（螣蛇）。主天晴。

人事：青龍乘貴臨支上。人事不利已。

考試：青龍乘貴臨支上。考運不利已。

婚姻：后合占婚吉，天后入墓，六合逢長生。姻緣未到。

財祿：財爻逢空，乘貴坐絕。財運不佳。

升遷：龍貴臨支，彼此猜忌。升遷不利已。

疾病：白虎乘巳火帝旺尅金，主肺疾，青龍乘未土洩火生金。疾病可癒。

失物：玄武乘鬼臨病地，財爻逢空絕。失物難尋。

子嗣：天后入墓，六合逢長生。先得男。

官司：官鬼爻臨干，幸得子孫爻逢長生相制。官司可解。

己巳日

先春
干上卯

四課	三課	二課	一課
玄武	螣蛇	天后	六合
酉	丑	亥	卯
丑	巳	卯	己

官鬼	丁	卯	六合	初傳
妻財	◎	亥	天后	中傳
兄弟	⊙	未	白虎	末傳

元首課

畢法賦/詮釋：
不行傳者考初時。　三合木局財化鬼。
后合占婚豈用媒。　日上發用逢丁神。
萬事喜忻三六合。　任信丁馬須言動。
　　　　　　　　　合中犯煞蜜中砒。

占斷解析：
天候：卯（六合），傳亥（天后），傳未（白虎）。有風有雨。
人事：官星乘丁馬臨干發用，白虎入傳。升遷在即。
考試：青龍乘巳，三合官星，朱雀乘祿。考運佳。
婚姻：后合占婚豈用媒。婚喜在即。
財祿：財爻乘空亡，傳財化鬼財休覓。財運不佳。
升遷：官祿乘丁神發動又臨干。升遷利己。
疾病：白虎乘未土尅水，主腎疾，喜青龍臨帝旺三合金洩土生水。
　　　疾病可癒。
失物：玄武逢長生，財乘空亡入傳。失物難尋。
子嗣：天后臨胎，六合臨病地。先得女。
官司：制鬼之位乃良醫，支上逢三合子孫爻制煞。官司可解。

己巳日

干上辰

官鬼	丙	寅	朱雀	初傳
妻財	◎	亥	天后	中傳
子孫	☉	申	太常	末傳

四課	三課	二課	一課
天后	朱雀	螣蛇	勾陳
亥	寅	丑	辰
寅	巳	辰	己

嗃矢課

畢法賦/詮釋：
不行傳者考初時。　　蛇墓覆日人昏晦。
三傳逆生人舉薦。　　官鬼發用中末空。
華蓋覆日人昏晦。　　三傳逆生財化鬼。
制鬼之位乃良醫。　　中傳財空驛馬空。傳財化鬼財休覓。

占斷解析：

天候：寅（朱雀），傳亥（天后），傳申（太常）。晴偶雨。

人事：凶將臨干，華蓋覆日。人事不利己。

考試：官爻乘雀報喜，簾幕貴人高甲第，華蓋覆日。考運佳但不利己。

婚姻：后合占婚吉，天后臨胎，六合臨病地。姻緣未到。

財祿：財爻乘空，傳財化鬼財休覓。財運不佳。

升遷：官祿臨支，華蓋覆日。升遷不利己。

疾病：白虎乘未土尅水，主腎疾，喜子孫爻洩土生水。疾病可癒。

失物：玄武逢長生，財乘空亡入傳。失物難尋。

子嗣：天后臨胎，六合臨病地。先得女。

官司：官鬼爻發動，財爻生官鬼，巳申又合水生官鬼。官司難解。

己巳日

兄弟	乙	丑	螣蛇	初傳
妻財	◎	亥	天后	中傳
子孫	⊙	酉	玄武	末傳

四課	三課	二課	一課
螣蛇	六合	六合	青龍
丑	卯	卯	巳
卯	巳	巳	己

重審課

畢法賦/詮釋：
不行傳者考初時。　　三傳丑亥酉。極陰之課倒拔蛇。
任信丁馬須言動。　　初傳蛇墓中傳空。
貴人差迭事參差。　　互生俱生凡事益。
后合占婚豈用媒。　　干上青龍乘帝旺。龍加生氣吉遲遲。

占斷解析：

天候：丑（螣蛇），傳亥（天后），傳酉（玄武）。主陰雨。

人事：龍加生氣生日干。人事利己。

考試：青龍臨干報喜，貴人乘朱雀。入榜可期。

婚姻：后合占婚豈用媒。婚喜可期。

財祿：財爻逢空亡，末傳酉金可生財，可惜玄武逢長生。財逢劫不利。

升遷：貴人乘官祿逢死絕。不利升遷。

疾病：白虎乘未土尅水，主腎疾，喜子孫爻逢長生洩土生水。疾病可癒。

失物：玄武逢長生，財乘空亡入傳。失物難尋。

子嗣：天后臨胎，六合臨病地。先得女。

官司：官鬼爻病死臨干支，青龍乘巳臨干洩殺生身。官司可解。

己巳日

否極泰來
干上午

官鬼	丁	卯	六合	初傳
官鬼	丙	寅	朱雀	中傳
兄弟	乙	丑	螣蛇	末傳

四課	三課	二課	一課
六合	勾陳	青龍	天空
卯	辰	巳	午
辰	巳	午	己

元首課

畢法賦/詮釋：
尊崇傳內遇三奇。　　朱雀乘寅春占必捷。
旺祿臨身徒妄作。　　四課發用主有巧遇。
眾鬼雖彰全不畏。　　傳干逢三奇。君子占吉；常人占禍。
貴人差迭事參差。　　任信丁馬須言動。

占斷解析：

天候：卯（六合），傳寅（朱雀），傳丑（螣蛇）。主天晴。
人事：青龍帝旺，乘祿臨干。人事利己。
考試：青龍臨干泮喜，朱雀入傳報喜。入榜可期。
婚姻：后合占婚吉，天后臨胎，六合臨病地。姻緣未到。
財祿：官印旺相，財爻乘胎絕。財運不佳。
升遷：青龍乘祿臨干，官星丁神發用。升遷在即。
疾病：白虎乘未土尅水，主腎疾，喜子孫爻逢長生洩土生水。疾病可癒。
失物：玄武逢長生，財爻無氣。失物難尋。
子嗣：天后臨胎，六合臨病地。先得女。
官司：官鬼爻發用，喜干上逢祿洩殺生身。官司可解。

己巳日

干上未

父母	己	巳	青龍	初傳
子孫	壬	申	太常	中傳
官鬼	丙	寅	朱雀	末傳

四課	三課	二課	一課
青龍	青龍	白虎	白虎
巳	巳	未	未
巳	巳	未	己

伏吟課

畢法賦/詮釋：
賓主不投刑在上。　　三傳互尅犯三刑。
互旺皆旺坐謀宜。　　干上白虎合天空。
三傳互尅眾人欺。　　支上青龍得帝旺。
胎財死氣損胎推。　　將逢內戰所謀危。

占斷解析：
天候：巳（青龍），傳申（太常），傳寅（朱雀）。陰轉晴。
人事：青龍帝旺臨支。人事不利己。
考試：青龍泮喜發用，朱雀末傳報喜。入榜可期。
婚姻：后合占婚吉，天后臨胎，六合臨病地。姻緣未到。
財祿：課傳不見財爻，財爻乘胎絕。財運不佳。
升遷：白虎臨干，青龍臨支。升遷不利己。
疾病：白虎乘未土尅水，主腎疾，喜子孫爻洩土生水。病可癒。
失物：玄武逢長生，課傳不見財爻。失物難尋。
子嗣：天后臨胎，六合臨病地。先得女。
官司：官鬼爻入傳，喜青龍乘巳火入宅洩殺生身。官司可解。

己巳日

干上申

子孫	壬	申	太常	初傳
子孫	壬	申	太常	中傳
父母	庚	午	天空	末傳

四課	三課	二課	一課
白虎	天空	玄武	太常
未	午	酉	申
午	巳	申	己

冬蛇課

畢法賦/詮釋：
所謀多拙逢羅網。　　太常乘申臨干發用。
權攝不正祿臨支。　　干祿臨支合白虎。
貴登天門高甲第。　　三申並見不宜動。
我求彼事干傳支。　　（利占功名病訟凶）。

占斷解析：
天候：申（太常），傳申（太常），傳午（天空）。主天晴。
人事：貴登天門，太常吉將臨干發用。人事利己。
考試：貴登天門，簾幕貴人臨干上。榜上有名。
婚姻：后合占婚吉，天后臨胎，六合臨病地。姻緣未到。
財祿：課傳不見財爻，權攝不正祿臨支。財運不佳。
升遷：課傳不見財官，所謀多拙。不利升遷。
疾病：白虎未土尅水，主腎疾，喜子孫爻發用洩土生水。疾病可癒。
失物：玄武逢長生，課傳不見財爻。失物難尋。
子嗣：天后臨胎，六合臨病地。先得女。
官司：課傳不見官鬼爻，喜末傳父母爻洩殺生身。官司可解。

己巳日

畢法賦/詮釋：
兩貴受尅難干貴。　財爻旬空發初傳。
人宅受脫俱招盜。　玄武官鬼丁馬動。
后合占婚豈用媒。　避難逃生須棄舊。
腳踏空亡進用宜。　任信丁馬須言動。

占斷解析：
天候：亥（螣蛇），傳丑（天后），傳卯（玄武）。主陰雨。
人事：子孫爻逢長生臨干上，與丁馬官星相沖。人事不利己。
考試：官鬼爻丁馬動合朱雀，青龍入宅泮喜，入榜可期。
婚姻：后合占婚豈用媒，六合入宅逢天后三合。婚喜可期。
財祿：財乘空亡又生官鬼，幸逢子孫爻逢長生相生。財漸旺。
升遷：干上逢金水相生，生官星，任信丁馬須言動。升遷在即。
疾病：白虎乘巳火尅酉金，主肺疾，喜兄弟爻入傳三合金。疾病可癒。
失物：財乘空亡，玄武乘丁，幸有酉金治鬼。失物復得。
子嗣：天后入墓，六合臨長生。先得男。
官司：末傳官鬼爻乘丁馬動，喜父母爻帝旺臨支洩殺生身。官司可解。

己巳日

干上戌

子孫	壬	申	勾陳	初傳
妻財	◎	亥	螣蛇	中傳
官鬼	☉	寅	太陰	末傳

四課	三課	二課	一課
螣蛇	勾陳	天后	朱雀
亥	申	丑	戌
申	巳	戌	己

重審課

畢法賦/詮釋：
貴人差迭事參差。　　支上申臨敗地發用。
干墓併關人宅廢。　　三傳遞生官鬼尅日。
三傳遞生人舉薦。　　三傳遞生，君子無恙，小人悖亂。
不行傳者考初時。　　鬼臨天門逢旬空。制鬼之位乃良醫。

占斷解析：
天候：申（勾陳），傳亥（螣蛇），傳寅（太陰）。陰晴不定。
人事：子孫爻發傳，三傳遞生官鬼爻。不利人事。
考試：朱雀臨戌，青龍乘未坐辰，相互刑沖。考運不佳。
婚姻：后合占婚吉，天后入墓，六合逢長生。姻緣未到。
財祿：傳財化鬼財休覓，財爻空亡又乘蛇。財運不佳。
升遷：干祿臨天空，馬逢空，貴人差迭事參差。不利升遷。
疾病：白虎乘巳火尅金，末傳寅木生助。未覓良醫。
失物：玄武乘官鬼爻，財爻空亡，傳財生鬼。失物難尋。
子嗣：天后入墓，六合逢長生。先得男。
官司：官鬼爻入傳，喜支乘父母爻帝旺洩殺生身。官司可解。

己巳日

子孫	癸	酉	六合
兄弟	乙	丑	天后
父母	己	巳	白虎

初傳/中傳/末傳

獻刃
干上亥

四課	三課	二課	一課
天后	六合	玄武	螣蛇
丑	酉	卯	亥
酉	巳	亥	己

涉害課

畢法賦/詮釋：
三傳遞生人舉薦。　　子孫爻發用逢三合。
合中犯煞蜜中砒。　　后合占婚豈用媒。
傳墓入墓分憎愛。　　萬事喜忻三六合。貴人差迭事參差。
胎財生氣妻懷孕。　　（三傳從革，革舊從新，先難後易）。

占斷解析：
天候：酉（六合），傳丑（天后），傳巳（白虎）。由陰雨轉晴。
人事：后合臨支，蛇玄臨干。人事不利己。
考試：青龍乘玄武，螣蛇乘青龍干上，只見玄蛇。考運不佳。
婚姻：后合占婚豈用媒，后合入課傳逢三合。婚喜可期。
財祿：財乘空亡臨干，喜得子孫發用生財。財漸旺。
升遷：四課交車相尅又逢刑，晝夜雙貴皆逢絕。升遷不利。
疾病：白虎乘巳火尅金，主肺疾，喜傳三合金。疾病可癒。
失物：玄武乘財，財逢空。失物難尋。
子嗣：后合發用上傳，天后入墓。先得男。
官司：官鬼爻臨干，喜支辰乘父母爻洩殺生身。官司可解。

庚午日

祿神：申
驛馬：申
貴人：丑、未
空亡：戌、亥
長生：巳
帝旺：酉
墓庫：丑

庚午日

四課	三課	二課	一課
天后	六合	玄武	螣蛇
寅	戌	辰	子
戌	午	子	庚

父母	戊	辰	玄武	初傳
兄弟	壬	申	青龍	中傳
子孫	甲	子	螣蛇	末傳

星斗干上子

涉害課

畢法賦/詮釋：
脫上逢脫防虛詐。　凡占利公不利私。
六陽數足須公用。　三合潤下為脫氣。
萬事喜忻三六合。　干支皆脫事事虛。
人宅受脫俱招盜。　后合占婚豈用媒。

占斷解析：
天候：辰（玄武），傳申（青龍），傳子（螣蛇）。雨後多雲時晴。
人事：干上玄武乘螣蛇，支上三合官鬼。不利人事。
考試：三傳得青龍泮喜，支上三合火局相沖。考運不佳。
婚姻：后合占婚豈用媒，后合臨宅逢三合。婚喜可期。
財祿：財爻臨胎絕，課財合鬼財休覓。不利財運。
升遷：玄武乘蛇臨干，三合官星臨支。不利升遷。
疾病：白虎乘午火尅金，主肺疾，喜三傳三合洩火生金。疾病可癒。
失物：玄武乘螣蛇於死地，財爻乘絕。失物難尋。
子嗣：天后臨絕，六合臨衰，后合入宅。子息不旺。
官司：官鬼爻乘敗地，喜父母爻臨干發用洩殺生身。官司可解。

庚午日

干上丑

四課	三課	二課	一課
玄武	朱雀	白虎	貴人
辰	亥	午	丑
亥	午	丑	庚

父母	☉	辰	玄武	初傳
兄弟	癸	酉	勾陳	中傳
妻財	丙	寅	天后	末傳

比用課

畢法賦/詮釋：
貴人差迭事參差。　　四課發用有巧遇。
干乘墓虎無占病。　　干上神脫支生日。
虎乘遁鬼殃非淺。　　支上神脫庚臨病。
　　　　　　　　　　干墓併關人招晦。

占斷解析：

天候：辰（玄武），傳酉（勾陳），傳寅（天后）。陰晴不定。

人事：虎乘干鬼，貴人入墓。人事不利己。

考試：課傳不見青龍祿神，朱雀乘病臨支。考運不佳。

婚姻：妻財乘天后入傳，六合乘戌，喜午火臨干三合。婚喜可期。

財祿：財爻乘胎絕，不見干祿。財運不佳。

升遷：官祿乘貴臨干，貴入墓。不利升遷。

疾病：白虎乘午火尅金，主肺疾，喜父母爻發用洩火生金。疾病可癒。

失物：玄武乘空發用，末傳財爻臨絕。失物難尋。

子嗣：天后臨絕入傳，六合臨衰。子息緣淡。

官司：官鬼爻乘白虎臨干，喜父母爻入課傳洩殺生身。官司可解。

庚午日

```
干上寅
妻財  丙 寅  天后  初傳
兄弟  壬 申  青龍  中傳
妻財  丙 寅  天后  末傳

四課 三課 二課 一課
白虎 螣蛇 青龍 天后
 午   子   申   寅
 子   午   寅   庚
```

返吟課

畢法賦/詮釋：
虎乘遁鬼殃非淺。　　財祿臨干財遁鬼。
三傳互尅眾人欺。　　因財致禍甘招晦。
旺祿臨身徒妄作。　　賓主不投刑在上。
干支值絕凡謀決。

占斷解析：
天候：寅（天后），傳未（青龍），傳寅（天后）。雲雨連綿。
人事：課逢返吟，三傳互尅，財祿臨干。人事利己。
考試：青龍旺相臨干泮喜。入榜可期。
婚姻：天后乘寅，六合乘戌，喜午支三合。婚喜可期。
財祿：課傳皆見財爻，財祿臨干又入傳。財祿漸旺。
升遷：財祿臨干青龍乘財。有利升遷。
疾病：白虎乘午火尅金，主肺疾，喜青龍臨祿生子相制。疾病可癒。
失物：玄武入獄，財臨干發用。失物復得。
子嗣：天后臨絕，六合臨衰。子息緣淡。
官司：官鬼爻臨支，喜青龍乘祿生子孫爻相制。官司可解。

庚午日

干上卯

父母	◎	戌	六合	初傳
官鬼	⊙	巳	太常	中傳
子孫	甲	子	螣蛇	末傳

四課	三課	二課	一課
青龍	貴人	六合	太陰
申	丑	戌	卯
丑	午	卯	庚

比用課

畢法賦/詮釋：
腳踏空亡進用宜。　　胎財逢丁臨干上。
權攝不正祿臨支。　　胎財生氣妻有孕。
金日逢丁凶禍動。　　支上青龍乘貴人。貴人差迭事參差。
龍加生氣吉遲遲。　　末傳子孫暗合貴。占產即生故人歸。

占斷解析：
天候：戌（六合），傳巳（太常），傳子（螣蛇）。主天晴。
人事：青龍乘貴臨支財臨干，人事不利己。
考試：青龍乘貴臨支，干上卯戌合火，財化鬼尅干。考運不佳。
婚姻：后合占婚吉，六合臨干發用，天后乘財臨絕。姻緣未到。
財祿：財爻乘胎臨干，卻合化官鬼尅干。財運不佳。
升遷：青龍乘祿貴臨支。升遷不利己。
疾病：白虎乘午火尅金，主肺疾，喜得貴人洩火生金。疾病可癒。
失物：玄武乘勾陳，財爻臨干化鬼。失物難尋。
子嗣：天后臨絕，六合臨衰又逢空。子息緣淡。
官司：青龍乘貴臨宅洩殺生身。官司可解。

庚午日

父母	◎	戌	六合	初傳
官鬼	庚	午	白虎	中傳
妻財	丙	寅	天后	末傳

四課	三課	二課	一課
六合	天后	螣蛇	玄武
戌	寅	子	辰
寅	午	辰	庚

畢法賦／詮釋：
三傳逆生人舉薦。　　三合官鬼炎上課。
眾鬼雖彰全不畏。　　火生辰土土生金。
貴人差迭事參差。　　三傳遞生乘后合。
后合占婚豈用媒。　　虎乘遁鬼殃非淺。

占斷解析：

天候：戌（六合），傳午（白虎），傳寅（天后）。主晴轉風雨。

人事：蛇玄臨干，后合臨支。人事不利己。

考試：課傳不見龍雀，蛇乘玄武臨干。考運不佳。

婚姻：后合占婚豈用媒，后合入課傳逢三合。婚喜可期。

財祿：財爻乘絕入傳生官鬼。財運不佳。

升遷：課傳三合火局尅干。升遷不利己。

疾病：白虎乘午火尅金，主肺疾，三傳三合火比旺，幸得父母爻臨干洩火生金。疾病可癒。

失物：玄武乘祿，財化鬼。失物難尋。

子嗣：后合臨支發傳，有男有女。子息旺。

官司：官鬼三合旺相無制，幸得父母爻臨干洩煞生身。官司可解。

庚午日

干上巳

四課	三課	二課	一課
天后	朱雀	螣蛇	勾陳
子	卯	寅	巳
卯	午	巳	庚

官鬼	己 巳	勾陳	初傳
妻財	丙 寅	螣蛇	中傳
子孫	◎ 亥	太陰	末傳

元首課

畢法賦／詮釋：
金日逢丁凶禍動。　日上火官發初傳。
賓主不投刑在上。　巳乘日祿逢長生。
三傳逆生人舉薦。　日財覆支乘丁神。傳財化鬼財休覓。
貴雖在獄宜臨干。　占者因妻；財引禍。

占斷解析：

天候：巳（勾陳），傳寅（螣蛇），傳亥（太陰）。晴無雨。

人事：朱雀乘財臨支，勾蛇臨干。人事不利己。

考試：青龍臨敗地，勾陳、螣蛇臨干。考運不佳。

婚姻：天后臨支，辰乘六合，與祿神三合成局。婚姻可期。

財祿：傳財化鬼財休覓，恐因財生是非。不利財運。

升遷：天后乘雀臨支，蛇乘勾陳臨干。升遷不利己。

疾病：白虎乘申金尅木，主肝疾，干上巳火發用相治。疾病可癒。

失物：玄武入獄，財父臨干支。失物復得。

子嗣：天后乘子入宅，六合臨養，有男有女。子息旺。

官司：官鬼爻臨干發傳，喜暗合祿神。官司可解。

庚午日

顧祖
干上午

官鬼	庚	午	青龍	初傳
父母	戊	辰	六合	中傳
妻財	丙	寅	螣蛇	末傳

四課	三課	二課	一課
螣蛇	六合	六合	青龍
寅	辰	辰	午
辰	午	午	庚

涉害課

畢法賦/詮釋：
華蓋覆日人昏晦。　　干上官鬼乘青龍。
貴人差迭事參差。　　蛇財臨支生官鬼。
末助初兮三等論。　　支財化鬼暗助初。
我求彼事干傳支。　　六合乘印入課傳。傳財化鬼財休覓。

占斷解析：
天候：午（青龍），傳辰（六合），傳寅（螣蛇）。主天晴。
人事：蛇財臨支，青龍官星臨干。人事利己。
考試：青龍官星臨干泮喜。有利考運。
婚姻：六合乘龍發用，天后乘子，三合干祿申。婚姻可期。
財祿：財臨胎絕又化鬼。財祿不旺。
升遷：青龍官星臨干上。升遷利己。
疾病：白虎乘申金尅木，主肝疾，喜巳火逢長生相治。疾病可癒。
失物：玄武入獄，末傳得財。失物復得。
子嗣：天后臨死地，六合乘青龍入傳。先得男。
官司：官鬼爻發傳，幸得父母爻通關相生。官司可解。

庚午日

登庸
干上未

四課	三課	二課	一課
六合	勾陳	青龍	天空
辰	巳	午	未
巳	午	未	庚

官鬼	庚	午	青龍 初傳
官鬼	己	巳	勾陳 中傳
父母	戊	辰	六合 末傳

遙尅課

畢法賦/詮釋：
交車相合交關利。　　干上午未合火局。
眾鬼雖彰全不畏。　　青龍臨干發初傳。
我求彼事干傳支。　　龍生暮貴再生干。
　　　　　　　　　　魁度天門關格定。

占斷解析：

天候：午（青龍），傳巳（勾陳），傳辰（六合）。主晴有雲。

人事：青龍乘印臨干生干，勾陳臨支。人事利己。

考試：青龍官星六合天空臨干上，青龍泮喜。有利考運。

婚姻：六合臨宅，天后乘子，拱合申祿。婚姻可期。

財祿：課傳不見財爻，財乘胎絕。財祿不旺。

升遷：青龍六合印星臨干。升遷利己。

疾病：白虎乘申金尅木，主肝疾，喜巳火逢長生合化水生木。疾病可癒。

失物：玄武入獄，財爻臨胎絕。失物難尋。

子嗣：天后臨死地，六合臨宅入傳。先得男。

官司：青龍官星臨干，官印相生洩殺生身。官司可解。

庚午日

兄弟	壬	申	白虎	初傳
妻財	丙	寅	螣蛇	中傳
官鬼	己	巳	勾陳	末傳

干上申

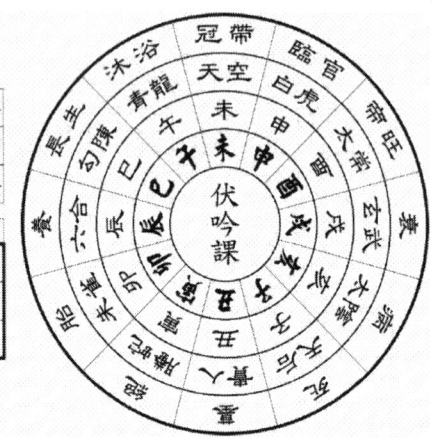

四課	三課	二課	一課
青龍	青龍	白虎	白虎
午	午	申	申
午	午	申	庚

伏吟課

畢法賦/詮釋：
賓主不投刑在上。　　傳財生鬼不利商賈。
旺祿臨身徒妄作。　　白虎臨祿鬼臨三四。
龍加生氣吉遲遲。　　富貴干支逢祿馬。
將逢內戰所謀危。　　貴人差迭事參差。

占斷解析：
天候：申（白虎），傳寅（螣蛇），傳巳（勾陳）。天晴有風。
人事：三傳逢刑，四課天將內戰。不利人事。
考試：青龍臨支，與干上祿及天將逢內戰。不利考運。
婚姻：后合占婚吉，天后臨死地，六合入獄。姻緣未到。
財祿：傳財化鬼，旺祿臨身。財旺恐因財生是非。
升遷：青龍乘官臨支，白虎乘祿臨干。升遷不利己。
疾病：白虎乘申金尅木，主肝疾，喜巳火入傳合化水生木。疾病可癒。
失物：玄武入獄，傳財化鬼。失物難尋。
子嗣：天后臨死地，六合臨養。先得男。
官司：末傳官鬼爻暗合祿，花錢消災。官司可解。

- 146 -

庚午日

干上酉

父母	◎	戌	玄武	初傳
父母	辛	未	天空	中傳
兄弟	癸	酉	太常	末傳

四課	三課	二課	一課
白虎	天空	玄武	太常
申	未	戌	酉
未	干	酉	庚

昂星課

畢法賦/詮釋：
前後引從升遷吉。　玄武臨干發初傳。
所謀多拙逢羅網。　白虎乘空臨支上。
權攝不正祿臨支。　旺祿臨支。貴人差迭事參差。
互旺俱旺坐謀宜。

占斷解析：

天候：戌（玄武），傳未（天空），傳酉（太常）。雨後天晴。

人事：權攝不正祿臨支，玄武臨干。人事不利己。

考試：青龍臨敗地，朱雀臨胎。考運不佳。

婚姻：六合乘辰，暗合干上神，天后乘子，與祿神三合。婚喜可期。

財祿：課傳不見財爻，印比旺相。財運不佳。

升遷：干祿臨支，干貴入墓。不利升遷。

疾病：白虎乘申金尅木，主肝疾，青龍午火乘敗地無制。未覓良醫。

失物：玄武臨空亡，課傳不見財爻。失物難尋。

子嗣：天后臨死地，六合臨養。先得男。

官司：課傳不見官鬼爻，喜貴人乘印洩殺生身。官司可解。

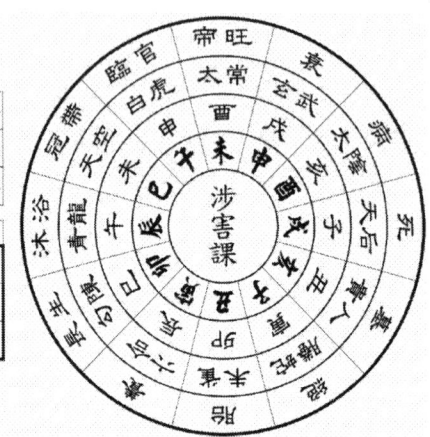

庚午日

畢法賦/詮釋：
不行傳者考初時。　　日祿臨支發初傳。
貴登天門高甲第。　　干上逢空中傳空。
罡塞鬼戶任謀為。　　前後引從陞遷吉。
彼求我事支傳干。　　權攝不正祿臨支。

占斷解析：
天候：申（白虎），傳戌（玄武），傳子（天后）。主陰雨。
人事：權攝不正祿臨支，貴人差迭事參差。人事不利己。
考試：青龍臨敗地，朱雀臨胎。考運不佳。
婚姻：子為天后，辰為六合，祿申發傳，三合拱祿。婚喜可期。
財祿：旺祿臨支發傳，干祿化為支財。財運不利己。
升遷：旺祿臨支發傳，干祿化為支財。升遷不利己。
疾病：白虎乘申金尅木，主肝疾，喜子孫爻入末傳洩金生木。疾病可癒。
失物：課傳俱見玄武，不見財爻，盜賊橫行。失物難尋。
子嗣：天后臨死地，六合臨養。先得男。
官司：制鬼之位乃良醫，喜貴人乘父母爻洩殺生身。官司可解。

庚午日

干上亥

四課	三課	二課	一課
螣蛇	勾陳	天后	朱雀
子	酉	寅	亥
酉	午	亥	庚

兄弟	癸酉	勾陳 初傳
子孫	甲子	螣蛇 中傳
妻財	丁卯	太陰 末傳

重審課

畢法賦/詮釋：
賓主不投刑在上。　　卯財化鬼乘丁神。
貴雖入獄宜臨干。　　雙貴差迭事參差。
傳財化鬼財休覓。　　（占者因妻、財引禍）。
金日逢丁凶禍動。　　三傳遞生人舉薦。

占斷解析：

天候：酉（勾陳），傳子（螣蛇），傳卯（太陰）。陰轉晴。
人事：課傳皆刑，貴人入獄。不利人事。
考試：課傳不見青龍，朱雀臨病，貴人入獄。不利考運。
婚姻：天后臨干，六合乘戌，逢日支三合。婚姻可期。
財祿：財爻臨干，六合財旺，丁神乘財驛動。財漸旺。
升遷：課傳不見祿馬，貴人入獄。不利升遷。
疾病：白虎乘午火尅金，主肺疾，喜貴人乘印洩火生金。疾病可癒。
失物：玄武乘墓，末傳財動合空亡。失物難尋。
子嗣：天后乘絕，六合乘衰。子息緣淡。
官司：金日逢丁凶禍動，課傳皆刑，三傳遞生財化鬼。官司難解。

- 149 -

辛未日

祿神：酉
驛馬：巳
貴人：寅、午
空亡：戌、亥
長生：子
帝旺：申
墓庫：辰

辛未日

出三陽
干上子

妻財	丙	寅	貴人	初傳
父母	戊	辰	朱雀	中傳
官鬼	庚	午	勾陳	末傳

四課	三課	二課	一課
玄武	白虎	貴人	太陰
亥	酉	寅	子
酉	未	子	辛

畢法賦/詮釋：

權攝不正祿臨支。　貴人臨干發初傳。
首尾相見始終宜。　支生干祿日上生貴。
罡塞鬼戶任謀為。　傳財化鬼官生印。
胎財生氣妻懷孕。　欣欣向榮不足憂。

占斷解析：

天候：寅（貴人），傳辰（朱雀），傳午（勾陳）。主天晴。
人事：貴人乘財臨干，干祿臨支。有利人事。
考試：中傳朱雀報喜，貴人臨干。有利考運。
婚姻：后合占婚吉，天后臨養，六合臨死地。姻緣未到。
財祿：貴人乘財臨干發用。財祿漸旺。
升遷：貴人臨干，玄武臨支。升遷利己。
疾病：白虎乘酉金尅木，主肝疾，干上子孫爻洩金生木。疾病可癒。
失物：玄武臨敗地，貴人乘財臨干。失物復得。
子嗣：天后臨養，六合臨死。宜先養後招。
官司：官鬼乘勾陳，喜青龍乘父母爻洩殺生身。官司可解。

辛未日

子孫	◎	亥	玄武	初傳
父母	⊙	丑	天后	中傳
父母	⊙	丑	天后	末傳

四課	三課	二課	一課
天后	太常	朱雀	天后
丑	戌	辰	丑
戌	未	丑	辛

干上丑

別責課

畢法賦/詮釋：

干墓併關人宅廢。　　初傳空亡中末坐空。
空空如也事莫追。　　事不周全有望難成。
貴登天門高甲第。　　干支乘墓各昏迷。
傳墓入墓分憎愛。　　六爻現卦防其尅。

占斷解析：

天候：亥（玄武），傳丑（天后），傳丑（天后）。主天晴。
人事：干墓併金墓臨干。人事不利己。
考試：青龍臨印乘朱雀臨干，考運佳。入榜可期。
婚姻：后合占婚吉，天后臨養，六合臨死地。姻緣未到。
財祿：課傳皆印不見財爻。財祿不旺。
升遷：空空如也事莫追，干支乘墓各昏迷。不利升遷。
疾病：白虎乘酉金尅木，主肝疾，尅傳土旺生金。未覓良醫。
失物：課傳不見財爻，玄武臨敗地。失物難尋。
子嗣：天后臨養，六合臨死地。宜先養後招。
官司：官鬼臨病死之地。四課得印洩殺生身。官司可解。

辛未日

曲直
干上寅

四課	三課	二課	一課
天后	六合	太常	貴人
卯	亥	午	寅
亥	未	寅	辛

子孫	◎	亥	六合	初傳
妻財	☉	卯	天后	中傳
父母	辛	未	白虎	末傳

畢法賦/詮釋：
腳踏空亡進用宜。　　課傳皆三合成財。
金日逢丁凶禍動。　　傳財太旺反財虧。
萬事喜忻三六合。　　雙貴臨干財生官。
后合占婚豈用媒。　　胎財生氣妻懷孕。

占斷解析：
天候：亥（六合），傳卯（天后），傳未（白虎）。晴轉風雨。
人事：雙貴人臨干，后合臨宅。人事利己。
考試：朱雀乘子沖午，青龍乘酉沖卯。考運不佳。
婚姻：后合占婚豈用媒，后合入課傳皆三合。婚喜可期。
財祿：財爻逢三合發傳。財漸旺。
升遷：雙貴臨干，丁神臨支。升遷利己。
疾病：白虎乘未土尅水，主腎疾，青龍乘祿洩土生水。疾病可癒。
失物：玄武臨死地，財爻三合發用。失物復得。
子嗣：天后臨絕，六合臨敗地。子息緣淡。
官司：官鬼爻臨干逢財相生，金日逢丁凶禍動。官司難解。

- 153 -

辛未日

畢法賦/詮釋：
不行傳者考初時。　　官鬼乘玄發初傳。
金日逢丁凶禍動。　　彼求我事支傳干。
貴人差迭事參差。　　末助初兮尅日干。
人宅皆死各衰贏。　　賓主不投刑在上。

占斷解析：
天候：巳（玄武），傳戌（勾陳），傳卯（天后）。主晴雨不定。
人事：干上天空乘旺，支上玄武臨死。人事利己。
考試：青龍乘祿，朱雀臨宅。有利考運。
婚姻：后合占婚吉，天后臨絕，六合臨敗地。姻緣未到。
財祿：比刼乘財臨干，金日逢丁，因財招災。不利財祿。
升遷：貴人差迭，金日逢丁。升遷不利己。
疾病：白虎乘未土尅水，主腎疾，青龍乘祿洩土生水。疾病可癒。
失物：玄武發用，財乘丁神發凶。失物難尋。
子嗣：天后乘丁馬臨絕，六合臨敗地。子息緣淡。
官司：官鬼爻發動，末助初兮三等論，幸得日支乘父母爻洩殺生身。官司可解。

辛未日

干上辰

				初傳
官鬼	⊙	巳	玄武	初傳
父母	乙	丑	螣蛇	中傳
父母	⊙	辰	太陰	末傳

四課	三課	二課	一課
白虎	螣蛇	勾陳	太陰
未	丑	戌	辰
丑	未	辰	辛

返吟課

畢法賦/詮釋：
首尾相見始終宜。　返吟課逢上下冲。
干支乘墓各昏迷。　干支全傷防兩損。
兩貴受尅難干貴。　彼此猜忌害相隨。
支乘墓虎有伏屍。　胎財乘貴亦遭尅。

占斷解析：

天候：巳（玄武），傳丑（螣蛇），傳辰（太陰）。雨後轉晴。

人事：兩貴受尅，干支乘墓。不利人事。

考試：青龍乘祿合干上辰，朱雀逢長生合支上丑。有利考運。

婚姻：后合占婚吉，天后臨絕，六合臨敗地。姻緣未到。

財祿：課傳皆印，不見財爻。財運不佳。

升遷：課傳多凶將，兩貴受尅，干支乘墓。不利升遷。

疾病：白虎乘未土尅水，六爻現卦防其尅，幸得青龍乘祿洩土生水。疾病可癒。

失物：玄武發用，印旺無財。失物難尋。

子嗣：天后乘絕，六合臨敗地，六爻現卦相尅。子息緣淡。

官司：官鬼爻發用，課傳不見子孫爻尅制，幸得青龍乘祿合干上神。官司得解。

辛未日

```
干上巳
┌────┬────┬────┬────┐
│兄弟│ 癸 │ 酉 │青龍│初傳
├────┼────┼────┼────┤
│父母│ 戊 │ 辰 │太陰│中傳
├────┼────┼────┼────┤
│子孫│ ◎ │ 亥 │六合│末傳
└────┴────┴────┴────┘

┌────┬────┬────┬────┐
│四課│三課│二課│一課│
├────┼────┼────┼────┤
│青龍│貴人│朱雀│玄武│
├────┼────┼────┼────┤
│ 酉 │ 寅 │ 子 │ 巳 │
├────┼────┼────┼────┤
│ 寅 │ 未 │ 巳 │ 辛 │
└────┴────┴────┴────┘
```

涉害課

畢法賦/詮釋：
權攝不正祿臨支。　　干支全傷防兩損。
彼此猜忌害相隨。　　胎財得貴臨支上。
富貴干支逢祿馬。　　青龍臨祿乘貴財。
胎財生氣妻懷孕。

占斷解析：
天候：酉（青龍），傳辰（太陰），傳亥（六合）。主陰多雲。
人事：青龍乘貴臨支，玄武臨干。人事不利己。
考試：青龍乘貴泮喜，朱雀臨干報喜，考運佳。入榜可期。
婚姻：后合占婚吉，天后臨絕，六合臨敗地。姻緣未到。
財祿：玄武賊星臨干，貴人乘財臨支。財祿不利己。
升遷：玄武賊星臨干，貴人乘財臨支。升遷不利己。
疾病：白虎乘未土尅水，主腎疾，青龍乘祿臨宅洩土生水。疾病可癒。
失物：玄武乘干臨死地，財爻乘貴入宅。失物復得。
子嗣：天后臨絕，六合乘空亡臨敗地。子息緣淡。
官司：官鬼爻臨病臨死，青龍乘貴臨宅。官司可解。

辛未日

先春
干上午

妻財	丁	卯	天后	初傳
子孫	◎	亥	六合	中傳
父母	☉	未	白虎	末傳

四課	三課	二課	一課
六合	天后	貴人	太常
亥	卯	寅	午
卯	未	午	辛

畢法賦/詮釋：
金日逢丁凶禍動。　　干支皆逢上尅下。
交車相合交關利。　　不行初傳考初時。
傳財化鬼財休覓。　　雙貴臨干財生官。
后合占婚豈用媒。

占斷解析：
天候：卯（天后），傳亥（六合），傳未（白虎）。有風無雨。
人事：貴人太常吉將臨干。人事利己。
考試：青龍乘酉沖支上卯，朱雀乘子沖干上午。不利考運。
婚姻：后合占婚豈用媒。婚喜可期。
財祿：財貴臨干，三合財旺。財運佳。
升遷：貴人太常吉將臨干，丁財動。升遷在即。
疾病：白虎乘未土尅水，主腎疾，木火旺生未土。未覓良醫。
失物：玄武臨死地，貴財乘胎，丁財動。失物復得。
子嗣：天后臨絕，六合乘空亡臨敗地。子息緣淡。
官司：官鬼爻臨干，喜得子孫爻入傳相制。官司可解。

辛未日

四課	三課	二課	一課
螣蛇	太陰	太陰	白虎
丑	辰	辰	未
辰	未	未	辛

干上未

子孫	◎	亥	六合	初傳
父母	⊙	未	白虎	中傳
父母	⊙	未	白虎	末傳

別責課

畢法賦/詮釋：
來去俱空豈動移。　四課不備空發用。
空空如也事莫追。　魁罡臨日又臨支。
夫婦蕪淫各有私。　初空傳坐三傳空。
干支乘墓各昏迷。　中末逢虎虎臨干。

占斷解析：
天候：亥（六合），傳未（白虎），傳未（白虎）。晴朗有風。
人事：干乘虎，蛇臨支，干支乘墓各昏迷。不利人事。
考試：朱雀乘子暗合支上丑，青龍乘酉暗合干上辰。有利考運。
婚姻：后合占婚吉，天后臨絕，六合臨敗地。姻緣未到。
財祿：課傳皆印，財爻乘胎絕。財運不旺。
升遷：來去俱空，干支乘墓，時機未到。不利升遷。
疾病：白虎乘未土尅水，主腎疾，六爻俱現防其尅，青龍乘酉洩土生水。疾病可癒。
失物：玄武臨死地，課傳不見財爻。失物難尋。
子嗣：天后臨絕，六合乘空亡臨敗地，。子息緣淡。
官司：課傳不見官鬼爻，青龍乘祿神暗合干上神。官司可解。

辛未日

顧祖
干上申

官鬼	庚	午	勾陳	初傳
父母	戊	辰	朱雀	中傳
妻財	丙	寅	貴人	末傳

四課	三課	二課	一課
螣蛇	六合	勾陳	天空
卯	巳	午	申
巳	未	申	辛

元首課

畢法賦/詮釋：
交車相合交關利。　晝夜貴加求兩貴。
互旺俱旺坐謀宜。　末助初兮財化鬼。
胎財生氣妻懷孕。　仕官逢吉小人凶。
鬼乘天乙乃神祇。　末助初兮三等論。

占斷解析：

天候：午（勾陳），傳辰（朱雀），傳寅（貴人）。主天晴。
人事：官鬼爻乘勾陳臨干。人事不利己
考試：朱雀入傳末傳貴，青龍六合干上神。考運利己。
婚姻：后合占婚吉，天后臨養，六合臨死地。姻緣未到。
財祿：末傳胎財，生氣又逢貴。財漸旺。
升遷：傳財化鬼臨干上。不利升遷。
疾病：白虎乘酉金尅木，主肝疾，喜勾陳六合青龍相制。可覓良醫。
失物：玄武臨敗地，財臨胎絕。失物難尋。
子嗣：天后乘丑沖日支，六合臨死地，。子息緣淡。
官司：末助初兮，傳財化鬼，喜中傳逢父母爻洩殺生身。官司可解。

辛未日

干上酉				
官鬼	己	巳	六合	初傳
父母	戊	辰	朱雀	中傳
妻財	丁	卯	螣蛇	末傳

四課	三課	二課	一課
六合	勾陳	天空	白虎
巳	午	申	酉
午	未	酉	辛

嚆矢課

畢法賦/詮釋：
旺祿臨身徒妄作。　　金日逢丁凶禍動。
富貴干支逢祿馬。　　丁財化鬼尅辛干。
賓主不投刑在上。　　鬼乘天乙合支辰。
鬼臨三四訟災隨。　　胎財生氣妻懷孕。魁度天門關格定。

占斷解析：

天候：巳（六合），傳辰（朱雀），傳卯（螣蛇）。主天晴。
人事：三傳傳財化鬼，金日逢丁，白虎乘祿臨干。不利人事。
考試：青龍乘天空，朱雀入墓。不利考運。
婚姻：后合占婚吉，天后臨養，六合臨死地。姻緣未到。
財祿：旺祿臨身，卯財逢丁神動。財漸旺。
升遷：旺祿臨身，鬼臨三四。升遷利己。
疾病：白虎乘酉金尅木，喜得午火暗合，青龍乘支相制。疾病可癒。
失物：玄武臨敗地，末傳財爻動。失物復得。
子嗣：天后合長生，六合入課，有男有女。子息旺。
官司：傳財化鬼，金日逢丁，鬼臨三四，青龍暗合勾陳。官司難解。

辛未日

干上戌

父母	辛	未	青龍	初傳
父母	乙	丑	天后	中傳
父母	◎	戌	太常	末傳

四課	三課	二課	一課
青龍	青龍	太常	太常
未	未	戌	戌
未	未	戌	辛

畢法賦/詮釋：
不行傳者考初時。　四課不備日上空。
賓主不投刑在上。　初中冲尅末傳空。
六爻現卦防其尅。　三傳稼穡成三刑。
彼求我事支傳干。　胎財生氣妻懷孕。

占斷解析：
天候：未（青龍），傳丑（天后），傳戌（太常）。陰雨多雲。
人事：賓主不投刑在上，太常吉將臨干逢空亡。人事不利己。
考試：青龍臨支發用，朱雀乘辰沖干上戌。不利考運。
婚姻：后合占婚吉，天后臨養，六合臨死地。姻緣未到。。
財祿：印爻旺，財爻臨胎絕。財祿不旺。
升遷：三傳逢刑，太常乘空亡臨干上，升遷尚無機會。不利考運。
疾病：白虎乘酉金尅木，主肝腎之疾，青龍臨宅。疾病可癒。
失物：玄武臨敗地，尅傳不見財爻。失物難尋。
子嗣：天后臨養，六合臨死。宜先養後招。
官司：官鬼爻乘病死之地，喜父母爻洩殺生身。官司可解。

辛未日

畢法賦/詮釋：
賓主不投刑在上。　　干上脫氣逢玄武。
空空如也事莫追。　　支上脫氣逢天空。
權攝不正祿臨支。　　空上逢空行事多阻。
所謀多拙逢羅網。　　彼此猜忌害相隨。胎財死氣損胎推。

占斷解析：
天候：申（天空），傳亥（玄武），傳申（天空）。雨後天晴。
人事：權攝不正祿臨支。人事不利己。
考試：課傳不見龍雀，空空如也。不利考運。
婚姻：后合占婚吉，天后臨養，六合臨死地。姻緣未到。
財祿：課傳無財，比刦旺，財弱身強，兄弟爭財。不利財運。
升遷：權攝不正祿臨支。升遷不利己。
疾病：白虎乘酉金尅木，主肝疾，喜子孫爻逢長生洩金生木。疾病可癒。
失物：玄武臨敗乘空亡，兄弟爻旺相不見財爻。失物難尋。
子嗣：天后乘丑與干上子合，六合臨死地。先得女。
官司：官鬼爻臨病死之地，喜子孫爻逢長生相制。官司可解。

壬申日

祿神：亥
驛馬：寅
貴人：巳、卯
空亡：戌、亥
長生：申
帝旺：子
墓庫：辰

壬申日

將泰
干上子

初傳			
官鬼	乙	丑	太陰
子孫	丙	寅	天后
子孫	丁	卯	貴人

中傳
末傳

四課	三課	二課	一課
白虎	天空	太陰	玄武
戌	酉	丑	子
酉	申	子	壬

元首課

畢法賦/詮釋：
尊崇傳內遇三奇。　　干支上神得帝旺。
一旬周遍始終宜。　　守之互旺占婚即成。
水日逢丁財動之。　　所謀多拙遭羅網。
互旺皆旺坐謀宜。

占斷解析：

天候：丑（太陰），傳寅（天后），傳卯（貴人）。陰雨轉晴。

人事：官鬼爻臨干，白虎臨支。不利人事。

考試：青龍、朱雀不入課傳，反見白虎跟玄武。考運不佳。

婚姻：后合占婚吉，天后乘病入傳，六合乘胎絕。姻緣未到。

財祿：水日逢丁財動之，三傳遇三奇相生。財祿漸旺。

升遷：貴人差迭，玄武合官鬼爻臨干。升遷不利己。

疾病：白虎乘戌尅水，主肝腎之疾，青龍乘申金洩土生水。疾病可癒。

失物：玄武旺相，課傳不見財爻。失物難尋。

子嗣：天后乘病入傳，六合乘胎財。先得男。

官司：官鬼爻臨干發傳，支上神酉金洩殺生身。官司可解。

壬申日

干上丑

四課	三課	二課	一課
玄武	白虎	貴人	太陰
子	戌	卯	丑
戌	申	丑	壬

兄弟	☉	子	玄武	初傳
子孫	丙	寅	天后	中傳
官鬼	戊	辰	螣蛇	末傳

重審課

畢法賦/詮釋：
晝夜貴加求兩貴。　子寅辰課逢三陽。
罡塞鬼戶任謀為。　人事皆美病訟解。
水日逢丁財動之。　兔蛇相加晝夜逢貴。
交車相合交關利。

占斷解析：
天候：子（玄武），傳寅（天后），傳辰（螣蛇）。雨後天晴。
人事：貴人臨干，白虎玄武臨支。人事利己。
考試：青龍長生遭午火尅，朱雀臨絕。考運不佳。
婚姻：后合占婚吉，天后乘病入傳，六合臨胎財。姻緣未到。
財祿：水日逢丁財祿動。財祿漸旺。
升遷：貴人臨干乘官鬼爻入天門。有利升遷。
疾病：白虎乘戌尅水，主肝腎之疾，青龍乘申金洩土生水。疾病可癒。
失物：玄武臨宅發用，課傳不見財爻。失物難尋。
子嗣：天后乘病，六合乘胎財。先得男。
官司：虎乘干鬼，幸得貴人臨干，合化相制。官司可解。

壬申日

干上寅

妻財	己	巳	朱雀	初傳
父母	壬	申	青龍	中傳
兄弟	◎	亥	太常	末傳

四課	三課	二課	一課
天后	太常	朱雀	天后
寅	亥	巳	寅
亥	申	寅	壬

彈射課

畢法賦/詮釋：
賓主不投刑在上。　日祿臨支逢旬空。
權攝不正祿臨支。　貴人差迭事參差。
富貴干支逢祿馬。　四課皆逢下生上。
人宅受脫俱招盜。　龍加生氣吉遲遲。

占斷解析：
天候：巳（朱雀），傳申（青龍），傳亥（太常）。主天晴。
人事：貴人差迭，權攝不正祿臨支。人事不利己。
考試：青龍泮喜，朱雀報喜，考運佳。入榜可期。
婚姻：后合占婚吉，天后臨病，六合乘胎財。姻緣未到。
財祿：財爻發傳，得寅亥相生。財祿漸旺。
升遷：貴人差迭，四課相刑，人事反覆。升遷難。
疾病：白虎乘戌尅水，主肝腎之疾，青龍乘申金洩土生水。疾病可癒。
失物：玄武帝旺，財爻乘絕。失物難尋。
子嗣：天后乘病，六合乘胎財。先得男。
官司：課傳不見官鬼，青龍乘支辰洩殺生身。官司可解。

- 166 -

壬申日

從吉
干上卯

官鬼	辛	未	勾陳	初傳
兄弟	◎	亥	太常	中傳
子孫	⊙	卯	貴人	末傳

四課	三課	二課	一課
螣蛇	玄武	勾陳	貴人
辰	子	未	卯
子	申	卯	壬

重審課

畢法賦/詮釋：
不行傳者考初時。　　三合曲直未逢貴。
賓主不投刑在上。　　支上三合生干貴。
萬事喜忻三六合。　　人宅皆死各喪贏。人宅受脫俱招盜。
合中犯煞蜜中砒。　　貴人臨三合貴干。任信丁馬須言動。

占斷解析：
天候：未（勾陳），傳亥（太常），傳卯（貴人）。主天晴。
人事：貴人臨干，三傳合貴。人事利己。
考試：朱雀臨絕，青龍乘支辰。考運不佳。
婚姻：后合占婚吉，天后乘病，六合乘午沖支上子。姻緣未到。
財祿：財爻臨胎絕，喜三傳三合子孫生財。財漸旺。
升遷：末傳得貴人，貴人臨干三合。升遷利己。
疾病：白虎乘戌剋水，主肝腎之疾，青龍乘申金洩土生水。疾病可癒。
失物：玄武帝旺臨宅，課傳不見財爻。失物難尋。
子嗣：天后乘病，六合乘胎財。先得男。
官司：官鬼爻臨干發用，喜支乘父母爻逢長生洩殺生身。官司可解。

- 167 -

壬申日

畢法賦/詮釋：
華蓋覆日人昏晦。　　干上官印相生發用。
干支乘墓各昏迷。　　支上財官相生又生支。
干墓併關人宅廢。　　昏晦尤甚動招災。
胎財死氣損胎推。　　貴雖在獄宜臨干。

占斷解析：
天候：辰（天后），傳酉（天空），傳寅（螣蛇）。雨後天晴。
人事：干支乘墓，干上乘天空，支上逢玄武。不利人事。
考試：青龍沖干上神，朱雀乘衰。考運不佳。
婚姻：后合占婚吉，天后臨干，六合乘子與日支三合。婚姻可期。
財祿：玄武臨財乘胎絕。財祿不旺。
升遷：貴人入獄，干支乘墓。不利升遷。
疾病：白虎乘申金尅木，主肝疾，干支上神皆旺金。病難治癒。
失物：玄武乘財，財爻臨胎絕。失物難尋。
子嗣：天后入墓，六合帝旺，三合支辰和干上神。先得男。
官司：官鬼爻入墓發用，喜父母爻洩殺生身。官司可解。

壬申日

干上巳

子孫	丙	寅	螣蛇	初傳
父母	壬	申	白虎	中傳
子孫	丙	寅	螣蛇	末傳

四課	三課	二課	一課
白虎	螣蛇	勾陳	太陰
申	寅	亥	巳
寅	申	巳	壬

返吟課

畢法賦/詮釋：
兩貴受尅難干貴。　返吟課逢下賊上。
彼此猜忌害相隨。　干支全傷防兩損。
富貴干支逢祿馬。　交車相合蛇發用。
干支值絕凡謀決。　三傳互尅眾人欺。

占斷解析：

天候：寅（螣蛇），傳申（白虎），傳寅（螣蛇）。主天晴。

人事：干支值絕，三傳互尅。不利人事。

考試：不見青龍朱雀，課傳卻見白虎螣蛇。考運不佳。

婚姻：后合占婚吉，天后入墓，六合乘午沖支上子。姻緣未到。

財祿：富貴干支逢祿馬。財祿旺。

升遷：財祿臨干。升遷利己。

疾病：白虎乘申金尅木，主肝疾，喜祿神臨干洩金生木。疾病可癒。

失物：課傳不見玄武，財爻臨干。失物復得。

子嗣：天后入墓，六合帝旺。先得男。

官司：官鬼爻不入課傳，喜支辰乘父母爻洩殺生身。官司可解。

壬申日

妻財	☉	午	玄武	初傳
官鬼	乙	丑	朱雀	中傳
父母	壬	申	白虎	末傳

四課	三課	二課	一課
青龍	貴人	朱雀	玄武
戌	卯	丑	午
卯	申	午	壬

涉害課

畢法賦/詮釋：
三傳遞生人舉薦。　　玄武乘財財有損。
人宅坐墓甘招晦。　　青龍乘貴逢死氣。
水日逢丁財動之。　　龍加生氣吉遲遲。
傳財化鬼財休覓。　　卯貴生玄財。貌合神離。

占斷解析：
天候：午（玄武），傳丑（朱雀），傳申（白虎）。雨後天晴有風。
人事：青龍官合貴人臨支。人事不利己。
考試：青龍入宅，朱雀臨干。考運佳。
婚姻：日支、天后、六合成三合。婚姻可期。
財祿：財爻臨干，水日逢丁財。財祿漸旺。
升遷：青龍合貴臨支。升遷不利己。
疾病：白虎乘申金尅木，主肝疾，喜兄弟爻帝旺洩金生木。疾病可癒。
失物：玄武乘胎財，財爻乘胎絕。失物難尋。
子嗣：天后入墓，六合乘帝旺。先得男。
官司：官鬼爻入傳，末傳逢父母爻洩殺生身。官司可解。

壬申日

仰玄
干上未

四課	三課	二課	一課
六合	天后	貴人	太常
子	辰	卯	未
辰	申	未	壬

兄弟	甲	子	六合	初傳
父母	壬	申	白虎	中傳
官鬼	戊	辰	天后	末傳

重審課

畢法賦/詮釋：
萬事喜忻三六合。　　仰玄之課不宜冒進。
合中犯煞蜜中砒。　　水日逢丁財動之。
貴人差迭事參差。　　四課發用逢三合。
后合占婚豈用媒。　　三傳潤下脫生干。

占斷解析：
天候：子（六合），傳申（白虎），傳辰（天后）。晴轉風雨。
人事：貴人臨干逢三合。人事利己。
考試：課傳皆不見青龍朱雀，貴人乘太常吉將臨干。有利考運。
婚姻：后合占婚豈用媒，后合臨宅逢三合。婚姻可期。
財祿：課傳不見財爻，財爻逢胎絕。財祿不旺。
升遷：貴人乘太常吉將臨干。升遷利己。
疾病：白虎乘申金尅木，主肝疾，喜三合洩金生木。疾病可癒。
失物：玄武入獄，水日逢丁財祿動。失物復得。
子嗣：天后入墓，六合乘帝旺。先得男。
官司：官鬼爻逢三合洩煞生身。官司可解。

壬申日

四課	三課	二課	一課
騰蛇	太陰	太陰	白虎
寅	巳	巳	申
巳	申	申	壬

妻財 己 巳 太陰 初傳
子孫 丙 寅 騰蛇 中傳
兄弟 ◎ 亥 勾陳 末傳

干上申

畢法賦/詮釋：
三傳逆生人舉薦。　　四課皆逢上生下。
互生俱生凡事益。　　上下相合交車合。
賓主不投刑在上。　　三傳逆生財祿旺。
傳財太旺反財虧。　　貴人差迭事參差。

占斷解析：

天候：巳（太陰），傳寅（騰蛇），傳亥（勾陳）。主天晴。

人事：課傳皆犯三刑，白虎臨干蛇臨支。不利人事。

考試：不見龍雀，四課成三刑，虎蛇入課傳。考運不佳。

婚姻：后合占婚吉，天后入墓，六合乘午沖支上子。姻緣未到。

財祿：財爻得寅木相生發用。財祿漸旺。

升遷：三傳祿生馬，馬生財，三傳逆生，可惜貴人差迭。只旺財祿不利升遷。

疾病：白虎乘申金臨干尅木，主肝疾，喜干祿入傳，巳申合水洩金生木。疾病可癒。

失物：玄武臨胎財，課傳財旺，故主財虧。失物難尋。

子嗣：天后臨墓，六合帝旺。可得男。

官司：課傳不見官鬼爻。更喜父母爻臨干洩殺生身。官司可解。

壬申日

顧祖
干上酉

四課	三課	二課	一課
天后	玄武	太常	天空
辰	午	未	酉
午	申	酉	壬

妻財	庚午	玄武	初傳
官鬼	戊辰	天后	中傳
子孫	丙寅	螣蛇	末傳

畢法賦/詮釋：
賓主不投刑在上。　　玄武臨財蛇生財。
干支皆敗事傾頹。　　干上逢生支逢尅。
末助初兮三等論。　　貴人差迭事參差。
傳財化鬼財險危。　　胎財生氣妻有孕。交車相合交關利。

占斷解析：
天候：午（玄武），傳辰（天后），傳寅（螣蛇）。陰雨轉晴。
人事：交車相合，官印相生再生日。人事利己。
考試：不見龍雀，四課相刑。考運不佳。
婚姻：后合占婚吉，天后入墓，六合帝旺。姻緣未到。
財祿：財爻發用，末助初兮，午未相合。財祿旺。
升遷：貴人差迭，課傳犯刑。不利升遷。
疾病：白虎乘申金尅木，主肝疾，喜兄弟爻旺相洩金生木。疾病可癒。
失物：玄武臨胎財，財爻乘胎絕。失物難尋。
子嗣：天后臨宅入墓，六合子水帝旺逢印生。先得男。
官司：官鬼爻臨支，喜暗合干上神化殺生身。官司可解。

壬申日

返駕
干上戌

	初傳		
官鬼	◎	戌	白虎
父母	☉	酉	天空
父母	壬	申	青龍

四課	三課	二課	一課
六合	勾陳	天空	白虎
午	未	酉	戌
未	申	戌	壬

元首課

畢法賦/詮釋：
踏腳空亡進用宜。　干上發用逢三會。
魁度天門關格定。　官鬼傳印印生身。
所謀多拙逢羅網。　貴雖在獄宜臨干。
虎臨干鬼凶速速。

占斷解析：
天候：戌（白虎），傳酉（天空），傳申（青龍）。多雲有風。
人事：虎臨干鬼印乘空。人事不利己。
考試：腳踏空亡，末傳逢青龍乘印。考運佳。
婚姻：后合占婚吉，天后臨病，六合乘胎。姻緣未到。
財祿：午未合財臨支上，財爻臨胎絕。財祿不旺。
升遷：魁度天門關格定。不利升遷。
疾病：白虎乘戌土尅水，主腎疾，青龍乘印洩土生水。疾病可癒。
失物：玄武帝旺，財爻臨胎絕。失物難尋。
子嗣：天后臨病，六合乘胎財。先得男。
官司：虎臨干鬼凶速速，喜三傳三會化殺生身。官司可解。

壬申日

干上亥

兄弟	◎	亥	太常	初傳
父母	壬	申	青龍	中傳
子孫	丙	寅	天后	末傳

四課	三課	二課	一課
青龍	青龍	太常	太常
申	申	亥	亥
申	申	亥	壬

伏吟課

畢法賦/詮釋：
旺祿臨身徒妄作。　　祿神覆干逢旬空。
龍加生氣吉遲遲。　　末傳驛馬合空祿。
將逢內戰所謀危。　　貴人差迭事參差。
我求彼事干傳支。　　彼此猜忌害相隨。伏吟干祿逢自刑。

占斷解析：
天候：亥（太常），傳申（青龍），傳寅（天后）。多雲時雨。
人事：四課皆吉將，旺祿臨身。人事利己。
考試：青龍泮喜，太常臨干。考運佳。
婚姻：后合占婚吉，天后入傳。六合臨胎財。婚喜可期。
財祿：財爻臨胎絕。財祿不旺。
升遷：龍加生氣，旺祿臨身。有利升遷。
疾病：白虎乘戌尅水，主腎疾，喜青龍洩土生水。疾病可癒。
失物：玄武帝旺，財爻臨胎絕。失物難尋。
子嗣：天后臨病。六合臨胎財。先得男。
官司：課傳不見官鬼爻，喜印祿相生。官司可解。

癸酉日

祿神：子
驛馬：亥
貴人：巳、卯
空亡：戌、亥
長生：卯
帝旺：亥
墓庫：未

癸酉日

干上子

官鬼	辛	未	太陰	初傳
妻財	庚	午	天后	中傳
妻財	己	巳	貴人	末傳

四課	三課	二課	一課
太陰	玄武	天空	青龍
未	申	亥	子
申	酉	子	癸

遙尅課

畢法賦/詮釋：
旺祿臨身徒妄作。　　三傳課逢退連茹。
互旺皆旺坐謀宜。　　富貴干支逢祿馬。
胎財生氣妻懷孕。　　干上得祿。日墓臨支。
傳財太旺反財虧。

占斷解析：
天候：未（太陰），傳午（天后），傳巳（貴人）。晴偶雨。
人事：祿馬臨干上，日墓覆支。人事利己。
考試：青龍泮喜，朱雀臨長生。有利考運。
婚姻：后合占婚吉，天后臨絕，六合臨敗地。姻緣未到。
財祿：三傳三會財局，祿馬臨干。財祿旺。
升遷：祿馬臨干，末傳貴人乘胎財。有利升遷。
疾病：白虎乘戌土尅水，主腎疾，喜支上申洩土生水。疾病可癒。
失物：玄武臨死地，三傳財旺。失物復得。
子嗣：天后臨絕，六合臨敗地。子息緣淡。
官司：官鬼爻三會成財，支辰逢印洩殺生身。官司可解。

癸酉日

```
干上丑
┌─────────────────┐
│官鬼 乙 丑 勾陳│初傳
│官鬼 ◎ 戌 白虎│中傳
│官鬼 辛 未 太陰│末傳
└─────────────────┘
┌────┬────┬────┬────┐
│四課│三課│二課│一課│
│太常│太常│勾陳│勾陳│
│ 酉 │ 酉 │ 丑 │ 丑 │
│ 酉 │ 酉 │ 丑 │ 癸 │
└────┴────┴────┴────┘
```

伏吟課

畢法賦/詮釋：
賓主不投刑在上。　　官鬼臨干發初傳。
互生俱生凡事益。　　稼穡全鬼尅水干。
虎乘遁鬼殃非淺。　　眾鬼雖彰全不畏。
屋宅寬廣致人衰。　　日墓入傳，支墓覆干。

占斷解析：

天候：丑（勾陳），傳戌（白虎），傳未（太陰）。陰不雨。

人事：勾陳乘官鬼臨干，太常吉將臨支。人事不利己。

考試：龍雀不入課傳，三傳相刑。考運不佳。

婚姻：后合占婚吉，天后臨絕，六合臨敗地。姻緣未到。

財祿：財爻臨胎絕，課傳官印旺。財運不佳。

升遷：官鬼乘勾陳臨干，太常吉將臨支。升遷不利己。

疾病：白虎乘戌土尅水，主腎疾，喜酉金入宅洩土生水。疾病可癒。

失物：玄武臨死地，財爻臨胎絕。失物難尋。

子嗣：天后臨絕，六合臨敗地。子息緣淡。

官司：眾鬼雖彰全不畏，喜酉金入宅洩殺生身。官司可解。

癸酉日

龍潛陽光身沐皇恩
干上寅

四課	三課	二課	一課
天空	青龍	太陰	玄武
亥	戌	卯	寅
戌	酉	寅	癸

兄弟	◎	亥	天空	初傳
兄弟	⊙	子	白虎	中傳
官鬼	乙	丑	太常	末傳

畢法賦/詮釋：
所謀多拙逢羅網。　　玄武臨干脫干氣。
空上逢空事莫追。　　支上旬空又逢空。
水日逢丁財動之。　　三傳連珠亥子丑。
腳踏空亡進用宜。　　空加空用多虛詐。交車相合交關利。

占斷解析：

天候：亥（天空），傳子（白虎），傳丑（太常）。主陰有風無雨。

人事：吉將臨支，玄武臨干。人事不利己。

考試：青龍臨衰，朱雀入墓。考運不佳。

婚姻：后合占婚吉，天后臨養，六合臨死地。姻緣未到。

財祿：財爻臨胎絕，三傳比劫旺。財運不佳。

升遷：吉將臨支，玄武臨干上。升遷不利己。

疾病：白虎乘子水尅火，主心疾，喜得子孫爻逢長生洩水生火。疾病可癒。

失物：玄武乘敗臨干上，財爻臨胎絕。失物難尋。

子嗣：天后入墓，六合臨死地。子息緣淡。

官司：官鬼爻乘太常，喜支辰乘父母爻洩殺生身。官司可解。

- 179 -

癸酉日

```
出戶
干上卯
```

四課	三課	二課	一課
太常	天空	貴人	太陰
丑	亥	巳	卯
亥	酉	卯	癸

官鬼 ☉ 丑 太常 初傳
子孫 丁 卯 太陰 中傳
妻財 巳 巳 貴人 末傳

畢法賦/詮釋：
晝夜貴加求兩貴。　　太常臨支貴臨干。
人宅受脫俱招盜。　　罡塞鬼戶任謀為。
胎財生氣妻懷孕。　　官貴合支化印爻。
水日逢丁財動之。　　末助初兮三等論。

占斷解析：

天候：丑（太常），傳卯（太陰），傳巳（貴人）。主天晴。

人事：雙貴臨干，空上逢空臨支。人事利己。

考試：青龍臨衰，朱雀入墓。考運不佳。

婚姻：后合占婚吉，天后臨養，六合臨死地。姻緣未到。

財祿：末傳貴人乘胎財。財祿漸旺。

升遷：雙貴臨干，空上逢空臨支。升遷利己。

疾病：白虎乘子水尅火，主心疾，喜得丁神乘子孫爻洩水生火。疾病可癒。

失物：玄武乘敗地，貴人乘胎財臨干。失物復得。

子嗣：天后入墓，六合臨死地。子息緣淡。

官司：官鬼爻乘太常，喜支辰乘父母爻洩殺生身。官司可解。

癸酉日

干上辰

官鬼	戌	辰	天后	初傳
官鬼	辛	未	朱雀	中傳
官鬼	◎	戌	青龍	末傳

四課	三課	二課	一課
太陰	白虎	朱雀	天后
卯	子	未	辰
子	酉	辰	癸

元首課

畢法賦/詮釋：
干墓併關人宅廢。　三傳稼穡皆官鬼。
權攝不正祿臨支。　墓神覆日虎臨祿。
六爻現卦防其尅。　胎財死氣妻懷孕。
水日逢丁財動之。　賓主不投刑在上。

占斷解析：

天候：辰（天后），傳未（朱雀），傳戌（青龍）。雨後天晴。

人事：干墓併關，權攝不正。人事不利己。

考試：青龍空亡，朱雀入墓。考運不佳。

婚姻：后合占婚吉，天后臨養，六合臨死地。姻緣未到。

財祿：干祿臨支，財爻臨胎絕。財運不佳。

升遷：干墓併關人宅廢，暫無機會。升遷不利己。

疾病：白虎乘子孫尅火，主心疾，喜子孫爻乘丁神洩水生木。疾病可癒。

失物：玄武臨敗地，財爻臨胎絕。失物難尋。

子嗣：天后臨養，六合臨死地。宜先養後招。

官司：官鬼臨干發傳，青龍逢空亡。官司難解。

癸酉日

父母	癸	酉	勾陳	初傳
官鬼	乙	丑	太常	中傳
妻財	己	巳	貴人	末傳

獻刃
干上巳

四課	三課	二課	一課
貴人	太常	勾陳	貴人
巳	丑	酉	巳
丑	酉	巳	癸

涉害課

畢法賦/詮釋：
三傳遞生人舉薦。　　　日上貴人乘財發用。
傳墓入墓分憎愛。　　　三傳從革合金生日。
萬事喜忻三六合。　　　支上三合墓覆支。
夫婦蕪淫各有私。　　　課傳三合貴臨胎。

占斷解析：
天候：酉（勾陳），傳丑（太常），傳巳（貴人）。陰轉晴。
人事：課傳皆三合貴人。有利人事。
考試：青龍臨衰，朱雀入墓。考運不佳。
婚姻：后合占婚吉，天后臨養，六合臨死地。姻緣未到。
財祿：財爻雖臨胎絕，但貴人乘財臨干。財漸旺。
升遷：課傳皆三合貴人。有利升遷。
疾病：白虎乘子水尅火，主心疾，課傳皆三合金局生水。未覓良醫。
失物：玄武乘敗地，財爻臨胎絕。失物難尋。
子嗣：天后臨養，六合乘申臨死地。宜先養後招。
官司：三傳逆生，官鬼化印，末傳得貴人臨干支。官司可解。

癸酉日

干上午

官鬼	辛	未	朱雀	初傳
兄弟	甲	子	白虎	中傳
妻財	己	巳	貴人	末傳

四課	三課	二課	一課
朱雀	玄武	天空	螣蛇
未	寅	亥	午
寅	酉	午	癸

畢法賦/詮釋：
前後引從升遷吉。　　三傳互尅日墓臨支。
兩貴受尅難干貴。　　課傳皆逢上下尅。
將逢內戰所謀危。　　交車相合交關利。
彼此猜忌害相隨。　　胎財乘貴妻有孕。

占斷解析：

天候：未（朱雀），傳子（白虎），傳巳（貴人）。主天晴。

人事：玄武臨支，螣蛇臨干。不利人事。

考試：青龍乘貴，朱雀發用。有利考運。

婚姻：后合占婚吉，天后臨養，六合臨死地。姻緣未到。

財祿：驛馬乘財爻臨干，交車相合。財漸旺。

升遷：兩貴受尅，三傳互尅。不利升遷。

疾病：白虎乘旺入傳尅火，主心疾，喜子孫爻洩水生火。疾病可癒。

失物：玄武臨宅，財爻臨胎絕。失物難尋。

子嗣：天后臨養，六合乘申臨死地。宜先養後招。

官司：官鬼爻發用，喜交車相合官鬼化成財爻。官司可解。

- 183 -

癸酉日

子孫	丁	卯	太陰	初傳
父母	癸	酉	勾陳	中傳
子孫	丁	卯	太陰	末傳

干上未

四課	三課	二課	一課
勾陰	太陰	太常	朱雀
酉	卯	丑	未
卯	酉	未	癸

返吟課

畢法賦/詮釋：
眾鬼雖彰全不畏。　　返吟課逢上下尅。
制鬼之位乃良醫。　　丁神臨支發初傳。
任信丁馬須言動。　　水日逢丁財祿動。
貴登天門高甲第。　　干墓併關人宅廢。

占斷解析：
天候：卯（太陰），傳酉（勾陳），傳卯（太陰）。主天晴。
人事：課傳互尅，干墓併關。人事不利己。
考試：青龍乘戌暗合支上神，朱雀臨干。有利考運。
婚姻：后合占婚吉，天后臨養，六合臨死地。姻緣未到。
財祿：水日逢丁財動之。財祿漸旺。
升遷：三傳互尅，干墓併關。升遷不利己。
疾病：白虎乘子水尅火，主心疾，喜丁神乘子孫爻洩水生火。疾病可癒。
失物：玄武乘敗地，可惜財爻臨胎絕。失物難尋。
子嗣：天后臨養，六合乘申臨死地。宜先養後招。
官司：課傳皆互尅，官鬼爻臨干，喜父母爻入傳洩殺生身。官司可解。

- 184 -

癸酉日

干上申

子孫	丁	卯	朱雀	初傳
官鬼	◎	戌	白虎	中傳
妻財	己	巳	貴人	末傳

四課	三課	二課	一課
天空	螣蛇	朱雀	玄武
亥	辰	卯	申
辰	酉	申	癸

見機課

畢法賦/詮釋：
互生俱生凡事益。　干支上神生干支。
貴雖在獄宜臨于。　暮貴發用末傳貴。
任信丁馬須言動。　虎臨官鬼逢旬空。
將逢內戰所謀危。　水日逢丁財動之。

占斷解析：
天候：卯（朱雀），傳戌（白虎），傳巳（貴人）。主天晴。
人事：暮貴乘丁神臨干，干上神暗合日貴。人事利己。
考試：青龍乘祿，朱雀臨干。有利考運。
婚姻：后合占婚吉，天后臨絕，六合臨敗地。姻緣未到。
財祿：玄武臨干，財爻臨胎絕。財祿不旺。
升遷：丁馬臨干發用，貴人乘財暗合干上神。有利升遷。
疾病：白虎乘戌尅水，主腎疾，喜干上神洩土生水。疾病可癒。
失物：玄武臨死地，可惜財爻臨胎絕。失物難尋。
子嗣：天后臨絕，六合臨敗地。子息緣淡。
官司：官鬼乘蛇臨支辰，喜干上神洩殺生身。官司可解。

癸酉日

妻財	巳	巳	貴人	初傳
官鬼	乙	丑	勾陳	中傳
父母	癸	酉	太常	末傳

四課	三課	二課	一課
勾陳	貴人	貴人	太常
丑	巳	巳	酉
巳	酉	酉	癸

反射
干上酉

畢法賦/詮釋：
三傳遞生人舉薦。　　三合從革金生水。
彼求我事支傳干。　　課傳皆得貴相生。
萬事喜忻三六合。　　和合之象上下歡。
課傳俱貴轉無依。　　胎財生氣妻懷孕。

占斷解析：
天候：巳（貴人），傳丑（勾陳），傳酉（太常）。主陰天。
人事：三傳遞生，課傳皆逢貴三合。有利人事。
考試：青龍乘祿臨官，朱雀逢長生。有利考運。
婚姻：后合占婚吉，天后臨絕，六合臨敗地。姻緣未到。
財祿：貴人乘財入課傳。財祿漸旺。
升遷：三傳遞生，貴人三合入課傳。有利升遷。
疾病：白虎乘戌尅水，主腎疾，喜課傳三合金洩土生水。疾病可癒。
失物：玄武臨死地，可惜財爻臨胎絕。失物難尋。
子嗣：天后臨絕，六合臨敗地。子息緣淡。
官司：官鬼爻逢三合化印洩殺生身。官司可解。

癸酉日

干上戌

				初傳
妻財	庚	午	天后	
子孫	丁	卯	朱雀	中傳
兄弟	甲	子	青龍	末傳

四課	三課	二課	一課
朱雀	天后	太陰	白虎
卯	午	未	戌
午	酉	戌	癸

涉害課

畢法賦/詮釋：
干乘墓虎毋占病。　干支皆逢上尅下。
干支全傷防兩損。　交車相合交關利。
任信丁馬須言動。　中傳丁馬動生財。
三傳逆生人舉薦。　龍加生氣吉遲遲。

占斷解析：

天候：午（天后），傳卯（朱雀），傳子（青龍）。雨後晴轉多雲。

人事：交車相合，三傳逆生。有利人事。

考試：青龍乘祿入傳，朱雀乘丁馬。有利考運。

婚姻：后合占婚吉，天后入宅，六合乘貴人。婚姻可期。

財祿：四課交車相合化財。財祿旺。

升遷：四課交車相合，三傳逆生。有利升遷。

疾病：白虎乘戌尅水，主腎疾，交車相合化財，末傳得青龍乘水制。疾病可癒。

失物：玄武臨死地，可惜財爻臨胎絕。失物難尋。

子嗣：天后臨絕，六合臨敗地。子息緣淡。

官司：白虎乘官鬼臨干，喜交車相合化成財。官司可解。

- 187 -

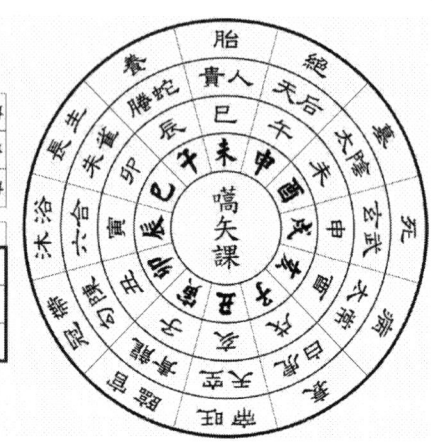

癸酉日

畢法賦/詮釋：
水日逢丁財動之。　晝夜雙貴皆入傳。
晝夜貴加求兩貴。　干上驛馬落空亡。
胎財生氣妻懷孕。　空上逢空事莫追。
傳財化鬼財休覓。　三傳逆生人舉薦。

占斷解析：
天候：未（太陰），傳巳（貴人），傳卯（朱雀）。主天晴。
人事：吉將臨干上，貴臨支上。有利人事。
考試：青龍乘祿，朱雀逢丁馬動。有利考運。
婚姻：后合占婚吉，天后臨絕，六合臨敗。姻緣未到。
財祿：水日逢丁財動之，貴人乘胎財入傳。財祿漸旺。
升遷：兩貴入傳，太常吉將臨干。有利升遷。
疾病：白虎乘戌尅水，主腎疾，喜父母爻臨干洩土生水。疾病可癒。
失物：玄武臨死地，可惜財爻臨胎絕。失物難尋。
子嗣：天后臨絕，六合臨敗地。子息緣淡。
官司：喜官鬼爻乘日辰酉金發用，官印相生酉金又生日干。官司可解。

甲戌日

祿神：寅
驛馬：申
貴人：丑、未
空亡：申、酉
長生：亥
帝旺：卯
墓庫：未

甲戌日

顧祖
干上子

子孫	☉	午	螣蛇	初傳
妻財	庚	辰	六合	中傳
兄弟	戊	寅	青龍	末傳

四課	三課	二課	一課
螣蛇	天后	玄武	白虎
午	申	戌	子
申	戌	子	甲

涉害課

畢法賦/詮釋：
六陽數足須公用。　　干上逢子支上申。
催官使者赴官期。　　三合取財合中合。
貴人差迭事參差。　　水印逢虎生木干。
后合占婚豈用媒。　　末傳青龍財祿逢。制鬼之位乃良醫。

占斷解析：
天候：午（螣蛇），傳辰（六合），傳寅（青龍）。天晴有風。
人事：貴人差迭，白虎臨干。人事不利。
考試：青龍乘祿入傳。有利考運。
婚姻：后合占婚吉，六合入傳，天后臨宅。婚喜可期。
財祿：財爻得木火相生，末傳得干祿，驛馬臨支上。財漸旺。
升遷：貴人差迭，玄武、白虎臨干。升遷不利。
疾病：白虎乘子水尅火，主心疾，幸得青龍乘祿相制。病可癒。
失物：玄武乘財臨干，課傳財爻俱得，午火子孫相生。失物可復得。
子嗣：天后臨宅，六合入傳。可得男女。
官司：官鬼爻臨支上，幸得午火發用相制。官司可解。

甲戌日

重陰
干上丑

				初傳
父母	丙	子	白虎
父母	乙	亥	太常	中傳
妻財	甲	戌	玄武	末傳

四課	三課	二課	一課
天后	太陰	白虎	天空
申	酉	子	丑
酉	戌	丑	甲

畢法賦/詮釋：
鬼臨三四訟災隨。　干上逢貴上下合。
傳財化鬼財險危。　君子宜占高甲第。
貴人差迭事參差。　支上官鬼尅木干。
制鬼之位乃良醫。　幸落空亡占貞吉。龍加生氣吉遲遲。

占斷解析：

天候：子（白虎），傳亥（太常），傳戌（玄武）。主雨天。

人事：貴人差迭，鬼臨三四。不利人事。

考試：課傳不見龍雀，天空臨干。考運不佳。

婚姻：后合占婚吉，天后乘申，六合乘辰，子水臨干得三合。婚喜可期。

財祿：傳財化鬼財險危。財運不利。

升遷：貴人差迭，干上逢天空。不利升遷。

疾病：白虎乘子水尅火，主心疾，青龍乘祿氣旺。疾病可癒。

失物：末傳財爻逢玄武，干上財逢天空。失物難尋回。

子嗣：天后入課，六合乘衰。先得女。

官司：鬼臨三四逢空亡，又得子傳亥水，印來生身。官司可解。

- 191 -

甲戌日

兄弟	戊	寅	青龍	初傳
子孫	辛	巳	朱雀	中傳
官鬼	◎	申	天后	末傳

四課	三課	二課	一課
玄武	玄武	青龍	青龍
戌	戌	寅	寅
戌	戌	寅	甲

伏吟課

畢法賦/詮釋：
旺祿臨身徒妄作。　　伏吟課青龍雙見。
賓主不投刑在上。　　祿神發用三重見。
支墳財併旅程稽。　　常人占吉官不宜。
閉口卦體兩般推。　　支上玄武財必失。龍加生氣吉遲遲。

占斷解析：

天候：寅（青龍），傳巳（朱雀），傳申（天后）。只陰不雨。
人事：青龍乘祿臨干發用。人事利己。
考試：青龍臨祿，朱雀報喜。考運佳。
婚姻：后合占婚吉，天后空亡，六合入獄。姻緣未到。
財祿：支墳財併旅程稽。財運不佳。
升遷：青龍乘祿臨干，玄武臨宅。升遷利己。
疾病：白虎乘子水尅火，主心疾，喜青龍臨干洩水生火。疾病可癒。
失物：玄武乘財入獄。失物難尋。
子嗣：天后空亡，六合臨衰。子息緣淡。
官司：官鬼爻臨空亡，青龍乘祿臨干。官司可解。

甲戌日

升階
干上卯

妻財	庚	辰	六合	初傳
子孫	辛	巳	朱雀	中傳
子孫	壬	午	螣蛇	末傳

四課	三課	二課	一課
白虎	太常	六合	勾陳
子	亥	辰	卯
亥	戌	卯	甲

畢法賦/詮釋：
初遭夾剋不由己。　　干上巳卯合甲戌。
末助初兮三等論。　　支上亥子長生干。
賓主不投刑在上。　　交車相合交關利。
所謀多拙逢羅網。　　初傳財現中末脫。貴人差迭事參差。

占斷解析：

天候：辰（六合），傳巳（朱雀），傳午（螣蛇）。主天晴。
人事：課傳自刑，貴人乘墓。不利人事。
考試：朱雀入傳，青龍臨干祿。考運佳。
婚姻：后合占婚吉，天后空亡，六合入獄。姻緣未到。
財祿：財爻六合臨干發用，末傳助兮。財漸旺。
升遷：貴人差迭，勾陳臨干，升遷時機未到。不利升遷。
疾病：白虎乘子剋火，主心疾，幸得子孫爻相制。疾病可癒。
失物：玄武無氣，財爻臨干六合。失物復得。
子嗣：天后乘絕，六合入傳。先得男。
官司：課傳不見官鬼爻，四課印比旺。官司可解。

甲戌日

四課	三課	二課	一課
青龍	白虎	螣蛇	六合
寅	子	午	辰
子	戌	辰	甲

妻財	庚辰	六合
子孫	壬午	螣蛇
官鬼	◎申	天后

初傳
中傳
末傳

登天
干上辰

涉害課

畢法賦/詮釋：
權攝不正祿臨支。　　官鬼逢空財藏鬼。
罡塞鬼戶任謀為。　　日干貪財恐遭禍。
初遭夾尅不由己。　　貴登天門高甲第。
后合占婚豈用媒。　　貴人差迭事參差。

占斷解析：
天候：辰（六合），傳午（螣蛇），傳申（天后）。晴無雨。
人事：貴人差迭，祿臨支。人事不利己。
考試：青龍臨支，朱雀臨病。考運不佳。
婚姻：后合占婚豈用媒。婚喜可期。
財祿：財爻臨干，又得子孫爻相生。財漸旺。
升遷：貴人差迭，祿臨支。不利升遷。
疾病：白虎乘子水尅火，主心疾，喜干上神相制。疾病可癒。
失物：玄武無氣，財爻臨干六合。失物復得。
子嗣：六合臨干發用，末傳逢天后，有男有女。子息旺。
官司：官鬼爻逢空亡，青龍乘祿臨宅。官司可解。

甲戌日

干上巳

官鬼	◎	申	螣蛇	初傳
父母	☉	亥	勾陳	中傳
兄弟	戌	寅	白虎	末傳

四課	三課	二課	一課
玄武	天空	螣蛇	太陰
辰	丑	申	巳
丑	戌	巳	甲

重審課

畢法賦/詮釋：
腳踏空亡進用宜。　　官鬼蛇逢空發用。
喜懼空亡乃妙機。　　初中空陷未逢祿。
三傳遞生人舉薦。　　苦盡甘來乃妙占。
初遭夾尅不由己。　　宅逢丁貴動意濃。貴人差迭事參差。

占斷解析：

天候：申（螣蛇），傳亥（勾陳），傳寅（白虎）。主陰雨。
人事：貴人差迭，蛇乘官鬼臨干。人事不利己。
考試：課傳不見龍雀，官鬼父乘蛇臨干。不利考運。
婚姻：后合占婚吉，天后臨死，六合乘墓。姻緣未到。
財祿：財爻逢玄武，又逢天空，恐得而復失。財逢劫。
升遷：三傳遞生，祿馬印入傳。升遷在即。
疾病：白虎乘木尅土，主胃疾，喜干上神相制。疾病可癒。
失物：玄武乘財，財爻逢天空。失物難尋。
子嗣：天后臨死地，六合乘墓。子息緣淡。
官司：官鬼父臨干發用，喜干上神合化水相生。官司可解。

甲戌日

```
炎上
干上午
```

四課	三課	二課	一課
天后	白虎	六合	天后
午	寅	戌	午
寅	戌	午	甲

			初傳
兄弟	戊	寅	白虎
子孫	壬	午	天后
妻財	甲	戌	六合

中傳・末傳：元首課

畢法賦/詮釋：
萬事喜忻三六合。　　日祿臨支為發用。
權攝不正祿臨支。　　支傳干上覆生支。
三傳遞生人舉薦。　　貴人差迭事參差。
后合占婚豈用媒。

占斷解析：
天候：寅（白虎），傳午（天后），傳戌（六合）。主天晴。
人事：權攝不正祿臨支，干上神臨死地。人事不利己。
考試：青龍臨敗地，朱雀臨胎。考運不佳。
婚姻：后合占婚豈用媒。婚喜可期。
財祿：課傳皆見財爻逢三合。財漸旺。
升遷：三傳遞生，貴人差迭，祿臨支。人事不利己。
疾病：虎乘木尅土，主胃疾，青龍臨敗地。未覓良醫。
失物：玄武臨衰，課傳俱見財爻。失物復得。
子嗣：后合入課傳，有男有女。子息旺。
官司：課傳不見官鬼爻，萬事喜忻三六合。官司可解。

甲戌日

干上未

父母	丙	子	青龍	初傳
子孫	辛	巳	太陰	中傳
妻財	甲	戌	六合	末傳

四課	三課	二課	一課
螣蛇	太常	青龍	貴人
申	卯	子	未
卯	戌	未	甲

畢法賦/詮釋：
賓主不投刑在上。　日貴作墓訟官怒。
人宅坐墓甘招晦。　太常臨支合尅支。
害貴訟直遭曲斷。　禍從外來恩生怨。
將逢內戰所謀危。

占斷解析：
天候：子（青龍），傳巳（太陰），傳戌（六合）。主天晴。
人事：青龍乘貴人臨干。有利人事。
考試：青龍乘貴人臨干。考運佳。
婚姻：后合占婚吉，天后臨死，六合乘墓。姻緣未到。
財祿：財爻乘貴人臨干。財漸旺。
升遷：青龍乘貴人臨干。有利升遷。
疾病：白虎乘寅木尅土，主胃疾，青龍臨敗地。未覓良醫。
失物：玄武乘財臨衰，喜貴人乘財臨干上。失物復得。
子嗣：天后臨死地，六合入傳。先得男。
官司：官鬼爻臨絕，喜青龍洩金生木。官司可解。

甲戌日

四課	三課	二課	一課
六合	玄武	白虎	螣蛇
戌	辰	寅	申
辰	戌	申	甲

干上申

兄弟	⊙	寅	白虎	初傳
官鬼	◎	申	螣蛇	中傳
兄弟	⊙	寅	白虎	末傳

返吟課

畢法賦/詮釋：
來去俱空豈動移。　　坐空傳空反吟占。
喜懼空亡乃妙機。　　空空如也事莫追。
富貴干支逢祿馬。　　返吟占事休言定。
晝夜貴加求兩貴。　　三傳互尅眾人欺。

占斷解析：
天候：寅（白虎），傳申（螣蛇），傳寅（白虎）。有風無雨。
人事：祿馬臨干上。人事利己。
考試：青龍乘敗地，朱雀乘胎，蛇虎臨干。不利考運。
婚姻：后合占婚吉，天后臨死，六合乘墓。姻緣未到。
財祿：祿馬臨干，財爻臨支上。財漸旺。
升遷：晝夜貴加，祿馬臨干。升遷在即。
疾病：白虎乘寅木尅土，主胃疾，干上逢申出空相制。疾病可癒。
失物：玄武乘財臨衰，更得財爻六合相剋制。失物復得。
子嗣：天后臨死地，六合臨宅。先得男。
官司：官鬼爻臨空亡，喜青龍乘子水洩殺生身。官司可解。

甲戌日

干上酉

父母	丙	子	青龍	初傳
妻財	癸	未	貴人	中傳
兄弟	戊	寅	白虎	末傳

四課	三課	二課	一課
青龍	太陰	玄武	朱雀
子	巳	辰	酉
巳	戌	酉	甲

畢法賦/詮釋：
前後引從升遷吉。　交車脫氣鬼逢空。
三傳互尅眾人欺。　初傳青龍臨支上。
將逢內戰所謀危。　傳貴拱貴占財吉。
貴人差迭事參差。

占斷解析：
天候：子（青龍），傳未（貴人），傳寅（白虎）。有風無雨。
人事：三傳互尅，貴人差迭。不利人事。
考試：朱雀臨干，青龍臨支發傳。有利考運。
婚姻：后合占婚吉，天后臨死，六合氣衰。姻緣未到。
財祿：貴人乘財入傳。財漸旺。
升遷：三傳互尅，貴人差迭。不利升遷。
疾病：虎乘寅木尅土，主胃疾，喜干上神辰酉合相制。疾病可癒。
失物：玄武乘財臨干上，喜貴人乘財入傳。失物復得。
子嗣：天后臨死地，六合臨養氣衰。子息緣淡。
官司：官鬼爻臨干，六合玄武，三傳互尅。官司難解。

- 199 -

甲戌日

妻財	甲	戌	六合	初傳
子孫	壬	午	天后	中傳
兄弟	戊	寅	白虎	末傳

就燥
干上戌

四課	三課	二課	一課
白虎	天后	天后	六合
寅	午	午	戌
午	戌	戌	甲

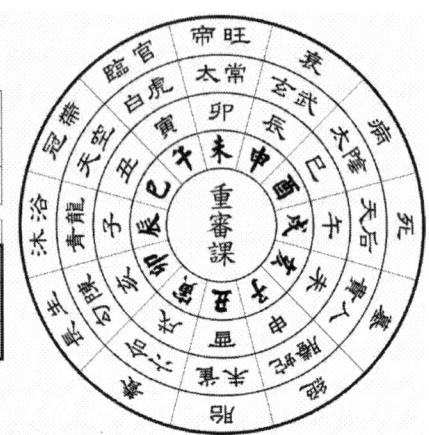

重審課

畢法賦/詮釋：
貴登天門高甲第。　　三傳逆生炎上課。
權攝不正祿臨支。　　空財逢生財覆得。
萬事喜忻三六合。　　三合炎上洩干氣。
后合占婚豈用媒。　　三傳逆生人舉薦。

占斷解析：
天候：戌（六合），傳午（天后），傳寅（白虎）。主天晴。
人事：貴登天門，魁塞鬼戶。有利人事。
考試：青龍臨敗，朱雀臨胎。考運不佳。
婚姻：后合占婚豈用媒。婚喜可期。
財祿：財爻六合臨干發用。財漸旺。
升遷：貴登天門，三傳逆生。有利升遷。
疾病：虎乘寅木尅土，主胃疾，喜三合化子孫爻相制。疾病可癒。
失物：玄武乘財臨衰，喜財爻六合臨干。失物復得。
子嗣：課傳皆后合，有男有女。子息旺。
官司：課傳不見官鬼爻，且三合子孫爻旺相。官司可解。

甲戌日

干上亥

官鬼	◎	申	天后	初傳
子孫	⊙	巳	朱雀	中傳
兄弟		戌 寅	青龍	末傳

四課	三課	二課	一課
六合	貴人	天后	太常
辰	未	申	亥
未	戌	亥	甲

遙尅課

畢法賦/詮釋：
賓主不投刑在上。　　干尅支神支尅干。
夫婦蕪淫各有私。　　四課違和空發用。
貴雖在獄宜臨干。　　日貴值墓覆日支。
后合占婚豈用媒。　　腳踏空亡進用宜。

占斷解析：
天候：申（天后），傳巳（朱雀），傳寅（青龍）。主天晴。
人事：太常吉將乘亥臨干，暗合祿。人事利己。
考試：朱雀、青龍入傳，貴人、太常吉將入課。考運佳。
婚姻：后合占婚吉，天后臨絕又乘空亡。姻緣未到。
財祿：財爻逢六合乘貴人。財祿漸旺。
升遷：祿馬入傳，暗合干上神。有利升遷。
疾病：白虎乘子水尅火，主心疾，青龍乘祿神暗合干上神。疾病可癒。
失物：玄武乘戌臨養，財爻入課非衰即墓。失物難尋。
子嗣：后合入課傳，天后逢空亡。先得男。
官司：官鬼爻空亡，印祿六合臨干。官司可解。

乙亥日

祿神：卯
驛馬：巳
貴人：子、申
空亡：申、酉
長生：午
帝旺：寅
墓庫：戌

乙亥日

正陽
干上子

妻財	癸	未	天后	初傳
兄弟	己	卯	白虎	中傳
父母	乙	亥	六合	末傳

四課	三課	二課	一課
白虎	天后	貴人	勾陳
卯	未	申	子
未	亥	子	乙

涉害課

畢法賦/詮釋：
干墓併關人宅廢。　　干墓臨支發初傳。
彼此猜忌害相隨。　　初墓傳生歷艱辛。
萬事喜忻三六合。　　子卯相刑虎入宅。
合中犯殺蜜中砒。　　貴人逢空臨干宜。權攝不正祿臨支。

占斷解析：
天候：未（天后），傳卯（白虎），傳亥（六合）。主天晴。
人事：祿、貴入課傳。有利人事。
考試：龍雀不入課傳，青龍臨衰，朱雀入墓。不利考運。
婚姻：后合入傳三合，婚喜可期。
財祿：干祿乘財入宅。財漸旺。
升遷：貴人乘印臨干，干祿乘財入宅。有利升遷。
疾病：白虎乘卯木剋土，主胃疾，喜貴人臨干相制。疾病可癒。
失物：玄武臨敗地，財爻臨支發用。失物復得。
子嗣：后合入傳三合，有男有女。子息旺。
官司：官鬼爻乘貴臨干，鬼乘天乙乃神祇。官司可解。

- 203 -

乙亥日

四課	三課	二課	一課
玄武	貴人	朱雀	青龍
巳	申	戌	丑
申	亥	丑	乙

干上丑

妻財	丁	丑	青龍	初傳
妻財	甲	戌	朱雀	中傳
妻財	癸	未	天后	末傳

重審課

畢法賦/詮釋：
賓主不投刑在上。　　課傳皆財龍發用。
傳財太旺反財虧。　　稼穡為財求貴捷。
貴登天門高甲第。　　信任丁馬須言動。
閉口卦體兩般推。　　干上財爻發用，三傳皆財。

占斷解析：
天候：未（天后），傳卯（白虎），傳亥（六合）。主天晴。
人事：青龍乘丁馬臨干，驛馬乘貴臨宅。有利人事。
考試：龍雀臨干發用。考運佳。
婚姻：后合占婚吉，天后入傳，六合臨死地。姻緣未到。
財祿：丁馬乘財臨干上。財漸旺。
升遷：青龍乘財丁馬臨干上，貴人合驛馬臨宅上。升遷在即。
疾病：白虎乘卯祿剋土，主胃疾，喜朱雀六合化火生土。疾病可癒。
失物：玄武臨敗地，青龍乘財丁馬臨干。失物復得。
子嗣：天后入傳，六合臨死地。先得女。
官司：鬼乘天乙乃神祇。官司可解。

乙亥日

勳明
干上寅

四課	三課	二課	一課
螣蛇	天后	太常	天空
未	酉	子	寅
酉	亥	寅	乙

初傳 官鬼 ◎ 酉 天后
中傳 妻財 ⊙ 未 螣蛇
末傳 子孫 辛 巳 六合

遙尅課

畢法賦/詮釋：
互旺俱旺坐謀宜。　　支上官鬼逢空亡。
腳踏空亡進用宜。　　空陷發用難尅干。
支墳財併旅程稽。　　三傳逆生初中空。
后合占婚豈用媒。　　末傳逢金不足畏。三傳逆生人舉薦。

占斷解析：
天候：酉（天后），傳未（螣蛇），傳巳（六合）。主天晴。
人事：互旺俱旺坐謀宜，三傳逆生人舉薦。有利人事。
考試：青龍臨祿，朱雀逢長生。有利考運。
婚姻：后合占婚吉，天后臨絕又乘空。姻緣未到。
財祿：支墳財併旅程稽，多主生意失敗而傷財。不利財運。
升遷：三傳逆生人舉薦，互旺俱旺坐謀宜。有利升遷。
疾病：白虎乘丑土尅水，主腎疾，青龍乘祿尅制。疾病可癒。
失物：玄武臨死地，蛇財臨支入傳。失物復得。
子嗣：后合入傳，有男有女，天后臨絕又乘空。先得男。
官司：官鬼臨空亡，青龍乘祿。官司可解。

乙亥日

干上卯

妻財	甲	戌	太陰	初傳
官鬼	◎	酉	天后	中傳
官鬼	◎	申	貴人	末傳

四課	三課	二課	一課
天后	太陰	天空	青龍
酉	戌	寅	卯
戌	亥	卯	乙

元首課

畢法賦/詮釋：
魁度天門關格定。　魁度天門，凡占多阻。
旺祿臨身徒妄作。　中末皆官鬼，久病占大忌。
鬼乘天乙乃神祇。　宜占衣祿宜守舊。
不行傳者考初時。

占斷解析：
天候：戌（太陰），傳酉（天后），傳申（貴人）。陰雨轉晴。
人事：干貴入傳，旺祿臨身。有利人事。
考試：青龍乘祿臨干，朱雀逢長生。考運佳。
婚姻：后合占婚吉。天后臨宅，六合臨敗地。姻緣未到。
財祿：財祿臨支發用，又暗合干祿。財漸旺。
升遷：魁度天門關格定，占謀受阻。不利升遷。
疾病：白虎乘丁神丑土尅水，主腎疾，喜青龍乘祿臨干尅制。疾病可癒。
失物：玄武臨死地，財爻臨墓。失物難尋。
子嗣：天后入課傳，六合臨敗地。先得女。
官司：官鬼臨空亡，鬼乘天乙乃神祇。官司可解。

乙亥日

干上辰

妻財	庚	辰	勾陳	初傳
父母	乙	亥	玄武	中傳
子孫	辛	巳	六合	末傳

四課	三課	二課	一課
玄武	玄武	勾陳	勾陳
亥	亥	辰	辰
亥	亥	辰	乙

伏吟課

畢法賦/詮釋：
賓主不投刑在上。　　課傳三勾會三玄。
支墳財併旅程稽。　　日財化官辰自刑。
傳財太旺反財虧。　　日馬逢殺巳亥冲。
將逢內戰所謀危。　　伏吟守動皆逢凶。三傳互尅眾人欺。

占斷解析：
天候：辰（勾陳），傳亥（玄武），傳巳（六合）。陰晴不定。
人事：賓主不投刑在上。不利人事。
考試：課傳不見龍雀，勾陳玄武臨干支。不利考運。
婚姻：后合占婚吉。天后臨絕，六合臨敗地。姻緣未到。
財祿：財爻臨干發用，財祿旺，傳財太旺反財虧。不利財運。
升遷：賓主不投刑在上，三傳互尅眾人欺。不利升遷。
疾病：白虎乘丁神丑土尅水，主腎疾，將逢內戰。未覓良醫。
失物：玄武臨死地，財爻乘勾陳自刑。失物難尋。
子嗣：天后臨絕，六合入傳臨敗地。子息緣淡。
官司：官鬼爻臨胎絕，青龍氣旺。官司可解。

乙亥日

妻財	丁	丑	白虎	初傳
兄弟	戊	寅	天空	中傳
兄弟	己	卯	青龍	末傳

將泰
干上巳

四課	三課	二課	一課
白虎	太常	朱雀	六合
丑	子	午	巳
子	亥	巳	乙

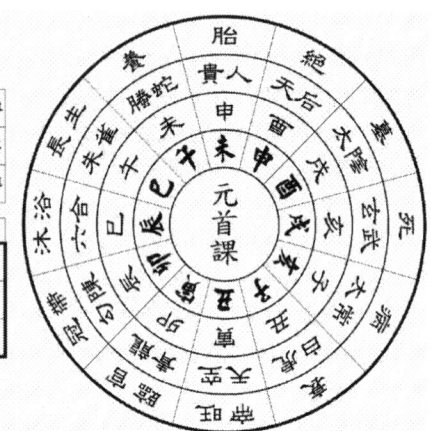

元首課

畢法賦/詮釋：
所謀多拙遭羅網。　　順連茹白虎逢丁神。
支乘墓虎有伏屍。　　日上巳加辰為羅網。
任信丁馬須言動。　　支上子加亥亦羅網。
簾幕貴人高甲第。　　四課發用有巧遇。龍加生氣吉遲遲。

占斷解析：
天候：丑（白虎），傳寅（天空），傳卯（青龍）。主天晴。
人事：所謀多拙遭羅網。不利人事。
考試：青龍乘祿入傳，朱雀臨干報喜。考運佳。
婚姻：后合占婚吉。天后臨絕，六合臨敗地。姻緣未到。
財祿：財爻乘丁馬臨宅，暗合太常。財漸旺。
升遷：簾幕貴人高甲第。升遷不利己。
疾病：支乘墓虎尅水。主腎疾，喜青龍乘祿入傳尅制。疾病可癒。
失物：玄武臨敗地，財爻乘丁馬入宅。失物復得。
子嗣：天后臨絕，六合臨敗地。子息緣淡。
官司：官鬼爻臨胎絕，子孫爻長生臨干。官司可解。

乙亥日

涉三淵
干上午

官鬼	◎	申	貴人	初傳
妻財	⊙	戌	太陰	中傳
父母	丙	子	太常	末傳

四課	三課	二課	一課
青龍	白虎	貴人	朱雀
卯	丑	申	午
丑	亥	午	乙

重審課

畢法賦/詮釋：

腳踏空亡進用宜。　　戌上有子貴無依。
喜懼空亡乃妙機。　　申貴入午官貴受尅。
任信丁馬須言動。　　三傳皆貴貴多轉無依。
課傳俱貴轉無依。　　兩貴受尅難干貴。權攝不正祿臨支。

占斷解析：

天候：申（貴人），傳戌（太陰），傳子（太常）。主陰雨。

人事：貴人臨干發用逢空亡，青龍乘干祿臨支上。人事不利己。

考試：青龍臨支，朱雀臨干，鬼乘天乙臨干。有利考運。

婚姻：后合占婚吉。天后臨絕，六合臨敗地。姻緣未到。

財祿：丁馬乘財爻臨宅，得青龍乘干祿，朱雀乘午火相生。財祿漸旺。

升遷：鬼乘天乙神祇臨干可惜逢空亡，旺祿臨支。升遷不利己。

疾病：白虎乘丁神丑土尅水，主腎疾，喜青龍乘干祿相制。疾病可癒。

失物：玄武臨死地，丁馬乘財爻臨宅。失物復得。

子嗣：天后臨絕，六合臨敗地。子息緣淡。

官司：鬼乘天乙乃神祇又逢空，喜午火臨干相制。官司可解。

乙亥日

	干上未			
妻財	癸	未	螣蛇	初傳
妻財	甲	戌	太陰	中傳
妻財	丁	丑	白虎	末傳

四課	三課	二課	一課
六合	天空	太陰	螣蛇
巳	寅	戌	未
寅	亥	未	乙

重審課

畢法賦/詮釋：
賓主不投刑在上。　　三傳稼穡丁財動。
貴人差迭事參差。　　兩貴皆空虛喜期。
華蓋覆日人昏晦。　　干墓併關人宅廢。
傳財太旺反財虧。　　任信丁馬須言動。

占斷解析：

天候：（螣蛇），傳戌（太陰），傳丑（白虎）。晴轉陰。

人事：華蓋覆日。人事不利己。

考試：不見龍雀，三傳見蛇傳虎。考運不佳。

婚姻：后合占婚吉，六合臨敗地，天后臨絕。姻緣未到。

財祿：傳財太旺反財虧，小心理財。不利財運。

升遷：華蓋覆日，丁神乘丑沖干上未。不利升遷。

疾病：白虎乘丁神丑土尅水，主腎疾，喜見青龍乘干祿相制。疾病可癒。

失物：玄武臨死地，傳財太旺反財虧。失物難尋。

子嗣：天后臨絕，六合臨宅。先得男。

官司：官鬼爻臨胎絕，青龍乘祿暗合干上神。官司可解。

乙亥日

從吉
干上申

四課	三課	二課	一課
天后	白虎	勾陳	貴人
未	卯	子	申
卯	亥	申	乙

妻財	癸	未	天后	初傳
父母	乙	亥	六合	中傳
兄弟	己	卯	白虎	末傳

重審課

畢法賦/詮釋：
萬事喜忻三六合。　　官貴臨干落空亡。
權攝不正祿臨支。　　兩貴皆空虛喜期。
鬼乘天乙乃神祇。　　干墓併關人宅廢。
后合占婚豈用媒。　　貴雖在獄宜臨干。

占斷解析：

天候：未（天后），傳亥（六合），傳卯（白虎）。主天晴。
人事：鬼乘天乙臨干，可惜逢空亡，旺祿臨支三合。人事不利己。
考試：青龍臨衰，朱雀入墓。不利考運。
婚姻：后合占婚吉，六合入傳逢三合。婚喜可期。
財祿：財爻乘干祿臨宅。財漸旺。
升遷：權攝不正祿臨支。不利升遷。
疾病：白虎乘干祿尅土，主腸胃疾，鬼乘天乙可制，可惜逢空亡。
　　　未覓良醫。
失物：玄武臨敗地，財爻乘干祿臨宅。失物復得。
子嗣：后合入傳逢三合，有男有女。子息旺。
官司：鬼乘天乙乃神祇，喜印祿化官鬼生身。官司可解。

- 211 -

乙亥日

四課	三課	二課	一課
螣蛇	太常	天空	螣蛇
酉	辰	寅	酉
辰	亥	酉	乙

干上酉

兄弟	☉	寅	天空	初傳
妻財	癸	未	天后	中傳
父母	丙	子	勾陳	末傳

重審課

畢法賦/詮釋：
賓主不投刑在上。　官星空亡祿逢虎。
三傳互尅眾人欺。　兩貴受尅難干貴。
干支全傷防兩損。　交車相合交關利。
避難逃生須棄舊。

占斷解析：
天候：寅（天空），傳未（天后），傳子（勾陳）。晴轉陰。
人事：三傳互尅，干支全傷。不利人事。
考試：青龍臨衰，朱雀入墓。不利考運。
婚姻：后合占婚吉，可惜六合臨死地。姻緣未到。
財祿：傳財化鬼財險危，因財招禍。不利財運。
升遷：三傳互尅，干支全傷，四課自刑。不利升遷。
疾病：白虎乘卯木尅土，主胃疾，喜支上神辰酉相制。疾病可癒。
失物：玄武臨敗地，支上財爻合化鬼，三傳互尅財不利。失物難尋回。
子嗣：天后入傳，六合臨死地。可得女。
官司：官鬼爻臨干支，不見子孫爻相制。官司難解。

乙亥日

干上戌

子孫	辛	巳	玄武	初傳
父母	乙	亥	六合	中傳
子孫	辛	巳	玄武	末傳

四課	三課	二課	一課
六合	玄武	太常	朱雀
亥	巳	辰	戌
巳	亥	戌	乙

返吟課

畢法賦/詮釋：
課傳互尅眾人欺。　　返吟之卦得失不定。
兩貴受尅難干貴。　　初末逢馬乘玄武。占財凶。
干墓併關人宅廢。　　脫生反覆馬逢沖。身雖欠寧禍可免。
干支皆敗事傾頹。　　倘若妄動禍非輕。彼此猜忌害相隨。

占斷解析：

天候：巳（玄武），傳亥（六合），傳巳（玄武）。主陰雨不斷。

人事：干墓併關人宅廢。不利人事。

考試：青龍臨衰，朱雀入墓。不利考運。

婚姻：后合占婚吉，天后乘墓，六合臨死地入課傳。姻緣未到。

財祿：財爻臨干，入墓併關。財運不佳。

升遷：三傳互尅，干支皆敗。不利升遷。

疾病：白虎乘卯祿尅土，主胃疾，末傳子孫洩木生土。疾病可癒。

失物：玄武臨敗地，財爻入墓。失物難尋。

子嗣：天后氣衰，六合入課傳。先得男。

官司：官鬼逢空亡，子孫爻臨敗地。官司尚無和解之跡象。

乙亥日

子孫	壬	午	太陰	初傳
妻財	丁	丑	青龍	中傳
官鬼	◎	申	貴人	末傳

四課	三課	二課	一課
青龍	太陰	太陰	六合
丑	午	午	亥
午	亥	亥	乙

重審課

畢法賦/詮釋：

賓主不投刑在上。　　干支午亥各相刑。
傳財化鬼財險危。　　初傳脫干氣發用。
任信丁馬須言動。　　生丁財官鬼逢空。閉口卦體兩般推。
鬼乘天乙乃神祇。　　三傳遞生人舉薦。常人喜仕官不宜。

占斷解析：

天候：巳（玄武），傳亥（六合），傳巳（玄武）。陰轉晴。
人事：賓主不投刑在上。不利人事。
考試：青龍入課傳。有利考運。
婚姻：后合占婚吉，六合臨干，太陰暗合天后。婚喜可期。
財祿：青龍乘財爻入傳，丁神動。財漸旺。
升遷：三傳遞生人舉薦。干支皆自刑，貴人逢空亡。不利升遷。
疾病：白虎乘卯祿尅土，主胃疾，子孫乘午入課傳洩木生土。疾病可癒。
失物：玄武臨敗地，青龍乘財丁馬動。失物復得。
子嗣：六合臨干得末傳相生。可得男。
官司：鬼乘天乙乃神祇。可惜逢空亡。出空官司可解。

丙子日

祿神：巳
驛馬：寅
貴人：亥、酉
空亡：申、酉
長生：寅
帝旺：午
墓庫：戌

丙子日

四課	三課	二課	一課
青龍	太陰	太陰	六合
寅	未	未	子
未	子	子	丙

干上子

官鬼	丙子	六合	初傳
子孫	癸未	太陰	中傳
父母	戊寅	青龍	末傳

涉害課

畢法賦/詮釋：
三傳互尅眾人欺。　　初傳日鬼生日馬。
干支全傷防兩損。　　四課全逢上尅下。
貴人差迭事參差。　　利尊長不利幼小。
龍加生氣吉遲遲。　　彼此猜忌害相隨。

占斷解析：
天候：子（六合），傳未（太陰），傳寅（青龍）。陰晴不定。
人事：貴人差迭，干支全傷。不利人事。
考試：青龍乘印逢長生入傳。有利考運。
婚姻：后合占婚吉，天后臨病，六合臨胎。陰緣未到。
財祿：課傳不見財爻，財爻臨病死。財運不佳。
升遷：三傳互剋，干支全傷。不利升遷。
疾病：白虎乘辰土尅水，主腎疾，青龍乘寅木相制。疾病可癒。
失物：玄武帝旺，財爻臨死。失物難尋。
子嗣：天后臨病，六合臨干。先得男。
官司：官鬼爻臨干發用，喜青龍寅木相制生日干。官司可解。

丙子日

問十
干上丑

				初傳
妻財	◎	申	天后	初傳
子孫	☉	辰	白虎	中傳
官鬼	丙	子	六合	末傳

四課	三課	二課	一課
白虎	天后	貴人	勾陳
辰	申	酉	丑
申	子	丑	丙

彈射課

畢法賦/詮釋：
腳踏空亡進用宜。　　三傳三合潤下格。
眾鬼雖彰全不畏。　　干上神合末傳子。
萬事喜忻三六合。　　中傳白虎合貴財。
后合占婚豈用媒。　　貴人差迭事參差。

占斷解析：
天候：申（天后），傳辰（白虎），傳子（六合）。主陰雨。
人事：貴人乘財爻臨干。有利人事。
考試：青龍乘寅印逢長生，貴人臨干。有利考運。
婚姻：后合入傳逢三合。婚喜可期。
財祿：課傳皆逢財爻三合，財逢空亡。財運不佳。
升遷：貴人乘財爻臨干。升遷利己。
疾病：白虎乘辰土尅水，主腎疾，喜三合成水局。疾病可癒。
失物：玄武乘帝旺，喜財爻入課傳，可惜逢空亡。失物難尋。
子嗣：后合入傳三合，有男有女。子息旺。
官司：官鬼爻入傳又逢三合，喜丑土臨干辰土臨支相合。官司可
　　　解。

- 217 -

丙子日

干上寅

兄弟	☉	午	玄武	初傳
父母	己	卯	天空	中傳
官鬼	丙	子	六合	末傳

四課	三課	二課	一課
玄武	貴人	朱雀	青龍
午	酉	亥	寅
酉	子	寅	丙

元首課

畢法賦/詮釋：
三傳逆生人舉薦。　　支上逢貴落空亡。
貴人差迭事參差。　　四仲發用傳四仲。
龍加生氣吉遲遲。　　互生俱生凡事益。
簾幕貴人高甲第。　　幕貴六合青龍，馬生日干。

占斷解析：
天候：午（玄武），傳卯（天空），傳子（六合）。主天晴。
人事：三傳逆生，青龍乘寅印臨干，貴人臨宅。有利人事。
考試：青龍朱雀臨干報喜。有利考運。
婚姻：后合占婚吉，天后臨病地，六合入傳。姻緣未到。
財祿：貴人乘財爻入宅，卻臨空亡。財不旺。
升遷：貴人臨宅，青龍乘印臨干。有利升遷。
疾病：白虎乘辰土尅水，主腎疾，喜貴人乘酉金生寅青龍制土。疾病可癒。
失物：玄武臨宅發用，喜朱雀乘亥相制，財爻臨空亡。物難尋。
子嗣：天后臨病，六合入傳。先得男。
官司：官鬼爻乘亥、子水，喜青龍木洩水生身。官司可解。

丙子日

極陰
干上卯

子孫	丁	丑	勾陳	初傳
官鬼	乙	亥	朱雀	中傳
妻財	◎	酉	貴人	末傳

四課	三課	二課	一課
天后	螣蛇	勾陳	天空
申	戌	丑	卯
戌	子	卯	丙

重審課

畢法賦/詮釋：
不行傳者考初時。　丑亥酉極陰之課。
晝夜貴加求兩貴。　丑退於酉陰入陰。
龍加生氣吉遲遲。　蛇墓覆支又尅支。
任信丁馬須言動。

占斷解析：
天候：丑（勾陳），傳亥（朱雀），傳酉（貴人）。主陰晴不定。
人事：貴人乘財入傳卻逢空亡，卯印臨干逢天空。不利人事。
考試：青龍逢長生，朱雀入傳報喜。有利考運。
婚姻：后合占婚吉，天后乘空亡，六合臨胎。姻緣未到。
財祿：財爻入課傳卻逢空亡。財不旺。
升遷：卯印逢天空又臨敗地。不利升遷。
疾病：白虎乘辰土尅水，主腎疾，喜申金與日支合水局，更得青龍制。疾病可癒。
失物：玄武乘旺，財爻逢空。失物難尋回。
子嗣：天后入課卻逢空，六合臨胎。先得男。
官司：官鬼爻入傳，喜丁神動而制之。官司可解。

丙子日

子孫	甲	戌	天后	初傳
妻財	◎	酉	貴人	中傳
妻財	◎	申	螣蛇	末傳

返駕
干上辰

四課	三課	二課	一課
天后	太陰	天空	青龍
戌	亥	卯	辰
亥	子	辰	丙

畢法賦/詮釋：
不行傳者考初時。　　病死墓絕課傳逢。
魁度天門關格定。　　墓加絕上初發用。
鬼乘天乙乃神祇。　　干墓併關人宅廢。
賓主不投刑在上。　　夫婦蕪淫各有私。龍加生氣吉遲遲。

占斷解析：

天候：戌（天后），傳酉（貴人），傳申（螣蛇）。主雨後天晴。
人事：青龍乘祿臨干上。有利人事。
考試：青龍臨干報喜。有利考運。
婚姻：天后臨支發用，六合乘帝旺。婚喜可期。
財祿：財臨病死之地又逢空亡。財不旺。
升遷：魁度天門關格定。不利升遷。
疾病：白虎乘寅木尅土，主腸胃之疾，申酉空亡又逢病死。未覓良醫。
失物：玄武乘胎，財臨病死之地又逢空亡。失物難尋回。
子嗣：天后臨宅發用，六合乘帝旺，有男有女。子息旺。
官司：官鬼爻臨胎絕，青龍臨干相制。官司可解。

丙子日

干上巳

兄弟	辛	巳	勾陳	初傳
妻財	◎	申	螣蛇	中傳
父母	戊	寅	白虎	末傳

四課	三課	二課	一課
玄武	玄武	勾陳	勾陳
子	子	巳	巳
子	子	巳	丙

伏吟課

畢法賦/詮釋：
賓主不投刑在上。　　祿神臨日發用。
三傳互尅眾人欺。　　中傳財爻空亡。
旺祿臨身徒妄作。　　末傳驛馬生干。
鬼臨三四訟災隨。　　任信丁馬須言動。貴人差迭事參差。

占斷解析：
天候：巳（勾陳），傳申（螣蛇），傳寅（白虎）。有風無雨。
人事：旺祿臨身，鬼臨三四，賓主不投刑在上。不利人事。
考試：課傳不見龍雀，玄武勾陳入課。不利考運。
婚姻：后合占婚吉，天后入墓，六合臨帝旺。姻緣未到。
財祿：螣蛇乘財，財爻逢空亡。財不旺。
升遷：三傳互尅，賓主不投。不利升遷。
疾病：白虎乘寅木尅土，主腸胃之疾，幸得干祿臨身相制。疾病可癒。
失物：玄武臨官鬼爻入宅，財爻空亡。失物難尋回。
子嗣：天后入墓，六合帝旺。先得男。
官司：鬼臨三四訟災隨。旺祿臨身，青龍乘辰相制。官司可解。

丙子日

正和
干上午

父母	戊	寅	白虎	初傳
父母	己	卯	天空	中傳
子孫	庚	辰	青龍	末傳

四課	三課	二課	一課
白虎	太常	朱雀	六合
寅	丑	未	午
丑	子	午	丙

畢法賦/詮釋：
所謀多拙遭羅網。　　進連茹寅卯辰。
彼此猜忌害相隨。　　三會木生干脫支。
任信丁馬須言動。　　龍加生氣吉遲遲。
貴人差迭事參差。

占斷解析：
天候：寅（白虎），傳卯（天空），傳辰（青龍）。主天晴。
人事：貴人差迭，所謀多拙遭羅網。不利人事。
考試：青龍入傳，朱雀臨干。有利考運。
婚姻：后合占婚吉，天后入墓，六合臨干。姻緣未到。
財祿：財爻臨病死，又逢空亡。財不旺。
升遷：所謀多拙，彼此猜忌，貴人差迭。不利升遷。
疾病：白虎臨宅發用尅土，主腸胃之疾，干上午未合火化木。疾病可癒。
失物：玄武乘胎，財爻逢空亡。失物難尋回。
子嗣：天后入墓，六合臨干。先得男。
官司：課傳不見官鬼爻，課傳印旺生身。官司可解。

丙子日

登天
干上未

四課	三課	二課	一課	
子孫	庚	辰	青龍	初傳
兄弟	壬	午	六合	中傳
妻財	◎	申	螣蛇	末傳

四課	三課	二課	一課
青龍	白虎	貴人	朱雀
辰	寅	酉	未
寅	子	未	丙

重審課

畢法賦/詮釋：
兩貴皆空虛喜期。　前後逢空難進退。
罡塞鬼戶任謀為。　順間傳日登三天。
人宅受脫俱招盜。　財貴逢空無所依。
有始無終變易難。　龍加生氣吉遲遲。

占斷解析：

天候：辰（青龍），傳午（六合），傳申（螣蛇）。主天晴。
人事：干貴臨干又合青龍。人事利己。
考試：青龍入傳，朱雀臨干報喜。考運佳。
婚姻：后合占婚吉，天后入墓，六合入傳。姻緣未到。
財祿：財爻臨病、死，又逢空亡。財不旺。
升遷：朱雀臨干，青龍六合貴人也臨干上。有利升遷。
疾病：白虎乘寅木尅土，主腸胃之疾，喜青龍合貴相制。疾病可癒。
失物：玄武乘胎，財爻逢空亡。失物難尋回。
子嗣：六合入傳，天后入墓。先得男。
官司：課傳不見官鬼爻，青龍入宅合貴臨干。官司可解。

丙子日

四課	三課	二課	一課
六合	天空	太陰	螣蛇
午	卯	亥	申
卯	子	申	丙

干上申

妻財	◎	申	螣蛇	初傳
官鬼	☉	亥	太陰	中傳
父母	戊	寅	白虎	末傳

重審課

畢法賦/詮釋：
三傳遞生人舉薦。　　日上蛇財逢空亡。
兩貴皆空虛喜期。　　空財發用遞相生。
簾幕貴人高甲第。　　日財先責後有成。
傳財化鬼財休覓。　　合中犯煞蜜中砒。腳踏空亡進用宜。

占斷解析：

天候：申（螣蛇），傳亥（太陰），傳寅（白虎）。主陰有風。
人事：三傳遞生，簾幕貴人臨干。人事利己。
考試：不見龍雀，財爻空亡臨干，卯印乘天空入宅。不利考運。
婚姻：后合占婚吉，天后入墓，六合入宅。姻緣未到。
財祿：財爻臨病、死，又臨空亡。財不旺。
升遷：三傳遞生，簾幕貴人臨干。有利升遷。
疾病：白虎乘寅木剋土，主腸胃之疾，喜午火帝旺化木生土。疾病可癒。
失物：玄武臨胎，財爻逢空亡。失物難尋回。
子嗣：天后入墓，六合臨宅。先得男。
官司：課傳見官鬼爻臨干上，喜印化殺生身。官司可解。

丙子日

勳明
干上酉

妻財	◎	酉	貴人	初傳
子孫	☉	丑	太常	中傳
兄弟	辛	巳	勾陳	末傳

四課	三課	二課	一課
螣蛇	青龍	太常	貴人
申	辰	丑	酉
辰	子	酉	丙

重審課

畢法賦/詮釋：
腳踏空亡進用宜。　前後逼迫難進退。
兩貴受尅難干貴。　三傳合財財逢空。
任信丁馬須言動。　三傳逆生人舉薦。
合中犯殺蜜中砒。　交車相合交關利。

占斷解析：

天候：酉（貴人），傳丑（太常），傳巳（勾陳）。主天晴。
人事：貴人臨干發用，三傳逆生。有利人事。
考試：太常乘貴人臨干，青龍臨支三合。考運佳。
婚姻：后合占婚吉，天后入墓，六合帝旺。姻緣未到。
財祿：財爻入課傳，可惜臨病死之地又逢空。財不旺。
升遷：三傳逆生人舉薦，交車相合交關利。有利升遷。
疾病：白虎乘寅木尅土，主腸胃之疾，喜干祿入傳，三合相制。疾病可癒。
失物：玄武臨胎，財爻臨空亡。失物難尋回。
子嗣：支上三合水局尅六合（午火），天后入墓。子息緣淡。
官司：官鬼爻乘胎絕，課傳得青龍三合，貴人三合相生。官司尚無解。

丙子日

四課	三課	二課	一課
騰蛇	太常	天空	騰蛇
戌	巳	卯	戌
巳	子	戌	丙

干上戌

兄弟	辛	巳	太常	初傳
子孫	甲	戌	騰蛇	中傳
父母	己	卯	天空	末傳

畢法賦/詮釋：
權攝不正祿臨支。　　兩蛇夾墓環相鎖。
干支乘墓各昏迷。　　德祿發用傳入墓。
兩蛇夾墓凶難免。　　自取其禍凶難免。
傳墓入墓分憎愛。　　貴雖在獄宜臨干。

占斷解析：
天候：巳（太常），傳戌（騰蛇），傳卯（天空）。主天晴。
人事：兩蛇夾墓，干祿臨支。人事不利己。
考試：不見龍雀，兩蛇夾墓臨干支。考運不佳。
婚姻：后合占婚吉，天后臨病，六合臨胎。姻緣未到。
財祿：財爻臨病、死，又臨空亡。財不旺。
升遷：權攝不正祿臨支。升遷不利己。
疾病：白虎乘辰土尅水，主腎疾，幸得青龍乘寅相制。疾病可癒。
失物：玄武帝旺，財爻逢空亡。失物難尋回。
子嗣：天后臨病地，六合乘胎。先得男。
官司：官鬼爻乘胎絕，喜青龍乘印化殺生身。官司可解。

丙子日

干上亥

兄弟	壬	午	玄武	初傳
官鬼	丙	子	六合	中傳
兄弟	壬	午	玄武	末傳

四課	三課	二課	一課
六合	玄武	太常	朱雀
子	午	巳	亥
午	子	亥	丙

返吟課

畢法賦/詮釋：
賓主不投刑在上。　干支午亥各相刑。
前後逼迫難進退。　祿貴相尅子午冲。
貴人差迭事參差。　鬼乘天乙乃神祇。富貴干支逢祿馬。
旺祿臨身徒妄作。　祿馬相冲無所依。三傳互尅眾人欺。

占斷解析：
天候：午（玄武），傳子（六合），傳午（玄武）。陰晴不定。
人事：三傳互尅，賓主不投。不利人事。
考試：課傳不見青龍，朱雀臨絕尅祿。考運不佳。
婚姻：后合占婚吉，天后臨病地，六合乘胎。姻緣未到。
財祿：財爻臨病、死，又臨空亡。財不旺。
升遷：賓主不投犯自刑，貴人差迭。不利升遷。
疾病：白虎乘辰土尅水，主腎疾，幸得青龍乘寅相制。疾病可癒。
失物：玄武帝旺，財爻逢空亡。失物難尋回。
子嗣：天后臨病地，六合乘胎。先得男。
官司：官鬼爻乘胎絕，又逢兄弟爻帝旺相制。官司可解。

丁丑日

祿神：午
驛馬：亥
貴人：亥、酉
空亡：申、酉
長生：酉
帝旺：巳
墓庫：丑

丁丑日

干上子

兄弟	辛	巳	天空	初傳
子孫	甲	戌	螣蛇	中傳
父母	己	卯	太常	末傳

四課	三課	二課	一課
貴人	青龍	天空	天后
亥	午	巳	子
午	丑	子	丁

重審課

畢法賦/詮釋：
權攝不正祿臨支。　　子丑相合上下冲害。
鬼乘天乙乃神祇。　　旺祿臨支交車害。
富貴干支逢祿馬。　　初傳逢天空末傳臨獄。
龍加生氣吉遲遲。　　制鬼之位乃良醫。

占斷解析：

天候：巳（天空），傳戌（螣蛇），傳卯（太常）。主天晴。

人事：祿馬臨支上，官鬼臨干。人事不利己。

考試：青龍臨宅泮喜，朱雀逢長生。有利考運。

婚姻：后合占婚吉，天后臨干，六合臨敗地。姻緣未到。

財祿：祿馬貴入宅，財爻逢長生臨空亡。出空財漸旺。

升遷：祿馬貴臨支，干上天空乘絕。升遷不利己。

疾病：白虎乘辰土尅水，主腎疾，喜財爻酉金逢長生相合。疾病可癒。

失物：玄武臨死地，財爻逢長生。失物可復得。

子嗣：天后臨絕，六合臨敗地。子息緣淡。

官司：鬼乘天乙臨支，喜干上官鬼爻合日支。官司可解。

丁丑日

干上丑

四課	三課	二課	一課
太陰	勾陳	勾陳	太陰
丑	未	未	丑
未	丑	丑	丁

官鬼	乙	亥	貴人	初傳
子孫	癸	未	勾陳	中傳
子孫	丁	丑	太陰	末傳

返吟課

畢法賦/詮釋：
三傳互尅眾人欺。　返吟相沖動意生。
鬼乘天乙乃神祇。　支加干上干加支。
貴人差迭事參差。　任信丁馬須言動。
干支乘墓各昏迷。

占斷解析：
天候：亥（貴人），傳未（勾陳），傳丑（太陰）。主陰不雨。
人事：三傳互尅，貴人差迭。不利人事。
考試：不見龍雀，干支乘墓。不利考運。
婚姻：后合占婚吉，天后值絕，六合臨敗地。姻緣未到。
財祿：任信丁馬須言動，財爻逢長生臨空。出空財漸旺。
升遷：干支乘墓，三傳互尅。不利升遷。
疾病：白虎乘辰土尅水，主腎疾，喜財爻酉金逢長生相合。疾病可癒。
失物：玄武臨死地，財爻逢長生。失物可復得。
子嗣：天后臨絕，六合臨敗地。子息緣淡。
官司：鬼乘天乙乃神祇。官司可解。

丁丑日

干上寅

父母	☉	卯	勾陳	初傳
子孫	甲	戌	天后	中傳
兄弟	辛	巳	天空	末傳

四課	三課	二課	一課
勾陳	玄武	太陰	六合
卯	申	酉	寅
申	丑	寅	丁

重審課

畢法賦/詮釋：
所謀多拙逢羅網。　　重審課格合斷輪。
將逢內戰所謀危。　　木坐申金申酉空。
貴雖在獄宜臨干。　　末傳時空值天空。
后合占婚豈用媒。　　空上逢空事莫追。鬼乘天乙乃神祇。

占斷解析：

天候：卯（勾陳），傳戌（天后），傳巳乘天空。主天晴。

人事：所謀多拙，將逢內戰。不利人事。

考試：不見龍雀，勾陳玄武臨宅。不利考運。

婚姻：后合占婚吉，六合臨死地。姻緣未到。

財祿：財爻逢長生臨空。出空財漸旺。

升遷：所謀多拙，將逢內戰。不利升遷。

疾病：白虎乘干祿尅金，主胸肺之疾，喜酉金逢長生受日辰相生。
　　　疾病可癒。

失物：玄武臨敗地，財爻逢長生。失物可復得。

子嗣：天后入傳，六合臨死地。先得女。

官司：課傳不見官鬼爻，鬼乘天乙乃神祇。官司可解。

- 231 -

丁丑日

變盈者名
干上卯

兄弟	☉	巳	天空	初傳
子孫	丁	丑	朱雀	中傳
妻財	◎	酉	太陰	末傳

四課	三課	二課	一課
天空	太陰	貴人	勾陳
巳	酉	亥	卯
酉	丑	卯	丁

畢法賦/詮釋：
三傳遞生人舉薦。　　三合從格逢元首。
任信丁馬須言動。　　中末逢空丁馬動。
萬事喜忻三六合。　　合中犯煞蜜中砒。
鬼乘天乙乃神祇。　　來去俱空豈動移。

占斷解析：

天候：巳（天空），傳丁丑（朱雀），傳酉（太陰）。主晴轉陰。

人事：貴人三合臨干，財爻三合臨支。人事利己方。

考試：朱雀逢丁神入傳，鬼乘天乙臨干。有利考運。

婚姻：后合占婚吉，天后臨養，六合臨死地。姻緣未到。

財祿：財爻入課傳逢三合。財漸旺。

升遷：三傳遞生，鬼乘天乙臨干。有利升遷。

疾病：白虎乘干祿尅金，主胸肺之疾，喜丁神動洩火生金。疾病可癒。

失物：玄武臨敗地，財爻長生逢三合。失物可復得。

子嗣：天后臨養，六合臨死地。先得女。

官司：官鬼爻不入傳，鬼乘天乙臨干。官司可解。

丁丑日

干上辰

四課	三課	二課	一課
太常	天后	朱雀	青龍
未	戌	丑	辰
戌	丑	辰	丁

官鬼	丙	子	螣蛇	初傳
子孫	庚	辰	青龍	中傳
子孫	甲	戌	天后	末傳

昂星課

畢法賦/詮釋：
賓主不投刑在上。　　四課上神逢四墓。
干支乘墓各昏迷。　　人宅坐墓甘招晦。
干墓併關人宅廢。　　魁罡乘丁動非寧。
三傳互剋眾人欺。　　蛇虎縱橫尤為凶。六爻現卦防其剋。

占斷解析：
天候：子（螣蛇），傳辰（青龍），傳戌（天后）。陰晴不定。
人事：三傳互剋，干墓併關。不利人事。
考試：龍雀臨干。有利考運。
婚姻：后合占婚吉，天后入傳，六合臨死地。姻緣未到。
財祿：財爻逢空，不入課傳。財不旺。
升遷：任信丁馬須言動，龍雀臨干。有利升遷。
疾病：白虎乘干祿剋金，主胸肺之疾，喜龍雀臨干洩火生金。疾病可癒。
失物：玄武臨敗地，財爻逢空亡。失物難尋回。
子嗣：天后入課，六合臨死地。先得女。
官司：官鬼爻發用，六爻現卦相制。官司可解。

丁丑日

時遁
干上巳

官鬼	乙	亥	貴人	初傳
妻財	◎	酉	太陰	中傳
子孫	☉	未	太常	末傳

四課	三課	二課	一課
太陰	貴人	勾陳	天空
酉	亥	卯	巳
亥	丑	巳	丁

重審課

畢法賦/詮釋：
不行傳者考初時。　　亥貴間退暗合祿。
晝夜貴加求兩貴。　　利見大人不利財。
課傳皆貴轉無依。　　簾幕貴人高甲第。
鬼乘天乙乃神祇。

占斷解析：
天候：亥（貴人），傳酉（太陰），傳未（太常）。陰轉晴。
人事：貴人臨支，勾陳臨干。人事不利己。
考試：課傳不見龍雀，青龍乘衰，朱雀入墓。不利考運。
婚姻：后合占婚吉，天后臨養，六合臨死地。姻緣未到。
財祿：課傳不見財爻，財爻又逢空。財不旺。
升遷：干上乘天空，支上逢貴人發用。升遷不利己。
疾病：白虎乘干祿尅金，主胸肺之疾，喜貴人乘亥水相制。疾病可癒。
失物：玄武臨敗地，財爻逢空亡。失物難尋回。
子嗣：天后臨養，六合臨死地。先得女。
官司：鬼乘天乙乃神祇。官司可解。

丁丑日

重陰
干上午

四課	三課	二課	一課
貴人	騰蛇	天空	白虎
亥	子	巳	午
子	丑	午	丁

官鬼	丙	子	騰蛇	初傳
官鬼	乙	亥	貴人	中傳
子孫	甲	戌	天后	末傳

畢法賦/詮釋：
旺祿臨身徒妄作。　催官使者赴官期。
魁度天門關格定。　鬼乘天乙乃神祇。
將逢內戰所謀危。　乙亥丙子丁丑日。
鬼臨三四訟災隨。　三奇傳日貴入中。

占斷解析：
天候：子（騰蛇），傳亥（貴人），傳戌（天后）。陰晴不定。
人事：旺祿臨身，鬼臨三四。不利人事。
考試：青龍乘衰沖末傳，朱雀入墓。不利考運。
婚姻：后合占婚吉，天后入傳，六合臨死地。姻緣未到。
財祿：課傳官鬼爻旺而不見財，財爻又逢空亡。財不旺。
升遷：鬼臨三四，子水合支，亥乘天乙。升遷不利己。
疾病：白虎臨祿尅金，主胸肺之疾，喜亥水貴人合制。疾病可癒。
失物：玄武臨敗地，財爻逢空亡。失物難尋回。
子嗣：天后入課，六合臨死地。先得女。
官司：鬼臨三四訟災隨，喜子水上下合，鬼乘天乙。官司可解。

- 235 -

丁丑日

四課	三課	二課	一課
朱雀	朱雀	太常	太常
丑	丑	未	未
丑	丑	未	丁

干上未

子孫	丁	丑	朱雀	初傳
子孫	甲	戌	天后	中傳
子孫	癸	未	太常	末傳

畢法賦/詮釋：
貴登天門高甲第。　　伏吟盤上課不全。
彼求我事支傳干。　　支上發用傳日上。
賓主不投刑在上。　　交車相冲丁馬動。
任信丁馬須言動。　　貴有餘而得不足。六爻現卦防其尅。

占斷解析：
天候：丑（朱雀），傳戌（天后），傳未（太常）。主天晴。
人事：貴登天門，朱雀報喜，丁馬臨支。人事不利己。
考試：青龍乘衰，朱雀入墓。不利考運。
婚姻：后合占婚吉，天后入傳，六合臨死地。姻緣未到。
財祿：財爻不入課傳又逢空。財不旺。
升遷：任信丁馬須言動，丁馬臨支。升遷不利己。
疾病：白虎乘干祿尅金，主胸肺之疾，青龍入獄。未覓良醫。
失物：玄武臨敗地，財爻逢空亡。失物難尋回。
子嗣：天后入課，六合臨死地。先得女。
官司：官鬼爻臨胎絕，六爻現卦防其尅。官司可解。

丁丑日

革過從新
干上申

妻財	◎	申	六合	初傳
妻財	◎	酉	朱雀	中傳
子孫	⊙	戌	螣蛇	末傳

四課	三課	二課	一課
太常	玄武	朱雀	六合
卯	寅	酉	申
寅	丑	申	丁

重審課

畢法賦/詮釋：
空空如也事莫追。　　進茹空亡宜退步。
干支皆敗事傾頹。　　課傳財爻俱落空。
所謀多拙逢羅網。　　干上逢甲支上寅。
傳財太旺反財虧。　　貴雖在獄宜臨干。

占斷解析：

天候：申（六合），傳酉（朱雀），傳戌（螣蛇）。主天晴。

人事：干上逢空亡，支上臨病死。不利人事。

考試：朱雀報喜臨干上。有利考運。

婚姻：后合占婚吉，六合臨敗，乘空發用。姻緣未到。

財祿：財爻逢長生入空亡。出空財漸旺。

升遷：干上空亡，支上病死。不利升遷。

疾病：白虎乘辰土尅水，主腎疾，財爻申酉逢空亡無制。未覓良醫。

失物：玄武臨敗地，財爻逢空亡。失物難尋回。

子嗣：天后臨絕，六合乘敗臨干發用。子息緣淡。

官司：官鬼爻不入課傳，末傳子孫爻戌土制官鬼。官司可解。

丁丑日

妻財	◎	酉	朱雀	初傳
官鬼	⊙	亥	貴人	中傳
子孫	丁	丑	太陰	末傳

四課	三課	二課	一課
天空	太常	貴人	朱雀
巳	卯	亥	酉
卯	丑	酉	丁

重審課

畢法賦/詮釋：
晝夜貴加求兩貴。　　干上得財財落空。
腳踏空亡進用宜。　　丁馬俱逢動意濃。
任信丁馬須言動。　　人宅皆死各喪贏。
鬼乘天乙乃神祇。　　罡塞鬼戶任謀為。龍加生氣吉遲遲。

占斷解析：
天候：酉（朱雀），傳亥（貴人），傳丑（太陰）。晴轉陰。
人事：鬼乘天乙雙貴臨干。人事利己。
考試：朱雀臨干報喜發用，青龍臨干祿。考運佳。
婚姻：后合占婚吉，天后臨絕，六合臨敗地。姻緣未到。
財祿：任信丁馬須言動，財爻臨干逢空亡。出空後財漸旺。
升遷：鬼乘天乙雙貴臨干。升遷利己方。
疾病：白虎乘辰土尅水，主腎疾，喜貴人乘酉相生。疾病可癒。
失物：玄武臨死地，財爻逢空亡。失物難尋回。
子嗣：六合臨敗，天后乘絕。子息緣淡。
官司：鬼乘天乙乃神祇。官司可解。

丁丑日

干上戌

兄弟	壬	午	青龍	初傳
子孫	甲	戌	螣蛇	中傳
子孫	庚	辰	白虎	末傳

四課	三課	二課	一課
勾陳	白虎	太陰	螣蛇
未	辰	丑	戌
辰	丑	戌	丁

昂星課

畢法賦/詮釋：
兩貴皆空虛喜期。　　柔日昂星虎視課。
干支乘墓各昏迷。　　虎視逢虎力難施。
賓主不投刑在上。　　人宅坐墓甘招晦。
六爻現卦防其尅。　　任信丁馬須言動。

占斷解析：
天候：午（青龍），傳戌（螣蛇），傳辰（白虎）。有風無雨。
人事：螣蛇臨干，白虎臨支。不利人事。
考試：青龍乘干祿發用，朱雀逢長生合支上。利考運。
婚姻：后合占婚吉，天后臨絕，六合臨敗。姻緣未到。
財祿：干墓併關人宅廢，財爻又逢空亡。財不旺。
升遷：兩貴皆空，賓主不投，蛇臨干，虎臨支。不利升遷。
疾病：白虎乘辰土尅水，主腎疾，酉金空亡無力制合。未覓良醫。
失物：玄武臨死地，財爻逢空亡。失物難尋回。
子嗣：天后乘絕，六合臨敗地。子息緣淡。
官司：課傳不見官鬼爻，六爻現卦相尅制。官司可解。

丁丑日

獻刃
干上亥

妻財	◎	酉	朱雀	初傳
子孫	☉	丑	太陰	中傳
兄弟	辛	巳	天空	末傳

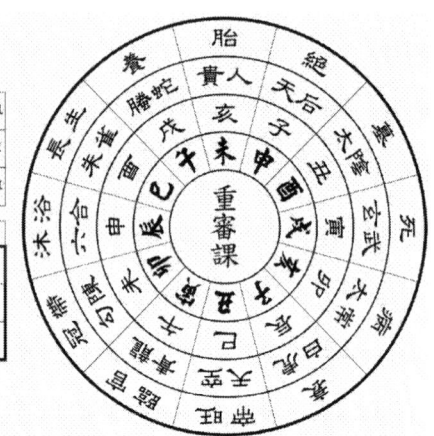

四課	三課	二課	一課
朱雀	天空	太常	貴人
酉	巳	卯	亥
巳	丑	亥	丁

重審課

畢法賦/詮釋：
腳踏空亡進用宜。　　三傳從革合財局。
傳財化鬼財休覓。　　傳財生鬼不足畏。
兩貴受尅難干貴。　　鬼乘天乙乃神祇。
　　　　　　　　　　萬事喜忻三六合。

占斷解析：
天候：酉（朱雀），傳丑（太陰），傳巳（天空）。主天晴。
人事：鬼乘天乙臨干。有利人事。
考試：朱雀報喜發用，青龍臨干祿。有利考運。
婚姻：后合占婚吉，天后臨絕，六合臨敗。姻緣未到。
財祿：財爻空亡逢三合。出空財漸旺。
升遷：鬼乘天乙臨干上，萬事喜忻三六合。有利升遷。
疾病：白虎乘辰土尅水，主腎疾，喜三合金局生水。疾病可癒。
失物：玄武臨死地，財爻逢空亡。失物難尋回。
子嗣：天后臨絕，六合臨敗地。子息緣淡。
官司：鬼乘天乙乃神祇。官司可解。

戊寅日

祿神：巳
驛馬：申
貴人：丑、未
空亡：申、酉
長生：寅
帝旺：午
墓庫：戌

戊寅日

四課	三課	二課	一課
玄武	勾陳	天空	螣蛇
辰	酉	未	子
酉	寅	子	戊

干上子

妻財	丙	子	螣蛇	初傳
兄弟	癸	未	天空	中傳
官鬼	戊	寅	天后	末傳

畢法賦/詮釋：

三傳互尅眾人欺。　　三傳互尅凡事凶。
我求彼事干傳支。　　將逢內戰所謀危。
傳財化鬼財休覓。
胎財死氣損胎推。

占斷解析：

天候：子（螣蛇），傳未（天空），傳寅（天后）。晴轉小雨。
人事：三傳互尅，螣蛇臨干。不利人事。
考試：青龍臨病，朱雀臨絕。不利考運。
婚姻：后合占婚吉，天后臨長生，六合入墓。姻緣未到。
財祿：傳財化鬼財休覓。不利財運。
升遷：三傳互尅，將逢內戰。不利升遷。
疾病：白虎乘午火尅金，主胸肺之疾，喜土旺能洩火生金。疾病可癒。
失物：玄武冠帶，財臨胎絕。失物難尋回。
子嗣：天后入傳，六合入墓。先得女。
官司：官鬼爻逢長生，喜辰酉合金局相制。官司可解。

戊寅日

就燥
干上丑

四課	三課	二課	一課
白虎	六合	勾陳	貴人
午	戌	酉	丑
戌	寅	丑	戊

兄弟	甲	戌	六合	初傳
父母	壬	午	白虎	中傳
官鬼	戊	寅	天后	末傳

重審課

畢法賦/詮釋：

萬事喜忻三六合。　　三傳逆生人舉薦。
合中犯殺蜜中砒。　　火局生干脫支辰。
任信丁馬須言動。　　人口豐盛居窄宅。
后合占婚豈用媒。　　簾幕貴人高甲第。

占斷解析：

天候：戌（木將），傳午（金將），傳寅（水將）。主晴轉陰雨。
人事：任信丁馬須言動，貴人臨干逢三合。人事利己方。
考試：青龍臨病，朱雀臨絕。不利考運。
婚姻：后合入傳逢三合。婚喜可期。
財祿：財爻臨胎絕，子孫爻亦逢空亡。財不旺。
升遷：任信丁馬須言動。更得貴人臨干上。有利升遷。
疾病：白虎乘午火尅金，主胸肺之疾，喜得貴人臨干洩火生金。疾病可癒。
失物：玄武乘辰土，財爻臨胎絕。失物難尋回。
子嗣：天后逢長生，六合入墓。先得女。
官司：官鬼爻逢長生，三合炎上反生干。官司可解。

- 243 -

戊寅日

四課	三課	二課	一課
白虎	太陰	太陰	螣蛇
申	亥	亥	寅
亥	寅	寅	戊

干上寅

官鬼	戊	寅	螣蛇	初傳
妻財	乙	亥	太陰	中傳
子孫	◎	申	白虎	末傳

元首課

畢法賦/詮釋：
三傳遞生人舉薦。　　課傳皆為四長生。
合中犯殺蜜中砒。　　官鬼爻臨干尅干。
干支值絕凡謀決。　　合中有破貴臨空。
傳財化鬼財休覓。　　我求彼事干傳支。貴雖在獄宜臨干。

占斷解析：
天候：寅（螣蛇），傳亥（太陰），傳申（白虎）。晴轉陰。
人事：官鬼爻臨干發用。人事不利己。
考試：課傳不見龍雀，蛇臨干，虎臨宅。不利考運。
婚姻：后合占婚吉，天后臨胎，六合臨冠帶。姻緣可期。
財祿：財爻臨胎絕，喜三傳逆生，子孫爻逢空亡。出空財漸旺。
升遷：三傳逆生，干支值絕，蛇臨干，虎臨支。不利升遷。
疾病：白虎乘申尅木，主肝疾，喜財爻洩金生木。疾病可癒。
失物：玄武入墓，財爻逢胎絕。失物難尋回。
子嗣：天后臨胎，六合臨冠帶，有男有女。子息旺。
官司：官鬼爻乘螣蛇臨干，傳財化鬼。官司難和解。

戊寅日

極陰
干上卯

四課	三課	二課	一課
玄武	天后	貴人	朱雀
戌	子	丑	卯
子	寅	卯	戌

兄弟	丁	丑	貴人	初傳
妻財	乙	亥	太陰	中傳
子孫	◎	酉	太常	末傳

重審課

畢法賦/詮釋：
人宅坐墓甘招晦。　　間傳逆推合極陰。
交車相合交關利。　　子刑卯兮丑刑戌。
任信丁馬須言動。　　賓主不投刑在上。
干支皆敗事傾頹。　　日鬼臨干，交車相合。

占斷解析：

天候：丑（貴人），傳亥（太陰），傳酉（太常）。主陰晴不定。

人事：貴人乘丁神臨干。人事利己。

考試：貴人乘朱雀臨干報喜。考運佳。

婚姻：后合占婚吉，天后臨宅，六合辰土合酉金子孫。婚喜可期。

財祿：財爻臨胎絕，子孫爻臨空亡。財不旺。

升遷：交車相合交關利，貴人乘丁馬臨干。升遷利己方。

疾病：白虎乘申金剋木，主肝疾，喜亥水洩金生木。疾病可癒。

失物：玄武入墓，財逢胎絕。失物難尋回。

子嗣：天后乘胎入宅，六合臨冠帶，有男有女。子息旺。

官司：官鬼爻臨干，喜卯戌合火洩木生干。官司可解。

戊寅日

四課	三課	二課	一課
天后	貴人	朱雀	六合
子	丑	卯	辰
丑	寅	辰	戌

重陰
干上辰

妻財	丙	子	天后	初傳
妻財	乙	亥	太陰	中傳
兄弟	甲	戌	玄武	末傳

畢法賦/詮釋：
魁度天門關格定。　　貴塞鬼戶魁度天門。
任信丁馬須言動。　　課傳亥子丑逢三奇乙丙丁。
華蓋覆日人昏晦。　　貴人差迭事參差。
后合占婚豈用媒。

占斷解析：
天候：子（天后），傳亥（太陰），傳戌（玄武）。主陰雨不斷。
人事：貴人乘丁馬臨支暗合財。人事不利己方。
考試：青龍臨帝旺，朱雀乘六合臨干報喜。有利考運。
婚姻：后合占婚豈用媒。婚喜可期。
財祿：財爻臨胎絕，子孫爻逢空亡。財不旺。
升遷：魁度天門關格定，華蓋覆日。不利升遷。
疾病：白虎乘申尅木，主肝疾，喜財爻發動洩金生木。疾病可癒。
失物：玄武入墓，財逢臨胎絕。失物難尋回。
子嗣：天后臨宅發用，六合臨干上，有男有女。子息旺。
官司：官鬼爻臨敗地，喜卯戌合火化鬼生身。官司可解。

戊寅日

干上巳

四課	三課	二課	一課
騰蛇	騰蛇	勾陳	勾陳
寅	寅	巳	巳
寅	寅	巳	戊

父母	辛	巳	勾陳	初傳
子孫	◎	申	白虎	中傳
官鬼	戊	寅	騰蛇	末傳

畢法賦/詮釋：
三傳互尅眾人欺。　三傳犯刑又互尅。
我求彼事干傳支。　賓主不投刑在上。
旺祿臨身徒妄作。
鬼臨三四訟災隨。

占斷解析：
天候：巳（勾陳），傳申（白虎），傳寅（騰蛇）。主天晴。
人事：旺祿臨身，鬼臨三四，三傳相刑。不利人事。
考試：課傳不見龍雀，勾陳騰蛇臨干支，不利考運。
婚姻：課傳不見后合，旺祿臨身，鬼臨三四。姻緣未到。
財祿：旺祿臨身，鬼臨三四，財旺引官非。不利財運。
升遷：賓主不投，三傳互尅。不利升遷。
疾病：白虎乘申尅木，主肝疾，喜巳申合水相生。疾病可癒。
失物：玄武入墓，財爻臨胎絕。失物難尋回。
子嗣：課傳不見后合，天后臨胎，六合入獄。先得女。
官司：鬼臨三四，旺祿臨身反成刑。官司難解。

戊寅日

	升階 干上午		
兄弟	庚	辰	六合
父母	辛	巳	勾陳
父母	壬	午	青龍

初傳
中傳
末傳

四課	三課	二課	一課
六合	朱雀	天空	青龍
辰	卯	未	午
卯	寅	午	戊

重審課

畢法賦/詮釋：
所謀多拙遭羅網。　順進連茹日升階。
彼求我事支停干。　積善有餘守舊吉。
龍加生氣吉遲遲。　互旺俱旺坐謀宜。
眾鬼雖彰全不畏。　貴人差迭事參差。

占斷解析：
天候：辰（六合），傳巳（勾陳），傳午（青龍）。主晴多雲。
人事：互旺俱旺坐謀宜。有利人事。
考試：青龍臨干，朱雀臨宅。考運佳。
婚姻：六合發用，天后臨胎，青龍泮喜。婚喜在即。
財祿：財爻臨胎絕，子孫爻臨空亡。財不旺。
升遷：三傳升階，互旺俱旺坐謀宜。有利升遷。
疾病：白虎乘申剋木，主肝疾，喜青龍乘午火相制。疾病可癒。
失物：玄武入墓，財逢胎絕。失物難尋回。
子嗣：天后臨胎，六合臨帝旺，有男有女。子息旺。
官司：官鬼爻臨敗地，喜青龍午火洩官殺生身。官司可解。

戊寅日

登天
干上未

兄弟	庚	辰	六合	初傳
父母	壬	午	青龍	中傳
子孫	◎	申	白虎	末傳

四課	三課	二課	一課
青龍	六合	太常	天空
午	辰	酉	未
辰	寅	未	戊

重審課

畢法賦/詮釋：
貴登天門高甲第。　利大事，不利小事。
罡塞鬼戶任謀為。　三傳課逢登三天。
交車相合交關利。　龍加生氣吉遲遲。
干支乘墓各昏迷。

占斷解析：
天候：辰（六合），傳午（青龍），傳申（白虎）。多雲有風。
人事：貴登天門，罡塞鬼戶。交車相合利人事。
考試：青龍臨宅，交車相合。有利考運。
婚姻：后合占婚吉，天后臨胎財，六合發用。婚喜可期。
財祿：課傳不見財爻，財爻又臨胎絕。財不旺。
升遷：貴登天門，交車相合。有利升遷。
疾病：白虎乘申尅木，主肝疾，喜青龍乘午火相制。疾病可癒。
失物：玄武入墓，財爻臨胎絕。失物難尋回。
子嗣：天后臨胎財，六合臨宅發用，有男有女。子息旺。
官司：課傳不見官鬼爻，喜青龍午火洩殺生身。官司可解。

- 249 -

戊寅日

四課	三課	二課	一課
青龍	太常	朱雀	青龍
申	巳	亥	申
巳	寅	申	戊

干上申

子孫	◎	申	青龍	初傳
妻財	⊙	亥	朱雀	中傳
官鬼	戊	寅	天后	末傳

重審課

畢法賦/詮釋：

三傳遞生人舉薦。　　腳踏空亡進用宜。
交車相合交關利。　　催官使者赴官期。
富貴干支逢祿馬。　　貴雖在獄宜臨干。
權攝不正祿臨支。

占斷解析：

天候：申（青龍），傳亥（朱雀），傳寅（天后）。有風有雨。
人事：富貴干支逢祿馬，交車相合交關利。有利人事。
考試：龍雀入傳，青龍臨干六合支上神。有利考運。
婚姻：后合占婚吉，天后逢長生，六合入墓。姻緣未到。
財祿：財爻乘胎絕，又坐空亡。財不旺。
升遷：三傳遞生，交車相合。有利升遷。
疾病：白虎乘午火尅金，喜貴人乘丑土洩火生金。疾病可癒。
失物：玄武臨冠帶，財爻臨胎絕。失物難尋回。
子嗣：天后逢長生，六合入墓。先得女。
官司：官鬼爻入傳，青龍臨干發用，出空可制。官司可解。

戊寅日

干上酉

兄弟	☉	丑	貴人	初傳
父母	壬	午	白虎	中傳
子孫	◎	酉	勾陳	末傳

四課	三課	二課	一課
六合	白虎	貴人	勾陳
戌	午	丑	酉
午	寅	酉	戌

昂星課

畢法賦/詮釋：
來去俱空豈動宜。　　丑貴坐空末傳空。
人宅受脫俱招盜。　　昂星虎視傳逢虎。
任信丁馬須言動。　　虎視逢虎力難施。
萬事喜忻三六合。　　賓主不投刑在上。

占斷解析：
天候：丑（貴人），傳午（白虎），傳酉（勾陳）。主陰晴不定。
人事：任信丁馬須言動，喜貴人臨干三合祿。人事利己。
考試：不見龍雀，勾陳臨干，白虎入宅。不利考運。
婚姻：后合占婚吉，天后乘支辰，六合臨支逢三合。婚喜可期。
財祿：課傳不見財爻，財爻臨胎絕。財不旺。
升遷：賓主不投，人宅受脫，來去俱空。不利升遷。
疾病：白虎乘午火尅金，主肺疾，喜貴人洩火生金。疾病可癒。
失物：玄武臨冠帶，財爻臨胎絕。失物難尋回。
子嗣：天后逢長生，六合入墓。先得女。
官司：課傳不見官鬼爻，喜見三合火局洩殺生身。官司可解。

戊寅日

四課	三課	二課	一課
螣蛇	天空	太陰	六合
子	未	卯	戌
未	寅	戌	戊

干上戌

妻財	丙子	螣蛇	初傳
父母	辛巳	太常	中傳
兄弟	甲戌	六合	末傳

畢法賦/詮釋：
一旬周遍始終宜。　　干支覆墓人宅廢。
華蓋覆日人昏晦。　　戌首未尾申酉空。
胎財死氣損胎推。　　干支相刑氣不和。
貴人差迭事參差。　　德祿子尅傳入墓。

占斷解析：
天候：子（螣蛇），傳巳（太常），傳戌（六合）。主天晴。
人事：華蓋覆日人昏晦。不利人事。
考試：青龍乘病，朱雀臨絕。不利考運。
婚姻：后合占婚吉，天后臨長生，六合入墓。姻緣未到。
財祿：課傳不見財爻，財爻臨胎絕。財不旺。
升遷：華蓋覆日人昏晦。不利升遷。
疾病：白虎乘午火尅金，主肺疾，干支皆合火局。未覓良醫。
失物：玄武臨冠帶，財爻臨胎絕。失物難尋回。
子嗣：天后臨長生，六合乘墓臨干。先得女。
官司：官鬼爻臨敗地，喜卯戌合火化殺生身。官司可解。

戊寅日

干上亥

官鬼	☉	寅	天后	初傳
子孫	◎	申	青龍	中傳
官鬼	☉	寅	天后	末傳

四課	三課	二課	一課
天后	青龍	太常	朱雀
寅	巳	巳	亥
申	寅	亥	戊

返吟課

畢法賦/詮釋：
干支值絕凡謀決。　三傳互尅眾人欺。
彼此猜忌害相隨。　卦逢返吟又無依。
富貴干支逢祿馬。　晝夜貴加求兩貴。
來去俱空豈動移。

占斷解析：
天候：寅（天后），傳申（青龍），傳寅（天后）。主陰雨。
人事：富貴干支逢祿馬，晝夜貴加求兩貴。人事利己方。
考試：青龍入宅發用泮喜，朱雀臨干報喜。入榜可期。
婚姻：后合占婚吉，天后入課傳，六合入墓。姻緣未到。
財祿：財爻臨胎絕，喜祿馬相加。財漸旺。
升遷：干支值絕，來去俱空。不利升遷。
疾病：白虎乘午火尅金，主肺疾，干上朱雀乘亥相制。疾病可癒。
失物：玄武臨冠帶，財爻臨胎絕。失物難尋回。
子嗣：天后逢長生，六合入墓。先得女。
官司：官爻臨長生，喜龍雀相制。官司可解。

- 253 -

己卯日

祿神：午
驛馬：巳
貴人：申、子
空亡：申、酉
長生：酉
帝旺：巳
墓庫：丑

己卯日

干上子

父母	辛	巳	白虎	初傳
兄弟	甲	戌	朱雀	中傳
官鬼	己	卯	玄武	末傳

四課	三課	二課	一課
天后	勾陳	白虎	貴人
丑	申	巳	子
申	卯	子	己

知一課

畢法賦/詮釋：
貴人差迭事參差。　　干上貴臨財。
干支值絕凡謀決。　　末助初傳三等論。
任信丁馬須言動。　　官印相生鬼無害。

占斷解析：
天候：巳（白虎），傳戌（朱雀），傳卯（玄武）。主晴轉雨。
人事：干支值絕凡謀決，貴人差迭。不利人事。
考試：青龍六合干祿，朱雀入傳。有利考運。
婚姻：后合占婚吉，天后入墓，六合逢長生。婚姻未到。
財祿：課傳不見財爻，財爻臨胎絕。財不旺。
升遷：干支值絕，貴人差迭。不利升遷。
疾病：白虎乘巳火剋金，主胸肺之疾，喜干支上神三合，交連六合化水。疾病可癒。
失物：玄武入獄，財爻逢胎絕。失物難尋回。
子嗣：天后入墓，六合臨長生。先得男。
官司：官鬼爻入傳，喜兄弟爻卯戌化火洩殺生身。官司可解。

- 255 -

己卯日

干上丑

四課	三課	二課	一課
玄武	六合	青龍	天后
卯	酉	未	丑
酉	卯	丑	己

初傳 官鬼 ⊙ 卯 玄武
中傳 子孫 ◎ 酉 六合
末傳 官鬼 ⊙ 卯 玄武

返吟課

畢法賦/詮釋：
三傳互尅眾人欺。　　官鬼爻逢空見凶不凶。
來去俱空豈動移。　　返吟無依中傳空。
兩貴受尅難干貴。　　官鬼初末俱坐空。
后合占婚豈用媒。　　龍加生氣吉遲遲。

占斷解析：
天候：卯（玄武），傳酉（六合），傳卯（玄武）。主晴雨不定。
人事：三傳互尅，兩貴受尅。不利人事。
考試：青龍臨干泮喜。考運佳。
婚姻：后合占婚吉，天后入墓。姻緣未到。
財祿：財爻不入課傳，又逢胎絕。財運不佳。
升遷：三傳互尅，兩貴受尅。不利升遷。
疾病：白虎乘巳火尅金，主胸肺之疾，喜干支上神三合金局。疾病可癒。
失物：玄武臨病，財爻逢胎絕。失物難尋回。
子嗣：六合入課傳，天后入墓。可先得男。
官司：官鬼爻臨病，喜子孫爻相制。官司可解。

己卯日

干上寅

兄弟	甲	戌	朱雀	初傳
父母	辛	巳	白虎	中傳
妻財	丙	子	貴人	末傳

四課	三課	二課	一課
白虎	朱雀	六合	太陰
巳	戌	酉	寅
戌	卯	寅	己

畢法賦/詮釋：
將逢內戰所謀危。　中傳父母爻逢白虎。
彼此全傷防兩損。　末傳貴人逢財生干鬼。
害貴訟直遭曲斷。　占宅主父母有災。
制鬼之位乃良醫。

占斷解析：

天候：戌（朱雀），傳巳（白虎），傳子（貴人）。主天晴。
人事：將逢內戰，彼此全傷防兩損。不利人事。
考試：朱雀發用報喜，青龍乘貴人。有利考運。
婚姻：后合占婚吉，天后入墓，六合臨長生。姻緣未到。
財祿：財爻不入課傳，又逢胎絕。財運不佳。
升遷：害貴訟直遭曲斷。不利升遷。
疾病：白虎乘巳火尅金，主胸肺之疾，貴人乘子水制之。病可癒。
失物：玄武臨病，財爻逢胎絕。失物難尋回。
子嗣：天后入墓，六合臨干。先得男。
官司：官鬼臨死地，喜酉金六合長生相制。官司可解。

己卯日

正陽
干上卯

兄弟	癸	未	白虎	初傳
官鬼	己	卯	六合	中傳
妻財	乙	亥	天后	末傳

四課	三課	二課	一課
白虎	天后	天后	六合
未	亥	亥	卯
亥	卯	卯	己

涉害課

畢法賦/詮釋：
眾鬼雖彰全不畏。　　課傳三合財化鬼。
傳財化鬼財休覓。　　彼來尅我卑凌尊。
萬事喜忻三六合。　　貴雖入獄宜臨干。
后合占婚豈用媒。　　合中犯煞密中砒。

占斷解析：
天候：未（白虎），傳卯（六合），傳亥（天后）。主晴轉雨。
人事：貴人臨絕又入獄，合中犯煞密中砒。不利人事。
考試：白虎發用，課傳不見龍雀。考運不佳。
婚姻：后合占婚豈用媒，天后、六合入傳三合。婚喜可期。
財祿：財爻臨胎絕，又三合化鬼財休覓。不利財運。
升遷：貴人臨絕又入獄，合中犯煞密中砒。不利升遷。
疾病：白虎乘未土尅水，主腎疾，喜三合化木反制。疾病可癒。
失物：玄武乘長生，財爻逢胎絕。失物難尋回。
子嗣：后合入課傳，可得男女。子息旺。
官司：官鬼爻三合旺相無制。官司難解。

己卯日

干上辰

妻財	丙	子	貴人	初傳
子孫	◎	酉	玄武	中傳
父母	☉	午	天空	末傳

四課	三課	二課	一課
玄武	貴人	螣蛇	勾陳
酉	子	丑	辰
子	卯	辰	己

彈射課

畢法賦/詮釋：
干墓併關人宅廢。　　干墓覆干支上刑。
彼此猜忌害相隨。　　初財得貴中末空。
任信丁馬須言動。　　不行傳者考初時。
交車相合交關利。　　簾幕貴人高甲第。

占斷解析：
天候：子（貴人），傳酉（玄武），傳午（天空）。陰雨轉晴。
人事：貴人差迭，干墓併關。人事不利己。
考試：不見龍雀入傳，勾陳螣蛇臨干。考運不佳。
婚姻：后合占婚吉，課傳不現，六合臨病。姻緣未到。
財祿：財爻臨胎絕，子孫爻空亡。財不旺。
升遷：任信丁馬須言動，交車相合交關利。有利升遷。
疾病：白虎乘未土尅水，主腎疾，水臨胎絕，子孫臨空亡。未覓良醫。
失物：玄武乘酉逢長生，財爻臨胎絕。失物難尋回。
子嗣：天后臨胎財，六合臨病。先得女。
官司：官鬼爻臨病死，喜父母爻入傳洩殺生身。官司可解。

己卯日

四課	三課	二課	一課
天后	螣蛇	六合	青龍
亥	丑	卯	巳
丑	卯	巳	己

	妻財	乙	亥	天后	初傳
	子孫	◎	酉	玄武	中傳
	兄弟	⊙	未	白虎	末傳

時遁 干上巳

涉害課

畢法賦/詮釋：
不行傳者考初時。　　干墓乘蛇臨支上。
任信丁馬須言動。　　萬事糾結事多凶。
后合占婚豈用媒。　　涉害又合極陰課。
龍加生氣吉遲遲。　　三傳逆生人舉薦。

占斷解析：
天候：亥（天后），傳酉（玄武），傳未（白虎）。陰雨有風。
人事：蛇墓覆支，青龍臨干。人事利己方。
考試：青龍帝旺臨干泮喜。有利考運。
婚姻：后合占婚豈用媒。婚喜可期。
財祿：財爻臨胎絕，子孫爻空亡。財不旺。
升遷：青龍臨干，蛇墓覆支。升遷利己。
疾病：白虎乘未土尅水，主腎疾，喜干支上神三合相制。疾病可癒。
失物：玄武乘酉逢長生，財爻臨胎絕。失物難尋回。
子嗣：天后臨胎財，六合臨病。先得女。
官司：官鬼爻臨病死，喜青龍洩殺生身。官司可解。

己卯日

遞傳
干上午

兄弟	丁	丑	螣蛇	初傳
妻財	丙	子	貴人	中傳
妻財	乙	亥	天后	末傳

四課	三課	二課	一課
螣蛇	朱雀	青龍	天空
丑	寅	巳	午
寅	卯	午	己

重審課

畢法賦/詮釋：
尊崇傳內遇三奇。　　順退連茹退無虧。
旺祿臨身徒妄作。　　遞傳三奇所卜宜。
任信丁馬須言動。　　三傳俱財逢三奇。
龍加生氣吉遲遲。　　富貴干支逢祿馬。貴人差迭事參差。

占斷解析：
天候：丑（螣蛇），傳子（貴人），傳亥（天后）。主陰雨。
人事：旺祿臨身。三傳逢三奇利人事。
考試：青龍臨干、朱雀入宅。利考運。
婚姻：后合占婚吉，天后入傳，六合臨病地。姻緣未到。
財祿：富貴干支逢祿馬，任信丁馬須言動。財祿旺。
升遷：富貴干支逢祿馬，尊崇傳內遇三奇。有利升遷。
疾病：白虎乘未土尅水，主腎疾，巳午未會火局，三傳會水局相
　　　制。疾病可癒。
失物：玄武乘酉逢長生，財爻三會財旺。失物可復得。
子嗣：天后臨胎財入傳，六合臨病。先得女。
官司：官鬼爻臨病死，喜干上神洩殺生身。官司可解。

- 261 -

己卯日

四課	三課	二課	一課
六合	六合	白虎	白虎
卯	卯	未	未
卯	卯	未	己

官鬼	己	卯	六合	初傳
妻財	丙	子	貴人	中傳
父母	壬	午	天空	末傳

干上未

伏吟課

畢法賦/詮釋：
眾鬼雖彰全不畏。　伏吟課虎鬼重重。
鬼臨三四訟災隨。　鬼臨三四發初傳。
傳財化鬼財休覓。　支墓覆干沖蛇墓。
貴人差迭事參差。　龍加生氣吉遲遲。

占斷解析：
天候：卯（六合），傳子（貴人），傳午（天空）。主天晴。
人事：鬼臨三四，白虎臨干。不利人事。
考試：不見龍雀，三傳犯刑沖，白虎臨干。不利考運。
婚姻：后合占婚吉，天后臨胎財，六合入課傳。婚喜在即。
財祿：傳財化鬼財休覓，財爻臨胎絕。財不旺。
升遷：鬼臨三四，白虎臨干。不利升遷。
疾病：白虎臨干乘未土尅水，主腎疾，喜午火乘天空合化生身。疾病可癒。
失物：玄武乘酉逢長生，財爻臨胎絕。失物難尋回。
子嗣：天后乘胎財，六合臨病。先得女。
官司：官鬼爻入課傳，喜午未合火化殺生身。官司可解。

己卯日

升階
干上申

兄弟	庚	辰	勾陳	初傳
父母	辛	巳	青龍	中傳
父母	壬	午	天空	末傳

四課	三課	二課	一課
青龍	勾陳	玄武	太常
巳	辰	酉	申
辰	卯	申	己

重審課

畢法賦/詮釋：
所謀多拙遭羅網。　重審課逢進連茹。
干支皆敗事傾頹。　夜貴逢空居干上。
交車相合交關利。　貴登天門高甲第。
龍加生氣吉遲遲。

占斷解析：
天候：辰（勾陳），傳巳（青龍），傳午（天空）。主天晴。
人事：貴登天門，幕貴臨干，交車相合。有利人事。
考試：青龍合幕貴臨干，末傳得干祿。考運佳。
婚姻：后合占婚吉，天后入獄，六合臨病。姻緣未到。
財祿：財爻臨胎絕，子孫爻空亡。財不旺。
升遷：三傳升階，交車相合，干祿入傳。有利升遷。
疾病：白虎乘未土尅水，主腎疾，喜辰酉合金生水。疾病可癒。
失物：玄武空亡，財爻臨胎絕。失物難尋回。
子嗣：天后臨胎入獄，六合臨病。子息緣淡。
官司：官鬼爻臨病死，喜父母爻入傳化殺生身。官司可解。

己卯日

溟濛
干上酉

	一課	二課	三課	四課
	六合	螣蛇	白虎	青龍
	酉	亥	巳	未
	己	酉	卯	巳

妻財	☉	亥	螣蛇	初傳
兄弟	丁	丑	天后	中傳
官鬼	己	卯	玄武	末傳

遙尅課

畢法賦/詮釋：

罡塞鬼戶任謀為。　　遙尅課逢六陰備。
人宅受脫俱招盜。　　利陰私而不利公。
兩貴受尅難干貴。　　任信丁馬須言動。
六陰相繼盡昏迷。

占斷解析：

天候：亥（螣蛇），傳丑（天后），傳卯（玄武）。主陰雨。
人事：兩貴受剋，人宅受脫。不利人事。
考試：青龍臨支，螣蛇臨干，兩貴受尅。考運不佳。
婚姻：后合占婚吉，天后乘丁馬，六合臨干逢三合。婚喜可期。
財祿：人宅受脫俱招盜，財爻臨胎絕又逢沖。財運不佳。
升遷：人宅受脫，六陰相繼盡昏迷。不利升遷。
疾病：白虎乘巳火尅金，主肺疾，喜太常乘辰土洩火生金。疾病可癒。
失物：玄武乘卯臨病，財爻臨胎絕。失物難尋回。
子嗣：天后入墓，六合臨干逢長生。先得男。
官司：官鬼爻臨病死，喜父母爻旺相化殺生身。官司可解。

己卯日

```
干上戌
┌────┬──┬──┬────┐
│子孫│◎ │酉│六合│初傳
│妻財│☉ │子│貴人│中傳
│官鬼│巳 │卯│玄武│末傳
├────┼──┼──┼────┤
│四課│三課│二課│一課│
├────┼──┼──┼────┤
│六合│天空│天后│朱雀│
│ 酉 │ 午 │ 丑 │ 戌 │
│ 午 │ 卯 │ 戌 │ 己 │
└────┴──┴──┴────┘
```

重審課

畢法賦/詮釋：
權攝不正祿臨支。　干上戌合支辰卯。
三傳遞生人舉薦。　貴人差迭事參差。
交車相合交關利。　腳踏空亡進用宜。
后合占婚豈用媒。

占斷解析：
天候：酉（六合），傳子（貴人），傳卯（玄武）。主陰雨。
人事：傳財化鬼，干墓併關。不利人事。
考試：朱雀乘青龍臨干報喜。有利考運。
婚姻：后合占婚豈用媒。婚喜可期。
財祿：權攝不正祿臨支。財爻臨胎絕。財運不旺。
升遷：貴人差迭，祿臨支。升遷不利己。
疾病：白虎乘巳火尅金，主肺疾，喜丁馬乘丑土洩火生金。疾病可癒。
失物：玄武乘卯臨病，財爻臨胎絕。失物難尋回。
子嗣：六合入課傳，天后入墓。可得男。
官司：官鬼爻臨病死，喜朱雀乘戌土合火生身。官司可解。

己卯日

曲直
干上亥

兄弟	癸	未	青龍	初傳
妻財	乙	亥	螣蛇	中傳
官鬼	己	卯	玄武	末傳

四課	三課	二課	一課
螣蛇	青龍	玄武	螣蛇
亥	未	卯	亥
未	卯	亥	己

涉害課

畢法賦/詮釋：
傳財化鬼財休覓。　　涉害課傳成曲直。
龍加生氣吉遲遲。　　四課不備三傳同。
胎財死氣損胎推。　　干財入傳財化鬼。
貴人差迭事參差。　　萬事喜忻三六合。合中犯殺蜜中砒。

占斷解析：
天候：未（青龍），傳亥（螣蛇），傳卯（玄武）。陰晴不定。
人事：傳財化鬼臨干，青龍臨支。人事不利己。
考試：青龍臨宅發用，朱雀六合干上神。有利考運。
婚姻：后合占婚吉，天后入墓，六合臨長生。姻緣未到。
財祿：傳財化鬼財休覓。財運不旺。
升遷：貴人差迭，蛇臨干。不利升遷。
疾病：白虎乘巳火尅金，主肺疾，喜青龍乘未土洩火生金。疾病可癒。
失物：玄武乘病，財爻臨胎絕。失物難尋回。
子嗣：天后入墓，六合逢長生。先得男。
官司：官鬼爻逢三合，合中犯殺。官司難和解。

庚辰日

祿神：申
驛馬：寅
貴人：丑、未
空亡：申、酉
長生：巳
帝旺：酉
墓庫：丑

庚辰日

父母	庚	辰	玄武	初傳
兄弟	◎	申	青龍	中傳
子孫	☉	子	螣蛇	末傳

四課	三課	二課	一課
螣蛇	青龍	玄武	螣蛇
子	申	辰	子
申	辰	子	庚

畢法賦/詮釋：

脫上逢脫防虛詐。　　支上空祿發用逢三合。
避難逃生須棄舊。　　不行傳者考初時。
權攝不正祿臨支。　　貴人差迭事參差。
萬事喜忻三六合。

占斷解析：

天候：辰（玄武），傳申（青龍），傳子（螣蛇）。陰雨轉晴。
人事：祿臨支，蛇臨干。人事不利己。
考試：青龍乘干祿入課傳。三合利考運。
婚姻：后合占婚吉，天后臨絕，六合臨衰。姻緣未到。
財祿：課傳不見財，財爻臨胎絕，干祿又逢空。財不旺。
升遷：萬事喜忻三六合，權攝不正祿臨支。升遷不利己。
疾病：白虎乘午火尅金，主肺疾，喜三合水局相制。疾病可癒。
失物：玄武入課發用遞生三傳，子孫爻旺生財。失物可尋回。
子嗣：天后臨絕，六合臨衰。子息緣淡。
官司：課傳不見官鬼爻，喜三合水局相制。官司可解。

庚辰日

干上丑

四課	三課	二課	一課
天后	勾陳	白虎	貴人
寅	酉	午	丑
酉	辰	丑	庚

妻財	⊙	寅	天后	初傳
父母	癸	未	天空	中傳
子孫	丙	子	螣蛇	末傳

重審課

畢法賦/詮釋：
三傳互尅眾人欺。　日上拱貴丁神動。
貴人差迭事參差。　前後引從陞遷吉。
干乘墓虎無占病。　支上日財初發用。
制鬼之位乃良醫。　金日逢丁凶禍動。末傳臨死中傳空。

占斷解析：

天候：寅（天后），傳未（天空），傳子（螣蛇）。雨後天晴。

人事：虎臨干鬼，金日逢丁。人事不利己。

考試：課傳不見龍雀，盡見凶將。不利考運。

婚姻：天后入課傳，與戌（乘六合）逢三合。婚喜可期。

財祿：財爻乘胎絕入宅，末傳子孫爻相生。財漸佳。

升遷：虎臨干鬼，金日逢丁，貴人差迭。不利升遷。

疾病：白虎乘午火尅金，金日逢丁，青龍乘干祿逢空亡。未覓良醫。

失物：玄武臨養，財爻臨胎絕。失物難尋回。

子嗣：天后臨絕，六合臨衰。子息緣淡。

官司：官鬼爻乘丁神臨干尅干，子孫爻臨病死無制。官司難解。

庚辰日

畢法賦/詮釋：
三傳互尅眾人欺。　　返吟無依三傳空。
來去俱空豈動移。　　干支值絕凡謀決。
富貴干支逢祿馬。　　龍加生氣吉遲遲。
后合占婚豈用媒。

占斷解析：

天候：寅（天后），傳申（青龍），傳寅（天后）。陰雨不斷。

人事：兩貴受尅難干貴，三傳互尅。不利人事。

考試：青龍乘祿馬臨干上。有利考運。

婚姻：后合占婚豈用媒，天后臨干，六合入宅。婚喜可期。

財祿：財爻臨胎絕，喜青龍臨干祿。財漸旺。

升遷：三傳互尅，貴人差迭，祿空馬絕。不利升遷。

疾病：白虎乘午火尅金，主肺疾，青龍空亡，午火與干支上神合成火局。未覓良醫。

失物：玄武入獄，財爻臨胎絕。失物難尋。

子嗣：天后臨絕，六合臨衰。子息緣淡。

官司：虎乘官鬼殃非淺，並與干支上神合化火局。官司難解。

庚辰日

干上卯

四課	三課	二課	一課
白虎	朱雀	六合	太陰
午	亥	戌	卯
亥	辰	卯	庚

官鬼	壬	午	白虎	初傳
父母	丁	丑	貴人	中傳
兄弟	◎	申	青龍	末傳

涉害課

畢法賦/詮釋：
虎乘遁鬼殃非淺。　四課賊上涉害課。
貴人差迭事參差。　官鬼發用乘白虎。
金日逢丁凶禍動。　祿逢旬空課無祿。
胎財生氣妻懷孕。　龍加生氣吉遲遲。

占斷解析：
天候：午（白虎），傳丑（貴人），傳申（青龍）。晴轉陰。
人事：金日逢丁，干上傳財化鬼。人事不利己。
考試：朱雀臨宅，青龍臨干祿。有利考運。
婚姻：后合占婚吉，天后臨絕，六合入課。姻緣未到。
財祿：財爻臨胎絕，干祿逢空亡。不利財運。
升遷：貴人差迭，傳財化鬼臨干相尅。升遷不利己。
疾病：白虎乘午火尅金，主肺疾，喜亥相制。疾病可癒。
失物：玄武臨養，財爻臨胎絕。失物難尋回。
子嗣：天后臨絕，六合臨衰。子息緣淡。
官司：虎乘遁鬼，支上喜逢亥水相制，干上傳財又化鬼。官司難和解。

庚辰日

子孫	丙	子	螣蛇	初傳
兄弟	◎	申	青龍	中傳
父母	⊙	辰	玄武	末傳

四課	三課	二課	一課
青龍	螣蛇	螣蛇	玄武
申	子	子	辰
子	辰	辰	庚

仰玄
干上辰

重審課

畢法賦/詮釋：

三傳遞生人舉薦。　　三傳潤下皆子孫。
萬事喜忻三六合。　　不見財爻財自至。
華蓋覆日人昏晦。　　三傳不離四課神。
不行傳者考初時。　　謀望必成親情合。權攝不正祿臨支。

占斷解析：

天候：子（螣蛇），傳申（青龍），傳辰（玄武）。晴轉陰雨。
人事：玄武臨干。干祿臨支三合。人事不利己。
考試：青龍乘祿入課傳。有利考運。
婚姻：后合占婚吉，天后臨絕，六合臨衰。姻緣未到。
財祿：祿空，財爻臨胎絕。不利財運。
升遷：華蓋覆日，權攝不正祿臨支。升遷不利己。
疾病：白虎乘午火官鬼爻尅金，喜三合水局相制。疾病可癒。
失物：玄武臨干，財爻臨胎絕。失物難尋回。
子嗣：天后臨絕，六合臨衰。子息緣淡。
官司：虎乘遁鬼，喜課傳三合水局相制。官司可解。

庚辰日

干上巳

官鬼	☉	巳	勾陳	初傳
妻財	戊	寅	螣蛇	中傳
子孫	乙	亥	太陰	末傳

四課	三課	二課	一課
玄武	貴人	螣蛇	勾陳
戌	丑	寅	巳
丑	辰	巳	庚

元首課

畢法賦/詮釋：
三傳遞生人舉薦。　　干上長生坐空亡。
傳財化鬼財險危。　　丑逢丁馬臨支上。
金日逢丁凶禍動。　　寅巳相刑丑刑戌。
貴雖在獄宜臨干。　　賓主不投刑在上。胎財生氣妻懷孕。

占斷解析：

天候：巳（勾陳），傳寅（螣蛇），傳亥（太陰）。晴轉陰。

人事：勾陳臨干，貴雖在獄卻臨支。人事不利己。

考試：青龍臨敗，朱雀臨胎。不利考運。

婚姻：后合占婚吉，天后臨死地，六合乘墓。姻緣未到。

財祿：財爻臨胎絕。子孫爻逢病死。不利財運。

升遷：勾陳臨干，貴人臨支。升遷不利己。

疾病：白虎乘干祿尅木，主肝疾，喜巳申合化水反生木。疾病可癒。

失物：玄武臨衰，財爻臨胎絕。失物難尋回。

子嗣：天后臨死地，六合臨養。宜先養後招。

官司：官鬼爻臨干，寅巳申相刑，貴人入墓又臨獄。官司難解。

庚辰日

官鬼	壬	午	青龍	初傳
父母	庚	辰	六合	中傳
妻財	戊	寅	螣蛇	末傳

四課	三課	二課	一課
天后	螣蛇	六合	青龍
子	寅	辰	午
寅	辰	午	庚

顧祖
干上午

涉害課

畢法賦/詮釋：

干支全傷防兩損。　　晝夜貴人居卯酉。
我求彼事干傳支。　　財爻生官官生印。
貴人差迭事參差。　　權貴占之升遷榮。
后合占婚豈用媒。　　末助初兮三等論。

占斷解析：

天候：午（青龍），傳辰（六合），傳寅（螣蛇）。主天晴。
人事：貴人差迭，青龍乘午火官鬼爻臨干尅干。人事不利己。
考試：青龍臨干發用官印相生。有利考運。
婚姻：后合占婚吉，天后臨死，六合臨養。姻緣未到。
財祿：財爻臨胎絕，子孫爻逢病死。不利財運。
升遷：末助初兮，青龍官發用，官印相生。利升遷。
疾病：白虎乘干祿尅木，主肝疾，喜后合成三合水局，洩金生火。
　　　疾病可癒。
失物：玄武臨衰，財爻入課傳逢絕。失物難尋回。
子嗣：天后臨死地，六合入課傳。先得男。
官司：官鬼爻臨干尅干，喜后合相制。官司可解。

庚辰日

否極泰來
干上未

四課	三課	二課	一課
騰蛇	朱雀	青龍	天空
寅	卯	午	未
卯	辰	未	庚

妻財	己	卯	朱雀 初傳
妻財	戊	寅	騰蛇 中傳
父母	丁	丑	貴人 末傳

元首課

畢法賦/詮釋：
金日逢丁凶禍動。　　初中皆財驛馬入傳。
魁度天門關格定。　　貴乘丁馬尅日干。
龍加生氣吉遲遲。　　課傳皆財財化鬼。
傳財化鬼財險危。　　占者貪財必有凶。貴人差迭事參差。

占斷解析：

天候：卯（朱雀），傳寅（騰蛇），傳丑（貴人）。主天晴。

人事：貴人差迭，青龍臨官鬼干上逢空亡。不利人事。

考試：青龍朱雀入課傳。有利考運。

婚姻：后合占婚吉，天后臨死地，六合臨養。姻緣未到。

財祿：傳財化鬼財險危。不利財運。

升遷：龍雀入課，貴人入傳。有利升遷。

疾病：白虎乘干祿尅木，主肝疾，喜干上青龍乘午火相尅。疾病可癒。

失物：玄武臨衰，財爻入課傳。失物可尋回。

子嗣：天后臨死地，六合臨養。宜先養後招。

官司：金日逢丁凶禍動。官鬼六合臨干無制。官司難和解。

庚辰日

```
干上申
兄弟  ◎  申  白虎  初傳
妻財  戊  寅  螣蛇  中傳
官鬼  辛  巳  勾陳  末傳

四課  三課  二課  一課
六合  六合  白虎  白虎
辰    辰    申    申
辰    辰    申    庚
```

伏吟課

畢法賦/詮釋：
賓主不投刑在上。　伏吟課傳皆孟支。
旺祿臨身徒妄作。　干逢空祿辰辰相刑。
貴人差迭事參差。　財馬可乘。空祿宜捨。
將逢內戰所謀危。　虎旺金鄉宜武職。胎財生氣妻懷孕。

占斷解析：

天候：申（白虎），傳寅（螣蛇），傳巳（勾陳）。主天晴。

人事：空祿臨身，課傳皆刑。不利人事。

考試：不見龍雀，三傳皆凶將。不利考運。

婚姻：后合占婚吉，天后臨死地，六合入課。姻緣未到。

財祿：財爻臨胎絕，旺祿臨身逢空亡。出空財漸旺。

升遷：賓主不投刑在上，將逢內戰。不利升遷。

疾病：白虎乘干祿尅木，主肝疾，喜末傳巳火相制，化水生木。疾病可癒。

失物：玄武臨衰入獄，財爻臨胎絕。失物難尋回。

子嗣：天后臨死地，六合入課。先得男。

官司：官鬼爻乘巳火，喜白虎乘申金六合。官司可解。

庚辰日

麗明
干上酉

官鬼	壬	午	青龍	初傳
父母	癸	未	天空	中傳
兄弟	◎	申	白虎	末傳

四課	三課	二課	一課
青龍	勾陳	玄武	太常
午	巳	戌	酉
巳	辰	酉	庚

嚆矢課

畢法賦/詮釋：
所謀多拙逢羅網。　　支上逢巳暗合申。
互旺皆旺坐謀宜。　　干上得酉合支辰。
龍加生氣吉遲遲。　　交車相合交關利。
鬼臨三四訟災隨。　　貴人差迭事參差。

占斷解析：

天候：午（青龍），傳未（天空），傳申（白虎）。主天晴有風。

人事：所謀多拙逢羅網，鬼臨三四。不利人事。

考試：青龍臨宅發用，胎財卯乘朱雀合干上。有利考運。

婚姻：后合占婚吉，天后臨死地，六合臨養。姻緣未到。

財祿：財父臨胎絕，玄武臨干。財運不佳。

升遷：鬼臨三四，貴人差迭。不利升遷。

疾病：白虎乘干祿尅木，主肝疾，喜青龍乘午相制。疾病可癒。

失物：玄武乘衰臨干，財父臨胎絕。失物難尋回。

子嗣：天后臨死地，六合臨養沖戌。子息緣淡。

官司：鬼臨三四訟災隨，子孫父臨病死。官司難解。

庚辰日

```
涉三淵
干上戌
```

四課	三課	二課	一課
白虎	青龍	天后	玄武
申	午	子	戌
午	辰	戌	庚

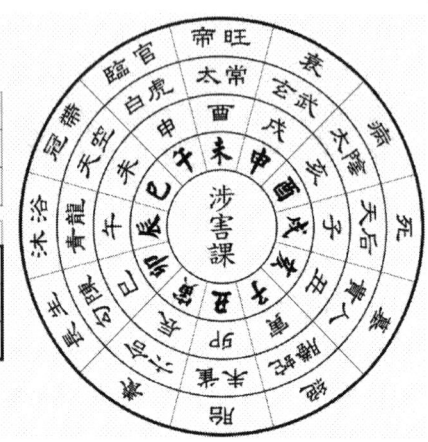

兄弟	◎	申	白虎	初傳
父母	☉	戌	玄武	中傳
子孫	丙	子	天后	末傳

涉害課

畢法賦/詮釋：

貴登天門高甲第。　　互生俱生凡事益。
罡塞鬼戶任謀為。　　兩虎臨祿祿逢空。
權攝不正祿臨支。　　互生俱生凡事宜。
彼求我事支傳干。

占斷解析：

天候：申（白虎），傳戌（玄武），傳子（天后）。主陰雨。
人事：權攝不正，青龍官臨支生支辰。人事不利己。
考試：青龍入課，朱雀暗合干上神。有利考運。
婚姻：天后入課傳，六合臨天罡塞鬼戶。姻緣未到。
財祿：權攝不正祿臨支，財爻臨胎絕。財運不佳。
升遷：干祿乘青龍臨支上。升遷不利己。
疾病：白虎乘祿神尅木，主肝疾，喜青龍乘午相制。疾病可癒。
失物：玄武乘衰臨干，財爻臨胎絕。失物難尋回。
子嗣：天后入課傳，可惜值死地，六合乘支罡入鬼戶。子息緣淡。
官司：官鬼爻臨支上，與干上神半合火局尅身，子孫爻臨病死。官司難解。

庚辰日

干上亥

				初傳
妻財	戊	寅	天后	
官鬼	辛	巳	太常	中傳
兄弟	◎	申	青龍	末傳

四課	三課	二課	一課
六合	天空	天后	朱雀
戊	未	寅	亥
未	辰	亥	庚

彈射課

畢法賦/詮釋：
賓主不投刑在上。　日上兩課合為財。
龍加生氣吉遲遲。　寅馬乘財臨干發用。
脫上逢脫防虛詐。　末傳青龍祿逢空。
后合占婚豈用媒。　貴雖在獄宜臨干。

占斷解析：

天候：寅（天后），傳巳（太常），傳申（青龍）。陰晴不定。

人事：賓主不投刑在上，脫上逢脫。人事不利己。

考試：青龍入傳，朱雀臨干。有利考運。

婚姻：后合占婚豈用媒，天后臨干，六合入宅。婚喜可期。

財祿：財爻入課傳，又逢子孫爻亥合。財漸旺。

升遷：干祿入傳，驛馬逢合臨干上。有利升遷。

疾病：白虎乘午火三合干支上神火旺尅金，子孫爻無力制殺。未覓良醫。

失物：玄武臨養，財爻臨胎絕。失物難尋回。

子嗣：后合入課傳，六合臨衰，天后臨絕。子息緣淡。

官司：虎乘遁鬼逢三合，子孫爻臨病死無制。官司無解。

辛巳日

祿神：酉
驛馬：亥
貴人：午、寅
空亡：申、酉
長生：子
帝旺：申
墓庫：辰

辛巳日

出三陽
干上子

妻財	戊	寅	貴人	初傳
父母	庚	辰	朱雀	中傳
官鬼	壬	午	勾陳	末傳

四課	三課	二課	一課
白虎	青龍	貴人	太陰
酉	未	寅	子
未	巳	子	辛

畢法賦/詮釋：
權攝不正祿臨支。　　順間傳課出三陽。
傳財化鬼財險危。　　人宅受脫俱招盜。
脫上逢脫防虛詐。　　傳財化鬼財休覓。
彼此猜忌害相隨。　　子來生財化官鬼。罣塞鬼戶任謀為。

占斷解析：

天候：寅（貴人），傳辰（朱雀），傳午（勾陳）。主天晴。

人事：貴財臨干，祿臨支。有利人事。

考試：青龍入課，朱雀入傳，貴人發用。有利考運。

婚姻：后合占婚吉，天后臨養，六合臨死地。姻緣未到。

財祿：財爻臨胎絕，貴人乘胎財發用。財漸旺。

升遷：貴財臨干，祿臨支。利升遷。

疾病：白虎乘干祿尅木，主肝疾，喜子水逢長生化金生木。疾病可癒。

失物：玄武臨敗地，財爻臨胎絕，喜貴人乘胎財。失物復得。

子嗣：天后臨養，六合臨死地。宜先養後招。

官司：傳財化鬼，喜干上神子水相制。官司可解。

辛巳日

干上丑

兄弟	◎	申	天空	初傳
子孫	⊙	亥	玄武	中傳
妻財		戌	寅	貴人	末傳

四課	三課	二課	一課
玄武	天空	朱雀	天后
亥	申	辰	丑
申	巳	丑	辛

重審課

畢法賦/詮釋：

三傳遞生人舉薦。　　支上旬空初發用。
腳踏空亡進用宜。　　金墓乘丁鬼臨干。
金日逢丁凶禍動。　　初空傳空末逢財。三傳遞生凡謀成。
干墓併關人宅廢。　　財乘貴人入天門。貴登天門高甲第。

占斷解析：

天候：申（天空），傳亥（玄武），傳寅（貴人）。陰雨轉晴。
人事：三傳遞生，貴登天門。有利人事。
考試：青龍乘朱雀入墓。不利考運。
婚姻：后合占婚吉，天后入獄，六合臨死地。姻緣未到。
財祿：財爻臨胎絕，喜貴人乘胎財入傳。財漸旺。
升遷：三傳遞生，腳踏空亡進用宜，貴人乘財入傳。有利升遷。
疾病：白虎臨干祿尅木，主肝疾，喜子孫爻洩金生木。疾病可癒。
失物：玄武臨敗地，財爻臨胎絕，喜末傳貴人乘胎財。失物復得。
子嗣：天后臨養，六合臨死地。宜先養後招。
官司：官鬼爻臨病死，喜子孫爻入課傳。官司可解。

辛巳日

獻刃
干上寅

兄弟	◎	酉	青龍	初傳
父母	☉	丑	螣蛇	中傳
官鬼	辛	巳	玄武	末傳

四課	三課	二課	一課
螣蛇	青龍	太常	貴人
丑	酉	午	寅
酉	巳	寅	辛

畢法賦/詮釋：
權攝不正祿臨支。　三傳從革祿逢空。
合中犯殺蜜中砒。　腳踏空亡進用宜。
金日逢丁凶禍動。　貴雖坐獄宜臨干。

占斷解析：
天候：酉（青龍），傳丑（螣蛇），傳巳（玄武）。晴雨不定。
人事：祿臨支，貴臨干。有利人事。
考試：青龍乘干祿發用，朱雀逢長生。有利考運。
婚姻：后合占婚吉，天后臨絕，六合臨敗地。姻緣未到。
財祿：財爻臨胎絕，合中犯煞貴財化鬼。不利財運。
升遷：貴人入獄，財化鬼。不利升遷。
疾病：白虎乘未土尅水，主腎疾，喜祿神洩土生水。疾病可癒。
失物：玄武臨死地，財爻臨胎絕。失物難尋回。
子嗣：天后臨絕，六合臨敗地。子息緣淡。
官司：官鬼爻臨病死，喜丁神動化殺生身。官司可解。

辛巳日

干上卯

妻財	己	卯	天后	初傳
兄弟	◎	申	天空	中傳
父母	☉	丑	螣蛇	末傳

四課	三課	二課	一課
天后	勾陳	天空	天后
卯	戌	申	卯
戌	巳	卯	辛

重審課

畢法賦/詮釋：
不行傳者考初時。　卯財臨干財就我。
交車相合交關利。　吉凶禍福皆自求。
金日逢丁凶禍動。　貴人差迭事參差。
干支值絕凡謀決。

占斷解析：
天候：卯（天后），傳申（天空），傳丑（螣蛇）。雨轉晴。
人事：空上逢空事莫追。人事不利己。
考試：不見龍雀，空上逢空。不利考運。
婚姻：后合占婚吉，天后臨絕，六合臨敗地。姻緣未到。
財祿：財爻臨胎絕，傳財化鬼財休覓。不利財運。
升遷：金日逢丁，傳財化鬼，干支值絕。不利升遷。
疾病：白虎乘未土尅水，主腎疾，青龍洩土生水。疾病可癒。
失物：玄武臨死地，財爻臨胎絕。失物難尋回。
子嗣：天后臨絕入課傳，六合臨敗地。子息緣淡。
官司：官鬼爻臨病死，喜父母爻入傳洩殺生身。官司可解。

辛巳日

官鬼	辛	巳	玄武	初傳
子孫	乙	亥	六合	中傳
官鬼	辛	巳	玄武	末傳

干上辰

四課	三課	二課	一課
玄武	六合	勾陳	太陰
巳	亥	戌	辰
亥	巳	辰	辛

返吟課

畢法賦/詮釋：
賓主不投刑在上。　返吟無依多反覆。
三傳互尅眾人欺。　干上逢印辰戌沖。
兩貴受尅難干貴。　支上子孫尅官鬼。
眾鬼雖彰全不畏。

占斷解析：

天候：巳（玄武），傳亥（六合），傳巳（玄武）。晴雨不定。

人事：三傳互尅，兩貴受尅。不利人事。

考試：不見龍雀，勾陳臨干，玄武臨支。不利考運。

婚姻：后合占婚吉，天后臨絕，六合臨敗地。姻緣未到。

財祿：財爻臨胎絕，三傳互尅。不利財運。

升遷：兩貴受尅，賓主不投，三傳互尅。不利升遷。

疾病：白虎乘未土尅水，主腎疾，喜青龍乘祿洩土生水。疾病可癒。

失物：玄武發用傳玄武，財爻臨胎絕。失物難尋回。

子嗣：六合入傳逢沖，天后臨絕。子息緣淡。

官司：官鬼爻發用，眾鬼雖彰，印旺臨干化殺生身。官司可解。

辛巳日

父母	癸	未	白虎
妻財	戊	寅	貴人
兄弟	◎	酉	青龍

初傳
中傳
末傳

干上巳

四課	三課	二課	一課
白虎	朱雀	朱雀	玄武
未	子	子	巳
子	巳	巳	辛

涉害課

畢法賦/詮釋：

三傳互尅眾人欺。　　四課不全上尅下。
干支全傷防兩損。　　祿逢空亡無祿位。
龍加生氣吉遲遲。　　胎財逢貴乘白虎。
胎財生氣妻懷孕。　　人宅皆死各衰贏。

占斷解析：

天候：未（白虎），傳寅（貴人），傳酉（青龍）。有風無雨。
人事：四課不全，干支全傷。不利人事。
考試：青龍入傳，朱雀入課。有利考運。
婚姻：后合占婚吉，天后臨絕，六合臨敗地。姻緣未到。
財祿：財爻臨胎絕，干祿逢空亡。不利財運。
升遷：玄武乘官鬼爻臨干上，白虎臨支，人宅皆死。不利升遷。
疾病：白虎乘未土尅水，主腎疾，子水得長生，青龍洩土生水。疾病可癒。
失物：玄武臨干，財爻臨胎絕。失物難尋回。
子嗣：天后臨絕，六合臨敗。子息緣淡。
官司：官鬼爻臨干，喜支上神相制。官司可解。

辛巳日

正義
干上午

四課	三課	二課	一課
青龍	螣蛇	貴人	太常
酉	丑	寅	午
丑	巳	午	辛

			初傳
官鬼	壬	午	太常
妻財	戊	寅	貴人
父母	甲	戌	勾陳

初傳
中傳
末傳

元首課

畢法賦/詮釋：
權攝不正祿臨支。　　三傳炎上文明之象。
課傳俱貴轉無依。　　常人占之轉禍為福。
金日逢丁凶禍動。　　眾鬼雖彰全不畏。
傳財化鬼財休覓。　　官印相生君子宜。眾鬼雖彰全不畏。

占斷解析：

天候：午（太常），傳寅（貴人），傳戌（勾陳）。主天晴。

人事：貴人乘太常吉將臨干化官鬼。利仕官不利小人。

考試：青龍入課，朱雀臨長生。有利考運。

婚姻：后合占婚吉，天后臨絕，六合臨敗地。姻緣未到。

財祿：傳財化鬼財休覓。財運不佳。

升遷：金日逢丁凶禍動，傳財化鬼。不利升遷。

疾病：白虎乘未土尅水，主腎疾，喜支上神三合金洩土生水。疾病可癒。

失物：玄武臨死地，財爻乘貴人入課傳。失物可復得。

子嗣：天后臨絕，六合臨敗。子息緣淡。

官司：官鬼爻臨干逢三合，課傳不見子孫爻相制。官司難和解。

- 287 -

辛巳日

四課	三課	二課	一課
六合	貴人	太陰	白虎
亥	寅	辰	未
寅	巳	未	辛

妻財	戊	寅	貴人	初傳
子孫	乙	亥	六合	中傳
兄弟	◎	申	天空	末傳

畢法賦/詮釋：
三傳逆生人舉薦。　　干上未土生日干。
互生俱生凡事益。　　支上寅木生支辰。
干墓併關人宅廢。　　三傳逆生貴財發用。
胎財生氣妻懷孕。　　支上驛馬乘財貴。

占斷解析：
天候：寅（貴人），傳亥（六合），傳申（天空）。主天晴。
人事：驛馬合貴臨支上。人事不利己。
考試：不見龍雀，白虎臨干。不利考運。
婚姻：后合占婚吉，天后臨絕，六合臨敗地。姻緣未到。
財祿：財爻臨胎絕，干墓併關人宅廢。不利財運。
升遷：驛馬合貴臨支上。升遷不利己。
疾病：白虎乘未土尅水，主腎疾，喜青龍乘干祿洩土生水。疾病可癒。
失物：玄武臨死地，財爻乘貴逢六合。失物可復得。
子嗣：天后臨絕，六合臨敗。子息緣淡。
官司：官鬼爻臨病死，喜干上神洩殺生身。官司可解。

辛巳日

極陰
干上申

四課	三課	二課	一課
天后	螣蛇	勾陳	天空
丑	卯	午	申
卯	巳	申	辛

				初傳
父母	丁	丑	天后	初傳
子孫	乙	亥	玄武	中傳
兄弟	◎	酉	白虎	末傳

重審課

畢法賦/詮釋：
空上逢空事莫追。　逆間傳課逢極險。
兩蛇夾墓凶難免。　干上空亡支逢生。
金日逢丁凶禍動。　交車相合交關利。
貴雖在獄宜臨干。　胎財生氣妻懷孕。

占斷解析：
天候：丁丑（天后），傳亥（玄武），傳酉（白虎）。陰雨有風。
人事：兩蛇夾墓，金日逢丁，空上逢空。人事不利己。
考試：青龍乘衰，朱雀臨墓。不利考運。
婚姻：后合占婚吉，天后臨養，六合臨死地。姻緣未到。
財祿：財爻臨胎絕，干祿逢空。不利財運。
升遷：金日逢丁，空上逢空。不利升遷。
疾病：白虎乘干祿尅木，主肝疾，喜子孫爻洩金生木。疾病可癒。
失物：玄武臨敗地，財爻臨胎絕。失物難尋回。
子嗣：天后入課傳，六合臨死地。先得女。
官司：官鬼爻臨干，父母爻發用逢丁相尅。官司難解。

辛巳日

否極泰來
干上酉

妻財	己	卯	螣蛇	初傳
妻財	戊	寅	貴人	中傳
父母	丁	丑	天后	末傳

四課	三課	二課	一課
螣蛇	朱雀	天空	白虎
卯	辰	申	酉
辰	巳	酉	辛

元首課

畢法賦/詮釋：

旺祿臨身徒妄作。　　空祿乘虎，胎財乘貴。
傳財太旺反財虧。　　棄祿就財出外吉。
金日逢丁凶禍動。　　交車相合交關利。
胎財生氣妻懷孕。

占斷解析：

天候：卯（螣蛇），傳寅（貴人），傳丑（天后）。陰晴不定。
人事：天空乘祿祿逢空，賓主不投刑在上。人事不利己。
考試：青龍乘申臨干上，朱雀合祿。有利考運。
婚姻：后合占婚吉，天后入傳，六合臨死地。姻緣未到。
財祿：財爻臨宅發用，胎財又逢貴。財漸旺。
升遷：旺祿臨身，胎財逢貴。交車相合利升遷。
疾病：白虎乘干祿尅木，主肝疾，喜子水逢長生洩金生木。疾病可癒。
失物：玄武臨敗地，財爻入課傳。失物可復得。
子嗣：天后逢丁尅干，六合臨死地。子息緣淡。
官司：官鬼爻逢病死，喜父母爻入傳洩殺生身。官司可解。

辛巳日

干上戌

四課	三課	二課	一課
官鬼	辛	巳	六合	初傳
兄弟	◎	申	天空	中傳
妻財	戌	寅	貴人	末傳

四課	三課	二課	一課
六合	六合	太常	太常
巳	巳	戌	戌
巳	巳	戌	辛

伏吟課

畢法賦/詮釋：

末助初兮三等論。　　末傳貴財生初傳。
三傳互尅眾人欺。　　末助初兮三等論。
眾鬼雖彰全不畏。　　三傳刑沖中傳空。
傳財化鬼財險危。　　鬼臨三四頌災隨。

占斷解析：

天候：巳（六合），傳申（貴人），傳寅（貴人）。主天晴。
人事：鬼臨三四，幸得貴人乘財入傳。人事利己方。
考試：青龍臨衰，朱雀入墓。不利考運。
婚姻：六合臨死入課傳，天后臨養。姻緣未到。
財祿：傳財化鬼財險危，財爻臨胎絕。不利財運。
升遷：貴人乘胎財入傳，干上逢太常吉將。升遷利己。
疾病：白虎乘干祿尅木，主肝疾，酉金逢空，巳火臨死地無制。未覓良醫。
失物：玄武臨敗地，財爻臨胎絕。失物難尋回。
子嗣：天后臨養，六合臨死地。宜先養後招。
官司：鬼臨三四頌災隨，申金臨空亡無制。官司難解。

辛巳日

官鬼	壬	午	勾陳	初傳
父母	癸	未	青龍	中傳
兄弟	◎	申	天空	末傳

四課	三課	二課	一課
青龍	勾陳	太陰	玄武
未	午	子	亥
午	巳	亥	辛

羅明
干上亥

遙尅課

畢法賦/詮釋：
所謀多拙逢羅網。　　子孫爻驛馬臨干上。
干支皆敗事傾頹。　　亥午自刑子未害。
賓主不投刑在上。　　三傳遞生人舉薦。
鬼臨三四訟災隨。

占斷解析：
天候：午（勾陳），傳未（青龍），傳申（天空）。主天晴。
人事：玄武臨干，青龍臨支。人事不利己。
考試：青龍入課傳，貴人乘胎財暗合干上神。有利考運。
婚姻：后合占婚吉，天后臨養，六合臨死地。姻緣未到。
財祿：課傳財爻不現，財爻臨胎絕。財不旺。
升遷：所謀多拙，鬼臨三四，賓主不投。不利升遷。
疾病：白虎乘干祿尅木，主肝疾，喜亥子臨干洩金生木。疾病可癒。
失物：玄武入獄，財爻臨胎絕。失物難尋回。
子嗣：天后臨養，六合臨死地。宜先養後招。
官司：鬼臨三四訟災隨，喜亥子子孫爻臨干相制。官司可解。

壬午日

祿神：亥
驛馬：申
貴人：卯、巳
空亡：申、酉
長生：甲
帝旺：子
墓庫：辰

壬午日

畢法賦/詮釋：
所謀多拙逢羅網。　　干逢子丑支上未。
夫婦蕪淫各有私。　　上下相合交車相害。
彼此猜忌害相隨。　　貴人差迭事參差。
水日逢丁財動之。　　龍加生氣吉遲遲。

占斷解析：
天候：丑（太陰），傳寅（天后），傳卯（貴人）。主天晴。
人事：所謀多拙，夫婦蕪淫。不利人事。
考試：青龍入課，貴人入傳。有利考運。
婚姻：后合占婚吉，天后入傳，六合臨胎財。婚喜可期。
財祿：水日逢丁財動之，財爻臨胎絕。財祿不旺。
升遷：貴人差迭，夫婦蕪淫，所謀多拙。不利升遷。
疾病：白虎乘戌土尅水，主腎疾，喜青龍臨長生洩土生水。疾病可癒。
失物：玄武乘帝旺，財爻臨胎絕。失物難尋。
子嗣：天后臨病地，六合臨胎財。先得男。
官司：水日逢丁財動，傳鬼化財，喜中末傳子孫爻制。官司可解。

壬午日

涉三淵
干上丑

父母	◎	申	青龍	初傳
官鬼	☉	戌	白虎	中傳
兄弟	丙	子	玄武	末傳

四課	三課	二課	一課
白虎	青龍	貴人	太陰
戌	申	卯	丑
申	午	丑	壬

重審課

畢法賦/詮釋：
虎乘遁鬼殃非淺。　　白虎官星坐空亡。
喜懼空亡乃妙機。　　龍加生氣吉遲遲。
罡塞鬼戶任謀為。　　腳踏空亡進用宜。
水日逢丁財祿動。

占斷解析：
天候：申（青龍），傳戌（白虎），傳子（玄武）。主陰雨。
人事：虎乘遁鬼殃非淺。不利人事。
考試：青龍入課發傳，貴人臨干上。有利考運。
婚姻：后合占婚吉，天后臨病地，六合臨胎。姻緣未到。
財祿：財爻臨胎絕，水日逢丁財動之。財祿漸旺。
升遷：貴人差迭，丁財化鬼，乘虎遁鬼。不利升遷。
疾病：虎乘遁鬼尅水，主腎疾，喜青龍洩土生水。疾病可癒。
失物：玄武乘帝旺，財爻臨胎絕。失物難尋。
子嗣：天后臨病，六合臨胎財。先得男。
官司：虎乘遁鬼，喜青龍洩殺生身。官司可解。

- 295 -

壬午日

```
干上寅
┌────┬───┬───┬─────┐
│父母 │ ◎ │ 酉│ 天空│ 初傳
│兄弟 │ ⊙ │ 子│ 玄武│ 中傳
│子孫 │ 巳 │ 卯│ 貴人│ 末傳
└────┴───┴───┴─────┘

┌────┬────┬────┬────┐
│四課│三課│二課│一課│
├────┼────┼────┼────┤
│玄武│天空│朱雀│天后│
│ 子 │ 酉 │ 巳 │ 寅 │
│ 酉 │ 午 │ 寅 │ 壬 │
└────┴────┴────┴────┘
```

重審課

畢法賦/詮釋：

三傳遞生人舉薦。　　子午卯酉四仲支。
腳踏空亡進用宜。　　三傳順生生貴人。
空上乘空事莫追。　　干上神洩干生支。
賓主不投刑在上。　　支上神洩支生干。互生俱生凡事益。

占斷解析：

天候：酉（天空），傳子（白虎），傳子（玄武）。主晴偶雨。
人事：三傳遞生，末傳得貴，互生俱生凡事益。有利人事。
考試：青龍臨空亡，朱雀臨絕入課。不利考運。
婚姻：后合占婚吉，天后臨病地，六合臨胎。姻緣未到。
財祿：財爻臨胎絕，喜子孫爻相生。財漸旺。
升遷：三傳遞生，互生俱生凡事益。有利升遷。
疾病：虎乘戌土尅水，主腎疾，喜青龍逢長生洩土生水。疾病可癒。
失物：玄武乘帝旺，財爻臨胎絕。失物難尋。
子嗣：天后臨病，六合臨胎財。先得男。
官司：課傳不見官鬼爻，喜子孫爻臨干制殺。官司可解。

壬午日

從吉
干上卯

官鬼	癸	未	勾陳	初傳
兄弟	乙	亥	太常	中傳
子孫	已	卯	貴人	末傳

四課	三課	二課	一課
天后	白虎	勾陳	貴人
寅	戌	未	卯
戌	午	卯	壬

重審課

畢法賦/詮釋：
貴登天門高甲第。　干合曲直支炎上。
課傳皆貴轉無依。　三傳脫干生地支。
萬事喜忻三六合。　屋宅寬廣致人衰。
人宅受脫俱招盜。　虎乘遁鬼殃非淺。龍加生氣吉遲遲。

占斷解析：

天候：未（勾陳），傳亥（太常），傳卯（貴人）。主天晴。

人事：貴臨干，虎臨支，貴登天門高甲第。有利人事。

考試：課傳不見龍雀，朱雀臨絕。不利考運。

婚姻：后合占婚吉，天后乘寅，六合乘日辰（午火）成三合。婚喜可期。

財祿：財爻不入課傳又臨胎絕，喜三合支辰。財漸旺。

升遷：課傳皆貴，貴登天門。有利升遷。

疾病：白虎戌土尅水，主腎疾，喜卯木貴人逢六合相制。疾病可癒。

失物：玄武乘帝旺，喜日支三合財旺。失物復得。

子嗣：天后臨病，六合臨胎財。先得男。

官司：虎乘遁鬼殃非淺，喜三合子孫化殺。官司可解。

- 297 -

壬午日

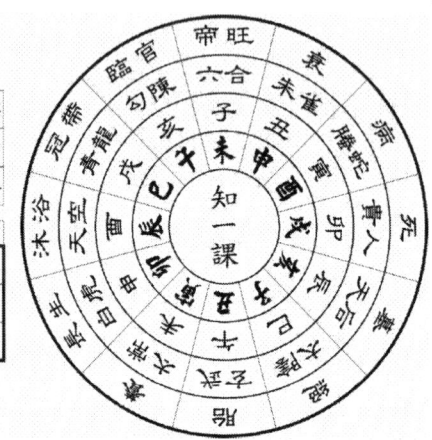

畢法賦/詮釋：
權攝不正祿臨支。　祿臨支喜暗合。
不行傳者考初時。　日墓逢鬼覆干上。
賓主不投刑在上。　干支乘墓各昏迷。
　　　　　　　　　空上逢空事莫追。

占斷解析：

天候：辰（天后），傳酉（天空），傳寅（螣蛇）。陰轉晴。
人事：賓主不投刑在上，干支乘墓各昏迷。不利人事。
考試：課傳不見龍雀。干墓臨干。不利考運。
婚姻：后合占婚吉，天后入墓，六合臨帝旺。姻緣未到。
財祿：權攝不正祿臨支，財爻逢胎絕。財運不佳。
升遷：賓主不投，干支乘墓。不利升遷。
疾病：白虎乘申金尅木，主肝疾，喜亥水祿神洩金生木。疾病可癒。
失物：玄武臨胎胎，財爻逢胎絕。失物難尋。
子嗣：天后入墓發用，六合帝旺。先得男。
官司：官鬼爻臨干，喜酉印相合生身。官司可解。

壬午日

干上巳

妻財	壬	午	玄武	初傳
兄弟	丙	子	六合	中傳
妻財	壬	午	玄武	末傳

四課	三課	二課	一課
玄武	六合	勾陳	太陰
午	子	亥	巳
子	壬	巳	壬

畢法賦/詮釋：
旺祿臨身徒妄作。　返吟課體多反覆。
傳財太旺反財虧。　亥祿乘巳祿逢沖。
兩貴受尅難干貴。　支上旺刃六合神。
三傳互尅眾人欺。　遍地財祿反財虧。干支值絕凡謀決。

占斷解析：
天候：午（玄武），傳子（六合），傳午（玄武）。晴雨反復不定。
人事：三傳互尅，兩貴受剋。不利人事。
考試：課傳不見龍雀，勾陳臨干，玄武臨支。不利考運。
婚姻：后合占婚吉，天后入墓，六合帝旺。姻緣未到。
財祿：傳財太旺反財虧，財多逢劫。不利財運。
升遷：三傳互剋眾人欺，兩貴受尅。不利升遷。
疾病：白虎乘申金尅木，主肝疾，喜亥水祿神洩金生木。疾病可癒。
失物：玄武臨胎財，財爻逢胎絕。失物難尋。
子嗣：天后入墓，六合入課傳。先得男。
官司：課傳不見官鬼爻，財相旺恐生官鬼，喜兄弟爻旺相相制。官司可解。

壬午日

干上午

四課	三課	二課	一課
白虎	朱雀	朱雀	玄武
申	丑	丑	午
丑	午	午	壬

妻財	丁	午	玄武	初傳
官鬼	壬	丑	朱雀	中傳
父母	◎	申	白虎	末傳

重審課

畢法賦/詮釋：

初遭夾尅不由己。　　干上丁馬乘財發初傳。
我求彼事干傳支。　　支上丁神財傳官。三傳遞生人舉薦。
水日逢丁財動之。　　傳財化鬼財休覓。任信丁馬須言動。
胎財死氣損財推。　　彼此猜忌害相隨（壬上逢午支，支上逢丑土）。

占斷解析：

天候：午（玄武），傳丑（朱雀），傳申（白虎）。主陰晴不定。
人事：貴人差迭，我求彼事，玄武乘財臨干。人事不利己。
考試：青龍乘戌半合干上午，朱雀臨課傳。有利考運。
婚姻：后合占婚吉，天后入墓，六合臨帝旺。姻緣未到。
財祿：傳財化鬼財休覓。財運不佳。
升遷：三傳遞生人舉薦，貴人差迭事參差。不利升遷。
疾病：白虎乘申金尅木，主肝疾，三傳遞生喜青龍乘戌合干上神相制。疾病可癒。
失物：玄武乘胎財，財爻臨胎絕。失物難尋。
子嗣：天后入墓，六合帝旺。先得男。
官司：官鬼爻入課傳，喜三傳遞生再生日干。官司可解。

壬午日

就燥
干上未

				初傳
官鬼	甲	戌	青龍	
妻財	壬	午	玄武	中傳
子孫	戊	寅	螣蛇	末傳

四課	三課	二課	一課
青龍	螣蛇	貴人	太常
戌	寅	卯	未
寅	午	未	壬

重審課

畢法賦/詮釋：
三傳逆生人舉薦。　　日干壬合支上寅。
交車相合交關利。　　干上神合日支，財化鬼。
萬事喜忻三六合。　　三傳炎上三合財。
合中犯殺蜜中砒。　　貴人差迭事參差。

占斷解析：
天候：戌（青龍），傳午（玄武），傳寅（螣蛇）。主天晴。
人事：貴人臨干，青龍臨支，交車相合。有利人事。
考試：青龍入課傳，貴人臨干。有利考運。
婚姻：后合占婚吉，天后入墓，六合臨帝旺。姻緣未到。
財祿：胎財入傳逢三合。財漸旺。
升遷：三傳逆生，交車相合。有利升遷。
疾病：白虎乘申金尅木，主肝疾，喜三傳合化火相制。疾病可癒。
失物：玄武乘胎財，財爻臨胎絕。失物難尋。
子嗣：天后入墓，六合帝旺。先得男。
官司：：官鬼爻臨干支，喜父母爻申金洩殺生身。官司可解。

- 301 -

壬午日

畢法賦/詮釋：
三傳逆生人舉薦。　干上長生空難依。
互生俱生凡事益。　初傳妻財坐空鄉。
貴人差迭事參差。　三傳逆生生空財。
費有餘而得不足。　所謀未得所耗不已。

占斷解析：
天候：巳（太陰），傳寅（螣蛇），傳亥（勾陳）。主天晴。
人事：貴臨支，虎臨干。人事不利己。
考試：課傳不見龍雀，白虎臨干。考運不利己。
婚姻：后合占婚吉，天后入墓，六合入課。姻緣未到。
財祿：財爻臨胎絕，喜三傳逆生。財漸旺。
升遷：三傳逆生，貴臨支，虎臨干。升遷不利己。
疾病：白虎乘申金尅木，主肝疾，喜財爻合化水生木。疾病可癒。
失物：玄武乘胎財，財爻臨胎絕。失物難尋。
子嗣：天后入墓，六合帝旺。先得男。
官司：課傳不見官鬼爻，喜子孫爻得水相生制殺。官司可解。

壬午日

子孫	戊	寅	螣蛇	初傳
兄弟	丙	子	六合	中傳
官鬼	甲	戌	青龍	末傳

四課	三課	二課	一課
螣蛇	天后	太常	天空
寅	辰	未	酉
辰	午	酉	壬

冥陽
干上酉

畢法賦/詮釋：
賓主不投刑在上。　　干上乘天空酉酉自刑。
空上逢空事莫追。　　日墓覆支亦自刑。
晝夜貴加求兩貴。　　辰酉合酒色敗身。
兩蛇夾墓凶難免。　　胎財生氣妻懷孕。后合占婚豈用媒。

占斷解析：
天候：寅（螣蛇），傳子（六合），傳戌（青龍）。主天晴。
人事：賓主不投刑在上，空上逢空。不利人事。
考試：青龍入傳沖支上神，朱雀乘丑沖干上。不利考運。
婚姻：后合占婚吉，天后入墓。姻緣未到。
財祿：財爻臨胎絕，子孫臨病死無力相助。財運不佳。
升遷：賓主不投，空上逢空。不利升遷。
疾病：白虎乘申金剋木，主肝疾，喜子水帝旺洩金生木。疾病可癒。
失物：玄武乘胎財，財爻臨胎絕。失物難尋。
子嗣：天后入墓，六合入傳。先得男。
官司：官鬼爻入課傳，喜官鬼爻辰土合酉印，化殺生身。官司可解。

壬午日

				初傳
官鬼	甲	戌	白虎	
父母	◎	酉	天空	中傳
父母	◎	申	青龍	末傳

返駕
干上戌

四課	三課	二課	一課
螣蛇	朱雀	天空	白虎
辰	巳	酉	戌
巳	午	戌	壬

元首課

畢法賦/詮釋：
魁度天門關格定。　　干乘墓虎毋占病。
不行傳者考初時。　　空上逢空事莫追。
虎臨干鬼凶速速。
催官使者赴官期。

占斷解析：
天候：戌（白虎），傳酉（天空），傳申（青龍）。主晴轉多雲。
人事：魁度天門，虎臨干鬼。人事不利己。
考試：青龍入傳，朱雀入宅。有利考運。
婚姻：后合占婚吉，天后臨病，六合臨胎。姻緣未到。
財祿：財爻臨胎絕，子孫臨病死無力相助。財運不佳。
升遷：魁度天門，虎臨干鬼，空上逢空。升遷不利己。
疾病：白虎乘戌土尅水，主腎疾，喜干支上神六合成金洩土生水。
　　　疾病可癒。
失物：玄武臨帝旺，財爻臨胎絕。失物難尋。
子嗣：天后臨病地，六合臨胎財。先得男。
官司：虎臨干鬼，喜干支上神六合成金，洩殺生身。官司可解。

壬午日

干上亥

兄弟	乙	亥	太常	初傳
妻財	壬	午	六合	中傳
兄弟	丙	子	玄武	末傳

四課	三課	二課	一課
六合	六合	太常	太常
午	午	亥	亥
午	午	亥	壬

畢法賦/詮釋：
旺祿臨身徒妄作。　　伏吟課上祿自刑。
三傳互尅眾人欺。　　支上午午亦自刑。
賓主不投刑在上。　　貴人差迭事參差。
胎財生氣妻懷孕。

占斷解析：
天候：亥（太常），傳午（六合），傳子（玄武）。晴轉雨。
人事：壬祿臨干，午上乘午，課體自刑。不利人事。
考試：不見龍雀入課傳，四課自刑，三傳互尅。考運不佳。
婚姻：后合占婚吉，天后臨病地，六合乘胎。姻緣未到。
財祿：胎財乘六合入宅，旺祿臨干。財運佳。
升遷：三傳互尅，賓主不投，貴人差迭。不利升遷。
疾病：白虎乘戌土尅水，主腎疾，喜青龍逢長生洩土生水。疾病可癒。
失物：玄武帝旺，財爻臨胎絕。失物難尋。
子嗣：天后臨病地，六合臨胎財。先得男。
官司：官鬼爻不入課傳，喜青龍父母洩殺生身。官司可解。

癸未日

祿神：子
驛馬：巳
貴人：卯、巳
空亡：申、酉
長生：卯
帝旺：亥
墓庫：未

癸未日

干上子

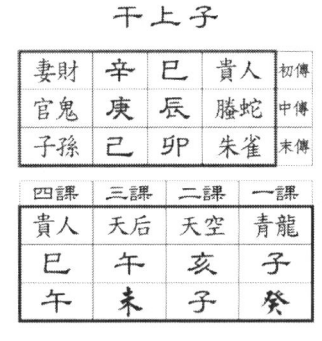

妻財	辛	巳	貴人	初傳
官鬼	庚	辰	螣蛇	中傳
子孫	己	卯	朱雀	末傳

四課	三課	二課	一課
貴人	天后	天空	青龍
巳	午	亥	子
午	未	子	癸

畢法賦/詮釋：
旺祿臨身徒妄作。　　貴臨支上初發用。
課傳俱貴轉無依。　　胎財生氣妻懷孕。
傳財太旺反財虧。
龍加生氣吉遲遲。

占斷解析：
天候：巳（貴人），傳辰（螣蛇），傳卯（朱雀）。主天晴。
人事：貴人乘胎財發用，青龍乘祿臨干。有利人事。
考試：青龍臨干，朱雀入傳。大利考運。
婚姻：后合占婚吉，天后臨絕，六合臨敗地。姻緣未到。
財祿：財爻臨胎絕，喜貴人乘胎財發用。財漸旺。
升遷：雙貴入傳，青龍乘干祿臨干上。升遷利己。
疾病：白虎乘戌土尅水，主腎疾，喜青龍旺氣臨干上。疾病可癒。
失物：玄武臨死地，貴人乘胎財發用。失物可復得。
子嗣：天后臨絕，六合乘敗。子息緣淡。
官司：官鬼爻入傳，喜子孫爻逢長生相制。官司可解。

癸未日

四課	三課	二課	一課
勾陳	勾陳	太陰	太陰
未	未	丑	丑
未	未	丑	癸

干上丑

官鬼	丁	丑	太陰	初傳
官鬼	甲	戌	白虎	中傳
官鬼	癸	未	勾陳	末傳

伏吟課

畢法賦/詮釋：
賓主不投刑在上。　　伏吟課傳逢三刑。
虎乘遁鬼殃非淺。　　我求彼事干傳支。
水日逢丁財祿動。　　任信丁馬須言動。
六爻現卦防其尅。　　干支乘墓各昏迷。

占斷解析：
天候：丑（太陰），傳戌（白虎），傳未（勾陳）。主天晴。
人事：賓主不投刑在上，干支乘墓各昏迷。不利人事。
考試：課傳不見龍雀，青龍臨死地，朱雀臨胎。考運不利。
婚姻：后合占婚吉，天后臨敗，六合臨絕。姻緣未到。
財祿：水日逢丁財動生官鬼，財爻臨胎絕。財運不佳。
升遷：虎乘遁鬼，干支乘墓，六爻現卦防其尅。不利升遷。
疾病：白虎乘戌土尅水，主腎疾，課傳皆土。未覓良醫。
失物：玄武臨干祿，財爻臨胎絕，失物難尋。
子嗣：天后臨敗，六合臨絕。子息緣淡。
官司：水日逢丁財動生官鬼，六爻現卦防其尅。官司難解。

癸未日

干上寅

父母	◎	申	六合	初傳
子孫	戊	寅	玄武	中傳
父母	◎	申	六合	末傳

四課	三課	二課	一課
勾陳	六合	太陰	玄武
酉	申	卯	寅
申	未	寅	癸

昂星課

畢法賦/詮釋：
所謀多拙逢羅網。　寅木脫干乘玄武。
三傳互尅眾人欺。　支上逢空初發用。
脫上逢脫防虛詐。　虎視逢虎力難施。
來去俱空豈動移。　胎財生氣妻懷孕。

占斷解析：
天候：申（六合），傳寅（玄武），傳申（六合）。陰晴不定。
人事：三傳互尅，所謀多拙，來去俱空。不利人事。
考試：課傳互尅，不見龍雀，玄武臨干，勾陳臨支。考運不佳。
婚姻：后合占婚吉，天后臨養，六合臨死入課傳。姻緣未到。
財祿：財爻臨胎絕，喜子孫爻逢長生。財漸旺。
升遷：課傳互尅，脫上逢脫，所謀多拙。不利升遷。
疾病：白虎乘干祿尅火，主心疾，喜子孫爻洩水生火。疾病可癒。
失物：玄武臨敗地，財爻臨胎絕，貴人乘胎財。失物復得。
子嗣：天后臨養，六合臨死地。宜先養後招。
官司：課傳不見官鬼爻，喜子孫爻臨干制殺。官司可解。

- 309 -

癸未日

變盈者名
干上卯

				初傳
妻財	辛	巳	貴人	中傳
官鬼	癸	未	朱雀	末傳
父母	◎	酉	勾陳	

四課	三課	二課	一課
天空	勾陳	貴人	太陰
亥	酉	巳	卯
酉	未	卯	癸

畢法賦/詮釋：

三傳遞生人舉薦。　脫上逢脫防虛詐。
課傳俱貴轉無依。　胎財生氣妻懷孕。
晝夜貴加求兩貴。　有始無終利尊卑凶。
六陰相繼盡昏迷。

占斷解析：

天候：巳（貴人），傳未（朱雀），傳酉（勾陳）。晴轉陰。
人事：貴人臨干，支上天空乘空亡。人事利己。
考試：朱雀乘墓入傳，青龍臨衰。考運不佳。
婚姻：后合占婚吉，天后臨養，六合臨死地。姻緣未到。
財祿：財爻臨胎絕，喜貴人乘胎財臨干發用。財漸旺。
升遷：三傳遞生，貴人臨干。有利升遷。
疾病：白虎乘干祿尅火，主心疾，喜干上神相制。疾病可癒。
失物：玄武臨敗地，貴人乘胎絕發用。失物復得。
子嗣：天后臨養，六合臨死地。宜先養後招。
官司：課傳不見官鬼爻，喜子孫爻臨干相制。官司可解。

癸未日

干上辰

官鬼	庚	辰	天后	初傳
官鬼	癸	未	朱雀	中傳
官鬼	甲	戌	青龍	末傳

四課	三課	二課	一課
太常	青龍	朱雀	天后
丑	戌	未	辰
戌	未	辰	癸

元首課

畢法賦/詮釋：
干墓併關人宅廢。　課傳皆鬼干傳支。
鬼臨三四訟災隨。　仕官占吉病訟凶。
我求彼事干傳支。　六爻現卦防其尅。

占斷解析：
天候：辰（天后），傳未（朱雀），傳戌（青龍）。雨後天晴轉多雲。
人事：太常乘青龍官星臨支上。人事不利己。
考試：青龍朱雀入課傳。有利考運。
婚姻：后合占婚吉，天后入課傳，六合臨死地。姻緣未到。
財祿：傳財化鬼財休覓。不利財運。
升遷：干墓併關，鬼臨三四，六爻現卦防其尅。不利升遷。
疾病：白虎乘干祿尅火，主心疾，喜子孫爻卯木合戌化火。疾病可癒。
失物：玄武臨敗地，財爻臨胎絕。失物難尋。
子嗣：天后臨養，六合臨死地。宜先養後招。
官司：課傳皆逢官鬼爻，子孫爻無力，印爻逢空亡無力制殺。官司難解。

- 311 -

癸未日

獻刃
干上巳

父母	◎	酉	勾陳	初傳
官鬼	☉	丑	太常	中傳
妻財	辛	巳	貴人	末傳

四課	三課	二課	一課
太陰	天空	勾陳	貴人
卯	亥	酉	巳
亥	未	巳	癸

涉害課

畢法賦/詮釋：
三傳逆生人舉薦。　　初中空亡末傳貴。
眷屬豐盛居窄宅。　　官印逢貴仕官吉。
水日逢丁財祿動。　　腳踏空亡進用宜。
課傳俱貴轉無依。

占斷解析：

天候：酉（勾陳），傳丑（太常），傳巳（貴人）。主陰不雨。
人事：貴人乘胎財入課傳，三傳從革尅支上。人事利己。
考試：青龍乘衰，朱雀入墓，不入課傳。考運不佳。
婚姻：后合占婚吉，天后臨養，六合臨死地。姻緣未到。
財祿：財爻乘胎財入課三合。財漸旺。
升遷：貴人乘胎財入課傳，三傳逆生人舉薦。有利升遷。
疾病：白虎乘干祿尅火，主心疾，喜卯木逢長生洩水生火。疾病可癒。
失物：玄武入獄，貴人乘胎財入課傳。失物復得。
子嗣：天后臨養，六合臨死地。宜先養後招。
官司：水日逢丁財化官鬼尅身，喜三合成印化殺生身。官司可解。

癸未日

干上午

妻財	辛	巳	貴人	初傳
官鬼	甲	戌	青龍	中傳
子孫	己	卯	太陰	末傳

四課	三課	二課	一課
貴人	白虎	天空	螣蛇
巳	子	亥	午
子	未	午	癸

畢法賦/詮釋：
權攝不正祿臨支。　　占卜支日未必逢月將。
課傳俱貴轉無依。　　支上胎財乘貴傳。
干支值絕凡謀決。　　貴人差迭事參差。
胎財生氣妻懷孕。

占斷解析：

天候：巳（貴人），傳戌（青龍），傳卯（太陰）。晴時多雲。

人事：課傳俱貴轉無依，權攝不正祿臨支。人事不利己。

考試：貴人乘胎財臨支發用，青龍乘貴人入傳，干上乘天空。考運不利己。

婚姻：后合占婚吉，天后臨養，六合臨死地。姻緣未到。

財祿：財爻臨干，貴人乘胎財臨支上發用，財漸旺。

升遷：權攝不正祿臨支，干上值絕。升遷不利己。

疾病：白虎乘干祿尅火，主心疾，喜卯戌入傳洩水生火。疾病可癒。

失物：玄武臨敗地，財爻臨胎絕。喜貴人乘胎財發用。失物復得。

子嗣：天后臨養，六合臨死地。宜先養後招。

官司：官鬼爻乘青龍尅身，又得傳財生鬼。官司難解。

癸未日

	四課	三課	二課	一課
	朱雀	太常	太常	朱雀
	未	丑	丑	未
	丑	未	未	癸

干上未

官鬼	癸	未	朱雀	初傳
官鬼	丁	丑	太常	中傳
官鬼	癸	未	朱雀	末傳

返吟課

畢法賦/詮釋：
干支乘墓各昏迷。　　返吟課傳鬼傳鬼。
兩貴受尅難干貴。　　傳鬼化財錢險危。
水日逢丁財動之。　　三傳互尅眾人欺。
六爻現卦防其尅。

占斷解析：
天候：未（朱雀），傳丑（太常），傳未（朱雀）。主天晴。
人事：干支乘墓各昏迷，三傳互尅眾人欺。不利人事。
考試：朱雀入墓臨干支發用入傳。考運不佳。
婚姻：后合占婚吉，天后臨養，六合臨死地。姻緣未到。
財祿：水日逢丁財動之，傳財化鬼財休覓。不利財運。
升遷：兩貴受尅，干支乘墓。不利升遷。
疾病：白虎乘干祿尅火，主心疾，喜太常乘丁丑制。疾病可癒。
失物：玄武臨敗地，財爻臨胎絕，水日逢丁財動生鬼。失物難尋。
子嗣：天后臨養，六合臨死地。宜先養後招。
官司：六爻現卦，水日逢丁財動之，傳財化鬼。官司難解。

癸未日

干上申

子孫	⊙	卯	朱雀	初傳
官鬼	甲	戌	白虎	中傳
妻財	辛	巳	貴人	末傳

四課	三課	二課	一課
太常	六合	朱雀	玄武
酉	寅	卯	申
寅	未	申	癸

畢法賦/詮釋：
虎乘遁鬼殃非淺。　干上神為支之綱。
將逢內戰所謀危。　支上神乃干之羅。
貴人差迭事參差。　所謀多拙逢羅網。
費有餘而得不足。　胎財生氣妻懷孕。

占斷解析：
天候：卯（朱雀），傳戌（白虎），傳巳（貴人）。主天晴有風。
人事：虎乘遁鬼殃非淺，將逢內戰所謀危。不利人事。
考試：青龍乘干祿，朱雀逢長生臨干發用。考運佳。
婚姻：后合占婚吉，天后臨絕，六合臨敗地。姻緣未到。
財祿：貴人乘胎財入傳，喜子孫爻逢長生相生。財漸旺。
升遷：貴人差迭，虎乘遁鬼，將逢內戰。不利升遷。
疾病：白虎乘戌尅身，喜印爻出空後洩殺生身。疾病即可癒。
失物：玄武臨死地，貴人乘胎財入傳。失物復得。
子嗣：天后臨絕，六合臨敗地。子息緣淡。
官司：官鬼爻乘戌土入傳，喜子孫爻逢長生相制。官司可解。

- 315 -

癸未日

妻財	辛	巳	貴人 初傳
官鬼	丁	丑	勾陳 中傳
父母	◎	酉	太常 末傳

四課	三課	二課	一課
天空	朱雀	貴人	太常
亥	卯	巳	酉
卯	未	酉	癸

先春
干上酉

涉害課

畢法賦／詮釋：
三傳遞生人舉薦。　　費有餘而得不足。
課傳俱貴轉無依。　　水日逢丁財動之。
萬事喜忻三六合。
合中犯殺蜜中砒。

占斷解析：
天候：巳（貴人），傳丑（勾陳），傳酉（太常）。晴轉陰。
人事：貴乘胎財臨干發用。有利人事。
考試：青龍乘干祿，朱雀臨長生臨宅。考運佳。
婚姻：后合占婚吉，天后臨絕，六合臨敗地。姻緣未到。
財祿：貴人乘胎財發用逢三合。財漸旺。
升遷：貴人乘胎財發用三合印生身。有利升遷。
疾病：白虎乘戌尅身，喜三傳合印洩殺生身。疾病可癒。
失物：玄武臨死地，貴人乘胎財發用。失物復得。
子嗣：天后臨絕，六合臨敗地。子息緣淡。
官司：水日逢丁財動生官鬼，喜三傳三合印化殺生身。官司可解。

癸未日

干上戌

四課	三課	二課	一課
勾陳	螣蛇	太陰	白虎
丑	辰	未	戌
辰	未	戌	癸

官鬼	甲	戌	白虎	初傳
官鬼	癸	未	太陰	中傳
官鬼	庚	辰	螣蛇	末傳

元首課

畢法賦/詮釋：
虎臨遁鬼凶速速。　　我求彼事干傳支。
干乘墓虎毋占病。　　干虎支蛇鬼滿地。
六爻現卦防其尅。　　仕官大吉常人凶。
鬼臨三四訟災隨。　　干支乘墓各昏迷。

占斷解析：
天候：戌（白虎），傳未（太陰），傳辰（螣蛇）。陰轉晴。
人事：虎臨遁鬼，鬼臨三四，干支乘墓各昏迷。不利人事。
考試：課傳不見龍雀，蛇虎臨干支。考運不佳。
婚姻：后合占婚吉，天后臨絕，六合臨敗地。姻緣未到。
財祿：水日逢丁財動生官鬼，財爻臨胎絕。財運不佳。
升遷：六爻現卦防其尅，干支乘墓各昏迷。不利升遷。
疾病：干乘墓虎毋占病，六爻現卦防其尅。未覓良醫。
失物：玄武臨死地，財爻臨胎絕。失物難尋。
子嗣：天后臨絕，六合臨敗地。子息緣淡。
官司：六爻現卦防其尅，鬼臨三四訟災隨。官司難解。

- 317 -

癸未日

				初傳
妻財	辛	巳	貴人	
子孫	己	卯	朱雀	中傳
官鬼	丁	丑	勾陳	末傳

轉悖
干上亥

四課	三課	二課	一課
朱雀	貴人	太常	天空
卯	巳	酉	亥
巳	未	亥	癸

彈射課

畢法賦/詮釋：

互旺俱旺坐謀宜。　　課傳皆陰利陰私。
六陰相繼盡昏迷。　　課傳俱貴轉無依。
水日逢丁財祿動。
傳財化鬼財險危。

占斷解析：

天候：巳（貴人），傳卯（朱雀），傳丑（勾陳）。主天晴。
人事：雙貴臨支發用，空亡乘空臨干。人事不利己。
考試：青龍臨干祿，簾幕貴人乘朱雀入課傳。有利考運。
婚姻：后合占婚吉，天后臨絕，六合臨敗地。姻緣未到。
財祿：貴人乘胎財發用。財漸旺。
升遷：雙貴臨支發用。升遷不利己。
疾病：白虎乘戌尅身，喜干上逢酉印洩殺生身。疾病可癒。
失物：玄武臨死，貴人乘胎財發用。失物復得。
子嗣：天后臨絕，六合臨敗地。子息緣淡。
官司：水日逢丁財動生官鬼，喜干上酉印洩殺生身。官司可解。

- 318 -

甲申日

祿神：寅
驛馬：寅
貴人：丑、未
空亡：午、未
長生：亥
帝旺：卯
墓庫：未

甲申日

顧祖
干上子

子孫	◎	午	螣蛇	初傳
妻財	☉	辰	六合	中傳
兄弟		庚寅	青龍	末傳

四課	三課	二課	一課
六合	螣蛇	玄武	白虎
辰	午	戌	子
午	申	子	甲

涉害課

畢法賦/詮釋：
六陽數足須公用。　　午火死氣尅支發用。
交車相合交關利。　　子水乘敗臨干上。
干支皆敗事傾頹。　　腳踏空亡進用宜。
傳財太旺反財虧。

占斷解析：
天候：午（螣蛇），傳辰（六合），傳寅（青龍）。晴偶雲。
人事：干祿入傳，交車相合交關利。有利人事。
考試：青龍入傳泮喜，干祿入傳，驛馬臨日辰。考運佳。
婚姻：后合占婚吉，天后臨絕，六合臨衰。姻緣未到。
財祿：財爻入課傳，又乘雙貴。財祿旺。
升遷：青龍乘干祿入傳，交車相合交關利。有利升遷。
疾病：白虎乘子水尅火，主心疾，喜青龍乘祿洩水生火。疾病可癒。
失物：玄武臨干上，財爻六合臨衰乘螣蛇。失物難尋。
子嗣：天后臨絕，六合入課傳。先得男。
官司：官鬼爻臨胎絕，喜父母爻逢長生洩殺生身。官司可解。

甲申日

重陰
干上丑

四課	三課	二課	一課
螣蛇	貴人	白虎	天空
午	未	子	丑
未	申	丑	甲

父母 戊 子 白虎 初傳
父母 丁 亥 太常 中傳
妻財 丙 戌 玄武 末傳

畢法賦/詮釋：
晝夜貴加求兩貴。　簾幕貴人臨干乘天空。
干支乘墓各昏迷。　支上晝貴乘干墓。
任信丁馬須言動。　四課交害賓主不和。
魁度天門關格定。　龍加生氣吉遲遲。支墳財併旅程稽。

占斷解析：
天候：子（白虎），傳亥（太常），傳戌（玄武）。主陰雨。
人事：魁度天門關格定，雙貴臨空。不利人事。
考試：課傳不見龍雀，蛇虎臨干支，雙貴臨空。考運不佳。
婚姻：后合占婚吉，天后臨絕，六合臨衰。姻緣未到。
財祿：雙貴乘財又乘空，玄武乘財入傳。財運不佳。
升遷：魁度天門關格定，干支乘墓各昏迷。不利升遷。
疾病：白虎乘子水尅火，主心疾，喜青龍乘干祿洩水生火。疾病可癒。
失物：玄武乘財入傳，雙貴乘財又臨空。失物難尋。
子嗣：天后臨絕，六合臨養。先得男。
官司：官鬼爻臨胎絕，喜父母爻逢長生化殺生身。官司可解。

甲申日

```
干上寅
┌──┬──┬──┬──┐
│兄弟│庚 │寅 │青龍│初傳
│子孫│癸 │巳 │朱雀│中傳
│官鬼│甲 │申 │天后│末傳
└──┴──┴──┴──┘

┌──┬──┬──┬──┐
│四課│三課│二課│一課│
├──┼──┼──┼──┤
│天后│天后│青龍│青龍│
│申 │申 │寅 │寅 │
│申 │申 │寅 │甲 │
└──┴──┴──┴──┘
```

伏吟課

畢法賦/詮釋：
賓主不投刑在上。　　青龍乘祿臨干鬼臨支。
我求彼事干傳支。　　催官使者赴官期。
旺祿臨身徒妄作。　　鬼臨三四訟災隨。
富貴干支逢祿馬。　　貴人差迭事參差。

占斷解析：

天候：寅（青龍），傳巳（朱雀），傳申（天后）。陰雨不定。

人事：旺祿臨身，富貴干支逢祿馬。有利人事。

考試：青龍乘祿臨干，朱雀入傳。考運佳。

婚姻：后合占婚吉，天后臨絕入課傳，六合臨衰。姻緣未到。

財祿：玄武乘戌財，雙貴乘財逢空亡。財運不佳。

升遷：富貴干支逢祿馬，旺祿乘青龍臨干上。有利升遷。

疾病：白虎乘子水尅火，主心疾，喜青龍乘祿洩水生火。疾病可癒。

失物：玄武乘財，雙貴乘財逢空亡。失物難尋。

子嗣：天后臨絕，六合臨衰。子息緣淡。

官司：鬼臨三四訟災隨，喜巳火合申化水洩殺生身。官司可解。

甲申日

升階
干上卯

妻財	壬	辰	六合	初傳
子孫	癸	巳	朱雀	中傳
子孫	◎	午	螣蛇	末傳

四課	三課	二課	一課
玄武	太陰	六合	勾陳
戌	酉	辰	卯
酉	申	卯	甲

重審課

畢法賦/詮釋：
互旺俱旺坐謀宜。　人宅坐墓甘招晦。
交車相合交關利。　胎財生氣妻懷孕。
所謀多拙逢羅網。　貴人差迭事參差。
傳財太旺反財虧。　華蓋覆日人昏晦。

占斷解析：

天候：辰（六合），傳巳（朱雀），傳午（螣蛇）。主天晴。

人事：交車相合，互旺俱旺坐謀宜。有利人事。

考試：青龍臨干祿，朱雀入傳。有利考運。

婚姻：后合占婚吉，天后臨絕，六合入課傳。姻緣未到。

財祿：玄武乘戌財，雙貴乘財入墓逢空亡。財運不佳。

升遷：交車相合交關利，互旺俱旺坐謀宜。有利升遷。

疾病：白虎乘子水尅火，主心疾，喜兄弟爻帝旺洩水生火。疾病可癒。

失物：玄武臨財，雙貴乘財入墓逢空亡。失物難尋。

子嗣：天后臨絕，六合入課傳。先得男。

官司：官鬼爻臨胎絕，喜父母爻逢長生化殺生身。官司可解。

- 323 -

甲申日

登天干上辰

妻財	壬	辰	六合	初傳
子孫	◎	午	螣蛇	中傳
官鬼	⊙	申	天后	末傳

四課	三課	二課	一課
白虎	玄武	螣蛇	六合
子	戌	午	辰
戌	申	辰	甲

涉害課

畢法賦/詮釋：
華蓋覆日人昏晦。　支墳財併旅程稽。
罡塞鬼戶任謀為。　不行傳者考初時。
貴人差迭事參差。
后合占婚豈用媒。

占斷解析：

天候：辰（六合），傳午（螣蛇），傳申（天后）。晴轉陰雨。
人事：華蓋覆日，支墳財併，貴人差迭。不利人事。
考試：課傳不見龍雀，喜朱雀乘帝旺，青龍臨干祿。有利考運。
婚姻：后合占婚吉，天后臨絕。姻緣未到。
財祿：玄武乘戌財，雙貴乘財入墓逢空亡。財運不佳。
升遷：不行傳者考初時，支墳財併，貴人差迭。不利升遷。
疾病：白虎乘子水尅火，主心疾，喜青龍乘祿洩水生火。疾病可癒。
失物：玄武臨財，雙貴乘財入墓逢空亡。失物難尋。
子嗣：六合入課傳，天后臨絕。先得男。
官司：官鬼爻入傳，喜三合成水局化殺生身。官司可解。

甲申日

干上巳

	一課	二課	三課	四課
	官鬼	甲	申	螣蛇	初傳
	父母	丁	亥	勾陳	中傳
	兄弟	庚	寅	白虎	末傳

四課	三課	二課	一課
白虎	勾陳	螣蛇	太陰
寅	亥	申	巳
亥	申	巳	甲

重審課

畢法賦/詮釋：
三傳遞生人舉薦。　　巳火臨干脫干。
權攝不正祿臨支。　　亥水臨支脫支。
脫上逢脫防虛詐。　　我求彼事干傳支。
任信丁馬須言動。　　彼此猜忌害相隨。祿馬乘虎臨支上。

占斷解析：
天候：申（螣蛇），傳亥（勾陳），傳寅（白虎）。晴有風。
人事：三傳遞生，祿馬入課傳，印逢長生合干祿。有利人事。
考試：課傳不見龍雀，蛇臨干，虎臨支。不利考運。
婚姻：后合占婚吉，天后臨死地，六合臨養。姻緣未到。
財祿：玄武乘財，雙貴乘財入墓逢空亡。財運不佳。
升遷：權攝不正祿臨支又逢相生，蛇臨干又逢三刑。不利己。
疾病：白虎乘干祿尅土，主腸胃疾，三傳遞生無制。未覓良醫。
失物：玄武臨財，雙貴乘財入墓逢空亡。失物難尋。
子嗣：天后臨死地，六合臨養。先得男。
官司：官鬼爻臨干發用，喜三傳遞生化殺生身。官司可解。

甲申日

畢法賦/詮釋：
三傳遞生人舉薦。　三傳遞生潤下格。
萬事喜忻三六合。　洩支生干午乘空。
合中犯煞蜜中砒。　眷屬豐盛居窄宅。
后合占婚豈用媒。　人宅皆死各衰贏。

占斷解析：
天候：辰（玄武），傳申（螣蛇），傳子（青龍）。多雲時雨。
人事：三傳遞生，萬事喜忻三六合，化印生身。有利人事。
考試：青龍乘印星入課傳，朱雀臨官星。考運佳。
婚姻：后合占婚豈用媒，后合臨干逢三合。婚喜可期。
財祿：玄武乘財，雙貴乘財入墓空亡。財運不佳。
升遷：三傳遞生，干上神合祿，支上神三合印星。有利升遷。
疾病：白虎乘干祿尅土，主腸胃疾，喜三合火局反生土。疾病可癒。
失物：玄武臨財，雙貴乘財入墓逢空亡。失物難尋。
子嗣：天后臨死地，六合臨養。先得男。
官司：官鬼爻臨胎絕，喜三合印局洩殺生身。官司可解。

甲申日

干上未

四課	三課	二課	一課
天后	天空	青龍	貴人
午	丑	子	未
丑	申	未	甲

父母	⊙	子	青龍	初傳
子孫	癸	巳	太陰	中傳
妻財	丙	戌	六合	末傳

畢法賦/詮釋：
晝夜貴加求兩貴。　　暮貴坐絕又乘空。
干支乘墓各昏迷。　　日貴臨墓坐干祿。
害貴訟直遭曲斷。　　青龍臨敗。天后逢空。
交車相合交關利。　　后合占婚豈用媒。

占斷解析：

天候：子（青龍），傳巳（太陰），傳戌（六合）。多雲轉晴。
人事：晝貴臨干，暮貴臨支，交車相合。有利人事。
考試：青龍乘貴發用，雙貴入課。有利考運。
婚姻：后合占婚吉，天后臨死地。姻緣未到。
財祿：玄武乘財，雙貴乘財入墓逢空亡。財運不佳。
升遷：青龍乘貴臨干，暮貴臨支，交車相合。有利升遷。
疾病：白虎乘干祿尅土，主腸胃疾，喜交車相合，化火洩木生土。
　　　疾病可癒。
失物：玄武臨財，雙貴乘財入墓逢空亡。失物難尋。
子嗣：天后臨死地，六合入傳。先得男。
官司：官鬼爻臨胎絕，喜父母爻乘青龍洩殺生身。官司可解。

甲申日

畢法賦/詮釋：
三傳互尅眾人欺。　　返吟課逢支尅干。
權攝不正祿臨支。　　祿馬乘虎蛇虎旺。
富貴干支逢祿馬。　　虎臨干祿蛇乘鬼。
干支值絕凡謀決。　　將逢內戰所謀危。

占斷解析：

天候：寅（白虎），傳申（螣蛇），傳寅（白虎）。有風無雨。
人事：三傳互尅，干支值絕，將逢內戰。不利人事。
考試：課傳不見龍雀，蛇虎臨干支。考運不佳。
婚姻：后合占婚吉，天后臨死地，六合入獄。姻緣未到。
財祿：玄武臨財入獄，雙貴乘財入墓逢空亡。財運不佳。
升遷：富貴干支逢祿馬，三傳互尅，干支值絕。不利升遷。
疾病：白虎乘干祿尅土，主腸胃疾，喜申金相制。疾病可癒。
失物：玄武臨財入獄，雙貴乘財入墓逢空亡。失物難尋。
子嗣：天后臨死地，六合入獄。子息緣淡。
官司：官鬼爻入傳，喜青龍乘印化殺生身。官司可解。

甲申日

就燥
干上酉

四課	三課	二課	一課
六合	太常	玄武	朱雀
戌	卯	辰	酉
卯	申	酉	甲

妻財	丙戌	六合	初傳
子孫	癸巳	太陰	中傳
父母	戊子	青龍	末傳

知一課

畢法賦/詮釋：
華蓋覆日人昏晦。　　干上辰酉合金尅干。
上下皆合兩心齊。　　支上卯戌合火尅支。
傳財化鬼財休覓。　　交互乘旺遭羅網。
貴人差迭事參差。　　合中犯殺蜜中砒。

占斷解析：
天候：戌（六合），傳巳（太陰），傳子（青龍）。晴多雲。
人事：華蓋覆日，貴人差迭，傳財化鬼。人事不利。
考試：青龍入傳，朱雀臨干報喜。考運佳。
婚姻：后合占婚吉，天后臨死地，六合入課發用。姻緣未到。
財祿：玄武臨財化鬼，雙貴乘財入墓逢空亡。財運不佳。
升遷：華蓋覆日，貴人差迭，合中犯殺。不利升遷。
疾病：白虎乘干祿尅土，主腸胃疾，喜卯戌合火洩木生土。疾病可癒。
失物：玄武臨財，雙貴乘財入墓逢空亡。失物難尋。
子嗣：天后臨死地，六合入課傳。先得男。
官司：官鬼爻逢財合化鬼，喜末傳父母爻乘青龍洩殺生身。官司可解。

- 329 -

甲申日

畢法賦/詮釋：
初遭夾尅不由己。　　干上合魁支逢罡。
三傳逆生人舉薦。　　三傳遞生干上財。
萬事喜忻三六合。　　不行傳者考初時。
后合占婚豈用媒。　　三合炎上尅官鬼。貴登天門高甲第。

占斷解析：
天候：戌（六合），傳午（天后），傳子（青龍）。主晴多雲偶雨。
人事：干祿入傳，青龍乘印相生。有利人事。
考試：青龍入宅，朱雀暗合支上神。有利考運。
婚姻：后合占婚豈用媒。婚喜可期。
財祿：玄武乘財，雙貴乘財入墓逢空亡。財運不佳。
升遷：三傳逆生，青龍乘印三合生干。有利升遷。
疾病：白虎乘干祿尅土，主腸胃疾，喜三傳合火反生土。疾病可癒。
失物：玄武臨財，雙貴乘財入墓逢空亡。失物難尋。
子嗣：后合入課傳，天后臨死，六合臨養。先得男。
官司：官鬼爻逢胎絕，喜三傳合化火相制。官司可解。

甲申日

干上亥

子孫	癸	巳	朱雀	初傳
兄弟	庚	寅	青龍	中傳
父母	丁	亥	太常	末傳

四課	三課	二課	一課
青龍	朱雀	天后	太常
寅	巳	申	亥
巳	申	亥	甲

元首課

畢法賦/詮釋：
三傳逆生人舉薦。　　課傳四孟元首課。
閉口卦體兩般推。　　干支上神乘長生。
交車相合交關利。　　交車相合上生下。
權攝不正祿臨支。　　彼此猜忌害相隨。彼求我事支傳干。

占斷解析：
天候：巳（朱雀），傳寅（青龍），傳亥（太常）。主天晴。
人事：三傳逆生，交車相合交關利。有利人事。
考試：龍雀入課傳。有利考運。
婚姻：后合占婚吉，天后臨絕。姻緣未到。
財祿：玄武乘財，雙貴乘財入墓逢空亡。財運不佳。
升遷：龍雀入宅報喜，太常吉將乘印臨干。有利升遷。
疾病：白虎乘子水剋火，主心疾。喜青龍乘祿洩水生火。疾病可癒。
失物：玄武臨財，雙貴乘財入墓逢空亡。失物難尋。
子嗣：天后入傳臨絕，六合乘衰。子息緣淡。
官司：官鬼爻臨干，喜交車相合化殺生身。官司可解。

乙酉日

祿神：卯
驛馬：亥
貴人：子、申
空亡：午、未
長生：午
帝旺：寅
墓庫：戌

乙酉日

```
反射
干上子
```

四課	三課	二課	一課
青龍	玄武	貴人	勾陳
丑	巳	申	子
巳	酉	子	乙

子孫	癸	巳	玄武	初傳
妻財	己	丑	青龍	中傳
官鬼	乙	酉	螣蛇	末傳

元首課

畢法賦/詮釋：
萬事喜忻三六合。　　干上官貴乘胎神。
交車相合交關利。　　支上青龍乘敗氣。
晝夜貴加求兩貴。　　貴雖在獄宜臨干。合中犯殺蜜中砒。
眾鬼雖彰全不畏。　　鬼乘天乙乃神祇。三傳遞生人舉薦。

占斷解析：

天候：巳（玄武），傳丑（青龍），傳酉（螣蛇）。多雲轉晴。
人事：雙貴臨干，三傳遞生。有利人事。
考運：青龍臨支，六合臨干，交車相合。利考運。
婚姻：后合占婚吉，天后臨養，六合臨死地。姻緣未到。
財祿：青龍乘財入課傳。財漸旺。
升遷：三傳遞生人舉薦，交車相合，雙貴臨干。有利升遷。
疾病：白虎乘干祿尅土，主腸胃疾，喜朱雀乘戌合卯祿化火生土。
　　　疾病可癒。
失物：玄武臨宅發用，喜青龍乘財臨宅。失物復得。
子嗣：天后臨養，六合臨死地。宜先養後招。
官司：鬼乘天乙乃神祇，父母爻臨干洩殺生身。官司可解。

- 333 -

乙酉日

四課	三課	二課	一課
白虎	太陰	朱雀	青龍
卯	午	戌	丑
午	酉	丑	乙

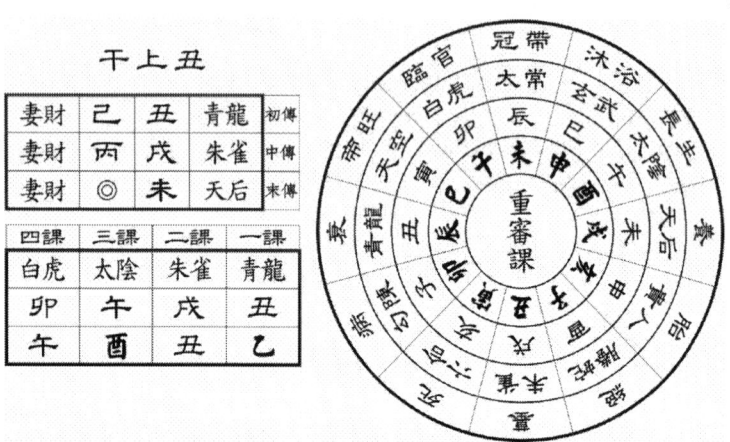

干上丑

妻財	己	丑	青龍	初傳
妻財	丙	戌	朱雀	中傳
妻財	◎	未	天后	末傳

重審課

畢法賦/詮釋：
賓主不投刑在上。　　末傳財空財招人怨。
權攝不正祿臨支。　　傳鬼化鬼財休覓。
傳財太旺反財虧。　　支墳財併旅程稽。
彼此猜忌害相隨。　　干支乘墓各昏迷。

占斷解析：
天候：丑（青龍），傳戌（朱雀），傳未（天后）。晴雨不定。
人事：賓主不投刑在上，干支乘墓各昏迷。不利人事。
考試：青龍、朱雀臨干發傳。考運佳。
婚姻：后合占婚吉，天后入傳，六合臨死地。姻緣未到。
財祿：青龍乘財臨干發用。財漸旺。
升遷：賓主不投，權攝不正祿臨支，干墓併關臨干上。不利升遷。
疾病：白虎乘干祿尅土，主腸胃疾，喜子孫爻午火洩木生土。疾病可癒。
失物：玄武臨敗地，喜青龍乘財臨干發用。失物復得。
子嗣：天后入傳，六合臨死地。先得女。
官司：官鬼爻臨胎絕，喜支上卯祿生午火相制。官司可解。

乙酉日

昱明
干上寅

妻財	◎	未	螣蛇	初傳
子孫	☉	巳	六合	中傳
兄弟	辛	卯	青龍	末傳

四課	三課	二課	一課
六合	螣蛇	太常	天空
巳	未	子	寅
未	酉	寅	乙

彈射課

畢法賦/詮釋：
三傳逆生人舉薦。　　干上乘旺墓覆支。
腳踏空亡進用宜。　　初中乘空末逢祿。
龍加生氣吉遲遲。　　未陰卯陽格回明。
貴雖入獄宜臨干。　　吉事漸成凶事消。

占斷解析：

天候：未（螣蛇），傳巳（六合），傳卯（青龍）。晴偶雲。

人事：支上乘空亡，干上逢天空，貴人入獄。不利人事。

考試：青龍乘祿入傳、朱雀逢長生。有利考運。

婚姻：后合占婚吉，天后臨絕，六合入課傳。姻緣未到。

財祿：財爻皆乘凶將，臨衰、臨養又入墓。財運不佳。

升遷：三傳逆生人舉薦，青龍乘祿入末傳，太常乘印臨干。有利升遷。

疾病：白虎乘丑土尅水，主腎疾，喜貴人乘申金洩土生水。疾病可癒。

失物：玄武臨死地，財爻皆乘凶將，臨衰入墓。失物難尋。

子嗣：天后臨絕，六合入課傳。先得男。

官司：官鬼爻乘胎絕，喜太常乘印洩殺生身。官司可解。

乙酉日

四課	三課	二課	一課
螣蛇	貴人	天空	青龍
未	申	寅	卯
申	酉	卯	乙

凌陰
干上卯

官鬼	甲	申	貴人	初傳
妻財	◎	未	螣蛇	中傳
子孫	◎	午	朱雀	末傳

畢法賦/詮釋：

旺祿臨身徒妄作。　　支上逢貴貴乘胎。
鬼乘天乙乃神祇。　　危者安之安者危。
不行傳者考初時。　　三傳逆生人舉薦。
胎財生氣妻懷孕。

占斷解析：

天候：申（貴人），傳未（螣蛇），傳午（朱雀）。主天晴。
人事：青龍乘祿臨干，鬼乘天乙入宅。有利人事。
考試：青龍乘祿臨干，朱雀逢長生入傳。有利考運。
婚姻：后合占婚吉，天后臨絕，六合臨敗地。姻緣未到。
財祿：財爻皆乘凶將，臨衰、臨養又入墓。財運不佳。
升遷：三傳逆生人舉薦，旺祿臨干，貴人入宅。有利升遷。
疾病：白虎乘丑土尅水，主腎疾，喜貴人乘申金洩土生水。疾病可癒。
失物：玄武臨死地，財爻，臨衰、臨養又入墓。失物難尋。
子嗣：天后臨絕，六合臨敗地。子息緣淡。
官司：鬼乘天乙乃神祇，中末午未合火制殺。官司可解。

乙酉日

干上辰

妻財	壬	辰	勾陳	初傳
官鬼	乙	酉	天后	中傳
兄弟	辛	卯	青龍	末傳

四課	三課	二課	一課
天后	天后	勾陳	勾陳
酉	酉	辰	辰
酉	酉	辰	乙

伏吟課

畢法賦/詮釋：
華蓋覆日人昏晦。　　干上天罡乘財發用。
鬼臨三四訟災隨。　　支上眾鬼合罡財。
交車相合交關利。　　交車相合兩心齊。
傳財化鬼財險危。　　末傳得祿乘青龍。賓主不投刑在上。

占斷解析：

天候：辰（勾陳），傳酉（天后），傳卯（青龍）。雨後多雲。

人事：華蓋覆日，鬼臨三四訟災隨，賓主不投。不利人事。

考試：青龍乘祿入傳，朱雀逢長生。有利考運。

婚姻：后合占婚吉，天后臨絕入宅，六合臨敗地。姻緣未到。

財祿：財爻臨干發用，交車相合財化鬼。財運不佳。

升遷：賓主不投，華蓋覆日，將逢內戰。不利升遷。

疾病：白虎乘丑土尅水，主腎疾，喜交車相合化金洩土生水。疾病可癒。

失物：玄武臨死地，財爻化鬼。失物難尋。

子嗣：天后臨絕，六合臨敗地。子息緣淡。

官司：傳財化鬼，鬼臨三四訟災隨。官司難解。

- 337 -

乙酉日

四課	三課	二課	一課
玄武	太陰	朱雀	六合
亥	戌	午	巳
戌	酉	巳	乙

父母	丁	亥	玄武	初傳
父母	戊	子	太常	中傳
妻財	己	丑	白虎	末傳

龍潛陽光身沐皇恩
干上巳

重審課

畢法賦/詮釋：
所謀多拙遭羅網。　　三奇連茹潤下格。
任信丁馬須言動。　　生干脫支人口豐。
支墳財併旅程稽。　　眷屬豐盛居窄宅。
貴人差迭事參差。　　龍加生氣吉遲遲。簾幕貴人高甲第。

占斷解析：
天候：亥（玄武），傳子（太常），傳丑（白虎）。主陰有風不雨。
人事：所謀多拙，支墳財併旅程稽。不利人事。
考試：青龍乘祿，朱雀臨干報喜。有利考運。
婚姻：后合占婚吉，天后臨絕，六合臨干。姻緣未到。
財祿：財爻皆乘凶將，臨衰、臨養又入墓。財運不佳。
升遷：所謀多拙，貴人差迭。不利升遷。
疾病：白虎乘丑土尅水，主腎疾，喜三傳亥子丑三會水局。疾病可癒。
失物：玄武臨死地，財爻皆乘凶將，臨衰臨養又入墓。失物難尋。
子嗣：天后臨絕，六合臨敗地。子息緣淡。
官司：課傳不見官鬼爻，官鬼爻臨胎絕，三傳三合水化殺生身。官司可解。

乙酉日

涉三淵
干上午

官鬼	⊙	申	貴人	初傳
妻財	丙	戌	太陰	中傳
父母	戊	子	太常	末傳

四課	三課	二課	一課
白虎	玄武	貴人	朱雀
丑	亥	申	午
亥	酉	午	乙

重審課

畢法賦/詮釋：
兩貴受尅難干貴。　　間傳課逢涉三淵。
鬼乘天乙乃神祇。　　貴傳暮貴陰掌權。
任信丁馬須言動。　　白虎乘丁馬臨宅。
胎財死氣損胎推。　　人宅受脫俱招盜。龍加生氣吉遲遲。

占斷解析：

天候：申（貴人），傳戌（太陰），傳子（太常）。陰晴不定。

人事：任信丁馬須言動，鬼乘天乙乃神祇。有利人事。

考試：青龍乘祿，朱雀臨干得長生。有利考運。

婚姻：后合占婚吉，天后臨絕，六合臨敗地。姻緣未到。

財祿：財爻皆乘凶將，臨衰、臨養又入墓。財運不佳。

升遷：貴人臨干，朱雀報喜。有利升遷。

疾病：白虎乘丑土尅水，主腎疾，喜貴人洩土生水。疾病可癒。

失物：玄武臨死地，財爻皆乘凶將，臨衰臨養又入墓。失物難尋。

子嗣：天后臨絕，六合臨敗地。子息緣淡。

官司：鬼乘天乙乃神祇，末傳得太常乘父母爻，洩殺生身。官司可解。

乙酉日

	四課	三課	二課	一課
	青龍	太常	太陰	螣蛇
	卯	子	戌	未
	子	酉	未	乙

干上未

妻財	◎	未	螣蛇	初傳
妻財	☉	戌	太陰	中傳
妻財	己	丑	白虎	末傳

重審課

畢法賦/詮釋：
賓主不投刑在上。　　蛇財臨干發初傳。
干墓併關人宅廢。　　中末皆空末傳虎。
權攝不正祿臨支。　　稼穡為格逢三刑。
腳踏空亡進用宜。　　傳財太旺反財虧。彼此猜忌害相隨。

占斷解析：

天候：未（螣蛇），傳戌（太陰），傳丑（白虎）。主陰晴不定。

人事：青龍乘祿臨支，戌財入墓，未財空亡臨干。人事不利己。

考試：青龍乘祿，朱雀逢長生。有利考運。

婚姻：后合占婚吉，天后臨絕，六合臨敗地。姻緣未到。

財祿：傳財太旺反財虧，賓主不投刑在上。財運不佳。

升遷：權攝不正祿臨支，干墓併關人宅廢。升遷不利己。

疾病：白虎乘丑土尅水，主腎疾，喜貴人乘申洩土生水。疾病可癒。

失物：玄武臨死地，傳財太旺反財虧。失物難尋。

子嗣：天后臨絕，六合臨敗地。子息緣淡。

官司：官鬼爻臨胎絕，傳財太旺反生鬼。官司難解。

乙酉日

潤下
干上申

官鬼	甲	申	貴人	初傳
父母	戊	子	勾陳	中傳
妻財	壬	辰	太常	末傳

四課	三課	二課	一課
玄武	青龍	勾陳	貴人
巳	丑	子	申
丑	酉	申	乙

畢法賦/詮釋：
萬事喜忻三六合。　　三傳潤下貴發用。
課傳俱貴轉無依。　　官貴傳財逢三合。
交車相合交關利。　　脫支生干殺生印。
鬼乘天乙乃神祇。　　晝夜貴加求兩貴。合中犯殺蜜中砒。

占斷解析：
天候：申（貴人），傳子（勾陳），傳辰（太常）。主天晴。
人事：萬事喜忻三六合，交車相合交關利。人事利己。
考試：青龍入宅，貴人臨干發用。考運佳。
婚姻：后合占婚吉，天后臨養，六合臨死地。姻緣未到。
財祿：太常乘財入傳，青龍乘財入課。財運漸旺。
升遷：萬事喜忻三六合，交車相合，鬼乘天乙。有利升遷。
疾病：白虎乘干祿尅土，主腸胃疾，喜朱雀乘戌土合火洩木生土。
　　　疾病可癒。
失物：玄武臨敗地，太常乘財入傳，青龍乘財入宅。失物復得。
子嗣：天后臨養，六合臨死地。宜先養後招。
官司：鬼乘天乙乃神祇，交車相合交關利。官司可解。

乙酉日

妻財	◎	未	天后	初傳
父母	☉	子	勾陳	中傳
子孫	癸	巳	玄武	末傳

四課	三課	二課	一課
天后	天空	天空	螣蛇
未	寅	寅	酉
寅	酉	酉	乙

干上酉

知一課

畢法賦/詮釋：
腳踏空亡進用宜。　　酉支臨干卑尅尊。
三傳互尅眾人欺。　　寅木臨支下賊上。
貴人差迭事參差。　　害貴訟直遭屈斷。
將逢內戰所謀危。　　初中逢空。末逢玄武。

占斷解析：
天候：未（天后），傳子（勾陳），傳巳（玄武）。主陰雨。
人事：三傳互尅，貴人差迭，官鬼爻臨干上。不利人事。
考試：課傳不見龍雀，青龍臨衰，朱雀入墓。不利考運。
婚姻：后合占婚吉，天后發用，六合臨死地。姻緣未到。
財祿：財爻逢空亡發用，喜青龍、太常吉將亦乘財。財漸旺。
升遷：三傳互尅，將逢內戰，貴人差迭。不利升遷。
疾病：白虎乘干祿尅土，主腸胃疾，喜末傳子孫爻洩木生土。疾病可癒。
失物：玄武臨敗地，喜財爻乘青龍及太常吉將。失物復得。
子嗣：天后發用，六合臨死地。先得女。
官司：官鬼爻臨干上，喜父母爻洩殺生身。官司難解。

乙酉日

干上戌

兄弟	辛	卯	白虎	初傳
官鬼	乙	酉	螣蛇	中傳
兄弟	辛	卯	白虎	末傳

四課	三課	二課	一課
螣蛇	白虎	太常	朱雀
酉	卯	辰	戌
卯	酉	戌	乙

返吟課

畢法賦/詮釋：
三傳互尅眾人欺。　三辛臨卯所謀難成。
權攝不正祿臨支。　返吟無依逢虎蛇。
交車相合交關利。　虎乘遁鬼殃非淺。
干墓併關人宅廢。　上下交合兩心齊。貴人差迭事參差。

占斷解析：
天候：卯（白虎），傳酉（螣蛇），傳卯（白虎）。主天晴有風。
人事：權攝不正，三傳互尅，貴人差迭。不利人事。
考試：青龍臨衰，朱雀臨墓覆干。考運不佳。
婚姻：后合占婚吉，天后臨養，六合臨死地。姻緣未到。
財祿：權攝不正祿臨支，交車相合。財漸旺。
升遷：三傳互尅，貴人差迭，干墓併關。不利升遷。
疾病：白虎乘干祿尅土，主腸胃疾，喜交車相合相制。疾病可癒。
失物：玄武臨敗地，喜青龍乘財及太常乘財。失物復得。
子嗣：天后臨養，六合臨死地。先得女。
官司：官鬼爻臨胎絕，喜干支上神合化火相制。官司可解。

乙酉日

四課	三課	二課	一課
六合	太常	太陰	六合
亥	辰	午	亥
辰	酉	亥	乙

干上亥

父母	丁	亥	六合	初傳
子孫	◎	午	太陰	中傳
妻財	☉	丑	青龍	末傳

畢法賦/詮釋：
賓主不投刑在上。　　干逢印生丁馬動。
不行傳者考初時。　　月將乘支上下合。
貴人差迭事參差。　　辰酉午亥皆自刑。
任信丁馬須言動。　　有始無終變易難。胎財生氣妻懷孕。

占斷解析：

天候：丁亥（六合），傳午（太陰），傳丑（青龍）。晴多雲。

人事：賓主不投刑在上，不行傳者考初時，丁神動入死地。不利。

考試：青龍丑土乘空亡入傳，朱雀入墓。不利考運。

婚姻：后合占婚吉，天后臨養，六合臨死地。姻緣未到。

財祿：青龍乘財父入傳，太常吉將乘財入宅。財運漸旺。

升遷：不行傳者考初時，亥印臨死地，午火子孫臨空亡。不利。

疾病：白虎乘干祿尅土，主腸胃疾，喜子孫爻午火洩木生土。出空後疾病可癒。

失物：玄武入獄，喜財爻逢青龍入傳，逢太常吉將入宅。失物得予尋獲。

子嗣：天后臨養，六合臨死地。宜先養後招。

官司：官鬼爻臨胎絕，喜丁神乘亥水動洩殺生身。官司可解。

丙戌日

祿神：巳
驛馬：申
貴人：亥、酉
空亡：午、未
長生：寅
帝旺：午
墓庫：戌

丙戌日

畢法賦/詮釋：
不行傳者考初時。　三傳逆尅鬼發用。
權攝不正祿臨支。　鬼來尅身自昏沉。
龍加生氣吉遲遲。　貴人差迭事參差。
三傳互尅眾人欺。

占斷解析：
天候：子（六合），傳未（太陰），傳寅（青龍）。多雲時晴。
人事：三傳互尅，權攝不正祿臨支。人事不利己。
考試：青龍乘印入傳，干祿臨宅。有利考運。
婚姻：后合占婚吉，天后臨病，六合乘胎。姻緣未到。
財祿：財爻臨病死，喜子孫爻辰土合酉財乘貴人。財漸旺。
升遷：三傳互尅，貴人差迭，官鬼臨干發用。不利升遷。
疾病：白虎乘辰土尅水，主腎疾，喜貴人臨財洩土生水。疾病可癒。
失物：玄武乘旺，財爻臨病死。失物難尋。
子嗣：天后臨病，六合臨胎。先得男。
官司：官鬼爻臨胎絕，喜青龍逢長生洩殺生身。官司可解。

丙戌日

操會
干上丑

妻財	乙	酉	貴人	初傳
兄弟	癸	巳	太常	中傳
子孫	己	丑	勾陳	末傳

四課	三課	二課	一課
青龍	玄武	貴人	勾陳
寅	午	酉	丑
午	戌	丑	丙

彈射課

畢法賦/詮釋：
萬事喜忻三六合。　　干上三合金從革。
傳財太旺反財虧。　　支上三合火炎上。
龍加生氣吉遲遲。　　土將生金貴人發用。
貴人差迭事參差。　　課傳皆財財乘貴。賓主不投刑在上。

占斷解析：
天候：酉（貴人），傳巳（太常），傳丑（勾陳）。主天晴。
人事：課傳皆逢貴人，乘財爻三合。有利巳方。
考試：青龍逢長生入宅，貴人臨干發用。有利考運。
婚姻：后合占婚吉，天后臨病，六合乘胎。姻緣未到。
財祿：貴人乘財臨干上發用逢三合。財祿旺。
升遷：干祿乘貴入傳逢三合。有利升遷。
疾病：白虎乘辰土尅水，主腎疾，喜貴人乘酉六合化金洩土生水。疾病可癒。
失物：玄武帝旺，喜貴人乘財發用成三合。失物可復得。
子嗣：天后臨病，六合臨胎。可得男。
官司：官鬼爻臨胎絕不入課傳，喜支上青龍三合火相制。官司可解。

丙戌日

四課	三課	二課	一課
白虎	太陰	朱雀	青龍
辰	未	亥	寅
未	戌	寅	丙

干上寅

官鬼	丁	亥	朱雀	初傳
妻財	甲	申	天后	中傳
兄弟	癸	巳	太常	末傳

嚆矢課

畢法賦/詮釋：
鬼乘天乙乃神祇。　　三傳逆生洩支生干。
龍加生氣吉遲遲。　　干上青龍乘長生。
任信丁馬須言動。　　支上空亡乘太陰。首尾相見始終宜。
貴人差迭事參差。　　寅亥六合初發用。催官使者赴官期。

占斷解析：
天候：亥（朱雀），傳申（天后），傳巳（太常）。陰晴不定。
人事：龍加生氣，催官使者赴官期。人事利己。
考試：青龍泮喜，朱雀臨干發用報喜。考運佳。
婚姻：后合占婚吉，天后臨病，六合乘胎。姻緣未到。
財祿：財爻入傳，貴人乘酉合辰。財漸旺。
升遷：龍加生氣，催官使者赴官期。有利升遷。
疾病：白虎乘辰土尅水，主腎疾，喜貴人乘酉六合化金洩土生水。
　　　疾病可癒。
失物：玄武帝旺，財爻臨病死。失物難尋。
子嗣：天后臨病，六合臨胎。先得男。
官司：丁馬動化官鬼，喜青龍相合化印生身。官司可解。

丙戌日

極陰
干上卯

四課	三課	二課	一課
玄武	天后	勾陳	天空
午	申	丑	卯
申	戌	卯	丙

子孫 巳 丑 勾陳 初傳
官鬼 丁 亥 朱雀 中傳
妻財 乙 酉 貴人 末傳

重審課

畢法賦/詮釋：
貴登天門高甲第。　　三傳間退課極陰。
交車相合交關利。　　交相六合助干神。
晝夜貴加求兩貴。　　將逢內戰所謀危。
任信丁馬須言動。　　龍加生氣吉遲遲。

占斷解析：
天候：丑（勾陳），傳亥（朱雀），傳酉（貴人）。陰晴不定。
人事：晝夜貴加求兩貴，任信丁馬須言動，貴登天門。利人事。
考試：朱雀乘幕貴丁馬動，青龍臨長生。考運佳。
婚姻：后合占婚吉，天后臨病又入獄，六合乘胎。姻緣未到。
財祿：貴人乘財入傳，申財暗合祿。財運漸旺。
升遷：晝夜貴加求兩貴，交車相合交關利，貴登天門。利升遷。
疾病：白虎乘辰土尅水，主腎疾，喜貴人乘酉六合化金洩土生水。
　　　疾病可癒。
失物：玄武帝旺，喜財爻乘貴入傳。失物可復得。
子嗣：天后臨病，六合臨胎。先得男。
官司：官鬼爻乘丁神相尅，喜干上卯洩水生身。官司可解。

丙戌日

否極泰來
干上辰

父母	辛	卯	天空	初傳
父母	庚	寅	白虎	中傳
子孫	己	丑	太常	末傳

四課	三課	二課	一課
螣蛇	貴人	天空	青龍
申	酉	卯	辰
酉	戌	辰	丙

畢法賦/詮釋：
屋宅寬廣致人衰。　財貴乘支六合干。
人宅受脫俱招盜。　魁度天門關格定。
龍加生氣吉遲遲。
貴雖在獄宜臨干。

占斷解析：
天候：卯（天空），傳寅（白虎），傳丑（太常）。主天晴。
人事：青龍臨干，貴人臨支，辰酉相合。有利人事。
考試：青龍臨干泮喜，貴人入宅六合。有利考運。
婚姻：后合占婚吉，天后入墓，六合臨帝旺。姻緣未到。
財祿：貴人乘財臨宅，青龍臨干六合財。財祿旺。
升遷：人宅受脫俱招盜，魁度天門關格定。不利升遷。
疾病：白虎乘寅木尅土，主脾胃疾，喜午火帝旺洩木生土。疾病可癒。
失物：玄武臨胎，財爻乘貴入宅。失物可復得。
子嗣：天后入墓，六合帝旺。先得男。
官司：官鬼爻臨胎絕，喜父母爻入課傳洩殺生身。官司可解。

丙戌日

干上巳

兄弟	癸	巳	勾陳	初傳
妻財	甲	申	螣蛇	中傳
父母	庚	寅	白虎	末傳

四課	三課	二課	一課
天后	天后	勾陳	勾陳
戌	戌	巳	巳
戌	戌	巳	丙

伏吟課

畢法賦/詮釋：
賓主不投刑在上。　雙墓臨宅家昏暗。
三傳互尅眾人欺。　末助初傳反安寧。
旺祿臨身徒妄作。　人宅坐墓甘招晦。
將逢內戰所謀危。　簾幕貴人高甲第。

占斷解析：
天候：巳（勾陳），傳申（螣蛇），傳寅（白虎）。晴有風。
人事：賓主不投，三傳互尅，將逢內戰所謀危。不利人事。
考試：課傳不見龍雀，勾陳臨干發用，白虎入傳。不利考運。
婚姻：后合占婚吉，天后入墓，六合臨帝旺。姻緣未到。
財祿：旺祿臨身，暗合財爻。財祿旺。
升遷：三傳互尅，將逢內戰，人宅坐墓。不利升遷。
疾病：白虎乘寅木尅土，主脾胃疾，末助初兮洩木生土。疾病可癒。
失物：玄武臨胎，旺祿臨身，暗合財爻。失物可復得。
子嗣：天后入墓，六合帝旺。先得男。
官司：官鬼爻臨胎絕，喜印爻逢長生洩殺生身。官司可解。

丙戌日

龍潛陽光身沐皇恩
干上午

初傳	中傳	末傳
官鬼 丁亥 太陰	官鬼 戊子 玄武	子孫 己丑 太常

四課	三課	二課	一課
玄武	太陰	朱雀	六合
子	亥	未	午
亥	戌	午	丙

重審課

畢法賦/詮釋：
所謀多拙遭羅網。　　干上六合乘空亡。
鬼臨三四訟災隨。　　支上值絕乘太陰。
任信丁馬須言動。　　彼此猜忌害相隨。
胎財生氣妻懷孕。　　賓主不投刑在上。貴人差迭事參差。

占斷解析：
天候：亥（太陰），傳子（玄武），傳丑（太常）。主陰雨。
人事：貴人差迭，鬼臨三四，干支上神戰鬥。不利人事。
考試：干上朱雀午未合，青龍乘冠帶。有利考運。
婚姻：后合占婚吉，天后入墓，六合臨帝旺。姻緣未到。
財祿：課傳不見財爻，財爻臨病死。財運不佳。
升遷：貴人差迭，鬼臨三四，所謀多拙。不利升遷。
疾病：白虎乘寅木尅土，主脾胃疾，喜干上神午未合火洩木生土。
　　　疾病可癒。
失物：玄武臨胎，財爻臨病死之地。失物難尋。
子嗣：天后入墓，六合帝旺。先得男。
官司：鬼臨三四訟災隨，課傳皆官鬼。官司難解。

丙戌日

干上未

官鬼	戊	子	玄武	初傳
父母	庚	寅	白虎	中傳
子孫	壬	辰	青龍	末傳

四課	三課	二課	一課
白虎	玄武	貴人	朱雀
寅	子	酉	未
子	戌	未	丙

重審課

畢法賦/詮釋：
罡塞鬼戶任謀為。　　干上逢空貴坐空。
彼此猜忌害相隨。　　支上玄鬼化白虎。
貴人差迭事參差。　　虎乘遁鬼殃非淺。
胎財死氣損胎推。　　人宅受脫俱招盜。龍加生氣吉遲遲。

占斷解析：

天候：子（玄武），傳寅（白虎），傳辰（青龍）。雨後多雲。
人事：貴人臨干，朱雀乘祿報喜。有利人事。
考試：青龍入傳，朱雀臨干。有利考運。
婚姻：后合占婚吉，天后入墓，六合臨帝旺。姻緣未到。
財祿：貴人乘財臨干，干祿暗合財爻。財漸旺。
升遷：貴人乘財臨干，青龍冠帶六合。有利升遷。
疾病：白虎乘寅木尅土，主脾胃疾，喜午火帝旺暗合干上神洩木生土。疾病可癒。
失物：玄武臨胎，貴人乘財臨干暗合青龍。失物可復得。
子嗣：天后入墓，六合帝旺。先得男。
官司：官鬼爻乘胎發用，喜寅印入宅化殺生身。官司可解。

丙戌日

四課	三課	二課	一課
青龍	太常	太陰	螣蛇
辰	丑	亥	申
丑	戌	申	丙

干上申

妻財	甲	申	螣蛇	初傳
官鬼	丁	亥	太陰	中傳
父母	庚	寅	白虎	末傳

重審課

畢法賦/詮釋：
三傳遞生人舉薦。　　干上馬財發初傳。
貴人差迭事參差。　　丁馬交馳須言動。
任信丁馬須言動。　　末傳長生官印相生。
傳財化鬼財休覓。　　龍加生氣吉遲遲。

占斷解析：

天候：申（火將），傳亥（太陰），傳寅（白虎）。晴轉陰。

人事：三傳遞生，青龍乘太常臨支，丁馬乘官鬼，螣蛇臨干。人事不利己。

考試：龍加生氣，太常吉將入宅。有利考運。

婚姻：后合占婚吉，天后入墓，六合臨帝旺。姻緣未到。

財祿：傳財化鬼，財父臨病死。財運不佳。

升遷：三傳遞生，太常臨支，蛇臨干。升遷不利己。

疾病：白虎乘寅木尅土，主脾胃疾，三傳金水相生。未覓良醫。

失物：玄武臨胎，傳財化鬼。失物難尋。

子嗣：天后入墓，六合帝旺。先得男。

官司：傳財化鬼，喜末傳寅印化殺生身。官司可解。

丙戌日

獻刃
干上酉

妻財	乙	酉	貴人	初傳
子孫	己	丑	太常	中傳
兄弟	癸	巳	勾陳	末傳

四課	三課	二課	一課
六合	白虎	太常	貴人
午	寅	丑	酉
寅	戌	酉	丙

重審課

畢法賦/詮釋：
萬事喜忻三六合。　　貴人乘財逢三合。
合中犯煞蜜中砒。　　課傳俱財財祿旺。
兩貴受尅難干貴。　　支上三合火炎上。財旺火劫蜜中砒。
傳財太旺反財虧。　　三傳逆生人舉薦。貴人差迭事參差。

占斷解析：
天候：酉（貴人），傳丑（太常），傳巳（勾陳）。主陰無雨。
人事：太常吉將乘貴財臨干上，三傳逆生人舉薦。人事利己。
考試：青龍乘辰合酉貴，朱雀合午臨宅。有利考運。
婚姻：后合占婚吉，天后入墓，六合臨帝旺。姻緣未到。
財祿：太常吉將乘貴人三合財局。財祿旺。
升遷：貴人三合臨干發傳，白虎三合臨支。升遷利己方。
疾病：白虎乘寅木尅土，主脾胃疾，喜午火帝旺洩木生土。疾病可癒。
失物：玄武臨胎，傳財太旺反財虧。失物難尋。
子嗣：天后入墓，六合帝旺。先得男。
官司：官鬼爻臨胎絕，三傳三合財旺生鬼，喜支上父母爻洩殺生身。官司難解。

- 355 -

丙戌日

四課	三課	二課	一課
天后	天空	天空	螣蛇
申	卯	卯	戌
卯	戌	戌	丙

干上戌

妻財	甲	申	天后	初傳
子孫	己	丑	勾陳	中傳
兄弟	◎	午	玄武	末傳

畢法賦/詮釋：
三傳逆生人舉薦。　　戌墓覆日乘螣蛇。
貴人差迭事參差。　　戌蛇坐巳蛇乘墓。
干支乘墓各昏迷。　　四課馬財為發用。
兩蛇夾墓凶難免。　　中傳財墓末傳空。貴雖在獄宜臨干。

占斷解析：
天候：申（天后），傳丑（勾陳），傳午（玄武）。主陰雨。
人事：兩蛇夾墓凶難免，干支乘墓各昏迷。不利人事。
考試：課傳不見龍雀，蛇臨干，印乘天空入宅。不利考運。
婚姻：后合占婚吉，天后臨病，六合臨胎。姻緣未到。
財祿：財爻臨病發用，喜子孫爻丑土相生。財漸旺。
升遷：干支乘墓，貴人差迭。不利升遷。
疾病：白虎乘辰土尅水，主腎疾，喜申金發傳洩土生水。疾病可癒。
失物：玄武帝旺，財爻逢丑土相生入傳。失物可復得。
子嗣：天后臨病地，六合臨胎。先得男。
官司：官鬼爻臨胎絕，喜干上卯戌合火相制。官司可解。

丙戌日

干上亥

四課	三課	二課	一課
螣蛇	白虎	太常	朱雀
戌	辰	巳	亥
辰	戌	亥	丙

兄弟	癸	巳	太常	初傳
官鬼	丁	亥	朱雀	中傳
兄弟	癸	巳	太常	末傳

返吟課

畢法賦/詮釋：
旺祿臨身徒妄作。　　干上官鬼尅祿神。
三傳互尅眾人欺。　　支上白虎尅支辰。
任信丁馬須言動。　　返吟往來皆受尅。
干支值絕凡謀決。　　干墓併關人宅廢。鬼乘天乙乃神祇。

占斷解析：
天候：巳（太常），傳亥（朱雀），傳巳（太常）。主天晴。
人事：旺祿臨身，丁馬催官。人事利己。
考試：朱雀臨干報喜，青龍逢長生。有利考運。
婚姻：后合占婚吉，天后臨病，六合臨胎。姻緣未到。
財祿：旺祿臨身暗合財爻。財漸旺。
升遷：太常吉將乘祿臨干，朱雀乘丁馬報喜。有利升遷。
疾病：白虎乘辰土尅水，主腎疾，喜貴人臨酉生水。疾病可癒。
失物：玄武帝旺，喜干支上神合財爻。失物可復得。
子嗣：天后臨病，六合臨胎。先得男。
官司：官鬼爻臨胎絕，喜干支上神相制。官司可解。

丁亥日

祿神：午
驛馬：巳
貴人：亥、酉
空亡：午、未
長生：酉
帝旺：巳
墓庫：丑

丁亥日

干上子

兄弟	癸	巳	天空	初傳
子孫	丙	戌	螣蛇	中傳
父母	辛	卯	太常	末傳

四課	三課	二課	一課
朱雀	白虎	天空	天后
酉	辰	巳	子
辰	亥	子	丁

重審課

畢法賦/詮釋：
干支值絕凡謀決。　干上逢鬼支逢墓。
彼此全傷防兩損。　財生官鬼傷日干。
貴人差迭事參差。　制鬼之位乃良醫。
將逢內戰所謀危。　支乘墓虎有伏屍。

占斷解析：
天候：巳（天空），傳戌（螣蛇），傳卯（太常）。主天晴。
人事：貴人差迭，干支值絕。不利人事。
考試：朱雀逢長生，青龍臨祿。有利考運。
婚姻：后合占婚吉，天后值絕臨干上，六合臨敗地。姻緣未到。
財祿：財爻得長生又逢合。財漸旺。
升遷：貴人差迭，干支值絕。不利升遷。
疾病：白虎乘辰土尅水，主腎疾，喜酉金合化金生水。疾病可癒。
失物：玄武臨死地，財爻逢長生，亦逢簾幕貴人。失物可復得。
子嗣：天后值絕，六合臨敗地。子息緣淡。
官司：官鬼爻值絕臨干，喜見子孫爻入傳相制。官司可解。

- 359 -

丁亥日

```
干上丑

兄弟  癸  巳  天空    初傳
官鬼  丁  亥  貴人    中傳
兄弟  癸  巳  天空    末傳

四課  三課  二課  一課
貴人  天空  勾陳  太陰
 亥    巳    未    丑
 巳    亥    丑    丁
```

返吟課

畢法賦/詮釋：
三傳互尅眾人欺。　　太陰乘墓覆干上。
干支皆敗事傾頹。　　丑未六冲巳亥冲。
干墓併關人宅廢。　　驛馬逢丁馬傳馬。兩貴受尅難干貴。
鬼乘天乙乃神祇。　　胎財生氣妻懷孕。信任丁馬須言動。

占斷解析：
天候：巳（天空），傳亥（貴人），傳巳（天空）。主天晴。
人事：三傳互尅，干支上神相冲。不利人事。
考試：鬼乘天乙，青龍臨官，朱雀長生。有利考運。
婚姻：后合占婚吉，天后值絕，六合臨敗地。姻緣未到。
財祿：課傳不見財爻，比肩眾。財運不佳。
升遷：三傳互尅，干支皆敗。不利升遷。
疾病：白虎乘辰入獄尅水，主腎疾，木印逢病死無力救制。未覓良醫。
失物：玄武臨死地，課傳不見財爻。失物難尋回。
子嗣：天后值絕，六合臨敗地。子息緣淡。
官司：鬼乘天乙乃神祇，又逢天空乘巳相冲。官司可解。

丁亥日

干上寅

兄弟	◎	午	白虎	初傳
子孫	☉	丑	朱雀	中傳
妻財	甲	申	玄武	末傳

四課	三課	二課	一課
朱雀	白虎	太陰	六合
丑	午	酉	寅
午	亥	寅	丁

重審課

畢法賦/詮釋：
權攝不正祿臨支。　六合臨干寅亥合。
交車相合交關利。　前後引從陞遷吉。
腳踏空亡趂用宜。　支上干祿祿逢空。
貴雖在獄宜臨干。　將逢內戰所謀危。

占斷解析：
天候：午（白虎），傳丑（朱雀），傳申（玄武）。晴轉陰雨。
人事：木印逢死氣臨干，權攝不正祿臨支。人事不利己。
考試：青龍臨衰，朱雀臨墓。不利考運。
婚姻：后合占婚吉，天后臨養，六合臨死地。姻緣未到。
財祿：財爻長生臨干上。財漸旺。
升遷：將逢內戰，權攝不正祿臨支。不利升遷。
疾病：白虎乘干祿尅金，主胸肺之疾，喜貴人乘亥相制。疾病可癒。
失物：玄武乘財臨敗地，喜太陰乘財爻臨干。失物可復得。
子嗣：天后臨養，六合臨死地。宜先養後招。
官司：課傳不見官鬼爻，喜子孫爻入課傳相制。官司可解。

丁亥日

正陽
干上卯

子孫	◎	未	太常	初傳
父母	☉	卯	勾陳	中傳
官鬼	丁	亥	貴人	末傳

四課	三課	二課	一課
勾陳	太常	貴人	勾陳
卯	未	亥	卯
未	亥	卯	丁

涉害課

畢法賦/詮釋：
腳踏空亡進用宜。　　干上卯印坐空亡。
彼求我事支傳干。　　支上三合木曲值。
萬事喜忻三六合。　　初中旬空末逢貴。
鬼乘天乙乃神祇。　　眷屬豐盛居窄宅。信任丁馬須言動。

占斷解析：
天候：未（太常），傳卯（勾陳），傳亥（貴人）。主天晴。
人事：鬼乘天乙臨干入傳。有利人事。
考試：課傳不見龍雀，青龍臨衰，朱雀入墓。考運不佳。
婚姻：后合占婚吉，天后臨養，六合臨死地。姻緣未到。
財祿：課傳不見財父，印旺財衰。財運不佳。
升遷：鬼乘天乙臨干入傳。升遷利己。
疾病：白虎乘干祿尅金，主胸肺之疾，喜貴人乘亥相制。疾病可癒。
失物：玄武乘財臨敗地，課傳印旺不見財。失物難尋回。
子嗣：天后臨養，六合臨死地。宜先養後招。
官司：鬼乘天乙乃神祇。官司可解。

丁亥日

干上辰

兄弟	癸	巳	天空	初傳
父母	庚	寅	六合	中傳
官鬼	丁	亥	貴人	末傳

四課	三課	二課	一課
天空	玄武	朱雀	青龍
巳	申	丑	辰
申	亥	辰	丁

元首課

畢法賦/詮釋：
三傳逆生人舉薦。　干逢天罡乘青龍。
鬼乘天乙乃神祇。　支逢長生乘玄武。
任信丁馬須言動。　驛馬發用傳官貴。
干墓併關人宅廢。

占斷解析：
天候：巳（天空），傳寅（六合），傳亥（貴人）。主天晴。
人事：干墓併關人宅廢。人事不利己。
考試：龍雀臨干，鬼乘天乙入傳。有利考運。
婚姻：后合占婚吉，天后臨養，六合臨死入傳。姻緣未到。
財祿：玄武乘財爻臨敗地，財被劫。不利財運。
升遷：三傳逆生人舉薦，末傳得鬼乘天乙。有利升遷。
疾病：白虎乘干祿尅金，主胸肺之疾，喜巳申合水相制。疾病可癒。
失物：玄武乘財入宅，財爻臨敗地。失物難尋回。
子嗣：天后臨養，六合臨死地。宜先養後招。
官司：鬼乘天乙入傳。官司可解。

- 363 -

丁亥日

勳明
干上巳

妻財	乙	酉	太陰	初傳
子孫	◎	未	太常	中傳
兄弟	☉	巳	天空	末傳

四課	三課	二課	一課
太常	太陰	勾陳	天空
未	酉	卯	巳
酉	亥	巳	丁

彈射課

畢法賦/詮釋：
不行傳者考初時。　彼此猜忌害相隨。
夫婦蕪淫各有私。　貴人差迭事參差。
互旺俱旺坐謀宜。　三傳逆生人舉薦。
彼求我事支傳干。

占斷解析：

天候：酉（太陰），傳未（太常），傳巳（天空）。陰轉晴。
人事：三傳逆生，互旺俱旺。有利人事。
考試：課傳不見龍雀，青龍乘衰，朱雀入墓。考運不佳。
婚姻：后合占婚吉，天后臨養，六合臨死地。姻緣未到。
財祿：財爻逢長生入宅發用。財漸旺。
升遷：三傳逆生，互旺俱旺。有利升遷。
疾病：白虎乘干祿尅金，主胸肺之疾，喜貴人乘亥水相制。疾病可癒。
失物：玄武乘財臨敗地，財爻逢長生臨宅。失物可尋回。
子嗣：天后臨養，六合臨死地。宜先養後招。
官司：官鬼爻臨胎絕，鬼乘天乙乃神祇。官司可解。

- 364 -

丁亥日

返駕
干上午

子孫	丙	戌	天后	初傳
妻財	乙	酉	太陰	中傳
妻財	甲	申	玄武	末傳

四課	三課	二課	一課
太陰	天后	天空	白虎
酉	戌	巳	午
戌	亥	午	丁

元首課

畢法賦/詮釋：
旺祿臨身徒妄作。　干墓覆支發初傳。
首尾相見始終宜。　中末傳財得長生。
魁度天門關格定。　鬼乘天乙乃神祇。
傳財太旺反財虧。

占斷解析：
天候：戌（天后），傳酉（太陰），傳申（玄武）。主陰雨。
人事：首尾相見始終宜，旺祿臨身，鬼乘天乙乃神祇。利人事。
考試：課傳不見龍雀，青龍乘衰，朱雀入墓。考運不佳。
婚姻：后合占婚吉，天后臨養，六合臨死地。姻緣未到。
財祿：三傳三會財局，旺祿臨身。財祿旺。
升遷：干祿坐空臨空，魁度天門關格定。不利升遷。
疾病：白虎乘干祿尅金，主胸肺之疾，喜青龍乘辰土洩火生金。疾病可癒。
失物：玄武臨敗地，財爻逢三會，旺祿又臨身。失物可復得。
子嗣：天后臨養，六合臨死地。宜先養後招。
官司：官鬼爻臨胎絕，三傳三會財局生官鬼。官司難解。

- 365 -

丁亥日

四課	三課	二課	一課
貴人	貴人	太常	太常
亥	亥	未	未
亥	亥	未	丁

干上未

官鬼	丁	亥	貴人	初傳
子孫	◎	未	太常	中傳
子孫	巳	丑	朱雀	末傳

伏吟課

畢法賦/詮釋：

貴登天門高甲第。　　丁亥伏吟發初傳。
三傳互尅眾人欺。　　鬼乘天乙乘丁神。
任信丁馬須言動。　　干上逢空支自刑。
鬼乘天乙乃神祇。　　進退兩難中傳空。鬼臨三四訟災隨。

占斷解析：

天候：丁亥（貴人），傳未（太常），傳丑（朱雀）。主天晴。
人事：太常吉將臨干，貴人臨支。有利人事。
考試：朱雀入墓入傳，青龍臨衰。不利考運。
婚姻：后合占婚吉，天后臨養，六合臨死地。姻緣未到。
財祿：財爻逢長生，又得子孫爻旺生。財漸旺。
升遷：貴登天門，鬼乘天乙，太常吉將臨干。有利升遷。
疾病：白虎乘干祿尅金，主胸肺之疾，喜貴人乘亥相制，末傳丑土洩火。疾病可癒。
失物：玄武乘財臨敗地，酉財逢長生，又得朱雀青龍相生。失物可復得。
子嗣：天后臨養，六合臨死地。宜先養後招。
官司：鬼乘天乙乃神祇，又逢天空乘巳相沖。官司可解。

丁亥日

流金
干上申

妻財	⊙	申	六合	初傳
妻財	乙	酉	朱雀	中傳
子孫	丙	戌	螣蛇	末傳

四課	三課	二課	一課
太陰	天后	朱雀	六合
丑	子	酉	申
子	亥	申	丁

重審課

畢法賦/詮釋：
所謀多拙遭羅網。　　干上合財財發傳。
后合占婚豈用媒。　　傳財生鬼財險危。
簾幕貴人高甲第。　　貴雖在獄宜臨干。
傳財化鬼財休覓。

占斷解析：

天候：申（六合），傳酉（朱雀），傳戌（螣蛇）。主天晴。

人事：所謀多拙遭羅網，貴人入獄，干上神臨敗地。不利人事。

考試：青龍臨干祿，朱雀逢長生。考運佳。

婚姻：后合占婚吉，六合臨敗地，天后臨絕。姻緣未到。

財祿：傳財太旺反財虧，傳財生官鬼。不利財運。

升遷：所謀多拙，貴人入獄，干上神臨敗地。不利升遷。

疾病：白虎乘辰土尅水，主腎之疾，喜課傳金旺洩土生水。疾病可癒。

失物：玄武臨死地，課傳財旺又逢長生。失物可復得。

子嗣：天后臨絕，六合臨敗地。子息緣淡。

官司：官鬼爻臨胎絕，三傳三會財局生官鬼。官司難解。

- 367 -

丁亥日

疑陰 干上酉			
妻財	☉	酉	朱雀
官鬼	丁	亥	貴人
子孫	己	丑	太陰

四課	三課	二課	一課
太常	太陰	貴人	朱雀
卯	丑	亥	酉
丑	亥	酉	丁

重審課

畢法賦/詮釋：
賓主不投刑在上。　　末生初財財逢空。
我求彼事干傳支。　　課傳皆貴乘丁馬。
課傳俱貴轉無依。　　催官使者赴官期。
鬼乘天乙乃神祇。　　晝夜貴加求兩貴。

占斷解析：

天候：酉（朱雀），丁亥（貴人），傳丑（太陰）。陰不雨。
人事：雙貴臨干發傳，鬼乘天乙，催官使者赴官期。人事利己。
考試：朱雀逢長生臨干發用，貴人乘丁馬催官。考運佳。
婚姻：后合占婚吉，天后臨絕，六合臨敗地。姻緣未到。
財祿：財爻逢長生臨干發用。財漸旺。
升遷：官貴臨干，朱雀報喜。有利升遷。
疾病：白虎乘辰土尅水，主腎之疾，喜六合酉金化金生水。疾病可癒。
失物：玄武臨死地，貴人乘財臨干發用。失物可復得。
子嗣：天后臨絕，六合臨敗地。子息緣淡。
官司：鬼乘天乙乃神祇，雙貴臨干。官司可解。

丁亥日

庭有桂馥蘭
干上戌

四課	三課	二課	一課
天空	玄武	太陰	螣蛇
巳	寅	丑	戌
寅	亥	戌	丁

兄弟	◎	午	青龍	初傳
子孫	⊙	戌	螣蛇	中傳
父母	庚	寅	玄武	末傳

畢法賦/詮釋：
腳踏空亡進用宜。　　昂星課逢火炎上。
華蓋覆日人昏晦。　　初傳祿空末玄武。
人宅受脫俱招盜。　　避難逃生須棄舊。
末助初兮三等論。　　龍加生氣吉遲遲。

占斷解析：
天候：午（青龍），傳戌（螣蛇），傳寅（玄武）。晴轉雨。
人事：蛇臨干，玄武臨支，人宅受脫。不利人事。
考試：青龍乘干祿發用，朱雀逢長生。有利考運。
婚姻：后合占婚吉，天后臨絕，六合臨敗地。姻緣未到。
財祿：三傳合火局不利財爻。財運不佳。
升遷：蛇臨干，玄武臨宅，人宅受脫。不利升遷。
疾病：白虎乘辰土尅水，主腎之疾，喜六合酉金化金生水。疾病可癒。
失物：玄武臨死地，財爻逢兄弟爻三合所劫。失物難尋得。
子嗣：天后臨絕，六合臨敗地。子息緣淡。
官司：官鬼爻臨胎絕，末傳寅木洩水生火。官司可解。

丁亥日

子孫	◎	未	勾陳
官鬼	⊙	亥	貴人
父母	辛	卯	太常

初傳 / 中傳 / 末傳

四課	三課	二課	一課
勾陳	太常	太常	貴人
未	卯	卯	亥
卯	亥	亥	丁

從吉 干上亥

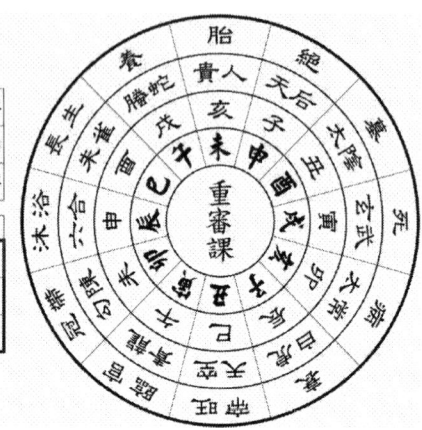

重審課

畢法賦/詮釋：
賓主不投刑在上。　　生干脫支人豐宅溢。
腳踏空亡進用宜。　　曲直格成格臨課傳。
萬事喜忻三六合。　　眷屬豐盛居窄宅。
鬼乘天乙乃神祇。　　兩貴受尅難干貴。

占斷解析：
天候：未（勾陳），傳亥（貴人），傳卯（太常）。主天晴。
人事：太常吉將乘貴人臨干。人事利己。
考試：青龍乘干祿，朱雀逢長生。有利考運。
婚姻：后合占婚吉，天后臨絕，六合臨敗地。姻緣未到。
財祿：課傳皆逢三合木，印旺財弱。財運不佳。
升遷：太常吉將乘天乙貴人臨干。有利升遷。
疾病：白虎乘辰土尅水，主腎之疾，喜六合酉金化金生水。疾病可癒。
失物：玄武臨死地，財爻逢長生。失物可復得。
子嗣：天后臨絕，六合臨敗地。子息緣淡。
官司：鬼乘天乙乃神祇，末傳卯木洩水生火。官司可解。

戊子日

祿神：巳
驛馬：亥
貴人：丑、未
空亡：午、未
長生：寅
帝旺：午
墓庫：戌

戊子日

妻財	戊	子	螣蛇	初傳
兄弟	◎	未	天空	中傳
官鬼	☉	寅	天后	末傳

干上子

四課	三課	二課	一課
天后	天空	天空	螣蛇
寅	未	未	子
未	子	子	戊

重審課

畢法賦／詮釋：

不行傳者考初時。　　支加干上蛇發傳。
三傳互尅眾人欺。　　尅害交加進退難。
空上逢空事莫追。　　初遭夾尅不由己。
彼此猜忌害相隨。　　胎財死氣損胎推。

占斷解析：

天候：子（螣蛇），傳未（天空），傳寅（天后）。晴雨不定。
人事：蛇財臨干，空上逢空。不利人事。
考試：青龍臨病，朱雀臨絕。不利考運。
婚姻：后合占婚吉，天后臨長生，六合入墓。姻緣未到。
財祿：財爻臨胎絕，空亡又逢空。財運不佳。
升遷：三傳互尅，彼此猜忌，空上逢空。不利升遷。
疾病：白虎乘午火尅金，主肺疾，子水臨干發用，初遭夾尅。未覓良醫。
失物：玄武乘辰，財爻臨胎絕，初遭夾尅。失物難尋。
子嗣：天后逢長生，六合臨墓。先得女。
官司：官鬼爻乘寅入傳，喜午火洩殺生身。官司可解。

戊子日

干上丑

父母	癸	巳	太常	初傳
子孫	甲	申	青龍	中傳
兄弟	己	丑	貴人	末傳

四課	三課	二課	一課
玄武	青龍	勾陳	貴人
辰	申	酉	丑
申	子	丑	戊

昂星課

畢法賦/詮釋：
萬事喜忻三六合。　　干上逢貴支乘龍。
交車相合交關利。　　簾幕貴人高甲第。
眷屬豐盈居狹宅。　　貴人差迭事參差。
首尾相見始終宜。　　胎財生氣妻懷孕。

占斷解析：
天候：巳（太常），傳申（青龍），傳丑（貴人）。多雲時晴。
人事：貴人臨干，青龍臨支，交車相合，首尾相見。有利人事。
考試：青龍入宅，貴人臨干入傳。考運佳。
婚姻：后合占婚吉，天后臨長生，六合入墓。姻緣未到。
財祿：財爻臨胎，逢三合。財漸旺。
升遷：青龍入宅，貴臨干上，干祿乘吉將發用。有利升遷。
疾病：白虎乘午火尅金，主肺疾，喜貴人乘丑土洩火生金。疾病可癒。
失物：玄武入宅，喜三合財旺。失物可復得。
子嗣：天后逢長生，六合入墓。先得女。
官司：官鬼爻逢長生，喜干祿三合金局相制。官司可解。

戊子日

干上寅

			|初傳
官鬼	庚	寅	螣蛇
妻財	丁	亥	太陰	中傳
子孫	甲	申	白虎	末傳

四課	三課	二課	一課
青龍	太常	太陰	螣蛇
午	酉	亥	寅
酉	子	寅	戊

畢法賦/詮釋：
三傳遞生人舉薦。　　干上官鬼坐長生。
互生俱生凡事益。　　支上酉金生支辰。
任信丁馬須言動。　　白虎乘財丁馬動。
貴雖在獄宜臨干。　　尅干生支催官期。龍加生氣吉遲遲。

占斷解析：
天候：寅（螣蛇），傳丁亥（太陰），傳申（白虎）。有風無雨。
人事：三傳逆生，青龍太常吉將臨支，蛇鬼臨干。人事不利己。
考試：青龍太常吉將臨宅。考運佳。
婚姻：后合占婚吉，天后臨胎財，六合入墓。姻緣未到。
財祿：三傳逆生，子孫爻生財爻。財漸旺。
升遷：任信丁馬須言動，互生俱生，三傳逆生人舉薦。利升遷。
疾病：白虎乘申金尅木，主肝疾，喜三傳逆生木。疾病可癒。
失物：玄武入墓，丁財動入課傳。失物可復得。
子嗣：天后臨胎，六合冠帶，有男有女。子息旺。
官司：官鬼爻乘蛇臨干發用，喜青龍乘父母爻洩殺生身。官司可解。

戊子日

極陰
干上卯

兄弟	己	丑	貴人	初傳
妻財	丁	亥	太陰	中傳
子孫	乙	酉	太常	末傳

四課	三課	二課	一課
白虎	玄武	貴人	朱雀
申	戌	丑	卯
戌	子	卯	戊

重審課

畢法賦/詮釋：
交車相合交關利。　貴臨干上發初傳。
彼此全傷防兩損。　白虎乘墓覆支上。
任信丁馬須言動。　干支皆敗事傾頹。
貴人差迭事參差。

占斷解析：

天候：丑（貴人），傳丁亥（太陰），傳酉（太常）。主陰無雨。

人事：貴臨干虎臨支，任信丁馬須言動。人事利己。

考試：貴人乘朱雀臨干報喜。考運佳。

婚姻：后合占婚吉，天后臨胎財，六合乘冠帶。婚喜可期。

財祿：財爻乘丁馬，又得子孫爻相生。財漸旺。

升遷：任信丁馬須言動，貴臨干虎臨支。升遷利己。

疾病：白虎乘申金剋木，主肝疾，喜丁神動洩金生木。疾病可癒。

失物：玄武入墓，財爻乘丁馬動臨絕地。失物難尋。

子嗣：天后臨胎財，六合臨冠帶，有男有女。子息旺。

官司：官鬼爻臨干相剋，喜支上神戌土六合官鬼爻化印生身。官司可解。

- 375 -

戊子日

畢法賦/詮釋：
魁度天門關格定。　華蓋覆日墓臨支。
貴人差迭事參差。　支上丁神丁馬動。
任信丁馬須言動。　常人忌之仕官歡。
干墓併關人宅廢。　龍加生氣吉遲遲。

占斷解析：

天候：戌（玄武），傳酉（太常），傳申（白虎）。主陰有風無雨。

人事：魁度天門關格定，干墓併關，貴人差迭。不利人事。

考試：課傳不見青龍，朱雀臨敗地。不利考運。

婚姻：后合占婚吉，天后乘胎，六合臨干。喜事可期。

財祿：財爻乘丁馬臨宅，得三傳子孫爻相生。財漸旺。

升遷：魁度天門關格定，干墓併關，貴人差迭。不利升遷。

疾病：白虎乘申金尅木，主肝疾，喜財爻乘丁馬洩金生木。疾病可癒。

失物：玄武乘戌入墓，財爻逢丁馬入宅。失物可復得。

子嗣：天后臨胎財，六合臨冠帶，有男有女。子息旺。

官司：官鬼爻臨干，喜卯戌合火洩殺生身。官司可解。

戊子日

干上巳

四課	三課	二課	一課
天后	天后	勾陳	勾陳
子	子	巳	巳
子	子	巳	戊

父母	癸	巳	勾陳	初傳
子孫	甲	申	白虎	中傳
官鬼	庚	寅	螣蛇	末傳

伏吟課

畢法賦/詮釋：
賓主不投刑在上。　　伏吟課逢祿發用。
三傳互尅眾人欺。　　官鬼乘馬生干上。
旺祿臨身徒妄作。　　祿馬財官俱相逢。名利之途利攸往。
受虎尅神為病症。　　胎財生氣妻懷孕。貴人差迭事參差。

占斷解析：

天候：巳（勾陳），傳申（白虎），傳寅（螣蛇）。陰轉晴。

人事：胎財生氣臨宅，旺祿臨干。人事利己。

考試：課傳不見龍雀，三傳三刑。考運不佳。

婚姻：后合占婚吉，天后臨胎財入宅，六合臨冠帶。時機未到。

財祿：旺祿臨身，財爻入宅。財祿旺。

升遷：賓主不投，三傳互尅，貴人差迭。不利升遷。

疾病：白虎乘申金尅木，主肝疾，喜巳申合水生木。疾病可癒。

失物：玄武入墓，旺祿臨身，財爻入宅。失物可復得。

子嗣：天后乘胎財，六合臨冠帶，有男有女。子息旺。

官司：官鬼爻乘蛇入傳，喜祿神化殺生身。官司可解。

戊子日

	四課	三課	二課	一課
	騰蛇	貴人	天空	青龍
	寅	丑	未	午
	丑	子	午	戊

官鬼	庚	寅	騰蛇	初傳
官鬼	辛	卯	朱雀	中傳
兄弟	壬	辰	六合	末傳

正和
干上午

畢法賦/詮釋：
所謀多拙遭羅網。　簾幕貴人乘青龍。
眾鬼雖彰全不畏。　午未旬空臨干上。
貴人差迭事參差。　支上貴人六合支。上下皆合兩心齊。
龍加生氣吉遲遲。　三傳皆鬼無畏忌。空上逢空事莫追。

占斷解析：
天候：寅（騰蛇），傳卯（朱雀），傳辰（六合）。主天晴。
人事：支上逢貴，青龍臨干，空上逢空事莫追。人事不利己。
考試：青龍入課，朱雀入傳。考運佳。
婚姻：后合占婚吉，天后乘胎財，六合入傳。喜事將近。
財祿：財爻臨胎財，課傳鬼旺生印不利財。財運不佳。
升遷：所謀多拙，空上逢空。不利升遷。
疾病：白虎乘申金剋木，主肝疾，喜木旺生火制金。疾病可癒。
失物：玄武入墓，財爻臨胎財。失物難尋。
子嗣：天后乘胎財，六合入傳，有男有女。子息旺。
官司：官鬼爻三會入傳，喜干上印旺化殺生身。官司可解。

戊子日

```
登天
干上未
```

兄弟	壬	辰	六合	初傳
父母	◎	午	青龍	中傳
子孫	⊙	申	白虎	末傳

四課	三課	二課	一課
六合	螣蛇	太常	天空
辰	寅	酉	未
寅	子	未	戊

重審課

畢法賦/詮釋：
貴登天門高甲第。　　彼此猜忌害相隨。
罡塞鬼戶任謀為。　　空上逢空事莫追。
不行傳者考初時。
失婦蕪淫各有私。

占斷解析：

天候：辰（六合），傳午（青龍），傳申（白虎）。主天晴。

人事：貴登天門，罡塞鬼戶，太常吉將臨干。人事利己。

考試：青龍入傳，貴登天門高甲第。考運佳。

婚姻：后合占婚吉，天后乘胎財，六合臨宅發用。喜事將近。

財祿：財爻雖臨胎財，喜干支上神六合化子孫爻生財。財漸旺。

升遷：貴登天門，罡塞鬼戶，太常吉將臨干六合支上神。有利于升遷。

疾病：白虎乘申金尅木，主肝疾，喜青龍午火相制。疾病可癒。

失物：玄武入墓，財爻臨胎絕，，喜太常吉將相生。失物復得。

子嗣：天后乘胎財，六合臨宅發用，有男有女。子息旺。

官司：官鬼爻乘蛇入宅，喜辰酉合金相制。官司可解。

戊子日

四課	三課	二課	一課
白虎	太陰	朱雀	青龍
午	卯	亥	申
卯	子	申	戊

干上申

官鬼	辛	卯	太陰	初傳
父母	◎	午	白虎	中傳
子孫	⊙	酉	勾陳	末傳

嚆矢課

畢法賦/詮釋：

不行傳者考初時。　　官鬼臨宅子卯刑。
人宅受脫俱招盜。　　四仲發用逢仲日。
脫上逢脫防虛詐。　　胎財生氣妻懷孕。
制鬼之位乃良醫。　　貴雖在獄宜臨干。

占斷解析：

天候：卯（太陰），傳午（白虎），傳酉（勾陳）。陰晴不定。

人事：人宅受脫，脫上逢脫，青龍臨病，朱雀臨絕。不利人事。

考試：青龍臨病，朱雀臨絕，貴人入獄。考運不佳。

婚姻：后合占婚吉，天后臨長生，六合入墓。姻緣未到。

財祿：財爻雖臨胎財，喜子孫爻相生。財漸旺。

升遷：不行傳者考初時，人宅受脫，貴人入獄。不利升遷。

疾病：白虎乘午火尅金，主胸肺之疾，喜財爻亥水相制。疾病可癒。

失物：玄武臨冠帶，財爻臨胎絕。失物難尋回。

子嗣：天后逢長生，六合入墓。先得女。

官司：官鬼爻臨支發用，喜父母爻化殺生身。官司可解。

戊子日

星斗
干上酉

兄弟	壬	辰	玄武	初傳
子孫	甲	申	青龍	中傳
妻財	戊	子	螣蛇	末傳

四課	三課	二課	一課
青龍	玄武	貴人	勾陳
申	辰	丑	酉
辰	子	酉	戊

元首課

畢法賦/詮釋：
三傳遞生人舉薦。　　三傳三合潤下格。
貴人差迭事參差。　　干上得貴暗合祿。
萬事喜忻三六合。　　胎財生氣妻懷孕。
傳財太旺反財虧。　　合中犯煞蜜中砒。交車相合交關利。

占斷解析：

天候：辰（玄武），傳申（青龍），傳子（螣蛇）。雨後天晴。

人事：三傳遞生，貴人臨干，青龍臨支。人事利己。

考試：青龍入課傳，成三合。有利考運。

婚姻：后合占婚吉，天后臨長生，六合入墓。姻緣未到。

財祿：三傳遞生三合財旺。財祿佳。

升遷：三傳遞生，貴人臨干，交車相合。有利升遷。

疾病：白虎乘午火尅金，主胸肺之疾，喜三傳遞生財爻相制。疾病可癒。

失物：玄武乘辰，喜三傳遞生財爻。失物可復得。

子嗣：天后逢長生，六合入墓。先得女。

官司：課傳不見官鬼爻，喜干上神暗合祿神相制。官司可解。

戊子日

父母	癸	巳	太常	初傳
兄弟	丙	戌	六合	中傳
官鬼	辛	卯	太陰	末傳

干上戌

四課	三課	二課	一課
六合	太常	太陰	六合
戌	巳	卯	戌
巳	子	戌	戌

重審課

畢法賦/詮釋：
權攝不正祿臨支。　　墓神覆干乘六合。
干支乘墓各昏迷。　　財祿臨支鬼合墓。
傳墓入墓分憎愛。　　末助初兮三等論。
制鬼之位乃良醫。　　將逢內戰所謀危。

占斷解析：
天候：巳（太常），傳戌（六合），傳卯（太陰）。主天晴。
人事：干支乘墓各昏迷，權攝不正祿臨支。人事不利己。
考試：課傳不見龍雀，青龍臨病，朱雀臨絕。考運不佳。
婚姻：后合占婚吉，天后臨長生，六合入課傳。婚喜可期。
財祿：財爻雖臨胎絕，課傳卯戌合火印。財運不佳。
升遷：權攝不正祿臨支，干支乘墓，將逢內戰。不利升遷。
疾病：白虎乘午火尅金，主胸肺之疾，課傳皆合火局助旺。未覓良醫。
失物：玄武乘辰土尅財，財爻臨胎絕。失物難尋回。
子嗣：天后逢長生，六合入墓。先得女。
官司：官鬼爻乘卯臨敗地，喜卯戌合火化殺生身。官司可解。

戊子日

干上亥

父母	◎	午	白虎	初傳
妻財	☉	子	螣蛇	中傳
父母	◎	午	白虎	末傳

四課	三課	二課	一課
螣蛇	白虎	太常	朱雀
子	午	巳	亥
午	子	亥	戊

返吟課

畢法賦/詮釋：
三傳互尅眾人欺。　　任信丁馬須言動。
來去俱空豈動移。　　返吟之課虎入傳。
干支乘絕凡謀決。　　財乘吉將丁馬動。旺祿臨身徒妄作。
彼此猜忌害相隨。　　晝夜貴加求兩貴。貴人差迭事參差。

占斷解析：

天候：午（白虎），傳子（螣蛇），傳午（白虎）。主天晴。

人事：三傳互尅，干支值絕，來去俱空。不利人事。

考試：朱雀臨絕逢六沖，干支值絕。不利考運。

婚姻：后合占婚吉，天后臨長生，六合入墓。姻緣未到。

財祿：財爻雖臨胎絕，又逢沖。財運不佳。

升遷：三傳互尅，干支值絕，來去俱空。不利升遷。

疾病：白虎乘午火尅金，主胸肺之疾，喜財爻逢丁神相制。疾病可癒。

失物：玄武乘辰土尅財爻，喜青龍三合化財。失物可復得。

子嗣：天后逢長生，六合入墓。先得女。

官司：課傳不見官鬼爻，喜旺祿臨身化殺生身。官司可解。

己丑日

祿神：午
驛馬：亥
貴人：子、申
空亡：午、未
長生：酉
帝旺：巳
墓庫：丑

己丑日

干上子

父母	癸	巳	白虎	初傳
兄弟	丙	戌	朱雀	中傳
官鬼	辛	卯	玄武	末傳

四課	三課	二課	一課
騰蛇	天空	白虎	貴人
亥	午	巳	子
午	丑	子	己

知一課

畢法賦/詮釋：
富貴干支逢祿馬。　　貴人乘財臨干上。
權攝不正祿臨支。　　交車相合交關利。
胎財生氣妻懷孕。　　末助初兮鬼生虎。
貴人差迭事參差。　　合中犯煞蜜中砒。龍加生氣吉遲遲。

占斷解析：
天候：巳（白虎），傳戌（朱雀），傳卯（玄武）。主晴偶小雨。
人事：貴人臨干，富貴干支逢祿馬，財爻臨丁馬動。有利人事。
考試：青龍六合支上神，朱雀入傳合官星。有利考運。
婚姻：后合占婚吉，天后入墓，六合臨長生。姻緣未到。
財祿：富貴干支逢祿馬，財爻乘丁馬動入宅。財漸旺。
升遷：富貴干支逢祿馬，財爻乘丁馬，貴人臨干。有利升遷。
疾病：白虎乘巳火尅金，主肺疾，喜亥子臨干支相制。疾病可癒。
失物：玄武臨病地，財爻乘丁馬臨支。失物可復得。
子嗣：天后入墓，六合逢長生。先得男。
官司：官鬼爻入傳，喜朱雀乘戌六合火洩殺生身。官司可解。

- 385 -

己丑日

四課	三課	二課	一課
天后	青龍	青龍	天后
丑	未	未	丑
未	丑	丑	己

妻財	丁	亥	螣蛇	初傳
兄弟	◎	未	青龍	中傳
兄弟	☉	丑	天后	末傳

干上丑

返吟課

畢法賦/詮釋：
不行傳者考初時。　　返吟課逢丁馬財。
三傳互尅眾人欺。　　四課不出丑與未。
干支乘墓各昏迷。　　動可取財靜宜吉。六爻現卦防其尅。
龍加生氣吉遲遲。　　信任丁馬須言動。貴人差迭事參差。

占斷解析：
天候：丁亥（螣蛇），傳未（青龍），傳丑（天后）。晴轉陰雨。
人事：三傳互尅，干支乘墓，貴人差迭。不利人事。
考試：青龍入課傳泮喜，有利考運。
婚姻：后合占婚吉，天后入墓，六合臨長生。姻緣未到。
財祿：財爻乘丁神入傳，六爻現卦，兄弟劫財。財不旺。
升遷：三傳互尅，干支乘墓，貴人差迭。不利升遷。
疾病：白虎乘巳火尅金，主肺疾，喜六爻現卦洩火生金。疾病可癒。
失物：玄武臨病，財爻乘丁馬動入傳。失物可復得。
子嗣：天后入墓，六合逢長生。先得男。
官司：課傳不見官鬼爻，六爻現卦尅財制官殺。官司可解。

己丑日

干上寅

官鬼	辛	卯	玄武	初傳
兄弟	丙	戌	朱雀	中傳
父母	癸	巳	白虎	末傳

四課	三課	二課	一課
玄武	勾陳	六合	太陰
卯	申	酉	寅
申	丑	寅	己

重審課

畢法賦/詮釋：
眾鬼雖彰全不畏。　　寅木官鬼臨干上。
制鬼之位乃良醫。　　卯木官鬼發初傳。
朽木難雕別作為。　　喜簾幕貴人臨支。
胎財生氣妻懷孕。　　怯殃降福禍轉祥。將逢內戰所謀危。

占斷解析：

天候：卯（玄武），傳戌（朱雀），傳巳（白虎）。陰轉晴。

人事：干支上神交車相剋，將逢內戰。不利人事。

考試：玄武官鬼臨支發用入傳，朱雀臨養，六合化印。利考運。

婚姻：后合占婚吉，天后入墓，六合臨長生。姻緣未到。

財祿：財爻臨胎絕，喜子孫爻逢長生相生。財漸旺。

升遷：干支上神交車相剋，將逢內戰。不利升遷。

疾病：白虎乘巳火剋金，主肺疾，喜青龍乘未洩火生金。疾病可癒。

失物：玄武臨宅發用，喜子孫爻逢長生相制生財爻。失物可復得。

子嗣：天后入墓，六合逢長生。先得男。

官司：眾鬼雖彰全不畏，喜子孫爻臨干支相制。官司可解。

己丑日

先春
干上卯

父母	癸	巳	青龍	初傳
兄弟	己	丑	螣蛇	中傳
子孫	乙	酉	玄武	末傳

四課	三課	二課	一課
青龍	玄武	天后	六合
巳	酉	亥	卯
酉	丑	卯	己

涉害課

畢法賦/詮釋：

萬事喜忻三六合。　　涉害課合從革格。
任信丁馬須言動。　　干上三合支發傳。
制鬼之位乃良醫。　　龍加生氣吉遲遲。
后合占婚豈用媒。　　巳酉合支從革格。虎臨干鬼凶速速。

占斷解析：

天候：巳（青龍），傳丑（螣蛇），傳酉（玄武）。陰晴不定。
人事：萬事喜忻三六合，任信丁馬須言動。有利人事。
考試：青龍乘旺臨宅三合發用。有利考運。
婚姻：后合占婚豈用媒。婚喜可期。
財祿：財爻乘丁馬臨干。財漸旺。
升遷：青龍生氣發用，財爻臨丁馬，萬事喜忻三六合。有利升遷。
疾病：白虎乘未土尅水，主腎疾，喜青龍三合子孫爻，洩土生水。疾病可癒。
失物：玄武乘酉臨長生，青龍三合子孫爻生財爻。失物可復得。
子嗣：天后乘胎財，六合臨病。先得女。
官司：官鬼爻臨干成三合，青龍三合子孫爻入課傳相制。官司可解。

己丑日

干上辰

	一課	二課	三課	四課
	勾陳	螣蛇	太陰	白虎
	辰	丑	戌	未
	己	辰	丑	戌

			初傳
妻財	戊	子	貴人
兄弟	☉	辰	勾陳
兄弟	丙	戌	太陰

昂星課

畢法賦/詮釋：
賓主不投刑在上。　天罡臨日魁臨支。
三傳互尅眾人欺。　四課皆逢四庫土。
人宅坐墓干招晦。　貴財發用合干上。
干墓併關人宅廢。　六爻現卦防其尅。

占斷解析：
天候：子（貴人），傳辰（勾陳），傳戌（太陰）。主陰。
人事：三傳互尅，人宅坐墓，六爻現卦尅財爻。不利人事。
考試：課傳不見龍雀，蛇臨干虎臨支。不利考運。
婚姻：后合占婚吉，天后乘胎財，六合臨病地。姻緣未到。
財祿：六爻現卦，兄弟爻旺盛劫財。財運不佳。
升遷：人宅坐墓，干墓併關，三傳互尅。不利升遷。
疾病：白虎乘未土尅水，主腎疾，六爻全土無力救助。未覓良醫。
失物：玄武乘酉臨長生，財爻臨胎絕，兄弟爻旺相。失物難尋。
子嗣：天后臨胎，六合臨病。先得女。
官司：課傳不見官鬼爻，六爻現卦尅財制官殺。官司可解。

- 389 -

己丑日

時遁
干上巳

四課	三課	二課	一課
玄武	天后	六合	青龍
酉	亥	卯	巳
亥	丑	巳	己

妻財	丁	亥	天后	初傳
子孫	乙	酉	玄武	中傳
兄弟	◎	未	白虎	末傳

畢法賦/詮釋：
三傳遞生人舉薦。　重審課得逆間傳。
龍加生氣吉遲遲。　財逢丁馬須言動。
任信丁馬須言動。　家有逆媳財壞印。
后合占婚豈用媒。　貴人差迭事參差。

占斷解析：
天候：丁亥（天后），傳酉（玄武），傳未（白虎）。主陰雨。
人事：青龍臨干，玄武臨支。人事利己。
考試：青龍乘旺臨干，財爻乘丁馬動。有利考運。
婚姻：后合占婚豈用媒。婚喜可期。
財祿：財爻乘丁馬動，得酉金相生。財漸旺。
升遷：三傳逆生，任信丁馬須言動，青龍臨干。升遷利己。
疾病：白虎乘未土尅水，主腎疾，喜酉金洩土生水。疾病可癒。
失物：玄武乘酉臨長生，財爻臨胎絕，喜酉金反生丁馬財。失物可復得。
子嗣：后合入課傳，天后臨胎，六合臨病。先得女。
官司：官鬼爻臨干，喜青龍乘巳臨干，洩木生身。官司可解。

己丑日

重陰
干上午

	四課	三課	二課	一課
	天后	貴人	青龍	天空
	亥	子	巳	午
	子	丑	午	己

妻財	戊	子	貴人	初傳
妻財	丁	亥	天后	中傳
兄弟	丙	戌	太陰	末傳

重審課

畢法賦/詮釋：
魁度天門關格定。　　旺祿臨身空祿逢空。
龍加生氣吉遲遲。　　妻財乘貴臨支上。
任信丁馬須言動。　　子丑相合事必成。傳財太旺反財虧。
空上逢空事莫追。　　交互乘胎妻有孕。胎財生氣妻懷孕。

占斷解析：
天候：子（貴人），傳亥（天后），傳戌（太陰）。陰晴不定。
人事：富貴干支逢祿馬，任信丁馬須言動。有利人事。
考試：青龍乘祿臨干上。有利考運。
婚姻：后合占婚吉，天后乘胎，六合臨病地。姻緣未到。
財祿：財爻臨宅發用，傳財太旺反財虧。要注意財務管理。
升遷：青龍乘祿臨干上，貴人丁馬臨宅。有利升遷。
疾病：白虎乘未土剋水，主腎疾，喜支上三會水局。疾病可癒。
失物：玄武乘酉臨長生，貴人乘丁馬臨財發用入傳。失物可獲。
子嗣：天后臨胎財，六合臨病。先得女。
官司：官鬼爻臨病死之地，喜青龍化殺生身。官司可解。

己丑日

干上未

	一課	二課	三課	四課
	未	未	丑	丑
	己	未	丑	丑

兄弟	己	丑	螣蛇	初傳
兄弟	丙	戌	太陰	中傳
兄弟	◎	未	白虎	末傳

伏吟課

畢法賦/詮釋：
賓主不投刑在上。　　伏吟課逢稼穡格。
彼此猜忌害相隨。　　四課不離丑與未。
兩蛇夾墓凶難免。　　三傳成刑蛇虎刑。
將逢內戰所謀危。　　我求彼事干傳支。六爻現卦防其尅。

占斷解析：

天候：丑（螣蛇），傳戌（太陰），傳未（白虎）。主天晴。

人事：賓主不投，將逢內戰，兩蛇夾墓。人事不利。

考試：課傳不見龍雀，只見蛇虎內戰。不利考運。

婚姻：后合占婚吉，天后乘胎，六合臨病地。姻緣未到。

財祿：課傳乘稼穡，六爻現卦尅財爻。財運不佳。

升遷：賓主不投，彼此猜忌，將逢內戰。不利升遷。

疾病：白虎乘未土尅水，主腎疾，六爻皆兄弟尅財。未覓良醫。

失物：玄武乘酉臨長生，財爻臨胎絕，六爻皆兄弟尅財。失物難尋。

子嗣：天后臨胎財，六合臨病。先得女。

官司：課傳皆兄弟不見官鬼爻，官鬼爻臨病死之地。官司可解。

己丑日

正和
干上申

官鬼	庚	寅	朱雀	初傳
官鬼	辛	卯	六合	中傳
兄弟	壬	辰	勾陳	末傳

四課	三課	二課	一課
六合	朱雀	玄武	太常
卯	寅	酉	申
寅	丑	申	己

元首課

畢法賦/詮釋:
所謀多拙遭羅網。　簾幕貴人臨干上。
鬼臨三四訟災隨。　支上木鬼發三傳。
眾鬼雖彰全不畏。　龍加生氣吉遲遲。
貴登天門高甲第。

占斷解析:

天候：寅（朱雀），傳卯（六合），傳辰（勾陳）。主天晴。
人事：所謀多拙遭羅網，鬼臨三四訟災隨。不利人事。
考試：青龍乘巳暗合干上申，朱雀入宅發用。有利考運。
婚姻：后合占婚吉，天后乘胎財，六合入宅。婚喜可期。
財祿：財爻臨胎絕，喜子孫爻臨干相生。財漸旺。
升遷：貴登天門，青龍帝旺合干上申。升遷利己方。
疾病：白虎乘未土尅水，主腎疾，喜干上神洩土生水。病可癒。
失物：玄武乘酉臨長生，財爻臨胎絕，喜太常臨干相生。失物復得。
子嗣：天后臨胎財，六合臨病。先得女。
官司：鬼臨三四訟災隨，喜干上神逢子孫爻相制。官司可解。

- 393 -

己丑日

官鬼	辛	卯	玄武	初傳
父母	癸	巳	白虎	中傳
兄弟	◎	未	青龍	末傳

四課	三課	二課	一課
白虎	玄武	螣蛇	六合
巳	卯	亥	酉
卯	丑	酉	己

盈陽
干上酉

元首課

畢法賦/詮釋：
三傳遞生人舉薦。　　卯木入宅暗合干。
龍加生氣吉遲遲。　　酉金臨身三合支。
任信丁馬須言動。　　六陰相繼盡昏迷。
罡塞鬼戶任謀為。　　兩貴受尅難干貴。貴人差迭事參差。

占斷解析：

天候：卯（玄武），傳巳（白虎），傳未（青龍）。陰多雲。

人事：貴人差迭事參差，蛇臨干虎臨支。不利人事。

考試：朱雀臨養，青龍入傳逢空亡。不利考運。

婚姻：后合占婚吉，天后入墓，六合臨長生。姻緣未到。

財祿：胎財臨干得子孫爻相生。財漸旺。

升遷：三傳遞生人舉薦，任信丁馬須言動。有利升遷。

疾病：白虎乘巳火尅金，主肺疾，喜干上神金水相生相制。疾病可癒。

失物：玄武臨病，財爻臨干喜子孫爻相生。失物復得。

子嗣：天后入墓，六合臨長生。先得男。

官司：官鬼爻臨病死之地，喜印爻化殺生身。官司可解。

己丑日

干上戌

父母	◎	午	天空	初傳
兄弟	☉	戌	朱雀	中傳
兄弟	壬	辰	太常	末傳

四課	三課	二課	一課
青龍	太常	天后	朱雀
未	辰	丑	戌
辰	丑	戌	己

昂星課

畢法賦/詮釋：
賓主不投刑在上。　魁星臨干逢朱雀。
空上逢空事莫追。　魁罡併現雀報喜。
六爻現卦防其尅。　貴人差迭事參差。
干墓併關人宅廢。　腳踏空亡進用宜。

占斷解析：

天候：午（天空），傳戌（朱雀），傳辰（太常）。主天晴。
人事：賓主不投刑在上，干墓併關人宅廢。不利人事。
考試：青龍入宅，朱雀臨干入傳。考運佳。
婚姻：后合占婚吉，天后臨干，六合臨長生合支上神。婚喜可期。
財祿：財爻臨胎絕，六爻全土比劫爭財。財運不佳。
升遷：賓主不投，干墓併關，貴人差迭。不利升遷。
疾病：白虎乘巳火尅金，主肺疾，喜濕土洩火生金。病可癒。
失物：玄武臨病，財爻臨胎絕。失物難尋。
子嗣：天后入墓，六合逢長生。先得男。
官司：官鬼爻臨病死之地，六爻全土兄弟旺。官司可解。

己丑日

獻刃
干上亥

子孫	乙	酉	六合	初傳
兄弟	己	丑	天后	中傳
父母	癸	巳	白虎	末傳

四課	三課	二課	一課
六合	白虎	玄武	螣蛇
酉	巳	卯	亥
巳	丑	亥	己

涉害課

畢法賦/詮釋：
三傳逆生人舉薦。　　丁馬載財臨干上。
萬事喜忻三六合。　　三傳合金生亥財。
晝夜貴加求兩貴。　　任信丁馬須言動。
后合占婚豈用媒。

占斷解析：
天候：酉（六合），傳丑（天后），傳巳（白虎）。主風雨不定。
人事：蛇臨干虎臨支，三合金木戰剋。不利人事。
考試：課傳不見龍雀，蛇臨干虎臨支。考運不佳。
婚姻：后合占婚豈用媒，六合天后入傳三合。婚喜可期。
財祿：財爻臨胎財，喜三傳三合子孫爻相生。財漸旺。
升遷：三傳逆生人舉薦，任信丁馬須言動。有利升遷。
疾病：白虎乘巳火剋金，主胸肺之疾，喜三傳三合金局。疾病可癒。
失物：玄武臨病，財爻臨胎絕，三傳逆生。失物復得。
子嗣：天后入墓，六合逢長生。先得男。
官司：官鬼爻臨干，喜子孫爻臨支三合入傳。官司可解。

庚寅日

祿神：申
驛馬：申
貴人：丑、未
空亡：午、未
長生：巳
帝旺：酉
墓庫：丑

庚寅日

四課	三課	二課	一課
六合	白虎	玄武	螣蛇
戌	午	辰	子
午	寅	子	庚

星斗干上子

父母	壬	辰	玄武	初傳
兄弟	甲	申	青龍	中傳
子孫	戊	子	螣蛇	末傳

畢法賦/詮釋：
萬事喜忻三六合。　　干上螣蛇脫干。
合中犯煞蜜中砒。　　支上白虎洩支。
脫上逢脫防虛詐。　　人宅皆死各喪贏。虎乘遁鬼殃非淺。
鬼臨三四訟災隨。　　三傳遞生人舉薦。貴人差迭事參差。

占斷解析：
天候：辰（玄武），傳申（青龍），傳子（螣蛇）。陰雨時晴。
人事：虎臨支蛇臨干，合中犯煞蜜中砒。不利人事。
考試：青龍乘干祿入傳逢三合。考運佳。
婚姻：后合占婚吉，天后臨絕，六合臨衰。姻緣未到。
財祿：財爻臨胎絕，喜子孫爻三合干祿生財。財漸旺。
升遷：三傳遞生人舉薦，青龍臨干祿逢三合。有利升遷。
疾病：白虎臨午火尅金，主肺疾，喜干上神相制。疾病可癒。
失物：玄武臨養，財爻臨胎絕，喜課傳子孫爻旺生財。失物復得。
子嗣：天后臨絕，六合臨衰。子息緣淡。
官司：鬼臨三四訟災隨，喜干上神相制。官司可解。

庚寅日

干上丑

四課	三課	二課	一課
子孫	☉	子	螣蛇	初傳
官鬼	癸	巳	太常	中傳
父母	丙	戌	六合	末傳

四課	三課	二課	一課
螣蛇	天空	白虎	貴人
子	未	午	丑
未	寅	丑	庚

畢法賦/詮釋：
晝夜貴加求兩貴。　　晝貴臨干居祿地。
空上乘空事莫追。　　簾幕貴人空逢空。
交車相合交關利。　　虎臨干鬼凶速速。
干支乘墓各昏迷。　　貴人差迭事參差。

占斷解析：

天候：子（螣蛇），傳巳（太常），傳戌（六合）。主天晴。

人事：干支乘墓各昏迷，貴人差迭事參差。不利人事。

考試：課傳不見龍雀，虎臨干蛇臨支，貴人差迭。不利考運。

婚姻：后合占婚吉，天后臨絕，六合臨衰。姻緣未到。

財祿：財爻臨胎絕，食傷臨病死無力生財。財運不佳。

升遷：貴人入墓，暮貴空上逢空，虎臨干鬼。不利升遷。

疾病：白虎臨午火尅金，主肺疾，喜子丑合土洩火生金。疾病可癒。

失物：玄武臨衰，財爻臨胎絕。失物難尋。

子嗣：天后臨絕，六合臨衰。子息緣淡。

官司：白虎乘干鬼，喜子丑合土洩殺生身。官司可解。

庚寅日

妻財	庚	寅	天后	初傳
兄弟	甲	申	青龍	中傳
妻財	庚	寅	天后	末傳

四課	三課	二課	一課
天后	青龍	青龍	天后
寅	申	申	寅
申	寅	寅	庚

返吟課

畢法賦/詮釋：
三傳互尅眾人欺。　　返吟課傳滿財祿。
干支值絕凡謀決。　　干祿臨支支為財。
富貴干支逢祿馬。　　祿馬同鄉富貴占。貴人差迭事參差。
權攝不正祿臨支。　　小人忌動君子亨。傳財太旺反財虧。

占斷解析：

天候：寅（天后），傳申（青龍），傳寅（天后）。陰雨綿綿。

人事：三傳互尅，干支值絕，貴人差迭。不利人事。

考試：青龍臨官入課傳。大利考運。

婚姻：后合占婚吉，天后臨絕發用，六合臨衰。姻緣未到。

財祿：傳財太旺反財虧，兄弟爭財。不利財運。

升遷：三傳互尅，干支值絕，貴人差迭。不利升遷。

疾病：白虎臨午火尅金，主肺疾，傳財助鬼，喜青龍入課傳。疾病可癒。

失物：玄武入獄，傳財太旺反財虧。失物難尋。

子嗣：天后臨絕，六合臨衰。子息緣淡。

官司：官鬼爻臨長生、財爻太旺生官鬼。官司難解。

庚寅日

干上卯

四課	三課	二課	一課
玄武	勾陳	六合	太陰
辰	酉	戌	卯
酉	寅	卯	庚

父母	丙	戌	六合	初傳
官鬼	癸	巳	太常	中傳
子孫	戊	子	螣蛇	末傳

畢法賦/詮釋：
將逢內戰所謀危。　交車互旺坐謀宜。
兩蛇夾墓凶難免。　魁乘卯財兼六合。
華蓋覆日人昏晦。　君子宜占常人忌。
貴人差迭事參差。　傳財化鬼財休覓。

占斷解析：

天候：戌（六合），傳巳（太常），傳子（螣蛇）。主天晴。

人事：華蓋覆日人昏晦，將逢內戰，傳財化鬼。不利人事。

考試：課傳不見龍雀，兩蛇夾墓，華蓋覆日。考運不佳。

婚姻：后合占婚吉，天后臨絕，六合臨衰。姻緣未到。

財祿：財爻臨胎絕，傳財又化鬼。財運不佳。

升遷：貴人差迭，華蓋覆日，將逢內戰。不利升遷。

疾病：白虎臨午火尅金，主肺疾，干上傳財又化鬼。未覓良醫。

失物：玄武臨養，財爻臨胎絕，干上傳財又化鬼。失物難尋。

子嗣：天后臨絕，六合臨衰。子息緣淡。

官司：官鬼爻入傳，干上傳財又化鬼。官司難解。

庚寅日

畢法賦/詮釋：
三傳逆生人舉薦。　三傳遞生炎上格。
鬼臨三四訟災隨。　貴人差迭事參差。
萬事喜忻三六合。　眾鬼雖彰全不畏。
后合占婚豈用媒。

占斷解析：
天候：戌（六合），傳午（白虎），傳寅（天后）。晴轉雨。
人事：眾鬼雖彰，鬼臨三四，貴人差迭。不利人事。
考試：青龍乘蛇臨干成三合。有利考運。
婚姻：后合占婚吉。六合臨衰。天后臨絕。姻緣未到。
財祿：傳財化鬼財休覓。財運不佳。
升遷：三傳逆生人舉薦，青龍乘祿合干上神。升遷利己。
疾病：白虎臨午火尅金，主肺疾，喜青龍暗合干上神相制。疾病可癒。
失物：玄武臨養，財爻三合化官鬼。失物難尋。
子嗣：天后臨絕，六合臨衰。子息緣淡。
官司：眾鬼雖彰全不畏，喜干上辰土化殺生身。官司可解。

庚寅日

干上巳

四課	三課	二課	一課	
	癸	巳	勾陳	初傳
官鬼	庚	寅	螣蛇	中傳
妻財	丁	亥	太陰	末傳
子孫				

四課	三課	二課	一課
白虎	太陰	螣蛇	勾陳
申	亥	寅	巳
亥	寅	巳	庚

元首課

畢法賦/詮釋：
三傳逆生人舉薦。　官鬼逢長生臨干發用。
賓主不投刑在上。　我求彼事干傳支。交車相合交關利。
金日逢丁凶禍動。　三傳逆生生日鬼。權攝不正祿臨支。
制鬼之位乃良醫。　彼此猜忌害相隨。互生俱生凡事益。

占斷解析：

天候：巳（勾陳），傳寅（螣蛇），傳丁亥（太陰）。主天晴。

人事：交車相合交關利，互生俱生凡事益，三傳逆生。利人事。

考試：青龍臨敗地，朱雀臨胎，蛇臨干虎臨支。不利考運。

婚姻：后合占婚吉，天后臨死，六合臨養。姻緣未到。

財祿：三傳逆生，傳財化鬼。財運不佳。

升遷：賓主不投，傳財化鬼。升遷不利己。

疾病：白虎臨干祿尅木，主肝膽疾，喜干上巳火相合化水生木。疾病可癒。

失物：玄武臨養，喜交車相合財爻旺。失物復得。

子嗣：天后臨死地，六合臨養。先得男。

官司：官鬼爻臨干發用，喜干祿交車相合相制。官司可解。

庚寅日

顧祖 干上午		
官鬼	◎ 午	青龍	初傳
父母	壬 辰	六合	中傳
妻財	庚 寅	螣蛇	末傳

四課	三課	二課	一課
玄武	天后	六合	青龍
戌	子	辰	午
子	寅	午	庚

涉害課

畢法賦/詮釋：
交車相合交關利。　　涉害課逢逆間傳。
干支皆敗事傾頹。　　日鬼發用逢旬空。
制鬼之位乃良醫。　　末助初兮三等論。
后合占婚豈用媒。　　貴人差迭事參差。

占斷解析：

天候：午（青龍），傳辰（六合），傳寅（螣蛇）。多雲轉晴。

人事：貴人差迭，干支皆敗，傳財化鬼。不利人事。

考試：青龍乘敗臨干發用，朱雀臨胎。不利考運。

婚姻：后合占婚吉。天后臨死。六合臨養。姻緣未到。

財祿：末助初兮，傳財化鬼。財運不佳。

升遷：貴人差迭，干支皆敗。不利升遷。

疾病：白虎臨干祿尅木，主肝膽疾，喜干祿及子辰三合水生木。疾病可癒。

失物：玄武臨衰，傳財化鬼。失物難尋。

子嗣：天后臨死地，六合入課傳。先得男。

官司：官鬼爻臨干，傳財化鬼。官司難解。

- 404 -

庚寅日

重陰
干上未

四課	三課	二課	一課
天后	貴人	青龍	天空
子	丑	午	未
丑	寅	未	庚

子孫	戊子	天后	初傳
子孫	丁亥	太陰	中傳
父母	丙戌	玄武	末傳

畢法賦/詮釋：
魁度天門關格定。　　晝貴臨宅夜貴乘空。
空上逢空事莫追。　　龍臨敗地又乘空。
金日逢丁凶禍動。　　胎財生氣妻懷孕。
晝夜貴加求兩貴。　　貴人差迭事參差。

占斷解析：
天候：子（天后），傳亥（太陰），傳戌（玄武）。主陰雨。
人事：魁度天門，空上逢空。不利人事。
考試：青龍逢空亡，朱雀臨胎。不利考運。
婚姻：后合占婚吉，天后臨死入課傳，六合臨養。姻緣未到。
財祿：財爻逢胎絕，干上逢空，支上逢死墓。財運不佳。
升遷：魁度天門，干上逢空，支上逢死墓。不利升遷。
疾病：白虎臨干祿尅木，主肝膽疾，喜子孫爻入傳洩金生木。疾病可癒。
失物：玄武臨衰，財爻臨胎絕，喜子孫爻入傳相生。失物復得。
子嗣：天后臨死地，六合臨養。先得男。
官司：官鬼爻逢空亡，空上逢空，喜子孫爻入傳相制。官司可解。

- 405 -

庚寅日

```
干上申
兄弟  甲  申  白虎    初傳
妻財  庚  寅  螣蛇    中傳
官鬼  癸  巳  勾陳    末傳

四課 三課 二課 一課
螣蛇 螣蛇 白虎 白虎
 寅   寅   申   申
 寅   寅   申   庚
```

伏吟課

畢法賦/詮釋：
旺祿臨身徒妄作。　　祿馬臨身乘蛇虎。
賓主不投刑在上。　　祿臨干上財入宅。
我求彼事干傳支。　　貴人差迭事參差。
傳財化鬼財險危。　　將逢內戰所謀危。

占斷解析：
天候：申（白虎），傳寅（螣蛇），傳巳（勾陳）。主天晴。
人事：賓主不投，將逢內戰，貴人差迭。不利人事。
考試：課傳不見龍雀，課傳盡是虎蛇戰鬥。不利考運。
婚姻：后合占婚吉，天后臨死地，六合臨養。姻緣未到。
財祿：傳財化鬼財險危。財運不佳。
升遷：我求彼事，傳財化鬼，將逢內戰。不利升遷。
疾病：白虎臨干祿尅木，主肝膽疾，傳財化鬼相制，喜末傳巳火，六合化水生木。疾病可癒。
失物：玄武臨衰，財旺生官鬼。失物難尋。
子嗣：天后臨死地，六合臨養。先得男。
官司：傳財化鬼尅干祿，賓主不投刑在上。官司難解。

庚寅日

升階
干上酉

父母	壬	辰	六合	初傳
官鬼	癸	巳	勾陳	中傳
官鬼	◎	午	青龍	末傳

四課	三課	二課	一課
六合	朱雀	玄武	太常
辰	卯	戌	酉
卯	寅	酉	庚

重審課

畢法賦/詮釋：
互旺俱旺坐謀宜。　魁星乘旺罡乘財。
交車相合交關利。　三傳順進鬼乘空。
所謀多拙遭羅網。　人宅興隆得外助。
貴人差迭事參差。　胎財生氣妻懷孕。

占斷解析：

天候：辰（六合），傳巳（勾陳），傳午（青龍）。主晴多雲。
人事：互旺俱旺坐謀宜，交車相合。有利人事。
考試：青龍入傳，朱雀入課。有利考運。
婚姻：后合占婚吉，天后臨死地，六合臨養。姻緣未到。
財祿：朱雀乘財入宅，交車相合化為官鬼。財運不佳。
升遷：所謀多拙遭羅網，貴人差迭。不利升遷。
疾病：白虎臨干祿尅木，主肝膽疾，喜卯木交車相合化火相制。疾病可癒。
失物：玄武臨衰，財爻臨胎絕又合化鬼。失物難尋
子嗣：天后臨死地，六合臨養。先得男。
官司：官鬼爻乘巳暗合祿，乘午逢空亡。官司可解。

庚寅日

父母	壬	辰	六合	初傳
官鬼	◎	午	青龍	中傳
兄弟	☉	申	白虎	末傳

四課	三課	二課	一課
青龍	六合	天后	玄武
午	辰	子	戌
辰	寅	戌	庚

登天干上戌

涉害課

畢法賦/詮釋：
貴登天門高甲第。　　貴登天門罡塞鬼戶。
罡塞鬼戶任謀為。　　涉害課逢登三天。
華蓋覆日人昏晦。　　官鬼旬空常人吉。
后合占婚豈用媒。　　不行傳者考初時。貴人差迭事參差。

占斷解析：

天候：三傳登天，六合傳青龍傳白虎。主多雲有風。
人事：華蓋覆日，罡塞鬼戶，貴人差迭。不利人事。
考試：青龍入宅入傳報喜，貴登天門。大利考運。
婚姻：后合占婚豈用媒。婚喜可期。
財祿：財爻臨胎絕，干支上神印旺尅子孫。財運不佳。
升遷：華蓋覆日，不行傳者考初時，貴人差迭。不利升遷。
疾病：白虎臨干祿尅木，主肝膽疾，喜干祿及子辰三合水生木。疾病可癒。
失物：玄武臨衰，課傳不見財爻，財爻臨胎絕。失物難尋。
子嗣：六合臨養，天后臨死地。先得男。
官司：官鬼爻乘青龍入課傳，喜干支上神子辰相制。官司可解。

庚寅日

干上亥

兄弟	甲	申	青龍	初傳
子孫	丁	亥	朱雀	中傳
妻財	庚	寅	天后	末傳

四課	三課	二課	一課
青龍	太常	天后	朱雀
申	巳	寅	亥
巳	寅	亥	庚

重審課

畢法賦/詮釋：
三傳遞生人舉薦。　　青龍發用遞生財。
權攝不正祿臨支。　　交車相合交關利。
富貴干支逢祿馬。　　貴雖在獄宜臨干。
金日逢丁凶禍動。　　人宅受脫俱招盜。彼求我事支傳干。

占斷解析：
天候：申（青龍），傳丁亥（朱雀），傳寅（天后）。晴時多雲偶陣雨。
人事：三傳遞生，彼求我事，富貴干支逢祿馬。有利人事。
考試：青龍朱雀入課傳。大利考運。
婚姻：后合占婚吉，天后臨絕，六合臨衰。姻緣未到。
財祿：三傳遞生，財旺臨干。大利財運。
升遷：支上青龍乘干祿，太常吉將臨長生入宅。升遷不利己。
疾病：白虎乘午火尅金，主肺疾，喜支上巳申合水相制。疾病可癒。
失物：玄武臨養，三傳遞生財旺臨干。失物可復得。
子嗣：天后臨絕，六合臨衰。子息緣淡。
官司：官鬼爻乘巳火入宅，喜巳申合子孫爻相制。官司可解。

辛卯日

祿神：酉
驛馬：巳
貴人：午、寅
空亡：午、未
長生：子
帝旺：申
墓庫：辰

辛卯日

變盈者名
干上子

				初傳
官鬼	癸	巳	六合	
父母	◎	未	青龍	中傳
兄弟	⊙	酉	白虎	末傳

四課	三課	二課	一課
青龍	六合	貴人	太陰
未	巳	寅	子
巳	卯	子	辛

畢法賦/詮釋：
三傳遞生人舉薦。　人宅受脫俱招盜。
不行傳者考初時。　貴財日支皆干財。
龍加生氣吉遲遲。　胎財生氣妻懷孕。
罡塞鬼戶任謀為。

占斷解析：
天候：巳（六合），傳未（青龍），傳酉（白虎）。多雲有風。
人事：三傳遞生，貴人乘長生臨干。人事利己方。
考試：青龍臨空亡，朱雀入墓。不利考運。
婚姻：后合占婚吉，天后臨養，六合臨死地。姻緣未到。
財祿：胎財逢貴人乘長生臨干上。財漸旺。
升遷：三傳遞生，胎財逢貴人乘長生臨干上。升遷利己方。
疾病：白虎乘干祿尅木，主肝膽疾，喜子水洩金生木。疾病可癒。
失物：玄武臨敗地，財爻乘貴臨干。失物可復得。
子嗣：天后臨養，六合臨死地。宜先養後招。
官司：官鬼爻發用，喜青龍乘印洩殺生身。官司可解。

辛卯日

畢法賦/詮釋：
三傳遞生人舉薦。　干支交關逢六害。
權攝不正祿臨支。　干祿臨支發初傳。
干墓併關人宅廢。　貴登天門高甲第。
彼此猜忌害相隨。　胎財生氣妻懷孕。

占斷解析：
天候：酉（白虎），傳子（太陰），傳卯（螣蛇）。陰轉晴。
人事：三傳遞生人舉薦，干祿臨支，干墓併關。人事不利己。
考試：青龍臨衰入獄，朱雀入墓。不利考運。
婚姻：后合占婚吉，天后入課臨干，六合臨死地。姻緣未到。
財祿：三傳遞生財爻旺，貴入天門乘胎財。財漸旺。
升遷：三傳遞生人舉薦，干祿臨支，干墓覆干。升遷不利己。
疾病：白虎乘干祿尅木，主肝膽疾，喜三傳遞生洩金生木。疾病可癒。
失物：玄武臨敗地，喜三傳遞生財爻，貴人乘胎財。失物可得。
子嗣：天后臨養，六合臨死地。宜先養後招。
官司：官鬼爻臨病地，喜丑印臨干洩殺生身。官司可解。

辛卯日

曲直
干上寅

父母	◎	未	白虎	初傳
子孫	丁	亥	六合	中傳
妻財	辛	卯	天后	末傳

四課	三課	二課	一課
六合	白虎	太常	貴人
亥	未	午	寅
未	卯	寅	辛

涉害課

畢法賦/詮釋：
腳踏空亡進用宜。　　坐未逢空不足畏。
金日逢丁凶禍動。　　交車相合交關利。
后合占婚豈用媒。　　龍加生氣吉遲遲。
傳財太旺反財虧。　　貴雖在獄宜臨干。

占斷解析：
天候：未（白虎），傳亥（六合），傳卯（天后）。主晴偶雨。
人事：交車相合交關利，貴雖在獄宜臨干。有利人事。
考試：青龍臨干祿，朱雀逢長生。考運佳。
婚姻：后合占婚豈用媒，后合皆入傳。婚喜可期。
財祿：傳財太旺反財虧，胎財臨干逢六合。財運漸佳。
升遷：交車相合交關利，貴雖在獄宜臨干。有利升遷。
疾病：白虎乘未土尅水，主腎疾，喜青龍乘干祿生水。疾病可癒。
失物：玄武臨死地，胎財乘貴臨干逢六合。失物可復得。
子嗣：天后臨絕，六合臨敗地。子息緣淡。
官司：官鬼爻臨干，逢財爻相生。官司難解。

辛卯日

四課	三課	二課	一課
螣蛇	天空	天空	天后
丑	申	申	卯
申	卯	卯	辛

干上卯

妻財	辛	卯	天后	初傳
兄弟	甲	申	天空	中傳
父母	己	丑	螣蛇	末傳

畢法賦/詮釋：
兩貴受尅難干貴。　　干上卯財臨干發用。
我求彼事干傳支。　　重審不備支加干。
初遭夾尅不由己。　　帝旺臨支尅支辰。丑蛇生金尅卯財。
胎財生氣妻懷孕。　　如婿贅入不由己。干支值絕凡謀決。

占斷解析：

天候：卯（天后），傳申（天空），傳丑（螣蛇）。陰雨轉晴。

人事：兩貴受尅難干貴，干支值絕。不利人事。

考試：課傳不見龍雀，干支值絕。考運不佳。

婚姻：后合占婚吉，天后臨絕地，六合臨敗地。姻緣未到。

財祿：財父臨胎絕發用，兄弟旺相爭財。財運不佳。

升遷：初遭夾尅，我求彼事干傳支，干支值絕。不利升遷。

疾病：白虎乘未土尅水，主腎疾，喜青龍臨祿洩土生水。疾病可癒。

失物：玄武臨死地，胎財臨干發用。失物可復得。

子嗣：天后臨絕，六合臨敗地。子息緣淡。

官司：課傳不見官鬼爻，官鬼爻臨病死，喜支上丑土洩殺生身。官司可解。

辛卯日

妻財	辛	卯	天后	初傳
兄弟	乙	酉	青龍	中傳
妻財	辛	卯	天后	末傳

四課	三課	二課	一課
天后	青龍	勾陳	太陰
卯	酉	戌	辰
酉	卯	辰	辛

干上辰

返吟課

畢法賦/詮釋：
三傳互尅眾人欺。　初末傳財臨絕地。
兩貴受尅難干貴。　中傳干祿逢青龍。
權攝不正祿臨支。　傳財太旺反財虧。
交車相合交關利。　干墓併關人宅廢。龍加生氣吉遲遲。

占斷解析：
天候：卯（天后），傳酉（青龍），傳卯（天后）。主陰雨。
人事：三傳互尅，權攝不正，干墓併關。不利人事。
考試：青龍乘干祿六合干上辰。考運佳。
婚姻：后合占婚吉，天后臨絕地，六合臨敗地。姻緣未到。
財祿：傳財太旺反財虧，兄弟爭財。財運不佳。
升遷：三傳互尅，權攝不正，干墓併關。升遷不利己。
疾病：白虎乘未土尅水，主腎疾，喜青龍合干上神洩土生水。疾病可癒。
失物：玄武臨死地，傳財太旺反財虧。失物難尋。
子嗣：天后臨絕，六合臨敗地。子息緣淡。
官司：課傳不見官鬼爻，卯戌合火傳財化鬼。官司難解。

辛卯日

畢法賦/詮釋：
貴人差迭事參差。　　三傳四課皆相同。
彼求我事支傳干。　　支為日財卯財戌。
眾鬼雖彰全不畏。　　財就人宅取之宜。
制鬼之位乃良醫。　　胎財生氣妻懷孕。將逢內戰所謀危。

占斷解析：
天候：戌（勾陳），傳巳（玄武），傳子（朱雀）。陰晴不定。
人事：官鬼臨干，勾陳臨支，將逢內戰。不利人事。
考試：青龍乘干祿，朱雀逢長生。大利考運。
婚姻：后合占婚吉，天后臨絕地，六合臨敗地。姻緣未到。
財祿：財爻臨胎絕，官鬼爻入課傳。不利財運。
升遷：彼求我事支傳干，貴人差迭，將逢內戰。不利升遷。
疾病：白虎乘未土尅水，主腎疾，課傳皆火生土。未覓良醫。
失物：玄武臨干支，財爻臨胎絕。失物難尋。
子嗣：天后臨絕，六合臨敗地。子息緣淡。
官司：官鬼爻入課傳，子孫爻無力制殺。官司難解。

- 416 -

辛卯日

正陽
干上午

父母	◎	未	白虎	初傳
妻財	☉	卯	天后	中傳
子孫	丁	亥	六合	末傳

四課	三課	二課	一課
白虎	六合	貴人	太常
未	亥	寅	午
亥	卯	午	辛

比用課

畢法賦/詮釋：
畫夜貴加求兩貴。　　初中坐空末傳動。
萬事喜忻三六合。　　吉事難成凶事解。
金日逢丁凶禍動。　　腳踏空亡進用宜。
交車相合交關利。　　胎財生氣妻懷孕。

占斷解析：

天候：未（白虎），傳卯（天后），傳亥（六合）。主晴偶雨。

人事：萬事喜忻三六合，交車相合。有利人事。

考試：青龍乘干祿，朱雀逢長生。大利考運。

婚姻：后合占婚豈用媒，后合皆入傳。婚喜可期。

財祿：貴人乘財父臨干逢六合。財運佳。

升遷：畫夜貴加求兩貴，交車相合交關利。有利升遷。

疾病：白虎乘未土尅水，主腎疾，喜青龍乘祿，洩土生水。疾病可癒。

失物：玄武臨死地，財父入傳三合，貴人乘財臨干逢六合。失物可復得。

子嗣：天后臨絕，六合臨敗地。子息緣淡。

官司：官鬼父臨病死，財父三合六合生殺。官司難解。

辛卯日

	四課	三課	二課	一課
	青龍	朱雀	太陰	白虎
	酉	子	辰	未
	子	卯	未	辛

干上未

子孫	戊	子	朱雀	初傳
父母	◎	未	白虎	中傳
子孫	戊	子	朱雀	末傳

昂星課

畢法賦/詮釋：
賓主不投刑在上。　　虎臨空亡有驚無險。
龍加生氣吉遲遲。　　子卯相刑子未害。
將逢內戰所謀危。　　虎視逢虎力難施。
權攝不正祿臨支。　　胎財生氣妻懷孕。彼此猜忌害相隨。

占斷解析：
天候：子（朱雀），傳未（白虎），傳子（朱雀）。主天晴。
人事：虎臨干上，干祿臨支。人事不利己。
考試：龍雀入課傳，朱雀逢長生入傳報喜。考運佳。
婚姻：后合占婚吉，天后臨絕地，六合臨敗地。姻緣未到。
財祿：課傳不見財爻，財爻臨胎絕。財運不佳。
升遷：干祿臨支，龍加生氣，虎臨干。升遷不利己。
疾病：白虎乘未土尅水，主腎疾，喜青龍酉金，洩土生水。疾病可癒。
失物：玄武臨死地，財爻臨胎絕。失物難尋。
子嗣：天后臨絕，六合臨敗地。子息緣淡。
官司：官鬼爻臨病死之地，喜辰土化殺合金助身。官司可解。

- 418 -

辛卯日

```
極陰
干上申
```

四課	三課	二課	一課	
父母	巳	丑	天后	初傳
子孫	丁	亥	玄武	中傳
兄弟	乙	酉	白虎	末傳

四課	三課	二課	一課
玄武	天后	勾陳	天空
亥	丑	午	申
丑	卯	申	辛

涉害課

畢法賦/詮釋：
金日逢丁凶禍動。　　帝旺臨干庫臨支。
貴雖在獄宜臨干。　　簾幕貴人逢空亡。
制鬼之位乃良醫。　　涉害偏逢逆間傳。
空上逢空事莫追。　　事多不順阻礙生。胎財生氣妻懷孕。

占斷解析：
天候：丑（天后），傳亥（玄武），傳酉（白虎）。主陰雨。
人事：金日逢丁凶禍動，干上神空上逢空。人事不利己。
考試：青龍臨衰，朱雀入墓。不利考運。
婚姻：后合占婚吉，天后臨支發用，六合臨死地。姻緣未到。
財祿：財爻臨胎絕，喜丁神乘子孫爻相生。財漸旺。
升遷：金日逢丁凶禍動，干上神空上逢空。不利升遷。
疾病：白虎乘干祿尅木，主肝膽疾，喜金水相生再生木。疾病可癒。
失物：玄武臨敗地，財爻臨胎絕，喜貴人乘財。失物可復得。
子嗣：天后臨養，六合臨死地。宜先養後招。
官司：官鬼爻空上逢空，金日逢丁凶禍動，喜丑印洩殺生身。官司可解。

辛卯日

四課	三課	二課	一課
天后	貴人	天空	白虎
丑	寅	申	酉
寅	卯	酉	辛

遁傳 干上酉

			初傳
父母	己	丑	天后
子孫	戊	子	太陰
子孫	丁	亥	玄武

重審課

畢法賦/詮釋：
旺祿臨身徒妄作。　　三奇連茹萬事合。
魁度天門關格定。　　干上得祿支得貴。
金日逢丁凶禍動。　　虎臨干鬼凶速速。
互旺俱旺坐謀宜。　　胎財生氣妻懷孕。

占斷解析：
天候：丑（天后），傳子（太陰），傳亥（玄武）。主陰雨。
人事：干祿臨干，貴臨支，互旺俱旺坐謀宜。有利人事。
考試：青龍臨衰，朱雀入墓。不利考運。
婚姻：后合占婚吉，天后發用，六合臨死地。姻緣未到。
財祿：貴人乘財入宅，喜三傳三會子孫爻相生。財漸旺。
升遷：干祿臨干，貴人乘財臨支。有利升遷。
疾病：白虎乘干祿尅木，主肝膽疾，喜三傳三會水，洩金生木。疾病可癒。
失物：玄武臨敗地，貴人乘胎財入宅。失物可復得。
子嗣：天后臨養入課傳，六合臨死地。宜先養後招。
官司：課傳不見官鬼爻，官鬼臨病死之地，喜三傳三會子孫水相制。官司可解。

辛卯日

干上戌

妻財	辛	卯	螣蛇	初傳
子孫	戊	子	太陰	中傳
官鬼	◎	午	勾陳	末傳

四課	三課	二課	一課
螣蛇	螣蛇	太常	太常
卯	卯	戌	戌
卯	卯	戌	辛

伏吟課

畢法賦/詮釋：
交車相合交關利。　干支上神成六合。
傳財太旺反財虧。　上下皆合兩心齊。
胎財生氣妻懷孕。　卯戌合火財化鬼。
有始無終難變易。　傳財化鬼財休覓。

占斷解析：

天候：卯（螣蛇），傳子（太陰），傳午（勾陳）。晴轉陰。
人事：吉將臨干蛇臨支，交車相合財化鬼。不利人事。
考試：青龍臨衰，朱雀入墓。不利考運。
婚姻：后合占婚吉，天后臨養，六合臨死地。姻緣未到。
財祿：傳財太旺反財虧，傳財化鬼財休覓。財運不佳。
升遷：吉將臨干蛇臨支，交車相合財化官鬼。不利升遷。
疾病：白虎乘干祿尅木，主肝膽疾，喜卯木合戌土合化火相制。疾病可癒。
失物：玄武臨敗地，財印交車相合化為鬼。失物難尋。
子嗣：天后臨養，六合臨死地。宜先養後招。
官司：傳財化鬼財休覓，課傳無力制官鬼。官司難解。

- 421 -

辛卯日

四課	三課	二課	一課
六合	朱雀	太陰	玄武
巳	辰	子	亥
辰	卯	亥	辛

升階
干上亥

父母	壬辰	朱雀	初傳
官鬼	癸巳	六合	中傳
官鬼	◎午	勾陳	末傳

重審課

畢法賦/詮釋：
賓主不投刑在上。　　干乘敗地墓覆支。
所謀多拙遭羅網。　　龍加生氣吉遲遲。
制鬼之位乃良醫。　　胎財生氣妻懷孕。
金日逢丁凶禍動。

占斷解析：

天候：辰（朱雀），傳巳（六合），傳午（勾陳）。主天晴。
人事：干支上神各自刑，所謀多拙。不利人事。
考試：青龍逢空亡，朱雀入墓發用。不利考運。
婚姻：后合占婚吉，天后臨養，六合臨死地。姻緣未到。
財祿：財爻臨胎絕，喜干上神相生。財漸旺。
升遷：干上逢長生，支上臨死墓。升遷利己方。
疾病：白虎乘干祿尅木，主肝膽疾，喜干上神洩金生木。疾病可癒。
失物：玄武入獄，財爻臨胎絕。失物難尋。
子嗣：天后臨養，六合臨死地。宜先養後招。
官司：官鬼爻臨病死之地，喜干上子孫爻相制。官司可解。

壬辰日

祿神：亥
驛馬：寅
貴人：卯、巳
空亡：午、未
長生：申
帝旺：子
墓庫：辰

壬辰日

四課	三課	二課	一課
六合	朱雀	太陰	玄武
午	巳	丑	子
巳	辰	子	壬

將泰干上子

官鬼	已	丑	太陰	初傳
子孫	庚	寅	天后	中傳
子孫	辛	卯	貴人	末傳

元首課

畢法賦/詮釋：

所謀多拙遭羅網。　　元首課逢進連茹。
彼此猜忌害相隨。　　羊刃臨干豈動謀。
夫婦蕪淫各有私。　　貴人差迭事參差。
傳財化鬼財險危。

占斷解析：

天候：丑（太陰），傳寅（天后），傳卯（貴人）。主陰雨轉晴。

人事：所謀多拙，夫婦蕪淫，貴人差迭。不利人事。

考試：課傳不見青龍，朱雀臨絕入宅。不利考運。

婚姻：后合占婚吉，六合臨胎，天后臨病。姻緣未到。

財祿：財爻臨胎絕入課，喜見子孫爻入傳相生，財漸旺。

升遷：官鬼爻臨干逢六合，財爻臨胎絕臨支。不利升遷。

疾病：白虎乘戌土尅水，主腎疾，喜青龍申金洩土生水。疾病可癒。

失物：玄武乘旺臨干，財爻臨胎絕又逢空。失物難尋。

子嗣：天后臨病，六合臨胎。先得男。

官司：官鬼爻臨干發用，喜青龍逢長生洩殺生身。官司可解。

壬辰日

涉三淵
干上丑

四課	三課	二課	一課
青龍	六合	貴人	太陰
申	午	卯	丑
午	辰	丑	壬

父母	☉	申	青龍	初傳
官鬼	丙	戌	白虎	中傳
兄弟	戊	子	玄武	末傳

重審課

畢法賦/詮釋：
虎臨遁鬼殃非淺。　　卯為日貴乘白鬼。
龍加生氣吉遲遲。　　青龍長生臨支辰。
胎財生氣妻懷孕。　　三傳格曰涉三淵。
罡塞鬼戶任謀為。　　虎乘遁鬼玄臨獄。貴人差迭事參差。

占斷解析：

天候：申（青龍），傳戌（白虎），傳子（玄武）。主風雨。
人事：貴人臨干，青龍臨支。有利人事。
考試：青龍入宅發用，天后臨病，貴人臨干。有利考運。
婚姻：后合占婚吉，天后臨病，六合臨胎。姻緣未到。
財祿：財爻空亡臨胎，喜貴人乘子孫爻相生，財漸旺。
升遷：貴人臨干，青龍逢長生臨支，罡塞鬼戶。有利升遷。
疾病：白虎乘戌土尅水，主腎疾，喜青龍申金洩土生水。疾病可癒。
失物：玄武乘旺，財爻臨胎絕，喜貴人乘子孫爻相生。失物復得。
子嗣：天后臨病，六合臨胎。先得男。
官司：虎乘遁鬼殃非淺，喜青龍入宅化殺生身。官司可解。

- 425 -

壬辰日

畢法賦/詮釋：
賓主不投刑在上。　三傳俱鬼乘蛇虎。
夫婦蕪淫各有私。　寅木脫干為救神。
眾鬼雖彰全不畏。　貴人差迭事參差。
鬼臨三四訟災隨。　虎乘遁鬼殃非淺。

占斷解析：
天候：戌（白虎），傳丑（太陰），傳辰（螣蛇）。陰轉晴。
人事：夫婦蕪淫各有私，鬼臨三四，虎乘遁鬼。不利人事。
考試：青龍乘朱雀，朱雀臨絕。不利考運。
婚姻：后合占婚吉，天后臨病地，六合臨胎。姻緣未到。
財祿：財爻臨胎絕，喜子孫爻相生。財漸旺。
升遷：夫婦蕪淫，鬼臨三四，貴人差迭。不利升遷。
疾病：白虎乘戌土尅水，主腎疾，喜青龍申金洩土生水。疾病可癒。
失物：玄武乘旺，財爻臨胎絕，喜子孫爻相生。失物復得。
子嗣：天后臨病，六合臨胎。先得男。
官司：鬼臨三四，虎乘遁鬼，干上子孫爻乘巳火，反生官鬼。官司難解。

壬辰日

從吉
干上卯

官鬼	◎	未	勾陳	初傳
兄弟	⊙	亥	太常	中傳
子孫	辛	卯	貴人	末傳

四課	三課	二課	一課
玄武	青龍	勾陳	貴人
子	申	未	卯
申	辰	卯	壬

畢法賦/詮釋：
腳踏空亡進用宜。　人宅受脫俱招盜。
貴登天門高甲第。　三傳洩日又傷支。
萬事喜忻三六合。　合中犯殺蜜中砒。
水日逢丁財祿動。　好事難成凶事解。

占斷解析：

天候：未（勾陳），傳亥（太常），傳卯（貴人）。主天晴。

人事：貴登天門高甲第，萬事喜忻三六合。人事利己。

考試：青龍逢長生臨宅，貴登天門。考運佳。

婚姻：后合占婚吉，天后臨病，六合臨胎。姻緣未到。

財祿：財爻臨胎絕，喜三傳三合子孫爻相生。財漸旺。

升遷：貴登天門臨干，青龍三合水局相生。有利升遷。

疾病：白虎乘戌土尅水，主腎疾，喜青龍入宅洩土生水。疾病可癒。

失物：玄武乘旺，財爻臨胎絕，喜子孫爻三合入傳相生。失物復得。

子嗣：天后臨病，六合臨胎。先得男。

官司：官鬼爻臨干發用，喜青龍洩殺生身。官司可解。

壬辰日

子孫	庚	寅	騰蛇	初傳
官鬼	◎	未	太常	中傳
兄弟	⊙	子	六合	末傳

四課	三課	二課	一課
騰蛇	天空	天空	天后
寅	酉	酉	辰
酉	辰	辰	壬

畢法賦/詮釋：
交車相合交關利。　三傳遞尅蛇發傳。
三傳互尅眾人欺。　支辰臨干官生印。
不行傳者考初時。　兩貴受尅難干貴。
后合占婚豈用媒。　喜懼空亡乃妙機。

占斷解析：
天候：寅（騰蛇），傳未（太常），傳子（六合）。主天晴。
人事：三傳互尅，墓神覆日，支上逢天空。不利人事。
考試：青龍逢干墓相沖，朱雀臨衰。考運不佳。
婚姻：后合占婚吉，六合帝旺，天后臨墓。姻緣未到。
財祿：財爻臨胎絕，喜子孫爻入課發用，末助初爻。財漸旺。
升遷：墓神覆日，支上逢天空，三傳互尅。不利升遷。
疾病：白虎乘申金尅木，主肝膽疾，喜末助初爻。疾病可癒。
失物：玄武臨胎財，財爻逢胎絕，喜子孫爻相生發用。失物復得。
子嗣：天后入墓，六合臨帝旺。先得男。
官司：官鬼爻臨干，喜酉金六合化殺生身。官司可解。

壬辰日

干上巳

四課	三課	二課	一課
天后	青龍	勾陳	太陰
辰	戌	亥	巳
戌	辰	巳	壬

妻財	癸	巳	太陰	初傳
兄弟	丁	亥	勾陳	中傳
妻財	癸	巳	太陰	末傳

返吟課

畢法賦/詮釋：
旺祿臨身徒妄作。　　返吟之課財逢劫。
三傳互尅眾人欺。　　財祿臨絕又逢冲。
傳財太旺反財虧。　　水日逢丁財祿動。干支值絕凡謀決。
鬼臨三四訟災隨。　　兩貴受尅難干貴。財旺身弱病訟凶。

占斷解析：
天候：巳（太陰），傳亥（勾陳），傳巳（太陰）。陰晴不定。
人事：三傳互尅，干支值絕，鬼臨三四。不利人事。
考試：青龍乘墓入獄，朱雀臨衰。不利考運。
婚姻：后合占婚吉，天后入墓，六合臨帝旺。姻緣未到。
財祿：財爻臨胎絕，與干祿互尅。財運不佳。
升遷：干支值絕，三傳互尅，鬼臨三四。不利升遷。
疾病：白虎乘申金尅木，主肝膽疾，喜干上神相制。疾病可癒。
失物：玄武臨胎財，財爻臨干發用與干祿互尅。失物難尋。
子嗣：天后入墓，六合帝旺。先得男。
官司：鬼臨三四訟災隨，兄弟爻無力相制。官司難解。

壬辰日

四課	三課	二課	一課
玄武	勾陳	朱雀	玄武
午	亥	丑	午
亥	辰	午	壬

干上午

妻財	◎	午	玄武	初傳
官鬼	☉	丑	朱雀	中傳
父母	甲	申	白虎	末傳

畢法賦/詮釋：
權攝不正祿臨支。　腳踏空亡進用宜。
初遭夾尅不由己。　三傳遞生人舉薦。
水日逢丁財動之。　魁罡加卯酉，門戶有異。
貴人差迭事參差。

占斷解析：
天候：午（玄武），傳丑（朱雀），傳申（白虎）。雨後天晴。
人事：三傳遞生人舉薦，水日逢丁財動之，干祿臨支。不利己。
考試：課傳不見青龍，白虎入傳，朱雀乘空亡臨干上。考運不佳。
婚姻：后合占婚吉，天后入墓，六合臨帝旺。姻緣未到。
財祿：財爻臨胎絕，又乘空亡入課傳。財運不佳。
升遷：三傳遞生，水日逢丁財動之，權攝不正祿臨支。不利己。
疾病：白虎乘申金尅木，主肝疾，喜支上神亥水洩金生木。疾病可癒。
失物：玄武臨胎財，財爻臨胎絕，無子孫爻相生。失物難尋。
子嗣：天后入墓，六合帝旺。先得男。
官司：官鬼爻入課傳，喜父母爻洩殺生身。官司可解。

壬辰日

仰玄
干上未

四課	三課	二課	一課
白虎	六合	貴人	太常
申	子	卯	未
子	辰	未	壬

兄弟	戊	子	六合	初傳
父母	甲	申	白虎	中傳
官鬼	壬	辰	天后	末傳

重審課

畢法賦/詮釋：
三傳逆生人舉薦。　　干上逢貴乘三合。
合中犯殺蜜中砒。　　支上潤下雙發用。
萬事喜忻三六合。　　干支三合子未害。
后合占婚豈用媒。　　彼此猜忌害相隨。貴人差迭事參差。

占斷解析：

天候：子（六合），傳申（白虎），傳辰（天后）。晴轉陰雨。

人事：三傳逆生，貴臨干，印逢長生臨支。有利人事。

考試：課傳不見青龍，白虎入課傳，朱雀臨衰。考運不佳。

婚姻：后合占婚吉，六合帝旺，天后入墓。姻緣未到。

財祿：財爻臨胎絕，課傳三合兄弟剋財。財運不佳。

升遷：三傳逆生人舉薦，三合貴人臨干上。有利升遷。

疾病：白虎乘申金剋木，主肝疾，喜三合化水生木。疾病可癒。

失物：玄武臨胎財，貴人乘子孫爻臨干生財。失物復得。

子嗣：天后入墓，六合帝旺。先得男。

官司：官鬼爻入課傳，喜三傳逆生，父母爻化殺生身。官司可解。

- 431 -

壬辰日

妻財	癸	巳	太陰	初傳
子孫	庚	寅	螣蛇	中傳
兄弟	丁	亥	勾陳	末傳

干上申

四課	三課	二課	一課
青龍	朱雀	太陰	白虎
戌	丑	巳	申
丑	辰	申	壬

元首課

畢法賦/詮釋：

賓主不投刑在上。　　　三傳逆生財發用。
閉口卦體兩般推。　　　巳申相合丑戌刑。
水日逢丁財動之。　　　彼此猜忌害相隨。
鬼臨三四訟災隨。　　　貴人差迭事參差。三傳逆生人舉薦。

占斷解析：

天候：巳（太陰），傳寅（螣蛇），傳亥（勾陳）。天晴偶陰。
人事：干祿乘丁神入傳，印逢長生臨干，鬼臨三四。人事利己。
考試：龍雀入宅，干祿乘丁神入傳。有利考運。
婚姻：后合占婚吉，天后入墓，六合乘旺。姻緣未到。
財祿：財爻臨干發用，三傳逆生。財運漸旺。
升遷：三傳逆生，干祿入傳，印逢長生臨干。有利升遷。
疾病：白虎乘申金尅木，主肝疾，喜財爻六合化水生木。疾病可癒。
失物：玄武乘胎財，三傳逆生財。失物復得。
子嗣：天后入墓，六合帝旺。先得男。
官司：鬼臨三四訟災隨，喜申印逢長生洩殺生身。官司可解。

壬辰日

```
冥陽
干上酉
```

四課	三課	二課	一課
六合	螣蛇	太常	天空
子	寅	未	酉
寅	辰	酉	壬

子孫	庚	寅	螣蛇	初傳
兄弟	戊	子	六合	中傳
官鬼	丙	戌	青龍	末傳

元首課

畢法賦/詮釋：
交車相合交關利。　　干上合支支上合干。
干支皆敗事傾頹。　　寅亥六合辰酉合。
晝夜貴加求兩貴。　　寅傳子戌日冥陽。
胎財死氣損胎推。　　貴人差迭事參差。空上逢空事莫追。

占斷解析：
天候：寅（螣蛇），傳子（六合），傳戌（青龍）。主晴偶多雲。
人事：干上神空上逢空，干支皆敗，貴人差迭。不利人事。
考試：青龍入傳，朱雀臨衰六合帝旺。有利考運。
婚姻：后合占婚吉，天后入墓，六合臨帝旺。姻緣未到。
財祿：財爻臨胎絕，喜子孫爻臨支發用生財。財漸旺。
升遷：干支皆敗，干上神空上逢空，貴人差迭。不利升遷。
疾病：白虎乘申金尅木，主肝疾，喜印星臨干生水，水生木。疾病可癒。
失物：玄武臨胎財，財爻臨胎絕。失物難尋。
子嗣：天后入墓，六合臨帝旺。先得男。
官司：青龍乘官鬼爻入傳，喜酉印化殺生身。官司可解。

壬辰日

返駕
干上戌

四課	三課	二課	一課
天后	貴人	天空	白虎
寅	卯	酉	戌
卯	辰	戌	壬

官鬼	丙	戌	白虎	初傳
父母	乙	酉	天空	中傳
父母	甲	申	青龍	末傳

畢法賦/詮釋：
虎乘遁鬼殃非淺。　　貴人臨支制干鬼。
魁度天門關格定。　　貴雖在獄宜臨干。
虎臨干鬼凶速速。　　龍加生氣吉遲遲。
制鬼之位乃良醫。　　交車相合交關利。

占斷解析：
天候：戌（白虎），傳酉（天空），傳申（青龍）。晴轉多雲。
人事：虎乘遁鬼臨干，貴臨支。人事不利己。
考試：青龍逢長生入傳。利考運。
婚姻：后合占婚吉，天后臨病地，六合臨胎。姻緣未到。
財祿：財爻臨胎絕，喜支上子孫爻相生。財漸旺。
升遷：虎臨遁鬼殃非淺，魁度天門關格定。升遷不利己。
疾病：白虎乘戌土尅水，主腎疾，喜三傳會金，洩土生水。疾病可癒。
失物：玄武乘旺，財爻臨胎絕，喜子孫爻臨宅相生。失物復得。
子嗣：天后臨病，六合臨胎。先得男。
官司：虎乘遁鬼臨干發用，喜三會印星化殺生身。官司可解。

壬辰日

干上亥

兄弟	丁	亥	太常	初傳
官鬼	壬	辰	螣蛇	中傳
官鬼	丙	戌	白虎	末傳

四課	三課	二課	一課
螣蛇	螣蛇	太常	太常
辰	辰	亥	亥
辰	辰	亥	壬

伏吟課

畢法賦/詮釋：
旺祿臨身徒妄作。　　賓主不投刑在上。
兩蛇夾墓凶難兌。　　彼此猜忌害相隨。
虎乘遁鬼殃非淺。　　貴人差迭事參差。
水日逢丁財祿動。　　仕官吉常人凶動。任信丁馬須言動。

占斷解析：
天候：丁亥（太常），傳辰（螣蛇），傳戌（白虎）。主天晴有風。
人事：旺祿臨干，墓臨支，任信丁馬須言動。人事利己。
考試：龍雀不入課傳，朱雀臨絕沖干上神。考運不佳。
婚姻：后合占婚吉，天后臨病地，六合臨胎。姻緣未到。
財祿：財爻臨胎絕，子孫爻無力生財。財運不佳。
升遷：太常吉將乘祿臨干，水日逢丁財動之。升遷利己。
疾病：白虎乘戌土尅水，主腎疾，喜青龍逢長生，洩土生水。疾病可癒。
失物：玄武乘旺，財爻臨胎絕。失物難尋。
子嗣：天后臨病，六合臨胎財。先得男。
官司：官鬼爻臨支入傳，喜青龍逢長生洩殺生身。官司可解。

- 435 -

癸巳日

祿神：子
驛馬：亥
貴人：卯、巳
空亡：午、未
長生：卯
帝旺：亥
墓庫：未

癸巳日

否極泰來
干上子

四課	三課	二課	一課
子孫	辛	卯	朱雀	初傳
子孫	庚	寅	六合	中傳
官鬼	己	丑	勾陳	末傳

四課	三課	二課	一課
朱雀	螣蛇	天空	青龍
卯	辰	亥	子
辰	巳	子	癸

元首課

畢法賦/詮釋：
旺祿臨身徒妄作。　　螣蛇乘巳巳亦蛇。
夫婦蕪淫各有私。　　兩蛇夾墓凶難免。
富貴干支逢祿馬。　　龍加生氣吉遲遲。
彼此猜忌害相隨。　　水日逢丁財動之。

占斷解析：

天候：卯（朱雀），傳寅（六合），傳丑（勾陳）。主天晴。

人事：青龍乘祿臨身，富貴干支逢祿馬。人事利己。

考試：青龍臨干，朱雀臨宅。大利考運。

婚姻：后合占婚吉，天后臨絕，六合臨敗地。姻緣未到。

財祿：旺祿臨身，祿馬臨干上。財運佳。

升遷：旺祿臨身，水日逢丁馬臨干上。升遷利己。

疾病：白虎乘戌土入傳尅水，主腎疾，喜太常與支上神合金洩土生水。疾病可癒。

失物：玄武臨死地，喜財爻臨貴人。失物復得。

子嗣：天后臨絕，六合臨敗地。子息緣淡。

官司：官鬼爻入課傳，喜太常乘酉金與支上神合洩土生水。官司可解。

癸巳日

干上丑

四課	三課	二課	一課
貴人	貴人	勾陳	勾陳
巳	巳	丑	丑
巳	巳	丑	癸

官鬼	己	丑	勾陳	初傳
官鬼	丙	戌	白虎	中傳
官鬼	◎	未	太陰	末傳

伏吟課

畢法賦/詮釋：

虎乘遁鬼殃非淺。　　官鬼臨干貴臨支。
干墓併關人宅廢。　　閉口卦體兩般推。
賓主不投刑在上。　　三傳全鬼逢三刑。
胎財生氣妻懷孕。　　制鬼之位乃良醫。龍加生氣吉遲遲。

占斷解析：

天候：丑（勾陳），傳戌（白虎），傳未（太陰）。主天晴。
人事：賓主不投刑在上，官鬼臨干，貴臨支。人事不利己。
考試：課傳不見龍雀，虎乘遁鬼入傳，勾乘遁鬼臨干。不利考運。
婚姻：后合占婚吉，天后臨絕，六合臨敗地。姻緣未到。
財祿：貴人乘胎財臨宅，傳財化鬼財險危。財運不佳。
升遷：干墓併關人宅廢，賓主不投，官鬼爻臨干。升遷不利己。
疾病：白虎乘戌土入傳尅水，主腎疾，喜太常三合成金生水。疾病可癒。
失物：玄武臨死地，財爻逢雙貴。失物復得。
子嗣：天后臨絕，六合臨敗地。子息緣淡。
官司：鬼賊當時無畏忌，喜太常三合干支上神化殺生身。官司可解。

癸巳日

迴春
干上寅

	一課	二課	三課	四課
	玄武	太陰	螣蛇	朱雀
	寅	卯	午	未
	癸	寅	巳	午

官鬼	◎	未	朱雀	初傳
父母	☉	申	六合	中傳
父母	乙	酉	勾陳	末傳

遙尅課

畢法賦/詮釋：
腳踏空亡進用宜。　　四課發用鬼逢空。
簾幕貴人高甲第。　　連茹而進進有功。
所謀多拙遭羅網。　　中末生氣吉祥占。
傳財化鬼財險危。　　貴雖在獄宜臨干。

占斷解析：

天候：未（朱雀），傳申（六合），傳酉（勾陳）。晴轉陰。
人事：簾幕貴人臨干，螣蛇空上逢絕臨支。人事利己方。
考試：青龍臨衰，朱雀逢空入墓發用。不利考運。
婚姻：后合占婚吉，天后臨養，六合臨死地。姻緣未到。
財祿：財爻乘貴人，喜子孫爻臨干相生。財漸旺。
升遷：簾幕貴人臨干，傳財化鬼臨支。升遷利己。
疾病：白虎乘子水尅火，主心疾，喜卯木乘長生洩水生火。疾病可癒。
失物：玄武臨敗地，喜貴人乘財得暮貴相生。失物復得。
子嗣：天后臨養，六合臨死地。宜先養後招。
官司：官鬼爻逢空亡發用，喜午未合為財。官司可解。

癸巳日

畢法賦/詮釋：

晝夜貴加求兩貴。　　空上乘空事莫追。
罡塞鬼戶任謀為。　　腳踏空亡進用宜。
人宅受脫俱招盜。　　三傳遞生人舉薦。
水日逢丁財動之。　　貴乘長生宜臨干。

占斷解析：

天候：未（朱雀），傳酉（勾陳），傳丁亥（天空）。主天晴。
人事：水日逢丁財動之，晝夜貴加求兩貴。人事利已方。
考試：青龍臨衰，朱雀逢空入墓。不利考運。
婚姻：后合占婚吉，天后臨養，六合臨死地。姻緣未到。
財祿：貴人乘胎財，逢暮貴卯木相生，水日逢丁。財運佳。
升遷：三傳遞生，水日逢丁，晝夜貴加求兩貴。有利升遷。
疾病：白虎乘子水尅火，主心疾，喜干上神洩水生火。疾病可癒。
失物：玄武臨敗地，喜貴人乘胎財逢相生。失物復得。
子嗣：天后臨養，六合臨死地。宜先養後招。
官司：官鬼爻逢空亡發用，喜三傳遞生，官印相生。官司可解。

癸巳日

干上辰

父母	甲	申	六合	初傳
兄弟	丁	亥	天空	中傳
子孫	庚	寅	玄武	末傳

四課	三課	二課	一課
天空	六合	朱雀	天后
亥	申	未	辰
申	巳	辰	癸

重審課

畢法賦/詮釋：
三傳遞生人舉薦。　　寅亥六合巳申合。
水日逢丁財動之。　　干墓併關人宅廢。
賓主不投刑在上。　　天后臨支，六合臨支。
后合占婚豈用媒。　　占婚必成，婚姻可期。

占斷解析：
天候：申（六合），傳丁亥（天空），傳寅（玄武）。陰晴不定。
人事：三傳遞生臨支上，干墓併關臨干。人事不利己。
考試：青龍臨衰，朱雀逢空入墓。不利考運。
婚姻：后合占婚豈用媒。婚喜可期。
財祿：水日逢丁財動之，貴人乘胎財合支辰。財漸旺。
升遷：三傳遞生，水日逢丁，干墓併關。升遷不利己。
疾病：白虎乘子水尅火，主心疾，喜子孫洩水生火。疾病可癒。
失物：玄武臨敗地，喜貴人乘財逢生。失物復得。
子嗣：天后臨養，六合臨死地。宜先養後招。
官司：官鬼爻臨干上，喜父母爻洩殺生身。官司可解。

癸巳日

	獻刃 干上巳			
父母	乙	酉	勾陳	初傳
官鬼	己	丑	太常	中傳
妻財	癸	巳	貴人	末傳

四課	三課	二課	一課
太常	勾陳	勾陳	貴人
丑	酉	酉	巳
酉	巳	巳	癸

涉害課

畢法賦/詮釋：

萬事喜忻三六合。　　日財乘貴臨支上。
合中犯殺蜜中砒。　　三合從革生日干。
三傳逆生人舉薦。　　胎財生氣妻懷孕。
六爻現卦防其尅。　　彼求我事支傳干。

占斷解析：

天候：酉（勾陳），傳丑（太常），傳巳（貴人）。主天晴。
人事：支上逢太常，干上逢貴人，三傳逆生。有利人事。
考試：青龍臨衰，朱雀逢空入墓。不利考運。
婚姻：后合占婚吉，天后臨養，六合臨死地。姻緣未到。
財祿：貴人乘財爻入課傳。財漸旺。
升遷：三傳逆生，貴人入課傳，彼求我事。升遷利己方。
疾病：白虎乘子水尅火，主心疾，課傳皆三合金局，生水尅火。未覓良醫。
失物：玄武臨敗地，喜貴人乘財入課傳。失物復得。
子嗣：天后臨養，六合臨死地。宜先養後招。
官司：官鬼爻入課傳，喜三合化印洩殺生身。官司可解。

癸巳日

干上午

妻財	◎	午	螣蛇	初傳
兄弟	☉	亥	天空	中傳
官鬼	壬	辰	天后	末傳

四課	三課	二課	一課
太陰	青龍	天空	螣蛇
卯	戌	亥	午
戌	巳	午	癸

重審課

畢法賦/詮釋：
腳踏空亡進用宜。　干上夾尅支上合。
三傳互尅眾人欺。　空財發用馬逢空。
水日逢丁財祿動。　妻財空耗防胎損。
胎財死氣損胎推。　空上逢空事莫追。

占斷解析：

天候：午（螣蛇），傳丁亥（天空），傳辰（天后）。晴轉陰。
人事：暮貴乘青龍臨支上，空上逢空臨干。人事不利己。
考試：暮貴乘青龍入宅，水日逢丁財祿動臨干。有利考運。
婚姻：后合占婚吉，天后入傳，六合臨死地。姻緣未到。
財祿：水日逢丁財動之，貴人乘財臨胎。財漸旺。
升遷：三傳互尅，空亡逢空事莫追。升遷不利己。
疾病：白虎乘子水尅火，主心疾，喜支上卯木洩水生火。疾病可癒。
失物：玄武臨敗地，喜貴人乘財，水日逢丁。失物復得。
子嗣：天后臨養，六合臨死地。宜先養後招。
官司：官鬼爻入課傳，又卯戌合化火相生。官司難解。

- 443 -

癸巳日

妻財	癸	巳	貴人	初傳
兄弟	丁	亥	天空	中傳
妻財	癸	巳	貴人	末傳

四課	三課	二課	一課
貴人	天空	太常	朱雀
巳	亥	丑	未
亥	巳	未	癸

返吟課

畢法賦/詮釋：

干支全傷防兩損。　　丁馬貴人皆為財。
三傳互尅眾人欺。　　課傳俱貴轉無依。
兩貴受尅難干貴。　　干支乘墓各昏迷。
水日逢丁財祿動。　　胎財生氣妻懷孕。

占斷解析：

天候：巳（貴人），傳丁亥（天空），傳巳（貴人）。主天晴。

人事：貴人乘丁神臨支，干支乘墓臨干上。人事不利己。

考試：青龍臨衰，朱雀入墓。不利考運。

婚姻：后合占婚吉，天后臨養，六合臨死地。姻緣未到。

財祿：貴人乘財爻入課傳。財漸旺。

升遷：干支全傷，三傳互尅，干支乘墓。不利升遷。

疾病：白虎乘子水尅火，主心疾，喜太常乘丑六合相制。疾病可癒。

失物：玄武臨敗地，貴人乘財入課傳。失物復得。

子嗣：天后臨養，六合臨死地。宜先養後招。

官司：官鬼爻臨干，貴人乘財相生。官司難解。

癸巳日

干上申

子孫	辛	卯	朱雀	初傳
官鬼	丙	戌	白虎	中傳
妻財	癸	巳	貴人	末傳

四課	三課	二課	一課
太陰	青龍	朱雀	玄武
未	子	卯	申
子	巳	申	癸

重審課

畢法賦/詮釋：
晝夜貴加求兩貴。　　旺祿臨支剋支神。
課傳俱貴轉無依。　　喜事逢破宅吉安。
虎乘遁鬼殃非淺。　　人宅皆死各衰贏。
權攝不正祿臨支。　　龍加生氣吉遲遲。

占斷解析：

天候：卯（朱雀），傳戌（白虎），傳巳（貴人）。主天晴。

人事：青龍乘干祿臨支，玄武乘印臨干。人事不利己。

考試：青龍乘干祿入宅，朱雀逢長生臨干。考運佳。

婚姻：后合占婚吉，天后臨絕，六合臨死地。姻緣未到。

財祿：貴人乘財爻入傳，得子孫爻卯木相生。財漸旺。

升遷：虎乘遁鬼，人宅皆死，權攝不正祿臨支。升遷不利己。

疾病：白虎乘戌土剋水，主腎疾，喜干上逢印洩土生水。疾病可癒。

失物：玄武臨死地，喜貴人乘財入傳，得卯木相生。失物復得。

子嗣：天后臨絕，六合臨敗地。子息緣淡。

官司：虎乘遁鬼殃非淺，喜父母爻臨干洩殺生身。官司可解。

癸巳日

妻財	癸	巳	貴人	初傳
官鬼	己	丑	勾陳	中傳
父母	乙	酉	太常	末傳

四課	三課	二課	一課
太常	勾陳	貴人	太常
酉	丑	巳	酉
丑	巳	酉	癸

反射
干上酉

元首課

畢法賦/詮釋：
三傳遞生人舉薦。　　三合從革生日干。
萬事喜忻三六合。　　貴人乘財發初傳。
胎財生氣妻懷孕。　　三合成印凡謀逐。
我求彼事干傳支。　　龍加生氣吉遲遲。

占斷解析：
天候：巳（貴人），傳丑（勾陳），傳酉（太常）。主天晴。
人事：貴人臨干發用，三傳遞生人舉薦。人事利己方。
考試：青龍臨官，朱雀逢長生。有利考運。
婚姻：后合占婚吉，天后臨絕，六合臨死地。姻緣未到。
財祿：貴人乘胎財臨干發用。財漸旺。
升遷：三傳遞生人舉薦，萬事喜忻三六合。有利升遷。
疾病：白虎乘戌土尅水，主腎疾，喜三傳遞生再生水。疾病可癒。
失物：玄武臨死地，喜貴人乘財發用。失物復得。
子嗣：天后臨絕，六合臨敗地。子息緣淡。
官司：官鬼爻臨支入傳，喜三合化父母爻洩殺生身。官司可解。

癸巳日

干上戌

官鬼	丙	戌	白虎	初傳
官鬼	◎	未	太陰	中傳
官鬼	⊙	辰	螣蛇	末傳

四課	三課	二課	一課
天空	六合	太陰	白虎
亥	寅	未	戌
寅	巳	戌	癸

元首課

畢法賦/詮釋：
虎乘遁鬼殃非淺。　　三傳俱鬼尅日干。
干墓併關人宅廢。　　虎臨干鬼凶速速。
不行傳者考初時。　　支上逢金制官鬼。
水日逢丁財祿動。　　龍加生氣吉遲遲。

占斷解析：
天候：戌（白虎），傳未（太陰），傳辰（螣蛇）。主天晴。
人事：虎乘遁鬼臨干發用，水日逢丁財祿動臨支。人事不利己。
考試：課傳不見龍雀，官鬼爻入課傳。考運不佳。
婚姻：后合占婚吉，天后臨絕，六合臨死地。姻緣未到。
財祿：財爻臨胎絕，喜支上寅亥相生。財漸旺。
升遷：虎乘遁鬼臨干，支上寅亥相合生支辰。升遷不利己。
疾病：白虎乘戌土尅水，主腎疾，課傳無制化之神。未覓良醫。
失物：玄武臨死地，喜貴人乘財臨支。失物復得。
子嗣：天后臨絕，六合臨敗地。子息緣淡。
官司：課傳鬼眾，虎乘遁鬼殃非淺。官司難解。

- 447 -

癸巳日

官鬼	己	丑	勾陳	初傳
兄弟	丁	亥	天空	中傳
父母	乙	酉	太常	末傳

極陰
干上亥

四課	三課	二課	一課
勾陳	朱雀	太常	天空
丑	卯	酉	亥
卯	巳	亥	癸

重審課

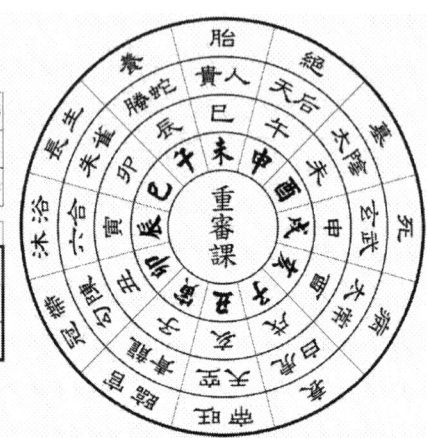

畢法賦/詮釋：

畫夜貴加求兩貴。　　印乘亥馬丁神動。
互生俱生凡事益。　　卯乘巳上雙貴逢。
胎財生氣妻懷孕。　　丁逢馬財財祿豐。
水日逢丁財祿動。　　龍加生氣吉遲遲。

占斷解析：

天候：丑（勾陳），傳亥（天空），傳酉（太常）。主陰晴不定。
人事：太常吉將乘丁神臨干，暮貴臨支。有利人事。
考試：朱雀乘暮貴臨宅，青龍臨官。考運佳。
婚姻：后合占婚吉，天后臨絕，六合臨死地。姻緣未到。
財祿：水日逢丁財動之，貴人逢胎財。財漸旺。
升遷：水日逢丁，龍加生氣，互生俱生，畫夜雙貴。有利升遷。
疾病：白虎乘戌土尅水，主腎疾，喜干上神太常洩土生水。疾病可癒。
失物：玄武臨死地，貴人乘財，水日逢丁財動之。失物復得。
子嗣：天后臨絕，六合臨敗地。子息緣淡。
官司：官鬼爻入課傳，喜父母爻臨干洩殺生身。官司可解。

甲午日

祿神：寅
驛馬：申
貴人：丑、未
空亡：辰、巳
長生：亥
帝旺：卯
墓庫：未

甲午日

四課	三課	二課	一課
青龍	六合	玄武	白虎
寅	辰	戌	子
辰	午	子	甲

悖戾
干上子

妻財	戊	戌	玄武	初傳
官鬼	丙	申	天后	中傳
子孫	甲	午	螣蛇	末傳

涉害課

畢法賦/詮釋：
六陽數足須公用。　　貴臨卯酉不利私謀。
干支皆敗事傾頹。　　戌財發用生玄鬼。
權攝不正祿臨支。　　三傳間退倒拔蛇。
后合占婚豈用媒。　　虎臨干鬼凶速速。龍加生氣吉遲遲。

占斷解析：
天候：戌（玄武），傳申（天后），傳午（螣蛇）。陰雨轉晴。
人事：青龍乘祿神臨支，白虎乘敗臨干。人事不利己。
考試：青龍乘祿神臨宅，印爻臨干相生。利考運。
婚姻：后合占婚豈用媒。婚喜可期。
財祿：財爻逢空又入墓。財運不佳。
升遷：權攝不正祿臨支，青龍乘祿臨支，白虎臨干。升遷不利己。
疾病：白虎乘子水尅火，主心疾，喜青龍乘祿洩水生火。疾病可癒。
失物：玄武乘財爻，財爻逢空又入墓。失物難尋。
子嗣：天后臨絕，六合臨衰。子息緣淡。
官司：官鬼爻入傳尅祿，喜干上逢父母爻洩殺生身。官司可解。

甲午日

重陰
干上丑

四課	三課	二課	一課
六合	朱雀	白虎	天空
辰	巳	子	丑
巳	午	丑	甲

父母 庚 子 白虎 初傳
父母 己 亥 太常 中傳
妻財 戊 戌 玄武 末傳

畢法賦/詮釋：
簾幕貴人高甲等。　交車六害生干尅支。
魁度天門關格定。　人口豐盈子孫不利。
傳財太旺反財虧。　簾幕貴人臨干上。
貴人差迭事參差。

占斷解析：
天候：三傳子亥戌，格曰重陰。主陰雨。
人事：魁度天門關格定，貴人差迭，所謀多拙。不利人事。
考試：課傳不見青龍，青龍臨官，朱雀逢空亡。考運不佳。
婚姻：后合占婚吉，天后臨絕，六合臨衰。姻緣未到。
財祿：財爻逢空又入墓。財運不佳。
升遷：所謀多拙，貴人差迭，魁度天門關格定。不利升遷。
疾病：白虎乘子水尅火，主心疾，喜青龍乘祿洩水生火。疾病可癒。
失物：玄武乘財爻，財爻逢空又入墓。失物難尋。
子嗣：天后臨絕，六合臨衰。子息緣淡。
官司：官鬼爻臨胎絕，喜父母爻入傳洩殺生身。官司可解。

甲午日

兄弟	壬	寅	青龍	初傳
子孫	◎	巳	朱雀	中傳
官鬼	丙	申	天后	末傳

干上寅

四課	三課	二課	一課
螣蛇	螣蛇	青龍	青龍
午	午	寅	寅
午	午	寅	甲

伏吟課

畢法賦/詮釋：
賓主不投刑在上。　　祿發初傳末傳馬。
旺祿臨身徒妄作。　　中傳空陷名折腰。
龍加生氣吉遲遲。　　支脫祿氣制官鬼。
喜懼空亡乃妙機。　　貴人差迭事參差。

占斷解析：
天候：寅（青龍），傳申（朱雀），傳巳（天后）。多雲偶陣雨。
人事：青龍乘祿臨身，螣蛇臨支。人事利己。
考試：青龍朱雀入傳，青龍乘祿神臨官。考運佳。
婚姻：后合占婚吉，天后臨絕，六合臨衰。姻緣未到。
財祿：財爻逢空又入墓。財運不佳。
升遷：旺祿臨身，龍加生氣。利升遷。
疾病：白虎乘子水尅火，主心疾，喜青龍乘祿洩水生火。疾病可癒。
失物：玄武入獄，財爻逢空又入墓。失物難尋。
子嗣：天后臨絕，六合臨衰。子息緣淡。
官司：官鬼爻入傳，喜子孫爻六合相制。官司可解。

- 452 -

甲午日

升階
干上卯

妻財	◎	辰	六合	初傳
子孫	◎	巳	朱雀	中傳
子孫	☉	午	螣蛇	末傳

四課	三課	二課	一課
天后	貴人	六合	勾陳
申	未	辰	卯
未	午	卯	甲

重審課

畢法賦/詮釋：
所謀多拙逢羅網。　三傳升階辰巳午。
來去俱空豈動宜。　貴人臨支午未合。
人宅坐墓甘招晦。　卯前未後聯珠合。
后合占婚豈用媒。　貴人差迭事參差。

占斷解析：

天候：三傳辰巳午，格曰升階。主天晴。

人事：所謀多拙，貴人差迭，進茹空亡。人事不利己。

考試：龍雀不入課傳，青龍臨官，朱雀臨病。不利考運。

婚姻：后合占婚吉，天后臨絕。姻緣未到。

財祿：財爻逢空又入墓。財運不佳。

升遷：所謀多拙，進茹空亡，貴人差迭。不利升遷。

疾病：白虎乘子水尅火，主心疾，喜干上卯木洩水生火。疾病可癒。

失物：玄武乘財爻，財爻逢空又入墓。失物難尋。

子嗣：天后臨絕，六合臨衰。子息緣淡。

官司：官鬼爻逢財爻相生，喜太常乘父母爻洩殺生身。官司可解。

- 453 -

甲午日

妻財	◎	辰	六合	初傳
子孫	☉	午	螣蛇	中傳
官鬼		丙申	天后	末傳

四課	三課	二課	一課
玄武	天后	螣蛇	六合
戌	申	午	辰
申	午	辰	甲

登天干上辰

涉害課

畢法賦/詮釋：
腳踏空亡進用宜。　　罡財發用塞鬼戶。
罡塞鬼戶任謀為。　　仕官喜逢僧道宜。
我求彼事干傳支。　　傳財化鬼財休覓。
后合占婚豈用媒。　　簾幕貴人高甲第。

占斷解析：
天候：辰（六合），傳午（螣蛇），傳申（天后）。晴轉雨。
人事：財爻逢空臨干，官鬼爻臨支，我求彼事干傳支。人事不利己。
考試：龍雀不入課傳，螣蛇玄武臨干支。不利考運。
婚姻：后合入課傳，婚喜在即。
財祿：財爻逢空又入墓。財運不佳。
升遷：罡塞鬼戶臨干逢空，傳財化鬼臨支上。升遷不利己。
疾病：白虎乘子水尅火，主心疾，喜青龍乘祿洩水生火。疾病可癒。
失物：玄武乘財爻，財爻逢空又入墓。失物難尋。
子嗣：天后臨絕，六合臨衰。子息緣淡。
官司：官鬼爻入課傳，喜見干支上神半合子孫爻相制。官司可解。

甲午日

干上巳

官鬼	☉	申	螣蛇	初傳
父母	巳	亥	勾陳	中傳
兄弟	壬	寅	白虎	末傳

四課	三課	二課	一課
青龍	朱雀	螣蛇	太陰
子	酉	申	巳
酉	午	巳	甲

畢法賦/詮釋：
三傳遞生人舉薦。　　巳火旬空臨干上。
龍加生氣吉遲遲。　　丁鬼臨宅鬼發傳。
胎財生氣妻懷孕。　　任信丁馬須言動。
貴雖在獄宜臨干。　　貴人差迭事參差。眾鬼雖彰全不畏。

占斷解析：

天候：申（螣蛇），傳亥（勾陳），傳寅（白虎）。晴轉陰不雨。
人事：三傳遞生，龍加生氣化殺生干。人事利己。
考試：龍雀入宅，朱雀乘丁神入宅報喜。考運佳。
婚姻：后合占婚吉，天后臨死，六合臨養。姻緣未到
財祿：財爻逢空又入墓。財運不佳。
升遷：三傳遞生，官生印，印生干祿。升遷利己。
疾病：白虎乘干祿尅土，主腸胃疾，喜官鬼爻相制。疾病可癒。
失物：玄武乘空亡，財爻逢空又入墓。失物難尋。
子嗣：天后臨死，六合臨養。先得男。
官司：官鬼爻入課發用，眾鬼雖彰全不畏，喜青龍化殺生身。官司可解。

甲午日

四課	三課	二課	一課
白虎	六合	六合	天后
寅	戌	戌	午
戌	午	午	甲

炎上
干上午

兄弟	壬	寅	白虎	初傳
子孫	甲	午	天后	中傳
妻財	戊	戌	六合	末傳

畢法賦/詮釋：

萬事喜忻三六合。　　課傳皆逢炎上課。
權攝不正祿臨支。　　死氣脫干虛多端。
脫上逢脫防虛詐。　　三傳遞生人舉薦。
后合占婚豈用媒。　　貴人差迭事參差。

占斷解析：

天候：三傳遞生寅午戌，格曰炎上。主天晴。
人事：權攝不正祿臨支，子孫爻逢死地臨干。人事不利己。
考試：龍雀不入課傳，青龍臨敗，朱雀臨胎。考運不佳。
婚姻：后合入課傳。婚喜在即。
財祿：三傳遞生，課傳皆財，傳財太旺反財虧。財運不佳。
升遷：三傳遞生，萬事喜忻三六合。利升遷。
疾病：白虎乘祿尅土，主腸胃疾，喜三傳遞生反生土。疾病可癒。
失物：玄武臨衰，財爻逢空又入墓。失物難尋。
子嗣：天后臨死，六合臨養。先得男。
官司：官鬼爻臨胎絕，喜課傳三合子孫爻相制。官司可解。

甲午日

干上未

父母	庚	子	青龍	初傳
子孫	◎	巳	太陰	中傳
妻財	☉	戌	六合	末傳

四課	三課	二課	一課
玄武	勾陳	青龍	貴人
辰	亥	子	未
亥	午	未	甲

畢法賦/詮釋：
前後引從陞遷吉。　恩中有害合後離。
干墓併關人宅廢。　龍加生氣吉遲遲。
不行傳者考初時。
害貴訟直遭曲斷。

占斷解析：
天候：子（青龍），傳巳（太陰），傳戌（六合）。主晴多雲。
人事：青龍印星乘貴臨干上，前後引從。人事利己。
考試：青龍印星乘貴臨干發用。考運佳。
婚姻：后合占婚吉，天后臨死，六合入傳。姻緣未到
財祿：財爻逢空又入墓。財運不佳。
升遷：青龍印星乘貴臨干，前後引從。有利升遷。
疾病：白虎乘干祿尅土，主腸胃疾，干支皆印反生木。未覓良醫。
失物：玄武乘空亡，財爻逢空又入墓。失物難尋。
子嗣：天后臨死，六合臨養。先得男。
官司：課傳不見官鬼爻，干支上神皆父母爻洩殺生身。官司可解。

甲午日

兄弟	壬	寅	白虎	初傳
官鬼	丙	申	螣蛇	中傳
兄弟	壬	寅	白虎	末傳

四課	三課	二課	一課
天后	青龍	白虎	螣蛇
午	子	寅	申
子	午	申	甲

干上申

返吟課

畢法賦/詮釋：
旺祿臨身徒妄作。　返吟課上祿馬逢。
三傳互尅眾人欺。　三傳祿馬難進退。
晝夜貴加求兩貴。　前冲後尅進退難。
干支全傷防兩損。　將逢內戰所謀危。

占斷解析：
天候：寅（白虎），傳申（螣蛇），傳寅（白虎）。陰有風。
人事：三傳互尅，干支全傷，將逢內戰。不利人事。
考試：青龍臨敗地，干支全傷，將逢內戰。考運不佳。
婚姻：后合占婚吉，天后臨死，六合臨養。姻緣未到
財祿：富貴干支逢祿馬，旺祿臨身。財運佳。
升遷：三傳互尅，干支全傷，將逢內戰。不利升遷。
疾病：白虎乘祿尅土，主腸胃疾，喜子孫爻洩木生土。疾病可癒。
失物：玄武入墓，財爻逢空又入墓。失物難尋。
子嗣：天后臨死，六合臨養。先得男。
官司：官鬼爻臨干，喜青龍乘子水洩殺生身。官司可解。

甲午日

干上酉

官鬼	丁	酉	朱雀	初傳
妻財	◎	辰	玄武	中傳
父母	☉	亥	勾陳	末傳

四課	三課	二課	一課
螣蛇	天空	玄武	朱雀
申	丑	辰	酉
丑	午	酉	甲

元首課

畢法賦/詮釋：

不行傳者考初時。　丁神官鬼臨干上。
任信丁馬須言動。　支上蛇鬼乘夜貴。
傳財化鬼財險危。　中傳旬空末坐空。
眾鬼雖彰全不畏。　制鬼之位乃良醫。貴人差迭事參差。

占斷解析：

天候：丁酉（朱雀），傳辰（玄武），傳亥（勾陳）。晴轉陰雨。
人事：官鬼爻臨干，傳財化鬼，貴人差迭。不利人事。
考試：朱雀報喜臨干發用，任信丁馬須言動。利考運。
婚姻：后合占婚吉，天后臨死，六合臨養。姻緣未到
財祿：財爻逢空又入墓。財運不佳。
升遷：官鬼爻臨干發用，傳財化鬼，貴人差迭。不利升遷。
疾病：白虎乘干祿尅土，主腸胃疾，喜酉金三合、六合反制。疾病可癒。
失物：玄武乘財爻，財爻逢空又入墓。失物難尋。
子嗣：天后臨死，六合臨養。先得男。
官司：眾鬼雖彰全不畏，喜父母爻洩殺生身。官司可解。

- 459 -

甲午日

	一課	二課	三課	四課
	六合	天后	白虎	六合
	戌	午	寅	戌
	甲	戌	午	寅

就燥
干上戌

妻財	戌	戌	六合	初傳
子孫	甲	午	天后	中傳
兄弟	壬	寅	白虎	末傳

畢法賦/詮釋：
萬事喜忻三六合。　　支墳財併旅程稽。
權攝不正祿臨支。　　課傳炎上脫干氣。
六爻現卦防其尅。　　人衰宅旺防他損。
后合占婚豈用媒。　　三傳逆生人舉薦。

占斷解析：
天候：三傳逆生寅午戌，格曰就燥。主天晴。
人事：三傳逆生，旺祿入課傳，課傳皆逢三六合。利人事。
考試：龍雀不入課傳，青龍臨敗地，朱雀臨胎。考運不佳。
婚姻：后合占婚豈用媒。婚喜可期。
財祿：財爻臨干發用，三傳逆生財旺。財運佳。
升遷：萬事喜忻三六合，三傳逆生人舉薦。利升遷。
疾病：白虎乘祿尅土，主腸胃疾，喜三傳逆生反生土。疾病可癒。
失物：玄武乘財爻，財爻逢空又入墓。失物難尋。
子嗣：天后臨死，六合臨養。先得男。
官司：官鬼爻臨胎絕，喜子孫爻三合相制。官司可解。

- 460 -

甲午日

干上亥

官鬼	丙	申	天后	初傳
子孫	◎	巳	朱雀	中傳
兄弟	⊙	寅	青龍	末傳

四課	三課	二課	一課
白虎	勾陳	天后	太常
子	卯	申	亥
卯	午	亥	甲

畢法賦/詮釋：
賓主不投刑在上。　　干上長生乘寅祿。
不行傳者考初時。　　官鬼乘馬初發用。
互生俱生凡事益。　　課傳皆刑中傳空。
貴雖在獄宜臨干。　　制鬼之位乃良醫。龍加生氣吉遲遲。

占斷解析：

天候：申（天后），傳巳（朱雀），傳寅（青龍）。陰雨轉晴多雲。
人事：互生俱生凡事益，太常吉將乘印臨干。人事利己。
考試：青龍朱雀入傳，官印相生。利考運。
婚姻：后合占婚吉，天后臨絕，六合臨衰。姻緣未到。
財祿：祿馬入傳，可惜財爻逢空又入墓。財運不佳。
升遷：祿馬入傳，干上逢官印相生，互生俱生。利升遷。
疾病：白虎乘子水尅火，主心疾，喜支上卯木洩水生火。疾病可癒。
失物：玄武乘財爻，財爻逢空又入墓。失物難尋。
子嗣：天后臨絕，六合臨衰。子息緣淡。
官司：官鬼爻臨干發用，喜太常乘父母爻洩殺生身。官司可解。

- 461 -

乙未日

祿神：卯
驛馬：巳
貴人：子、申
空亡：辰、巳
長生：午
帝旺：寅
墓庫：戌

乙未日

先春
干上子

四課	三課	二課	一課
六合	白虎	貴人	勾陳
亥	卯	申	子
卯	未	子	乙

兄弟	癸	卯	白虎	初傳
父母	己	亥	六合	中傳
妻財	乙	未	天后	末傳

畢法賦/詮釋：
萬事喜忻三六合。　　晝夜雙貴臨干上。
合中犯煞蜜中砒。　　日祿臨支逢三合。
權攝不正祿臨支。　　賓主不投刑在上。
后合占婚豈用媒。　　鬼乘天乙乃神祇。

占斷解析：
天候：卯（白虎），傳亥（六合），傳未（天后）。晴轉小雨。
人事：白虎乘祿臨支三合，貴人乘官鬼臨干。利人事。
考試：勾陳臨干，白虎臨支，青龍臨衰，朱雀入墓。不利考運。
婚姻：后合占婚吉，六合臨死地。姻緣未到。
財祿：財祿三合入課傳。財漸旺。
升遷：干祿三合發用入傳，天乙貴人官印相生臨干。利升遷。
疾病：白虎乘卯木尅土，主腸胃疾，課傳三合木尅土。未覓良醫。
失物：玄武臨敗地，財爻入傳逢三合化木。失物難尋。
子嗣：天后臨養，六合臨死地。宜先養後招。
官司：鬼乘天乙乃神祇，干上逢官印相生洩煞生身。官司可解。

乙未日

		干上丑		
妻財	⊙	丑	青龍	初傳
妻財	戊	戌	朱雀	中傳
妻財	乙	未	天后	末傳

四課	三課	二課	一課
青龍	太常	朱雀	青龍
丑	辰	戌	丑
辰	未	丑	乙

重審課

畢法賦/詮釋：
賓主不投刑在上。　課傳俱財身無依。
干墓併關人宅廢。　貴登天門高甲第。
傳財太旺反財虧。　鬼乘天乙乃神祇。龍加生氣吉遲遲。
六爻現卦防其剋。

占斷解析：
天候：丑（青龍），傳戌（朱雀），傳未（天后）。晴轉多雲偶雨。
人事：青龍臨干，朱雀報喜，貴登天門。利人事。
考試：青龍朱雀入課傳，貴登天門高甲第。考運佳。
婚姻：后合占婚吉，天后臨養，六合臨死地。姻緣未到。
財祿：課傳俱財，六爻現卦。傳財太旺反財虧。
升遷：干墓併關臨干上，青龍乘太常吉將臨支。升遷不利己。
疾病：白虎乘卯木剋土，主腸胃疾，喜午火逢長生洩木生土。疾病可癒。
失物：玄武臨敗地，但傳財太旺反財虧。失物難尋。
子嗣：天后臨養，六合臨敗地。宜先養後招。
官司：傳財太旺反財虧，鬼乘天乙乃神祇。官司可解。

- 464 -

乙未日

干上寅

四課	三課	二課	一課
青龍	六合	太常	天空
卯	巳	子	寅
巳	未	寅	乙

父母	巳	亥	玄武	初傳
兄弟	⊙	寅	天空	中傳
子孫	◎	巳	六合	末傳

昴星課

畢法賦/詮釋：
三傳遞生人舉薦。　　干上帝旺坐空亡。
權攝不正祿臨支。　　日祿臨支乘青龍。
不行傳者考初時。　　鬼乘天乙乃神祇。
互旺俱旺坐謀宜。　　富貴干支逢祿馬。

占斷解析：
天候：亥（玄武），傳寅（天空），傳巳（六合）。雨後天晴。
人事：三傳遞生，干之祿馬臨支，互旺俱旺。利人事。
考試：青龍乘干之祿馬臨宅，朱雀逢長生。考運佳。
婚姻：后合占婚吉，天后臨絕，六合臨敗地。姻緣未到。
財祿：富貴干支逢祿馬，互旺俱旺坐謀宜。財運佳。
升遷：三傳遞生，權攝不正祿臨支，干上乘空。升遷不利己。
疾病：白虎乘丑土尅水，主腎疾，喜鬼乘天乙洩土生水。疾病可癒。
失物：玄武臨死地，青龍乘祿馬入宅。失物復得。
子嗣：天后臨絕，六合臨敗地。子息緣淡。
官司：鬼乘天乙乃神祇，喜貴人逢六合化印洩殺生身。官司可解。

乙未日

四課	三課	二課	一課
六合	朱雀	天空	青龍
巳	午	寅	卯
午	未	卯	乙

干上卯

妻財	戌	戌	太陰	初傳
兄弟	☉	卯	青龍	中傳
子孫	甲	午	朱雀	末傳

昂星課

畢法賦/詮釋：
旺祿臨身徒妄作。　　鬼乘天乙乃神祇。
首尾相見始終宜。　　龍加生氣吉遲遲。
富貴干支逢祿馬。
魁度天門關隔定。

占斷解析：
天候：戌（太陰），傳卯（青龍），傳午（朱雀）。多雲轉晴。
人事：青龍乘干祿臨干，首尾相見始終宜。人事利己方。
考試：青龍朱雀入課傳。考運佳。
婚姻：后合占婚吉，天后臨絕，六合臨敗地。姻緣未到。
財祿：旺祿臨干馬臨支，財爻六合旺祿。財漸旺。
升遷：青龍乘祿神臨干，朱雀逢長生臨宅報喜。利升遷。
疾病：白虎乘丑土尅水，主腎疾，喜青龍乘卯相制。疾病可癒。
失物：玄武臨死地，富貴干支逢祿馬。失物復得。
子嗣：天后臨絕，六合臨敗地。子息緣淡。
官司：鬼乘天乙乃神祇，貴人逢六合化印洩殺生身。官司可解。

- 466 -

乙未日

干上辰

妻財	◎	辰	勾陳	初傳
妻財	乙	未	螣蛇	中傳
妻財	辛	丑	白虎	末傳

四課	三課	二課	一課
螣蛇	螣蛇	勾陳	勾陳
未	未	辰	辰
未	未	辰	乙

伏吟課

畢法賦/詮釋：
龍加生氣吉遲遲。　四課俱財財發用。
傳財太旺反財虧。　蛇財臨墓凶難免。
六爻現卦防其尅。　我求彼事干傳支。
支墳財併旅程稽。

占斷解析：
天候：辰（勾陳），傳未（螣蛇），傳丑（白虎）。有風無雨。
人事：支墳財併旅程稽，六爻現卦防其尅。財尅印。不利人事。
考試：課傳不見龍雀，勾陳臨干，螣蛇臨支。考運不佳。
婚姻：后合占婚吉，天后臨絕，六合臨敗地。姻緣未到。
財祿：傳財太旺反財虧，支墳財併旅程稽。不利財運。
升遷：我求彼事干傳支，支墳財併旅程稽。不利升遷。
疾病：白虎乘丑土尅水，主腎疾，父母爻臨病死之地，六爻現卦。
　　　未覓良醫。
失物：玄武臨死地，傳財太旺反財虧。失物難尋。
子嗣：天后臨絕，六合臨敗地。子息緣淡。
官司：官鬼爻臨胎絕，課傳財旺生鬼。官司難解。

- 467 -

乙未日

革過從新
干上巳

官鬼	丁	酉	天后	初傳
妻財	戊	戌	太陰	中傳
父母	己	亥	玄武	末傳

四課	三課	二課	一課
天后	貴人	朱雀	六合
酉	申	午	巳
申	未	巳	乙

畢法賦/詮釋：
任信丁馬須言動。　　官貴臨支乘丁馬。
鬼臨三四訟災隨。　　干上朱雀乘旬空。
鬼乘天乙乃神祇。　　六合官貴巳申合。
后合占婚豈用媒。　　制鬼之位乃良醫。龍加生氣吉遲遲。

占斷解析：

天候：酉（天后），傳戌（太陰），傳亥（玄武）。主陰雨。
人事：朱雀乘空亡臨干，鬼乘天乙乘丁馬動。人事不利己方。
考試：青龍乘祿神又臨官，朱雀逢長生臨干上。考運佳。
婚姻：后合占婚吉，天后臨絕。姻緣未到。
財祿：財爻入墓又入傳，蛇虎皆臨財爻上。財運不佳。
升遷：任信丁馬須言動，鬼乘天乙乃神祇。升遷不利己。
疾病：白虎乘丑土尅水，主腎疾，喜初傳官鬼動洩土生水。疾病可癒。
失物：玄武臨死地，財爻乘虎蛇又入墓。失物難尋。
子嗣：天后臨絕，六合臨敗地。子息緣淡。
官司：官鬼乘丁馬發用，喜末傳父母爻化殺生身。官司可解。

乙未日

```
涉三淵
干上午
```

	四課	三課	二課	一課
	玄武	白虎	貴人	朱雀
	亥	酉	申	午
	酉	未	午	乙

官鬼	丙	申	貴人	初傳
妻財	戊	戌	太陰	中傳
父母	庚	子	太常	末傳

重審課

畢法賦/詮釋：
任信丁馬須言動。　　賓主不投刑在上。
催官使者赴官期。　　罡塞鬼戶任謀危。
人宅受脫俱招盜。
鬼乘天乙乃神祇。

占斷解析：

天候：三傳格曰涉三淵。主陰而不雨。
人事：鬼乘天乙臨干上，官印臨支逢丁馬。利人事。
考試：青龍乘祿神又臨官，朱雀逢長生臨干上。考運佳。
婚姻：后合占婚吉，天后臨絕，六合臨敗地。姻緣未到。
財祿：財爻入傳卻逢墓，白虎螣蛇皆乘財。財運不佳。
升遷：鬼乘天乙臨干，官印臨支丁馬動。利升遷。
疾病：白虎乘酉金尅木，主肝疾，喜印洩金生木。疾病可癒。
失物：玄武臨死地，財爻逢虎蛇又入墓。失物難尋。
子嗣：天后臨絕，六合臨敗地。子息緣淡。
官司：鬼乘天乙乃神祇，貴官印相生臨支上。官司可解。

- 469 -

乙未日

畢法賦/詮釋：
賓主不投刑在上。　　課傳俱財身無依。
傳財太旺反財虧。　　支加干上干傳支。
華蓋覆日人昏晦。　　鬼乘天乙乃神祇。
干墓併關人宅廢。　　六爻現卦防其尅。

占斷解析：

天候：未（螣蛇），傳戌（太陰），傳丑（白虎）。有風無雨。

人事：華蓋覆日人昏晦，干墓併關人宅廢。人事不利己方。

考試：課傳不見龍雀，六爻現卦財尅印。考運不佳。

婚姻：后合占婚吉，天后臨絕，六合臨敗地。姻緣未到。

財祿：傳財太旺反財虧，干墓併關人宅廢。財運不佳。

升遷：賓主不投，華蓋覆日，干墓併關。不利升遷。

疾病：白虎乘丑土尅水，主腎疾，喜貴人乘申金洩土生水。疾病可癒。

失物：玄武臨死地，財爻逢虎蛇又入墓。失物難尋。

子嗣：天后臨絕，六合臨敗地。子息緣淡。

官司：鬼乘天乙乃神祇，六爻財旺尅印。宜防文書犯官司。

乙未日

曲直
干上申

四課	三課	二課	一課
白虎	六合	勾陳	貴人
卯	亥	子	申
亥	未	申	乙

父母	己	亥	六合	初傳
兄弟	癸	卯	白虎	中傳
妻財	乙	未	天后	末傳

重審課

畢法賦/詮釋：
萬事喜忻三六合。　　亥印臨支三合祿。
權攝不正祿臨支。　　課傳俱逢祿三合。
貴雖坐獄宜臨干。　　官貴臨干官生印。
鬼乘天乙乃神祇。　　后合占婚豈用媒。

占斷解析：

天候：亥（六合），傳卯（白虎），傳未（天后）。晴偶雨。

人事：貴雖坐獄宜臨干，白虎乘祿臨支逢三合。利人事。

考試：勾陳臨干，白虎臨支，青龍臨衰，朱雀入墓。不利考運。

婚姻：后合占婚吉，六合臨死地。姻緣未到。

財祿：干祿逢妻財三、六合入課傳。財漸旺。

升遷：鬼乘天乙臨干，干祿臨支入課傳。利升遷。

疾病：白虎乘卯木剋土，主腸胃疾，喜午火逢長生洩木生土。疾病可癒。

失物：玄武臨死地，喜干祿逢三合入課傳。失物復得。

子嗣：天后臨養，六合臨死地。宜先養後招。

官司：鬼乘天乙乃神祇，喜干上逢官印相生。官司可解。

- 471 -

乙未日

四課	三課	二課	一課
玄武	勾陳	天空	螣蛇
巳	子	寅	酉
子	未	酉	乙

干上酉
子孫 ◎ 巳 玄武 初傳
妻財 ☉ 戌 朱雀 中傳
兄弟 癸 卯 白虎 末傳

畢法賦/詮釋：
腳踏空亡進用宜。　螣蛇官鬼臨干上。
干支值絕凡謀決。　夜貴臨支玄乘空。
任信丁馬須言動。　玄武乘空發初傳。
鬼乘天乙乃神祇。　末傳逢祿乘白虎。

占斷解析：
天候：巳（玄武），傳戌（朱雀），傳卯（白虎）。雨後天晴。
人事：腳踏空亡，干支值絕，勾陳臨支，蛇臨干。不利人事。
考試：勾陳臨支，螣蛇臨干，青龍臨衰，朱雀入墓。考運不佳。
婚姻：后合占婚吉，天后臨養，六合臨死地。姻緣未到。
財祿：財爻入墓又逢空。財運不佳。
升遷：干支值絕，勾陳臨支，螣蛇臨干。不利升遷。
疾病：白虎乘卯木尅土，主腸胃疾，喜卯戌合火洩木生土。疾病可癒。
失物：玄武臨敗地，喜干祿入傳卯戌相生。失物復得。
子嗣：天后臨養，六合臨死地。宜先養後招。
官司：鬼乘天乙乃神祇，喜卯戌入傳化子孫爻相制。官司可解。

乙未日

干上戌

妻財	⊙	戌	朱雀	初傳
妻財	◎	辰	太常	中傳
妻財	⊙	戌	朱雀	末傳

四課	三課	二課	一課
天后	青龍	太常	朱雀
未	丑	辰	戌
丑	未	戌	乙

返吟課

畢法賦/詮釋：
來去俱空豈動移。　課傳俱財身無依。
空空如也事莫追。　返吟無依三傳空。
六爻現卦防其剋。　鬼乘天乙乃神祇。傳財太旺反財虧。
干墓併關人宅廢。　三傳互剋眾人欺。龍加生氣吉遲遲。

占斷解析：
天候：戌（朱雀），傳辰（太常），傳戌（朱雀）。主天晴。
人事：三傳互剋，六爻現卦剋印，干墓併關。不利人事。
考試：青龍臨宅，朱雀入課傳報喜。考運佳。
婚姻：后合占婚吉，天后臨養，六合臨死地。姻緣未到。
財祿：課傳俱財，三傳互剋。傳財太旺反財虧。
升遷：三傳互剋，干墓併關。不利升遷。
疾病：白虎乘卯木剋土，主腸胃疾，喜子孫爻逢長生洩木生土。疾病可癒。
失物：玄武臨敗地，傳財太旺反財虧。失物難尋。
子嗣：天后臨養，六合臨死地。宜先養後招。
官司：鬼乘天乙乃神祇，喜子孫爻逢長生相制。官司可解。

乙未日

子孫	甲	午	太陰	初傳
妻財	辛	丑	青龍	中傳
官鬼	丙	申	貴人	末傳

干上亥

四課	三課	二課	一課
螣蛇	天空	太陰	六合
酉	寅	午	亥
寅	未	亥	乙

重審課

畢法賦/詮釋：
前後引從陞遷吉。　亥水長生臨日干。
鬼乘天乙乃神祇。　帝旺臨支寅亥合。
龍加生氣吉遲遲。　晝貴坐財乘青龍。
人宅皆死各衰贏。　夜貴乘巳巳旬空。任信丁馬須言動。

占斷解析：

天候：午（太陰），傳卯（青龍），傳申（貴人）。晴多雲。
人事：青龍乘祿，鬼乘天乙入傳，官生印再生干。人事利己。
考試：青龍入傳，末傳鬼乘天乙，官生印再生干。利考運。
婚姻：后合占婚吉，天后臨養，六合臨死地。姻緣未到。
財祿：青龍乘財入傳，得子孫父逢長生相生。財漸旺。
升遷：官鬼天乙入傳生干上神。升遷利己方。
疾病：白虎乘卯木尅土，主腸胃疾，喜子孫父逢長生洩木生土。疾病可癒。
失物：玄武臨敗地又入獄，青龍乘財爻入傳。失物復得。
子嗣：天后臨養，六合臨死地。宜先養後招。
官司：鬼乘天乙乃神祇，喜干上逢印洩殺生身。官司可解。

丙申日

祿神：巳
驛馬：寅
貴人：亥、酉
空亡：辰、巳
長生：寅
帝旺：午
墓庫：戌

丙申日

```
干上子
```

四課	三課	二課	一課
螣蛇	天空	太陰	六合
戌	卯	未	子
卯	申	子	丙

子孫	戌	戌	螣蛇	初傳
兄弟	◎	巳	太常	中傳
官鬼	☉	子	六合	末傳

畢法賦/詮釋：
不行傳者考初時。　　干上逢脫。支上逢天空。
賓主不投刑在上。　　貴入地戶貴無依。
干墓併關人宅廢。　　貴人差迭事參差。
制鬼之位乃良醫。　　龍加生氣吉遲遲。

占斷解析：
天候：戌（螣蛇），傳巳（太常），傳子（六合）。主天晴。
人事：賓主不投，不行傳者考初時，干墓併關。不利人事。
考試：課傳不見龍雀，螣蛇入課傳。不利考運。
婚姻：后合占婚吉，天后臨病地，六合臨胎。姻緣未到。
財祿：財爻臨病死之地，又無子孫爻相生。財運不佳。
升遷：賓主不投，不行傳者考初時，干墓併關。不利升遷。
疾病：白虎乘辰土尅水，主腎疾，課傳不見金星洩土生水。未覓良醫。
失物：玄武乘帝旺，財爻臨病死之地。失物難尋。
子嗣：天后臨病地，六合乘胎。先得男。
官司：官鬼爻臨干，喜支上卯戌合火生未土相制。官司可解。

丙申日

仰玄
干上丑

	四課	三課	二課	一課
	六合	白虎	貴人	勾陳
	子	辰	酉	丑
	辰	申	丑	丙

官鬼	☉	子	六合	初傳
妻財	丙	申	天后	中傳
子孫	◎	辰	白虎	末傳

重審課

畢法賦/詮釋：
萬事喜忻三六合。　　干上乘貴得三合。
傳鬼化財財險危。　　支傳三合潤下格。
眾鬼雖彰全不畏。　　三傳逆生人舉薦。
后合占婚豈用媒。

占斷解析：
天候：三傳三合，格曰潤下。主陰雨。
人事：貴人乘財臨干，交車相合交關利，三傳逆生。有利人事。
考試：課傳不見龍雀，勾陳臨干，白虎臨支。不利考運。
婚姻：后合占婚豈用媒，后合入傳逢三合。婚喜可期。
財祿：貴財臨干，三合干上丑，六合支上辰。財祿漸旺。
升遷：三傳逆生，貴臨干，交車相合交關利。有利升遷。
疾病：白虎乘辰土尅水，主腎疾，喜三傳三合水。疾病可癒。
失物：玄武入獄，喜財爻乘貴人逢三合、六合。失物復得。
子嗣：天后臨病地，六合乘胎。先得男。
官司：官鬼爻逢三合旺相，喜父母爻逢長生洩殺生身。官司可解。

- 477 -

丙申日

干上寅			
兄弟	◎	巳	太常	初傳
父母	⊙	寅	青龍	中傳
官鬼	己	亥	朱雀	末傳

四課	三課	二課	一課
青龍	太常	朱雀	青龍
寅	巳	亥	寅
巳	申	寅	丙

元首課

畢法賦/詮釋：
富貴干支逢祿馬。　　干上驛馬逢青龍。
彼求我事支傳干。　　支上日祿坐空亡。
三傳逆生人舉薦。　　彼此猜忌害相隨。
權攝不正祿臨支。　　龍加生氣吉遲遲。上下皆合兩心齊。

占斷解析：

天候：巳（太常），傳寅（青龍），傳亥（朱雀）。晴多雲。
人事：三傳逆生，上下皆合，青龍臨干祿臨支。利人事。
考試：青龍朱雀入課傳。考運佳。
婚姻：后合占婚吉，天后臨病地，六合臨胎。姻緣未到。
財祿：富貴干支逢祿馬。財運漸佳。
升遷：三傳逆生，上下皆合，祿馬臨干支。利升遷。
疾病：白虎乘辰土尅水，主腎疾，喜貴人乘酉金洩土生水。疾病可癒。
失物：玄武乘帝旺，財爻臨病死之地。失物難尋。
子嗣：天后臨病地，六合乘胎。先得男。
官司：官鬼爻入課傳，喜三傳逆生干祿。官司可解。

- 478 -

丙申日

```
極陰
干上卯
```

四課	三課	二課	一課
白虎	玄武	勾陳	天空
辰	午	丑	卯
午	申	卯	丙

初傳 子孫 辛 丑 勾陳
中傳 官鬼 己 亥 朱雀
末傳 妻財 丁 酉 貴人

畢法賦/詮釋：
干支皆敗事傾頹。　　鬼乘天乙乃神祇。
一旬周遍始終宜。　　干上神臨敗乘天空。
任信丁馬須言動。　　干上神坐財乘玄武。
晝夜貴加求兩貴。　　貴登天門高甲第。丁財乘貴貴財動。

占斷解析：

天候：三傳丑亥酉，格曰極陰。主陰晴不定。

人事：貴登天門，晝夜貴加，任信丁馬須言動。利人事。

考試：貴登天門高甲第，朱雀乘墓貴報喜。考運佳。

婚姻：后合占婚吉，天后臨病地，六合臨胎。姻緣未到。

財祿：貴財爻乘丁神，三合干上丑，六合支上辰。財祿漸旺。

升遷：貴登天門，貴人乘丁馬財動，一旬周遍。利升遷。

疾病：白虎乘辰土尅水，主腎疾，喜貴人乘財六合反生水。疾病可癒。

失物：玄武帝旺又乘財，喜貴人乘財，丁馬動合干支上神。失物復得。

子嗣：天后臨病地，六合乘胎。先得男。

官司：官鬼爻入傳，喜干上逢卯印洩殺生身。官司可解。

丙申日

否極泰來
干上辰

				初傳
父母	⊙	卯	天空	初傳
父母	壬	寅	白虎	中傳
子孫	辛	丑	太常	末傳

四課	三課	二課	一課
六合	朱雀	天空	青龍
午	未	卯	辰
未	申	辰	丙

畢法賦/詮釋：
魁度天門關格定。　　干上青龍乘空亡。
貴人差迭事參差。　　三傳退茹不宜進。
華蓋覆日人昏晦。　　發用坐空又乘空。
空上逢空事莫追。　　龍加生氣吉遲遲。

占斷解析：
天候：卯（天空），傳寅（白虎），傳丑（太常）。主天晴。
人事：魁度天門，華蓋覆日，空上逢空。不利人事。
考試：青龍臨干，朱雀臨宅。利考運。
婚姻：后合占婚吉，天后入墓，六合臨帝旺。姻緣未到。
財祿：財爻臨病死之地。財不旺。
升遷：魁度天門，華蓋覆日，空上逢空。不利升遷。
疾病：白虎乘寅木尅土，主腸胃疾，喜支上午未合火洩木生土。疾病可癒。
失物：玄武臨胎，財爻臨病死之地。失物難尋。
子嗣：天后入墓，六合帝旺。先得男。
官司：官鬼爻臨胎絕，喜干上神相制。官司可解。

丙申日

干上巳

兄弟	◎	巳	勾陳	初傳
妻財	丙	申	螣蛇	中傳
父母	壬	寅	白虎	末傳

四課	三課	二課	一課
螣蛇	螣蛇	勾陳	勾陳
申	申	巳	巳
申	申	巳	丙

伏吟課

畢法賦/詮釋：
賓主不投刑在上。　　伏吟課上祿乘空。
三傳互尅眾人欺。　　空上逢空事莫追。
旺祿臨身徒妄作。　　支上伏吟暗合祿。
交車相合交關利。　　貴人差迭事參差。

占斷解析：

天候：巳（勾陳），傳申（螣蛇），傳寅（白虎）。主天晴。

人事：旺祿臨干發用，財爻成雙六合。利人事。

考試：課傳不見龍雀，勾陳臨干，螣蛇臨支。不利考運。

婚姻：后合占婚吉，天后入墓，六合臨帝旺。姻緣未到。

財祿：祿馬入傳財臨宅。財祿漸旺。

升遷：旺祿臨干，雙財交車相合。有利升遷。

疾病：白虎乘寅木尅土，主腸胃疾，喜旺祿臨干洩木生土。疾病可癒。

失物：玄武乘胎，喜財爻入課傳。失物復得。

子嗣：天后入墓，六合帝旺。先得男。

官司：官鬼爻臨胎絕，喜父母爻入末傳洩殺生身。官司可解。

丙申日

革過從新
干上午

四課	三課	二課	一課
天后	貴人	朱雀	六合
戌	酉	未	午
酉	申	午	丙

妻財	丁	酉	貴人	初傳
子孫	戊	戌	天后	中傳
官鬼	己	亥	太陰	末傳

遙尅課

畢法賦/詮釋：
所謀多拙逢羅網。　　干上午火退一辰。
賓主不投刑在上。　　支上酉貴亦逢退。
任信丁馬須言動。　　互旺俱旺逢羅網。
互旺俱旺坐謀宜。　　丁財乘貴財祿動。后合占婚豈用媒。

占斷解析：
天候：丁酉（貴人），傳戌（天后），傳亥（太陰）。主陰雨。
人事：賓主不投，所謀多拙。不利人事。
考試：貴人入宅發用，朱雀臨干報喜。考運佳。
婚姻：后合占婚豈用媒。婚喜可期。
財祿：貴人乘財丁神動入課傳。財祿漸旺。
升遷：任信丁馬須言動，互旺俱旺。有利升遷。
疾病：白虎乘寅木尅土，主腸胃疾，喜干上午未合火洩木生土。疾病可癒。
失物：玄武臨胎，財爻臨病死之地。失物難尋。
子嗣：天后入墓，六合帝旺。先得男。
官司：官鬼爻臨胎絕，得貴人乘財相生。官司難解。

- 482 -

丙申日

干上未

官鬼	庚	子	玄武	初傳
父母	壬	寅	白虎	中傳
子孫	◎	辰	青龍	末傳

四課	三課	二課	一課
玄武	天后	貴人	朱雀
子	戌	酉	未
戌	申	未	丙

重審課

畢法賦/詮釋：
罡塞鬼戶任謀為。　貴人乘衰臨干上。
干墓併關人宅廢。　日墓覆支乘玄鬼。
任信丁馬須言動。　三傳向陽末傳空。
龍加生氣吉遲遲。　貴人差迭事參差。驛馬逢虎占應速。

占斷解析：
天候：子（玄武），傳寅（白虎），傳辰（青龍）。陰有風無雨。
人事：貴臨干，玄武臨支，青龍入末傳，朱雀報喜臨干上。人事利己。
考試：青龍入末傳，朱雀臨干報喜。利考運。
婚姻：后合占婚吉，天后入墓，六合臨帝旺。姻緣未到。
財祿：貴人乘財臨干，青龍六合助旺。財祿漸旺。
升遷：貴人臨干，玄武臨支，青龍入傳六合貴人。升遷利己。
疾病：白虎乘寅木尅土，主腸胃疾，課傳不見兄弟爻洩木生土。未覓良醫。
失物：玄武入獄，喜貴人乘財臨干六合青龍。失物復得。
子嗣：天后入墓，六合帝旺。先得男。
官司：官鬼爻臨宅發用，喜父母爻洩殺生身。官司可解。

- 483 -

丙申日

干上申

四課	三課	二課	一課
妻財	⊙	申	螣蛇	初傳
官鬼	己	亥	太陰	中傳
父母	壬	寅	白虎	末傳

四課	三課	二課	一課
白虎	太陰	太陰	螣蛇
寅	亥	亥	申
亥	申	申	丙

重審課

畢法賦/詮釋：
簾幕貴人高甲第。　　夜貴臨支生白虎。
虎乘遁鬼殃非淺。　　彼此猜忌害相隨。
三傳遞生人舉薦。　　貴人差迭事參差。
眾鬼雖彰全不畏。　　我求彼事干傳支。

占斷解析：
天候：申（螣蛇），傳亥（太陰），傳寅（白虎）。主天晴。
人事：三傳遞生，暮貴臨干支，傳財生官，官生印。利人事。
考試：課傳不見龍雀，喜三傳遞生，傳財生官，官生印。利考運。
婚姻：后合占婚吉，天后入墓，六合臨帝旺。姻緣未到。
財祿：財爻臨干發用，財祿喜暗合。財漸旺。
升遷：三傳遞生，暮貴臨課傳。有利升遷。
疾病：白虎乘寅木尅土，主腸胃疾，喜酉財逢貴相制。疾病可癒。
失物：玄武臨胎，喜財爻臨干發用。失物復得。
子嗣：天后入墓，六合帝旺。先得男。
官司：官鬼爻逢財爻相生，喜父母爻洩殺生身。官司可解。

丙申日

獻刃
干上酉

妻財	☉	酉	貴人	初傳
子孫	辛	丑	太常	中傳
兄弟	◎	巳	勾陳	末傳

四課	三課	二課	一課
青龍	玄武	太常	貴人
辰	子	丑	酉
子	申	酉	丙

重審課

畢法賦/詮釋：
萬事喜忻三六合。　　貴臨日干成三合。
合中犯煞蜜中砒。　　支上逢脫三合空。
兩貴受尅難干貴。　　課傳皆貴乘空亡。任信丁馬須言動。
人宅皆死各衰贏。　　貴人差迭事參差。交車相合交關利。

占斷解析：
天候：酉（貴人），傳丑（太常），傳巳（勾陳）。主天晴。
人事：貴人臨干發用，交車相合，任信丁馬財貴發用。利人事。
考試：青龍入宅暗合貴人，貴人臨干發用。考運佳。
婚姻：后合占婚吉，天后入墓，六合臨帝旺。姻緣未到。
財祿：貴人乘財臨干發用逢三合。財祿漸旺。
升遷：貴人臨干，交車相合，財貴乘丁馬。利升遷。
疾病：白虎乘寅木尅土，主腸胃疾，喜兄弟爻乘祿洩木生土。疾病可癒。
失物：玄武臨胎，喜貴人乘財臨干發用。失物復得。
子嗣：天后入墓，六合帝旺。先得男。
官司：官鬼爻入宅，逢支辰三合，又得財爻相生。官司難解。

- 485 -

丙申日

干上戌				
父母	癸	卯	天空	初傳
妻財	丙	申	天后	中傳
子孫	辛	丑	勾陳	末傳

四課	三課	二課	一課
玄武	勾陳	天空	螣蛇
午	丑	卯	戌
丑	申	戌	丙

畢法賦/詮釋：
干支乘墓各昏迷。　　干上日墓乘螣蛇。
兩蛇夾墓凶難免。　　支上金墓覆支辰。
鬼乘天乙乃神祇。　　龍加生氣吉遲遲。
我求彼事干傳支。

占斷解析：
天候：卯（天空），傳申（天后），傳丑（勾陳）。雨後天晴。
人事：兩蛇夾墓凶難免，干支乘墓各昏迷。不利人事。
考試：課傳不見龍雀，干上螣蛇，支上勾陳。不利考運。
婚姻：后合占婚吉，天后臨病地，六合臨胎。姻緣未到。
財祿：財爻臨病死之地，干支乘墓無力生財。財不旺。
升遷：兩蛇夾墓凶難免，干支乘墓各昏迷。不利升遷。
疾病：白虎乘辰土尅水，主腎疾，喜貴人乘酉合辰化金生水。疾病可癒。
失物：玄武逢帝旺，財爻臨病死之地。失物難尋。
子嗣：天后臨病地，六合乘胎。先得男。
官司：官鬼爻臨胎絕，喜父母爻卯木化殺生身。官司可解。

丙申日

干上亥

父母	壬	寅	青龍	初傳
妻財	丙	申	天后	中傳
父母	壬	寅	青龍	末傳

四課	三課	二課	一課
天后	青龍	太常	朱雀
申	寅	巳	亥
寅	申	亥	丙

返吟課

畢法賦/詮釋：
旺祿臨身徒妄作。　夜貴臨干馬臨支。
三傳互尅眾人欺。　交車相合上下冲。
富貴干支逢祿馬。　彼此猜忌害相隨。
干支俱絕凡謀決。　交車相合交關利。合中犯殺蜜中砒。

占斷解析：
天候：寅（青龍），傳申（天后），傳寅（青龍）。陰偶雨。
人事：干支逢祿馬，交車相合，龍加生氣。利人事。
考試：龍加生氣入課傳，朱雀臨干報喜。利考運。
婚姻：后合占婚吉，天后臨病地，六合臨胎。姻緣未到。
財祿：財爻臨病死之地，又逢冲尅。財運不佳。
升遷：干支逢祿馬，交車相合，龍加生氣。利升遷。
疾病：白虎乘辰土尅水，主腎疾，喜申金洩土生亥水。疾病可癒。
失物：玄武逢帝旺，財臨病死之地又逢冲。失物難尋。
子嗣：天后臨病地，六合乘胎。先得男。
官司：官鬼爻臨干，喜青龍交車相合化殺生身。官司可解。

- 487 -

丁酉日

祿神：午
驛馬：亥
貴人：亥、酉
空亡：辰、巳
長生：酉
帝旺：巳
墓庫：丑

丁酉日

干上子

	初傳	中傳	末傳
子孫	乙未 勾陳		
官鬼	庚子 天后		
兄弟	◎巳 天空		

四課	三課	二課	一課
勾陳	玄武	天空	天后
未	寅	巳	子
寅	酉	子	丁

涉害課

畢法賦/詮釋：
干支值絕凡謀決。　　干上逢絕支逢賊。
空上逢空事莫追。　　三傳遞尅末傳空。
三傳互尅眾人欺。　　三傳內戰窩裡反。
制鬼之位乃良醫。　　彼求我事支傳干。鬼乘天乙乃神祇。

占斷解析：

天候：未（勾陳），傳子（天后），傳巳（天空）。雨後天晴。

人事：三傳互尅，干支值絕，空上逢空。不利人事。

考試：課傳不見龍雀，干上逢空，支上逢勾玄。不利考運。

婚姻：后合占婚吉，天后臨絕，六合臨敗地。姻緣未到。

財祿：財爻臨支逢長生丁馬動。財漸旺。

升遷：三傳互尅，干支值絕，空上逢空。不利升遷。

疾病：白虎乘辰土尅水，主腎疾，喜朱雀乘酉金六合洩土生水。疾病可癒。

失物：玄武臨死地，喜財爻臨支辰丁馬動。失物復得。

子嗣：天后臨絕，六合臨敗地。子息緣淡。

官司：官鬼爻臨干，喜父母爻臨支洩殺生身。官司可解。

丁酉日

畢法賦/詮釋：
三傳互尅眾人欺。　　返吟課反覆不定。
互生俱生凡事益。　　勾陳乘日墓覆干。
任信丁馬須言動。　　交車相生凡事益。
兩貴受尅難干貴。　　課傳上下逢六冲。人宅坐墓甘招晦。

占斷解析：

天候：卯（太常），傳丁酉（朱雀），傳卯（太常）。主天晴。

人事：三傳互尅，兩貴受尅，人宅坐墓。不利人事。

考試：青龍乘午暗合干上未，朱雀臨宅報喜。有利考運。

婚姻：后合占婚吉，天后臨絕，六合臨敗地。姻緣未到。

財祿：財爻逢長生入課傳，丁馬動。財漸旺。

升遷：兩貴受尅，三傳互尅，人宅坐墓。不利升遷。

疾病：白虎乘辰土尅水，主腎疾，喜朱雀乘酉金六合洩土生水。疾病可癒。

失物：玄武臨死地，喜財爻逢長生丁馬動。失物復得。

子嗣：天后臨絕，六合臨敗地。子息緣淡。

官司：官鬼爻逢胎絕，喜父母爻入傳洩殺生身。官司可解。

丁酉日

干上寅

				初傳
官鬼	☉	亥	貴人	
兄弟	甲	午	白虎	中傳
子孫	辛	丑	朱雀	末傳

四課	三課	二課	一課
貴人	青龍	太陰	六合
亥	辰	酉	寅
辰	酉	寅	丁

重審課

畢法賦/詮釋：
交車相合交關利。　干上逢寅生丁干。
互生俱生凡事益。　支上辰土生酉支。
龍加生氣吉遲遲。　祿馬官貴現課傳。
鬼乘天乙乃神祇。　晝夜貴加求兩貴。

占斷解析：

天候：亥（貴人），傳午（白虎），傳丑（朱雀）。主天晴。
人事：晝貴臨宅，暮貴臨干，青龍乘辰六合。有利人事。
考試：青龍入宅，朱雀入傳，貴人臨宅交車相合。有利考運。
婚姻：后合占婚吉，天后臨養，六合臨死地。姻緣未到。
財祿：財爻乘丁神入宅，逢青龍乘辰六合化金。財漸旺。
升遷：交車相合，鬼乘天乙，互生俱生。有利升遷。
疾病：白虎乘午火尅金，主肺疾，喜青龍朱雀乘子孫爻洩火生金。
　　　疾病可癒。
失物：玄武臨敗地，喜財爻乘丁神三合、六合。失物復得。
子嗣：六合臨死地，天后臨養。宜先養後招。
官司：鬼乘天乙乃神祇，交車相合化印生身。官司可解。

丁酉日

```
反射
干上卯
```

兄弟	◎	巳	天空	初傳
子孫	☉	丑	朱雀	中傳
妻財	丁	酉	太陰	末傳

四課	三課	二課	一課
朱雀	天空	貴人	勾陳
丑	巳	亥	卯
巳	酉	卯	丁

元首課

畢法賦/詮釋：
萬事喜忻三六合。　　干上得貴逢三合。
合中犯殺蜜中砒。　　支上日墓乘旬空。三傳皆財憂父母。
任信丁馬須言動。　　三傳合金尅干上。六神現卦防其尅。
腳踏空亡進用宜。　　三傳遞生人舉薦。鬼乘天乙乃神祇。

占斷解析：

天候：巳（天空），傳丑（朱雀），傳丁酉（太陰）。主天晴。

人事：晝貴臨干，暮貴入傳，財爻乘丁神動。有利人事。

考試：課傳不見龍雀，青龍乘衰，朱雀入墓。考運不佳。

婚姻：后合占婚吉，天后臨養，六合臨死地。姻緣未到。

財祿：財爻乘丁神入傳逢三合。財漸旺。

升遷：晝貴臨干，暮貴入傳逢三合。有利升遷。

疾病：白虎乘午火尅金，主肺疾，喜三傳遞生洩火生金。疾病可癒。

失物：玄武臨敗地，財爻乘丁神逢三合。失物復得。

子嗣：六合臨死地，天后臨養。宜先養後招。

官司：官鬼爻逢胎絕，喜干上得卯印洩殺生身。官司可解。

丁酉日

干上辰

兄弟	甲	午	白虎	初傳
父母	癸	卯	勾陳	中傳
官鬼	庚	子	螣蛇	末傳

四課	三課	二課	一課
勾陳	白虎	朱雀	青龍
卯	午	丑	辰
午	酉	辰	丁

元首課

畢法賦/詮釋：
賓主不投刑在上。　　干上青龍逢旬空。
權攝不正祿臨支。　　干祿臨支尅支辰。
干墓併關人宅廢。　　三傳逆生人舉薦。
閉口卦體兩般推。　　龍加生氣吉遲遲。

占斷解析：

天候：午（白虎），傳卯（勾陳），傳子（螣蛇）。主天晴。

人事：干支龍虎犯自刑，干墓併關人宅廢。不利人事。

考試：青龍乘衰又逢空亡，朱雀入墓。不利考運。

婚姻：后合占婚吉，天后臨養，六合臨死地。姻緣未到。

財祿：干祿乘財入宅，青龍交車相合。財漸旺。

升遷：賓主不投刑在上，干墓併關人宅廢。不利升遷。

疾病：白虎乘午火尅金，主肺疾，喜干上逢青龍朱雀洩火合金。疾病可癒。

失物：玄武臨敗地，財爻不入課傳。失物難尋。

子嗣：天后臨養，六合臨死地。宜先養後招。

官司：官鬼爻逢胎絕，喜支上逢父母爻洩殺生身。官司可解。

- 493 -

丁酉日

四課	三課	二課	一課
天空	太常	勾陳	天空
巳	未	卯	巳
未	酉	巳	丁

子孫	辛	丑	朱雀	初傳
兄弟	◎	巳	天空	中傳
兄弟	◎	巳	天空	末傳

別責課

畢法賦/詮釋：
不行傳者考初時。　　干上逢空乘天空。
互生俱生凡事益。　　太常寄未臨支上。
空上逢空事莫追。　　簾幕貴人高甲第。
胎財死氣損胎推。　　鬼乘天乙乃神祇。

占斷解析：

天候：丑（朱雀），傳巳（天空），傳巳（天空）。主天晴。
人事：太常吉將臨支生支，空上逢空臨干上。人事不利己。
考試：課傳不見龍雀，青龍乘衰，朱雀入墓。考運不佳。
婚姻：后合占婚吉，天后臨養，六合臨死地。姻緣未到。
財祿：課傳不見財爻，日干上神空上逢空。財祿不旺。
升遷：三傳不傳，日支上神空上逢空。不利升遷。
疾病：白虎乘午火尅金，主肺疾，喜初傳洩火生金。疾病可癒。
失物：玄武臨敗地又入獄，喜財爻逢長生得子孫爻相生。失物復得。
子嗣：天后臨養，六合臨死地。宜先養後招。
官司：官鬼爻逢胎絕，喜干上神相制。官司可解。

丁酉日

凌陰
干上午

				初傳
妻財	丙	申	玄武	初傳
子孫	乙	未	太常	中傳
兄弟	甲	午	白虎	末傳

四課	三課	二課	一課
太常	玄武	天空	白虎
未	申	巳	午
申	酉	午	丁

遙尅課

畢法賦/詮釋：

旺祿臨身徒妄作。　　白虎祿神臨干上。
互旺皆旺坐謀宜。　　支乘帝旺發初傳。
彼求我事支傳干。　　鬼乘天乙乃神祇。魁度天門關格定。
空上逢空事莫追。　　交車相合交關利。三傳逆生人舉薦。

占斷解析：

天候：申（玄武），傳未（太常），傳午（白虎）。雨後天晴。
人事：旺祿臨干，財爻六合，三傳逆生。有利人事。
考試：課傳不見龍雀，三傳逆生，玄武傳白虎。考運不佳。
婚姻：后合占婚吉，天后臨養，六合臨死地。姻緣未到。
財祿：財爻入宅發用，祿神臨官臨干上。財漸旺。
升遷：三傳逆生人舉薦，旺祿臨干，財爻六合。有利升遷。
疾病：白虎乘午火尅金，主肺疾，喜青龍乘辰洩火生金。疾病可癒。
失物：玄武臨敗地，財爻入宅發用又逢合。失物復得。
子嗣：天后臨養，六合臨死地。宜先養後招。
官司：官鬼爻逢胎絕，喜鬼乘天乙乃神祇。官司可解。

- 495 -

丁酉日

畢法賦/詮釋：
貴登天門高甲第。　伏吟課逢上下刑。
彼求我事支傳干。　支乘日財發初傳。
任信丁馬須言動。　鬼乘天乙乃神祇。
傳財太旺反財虧。

占斷解析：

天候：酉（太陰），傳未（太常），傳丑（朱雀）。主天晴。
人事：太常吉將臨干暗合祿，財爻臨支發用丁神動。有利人事。
考試：青龍乘衰，朱雀入墓。不利考運。
婚姻：后合占婚吉，天后臨養，六合臨死地。姻緣未到。
財祿：財爻臨財逢丁神動，傳財太旺反財虧。小心理財。
升遷：太常吉將臨干暗合祿，財爻發用丁馬動。有利升遷。
疾病：白虎乘午火尅金，主肺疾，喜末傳子孫爻丑土洩火生金。疾病可癒。
失物：玄武臨敗地，傳財太旺反財虧。失物難尋。
子嗣：天后臨養，六合臨死地。宜先養後招。
官司：官鬼爻逢胎絕，喜課傳子孫爻相制。官司可解。

丁酉日

官鬼	己	亥	貴人	初傳
官鬼	庚	子	天后	中傳
子孫	辛	丑	太陰	末傳

四課	三課	二課	一課
貴人	螣蛇	朱雀	六合
亥	戌	酉	申
戌	酉	申	丁

龍潛陽光身沐皇恩
干上申

知一課

畢法賦/詮釋：
所謀多拙遭羅網。　朱雀乘乘丁財臨干。
后合占婚豈用媒。　支上官貴發初傳。
貴雖在獄宜臨干。　鬼臨天乙乃神祈。
任信丁馬須言動。　晝夜貴加求兩貴。遵崇傳內遇三奇。

占斷解析：

天候：亥（貴人），傳子（天后），傳丑（太陰）。主陰雨。
人事：貴人入獄臨支，三傳三會官鬼。人事不利已。
考試：青龍乘干祿，朱雀逢長生。有利考運。
婚姻：后合占婚吉，六合臨敗，天后臨絕。姻緣未到。
財祿：財爻臨干，乘丁馬財祿動。有利財運。
升遷：鬼乘天乙乃神祈，財爻臨干丁馬動。有利升遷。
疾病：白虎乘辰土尅水，主腎疾，喜酉金六合化金反生水。疾病可癒。
失物：玄武臨死地，財爻臨干丁馬動。失物復得。
子嗣：天后臨絕，六合臨敗地。子息緣淡。
官司：鬼乘天乙三會鬼旺，又逢干上財爻相生。官司難解。

- 497 -

丁酉日

疑陰
干上酉

妻財	丁	酉	朱雀	初傳
官鬼	己	亥	貴人	中傳
子孫	辛	丑	太陰	末傳

四課	三課	二課	一課
太陰	貴人	貴人	朱雀
丑	亥	亥	酉
亥	酉	酉	丁

重審課

畢法賦/詮釋：
晝夜貴加求兩貴。　　夜貴乘丁臨干上。
課傳俱貴轉無依。　　傳墓入墓分憎愛。
任信丁馬須言動。　　罡塞鬼戶任謀為。
鬼乘天乙乃神祇。

占斷解析：
天候：酉（朱雀），傳亥（貴人），傳丑（太陰）。晴轉陰。
人事：財爻乘丁馬臨干發用，晝夜雙貴臨干支。人事利己。
考試：青龍乘干祿，朱雀逢長生臨干報喜。有利考運。
婚姻：后合占婚吉，天后臨絕，六合臨敗地。姻緣未到。
財祿：財爻乘丁馬臨干發用，末傳得子孫爻相生。財漸旺。
升遷：財爻乘丁馬臨干發用，晝夜貴加臨干上。有利升遷。
疾病：白虎乘辰土尅水，主腎疾，喜干上酉金六合化金洩土生水。
　　　疾病可癒。
失物：玄武臨死地，財爻乘丁馬臨干發用。失物復得。
子嗣：天后臨絕，六合臨敗地。子息緣淡。
官司：鬼乘天乙乃神祇。官司可解。

丁酉日

干上戌

官鬼	庚	子	天后	初傳
父母	癸	卯	太常	中傳
兄弟	甲	午	青龍	末傳

四課	三課	二課	一課
太常	天后	太陰	螣蛇
卯	子	丑	戌
子	酉	戌	丁

遙尅課

畢法賦/詮釋：
三傳遞生人舉薦。　　丑戌雙墓覆干上。
交車相合交關利。　　子卯相刑脫支辰。
干墓併關人宅廢。　　官鬼乘后發初傳。末傳青龍臨日祿。
龍加生氣吉遲遲。　　互生俱生凡事益。賓主不投刑在上。

占斷解析：

天候：子（天后），傳卯（太常），傳午（青龍）。雨後多雲。
人事：三傳遞生，交車相合，互生俱生。有利人事。
考試：青龍乘祿入傳，朱雀逢長生乘干祿。有利考運。
婚姻：后合占婚吉，天后臨絕發用，六合臨敗地。姻緣未到。
財祿：課傳不見財爻，三傳遞生干祿。財漸旺。
升遷：交車相合，互生俱生，三傳遞生。有利升遷。
疾病：白虎乘辰土尅水，主腎疾，喜酉財逢長生六合化金生水。疾病可癒。
失物：玄武臨死地，財爻逢長生。失物復得。
子嗣：天后臨絕，六合臨敗地。子息緣淡。
官司：官鬼爻臨支發用，喜三傳遞生干祿。官司可解。

- 499 -

丁酉日

				初傳
官鬼	已	亥	貴人	
父母	癸	卯	太常	中傳
子孫	乙	未	勾陳	末傳

曲直
干上亥

四課	三課	二課	一課
天空	太陰	太常	貴人
巳	丑	卯	亥
丑	酉	亥	丁

元首課

畢法賦/詮釋：

萬事喜忻三六合。　　干上逢貴墓覆支。
鬼乘天乙乃神祇。　　三傳曲直生日干。
兩貴受尅難干貴。　　空亡逢空事莫追。
六陰相繼盡昏迷。

占斷解析：

天候：亥（貴人），傳卯（太常），傳未（勾陳）。主天晴。
人事：鬼乘天乙，太常吉將臨干，課傳皆逢三合。有利人事。
考試：貴人臨干發用逢三合，生青龍乘干祿。有利考運。
婚姻：后合占婚吉，天后臨絕，六合臨敗地。姻緣未到。
財祿：財爻臨支辰逢三合。財漸旺。
升遷：太常吉將，鬼乘天乙臨干，萬事喜忻三六合。有利升遷。
疾病：白虎乘辰土尅水，主腎疾，喜日支酉金六合化金生水。疾病可癒。
失物：玄武臨死地，課傳不見財爻。失物難尋。
子嗣：天后臨絕，六合臨敗地。子息緣淡。
官司：鬼乘天乙乃神祇，喜官鬼爻三合化印洩殺生身。官司可解。

戊戌日

祿神：巳
驛馬：申
貴人：丑、未
空亡：辰、巳
長生：寅
帝旺：午
墓庫：戌

戊戌日

妻財	⊙	子	騰蛇 初傳
兄弟	乙	未	天空 中傳
官鬼	壬	寅	天后 末傳

四課	三課	二課	一課
騰蛇	太常	天空	騰蛇
子	巳	未	子
巳	戌	子	戌

重審課

畢法賦/詮釋：
干支值絕凡謀決。　　干上騰蛇乘妻財。
三傳互尅眾人欺。　　支上空祿乘太常。
初遭夾尅不由己。　　三傳互尅難進退。
權攝不正祿臨支。　　傳財化鬼財休覓。

占斷解析：

天候：子（騰蛇），傳未（天空），傳寅（天后）。晴轉陰雨。

人事：三傳互尅，蛇臨干，祿臨支。人事不利己。

考試：課傳不見龍雀，青龍臨病，朱雀臨絕。不利考運。

婚姻：后合占婚吉，天后臨長生，六合入墓。姻緣未到。

財祿：財爻臨干發用，傳財化鬼。不利財運。

升遷：干支值絕，三傳互尅，權攝不正祿臨支。升遷不利己。

疾病：白虎乘午火尅金，主肺疾，喜干上逢財爻子水相制。疾病可癒。

失物：玄武乘辰，喜子水財爻半合化水局。失物復得。

子嗣：天后逢長生，六合入墓。先得女。

官司：官鬼爻入末傳得財爻相生，喜父母爻午火合未，洩殺生身。官司可解。

戊戌日

華明
干上丑

	一課	二課	三課	四課
	貴人	勾陳	白虎	天后
	丑	酉	午	寅
	戌	丑	戌	午

官鬼	壬	寅	天后 初傳
兄弟	戊	戌	六合 中傳
父母	甲	午	白虎 末傳

遙尅課

畢法賦/詮釋：
萬事喜忻三六合。　　干上貴人坐空亡。
合中犯殺蜜中砒。　　支上白虎乘帝旺。
簾幕貴人高甲第。　　后合占婚豈用媒。
制鬼之位乃良醫。

占斷解析：

天候：寅（天后），傳戌（六合），傳午（白虎）。雨後天晴。

人事：貴人臨干，白虎臨支，萬事喜忻三六合。有利人事。

考試：課傳不見龍雀，青龍臨病地，朱雀臨絕。不利考運。

婚姻：后合占婚豈用媒，后合入傳逢三合。婚喜可期。

財祿：課傳不見財爻又逢胎絕，喜酉金子孫爻臨干相生。財祿漸旺。

升遷：貴人臨干逢三合，白虎臨支三合印旺生身。升遷利己。

疾病：白虎乘午火尅金，主肺疾，喜貴人乘丑土臨干洩火生金。疾病可癒。

失物：玄武臨冠帶，財爻逢胎絕。失物難尋。

子嗣：天后逢長生，六合入墓。先得女。

官司：官鬼爻臨支發用，喜三傳三合父母爻洩殺生身。官司可解。

- 503 -

戊戌日

四課	三課	二課	一課
六合	天空	太陰	螣蛇
辰	未	亥	寅
未	戌	寅	戊

干上寅

官鬼	⊙	寅	螣蛇	初傳
妻財	己	亥	太陰	中傳
子孫	丙	申	白虎	末傳

畢法賦/詮釋：
三傳逆生人舉薦。　　干上日鬼發初傳。
傳財化鬼財險危。　　雙貴入獄又臨支。
貴雖在獄宜臨干。　　白虎尅官干得助。
簾幕貴人高甲第。　　制鬼之位乃良醫。

占斷解析：

天候：寅（螣蛇），傳亥（太陰），傳申（白虎）。晴轉陰。
人事：三傳逆生官鬼，貴人雙雙入獄又逢空。不利人事。
考試：課傳不見龍雀，螣蛇臨干，白虎入傳。考運不佳。
婚姻：后合占婚吉，天后乘胎財，六合逢空亡。婚喜可期。
財祿：傳財化鬼財休覓，三傳逆生鬼乘蛇。不利財運。
升遷：三傳逆生財化鬼，雙貴入獄又逢空。不利升遷。
疾病：白虎乘申金尅木，主肝疾，喜三傳逆生洩金生木。疾病可癒。
失物：玄武入墓，傳財化鬼。失物恐難復得。
子嗣：天后臨胎財，六合逢空亡。先得女。
官司：官鬼爻臨干，又逢三傳逆生財化鬼。官司難解。

戊戌日

極陰
干上卯

兄弟	辛	丑	貴人	初傳
妻財	己	亥	太陰	中傳
子孫	丁	酉	太常	末傳

四課	三課	二課	一課
青龍	白虎	貴人	朱雀
午	申	丑	卯
申	戌	卯	戌

重審課

畢法賦/詮釋：
干支皆敗事傾頹。　　干上日鬼乘朱雀。
害貴訟直遭曲斷。　　支上白虎乘長生。
任信丁馬須言動。　　貴人乘鬼發初傳。三傳間退課極陰。
制鬼之位乃良醫。　　丁馬制鬼乃良醫。龍加生氣吉遲遲。

占斷解析：
天候：丑（貴人），傳亥（太陰），傳丁酉（太常）。陰轉晴。
人事：害貴訟直遭曲斷，干支皆敗，官鬼臨干。不利人事。
考試：龍雀入課，貴人發用，末傳太常乘丁馬。利考運。
婚姻：后合占婚吉，天后乘胎財，六合臨冠帶。婚喜將近。
財祿：財爻逢胎絕，喜子孫爻入課傳相生。財漸旺。
升遷：日貴受尅，暮貴逢空，干支皆敗，官鬼臨干。不利升遷。
疾病：白虎乘申金尅木，主肝疾，喜亥水洩金生木。疾病可癒。
失物：玄武入墓，財爻入傳，子孫爻乘丁神相生。失物復得。
子嗣：天后臨胎財，六合逢冠帶，可得男女，子息旺。
官司：官鬼爻臨干，喜青龍乘午火洩殺生身。官司可解。

戊戌日

四課	三課	二課	一課
白虎	太常	朱雀	六合
申	酉	卯	辰
酉	戌	辰	戌

否極泰來
干上辰

官鬼	☉	卯	朱雀	初傳
官鬼	壬	寅	螣蛇	中傳
兄弟	辛	丑	貴人	末傳

元首課

畢法賦/詮釋：
華蓋覆日人昏晦。　　支上丁馬乘白虎。
眾鬼雖彰全不畏。　　日鬼乘空發初傳。
賓主不投刑在上。　　制鬼之位乃良醫。
貴人差迭事參差。

占斷解析：
天候：卯（朱雀），傳寅（螣蛇），傳丑（貴人）。主天晴。
人事：華蓋覆日，干支皆自刑，貴人受尅。不利人事。
考試：青龍逢帝旺，朱雀臨干發用。有利考運。
婚姻：后合占婚吉，天后乘胎財，六合臨冠帶。婚喜將近。
財祿：財爻逢胎絕，喜子孫爻臨宅相生。財漸旺。
升遷：華蓋覆日，干支自刑，課傳皆官鬼。不利升遷。
疾病：白虎乘申金尅木，主肝疾，課傳無水火救助。未覓良醫。
失物：玄武入墓，財爻臨胎絕。失物難尋。
子嗣：天后臨胎財，六合逢冠帶，可得男女，子息旺。
官司：眾鬼雖彰全不畏，子孫爻臨宅相制。官司可解。

戊戌日

干上巳

父母	◎	巳	勾陳	初傳
子孫	丙	申	白虎	中傳
官鬼	壬	寅	螣蛇	末傳

四課	三課	二課	一課
玄武	玄武	勾陳	勾陳
戌	戌	巳	巳
戌	戌	巳	戌

伏吟課

畢法賦/詮釋：
賓主不投刑在上。　　伏吟課逢祿發用。
三傳互尅眾人欺。　　祿神旬空發初傳。
旺祿臨身徒妄作。　　三傳三刑刑復尅。
干支乘墓各昏迷。　　任信丁馬須言動。將逢內戰所謀危。

占斷解析：

天候：巳（勾陳），傳申（白虎），傳寅（螣蛇）。主天晴。

人事：三傳互尅，旺祿逢空亡，干支乘墓。不利人事。

考試：課傳不見龍雀，勾陳臨干，玄武臨支。不利考運。

婚姻：后合占婚吉，天后乘胎財，六合臨冠帶。婚喜將近。

財祿：財爻逢胎絕不入課傳，干祿發用逢空亡。不利財運。

升遷：三傳互尅，干支乘墓，將逢內戰。不利升遷。

疾病：白虎乘申金尅木，主肝疾，喜巳申合水洩金生木。疾病可癒。

失物：玄武入獄，財爻臨胎絕。失物難尋。

子嗣：天后臨胎財，六合逢冠帶，可得男女，子息旺。

官司：官鬼爻入末傳，喜干祿臨干洩殺生身。官司可解。

戊戌日

	一課	二課	三課	四課
	青龍	天空	太陰	天后
	午	未	亥	子
	戊	午	戌	亥

妻財	己	亥	太陰	初傳
妻財	庚	子	天后	中傳
兄弟	辛	丑	貴人	末傳

干上午 — 皇恩沐身陽光潛龍

重審課

畢法賦/詮釋：
所謀多拙遭羅網。　　進茹之課逢三奇。
賓主不投刑在上。　　課傳皆財身無依。
尊崇傳內遇三奇。　　夜貴乘青龍臨干上。
傳財太旺反財虧。　　貴人差迭事參差。

占斷解析：
天候：亥（太陰），傳子（天后），傳丑（貴人）。陰雨轉晴。
人事：課傳皆財，青龍乘旺臨干，貴人入傳。人事利己。
考試：青龍乘旺臨干，晝貴入傳，暮貴六合青龍。有利考運。
婚姻：后合占婚吉，天后乘胎財，六合臨冠帶。婚喜將近。
財祿：傳財太旺反財虧，喜青龍乘印相生。財漸旺。
升遷：尊崇傳內遇三奇，晝貴入傳，暮貴臨干六合。升遷利己。
疾病：白虎乘申金尅木，主肝疾，喜課傳皆財局洩金生木。疾病可癒。
失物：玄武入墓，傳財太旺反財虧。失物難尋。
子嗣：天后臨胎財入課傳，六合逢冠帶，可得男女，子息旺。
官司：官鬼爻逢長生，課傳皆財爻相生，喜干上化殺生身。官司可解。

戊戌日

干上未

四課	三課	二課	一課
螣蛇	天后	太常	天空
寅	子	酉	未
子	戌	未	戌

妻財	庚	子	天后	初傳
官鬼	壬	寅	螣蛇	中傳
兄弟	◎	辰	六合	末傳

重審課

畢法賦/詮釋：
貴登天門高甲第。　　貴登天門干貴吉。
罡塞鬼戶任謀為。　　財爻臨宅財生官。
傳財化鬼財險危。　　傳財化鬼末傳空。胎財生氣妻懷孕。
后合占婚豈用媒。　　龍加生氣吉遲遲。任信丁馬須言動。

占斷解析：

天候：子（天后），傳寅（螣蛇），傳辰（六合）。雨後天晴。

人事：貴登天門，太常吉將乘暮貴臨干。人事利己。

考試：課傳不見龍雀，貴登天門，暮貴臨干，太常吉將乘丁馬。有利考運。

婚姻：后合占婚豈用媒。婚喜可期。

財祿：財爻入宅發初傳，干上丁馬動生財。財漸旺。

升遷：貴登天門，罡塞鬼戶，太常乘暮貴丁馬動。升遷利己。

疾病：白虎乘申金尅木，主肝疾，喜財爻發動洩金生木。疾病可癒。

失物：玄武入墓，財爻入宅發用逢丁馬相生。失物復得。

子嗣：天后臨胎財，六合逢冠帶，可得男女，子息旺。

官司：官鬼爻得財爻相生氣勢旺，喜青龍六合暮貴洩殺生身官司可解。

- 509 -

戊戌日

四課	三課	二課	一課
玄武	貴人	朱雀	青龍
辰	丑	亥	申
丑	戌	申	戌

干上申

妻財	己	亥	朱雀	初傳
官鬼	壬	寅	天后	中傳
父母	◎	巳	太常	末傳

畢法賦/詮釋：
三傳遞生人舉薦。　　干上青龍乘驛馬。
貴雖在獄宜臨干。　　貴人臨獄未臨干。
傳財化鬼財休覓。　　人宅受脫俱招盜。
脫上逢脫防虛詐。　　財生官鬼末傳空。制鬼之位乃良醫。

占斷解析：
天候：亥（朱雀），傳寅（天后），傳巳（太常）。晴偶陣雨。
人事：干上乘病龍，支上貴入獄，脫上逢脫。不利人事。
考試：青龍臨病地，朱雀臨絕入課傳傳生官鬼。不利考運。
婚姻：后合占婚吉，天后乘長生，六合入墓。姻緣未到。
財祿：財爻臨絕發用生官鬼，傳財化鬼財休覓。財運不佳。
升遷：脫上逢脫，傳財化鬼，貴人入獄。不利升遷。
疾病：白虎乘午火尅金，主肺疾，喜貴人乘丑土洩火生金。疾病可癒。
失物：玄武臨空亡，傳財臨絕又生官鬼。失物難尋。
子嗣：天后逢長生，六合入墓，先得女。
官司：傳財化鬼，喜干祿洩殺生身。官司可解。

戊戌日

炎上
干上酉

	初傳	中傳	末傳
官鬼	壬	寅	天后
父母	甲	午	白虎
兄弟	戊	戌	六合

四課	三課	二課	一課
白虎	天后	貴人	勾陳
午	寅	丑	酉
寅	戌	酉	戊

元首課

畢法賦/詮釋：

萬事喜忻三六合。　貴人三合干上神。
合中犯殺蜜中砒。　課傳炎上生日干。
任信丁馬須言動。　仕官占吉常人忌。
后合占婚豈用媒。

占斷解析：

天候：寅（天后），傳午（白虎），傳戌（六合）。雨後天晴。
人事：萬事喜忻三六合，貴人乘丁馬臨干，白虎乘官鬼臨支。人事利己。
考試：課傳不見龍雀，青龍臨病地，朱雀臨絕。不利考運。
婚姻：后合入傳逢三合，后合占婚豈用媒。婚喜可期。
財祿：財爻臨胎絕，課傳皆逢三合印旺尅食傷。財運不佳。
升遷：課傳皆三合父母，貴人乘丁馬臨干，白虎乘官鬼臨支。升遷利己。
疾病：白虎乘午火逢三合尅金，主肺疾，喜貴人乘丑土洩火生金。疾病可癒。
失物：玄武臨冠帶，財爻乘胎絕。失物難尋。
子嗣：天后逢長生，六合入墓，先得女。
官司：官鬼爻入宅發用，喜三合化父母爻洩殺生身。官司可解。

- 511 -

戊戌日

畢法賦/詮釋：
三傳逆生人舉薦。　支上官鬼上下合。
傳墓入墓分憎愛。　驛馬青龍發初傳。
將逢內戰所謀危。　日墓覆干逢六合。
貴人差迭事參差。

占斷解析：
天候：申（青龍），傳丑（貴人），傳午（白虎）。主天晴。
人事：干墓覆干，支上逢敗，將逢內戰，貴人差迭。不利人事。
考試：青龍臨病地，朱雀臨絕。不利考運。
婚姻：后合占婚吉，天后乘長生，六合入墓。姻緣未到。
財祿：財爻臨胎絕，喜青龍入宅發用相生。財漸旺。
升遷：干墓覆干，支上臨敗，將逢內戰，貴人差迭。不利升遷。
疾病：白虎乘午火尅金，主肺疾，喜貴人乘丑土洩火生金。疾病可癒。
失物：玄武臨冠帶，財爻臨胎絕，喜青龍發用相生。失物復得。
子嗣：天后逢長生，六合入墓，先得女。
官司：官鬼爻臨干支，喜戌土六合化殺生身。官司可解。

戊戌日

干上亥

父母	◎	巳	太常	初傳
妻財	⊙	亥	朱雀	中傳
父母	◎	巳	太常	末傳

四課	三課	二課	一課
六合	玄武	太常	朱雀
戌	辰	巳	亥
辰	戌	亥	戌

返吟課

畢法賦/詮釋：
三傳互尅眾人欺。　干上空祿巳亥冲。
來去俱空豈動移。　華蓋臨支病訟凶。
富貴干支逢祿馬。　返吟課傳祿旬空。
旺祿臨身徒妄作。　空空如也事莫追。晝夜貴加求兩貴。

占斷解析：

天候：巳（太常），傳亥（朱雀），傳巳（太常）。主天晴。

人事：三傳互尅，來去俱空，空祿臨干，墓神覆支。不利人事。

考試：青龍臨病地，朱雀臨絕入課傳。不利考運。

婚姻：后合占婚吉，天后乘長生，六合入墓。姻緣未到。

財祿：財爻臨絕又逢冲，祿逢空，兄弟劫財。不利財運。

升遷：三傳互尅，來去俱空，空祿臨干，墓神覆支。不利升遷。

疾病：白虎乘午火尅金，主肺疾，喜貴人乘丑土洩火生金。疾病可癒。

失物：玄武逢空又入獄，財爻臨干入傳。失物復得。

子嗣：天后逢長生，六合入墓，先得女。

官司：課傳不見官鬼爻，喜干祿發用洩殺生身。官司可解。

己亥日

祿神：午
驛馬：巳
貴人：申、子
空亡：辰、巳
長生：酉
帝旺：巳
墓庫：丑

己亥日

干上子

父母	◎	巳	白虎	初傳
兄弟	⊙	戌	朱雀	中傳
官鬼	癸	卯	玄武	末傳

四課	三課	二課	一課
六合	太常	白虎	貴人
酉	辰	巳	子
辰	亥	子	己

畢法賦/詮釋：
任信丁馬須言動。　干上逢貴貴乘財。
干支值絕凡謀決。　支上逢庫庫逢長生。
貴人差迭事參差。　初中空陷難謀為。
腳踏空亡進用宜。　卯戌合火生白虎。龍加生氣吉遲遲。

占斷解析：
天候：巳（白虎），傳戌（朱雀），傳卯（玄武）。主晴偶雨。
人事：貴臨絕，丁馬臨支乘空亡，干支值絕。不利人事。
考試：課傳不見青龍，朱雀乘空亡。不利考運。
婚姻：后合占婚吉，天后入墓，六合乘長生。姻緣未到。
財祿：財爻乘貴臨干，丁馬臨支相生。財漸旺。
升遷：干支值絕，貴人差迭，丁馬乘空亡。不利升遷
疾病：白虎乘巳火尅金，主肺疾，喜兄弟爻土來洩火生金。疾病可癒。
失物：玄武臨病入獄，喜財爻乘貴臨干得丁馬相生。失物復得。
子嗣：天后入墓，六合逢長生。先得男。
官司：官鬼爻入末傳，喜白虎乘印洩殺生身。官司可解。

- 515 -

己亥日

父母	◎	巳	白虎	初傳
妻財	⊙	亥	螣蛇	中傳
父母	◎	巳	白虎	末傳

四課	三課	二課	一課
螣蛇	白虎	青龍	天后
亥	巳	未	丑
巳	亥	丑	己

返吟課

畢法賦/詮釋：
來去俱空豈動移。　　返吟課逢三傳空。
空空如也事莫追。　　日墓覆干支逢空。
干墓併關人宅廢。　　害貴訟直遭屈斷。
三傳互尅眾人欺。　　將逢內戰所謀危。

占斷解析：
天候：巳（白虎），傳亥（螣蛇），傳巳（白虎）。主天晴。
人事：三傳互尅，來去俱空，干墓併關。不利人事。
考試：青龍臨干上逢沖，將逢內戰。不利考運。
婚姻：后合占婚吉，天后入墓，六合臨長生。姻緣未到。
財祿：財爻臨胎入課傳，三傳互尅。不利財運。
升遷：三傳互尅，來去俱空，干墓併關。不利升遷。
疾病：白虎乘巳火尅金，主肺疾，喜青龍未土來洩火生金。疾病可癒。
失物：玄武臨病地，胎財入課傳，三傳互尅。失物難尋。
子嗣：天后入墓，六合逢長生。先得男。
官司：官鬼爻臨病死，喜父母爻洩殺生身。官司可解。

己亥日

干上寅

父母	甲	午	天空	初傳
兄弟	辛	丑	天后	中傳
子孫	丙	申	勾陳	末傳

四課	三課	二課	一課
天后	天空	六合	太陰
丑	午	酉	寅
午	亥	寅	己

重審課

畢法賦/詮釋：
三傳遞生人舉薦。　　干上官鬼合支辰。
制鬼之位乃良醫。　　支上祿神發初傳。
權攝不正祿臨支。　　三傳遞生尅干鬼。
后合占婚豈用媒。　　人宅皆死各衰贏。貴人差迭事參差。

占斷解析：

天候：午（天空），傳丑（天后），傳申（勾陳）。晴偶陣雨。

人事：權攝不正祿臨支，人宅皆死，貴人差迭。人事不利己。

考試：課傳不見龍雀，人宅皆死，貴人差迭。考運不佳。

婚姻：后合占婚吉，天后入墓。姻緣未到。

財祿：財爻臨胎絕，喜三傳遞生財。財漸旺。

升遷：權攝不正祿臨支，鬼臨干，人宅皆死，貴人差迭。不利升遷。

疾病：白虎乘巳火尅金，主肺疾，喜兄弟爻丑土洩火生金。疾病可癒。

失物：玄武臨病地，喜三傳遞生子孫生財。失物復得。

子嗣：天后入墓，六合逢長生。先得男。

官司：官鬼爻臨干，喜支上午火父母爻發用洩殺生身。官司可解。

己亥日

正陽
干上卯

兄弟	乙	未	白虎	初傳
官鬼	癸	卯	六合	中傳
妻財	己	亥	天后	末傳

四課	三課	二課	一課
六合	白虎	天后	六合
卯	未	亥	卯
未	亥	卯	己

涉害課

畢法賦/詮釋：

萬事喜忻三六合。　　課傳皆逢三合木。
合中犯殺蜜中砒。　　曲直化鬼尅日干。
干支全傷防兩損。　　課傳俱鬼轉無依。傳財化鬼財休覓。
后合占婚豈用媒。　　課傳循環戀財必災。

占斷解析：

天候：未（白虎），傳卯（六合），傳亥（天后）。晴偶雨。
人事：干支全傷，合中犯殺，官鬼臨干虎臨支。不利人事。
考試：課傳不見龍雀，鬼臨干虎臨支。考運不佳。
婚姻：后合占婚豈用媒，后合入傳逢三合。婚喜可期。
財祿：傳財化鬼財休覓，合中犯殺蜜中砒。不利財運。
升遷：干支全傷，合中犯殺，官鬼入課傳。不利升遷。
疾病：白虎乘未土尅水，主腎疾，喜三傳合化木相制。疾病可癒。
失物：玄武逢長生，胎財化鬼。失物難尋。
子嗣：天后臨胎財，六合臨病地。先得女。
官司：課傳皆三合官鬼相尅。官司難解。

己亥日

干上辰

父母	◎	巳	青龍	初傳
官鬼	☉	寅	朱雀	中傳
妻財	己	亥	天后	末傳

四課	三課	二課	一課
青龍	太常	螣蛇	勾陳
巳	申	丑	辰
申	亥	辰	己

元首課

畢法賦/詮釋：
簾幕貴人高甲等。　青龍乘印生支辰。
三傳逆生人舉薦。　三傳生日百事宜。
華蓋覆日人昏晦。　龍加生氣吉遲遲。
腳踏空亡進用宜。

占斷解析：

天候：巳（青龍），傳寅（朱雀），傳亥（天后）。晴轉陰雨。

人事：華蓋覆日，暮貴臨支，三傳逆生，龍加生氣。不利己。

考試：青龍臨宅，朱雀入傳，三傳逆生龍雀。有利考運。

婚姻：后合占婚吉，天后乘胎，六合臨病地。姻緣未到。

財祿：財爻入末傳，得太常吉將相生。財漸旺。

升遷：三傳逆生，青龍暮貴臨支，墓神乘華蓋覆日。不利己。

疾病：白虎乘未土尅水，主腎疾，喜太常乘金洩土生水。疾病可癒。

失物：玄武逢長生，三傳逆生財化印。失物難尋。

子嗣：天后臨胎，六合臨病地。先得女。

官司：官鬼爻入傳，喜三傳逆生化印洩殺生身。官司可解。

- 519 -

己亥日

斷問
干上巳

官鬼	⊙	卯	六合	初傳
兄弟	辛	丑	螣蛇	中傳
妻財	己	亥	天后	末傳

四課	三課	二課	一課
白虎	玄武	六合	青龍
未	酉	卯	巳
酉	亥	巳	己

遙尅課

畢法賦/詮釋：
三傳互尅眾人欺。　干上巳火逢旬空。
龍加生氣吉遲遲。　支上酉金生支辰。
六陰相繼盡昏迷。　任信丁馬須言動。
后合占婚豈用媒。　貴人差迭事參差。制鬼之位乃良醫。

占斷解析：

天候：卯（六合），傳丑（螣蛇），傳亥（天后）。晴雨不定。

人事：三傳互尅，貴人差迭，六陰相繼。不利人事。

考試：官星乘青龍臨干相生。有利考運。

婚姻：后合占婚吉，六合臨病。姻緣未到。

財祿：財爻臨支辰，得支上神土金相生。財漸旺。

升遷：三傳互尅，貴人差迭，官鬼臨干虎臨支。不利升遷。

疾病：白虎乘未土尅水，主腎疾，喜酉金子孫爻乘丁馬相生。疾病可癒。

失物：玄武逢長生，胎財臨胎絕，喜丁馬乘子孫爻相生。失物復得。

子嗣：天后臨胎，六合臨病地。先得女。

官司：官鬼爻臨干發用，喜青龍乘巳火洩殺生身。官司可解。

己亥日

返駕
干上午

四課	三課	二課	一課	
玄武	太陰	青龍	天空	
酉	戌	巳	午	
戌	亥	午	己	

兄弟	戊	戌	太陰	初傳
子孫	丁	酉	玄武	中傳
子孫	丙	申	太常	末傳

元首課

畢法賦/詮釋：
魁度天門關格定。　魁臨支辰發初傳。
旺祿臨身徒妄作。　課傳皆現退連茹。
龍加生氣吉遲遲。　百無所依宜棄祿。
任信丁馬須言動。　貴人差迭事參差。

占斷解析：

天候：戌（太陰），傳酉（玄武），傳申（太常）。陰雨轉晴。

人事：魁度天門關格定，青龍乘祿臨干。人事利己方。

考試：青龍臨干逢空亡，朱雀臨死地。不利考運。

婚姻：后合占婚吉，天后乘胎，六合臨病地。姻緣未到。

財祿：財爻臨胎絕，喜三傳三會金相生。財漸旺。

升遷：魁度天門臨支，青龍乘祿臨干。升遷利己。

疾病：白虎乘未土尅水，主腎疾，喜三傳三會金洩土生水。疾病可癒。

失物：玄武乘丁神動，財爻臨胎絕，丁神動而入獄。失物難尋。

子嗣：天后臨胎，六合臨病地。先得女。

官司：官鬼爻臨病死之地，喜三傳三會金制官鬼。官司可解。

己亥日

四課	三課	二課	一課
天后	天后	白虎	白虎
亥	亥	未	未
亥	亥	未	己

干上未

妻財	己	亥	天后	初傳
兄弟	乙	未	白虎	中傳
兄弟	辛	丑	騰蛇	末傳

伏吟課

畢法賦/詮釋：
三傳互尅眾人欺。　　四課不備伏吟盤。
傳財太旺反財虧。　　白虎臨干支自刑。
六爻現卦防其尅。　　貴人差迭事參差。
胎財生氣妻懷孕。

占斷解析：
天候：亥（天后），傳未（白虎），傳丑（騰蛇）。雨後天晴。
人事：三傳互尅，貴人差迭，虎臨干，支自刑。不利人事。
考試：課傳不見龍雀，盡現虎蛇。不利考運。
婚姻：后合占婚吉，天后臨支發用，六合臨病地。姻緣未到。
財祿：傳財太旺反財虧，兄弟乘蛇虎爭財。不利財運。
升遷：三傳互尅，貴人差迭，虎臨干，財自刑。不利升遷。
疾病：白虎乘未土尅水，主腎疾，課傳無子孫爻洩土生水，水自刑。未覓良醫。
失物：玄武逢長生，傳財太旺又犯自刑。失物難尋。
子嗣：天后臨胎發用，六合臨病地。先得女。
官司：官鬼爻臨病死之地，干支上神拱官鬼。官司難解。

己亥日

畢法賦/詮釋：
貴登天門高甲第。　　夜貴臨干貴臨支。
晝夜貴加求兩貴。　　尊崇傳內遇三奇。
所謀多拙遭羅網。　　任信丁馬須言動。
制鬼之位乃良醫。

占斷解析：

天候：丑（螣蛇），傳寅（朱雀），傳卯（六合）。主天晴。

人事：貴登天門，尊崇傳內遇三奇，雙貴臨干支。有利人事。

考試：課傳不見青龍，螣蛇發用，朱雀臨死地。不利考運。

婚姻：后合占婚吉，天后乘胎，六合臨病地。姻緣未到。

財祿：貴人乘財臨宅，得干上子孫爻相生。財漸旺。

升遷：貴登天門，尊崇傳內遇三奇，雙貴入課。有利升遷。

疾病：白虎乘未土尅水，主腎疾，喜干上申酉洩土生水。疾病可癒。

失物：玄武逢長生，財爻逢貴人。失物復得。

子嗣：天后臨胎，六合臨病地。先得女。

官司：官鬼爻入傳，喜干上神相制。官司可解。

己亥日

	一課	二課	三課	四課
	六合	騰蛇	天后	玄武
	酉	亥	丑	卯
己	酉	亥	丑	

出戶
干上酉

			初傳
兄弟	辛	丑	天后
官鬼	癸	卯	玄武
父母	◎	巳	白虎

中傳
末傳

涉害課

畢法賦/詮釋：

六陰相繼盡昏迷。　　干逢長生乘丁馬。
罡塞鬼戶任謀為。　　日墓臨宅尅支辰。
兩貴受尅難干貴。　　任信丁馬須言動。
后合占婚豈用媒。　　龍加生氣吉遲遲。

占斷解析：

天候：丑（天后），傳卯（玄武），傳巳（白虎）。雨後天晴。
人事：玄武臨支蛇臨干，六陰相繼，兩貴受尅。不利人事。
考試：課傳不見龍雀，騰蛇臨干，玄武臨支。不利考運。
婚姻：后合占婚吉，天后入墓。姻緣未到。
財祿：財爻臨胎絕，喜乘丁馬動相生。財漸旺。
升遷：騰蛇玄武臨干支，六陰相繼，兩貴受尅。不利升遷。
疾病：白虎乘巳火尅金，主肺疾，喜兄弟爻丑土來洩火生金。疾病可癒。
失物：玄武臨病地，喜財爻乘丁馬相生。失物復得。
子嗣：天后入墓，六合逢長生。先得男。
官司：官鬼爻入課傳，喜父母爻洩殺生身。官司可解。

己亥日

干上戌

四課	三課	二課	一課
白虎	太陰	天后	朱雀
巳	寅	丑	戌
寅	亥	戌	己

官鬼	壬	寅	太陰（初傳）
父母	◎	巳	白虎（中傳）
子孫	⊙	申	勾陳（末傳）

畢法賦/詮釋：
夫婦蕪淫各有私。　　干上逢刑支逢合。
彼此猜忌害相隨。　　不行傳者考初時。
賓主不投刑在上。　　貴人差迭事參差。
干墓併關人宅廢。

占斷解析：

天候：寅（太陰），傳巳（白虎），傳申（勾陳）。主陰不雨。

人事：干墓併關，賓主不投刑在上，夫婦蕪淫。不利人事。

考試：朱雀臨干，課傳犯刑，貴人差迭。不利考運。

婚姻：后合占婚吉，天后入墓，六合乘長生。姻緣未到。

財祿：財爻臨胎絕，子孫爻犯刑尅，兄弟爻爭財。財運不佳。

升遷：課傳皆刑，干墓併關，貴人差迭。不利升遷。

疾病：白虎乘巳火尅金，主肺疾，喜兄弟爻臨干來洩火生金。疾病可癒。

失物：玄武臨病地，財爻臨胎絕，課傳皆刑。失物難尋。

子嗣：天后入墓，六合逢長生。先得男。

官司：官鬼爻臨支發用，喜巳火乘父母爻洩殺生身。官司可解。

己亥日

	從吉 干上亥			
兄弟	乙	未	青龍	初傳
妻財	己	亥	螣蛇	中傳
官鬼	癸	卯	玄武	末傳

四課	三課	二課	一課
青龍	玄武	玄武	螣蛇
未	卯	卯	亥
卯	亥	亥	己

畢法賦/詮釋：

萬事喜忻三六合。　　課傳皆逢三合木。
合中犯殺蜜中砒。　　財生玄鬼尅日干。四課不備財生鬼。
初遭夾尅不由己。　　課傳皆鬼身無依。課傳皆鬼商賈忌。
傳財化鬼財險危。　　貴人差迭事參差。龍加生氣吉遲遲。

占斷解析：

天候：未（青龍），傳亥（螣蛇），傳卯（玄武）。晴多雲偶陣雨。
人事：傳財化鬼，合中犯殺，貴人差迭，玄蛇臨干。不利己。
考試：龍加生氣臨支發用，三合化殺財化鬼。不利考運。
婚姻：后合占婚吉，天后入墓，六合乘長生。姻緣未到。
財祿：傳財化鬼財休覓，合中犯殺蜜中砒。財運不佳。
升遷：傳財化鬼，合中犯殺，貴人差迭，玄蛇臨干。不利升遷。
疾病：白虎乘巳火尅金，主肺疾，三傳三合木生火，病無制。未覓良醫。
失物：玄武臨病地，財化官鬼。失物難尋。
子嗣：天后入墓，六合逢長生。先得男。
官司：官鬼爻入課傳，皆逢三合旺相無制。官司難解。

庚子日

祿神：申
驛馬：寅
貴人：丑、未
空亡：辰、巳
長生：巳
帝旺：酉
墓庫：丑

庚子日

父母	◎	辰	玄武	初傳
兄弟	☉	申	青龍	中傳
子孫	庚	子	螣蛇	末傳

四課	三課	二課	一課
青龍	玄武	玄武	螣蛇
申	辰	辰	子
辰	子	子	庚

畢法賦/詮釋：
萬事喜忻三六合。　　課傳皆逢三合水。
權攝不正祿臨支。　　潤下脫干生支辰。
脫上逢脫防虛詐。　　避難逃生須棄舊。
腳踏空亡進用宜。　　三傳遞生人舉薦。貴人差迭事參差。

占斷解析：
天候：辰（玄武），傳申（青龍），傳子（螣蛇）。雨後天晴。
人事：玄蛇臨干，龍臨支，權攝不正祿臨支。人事不利己。
考試：青龍臨宅三合發用。大利考運。
婚姻：后合占婚吉，天后臨絕，六合臨衰。姻緣未到。
財祿：財爻臨胎絕，喜青龍三合化子孫相生。財漸旺。
升遷：玄蛇臨干，龍臨支，貴人差迭，腳踏空亡祿臨支。升遷不利己。
疾病：白虎乘午火尅金，主肺疾，喜父母爻洩火生金。疾病可癒。
失物：玄武逢空亡，財爻臨胎絕，喜課傳三合子孫爻相生。失物復得。
子嗣：天后臨絕，六合臨衰。子息緣淡。
官司：課傳不見官鬼爻，喜課傳皆三合子孫爻相制。官司可解。

庚子日

干上丑

官鬼	◎	巳	太常	初傳
父母	☉	戌	六合	中傳
妻財	癸	卯	太陰	末傳

四課	三課	二課	一課
六合	太常	白虎	貴人
戌	巳	午	丑
巳	子	丑	庚

重審課

畢法賦/詮釋：
傳墓入墓分憎愛。　日墓乘貴覆干上。
夫婦蕪淫各有私。　交車相合印化鬼。
眾鬼雖彰全不畏。　末助初兮仕官吉。
腳踏空亡進用宜。　貴人差迭事參差。

占斷解析：

天候：巳（太常），傳戌（六合），傳卯（太陰）。主天晴。

人事：貴人臨干入墓，太常臨支逢空亡，夫婦蕪淫各有私。不利人事。

考試：課傳不見龍雀，白虎臨干，貴人差迭。不利考運。

婚姻：后合占婚吉，天后臨絕，六合臨衰。姻緣未到。

財祿：胎財入傳化官鬼，子孫爻臨病死無力生助。不利財運。

升遷：腳踏空亡，貴人差迭，夫婦蕪淫。不利升遷。

疾病：白虎乘午火尅金，主肺疾，喜貴人丑土洩火生金。疾病可癒。

失物：玄武臨養，財爻化鬼。失物難尋。

子嗣：天后臨絕，六合臨衰。子息緣淡。

官司：官鬼爻入課傳，喜貴人乘父母爻洩殺生身。官司可解。

庚子日

四課	三課	二課	一課
螣蛇	白虎	青龍	天后
子	午	申	寅
午	子	寅	庚

干上寅

妻財	壬	寅	天后	初傳
兄弟	丙	申	青龍	中傳
妻財	壬	寅	天后	末傳

返吟課

畢法賦/詮釋：
三傳互剋眾人欺。　蛇虎臨支子午冲。
晝夜貴加求兩貴。　祿馬臨干富貴足。
富貴干支逢祿馬。　貴人差迭事參差。
制鬼之位乃良醫。　旺祿臨身徒妄作。

占斷解析：
天候：寅（天后），傳申（青龍），傳寅（天后）。主陰雨。
人事：祿馬臨干，蛇虎臨支，青龍乘祿臨干。人事利己。
考試：青龍乘祿臨干入傳。利考運。
婚姻：后合占婚吉，天后臨絕，六合臨衰。姻緣未到。
財祿：祿馬財臨干又入傳。有利財運。
升遷：祿馬臨干，蛇虎臨支，旺祿臨身。升遷利己。
疾病：白虎乘午火剋金，主肺疾，喜青龍乘申金生水制火。疾病可癒。
失物：玄武入獄，財爻臨干發用。失物復得。
子嗣：天后臨絕，六合臨衰。子息緣淡。
官司：虎乘遁鬼殃非淺，喜貴人乘父母爻洩殺生身。官司可解。

- 530 -

庚子日

干上卯

父母	戊	戊	六合	初傳
官鬼	◎	巳	太常	中傳
子孫	⊙	子	螣蛇	末傳

四課	三課	二課	一課
天后	天空	六合	太陰
寅	未	戊	卯
未	子	卯	庚

知一課

畢法賦/詮釋：
不行傳者考初時。　卯財臨干合化鬼。
貴人差迭事參差。　寅財臨支乘驛馬。
傳財化鬼財休覓。　財神臨干化鬼臨支。
后合占婚豈用媒。　夜貴臨宅乘天空。龍加生氣吉遲遲。

占斷解析：

天候：戊（六合），傳巳（太常），傳子（螣蛇）。主天晴。
人事：胎財臨干化鬼，暮貴臨支逢空，貴人差迭。不利人事。
考試：課傳不見龍雀，貴人差迭。不利考運。
婚姻：后合占婚吉，天后臨絕。姻緣未到。
財祿：財爻臨胎絕，入課又化官鬼。不利財運。
升遷：暮貴臨支逢空，胎財臨干卻化鬼，貴人差迭。不利升遷。
疾病：白虎乘午火尅金，主肺疾，喜貴人丑土洩火生金。疾病可癒。
失物：玄武臨養，財爻入課化鬼乘空。失物難尋。
子嗣：天后臨絕，六合臨衰。子息緣淡。
官司：官鬼爻入傳逢空亡，可惜干上財化官鬼。官司難解。

- 531 -

庚子日

子孫	⊙	子	螣蛇	初傳
兄弟	丙	申	青龍	中傳
父母	◎	辰	玄武	末傳

四課	三課	二課	一課
玄武	青龍	螣蛇	玄武
辰	申	子	辰
申	子	辰	庚

仰玄
干上辰

重審課

畢法賦/詮釋：
三傳逆生人舉薦。　　三傳四課脫干氣。
權攝不正祿臨支。　　三合潤下生支辰。
萬事喜忻三六合。　　坐空傳空進退難。
來去俱空豈動移。　　貴人差迭事參差。龍加生氣吉遲遲。

占斷解析：

天候：子（螣蛇），傳申（青龍），傳辰（玄武）。晴轉陰雨。
人事：青龍乘祿臨支，蛇臨干，貴人差迭。不利人事。
考試：青龍乘祿臨官入課傳。有利考運。
婚姻：后合占婚吉，天后臨絕，六合臨衰。姻緣未到。
財祿：財爻臨胎絕，喜課傳三合合子孫爻相生。財漸旺。
升遷：青龍乘祿臨支，蛇臨干，貴人差迭。升遷不利己。
疾病：白虎乘午火尅金，主肺疾，喜課傳三合水局相制。疾病可癒。
失物：玄武乘空亡，喜課傳三合水局生財。失物復得。
子嗣：天后臨絕，六合臨衰。子息緣淡。
官司：官鬼爻臨敗地，喜課傳三合子孫爻相制。官司可解。

庚子日

干上巳

四課	三課	二課	一課
青龍	太常	螣蛇	勾陳
午	酉	寅	巳
酉	子	巳	庚

官鬼	甲	午	青龍	初傳
妻財	癸	卯	朱雀	中傳
子孫	庚	子	天后	末傳

畢法賦/詮釋：
三傳逆生人舉薦。　　長生逢鬼臨干上。
彼此猜忌害相隨。　　支上逢太常乘印相生。
互生俱生凡事益。　　賓主不投刑在上。
閉口卦體兩般推。　　貴人差迭事參差。

占斷解析：

天候：午（青龍），傳卯（朱雀），傳子（天后）。晴雨不定。

人事：青龍太常吉將臨支，蛇臨干，賓主不投。人事不利己。

考試：青龍太常吉將入宅，青龍朱雀入傳。有利考運。

婚姻：后合占婚吉，天后臨死地，六合臨養。姻緣未到。

財祿：財爻入課傳，喜末傳子孫爻相生。財漸旺。

升遷：青龍太常吉將臨支上，蛇乘勾陳臨干，賓主不投。升遷不利己。

疾病：白虎乘申金尅木，主肝疾，喜末傳子水得酉金帝旺相生洩金生木。疾病可癒。

失物：玄武臨衰，財爻入課傳得子孫爻相生。失物復得。

子嗣：天后臨死地，六合臨養。先得男。

官司：官鬼爻乘青龍發用入傳，末傳子孫爻得酉金帝旺相生制殺。官司難解。

庚子日

顧祖
干上午

官鬼	甲	午	青龍	初傳
父母	◎	辰	六合	中傳
妻財	☉	寅	螣蛇	末傳

四課	三課	二課	一課
白虎	玄武	六合	青龍
申	戌	辰	午
戌	子	午	庚

涉害課

畢法賦／詮釋：
不行傳者考初恃。　　中末空亡財坐空。
干支全傷防兩損。　　傳財化鬼財休覓。
權攝不正祿臨支。　　末助初兮三等論。
制鬼之位乃良醫。　　貴人差迭事參差。

占斷解析：

天候：午（青龍），傳辰（六合），傳寅（螣蛇）。多雲轉晴。

人事：青龍乘官鬼臨干，白虎乘祿臨支，干支全傷。不利人事。

考試：干上青龍臨敗地發用，貴人差迭。不利考運。

婚姻：后合占婚吉，天后臨死地，六合臨養。姻緣未到。

財祿：財爻臨胎絕，末助初兮，傳財化鬼。不利財運。

升遷：青龍乘官鬼爻臨干，白虎乘干祿臨支，干支全傷。不利升遷。

疾病：白虎乘申金尅木，主肝疾，喜支辰子水洩金反生木。疾病可癒。

失物：玄武臨衰，財爻化鬼。失物難尋。

子嗣：天后臨死地，六合臨養。先得男。

官司：官鬼爻得財爻相生，喜貴人乘丑土洩殺生身。官司可解。

庚子日

返駕
干上未

父母	戊	戌	玄武	初傳
兄弟	丁	酉	太常	中傳
兄弟	丙	申	白虎	末傳

四課	三課	二課	一課
玄武	太陰	青龍	天空
戌	亥	午	未
亥	子	未	庚

元首課

畢法賦/詮釋：
魁度天門關格定。　青龍臨干魁度天門。
貴人差迭事參差。　三傳會金干祿入傳。
金日逢丁凶禍動。　君子宜占常人忌。
制鬼之位乃良醫。　胎財死氣損胎推。

占斷解析：

天候：戌（玄武），傳酉（太常），傳申（白虎）。主陰晴不定。
人事：魁度天門關格定，金日逢丁，貴人差迭。不利人事。
考試：青龍臨敗地，朱雀臨胎。不利考運。
婚姻：后合占婚吉，天后臨死地，六合臨養。姻緣未到。
財祿：財爻臨胎絕，三傳三會兄弟劫財。不利財運。
升遷：魁度天門關格定，金日逢丁，貴人差迭。不利升遷。
疾病：白虎乘申金尅木，主肝疾，喜亥水洩金生木。疾病可癒。
失物：玄武臨衰，財爻臨胎絕。失物難尋。
子嗣：天后臨死地，六合臨養。先得男。
官司：官鬼爻臨干，喜貴人乘丑土洩殺生身。官司可解。

庚子日

四課	三課	二課	一課
天后	天后	白虎	白虎
子	子	申	申
子	子	申	庚

干上申

兄弟	丙	申	白虎	初傳
妻財	壬	寅	螣蛇	中傳
官鬼	◎	巳	勾陳	末傳

伏吟課

畢法賦/詮釋：
旺祿臨身徒妄作。　　白虎臨祿發初傳。
賓主不投刑在上。　　螣蛇乘財祿馬冲。
貴人差迭事參差。　　遁鬼旬空末傳空。
傳財化鬼財休覓。　　胎財生氣妻懷孕。

占斷解析：
天候：申（白虎），傳寅（螣蛇），傳巳（勾陳）。陰晴不定。
人事：旺祿臨身，驛馬乘財爻入傳。人事利己。
考試：課傳不見龍雀，白虎臨干祿。不利考運。
婚姻：后合占婚吉，天后臨死地，六合臨養。姻緣未到。
財祿：驛馬乘財爻入傳，旺祿臨身。有利財運。
升遷：旺祿臨身，驛馬乘財爻入傳。升遷利己。
疾病：白虎乘申金尅木，主肝疾，喜子水洩金生木。疾病可癒。
失物：玄武入獄，驛馬乘財爻入傳。失物復得。
子嗣：天后臨死地，六合臨養。先得男。
官司：官鬼爻空亡得財爻相生，喜干祿生子孫爻相制。官司可解。

庚子日

正和
干上酉

妻財	壬	寅	螣蛇	初傳
妻財	癸	卯	朱雀	中傳
父母	◎	辰	六合	末傳

四課	三課	二課	一課
螣蛇	貴人	玄武	太常
寅	丑	戌	酉
丑	子	酉	庚

畢法賦/詮釋：
互旺皆旺坐謀宜。　　太常吉將乘帝旺臨干。
進茹空亡宜退步。　　日墓乘貴覆支上。
所謀多拙遭羅網。　　互旺俱旺凡事益。
金日逢丁凶禍動。　　傳財太旺反財虧。貴人差迭事參差。

占斷解析：

天候：寅（螣蛇），傳卯（朱雀），傳辰（六合）。主天晴。

人事：太常臨干貴臨支，互旺皆旺坐謀宜。有利人事。

考試：青龍臨敗地，朱雀臨胎。不利考運。

婚姻：后合占婚吉，天后臨死地，六合臨養。姻緣未到。

財祿：三傳三會財，兄弟爻乘丁馬動化劫財。財運不佳。

升遷：所謀多拙，貴人差迭，金日逢丁臨干。升遷不利己。

疾病：白虎乘申金尅木，主肝疾，子孫爻臨死地無力洩金生木。未覓良醫。

失物：玄武臨衰，傳財太旺反財虧。失物難尋。

子嗣：天后臨死地，六合臨養。先得男。

官司：官鬼爻臨敗逢空，喜貴人乘丑土洩殺生身。官司可解。

庚子日

四課	三課	二課	一課
六合	螣蛇	天后	玄武
辰	寅	子	戌
寅	子	戌	庚

登天
干上戌

父母	◎	辰	六合	初傳
官鬼	⊙	午	青龍	中傳
兄弟	丙	申	白虎	末傳

涉害課

畢法賦/詮釋：
貴登天門高甲第。　三傳又名登三天。
罡塞鬼戶任謀為。　初中空亡末得祿。
六陽數足須公用。　腳踏空亡進用宜。
后合占婚豈用媒。

占斷解析：
天候：辰（六合），傳午（青龍），傳申（白虎）。陰有風無雨。
人事：玄武臨干蛇臨支，腳踏空亡進用宜。不利人事。
考試：青龍乘官星入傳，貴登天門。有利考運。
婚姻：后合占婚豈用媒，天后臨干上，六合臨宅。婚喜可期。
財祿：財爻入宅，得子孫爻相生。財漸旺。
升遷：玄武臨干蛇臨支，腳踏空亡。不利升遷。
疾病：白虎乘申金剋木，主肝疾，喜子孫爻洩金生木。疾病可癒。
失物：玄武臨衰，財爻得子水相生。失物復得。
子嗣：天后臨死地，六合臨養。先得男。
官司：官鬼爻入傳，喜貴人乘丑土洩殺生身。官司可解。

庚子日

干上亥

四課	三課	二課	一課
白虎	太陰	天后	朱雀
午	卯	寅	亥
卯	子	亥	庚

官鬼	甲	午	白虎	初傳
兄弟	丁	酉	勾陳	中傳
子孫	庚	子	螣蛇	末傳

畢法賦/詮釋：

金日逢丁凶禍動。　　四上脫下不利謀。
傳財化鬼財險危。　　任信丁馬須言動。
人宅受脫俱招盜。　　虎乘遁鬼殃非淺。
貴雖在獄宜臨干。　　賓主不投刑在上。龍加生氣吉遲遲。

占斷解析：

天候：午（白虎），傳丁酉（勾陳），傳子（螣蛇）。陰轉晴。
人事：人宅受脫，干上亥亥自刑，支上子卯相刑。不利人事。
考試：青龍乘干祿，朱雀臨干。有利考運。
婚姻：后合占婚吉，天后臨絕，六合臨衰。姻緣未到。
財祿：財爻臨胎絕，傳財化鬼。不利財運。
升遷：干上亥亥自刑，支上子卯相刑，人宅受脫。不利升遷。
疾病：白虎乘午火剋金，主肺疾，喜貴人丑土洩火生金。疾病可癒。
失物：玄武臨養，財爻得子孫爻相生。失物復得。
子嗣：天后臨絕，六合臨衰。子息緣淡。
官司：虎乘遁鬼，喜貴人乘丑土洩殺生身。官司可解。

辛丑日

祿神：酉
驛馬：亥
貴人：午、寅
空亡：辰、巳
長生：子
帝旺：申
墓庫：辰

辛丑日

盈陽
干上子

妻財	癸	卯	螣蛇	初傳
官鬼	◎	巳	六合	中傳
父母	⊙	未	青龍	末傳

四課	三課	二課	一課
六合	螣蛇	貴人	太陰
巳	卯	寅	子
卯	丑	子	辛

元首課

畢法賦/詮釋：
不行傳者考初時。　傳財化鬼財休覓。
夫婦蕪淫各有私。　喜懼空亡乃妙機。
賓主不投刑在上。
罡塞鬼戶任謀為。

占斷解析：
天候：卯（螣蛇），傳巳（六合），傳未（青龍）。晴多雲。
人事：貴人乘胎財臨干，青龍乘印入傳。人事利己。
考試：青龍臨衰，朱雀入墓。不利考運。
婚姻：后合占婚吉，天后臨養，六合臨死地。姻緣未到。
財祿：財爻臨胎絕，傳財化鬼財休覓。財運不佳。
升遷：貴人乘胎財臨干，青龍乘印入傳。升遷利己。
疾病：白虎臨酉金尅木，主肝疾，喜干上逢子孫爻洩金生木。疾病可癒。
失物：玄武臨敗地，干上子孫爻生財爻。失物復得。
子嗣：天后臨養，六合臨死地。宜先養後招。
官司：官鬼爻逢財爻相生，喜青龍乘未土洩殺生身。官司可解。

- 541 -

辛丑日

干上丑

官鬼	◎	巳	六合	初傳
父母	辛	丑	天后	中傳
父母	辛	丑	天后	末傳

四課	三課	二課	一課
青龍	朱雀	朱雀	天后
未	辰	辰	丑
辰	丑	丑	辛

別責課

畢法賦/詮釋：
干支乘墓各昏迷。　　日墓覆干人昏晦。
六爻現卦防其尅。　　日鬼乘空發初傳。
傳墓入墓分憎愛。　　胎財生氣妻懷孕。
后合占婚豈用媒。　　貴登天門高甲第。

占斷解析：
天候：巳（六合），傳丑（天后），傳丑（天后）。主陰雨。
人事：貴登天門高甲第，龍雀臨支，印臨干。人事不利己。
考試：貴登天門，龍雀入宅報喜。大利考運。
婚姻：后合占婚豈用媒。婚喜可期。
財祿：財爻臨胎絕，六爻現卦尅子孫爻。財運不佳。
升遷：貴登天門，龍雀臨支印臨干。升遷不利己。
疾病：白虎臨酉金尅木，主肝疾，六爻全土相生。未覓良醫。
失物：玄武臨敗地，財爻臨胎絕，六爻全印尅子孫。失物難尋。
子嗣：天后臨養，六合臨死地。宜先養後招。
官司：官鬼爻發用，喜六爻全為父母爻洩殺生身。官司可解。

- 542 -

辛丑日

獻刃
干上寅

兄弟	⊙	酉	青龍	初傳
父母	辛	丑	螣蛇	中傳
官鬼	◎	巳	玄武	末傳

四課	三課	二課	一課
青龍	玄武	太常	貴人
酉	巳	午	寅
巳	丑	寅	辛

畢法賦/詮釋：

萬事喜忻三六合。　　寅貴尅支巳尅干。
合中犯殺蜜中砒。　　丁馬驛動發初傳。
貴雖坐獄宜臨干。　　晝夜貴加求兩貴。金日逢丁凶禍動。
來去俱空豈動移。　　三傳逆生人舉薦。權攝不正祿臨支。

占斷解析：

天候：丁酉（青龍），傳丑（螣蛇），傳巳（玄武）。陰晴不定。
人事：雙貴臨干祿臨支，三傳逆生人舉薦。有利人事。
考試：青龍乘祿泮喜，雙貴臨干。有利考運。
婚姻：后合占婚吉，天后臨絕，六合臨敗地。姻緣未到。
財祿：胎財乘貴臨干，青龍乘祿臨宅。有利財運。
升遷：雙貴臨干祿臨支，三傳逆生。有利升遷。
疾病：白虎臨未土尅水，主腎疾，喜三傳三合金局洩土生水。疾病可癒。
失物：玄武逢空臨死地，喜貴人乘胎財臨干。失物復得。
子嗣：天后臨絕，六合臨敗地。子息緣淡。
官司：官鬼爻臨病死地，喜父母爻乘丑土洩殺生身。官司可解。

辛丑日

畢法賦/詮釋：

簾幕貴人高甲第。　　卯木尅支午尅干。
首尾相見始終宜。　　干上旬尾支上首。
夫婦蕪淫各有私。　　初遭夾尅不由己。
鬼乘天乙乃神祇。　　后合占婚豈用媒。

占斷解析：

天候：卯（天后），傳申（天空），傳丑（螣蛇）。雨後天晴。

人事：財爻乘絕臨干又乘空，初遭夾尅不由己。人事不利己。

考試：青龍臨祿，朱雀逢長生，可惜與干支上神六沖。不利考運。

婚姻：后合占婚豈用媒，天后臨干，六合臨支。婚喜可期。

財祿：財爻入課傳，喜支上子孫爻相生。財漸旺。

升遷：初遭夾尅不由己，夫婦蕪淫各有私。不利升遷。

疾病：白虎臨未土尅水，主腎疾，喜青龍乘干祿洩土生水。疾病可癒。

失物：玄武逢空臨死地，喜貴人乘胎財。失物復得。

子嗣：天后臨絕，六合臨敗地。子息緣淡。

官司：官鬼爻臨支上，喜末傳丑土父母洩殺生身。官司可解。

辛丑日

干上辰

子孫	☉	亥	六合	初傳
父母	乙	未	白虎	中傳
父母	◎	辰	太陰	末傳

四課	三課	二課	一課
螣蛇	白虎	勾陳	太陰
丑	未	戌	辰
未	丑	辰	辛

返吟課

畢法賦/詮釋：
兩貴受尅難干貴。　　返吟課逢四墓全。
來去俱空豈動移。　　驛馬乘空又傳空。
賓主不投刑在上。　　空空如也事莫追。君子道消小人長。
干墓併關人宅廢。　　六爻現卦防其尅。干支乘墓各昏迷。

占斷解析：
天候：亥（六合），傳未（白虎），傳辰（太陰）。主天晴。
人事：干支乘墓各昏迷，來去俱空，兩貴受尅。不利人事。
考試：課傳不見龍雀，勾陳臨干蛇臨支。不利考運。
婚姻：后合占婚吉，天后臨絕，六合臨敗地。姻緣未到。
財祿：財爻臨胎絕，六爻現卦尅子孫爻。財運不佳。
升遷：干支乘墓，來去俱空，兩貴受尅，賓主不投。不利升遷。
疾病：白虎臨未土尅水，主腎疾，喜青龍乘干祿洩土生水。疾病可癒。
失物：玄武臨死地，財爻逢胎絕，六爻全印尅子孫。失物難尋。
子嗣：天后臨絕，六合臨敗地。子息緣淡。
官司：官鬼爻臨病死，喜六爻全為父母爻洩殺生身。官司可解。

- 545 -

辛丑日

四課	三課	二課	一課
天后	天空	朱雀	玄武
卯	申	子	巳
申	丑	巳	辛

干上巳

妻財	癸	卯	天后	初傳
父母	戊	戌	勾陳	中傳
官鬼	◎	巳	玄武	末傳

重審課

畢法賦/詮釋：
交車相合交關利。　玄鬼臨干逢空亡。
制鬼之位乃良醫。　帝旺臨支乘天空。
傳財化鬼財休覓。　貴人差迭事參差。
喜懼空亡乃妙機。

占斷解析：
天候：卯（天后），傳戌（勾陳），傳巳（玄武）。主陰雨。
人事：干上逢空亡，支上逢天空，貴人差迭。不利人事。
考試：青龍臨干祿，朱雀臨干逢長生。有利考運。
婚姻：后合占婚吉，天后臨絕，六合臨敗地。姻緣未到。
財祿：財爻臨胎絕，傳財合化鬼財休覓。財運不佳。
升遷：玄鬼臨干逢空亡，帝旺臨支乘天空，貴人差迭。不利升遷。
疾病：白虎臨未土尅水，主腎疾，喜青龍乘干祿洩土生水。疾病可癒。
失物：玄武逢空臨死地，喜財爻臨宅發用。失物復得。
子嗣：天后臨絕，六合臨敗地。子息緣淡。
官司：官鬼爻臨干逢空亡，喜子孫爻逢長生相制。官司可解。

辛丑日

反射
干上午

官鬼	◎	巳	玄武	初傳
父母	⊙	丑	螣蛇	中傳
兄弟	丁	酉	青龍	末傳

四課	三課	二課	一課
玄武	青龍	貴人	太常
巳	酉	寅	午
酉	丑	午	辛

畢法賦/詮釋：
權攝不正祿臨支。　晝夜貴加求兩貴。
萬事喜忻三六合。　鬼乘天乙乃神祇。
金日逢丁凶禍動。　腳踏空亡進用宜。
　　　　　　　　　三傳遞生人舉薦。

占斷解析：
天候：巳（玄武），傳丑（螣蛇），傳丁酉（青龍）。雨後多雲。
人事：雙貴臨干祿臨支，三傳遞生。有利人事。
考試：青龍臨干祿入課傳，雙貴臨干。有利考運。
婚姻：后合占婚吉，天后臨絕，六合臨敗地。姻緣未到。
財祿：胎財乘貴人，得子孫爻逢長生相生。財漸旺。
升遷：雙貴臨干，祿乘丁馬臨支，三傳遞生。有利升遷。
疾病：白虎臨未土尅水，主腎疾，喜青龍乘丁馬臨祿洩土生水。疾病可癒。
失物：玄武逢空臨死地，貴人乘胎財臨干上。失物復得。
子嗣：天后臨絕，六合臨敗地。子息緣淡。
官司：官鬼爻臨干，喜父母爻乘丑土洩殺生身。官司可解。

辛丑日

官鬼	◎	巳	玄武	初傳
父母	乙	未	白虎	中傳
父母	乙	未	白虎	末傳

四課	三課	二課	一課
白虎	勾陳	太陰	白虎
未	戌	辰	未
戌	丑	未	辛

畢法賦/詮釋：
賓主不投刑在上。　　四墓俱空干支上。
人宅坐墓甘招晦。　　丑刑戌來戌刑未。
六爻現卦防其尅。　　初傳逢鬼末逢虎。彼此猜忌害相隨。
喜懼空亡乃妙機。　　干墓併關人宅廢。貴人差迭事參差。

占斷解析：
天候：巳（玄武），傳未（白虎），傳未（白虎）。風起雨停。
人事：干墓併關，人宅坐墓，貴人差迭，賓主不投。不利人事。
考試：課傳不見龍雀，虎臨干入傳，勾陳臨宅。不利考運。
婚姻：后合占婚吉，天后臨絕，六合臨敗地。姻緣未到。
財祿：財爻臨胎絕，六爻現卦尅子孫爻。財運不佳。
升遷：人宅坐墓，貴人差迭，賓主不投。不利升遷。
疾病：白虎臨未土尅水，主腎疾，喜青龍乘祿洩土生水。疾病可癒。
失物：玄武臨死地，財爻逢胎絕，六爻全印尅子孫。失物難尋。
子嗣：天后臨絕，六合臨敗地。子息緣淡。
官司：官鬼爻發用，喜六爻全為父母爻洩殺生身。官司可解。

辛丑日

時遁
干上申

子孫	己	亥	玄武	初傳
兄弟	丁	酉	白虎	中傳
父母	乙	未	青龍	末傳

四課	三課	二課	一課
白虎	玄武	勾陳	天空
酉	亥	午	申
亥	丑	申	辛

重審課

畢法賦/詮釋：
三傳逆生人舉薦。　　暮貴乘鬼臨干上。
權攝不正祿臨支。　　干祿乘丁臨支。
金日逢丁凶禍動。　　胎財生氣妻懷孕。
貴雖在獄宜臨干。　　彼此猜忌害相隨。

占斷解析：

天候：亥（玄武），傳丁酉（白虎），傳未（青龍）。主陰雨。
人事：官鬼臨干祿臨支，貴人入獄。人事不利己。
考試：青龍臨衰逆生白虎，朱雀入墓。不利考運。
婚姻：后合占婚吉，天后臨養，六合臨死地。姻緣未到。
財祿：貴人乘胎財，得三傳逆生子孫生財。財漸旺。
升遷：三傳逆生人舉薦，權攝不正祿臨支。升遷不利己。
疾病：白虎臨酉金尅木，主肝疾，喜子孫父亥水洩金生木。疾病可癒。
失物：玄武臨敗地，喜貴人乘胎財逢子孫父相生。失物復得。
子嗣：天后臨養，六合臨死地。先得女。
官司：官鬼父乘勾陳臨干，喜三傳逆生洩殺生身。官司可解。

辛丑日

四課	三課	二課	一課
玄武	太陰	天空	白虎
亥	子	申	酉
子	丑	酉	辛

重陰
干上酉

子孫	庚	子	太陰 初傳
子孫	己	亥	玄武 中傳
父母	戊	戌	太常 末傳

畢法賦/詮釋：
旺祿臨身徒妄作。　　三傳重陰。太陰發用。
魁度天門關格定。　　干祿臨干。支逢三會。
富貴干支逢祿馬。　　胎財生氣妻懷孕。
金日逢丁凶禍動。

占斷解析：
天候：子（太陰），傳亥（玄武），傳戌（太常）。主雨後天晴。
人事：旺祿逢丁凶禍動，魁度天門關格定。不利人事。
考試：課傳不見龍雀，青龍臨衰，朱雀入墓。不利考運。
婚姻：后合占婚吉，天后臨養，六合臨死地。姻緣未到。
財祿：財爻臨胎絕，喜課傳子孫爻相生。財漸旺。
升遷：白虎乘祿，帝旺乘天空臨干，魁度天門關格定。不利升遷。
疾病：白虎臨酉金尅木，主肝疾，喜支上子水洩金生木。疾病可
　　　癒。
失物：玄武臨敗地，喜貴人乘胎財逢子孫爻相生。失物復得。
子嗣：天后臨養，六合臨死地。宜先養後招。
官司：官鬼爻臨病死，課傳子孫爻逢長生相制。官司可解。

辛丑日

干上戌

父母	辛	丑	天后	初傳
父母	戌	戌	太常	中傳
父母	乙	未	青龍	末傳

四課	三課	二課	一課
天后	天后	太常	太常
丑	丑	戌	戌
丑	丑	戌	辛

伏吟課

畢法賦/詮釋：
賓主不投刑在上。　　伏吟課傳逢三刑。
將逢內戰所謀危。　　彼此猜忌害相隨。
六爻現卦防其尅。　　三傳皆印子孫憂。
胎財生氣妻懷孕。　　彼求我事支傳干。

占斷解析：
天候：丑（天后），傳戌（太常），傳未（青龍）。雨後多雲。
人事：賓主不投，六爻全印尅子孫，將逢內戰。不利人事。
考試：青龍臨衰，朱雀入墓，課傳相刑。不利考運。
婚姻：后合占婚吉，天后臨養，六合臨死地。姻緣未到。
財祿：財爻臨胎絕，六爻全印尅子孫。不利財運。
升遷：賓主不投，六爻全印尅子孫，將逢內戰。不利升遷。
疾病：白虎臨酉金尅木，主肝疾，六爻現卦又相尅。未覓良醫。
失物：玄武臨敗地，六爻全印尅子孫。失物難尋。
子嗣：天后臨養，六合臨死地。宜先養後招。
官司：官鬼爻臨病死，課傳皆印洩殺生身。官司可解。

辛丑日

妻財	壬	寅	勾陳	初傳
妻財	癸	卯	六合	中傳
父母	◎	辰	朱雀	末傳

四課	三課	二課	一課
六合	勾陳	天空	白虎
卯	寅	子	亥
寅	丑	亥	辛

正和
干上亥

元首課

畢法賦/詮釋：

所謀多拙遭羅網。　　進茹逢空宜退步。
傳財太旺反財虧。　　交車相合交關利。
胎財生氣妻懷孕。　　暮貴乘財暗合干。
龍加生氣吉遲遲。

占斷解析：

天候：寅（勾陳），傳卯（六合），傳辰（朱雀）。主天晴。
人事：白虎臨干，勾陳臨支，所謀多拙，進茹空亡。不利人事。
考試：青龍朱雀雙雙入墓，課傳相刑。不利考運。
婚姻：后合占婚吉，天后臨衰，六合臨絕。姻緣未到。
財祿：傳財太旺反財虧，交車相合。有利財運。
升遷：白虎臨干，勾陳臨支，所謀多拙，交車相合。有利升遷。
疾病：白虎乘亥水尅火，主心疾，喜財爻洩水生火。疾病可癒。
失物：玄武臨官，財爻逢胎絕，六爻全印尅子孫。失物難尋。
子嗣：天后臨衰，六合臨絕。子息緣淡。
官司：官鬼爻臨病死，喜子孫爻逢長生相制。官司可解。

壬寅日

祿神：亥
驛馬：申
貴人：卯、巳
空亡：辰、巳
長生：申
帝旺：子
墓庫：辰

壬寅日

升階
干上子

官鬼	◎	辰	螣蛇	初傳
妻財	◎	巳	朱雀	中傳
妻財	⊙	午	六合	末傳

四課	三課	二課	一課
螣蛇	貴人	太陰	玄武
辰	卯	丑	子
卯	寅	子	壬

重審課

畢法賦/詮釋：
所謀多拙遭羅網。　　帝旺乘玄臨干上。
空空如也事莫追。　　晝貴乘旺坐支上。
互旺皆旺坐謀宜。　　進茹空亡宜退步。
傳財化鬼財險危。

占斷解析：
天候：辰（螣蛇），傳巳（朱雀），傳午（六合）。主天晴。
人事：玄武臨干貴臨支，所謀多拙，進茹空亡。不利人事。
考試：青龍不入課傳，朱雀逢空亡。不利考運。
婚姻：后合占婚吉，天后臨病，六合臨胎財。姻緣未到。
財祿：財爻臨胎絕又逢空，傳財化鬼。不利財運。
升遷：所謀多拙，進茹空亡，貴人臨支。升遷不利己。
疾病：白虎乘戌土尅水，主腎疾，喜青龍乘申洩土生水。疾病可癒。
失物：玄武帝旺，傳財化鬼，空空如也。失物難尋。
子嗣：天后臨病地，六合臨胎。先得男。
官司：官鬼爻發用逢空亡，喜青龍乘申洩殺生身。官司可解。

壬寅日

登天
干上丑

四課	三課	二課	一課
六合	螣蛇	貴人	太陰
午	辰	卯	丑
辰	寅	丑	壬

官鬼	◎	辰	螣蛇 初傳
妻財	⊙	午	六合 中傳
父母	丙	申	青龍 末傳

重審課

畢法賦/詮釋：
腳踏空亡進用宜。　胎財臨支貴臨干。
龍加生氣吉遲遲。　日墓逢蛇初發用。
干墓併關人宅廢。　月將乘空事多晦。
罡塞鬼户任謀為。　胎財生氣妻懷孕。貴人差迭事參差。

占斷解析：
天候：辰（螣蛇），傳午（六合），傳申（青龍）。晴偶多雲。
人事：干墓併關人宅廢，罡塞鬼户，貴人差迭。不利人事。
考試：青龍逢長生入傳，朱雀巳合青龍申，貴人臨干。有利考運。
婚姻：后合占婚吉，天后臨病，六合臨胎。姻緣未到。
財祿：財爻入課傳，得貴人乘卯木相生。財漸旺。
升遷：干墓併關，罡塞鬼户，貴人差迭。不利升遷。
疾病：白虎乘戌土尅水，主腎疾，喜青龍逢長生洩土生水。疾病可癒。
失物：玄武入獄，財爻乘六合得貴人相生。失物復得。
子嗣：天后臨病地，六合臨胎。先得男。
官司：官鬼爻臨支，財爻生鬼，喜青龍乘父母爻洩殺生身。官司可解。

- 555 -

壬寅日

四課	三課	二課	一課
青龍	朱雀	朱雀	天后
申	巳	巳	寅
巳	寅	寅	壬

干上寅

父母	☉	申	青龍	初傳
兄弟	巳	亥	太常	中傳
子孫	壬	寅	天后	末傳

重審課

畢法賦/詮釋：
賓主不投刑在上。　　彼求我事支傳干。
彼此猜忌害相隨。　　干支財空龍生祿。
三傳遞生人舉薦。　　貴人差迭事參差。
將逢內戰所謀危。　　龍加生氣吉遲遲。

占斷解析：
天候：申（青龍），傳亥（太常），傳寅（天后）。多雲轉晴。
人事：賓主不投，彼此猜忌，將逢內戰，貴人差迭。不利人事。
考試：青龍朱雀臨宅發用，三傳遞生。有利考運。
婚姻：后合占婚吉，天后臨病，六合臨胎。姻緣未到。
財祿：財爻臨胎絕，喜三傳遞生又生財。財漸旺。
升遷：賓主不投，彼此猜忌，將逢內戰，貴人差迭。不利升遷。
疾病：白虎乘戌土尅水，主腎疾，喜青龍乘申金洩土生水。疾病可癒。
失物：玄武帝旺，財爻臨胎絕又逢空亡。失物難尋。
子嗣：天后臨病地，六合臨胎。先得男。
官司：官鬼爻不入課傳，喜父母爻逢長生乘青龍洩殺生身。官司可解。

壬寅日

從吉 干上卯

官鬼	乙	未	勾陳	初傳
兄弟	己	亥	太常	中傳
子孫	癸	卯	貴人	末傳

四課	三課	二課	一課
白虎	六合	勾陳	貴人
戌	午	未	卯
午	寅	卯	壬

重審課

畢法賦/詮釋：

萬事喜忻三六合。　　課傳曲直生炎上。
合中犯殺蜜中砒。　　虎乘遁鬼殃非淺。
交車相合交關利。　　人宅皆死各衰贏。
首尾相見始終宜。　　支乘旬首干旬尾。貴人差迭事參差。

占斷解析：

天候：未（勾陳），傳亥（太常），傳卯（貴人）。主天晴。
人事：貴人臨干鬼臨支，交車相合交關利。有利人事。
考試：課傳不見龍雀，勾陳臨干虎臨支。不利考運。
婚姻：后合占婚吉，天后臨病地，六合臨胎。姻緣未到。
財祿：財爻臨胎絕，喜支上逢三合，得三傳子孫相生。財漸旺。
升遷：貴人臨干相合，虎乘遁鬼臨支，交車相合。有利升遷。
疾病：白虎乘戌土尅水，主腎疾，喜青龍乘申金洩土生水。疾病可癒。
失物：玄武帝旺，財爻臨胎逢三合。失物復得。
子嗣：天后臨病地，六合臨胎。先得男。
官司：虎乘遁鬼殃非淺，萬事喜忻三六合，三傳制殺。官司可解。

壬寅日

畢法賦/詮釋：
不行傳者考初時。　　日墓覆干未墓支。
水日逢丁財動之。　　帝旺發用中財空。
干支乘墓各昏迷。　　財空妻劫鬼乘空。貴雖在獄宜臨干。
后合占婚豈用媒。　　貴人差迭事參差。制鬼之位乃良醫。

占斷解析：

天候：子（六合），傳巳（太陰），傳戌（青龍）。多雲時晴。

人事：干支乘墓各昏迷，貴人差迭事參差。不利人事。

考試：青龍入末傳，朱雀六合初傳。有利考運。

婚姻：后合占婚豈用媒，天后臨干，六合入宅。婚喜可期。

財祿：財爻臨胎絕又逢空。不利財運。

升遷：干支乘墓各昏迷，貴人差迭事參差。不利升遷。

疾病：白虎乘申金尅木，主肝疾，喜初傳子水兄弟爻洩金生木。疾病可癒。

失物：玄武臨胎財，財爻臨胎絕又逢空亡。失物難尋。

子嗣：天后入墓，六合乘旺。先得男。

官司：官鬼爻臨干，喜辰酉合金洩殺生身，官司可解。

壬寅日

子孫	壬	寅	螣蛇	初傳
父母	丙	申	白虎	中傳
子孫	壬	寅	螣蛇	末傳

干上巳

四課	三課	二課	一課
螣蛇	白虎	勾陳	太陰
寅	申	亥	巳
申	寅	巳	壬

返吟課

畢法賦/詮釋：
三傳互尅眾人欺。　　返吟課逢上下冲。
兩貴受尅難干貴。　　上下交合兩心齊。
旺祿臨身徒妄作。　　驛馬長生乘白虎。
用破身心無所歸。　　交車相合交關利。

占斷解析：

天候：寅（螣蛇），傳申（白虎），傳寅（螣蛇）。主天晴有風。

人事：三傳互尅眾人欺，兩貴受尅。不利人事。

考試：課傳不見龍雀，螣蛇白虎互尅。不利考運。

婚姻：后合占婚吉，天后入墓，六合乘旺。姻緣未到。

財祿：財爻臨胎絕，喜子孫爻交車相合生財爻。財漸旺。

升遷：三傳互尅，兩貴受尅，旺祿臨身又逢冲。不利升遷。

疾病：白虎乘申金尅木，主肝疾，喜祿神洩金生木。疾病可癒。

失物：玄武臨胎財，財爻臨胎絕又逢空亡。失物難尋。

子嗣：天后入墓，六合乘旺。先得男。

官司：官鬼爻不入課傳，三傳皆子孫制殺，父母爻化殺。官司可解。

- 559 -

壬寅日

```
干上午
┌────┬──┬──┬────┐
│妻財│甲│午│玄武│初傳
│官鬼│辛│丑│朱雀│中傳
│父母│丙│申│白虎│末傳
└────┴──┴──┴────┘

┌────┬────┬────┬────┐
│四課│三課│二課│一課│
├────┼────┼────┼────┤
│天后│天空│朱雀│玄武│
│ 辰 │ 酉 │ 丑 │ 午 │
│ 酉 │ 寅 │ 午 │ 壬 │
└────┴────┴────┴────┘
```

重審課

畢法賦/詮釋：
賓主不投刑在上。　丁馬臨支須言動。
初遭夾尅不由己。　玄財乘將初發用。
貴人差迭事參差。　水日逢丁財動之。
傳財化鬼財險危。

占斷解析：
天候：午（玄武），傳丑（朱雀），傳申（白虎）。雨後天晴。
人事：賓主不投，傳財化鬼，貴人差迭。不利人事
考試：青龍逢寅三合，朱雀乘財臨干。有利考運。
婚姻：后合占婚吉，天后入墓，六合乘旺。姻緣未到。
財祿：財爻臨胎絕又逢空，財爻乘胎生官鬼。不利財運。
升遷：賓主不投，傳財化鬼，貴人差迭。不利升遷。
疾病：白虎乘申金尅木，主肝疾，喜祿神洩金生木。疾病可癒。
失物：玄武乘胎財臨干，太陰乘財爻臨絕又逢空。失物難尋。
子嗣：天后入墓，六合乘旺。先得男。
官司：官鬼爻乘財臨干，喜酉金父母爻洩殺生身。官司可解。

壬寅日

就燥
干上未

四課	三課	二課	一課
玄武	青龍	貴人	太常
午	戌	卯	未
戌	寅	未	壬

官鬼	戌	戌	青龍	初傳
妻財	甲	午	玄武	中傳
子孫	壬	寅	螣蛇	末傳

重審課

畢法賦/詮釋：
三傳逆生人舉薦。　　晝貴臨干乘三合。
傳財太旺反財虧。　　青龍合貴鬼化財。
萬事喜忻三六合。　　交車相合交關利。
合中犯殺蜜中砒。　　貴人差迭事參差。

占斷解析：

天候：戌（青龍），傳午（玄武），傳寅（螣蛇）。陰雨轉晴。

人事：貴人太常吉將臨干三合，交車相合。有利人事。

考試：青龍臨冠帶發用，三傳逆生青龍官。有利考運。

婚姻：后合占婚吉，天后入墓，六合乘旺。姻緣未到。

財祿：財爻臨胎絕，喜課傳三合財爻旺。有利財運。

升遷：貴人太常吉將臨干三合，交車相合。有利升遷。

疾病：白虎乘申金尅木，主肝疾，喜干祿臨官洩金生木。疾病可癒。

失物：玄武臨胎財，喜課傳三合財旺。失物復得。

子嗣：天后入墓，六合乘旺。先得男。

官司：官鬼爻乘青龍入傳，喜三合化火，貴人乘卯制化。官司可解。

壬寅日

畢法賦/詮釋：
富貴干支逢祿馬。　三傳逆生人舉薦。
權攝不正祿臨支。　暮貴發用祿臨宅。
互生俱生凡事益。　貴人差迭事參差。
腳踏空亡進用宜。　彼此猜忌害相隨。

占斷解析：
天候：巳（太陰），傳寅（騰蛇），傳亥（勾陳）。主天晴。
人事：三傳逆生，互生俱生，富貴干支逢祿馬。有利人事。
考試：課傳不見龍雀，祿馬臨支。考運不利己。
婚姻：后合占婚吉，天后入墓，六合乘旺。姻緣未到。
財祿：財爻逢胎絕又乘空亡，喜三傳逆生。財漸旺。
升遷：三傳逆生，互生俱生，祿馬臨支上。升遷不利己。
疾病：白虎乘申金尅木，主肝疾，喜亥水洩金生木。疾病可癒。
失物：玄武臨胎財，喜三傳逆生財爻。失物復得。
子嗣：天后入墓，六合乘旺。先得男。
官司：官鬼爻不入課傳，喜干支上神洩殺生身。官司可解。

壬寅日

悖戾
干上酉

四課	三課	二課	一課
青龍	六合	太常	天空
戌	子	未	酉
子	寅	酉	壬

官鬼	戊	戌	青龍	初傳
父母	丙	申	白虎	中傳
妻財	甲	午	玄武	末傳

畢法賦/詮釋：
末助初兮三等論。　　干上酉印乘敗臨天空。
互生俱生凡事益。　　支上生支逢六合。
水日逢丁財動之。　　帝旺生支乘六合。
傳財化鬼財險危。　　兩貴皆空虛喜期。貴人差迭事參差。

占斷解析：
天候：戌（青龍），傳申（白虎），傳午（玄武）。主陰雨。
人事：互生俱生，水日逢丁財動之。人事利己。
考試：青龍臨宅發用，末助初兮，青龍乘官爻逢生。有利考運。
婚姻：后合占婚吉，天后入墓，六合乘旺。姻緣未到。
財祿：財爻臨胎絕，傳財化鬼，喜水日逢丁財動之。有吉有凶。
升遷：水日逢丁財動之，互生俱生凡事益。升遷利己。
疾病：白虎乘申金尅木，主肝疾，喜支上逢子水乘六合洩金生木。
　　　疾病可癒。
失物：玄武臨胎財，傳財又化鬼。失物難尋。
子嗣：天后入墓，六合乘旺。先得男。
官司：青龍乘官鬼爻入傳，傳財又化鬼無制。官司難解。

- 563 -

壬寅日

重陰
干上戌

四課	三課	二課	一課
玄武	太陰	天空	白虎
子	丑	酉	戌
丑	寅	戌	壬

兄弟	庚	子	玄武	初傳
兄弟	己	亥	太常	中傳
官鬼	戊	戌	白虎	末傳

畢法賦/詮釋：
虎乘遁鬼殃非淺。　　虎臨干鬼凶速速。
魁度天門關格定。　　彼求我事支傳干。
貴雖在獄宜臨干。
任信丁馬須言動。

占斷解析：
天候：子（玄武），傳亥（太常），傳戌（白虎）。陰晴不定。
人事：魁度天門，虎臨干鬼，貴人臨獄。不利人事。
考試：課傳不見龍雀，玄武白虎入課傳。不利考運。
婚姻：后合占婚吉，天后臨病，六合臨胎。姻緣未到。
財祿：財爻臨胎絕，丁馬動生兄弟劫財。不利財運。
升遷：魁度天門，虎臨干鬼，貴人入獄。不利升遷。
疾病：白虎乘戌土尅水，主腎疾，喜丁馬乘酉金洩土生水。疾病可癒。
失物：玄武乘旺，財爻臨胎絕。失物難尋。
子嗣：天后臨病，六合逢胎。先得男。
官司：虎臨干鬼凶速速，喜丁馬乘酉金洩殺生身。官司可解。

壬寅日

干上亥

兄弟	己	亥	太常	初傳
子孫	壬	寅	天后	中傳
妻財	◎	巳	朱雀	末傳

四課	三課	二課	一課
天后	天后	太常	太常
寅	寅	亥	亥
寅	寅	亥	壬

伏吟課

畢法賦/詮釋：
旺祿臨身徒妄作。　　干傳支上末傳空。
上下皆合兩心齊。　　貴人差迭事參差。
三傳遞生人舉薦。　　我求彼事干傳支。
交車相合交關利。

占斷解析：
天候：亥（太常），傳寅（天后），傳巳（朱雀）。陰晴不定。
人事：吉將臨干發用，旺祿臨身，三傳遞生，交車相合。有利人事。
考試：青龍暗合朱雀，朱雀臨絕又逢空。不利考運。
婚姻：后合占婚吉，天后臨病，六合臨胎。姻緣未到。
財祿：財爻臨胎絕，入傳又逢空。不利財運。
升遷：吉將入課傳，旺祿臨身三傳遞生。有利升遷。
疾病：白虎乘戌土尅水，主腎疾，喜青龍乘申金洩土生水。疾病可癒。
失物：玄武乘旺，財爻臨胎絕，喜三傳遞生。失物復得。
子嗣：天后臨病，六合逢胎。先得男。
官司：官鬼爻不入課傳，喜干支上神交車相合制殺。官司可解。

癸卯日

祿神：子
驛馬：巳
貴人：卯、巳
空亡：辰、巳
長生：卯
帝旺：亥
墓庫：未

癸卯日

遞傳
干上子

官鬼	辛	丑	勾陳	初傳
兄弟	庚	子	青龍	中傳
兄弟	己	亥	天空	末傳

四課	三課	二課	一課
勾陳	六合	天空	青龍
丑	寅	亥	子
寅	卯	子	癸

重審課

畢法賦/詮釋：

旺祿臨身徒妄作。　　三奇連珠退茹課。
二貴皆空虛喜期。　　彼求我事支傳干。
尊崇傳內遇三奇。　　魁度天門關隔定。
交車相合交關利。

占斷解析：

天候：丑（勾陳），傳子（青龍），傳亥（天空）。多雲轉晴。
人事：旺祿臨身，交車相合，尊崇傳內遇三奇。有利人事。
考試：青龍乘祿臨干入傳，朱雀逢長生。大利考運。
婚姻：后合占婚吉，天后臨絕，六合臨敗地。姻緣未到。
財祿：課傳兄弟爻旺相，財爻臨胎絕又逢空。不利財運。
升遷：旺祿臨身，青龍乘祿臨干，交車相合。有利升遷。
疾病：白虎乘戌土尅水，主腎疾，喜太常吉將酉金洩土生水。疾病可癒。
失物：玄武臨死地，財爻臨胎絕，課傳兄弟爻旺相。失物難尋。
子嗣：天后臨絕，六合臨敗地。子息緣淡。
官司：官鬼爻臨支發用，喜父母爻酉金乘太常吉將洩殺生身。官司可解。

- 567 -

癸卯日

干上丑

四課	三課	二課	一課
朱雀	朱雀	勾陳	勾陳
卯	卯	丑	丑
卯	卯	丑	癸

官鬼	辛	丑	勾陳 |初傳
官鬼	戊	戌	白虎 |中傳
官鬼	乙	未	太陰 |末傳

伏吟課

畢法賦/詮釋：
制鬼之位乃良醫。　　課傳鬼旺無印。
賓主不投刑在上。　　夜貴臨宅可禦侮。
眾鬼雖彰全不畏。　　白虎臨官催官急。
六爻現卦防其尅。　　胎財生氣妻懷孕。

占斷解析：

天候：丑（勾陳），傳戌（白虎），傳未（太陰）。主天晴。

人事：三傳全鬼相刑，官鬼臨干暮貴臨支。人事不利己。

考試：青龍乘祿臨官，朱雀臨宅逢長生，六合干上神。大利考運。

婚姻：后合占婚吉，天后臨絕，六合臨敗地。姻緣未到。

財祿：財爻臨胎絕，喜朱雀乘卯木子孫爻相生。財漸旺。

升遷：六爻官鬼現卦防其尅，暮貴臨支。升遷不利己。

疾病：白虎乘戌土尅水，主腎疾，喜太常乘酉金洩土生水。疾病可癒。

失物：玄武臨死地，胎財逢貴，得支上子孫爻相生。失物復得。

子嗣：天后臨絕，六合臨敗地。子息緣淡。

官司：六爻現卦防其尅，眾鬼雖彰全不畏，支上得子孫爻相制。官司可解。

癸卯日

升階
干上寅

官鬼	◎	辰	天后	初傳
妻財	◎	巳	貴人	中傳
妻財	☉	午	螣蛇	末傳

四課	三課	二課	一課
貴人	天后	太陰	玄武
巳	辰	卯	寅
辰	卯	寅	癸

重審課

畢法賦/詮釋：
所謀多拙遭羅網。　　支上乘貴貴逢空。
空空如也事莫追。　　干上夜貴制空鬼。
傳財化鬼財險危。　　貴雖在獄宜臨干。
來去俱空豈動移。　　進茹空亡宜退步。

占斷解析：

天候：辰（天后），傳巳（貴人），傳午（螣蛇）。雨後天晴。
人事：所謀多拙，傳財化鬼，干上臨敗支上空亡。不利人事。
考試：課傳不見龍雀，青龍臨衰，朱雀入墓。不利考運。
婚姻：后合占婚吉，天后臨養，六合臨死地。姻緣未到。
財祿：財爻臨胎絕，喜干上子孫爻相生。財漸旺。
升遷：干上臨敗地，支上空亡，傳財化鬼，所謀多拙。不利升遷。
疾病：白虎乘子水尅火，主心疾，喜干上逢子孫爻洩水生火。疾病可癒。
失物：玄武臨敗地，財爻臨胎絕，得干上神相生。失物復得。
子嗣：天后臨養，六合臨死地。宜先養後招。
官司：傳財化鬼，喜干上食傷相制。官司可解。

癸卯日

入局 干上卯				
官鬼	⊙	未	朱雀	初傳
父母	丁	酉	勾陳	中傳
兄弟	巳	亥	天空	末傳

四課	三課	二課	一課
朱雀	貴人	貴人	太陰
未	巳	巳	卯
巳	卯	卯	癸

畢法賦/詮釋：
晝夜貴加求兩貴。　　四課俱脫下生上。
罡塞鬼户任謀為。　　六陰相繼盡昏迷。
三傳遞生人舉薦。　　脫上逢脫防虛詐。
傳墓入墓分憎愛。　　胎財生氣妻懷孕。水日逢丁財動之。

占斷解析：

天候：未（朱雀），傳丁酉（勾陳），傳亥（天空）。主天晴。

人事：三傳遞生，雙貴臨干，水日逢丁，罡塞鬼户。有利人事。

考試：青龍臨衰，朱雀入墓發用。不利考運。

婚姻：后合占婚吉，天后臨養，六合臨死地。姻緣未到。

財祿：水日逢丁財動之，貴人乘胎財得干上神相生。財漸旺。

升遷：三傳遞生，雙貴臨干，水日逢丁，罡塞鬼户。有利升遷。

疾病：白虎乘子水尅火，主心疾，喜干上卯木洩水生火。疾病可癒。

失物：玄武臨敗地，水日逢丁財動之。失物復得。

子嗣：天后臨養，六合臨死地。宜先養後招。

官司：官鬼爻臨支入傳，喜三傳遞生洩殺生身。官司可解。

癸卯日

干上辰

父母	丁	酉	勾陳	初傳
兄弟	庚	子	白虎	中傳
子孫	癸	卯	太陰	末傳

四課	三課	二課	一課
勾陳	螣蛇	朱雀	天后
酉	午	未	辰
午	卯	辰	癸

重審課

畢法賦/詮釋：
三傳遞生人舉薦。　　日墓臨干自昏晦。
水日逢丁財動之。　　白虎乘祿生暮貴。
賓主不投刑在上。　　胎財生氣妻懷孕。
夫婦蕪淫各有私。　　干墓併關人宅廢。

占斷解析：

天候：丁酉（勾陳），傳子（白虎），傳卯（太陰）。主陰有風無雨。
人事：賓主不投刑在上，夫婦蕪淫，干墓併關。不利人事。
考試：青龍臨衰，朱雀入墓與螣蛇六合。不利考運。
婚姻：后合占婚吉，天后臨養，六合臨死地。姻緣未到。
財祿：水日逢丁財動之，財爻逢合。有利財運。
升遷：賓主不投，夫婦蕪淫各有私，干墓併關臨干上。不利升遷。
疾病：白虎乘子水尅火，主心疾，喜三傳遞生卯木洩水生火。疾病可癒。
失物：玄武臨敗地，水日逢丁財動之。失物復得。
子嗣：天后臨養，六合臨死地。宜先養後招。
官司：官鬼爻乘墓臨干上，喜丁酉發用洩殺生身。官司可解。

癸卯日

獻刃
干上巳

父母	☉	酉	勾陳	初傳
官鬼	辛	丑	太常	中傳
妻財	◎	巳	貴人	末傳

四課	三課	二課	一課
天空	朱雀	勾陳	貴人
亥	未	酉	巳
未	卯	巳	癸

涉害課

畢法賦/詮釋：
萬事喜忻三六合。　　三傳從格末傳空。
簾幕貴人高甲第。　　尅支生干墓臨支。
水日逢丁財動之。　　傳墓入墓分憎愛。
來去俱空豈動移。　　六陰相繼盡昏迷。

占斷解析：
天候：丁酉（勾陳），傳丑（太常），傳巳（貴人）。主陰晴不定。
人事：萬事喜忻三六合，水日逢丁，貴人臨干入傳。有利人事。
考試：青龍臨衰，朱雀入墓，喜日支暮貴入天門。有利考運。
婚姻：后合占婚吉，天后臨養，六合臨死地。姻緣未到。
財祿：水日逢丁財動之，支上三合子孫爻生財。財漸旺。
升遷：水日逢丁財動之，萬事喜忻三六合，貴人乘胎財臨干。有利升遷。
疾病：白虎乘子水尅火，主心疾，喜支上逢三合洩水生火。疾病可癒。
失物：玄武臨敗地，水日逢丁財動之，貴人乘胎財臨干。失物復得。
子嗣：天后臨養，六合臨死地。宜先養後招。
官司：官鬼爻入課傳，喜三傳逢三合洩殺生身。官司可解。

癸卯日

干上午

	一課	二課	三課	四課
	螣蛇	天空	六合	太常
	午	亥	申	丑
	癸	午	卯	申

妻財	甲	午	螣蛇	初傳
兄弟	己	亥	天空	中傳
官鬼	◎	辰	天后	末傳

重審課

畢法賦/詮釋：
干支乘絕凡謀決。　　重審課逢末傳空。
三傳互尅眾人欺。　　三傳自刑毋占病。
賓主不投刑在上。　　支逢長生干上財。
后合占婚豈用媒。　　兩貴受尅難干貴。胎財乘貴妻有子。

占斷解析：

天候：午（螣蛇），傳亥（天空），傳辰（天后）。晴偶雨。

人事：三傳互尅，賓主不投，干支值絕，兩貴受尅。不利人事。

考試：課傳不見龍雀，螣蛇臨干，官鬼臨支。不利考運。

婚姻：后合占婚吉，六合臨死地。姻緣未到。

財祿：財爻臨胎絕，支逢長生生財爻。財運漸旺。

升遷：三傳互尅，干支值絕，兩貴受尅，賓主不投。不利升遷。

疾病：白虎乘子水尅火，主心疾，喜卯木逢長生洩水生火。疾病可癒。

失物：玄武臨敗地，財爻逢胎絕無救助。失物難尋。

子嗣：天后臨養，六合臨死地。宜先養後招。

官司：官鬼爻入課傳，喜父母爻申金洩殺生身。官司可解。

癸卯日

四課	三課	二課	一課
太陰	勾陳	太常	朱雀
卯	酉	丑	未
酉	卯	未	癸

			初傳
子孫	癸	卯	太陰
父母	丁	酉	勾陳	中傳
子孫	癸	卯	太陰	末傳

返吟課

畢法賦/詮釋：

干支全傷防兩損。　　暮貴發用返吟課。
三傳互尅眾人欺。　　太常乘墓墓臨干。
兩貴受尅難干貴。　　貴登天門高甲第。
水日逢丁財動之。

占斷解析：

天候：卯（太陰），傳丁酉（勾陳），傳卯（太陰）。陰晴不定。
人事：三傳四課皆互尅，干支全傷，兩貴受尅。不利人事。
考試：朱雀臨干入墓，青龍臨衰又受尅，貴登天門逢空亡。不利考運。
婚姻：后合占婚吉，天后臨養，六合臨死地。姻緣未到。
財祿：水日逢丁財動之，又得子孫爻入傳生財。財漸旺。
升遷：三傳互剋，干支全傷，兩貴受尅。不利升遷。
疾病：白虎乘子水尅火，主心疾，喜子孫爻發用洩水生火。疾病可癒。
失物：玄武臨敗地，水日逢丁財動之。失物復得。
子嗣：天后臨養，六合臨死地。宜先養後招。
官司：官鬼爻臨干上，喜父母爻乘丁神洩殺生身。官司可解。

癸卯日

干上申

子孫	癸	卯	朱雀	初傳
官鬼	戌	戌	白虎	中傳
妻財	◎	巳	貴人	末傳

四課	三課	二課	一課
貴人	白虎	朱雀	玄武
巳	戌	卯	申
戌	卯	申	癸

畢法賦/詮釋：
交車相合交關利。　干上金神尅日支。
傳財化鬼財休覓。　支上戌土尅日干。夫婦蕪淫各有私。
我求彼事干傳支。　末傳貴人臨財乘空馬。
貴雖在獄宜臨干。　虎乘遁鬼殃非淺。

占斷解析：

天候：卯（朱雀），傳戌（白虎），傳巳（貴人）。主天晴有風。

人事：虎乘遁鬼，傳財化鬼，貴人臨獄。不利人事。

考試：青龍乘祿，朱雀臨長生發用。有利考運。

婚姻：后合占婚吉，天后臨絕，六合臨敗地。姻緣未到。

財祿：財爻臨胎絕，傳財化鬼財休覓，財運不佳。

升遷：交車相合交關利，我求彼事干傳支，虎乘遁鬼殃非淺。不利升遷。

疾病：白虎乘戌土尅水，主腎疾，喜卯戌合化火，巳申合化水。疾病可癒。

失物：玄武臨死地，三傳卯戌化火，貴人乘胎財。失物復得。

子嗣：天后臨絕，六合臨敗地。子息緣淡。

官司：虎乘遁鬼殃非淺，喜父母爻臨干洩殺生身。官司可解。

- 575 -

癸卯日

初傳	官鬼	乙	未	太陰
中傳	子孫	癸	卯	朱雀
末傳	兄弟	己	亥	天空

四課	三課	二課	一課
太陰	天空	貴人	太常
未	亥	巳	酉
亥	卯	酉	癸

正陽
干上酉

涉害課

畢法賦/詮釋：
萬事喜忻三六合。　　課傳合木脫干氣。
合中犯煞蜜中砒。　　丁馬乘印臨干生干。
水日逢丁財動之。　　賓主不投刑在上。
貴人差迭事參差。

占斷解析：
天候：未（太陰），傳卯（朱雀），傳亥（天空）。主天晴。
人事：水日逢丁財動之，貴人太常吉將臨干。人事利己。
考試：青龍乘祿，朱雀入傳，吉將臨干。有利考運。
婚姻：后合占婚吉，天后臨絕，六合臨敗地。姻緣未到。
財祿：水日逢丁財動之，貴人乘胎財臨干。財漸旺。
升遷：萬事喜忻三六合，水日逢丁，吉將臨干。升遷利己。
疾病：白虎乘戌土尅水，主腎疾，喜太常乘丁神洩土生水。疾病可癒。
失物：玄武臨死地，貴人乘胎財，太常乘丁神動之。失物復得。
子嗣：天后臨絕，六合臨敗地。子息緣淡。
官司：官鬼爻臨支發用，喜太常吉將乘父母爻化殺生身。官司可解。

癸卯日

干上戌

官鬼	戌	戌	白虎	初傳
官鬼	乙	未	太陰	中傳
官鬼	◎	辰	螣蛇	末傳

四課	三課	二課	一課
太常	青龍	太陰	白虎
酉	子	未	戌
子	卯	戌	癸

元首課

畢法賦/詮釋：
虎臨干鬼凶速速。　　丁財乘祿生祿神。
干乘墓虎毋占病。　　仕官占吉常人忌。
權攝不正祿臨支。　　龍加生氣吉遲遲。
水日逢丁財動之。

占斷解析：
天候：戌（白虎），傳未（太陰），傳辰（螣蛇）。陰轉晴。
人事：青龍乘祿臨支，虎臨干鬼凶速速，課傳鬼眾。不利人事。
考試：青龍乘祿，朱雀臨長生。有利考運。
婚姻：后合占婚吉，天后臨絕，六合臨敗地。姻緣未到。
財祿：財爻臨胎絕，官鬼爻盜洩子孫爻，財運不佳。
升遷：虎臨干鬼，干乘墓虎，三傳皆官鬼。不利升遷。
疾病：白虎乘戌土尅水，主腎疾，喜太常乘丁神洩土生水。疾病可癒。
失物：玄武臨死地，太常乘丁神動之。失物復得。
子嗣：天后臨絕，六合臨敗地。子息緣淡。
官司：虎臨干鬼凶速速，喜太常乘酉金洩殺生身。官司可解。

癸卯日

	時遁 干上亥		
兄弟	己	亥	天空	初傳
父母	丁	酉	太常	中傳
官鬼	乙	未	太陰	末傳

四課	三課	二課	一課
天空	勾陳	太常	天空
亥	丑	酉	亥
丑	卯	亥	癸

涉害課

畢法賦/詮釋：
兩貴皆空虛喜期。　　極陰課逢逆間傳。
六陰相繼盡昏迷。　　父母爻乘丁馬臨干。
水日逢丁財動之。　　胎財生氣妻懷孕。
三傳逆生人舉薦。　　龍加生氣吉遲遲。

占斷解析：
天候：亥（天空），傳丁酉（太常），傳未（太陰）。主天晴。
人事：兩貴皆空，六陰相繼盡昏迷，太常吉將乘天空。不利人事。
考試：朱雀乘卯逢長生，青龍臨干祿，三傳逆生。有利考運。
婚姻：后合占婚吉，天后臨絕，六合臨敗地。姻緣未到。
財祿：財爻臨胎絕，無子孫爻相生，喜水日逢丁財動之。漸旺。
升遷：兩貴皆空，六陰相繼盡昏迷，太常吉將乘天空。不利人事。
疾病：白虎乘戌土尅水，主腎疾，喜太常乘酉金洩土生水。疾病可癒。
失物：玄武臨死地，太常乘丁神臨干入傳。失物復得。
子嗣：天后臨絕，六合臨敗地。子息緣淡。
官司：官鬼爻入課傳，喜三傳逆生洩殺生身。官司可解。

甲辰日

祿神：寅

驛馬：寅

貴人：丑、未

空亡：寅、卯

長生：亥

帝旺：卯

墓庫：未

甲辰日

悖戾
干上子

	一課	二課	三課	四課
	妻財 庚 戌 玄武	官鬼 戊 申 天后	子孫 丙 午 螣蛇	|初傳 中傳 末傳

四課	三課	二課	一課
白虎	青龍	玄武	白虎
子	寅	戌	子
寅	辰	子	甲

涉害課

畢法賦/詮釋：
末助初兮三等論。　龍加生氣吉遲遲。
貴人差迭事參差。　六陽數足須公用。
傳財化鬼財休覓。
權攝不正祿臨支。

占斷解析：

天候：戌（玄武），傳申（天后），傳午（螣蛇）。陰雨轉晴。

人事：權攝不正祿臨支，白虎臨干，空祿臨支，貴人差迭。不利人事。

考試：青龍臨宅卻逢空，朱雀臨病，貴人差迭。不利考運。

婚姻：后合占婚吉，天后臨絕，六合臨衰。姻緣未到。

財祿：財爻臨干發用，喜末助初兮。財漸旺。

升遷：權攝不正，白虎臨干，空祿臨支，貴人差迭。不利升遷。

疾病：白虎乘子水尅火，主心疾，喜青龍乘祿洩水生火。疾病可癒。

失物：玄武乘戌財臨干上，干祿逢空亡，末傳助玄武。失物難尋獲。

子嗣：天后臨絕，六合臨衰。子息緣淡。

官司：官鬼爻入傳，喜父母爻臨干洩殺生身。官司可解。

甲辰日

重陰
干上丑

父母	壬	子	白虎	初傳
父母	辛	亥	太常	中傳
妻財	庚	戌	玄武	末傳

四課	三課	二課	一課
青龍	勾陳	白虎	天空
寅	卯	子	丑
卯	辰	丑	甲

畢法賦/詮釋：
所謀多拙逢羅網。　簾幕貴人臨干上。
權攝不正祿臨支。　子傳亥戌課重陰。
魁度天門關格定。
貴人差迭事參差。

占斷解析：

天候：子（白虎），傳亥（太常），傳戌（玄武）。晴轉陰雨。

人事：所謀多拙，權攝不正，支上空亡，干上逢天空，貴人差迭。不利人事。

考試：青龍逢空亡，朱雀臨病地，魁度天門。考運不佳。

婚姻：后合占婚吉，天后臨絕，六合臨衰。姻緣未到。

財祿：財爻臨衰，入墓又乘天空。財運不佳。

升遷：所謀多拙，權攝不正，支上空亡，干上逢天空，貴人差迭。不利升遷。

疾病：白虎乘子水尅火，主心疾，喜青龍乘寅洩水生火。疾病可癒。

失物：玄武乘戌財，財爻臨衰入墓又乘天空。失物難尋。

子嗣：天后臨絕，六合臨衰。子息緣淡。

官司：官鬼爻臨胎絕，喜父母爻臨干發用洩殺生身。官司可解。

甲辰日

干上寅

四課	三課	二課	一課
六合	六合	青龍	青龍
辰	辰	寅	寅
辰	辰	寅	甲

			初傳
兄弟	◎	寅	青龍
子孫	乙	巳	朱雀
官鬼	戊	申	天后

伏吟課

畢法賦/詮釋：

賓主不投刑在上。　　青龍空祿臨干上。
旺祿臨身徒妄作。　　甲辰日逢祿馬空。
龍加生氣吉遲遲。　　貴人差迭事參差。
后合占婚豈用媒。

占斷解析：

天候：寅（青龍），傳巳（朱雀），傳申（天后）。多雲轉晴偶陣雨。
人事：青龍乘祿臨干逢空亡，賓主不投，貴人差迭。不利人事。
考試：青龍朱雀入課傳，可惜青龍逢空亡，朱雀臨病地。不利考運。
婚姻：后合占婚吉，天后臨絕。姻緣未到。
財祿：財爻臨衰，入墓又乘天空。財運不佳。
升遷：青龍乘祿臨干逢空亡，賓主不投，貴人差迭。不利升遷。
疾病：白虎乘子水尅火，主心疾，喜青龍乘寅洩水生火。疾病可癒。
失物：玄武乘戌財，財爻臨衰入墓又乘天空。失物難尋。
子嗣：天后臨絕，六合臨衰。子息緣淡。
官司：官鬼爻入末傳，喜太常吉將逢長生洩殺生身。官司可解。

甲辰日

干上卯

四課	三課	二課	一課
螣蛇	朱雀	六合	勾陳
午	巳	辰	卯
巳	辰	卯	甲

妻財	☉	辰	六合	初傳
子孫	乙	巳	朱雀	中傳
子孫	丙	午	螣蛇	末傳

重審課

畢法賦/詮釋：
所謀多拙逢羅網。　順進連茹脫干氣。
脫上逢脫防虛詐。　常人喜占仕官忌。
互旺俱旺坐謀宜。　貴人差迭事參差。
我求彼事干傳支。　龍加生氣吉遲遲。

占斷解析：
天候：辰（六合），傳巳（朱雀），傳午（螣蛇）。主天晴。
人事：所謀多拙，脫上逢脫，貴人差迭。不利人事。
考試：青龍逢空亡，朱雀臨病地。考運不佳。
婚姻：后合占婚吉，天后臨絕，六合臨衰。姻緣未到。
財祿：財爻乘六合臨干，得子孫爻相生。財漸旺。
升遷：所謀多拙，脫上逢脫，貴人差迭。不利升遷。
疾病：白虎乘子水尅火，主心疾，喜干上神洩水生火。疾病可癒。
失物：玄武乘戌財，財爻臨衰入墓又乘天空。失物難尋。
子嗣：天后臨絕，六合臨衰。子息緣淡。
官司：官鬼爻臨胎絕，子孫爻臨病死地無力相制。官司難解。

- 583 -

甲辰日

四課	三課	二課	一課
天后	螣蛇	螣蛇	六合
申	午	午	辰
午	辰	辰	甲

登天
干上辰

妻財	☉辰	六合	初傳
子孫	丙午	螣蛇	中傳
官鬼	戊申	天后	末傳

涉害課

畢法賦/詮釋：
賓主不投刑在上。　　四課不備涉害課。
罡塞鬼户任謀危。　　六合乘財臨干上。
我求彼事干傳支。　　簾幕貴人高甲第。華蓋覆日人昏晦。
后合占婚豈用媒。　　貴人差迭事參差。龍加生氣吉遲遲。

占斷解析：
天候：辰（六合），傳午（螣蛇），傳申（天后）。晴轉陰雨。
人事：賓主不投，貴人差迭，華蓋覆日，官鬼臨支上。不利人事。
考試：簾幕貴人高甲第，龍加生氣乘祿臨官。有利考運。
婚姻：后合占婚吉，天后臨絕。姻緣未到。
財祿：財爻乘六合臨干，得子孫爻相生。財漸旺。
升遷：賓主不投，貴人差迭，華蓋覆日，官鬼臨支上。不利升遷。
疾病：白虎乘子水尅火，主心疾，喜青龍乘祿洩水生火。疾病可癒。
失物：玄武乘戌財，財爻臨衰入墓又乘天空。失物難尋。
子嗣：天后臨絕，六合臨衰。子息緣淡。
官司：官鬼爻入課傳，子孫爻臨病死地無力相制。官司難解。

甲辰日

干上巳

官鬼	戊	申	螣蛇	初傳
父母	辛	亥	勾陳	中傳
兄弟	◎	寅	白虎	末傳

四課	三課	二課	一課
六合	貴人	螣蛇	太陰
戌	未	申	巳
未	辰	巳	甲

畢法賦/詮釋：
三傳遞生人舉薦。　　官鬼乘蛇干上發用。
貴雖在獄宜臨干。　　貴人乘蛇臨支上。
賓主不投刑在上。　　任信丁神須言動。
制鬼之位乃良醫。　　龍加生氣吉遲遲。

占斷解析：
天候：申（螣蛇），傳亥（勾陳），傳寅（白虎）。天晴有風。
人事：貴人臨支，官鬼臨干，賓主不投，貴人入獄。不利人事。
考試：課傳不見龍雀，貴人入獄。不利考運。
婚姻：后合占婚吉，天后臨死地，六合臨養。姻緣未到。
財祿：財爻臨宅乘貴人，三傳遞生生干上子孫爻再生財。財漸旺。
升遷：貴人臨支，官鬼臨干，賓主不投，貴人入獄。不利升遷。
疾病：白虎乘寅木尅土，主胃疾，喜干上巳火洩木生土。疾病可癒。
失物：玄武乘辰財，財爻入墓又乘天空。失物難尋。
子嗣：天后臨死地，六合臨養。先得男。
官司：官鬼爻臨干發用，喜三傳遞生洩殺生身。官司可解。

甲辰日

潤下
干上午

一課	二課	三課	四課
天后	六合	螣蛇	青龍
午	戌	申	子
甲	午	辰	申

官鬼	戊	申	螣蛇 初傳
父母	壬	子	青龍 中傳
妻財	甲	辰	玄武 末傳

畢法賦/詮釋：
萬事喜忻三六合。　　干上午戌三合火。
合中犯殺蜜中砒。　　支上申子三合水。
人宅受脫俱招盜。　　三傳合水子午冲。官鬼乘蛇初發用。
后合占婚豈用媒。　　龍加生氣吉遲遲。制鬼之位乃良醫。

占斷解析：

天候：申（螣蛇），傳子（青龍），傳辰（玄武）。晴轉陰雨。

人事：青龍臨支三合，后合臨干暗合祿，萬事喜忻三六合。有利人事。

考試：青龍臨宅三合，朱雀乘酉官暗合支。有利考運。

婚姻：后合占婚豈用媒，后合臨干逢三合。婚喜可期。

財祿：財爻入課傳，得干上子孫爻相生。財漸旺。

升遷：青龍臨支三合，后合臨干暗合祿，萬事喜忻三六合。有利升遷。

疾病：白虎乘寅木尅土，主胃疾，喜干上午戌三合化火洩木生土。疾病可癒。

失物：玄武乘辰財，財爻入墓又乘天空。失物難尋。

子嗣：天后臨死地，六合臨養。先得男。

官司：官鬼爻臨支發用，喜青龍乘印洩殺生身。官司可解。

甲辰日

干上未

兄弟	◎	寅	白虎	初傳
妻財	丁	未	貴人	中傳
父母	壬	子	青龍	末傳

四課	三課	二課	一課
白虎	朱雀	青龍	貴人
寅	酉	子	未
酉	辰	未	甲

涉害課

畢法賦/詮釋：
三傳互尅眾人欺。　　貴臨干上祿臨支。
權攝不正祿臨支。　　任信丁馬須言動。
傳墓入墓分憎愛。　　涉害又逢下賊上。
彼求我事支傳干。　　富貴干支逢祿馬。

占斷解析：

天候：寅（白虎），傳丁未（貴人），傳子（青龍）。陰晴不定。
人事：富貴干支逢祿馬，青龍乘印，貴人乘丁馬臨干。人事利己。
考試：青龍乘印入課傳，朱雀臨正官。有利考運。
婚姻：后合占婚吉，天后臨死地，六合臨養。姻緣未到。
財祿：貴人乘財逢丁馬動。有助財運。
升遷：富貴干支逢祿馬，青龍乘印，貴人乘丁馬臨干。升遷利己。
疾病：白虎乘寅木尅土，主胃疾，喜朱雀臨宅相制。疾病可癒。
失物：玄武乘辰財，喜貴人乘財丁馬動。失物復得。
子嗣：天后臨死地，六合臨養。先得男。
官司：官鬼爻臨支，喜青龍父母爻洩殺生身。官司可解。

- 587 -

甲辰日

干上申

四課	三課	二課	一課
玄武	六合	白虎	螣蛇
辰	戌	寅	申
戌	辰	申	甲

兄弟	◎	寅	白虎	初傳
官鬼	⊙	申	螣蛇	中傳
兄弟	◎	寅	白虎	末傳

返吟課

畢法賦/詮釋：
旺祿臨身徒妄作。　　空祿乘絕臨干上。
三傳互尅眾人欺。　　魁乘六合臨支辰。
晝夜貴加求兩貴。　　返吟無依四絕課。
來去俱空豈動移。　　富貴干支逢祿馬。貴人差迭事參差。

占斷解析：

天候：寅（白虎），傳申（螣蛇），傳寅（白虎）。天晴有風。
人事：三傳及四課全互尅，來去俱空，祿空馬倒。不利人事。
考試：課傳不見龍雀，青龍臨敗地。不利考運。
婚姻：后合占婚吉，天后臨死地，六合臨養。姻緣未到。
財祿：玄武乘財，財爻入墓逢天空。財運不佳。
升遷：三傳及四課全互尅，來去俱空，祿空馬倒。不利升遷。
疾病：白虎乘寅木尅土，主胃疾，喜干上申金相制。疾病可癒。
失物：玄武乘辰財，財爻入墓又乘天空。失物難尋。
子嗣：天后臨死地，六合臨養。先得男。
官司：官鬼爻入課傳，喜青龍乘父母爻洩殺生身。官司可解。

甲辰日

干上酉

	子孫	丙	午	天后	初傳
	妻財	癸	丑	天空	中傳
	官鬼	戊	申	螣蛇	末傳

四課	三課	二課	一課
天后	勾陳	玄武	朱雀
午	亥	辰	酉
亥	辰	酉	甲

畢法賦/詮釋：
三傳遞生人舉薦。　　干支上神皆自刑。
交車相合交關利。　　傳財化鬼財休覓。
賓主不投刑在上。　　貴人差迭事參差。
合中犯殺蜜中砒。

占斷解析：
天候：午（天后），傳丑（天空），傳申（螣蛇）。雨後天晴。
人事：干上逢官鬼，支上臨長生，交車相合，三傳遞生。有利人事。
考試：朱雀臨干報喜，交車相合，官印相生。有利考運。
婚姻：后合占婚吉，天后臨死地，六合臨養。姻緣未到。
財祿：財爻入墓乘空又逢玄武，傳財化鬼財休覓。財運不佳。
升遷：干上乘官，支上乘印，交車相合，官印相生。有利升遷。
疾病：白虎乘寅木尅土，主胃疾，喜子孫爻發用洩木生土。疾病可癒。
失物：玄武乘辰財，財爻入墓又乘天空。失物難尋。
子嗣：天后臨死地，六合臨養。先得男。
官司：官鬼爻臨干，喜父母爻臨支洩殺生身。官司可解。

甲辰日

四課	三課	二課	一課
螣蛇	青龍	天后	六合
申	子	午	戌
子	辰	戌	甲

就燥
干上戌

妻財	庚	戌	六合	初傳
子孫	丙	午	天后	中傳
兄弟	◎	寅	白虎	末傳

涉害課

畢法賦／詮釋：
萬事喜忻三六合。　　六合乘財臨干上。
合中犯殺蜜中砒。　　支上青龍三合印。
貴登天門高甲第。　　三傳盜日生支辰。戌財遁庚藏暗鬼。
后合占婚豈用媒。　　三傳逆生人舉薦。制鬼之位乃良醫。

占斷解析：

天候：戌（六合），傳午（天后），傳寅（白虎）。主陰雨有風。
人事：萬事喜忻三六合，三傳逆生，貴登天門。有利人事。
考試：青龍入宅報喜逢三合，朱雀臨胎，貴登天門。有利考運。
婚姻：后合占婚豈用媒，后合臨干逢三合。婚喜可期。
財祿：戌財臨干發用逢三合，三傳逆生。財漸旺。
升遷：萬事喜忻三六合，三傳逆生，貴登天門。有利升遷。
疾病：白虎乘寅木尅土，主胃疾，喜三傳逆生洩木生土。疾病可癒。
失物：玄武臨衰，財爻逢三合逆生。失物復得。
子嗣：天后臨死地，六合臨養。先得男。
官司：官鬼爻臨支逢三合化印洩殺生身。官司可解。

甲辰日

干上亥

官鬼	戊	申	天后	初傳
子孫	乙	巳	朱雀	中傳
兄弟	◎	寅	青龍	末傳

四課	三課	二課	一課
玄武	天空	天后	太常
戌	丑	申	亥
丑	辰	亥	甲

畢法賦/詮釋：
賓主不投刑在上。　　干尅支上支尅干上。
夫婦蕪淫各有私。　　官鬼發用傳三刑。
傳財化鬼財休覓。　　幸得吉將化鬼生身。
制鬼之位乃良醫。　　貴雖在獄宜臨干。龍加生氣吉遲遲。

占斷解析：

天候：申（天后），傳巳（朱雀），傳寅（青龍）。雨後天晴。
人事：賓主不投刑在上，夫婦蕪淫各有私，貴人入獄。不利人事。
考試：青龍乘祿入傳，朱雀六合官星，太常乘印臨干。有利考運。
婚姻：后合占婚吉，天后臨絕，六合臨衰。姻緣未到。
財祿：財爻臨衰，入墓又乘天空，子孫爻臨病死無助。財運不佳。
升遷：賓主不投刑在上，夫婦蕪淫各有私，貴人入獄。不利升遷。
疾病：白虎乘子水尅火，主心疾，喜青龍乘寅木洩水生火。疾病可癒。
失物：玄武乘戌財，財爻入墓又乘天空。失物難尋。
子嗣：天后臨絕，六合臨衰。子息緣淡。
官司：官鬼爻臨干發用，喜太常臨父母爻洩殺生身。官司可解。

乙巳日

祿神：卯
驛馬：亥
貴人：子、申
空亡：寅、卯
長生：午
帝旺：寅
墓庫：戌

乙巳日

操會
干上子

官鬼	己	酉	螣蛇	初傳
子孫	乙	巳	玄武	中傳
妻財	癸	丑	青龍	末傳

四課	三課	二課	一課
螣蛇	青龍	貴人	勾陳
酉	丑	申	子
丑	巳	子	乙

畢法賦/詮釋：
萬事喜忻三六合。　　晝貴乘印臨干上。
眾鬼雖彰全不畏。　　財爻乘支合干印。
鬼乘天乙乃神祇。　　合中犯殺蜜中砒。
制鬼之位乃良醫。

占斷解析：

天候：酉（螣蛇），傳巳（玄武），傳丑（青龍）。晴轉多雲有雨。

人事：貴人臨干，青龍臨宅，萬事喜忻三六合，官印相生。有利人事。

考試：青龍臨衰，朱雀入墓，喜鬼乘天乙，官印相生。有利考運。

婚姻：后合占婚吉，天后臨養，六合臨死地。姻緣未到。

財祿：青龍乘財入課傳，得子孫爻逢長生相生。財漸旺。

升遷：貴人臨干，青龍臨宅，萬事喜忻三六合，官印相生。有利升遷。

疾病：白虎乘卯木尅土，主胃疾，喜子孫爻洩木生土。疾病可癒。

失物：玄武臨敗地，喜青龍乘財爻入課傳。失物復得。

子嗣：天后臨養，六合臨死地。宜先養後招。

官司：官鬼爻入課傳，喜鬼乘天乙乃神祇。官司可解。

- 593 -

乙巳日

干上丑

四課	三課	二課	一課
六合	天空	朱雀	青龍
亥	寅	戌	丑
寅	巳	丑	乙

妻財	癸	丑	青龍	初傳
妻財	庚	戌	朱雀	中傳
妻財	丁	未	天后	末傳

重審課

畢法賦/詮釋：
賓主不投刑在上。　　青龍妻財臨干上。
傳墓入墓分憎愛。　　任信丁馬須言動。
傳財太旺反財虧。　　旬尾發傳中旬首。貴登天門高甲第。
后合占婚豈用媒。　　六爻現卦防其尅。鬼乘天乙乃神祇。

占斷解析：

天候：丑（青龍），傳戌（朱雀），傳未（天后）。陰雨不定。

人事：賓主不投刑在上，傳墓入墓分憎愛，六爻全財尅印。不利人事。

考試：龍雀入課傳，貴登天門，鬼乘天乙。有利考運。

婚姻：后合占婚吉，天后臨養，六合臨死地。姻緣未到。

財祿：傳財太旺反財虧，六爻全財傷印比。財運不佳。

升遷：賓主不投刑在上，傳墓入墓分憎愛，六爻全財尅印。不利升遷。

疾病：白虎乘卯木尅土，主胃疾，六爻現卦防其尅。未覓良醫。

失物：玄武臨敗地，傳財太旺反財虧。失物難尋。

子嗣：天后臨養，六合臨死地。宜先養後招。

官司：課傳不見官鬼爻，喜鬼乘天乙乃神祇。官司可解。

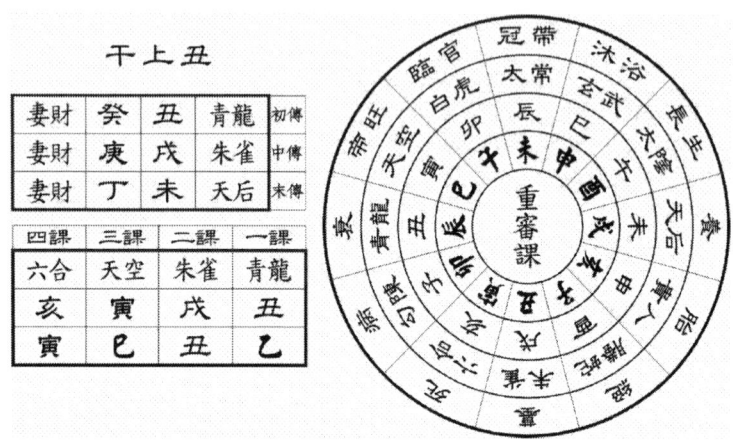

- 594 -

乙巳日

極陰
干上寅

四課	三課	二課	一課
白虎	青龍	太常	天空
丑	卯	子	寅
卯	巳	寅	乙

妻財	☉	丑	白虎	初傳
父母	辛	亥	玄武	中傳
官鬼	己	酉	天后	末傳

重審課

畢法賦/詮釋：
龍加生氣吉遲遲。　干支乘旺逢旬空。
權攝不正祿臨支。　旬空坐空四課空。
空上乘空事莫追。　萬事皆空祿無縱。
貴雖在獄宜臨干。　傳財化鬼財休覓。互生俱生凡事益。

占斷解析：

天候：丑（白虎），傳亥（玄武），傳酉（天后）。風雨不停。

人事：青龍乘空祿臨支，空上乘空事莫追，貴人入獄。不利人事。

考試：青龍臨祿逢空亡，干上神空亡逢空，貴人入獄。考運不佳。

婚姻：后合占婚吉，天后臨絕，六合臨敗地。姻緣未到。

財祿：財爻逢白虎發用，傳財化鬼。財運不佳。

升遷：青龍乘空祿臨支，空上乘空事莫追，貴人入獄。不利升遷。

疾病：白虎乘丑土尅水，主腎疾，喜貴人乘申金洩土生水。疾病可癒。

失物：玄武臨死地，傳財太旺財休覓。失物難尋。

子嗣：天后臨絕，六合臨敗地。子息緣淡。

官司：官鬼爻入傳，喜父母爻入傳洩殺生身。官司可解。

乙巳日

否極泰來
干上卯

兄弟	◎	卯	青龍	初傳
兄弟	◎	寅	天空	中傳
妻財	☉	丑	白虎	末傳

四課	三課	二課	一課
青龍	勾陳	天空	青龍
卯	辰	寅	卯
辰	巳	卯	乙

畢法賦/詮釋：

旺祿臨身徒妄作。　　旺祿臨身逢旬空。
權攝不正祿臨支。　　旬空坐空三傳空。
空空如也事莫追。　　腳踏空亡進用宜。
魁度天門關格定。　　鬼乘天乙乃神祇。

占斷解析：

天候：卯（青龍），傳寅（天空），傳丑（白虎）。主天晴。
人事：空上乘空，空空如也事莫追，魁度天門。不利人事。
考試：青龍臨干祿，朱雀逢長生，貴人乘官星。有利考運。
婚姻：后合占婚吉，天后臨絕，六合臨敗地。姻緣未到。
財祿：財爻入課傳，青龍臨干祿亦入課傳。財漸旺。
升遷：空上乘空，空空如也事莫追，魁度天門。不利升遷。
疾病：白虎乘丑土尅水，主腎疾，喜貴人乘申金洩土生水。疾病可癒。
失物：玄武臨死地，空祿臨干支，空上乘空事莫追，失物難尋。
子嗣：天后臨絕，六合臨敗地。子息緣淡。
官司：官鬼爻臨胎絕，鬼乘天乙乃神祇。官司可解。

乙巳日

干上辰

四課	三課	二課	一課
六合	六合	勾陳	勾陳
巳	巳	辰	辰
巳	巳	辰	乙

妻財　甲　辰　勾陳　初傳
子孫　乙　巳　六合　中傳
官鬼　戊　申　貴人　末傳

伏吟課

畢法賦/詮釋：
賓主不投刑在上。　　天罡疊臨干上神。
傳財化鬼財休覓。　　子孫爻臨敗脫干神。
鬼乘天乙乃神祇。　　辰辰自刑發初傳。
華蓋覆日人昏晦。　　我求彼事干傳支。

占斷解析：

天候：辰（勾陳），傳巳（六合），傳申（貴人）。陰有霧。

人事：賓主不投刑在上，傳財化鬼，我求彼事。人事不利己。

考試：青龍臨干祿臨官，朱雀逢長生，貴人乘官星入傳。有利考運。

婚姻：后合占婚吉，天后臨絕，六合臨敗地。姻緣未到。

財祿：財爻臨干發用，傳財化鬼，鬼乘天乙。有利財運。

升遷：賓主不投刑在上，傳財化鬼，我求彼事。升遷不利己。

疾病：白虎乘丑土尅水，主腎疾，喜末傳得貴人申金洩土生水。疾病可癒。

失物：玄武臨死地，財爻臨干發用，得子孫爻相生，失物復得。

子嗣：天后臨絕，六合臨敗地。子息緣淡。

官司：傳財化鬼，鬼乘天乙乃神祇，更合子孫爻化殺生身。官司可解。

- 597 -

乙巳日

迴春
干上巳

妻財	丁	未	螣蛇	初傳
官鬼	戊	申	貴人	中傳
官鬼	己	酉	天后	末傳

四課	三課	二課	一課
螣蛇	朱雀	朱雀	六合
未	午	午	巳
午	巳	巳	乙

畢法賦/詮釋：
任信丁馬須言動。　　進茹逢貴財生鬼。
所謀多拙逢羅網。　　支辰加干脫干氣。
鬼乘天乙乃神祇。　　丁財乘支發初傳。財動生官仕官吉。
后合占婚豈用媒。　　傳財化鬼財休覓。龍加生氣吉遲遲。

占斷解析：

天候：丁未（螣蛇），傳申（貴人），傳酉（天后）。晴轉陰雨。

人事：鬼乘天乙，財爻乘丁馬入宅，干上神暗合貴人。有利人事。

考試：青龍臨干祿，朱雀逢長生，貴人乘丁馬入傳。有利考運。

婚姻：后合占婚吉，天后臨絕，六合臨敗地。姻緣未到。

財祿：財爻乘丁馬，子孫爻逢長生生財爻。財漸旺。

升遷：鬼乘天乙，貴人乘丁馬入傳，干上神暗合貴人。有利升遷。

疾病：白虎乘丑土尅水，主腎疾，喜貴人乘申金洩土生水。疾病可癒。

失物：玄武臨死地，貴人乘丁馬，丁馬乘財發用。失物復得。

子嗣：天后臨絕，六合臨敗地。子息緣淡。

官司：傳財化鬼，鬼乘天乙乃神祇。官司可解。

乙巳日

涉三淵
干上午

四課	三課	二課	一課
天后	螣蛇	貴人	朱雀
酉	未	申	午
未	巳	午	乙

			初傳
官鬼	戊	申	貴人
妻財	庚	戌	太陰
父母	壬	子	太常

中傳
末傳

重審課

畢法賦/詮釋：

脫上逢脫防虛詐。　　貴乘長生臨干上。
支墳財併旅程稽。　　交車相合交關利。
兩貴受尅難干貴。　　鬼乘天乙乃神祇。
罡塞鬼戶任謀為。

占斷解析：

天候：申（貴人），傳戌（太陰），傳子（太常）。主天晴。
人事：鬼乘天乙乃神祇，交車相合交關利，罡塞鬼戶。有利人事。
考試：青龍臨干祿，朱雀逢長生，鬼乘天乙臨干。有利考運。
婚姻：后合占婚吉，天后臨絕，六合臨敗地。姻緣未到。
財祿：財爻入課傳，得干上子孫爻相生。財漸旺。
升遷：鬼乘天乙臨干，交車相合交關利，罡塞鬼戶。有利升遷。
疾病：白虎乘丑土尅水，主腎疾，喜貴人乘申金洩土生水。疾病可癒。
失物：玄武臨死地，財爻入課傳得干上神相生。失物復得。
子嗣：天后臨絕，六合臨敗地。子息緣淡。
官司：鬼乘天乙乃神祇，更喜父母爻子水洩殺生身。官司可解。

- 599 -

乙巳日

干上未

四課	三課	二課	一課
玄武	貴人	太陰	螣蛇
亥	申	戌	未
申	巳	未	乙

妻財	丁未	螣蛇	初傳
妻財	庚戌	太陰	中傳
妻財	癸丑	白虎	末傳

畢法賦/詮釋：
賓主不投刑在上。　　干上丁財初發用。
傳財化鬼財休覓。　　傳財太旺反財虧。
任信丁馬須言動。　　貴人乘支上下合。三傳皆財財生鬼。
干墓併關人宅廢。　　六爻現卦防其剋。鬼乘天乙乃神祇。

占斷解析：
天候：丁未（螣蛇），傳戌（太陰），傳丑（白虎）。晴轉陰有風。
人事：財爻乘丁馬臨干，貴臨支，傳財太旺反財虧。人事不利己。
考試：青龍臨干祿，朱雀逢長生，財爻乘丁馬臨干合朱雀。有利考運。
婚姻：后合占婚吉，天后臨絕，六合臨敗地。姻緣未到。
財祿：六爻全財防其剋，傳財太旺反財虧。財運不佳。
升遷：財爻乘丁馬臨干，貴臨支，傳財太旺反財虧。升遷不利己。
疾病：白虎乘丑土剋水，主腎疾，喜貴人乘申金洩土生水。疾病可癒。
失物：玄武臨死地，傳財太旺反財虧。失物難尋。
子嗣：天后臨絕，六合臨敗地。子息緣淡。
官司：鬼乘天乙乃神祇，更喜父母爻亥水洩殺生身。官司可解。

乙巳日

獻刃
干上申

	初傳	中傳	末傳
官鬼	巳	酉	騰蛇
妻財	癸	丑	青龍
子孫	乙	巳	玄武

四課	三課	二課	一課
青龍	騰蛇	勾陳	貴人
丑	酉	子	申
酉	巳	申	乙

重審課

畢法賦/詮釋：
萬事喜忻三六合。　　騰蛇乘絕臨支上。
合中犯殺蜜中砒。　　交車相合交關利。
貴雖坐獄宜臨干。　　眾鬼雖彰全不畏。
鬼乘天乙乃神祇。

占斷解析：
天候：酉（騰蛇），傳丑（青龍），傳巳（玄武）。主陰雨。
人事：鬼乘天乙臨干，青龍臨支，萬事喜忻三六合，交車相合。有利人事。
考試：青龍臨衰入課傳，朱雀入墓，貴人入獄。不利考運。
婚姻：后合占婚吉，天后臨養，六合臨死地。姻緣未到。
財祿：青龍乘財爻入課傳逢三合。財漸旺。
升遷：鬼乘天乙臨干，青龍臨支，萬事喜忻三六合，交車相合。有利升遷。
疾病：白虎乘卯木尅土，主胃疾，喜子孫爻洩木生土。疾病可癒。
失物：玄武臨敗地，青龍乘財爻入課傳。失物復得。
子嗣：天后臨養，六合臨死地。宜先養後招。
官司：鬼乘天乙，眾鬼雖彰，喜父母爻子水洩殺生身。官司可解。

- 601 -

乙巳日

兄弟	◎	寅	天空	初傳
妻財	⊙	未	天后	中傳
父母	壬	子	勾陳	末傳

干上酉

四課	三課	二課	一課
白虎	朱雀	天空	螣蛇
卯	戌	寅	酉
戌	巳	酉	乙

重審課

畢法賦/詮釋：
三傳互尅眾人欺。　　干上值絕墓覆支。
腳踏空亡進用宜。　　夫婦蕪淫各有私。
任信丁馬須言動。　　彼此猜忌害相隨。
權攝不正祿臨支。　　干墓併關人宅廢。鬼乘天乙乃神祇。

占斷解析：

天候：寅（天空），傳未（天后），傳子（勾陳）。晴雨不定。

人事：官鬼乘蛇臨干，白虎乘干祿臨支，干上逢天空，支上祿逢旬空。不利人事。

考試：青龍臨衰，朱雀入墓，腳踏空亡。不利考運。

婚姻：后合占婚吉，天后臨養，六合臨死地。姻緣未到。

財祿：支上財爻入墓，未財干墓入傳。財運不佳。

升遷：官鬼乘蛇臨干，白虎乘干祿臨支，干上逢天空，支上祿逢旬空。不利升遷。

疾病：白虎乘卯木尅土，主胃疾，喜卯戌合化火洩木生土。疾病可癒。

失物：玄武臨敗地，財爻入墓併關。失物難尋。

子嗣：天后臨養，六合臨死地。宜先養後招。

官司：官鬼爻臨干，喜父母爻子水入傳洩殺生身。官司可解。

乙巳日

干上戌

四課	三課	二課	一課
玄武	六合	太常	朱雀
巳	亥	辰	戌
亥	巳	戌	乙

子孫	乙	巳	玄武	初傳
父母	辛	亥	六合	中傳
子孫	乙	巳	玄武	末傳

返吟課

畢法賦/詮釋：
干墓併關人宅廢。　　返吟課逢巳亥冲。
三傳互尅眾人欺。　　魁罡臨日馬冲支。
兩貴受尅難干貴。　　干支皆敗事傾頹。
將逢內戰所謀危。　　貴人差迭事參差。

占斷解析：

天候：巳（玄武），傳亥（六合），傳巳（玄武）。主陰雨。
人事：干墓併關，兩貴受尅，將逢內戰，三傳互尅。不利人事。
考試：青龍臨衰，朱雀入墓，兩貴受尅。不利考運。
婚姻：后合占婚吉，天后臨養，六合臨死地。姻緣未到。
財祿：財爻入墓併關臨干上，三傳互尅。不利財運。
升遷：干墓併關，兩貴受尅，將逢內戰，三傳互尅。不利升遷。
疾病：白虎乘卯木尅土，主胃疾，喜子孫爻洩木生土。疾病可癒。
失物：玄武臨敗地，財爻入墓併關互尅。失物難尋。
子嗣：天后臨養，六合臨死地。宜先養後招。
官司：官鬼爻臨胎絕不入課傳，喜父母爻亥水洩殺生身。官司可解。

乙巳日

四課	三課	二課	一課
天后	勾陳	太陰	六合
未	子	午	亥
子	巳	亥	乙

干上亥

子孫	丙	午	太陰	初傳
妻財	癸	丑	青龍	中傳
官鬼	戊	申	貴人	末傳

重審課

畢法賦/詮釋：
三傳遞生人舉薦。　　長生臨干夜貴臨支。
鬼乘天乙乃神祇。　　晝貴臨衰。暮貴臨病。
傳財化鬼財休覓。　　貴人差迭事參差。
人宅皆死各衰贏。　　任信丁馬須言動。后合占婚豈用媒。

占斷解析：
天候：午（太陰），傳丑（青龍），傳申（貴人）。陰多雲。
人事：三傳遞生，青龍乘財，鬼乘天乙，丁馬乘財臨支。有利人事。
考試：青龍入傳，三傳遞生，鬼乘天乙。有利考運。
婚姻：后合占婚吉，六合臨死。姻緣未到。
財祿：青龍乘財爻入傳，丁馬乘財爻入課，得子孫爻相生。漸旺。
升遷：三傳遞生，青龍乘財，鬼乘天乙，丁馬乘財爻臨支。有利升遷。
疾病：白虎乘卯木尅土，主胃疾，喜子孫爻臨干發用洩木生土。疾病可癒。
失物：玄武臨敗地，財爻乘龍入傳乘丁馬入課。失物復得。
子嗣：天后臨養，六合臨死地。宜先養後招。
官司：鬼乘天乙入未傳，喜干上父母爻亥水洩殺生身。官司可解。

丙午日

祿神：巳
驛馬：申
貴人：亥、酉
空亡：寅、卯
長生：寅
帝旺：午
墓庫：戌

丙午日

干上子

初傳	中傳	末傳
官鬼 壬子 六合	子孫 丁未 太陰	父母 ◎ 寅 青龍

四課	三課	二課	一課
天后	勾陳	太陰	六合
申	丑	未	子
丑	午	子	丙

知一課

畢法賦/詮釋：
交事相合交關利。　　干上官鬼乘六合。
制鬼之位乃良醫。　　支上財墓合化鬼。
任信丁馬須言動。　　眾鬼雖彰全不畏。三傳互尅眾人欺。
后合占婚豈用媒。　　貴人差迭事參差。龍加生氣吉遲遲。

占斷解析：
天候：子（六合），傳丁未（太陰），傳寅（青龍）。陰多雲。
人事：官鬼臨干，勾陳臨支，三傳互尅，貴人差迭。不利人事。
考試：青龍乘空亡，朱雀臨絕，貴人差迭。不利考運。
婚姻：后合占婚吉，天后臨病，六合乘胎。姻緣可期。
財祿：財爻臨病死入課，喜子孫爻乘丁馬相生。財祿漸旺。
升遷：官鬼臨干，勾陳臨支，三傳互尅，貴人差迭。不利升遷。
疾病：白虎乘辰土尅水，主腎疾，喜貴人乘酉金合化洩土生水。疾病可癒。
失物：玄武臨帝旺尅財爻，財爻臨病死。失物難尋。
子嗣：天后臨病，六合臨胎。先得男。
官司：官鬼爻臨干發用，喜父母爻逢長生洩殺生身。官司可解。

丙午日

就燥
干上丑

四課	三課	二課	一課
子孫	⊙	戌	螣蛇	初傳
兄弟	丙	午	玄武	中傳
父母	◎	寅	青龍	末傳

四課	三課	二課	一課
螣蛇	青龍	貴人	勾陳
戌	寅	酉	丑
寅	午	丑	丙

重審課

畢法賦/詮釋：
萬事喜忻三六合。　　貴人乘財臨干上。
干墓併關人宅廢。　　日墓覆支發初傳。
胎財死氣損胎推。　　貴人臨干三合財。
貴人差迭事參差。　　課傳炎上生日干。龍加生氣吉遲遲。

占斷解析：
天候：戌（螣蛇），傳午（玄武），傳寅（青龍）。晴多雲偶陣雨。
人事：貴人臨死地入課，青龍逢空入課傳，干墓併關。不利人事。
考試：青龍逢空入課傳，朱雀值絕，貴人差迭。不利考運。
婚姻：后合占婚吉，天后臨病地，六合臨胎。姻緣未到。
財祿：財爻臨病死之地，喜丑土子孫臨干得相生。財祿漸旺。
升遷：貴人臨死地入課，青龍逢空入課傳，貴人差迭。不利人事。
疾病：白虎乘辰土尅水，主腎疾，喜貴人乘酉金合化洩土生水。疾病可癒。
失物：玄武帝旺入獄，貴人乘財臨干得相生。失物復得。
子嗣：天后臨病地，六合臨胎。先得男。
官司：官鬼爻臨胎絕，喜青龍乘父母爻洩殺生身。官司可解。

- 607 -

丙午日

四課	三課	二課	一課
六合	天空	朱雀	青龍
子	卯	亥	寅
卯	午	寅	丙

官鬼	☉	子	六合	初傳
妻財	己	酉	貴人	中傳
兄弟	丙	午	玄武	末傳

嚆矢課

畢法賦/詮釋：
空上乘空事莫追。　　青龍乘長生臨干。
龍加生氣吉遲遲。　　雀龍相生生日干。
貴人差迭事參差。　　卯木生支臨支上。子生卯印空乘空。
傳財化鬼財休覓。　　四課皆空事無蹤。課傳俱貴轉無依。

占斷解析：
天候：子（六合），傳酉（貴人），傳午（玄武）。主陰雨。

人事：青龍乘空臨干，支上逢空，傳財化鬼，貴人差迭。不利人事。

考試：青龍逢空，朱雀值絕，貴人差迭。不利考運。

婚姻：后合占婚吉，天后臨病地，六合臨胎。姻緣未到。

財祿：財爻臨病死之地，傳財化鬼財休覓。財運不佳。

升遷：青龍乘空臨干，支上逢空，傳財化鬼，貴人差迭。不利升遷。

疾病：白虎乘辰土尅水，主腎疾，喜貴人乘酉金合化洩土生水。疾病可癒。

失物：玄武帝旺，財爻臨病死，傳財化鬼。失物難尋。

子嗣：天后臨病地，六合臨胎。先得男。

官司：官鬼爻臨干支發用，喜青龍乘父母爻洩殺生身。官司可解。

丙午日

極陰
干上卯

子孫	☉	丑	勾陳	初傳
官鬼	辛	亥	朱雀	中傳
妻財	己	酉	貴人	末傳

四課	三課	二課	一課
青龍	白虎	勾陳	天空
寅	辰	丑	卯
辰	午	卯	丙

重審課

畢法賦/詮釋：
空上乘空事莫追。　空上乘空臨日干。
晝夜貴加求兩貴。　青龍乘虎臨支上。
貴登天門高甲第。　彼此猜忌害相隨。
　　　　　　　　　龍加生氣吉遲遲。

占斷解析：

天候：丑（勾陳），傳亥（朱雀），傳酉（貴人）。雨後天晴。

人事：勾陳臨干虎臨支，支上青龍亦逢空，干上神旬空又逢空。不利人事。

考試：青龍乘空亡，朱雀臨衰，喜貴登天門入末傳。有利考運。

婚姻：后合占婚吉，天后臨病地，六合臨胎。姻緣未到。

財祿：貴人乘財入末傳，喜子孫爻相生。財漸旺。

升遷：勾陳臨干虎臨支，支上青龍亦逢空，干上神旬空又逢空。不利升遷。

疾病：白虎乘辰土尅水，主腎疾，喜貴人乘酉金合化洩土生水。疾病可癒。

失物：玄武帝旺，財爻臨病死，喜貴人乘財入末傳。失物復得。

子嗣：天后臨病地，六合臨胎。先得男。

官司：官鬼爻入傳，喜青龍乘父母爻洩殺生身。官司可解。

- 609 -

丙午日

否極泰來
干上辰

初傳	父母	◎	卯	天空
中傳	父母	◎	寅	白虎
末傳	子孫	☉	丑	太常

四課	三課	二課	一課
青龍	勾陳	天空	青龍
辰	巳	卯	辰
巳	午	辰	丙

元首課

畢法賦/詮釋：
腳踏空亡進用宜。　青龍乘祿祿臨支。
權攝不正祿臨支。　來去俱空豈動移。
空上乘空事莫追。　貴雖在獄宜臨干。
魁度天門關格定。

占斷解析：
天候：卯（天空），傳寅（白虎），傳丑（太常）。主天晴。
人事：空上逢空臨干，旺祿臨支，魁度天門關格定。人事不利己。
考試：青龍臨干支，朱雀乘衰，貴人入獄，魁度天門。不利考運。
婚姻：后合占婚吉，天后入墓，六合乘旺。姻緣未到。
財祿：財爻臨病死之地，喜得青龍相合相生。財漸旺。
升遷：空上逢空臨干，旺祿臨支，魁度天門關格定。升遷不利己。
疾病：白虎乘寅木剋土，主胃疾，喜旺祿洩木生土。疾病可癒。
失物：玄武乘官鬼，喜貴人乘財爻得青龍相合相生。失物復得。
子嗣：天后入墓，六合臨帝旺。先得男。
官司：官鬼爻臨胎絕，喜父母爻入傳洩殺生身。官司可解。

- 610 -

丙午日

干上巳

兄弟	乙	巳	勾陳	初傳
妻財	戊	申	螣蛇	中傳
父母	◎	寅	白虎	末傳

四課	三課	二課	一課
六合	六合	勾陳	勾陳
午	午	巳	巳
午	午	巳	丙

伏吟課

畢法賦/詮釋：
旺祿臨身徒妄作。　六合乘旺支上刑。
賓主不投刑在上。　祿馬入傳末傳空。
互旺俱旺坐謀宜。　三傳互尅眾人欺。
貴人差迭事參差。　課逢伏吟事參差。

占斷解析：

天候：巳（勾陳），傳申（螣蛇），傳寅（白虎）。主天晴。

人事：帝旺臨支，旺祿臨干，互旺俱旺坐謀宜。有利人事。

考試：龍雀不入課傳，蛇虎入傳，勾陳臨干。不利考運。

婚姻：后合占婚吉，天后入墓，六合乘旺。姻緣未到。

財祿：財爻入傳暗合干上祿。財漸旺。

升遷：帝旺臨支，旺祿臨干，互旺俱旺坐謀宜。有利升遷。

疾病：白虎乘寅木尅土，主胃疾，喜旺祿臨干洩木生土。疾病可癒。

失物：玄武臨胎，喜財爻入傳暗合干上祿。失物復得。

子嗣：天后入墓，六合臨帝旺。先得男。

官司：官鬼爻臨胎絕，喜末傳父母爻洩殺生身。官司可解。

- 611 -

丙午日

畢法賦/詮釋：

所謀多拙逢羅網。　　進茹課逢三會金。
互旺皆旺坐謀宜。　　帝旺臨干馬臨支。
任信丁馬須言動。　　交車相合上下合。三傳皆財比劫旺。
傳財太旺反財虧。　　貴人差迭事參差。龍加生氣吉遲遲。

占斷解析：

天候：申（螣蛇），傳酉（貴人），傳戌（天后）。晴轉陰雨。
人事：所謀多拙，傳財太旺反財虧，貴人差迭。不利人事。
考試：青龍臨冠帶，朱雀乘丁馬合干上。有利考運。
婚姻：后合占婚吉，天后入墓，六合乘旺。姻緣未到。
財祿：財爻臨病死之地，喜財爻入宅發用，再傳貴財。財漸旺。
升遷：所謀多拙，傳財太旺反財虧，貴人差迭。不利升遷。
疾病：白虎乘寅木尅土，主胃疾，喜財爻發用相制。疾病可癒。
失物：玄武臨胎，傳財太旺反財虧。失物難尋。
子嗣：天后入墓，六合臨帝旺。先得男。
官司：官鬼爻臨胎絕，喜干上兄弟爻午未合相制。官司可解。

丙午日

涉三淵
干上末

妻財	戊	申	螣蛇	初傳
子孫	庚	戌	天后	中傳
官鬼	壬	子	玄武	末傳

四課	三課	二課	一課
天后	螣蛇	貴人	朱雀
戌	申	酉	未
申	干	未	丙

重審課

畢法賦/詮釋：
傳財化鬼財休覓。　　任信丁馬須言動。
貴人差迭事參差。　　申馬臨支財發傳。
罡塞鬼户任謀為。　　火墓臨支貴臨干。
　　　　　　　　　　人宅受脫俱招盜。蛇財傳玄武涉三淵。

占斷解析：
天候：申（螣蛇），傳戌（天后），傳子（玄武）。晴轉陰雨。
人事：人宅受脫俱招盜，貴人差迭，傳財化鬼。不利人事。
考試：青龍合酉財貴人，朱雀臨干，罡塞鬼户。有利考運。
婚姻：后合占婚吉，天后入墓，六合乘旺。姻緣未到。
財祿：傳財化鬼財休覓，傳財太旺反財虧。財運不佳。
升遷：人宅受脫俱招盜，貴人差迭，傳財化鬼。不利升遷。
疾病：白虎乘寅木尅土，主胃疾，喜交車相合午未合火，洩木生土。疾病可癒。
失物：玄武入獄，傳財化鬼。失物難尋。
子嗣：天后入墓，六合臨帝旺。先得男。
官司：官鬼爻入末傳，得財爻相生，喜父母爻逢長生洩殺生身。官司可解。

- 613 -

丙午日

干上申

妻財	戊	申	螣蛇	初傳
官鬼	辛	亥	太陰	中傳
父母	◎	寅	白虎	末傳

四課	三課	二課	一課
玄武	貴人	太陰	螣蛇
子	酉	亥	申
酉	午	申	丙

比用課

畢法賦/詮釋：
三傳遞生人舉薦。　　干上驛馬生官鬼。
傳財化鬼財休覓。　　支上貴財逢玄武。
人宅皆死各衰贏。　　貴人差迭事參差。
夫婦蕪淫各有私。　　制鬼之位乃良醫。

占斷解析：
天候：申（螣蛇），傳亥（太陰），傳寅（白虎）。晴轉陰涼有風。
人事：夫婦蕪淫，人宅皆死，貴人差迭，傳財化鬼。不利人事。
考試：龍雀不入課傳，螣蛇入課傳，白虎入傳。不利考運。
婚姻：后合占婚吉，天后入墓，六合乘旺。姻緣未到。
財祿：傳財化鬼，財父臨病死之地。不利財運。
升遷：夫婦蕪淫，人宅皆死，貴人差迭，傳財化鬼。不利升遷。
疾病：白虎乘寅木尅土，主胃疾，傳財化鬼生寅木。未覓良醫。
失物：玄武臨官鬼，傳財又生官鬼。失物難尋。
子嗣：天后入墓，六合臨帝旺。先得男。
官司：傳財化鬼，喜末傳父母爻洩殺生身。官司可解。

丙午日

獻刃
干上酉

妻財	己	酉	貴人	初傳
子孫	癸	丑	太常	中傳
兄弟	乙	巳	勾陳	末傳

四課	三課	二課	一課
白虎	天后	太常	貴人
寅	戌	丑	酉
戌	午	酉	丙

重審課

畢法賦/詮釋：
兩貴受尅難干貴。　貴財發用逢三合。
干支乘墓各昏迷。　火墓臨支亦三合。
萬事喜忻三六合。　合中犯煞蜜中砒。
傳財太旺反財虧。　彼此猜忌害相隨。貴人差迭事參差。

占斷解析：

天候：酉（貴人），傳丑（太常），傳巳（勾陳）。雨後天晴。

人事：干支乘墓，兩貴受尅，傳財太旺。不利人事。

考試：青龍乘辰土暗合貴人，貴人發傳逢三合。有利考運。

婚姻：天后入墓臨支三合火局。姻緣未到。

財祿：貴財臨干發用逢三合。財漸旺。

升遷：干支乘墓，兩貴受尅，傳財太旺。不利升遷。

疾病：白虎乘寅木尅土，主胃疾，喜支上三合火，洩木生土。疾病可癒。

失物：玄武臨胎，貴人乘財臨發用逢三合。失物復得。

子嗣：天后入墓，六合臨帝旺。先得男。

官司：課傳不見官鬼爻，喜寅木三合火局相制。官司可解。

丙午日

```
干上戌
┌────┬──┬──┬────┐
│子孫│甲│辰│白虎│初傳
│妻財│己│酉│貴人│中傳
│父母│◎│寅│青龍│末傳
└────┴──┴──┴────┘
┌────┬────┬────┬────┐
│四課│三課│二課│一課│
├────┼────┼────┼────┤
│白虎│朱雀│天空│螣蛇│
│辰  │亥  │卯  │戌  │
│亥  │午  │戌  │丙  │
└────┴────┴────┴────┘
```

比用課

畢法賦/詮釋：
兩蛇夾墓凶難免。　　蛇墓臨干逢六合。
干支乘墓各昏迷。　　官鬼臨支尅支辰。
胎財死氣損胎推。　　天罡合貴虎傳龍。
　　　　　　　　　　貴人差迭事參差。龍加生氣吉遲遲。

占斷解析：

天候：辰（白虎），傳酉（貴人），傳寅（青龍）。晴多雲有風。
人事：兩蛇夾墓，干支乘墓，貴人差迭。不利人事。
考試：青龍乘寅逢空，朱雀臨支值絕。不利考運。
婚姻：后合占婚吉，天后臨病地，六合逢胎。姻緣未到。
財祿：貴人乘財入傳，得子孫爻辰酉相合。財漸旺。
升遷：兩蛇夾墓，干支乘墓，貴人差迭。不利升遷。
疾病：白虎乘辰土尅水，主腎疾，喜貴人乘酉金合化洩土生水。疾病可癒。
失物：玄武臨帝旺，財爻臨病死之地，喜貴人乘財又逢合。失物復得。
子嗣：天后臨病地，六合乘胎。先得男。
官司：官鬼爻臨胎絕，鬼乘天乙乃神祇。官司可解。

丙午日

干上亥

四課	三課	二課	一課
玄武	六合	太常	朱雀
午	子	巳	亥
子	午	亥	丙

兄弟	丙	午	玄武	初傳
官鬼	壬	子	六合	中傳
兄弟	丙	午	玄武	末傳

返吟課

畢法賦／詮釋：
干支全傷防兩損。　　返吟課傳上下冲。
三傳互尅眾人欺。　　夜貴臨干冲干祿。
旺祿臨身徒妄作。　　鬼乘天乙乃神祇。
夫婦蕪淫各有私。　　干支值絕凡謀決。貴人差迭事參差。

占斷解析：

天候：午（玄武），傳子（六合），傳午（玄武）。主陰雨。

人事：三傳互尅，干支全傷，貴人差迭，干支值絕。不利人事。

考試：青龍乘寅逢空，朱雀臨干值絕。不利考運。

婚姻：后合占婚吉，天后臨病地，六合臨胎。姻緣未到。

財祿：財爻臨病死之地，三傳互尅。不利財運。

升遷：三傳互尅，干支全傷，貴人差迭，干支值絕。不利升遷。

疾病：白虎乘辰土尅水，主腎疾，喜貴人乘酉金合化洩土生水。疾病可癒。

失物：玄武臨帝旺，財爻臨病死之地。失物復得。

子嗣：天后臨病地，六合乘胎。先得男。

官司：官鬼爻入課傳，喜青龍乘父母爻洩殺生身。官司可解。

- 617 -

丁未日

祿神：午
驛馬：巳
貴人：亥、酉
空亡：寅、卯
長生：酉
帝旺：巳
墓庫：丑

丁未日

干上子

四課	三課	二課	一課
天空	天后	天空	天后
巳	子	巳	子
子	未	子	丁

兄弟	乙	巳	天空	初傳
子孫	庚	戌	螣蛇	中傳
父母	◎	卯	太常	末傳

比用課

畢法賦/詮釋：
兩貴受尅難干貴。　　官鬼乘絕臨干支。
干支值絕凡謀决。　　兄弟乘旺發出傳。
須憂狐假虎威儀。　　初傳乘空末傳空。不利動謀宜坐守。
鬼乘天乙乃神祇。　　龍加生氣吉遲遲。將逢內戰所謀危。

占斷解析：
天候：巳（天空），傳戌（螣蛇），傳卯（太常）。主天晴。
人事：干支值絕，兩貴受尅，將逢內戰。不利人事。
考試：青龍臨干祿，朱雀逢長生，鬼乘天乙。有利考運。
婚姻：后合占婚吉，天后臨絕，六合臨敗地。姻緣未到。
財祿：課傳不見財爻，兄弟爻帝旺發用。財運不佳。
升遷：干支值絕，兩貴受尅，將逢內戰。不利升遷。
疾病：白虎乘辰土尅水，主腎疾，喜酉金逢長生相合洩土生水。疾病可癒。
失物：玄武臨死地，財爻逢長生。失物復得。
子嗣：天后臨絕，六合臨敗地。子息緣淡。
官司：官鬼爻臨干，喜父母爻入末傳洩殺生身。官司可解。

- 619 -

丁未日

四課	三課	二課	一課
勾陳	太陰	勾陳	太陰
未	丑	未	丑
丑	未	丑	丁

干上丑

兄弟	乙	巳	天空	初傳
子孫	癸	丑	太陰	中傳
子孫	癸	丑	太陰	末傳

八專課

畢法賦/詮釋：

脫上逢脫防虛詐。　　八專課逢返吟盤。
干支乘墓各昏迷。　　丁神乘勾四墓臨。
害貴訟直遭曲斷。　　凡占憂咎宜靜處。龍加生氣吉遲遲。
六爻現卦防其尅。　　任信丁馬須言動。制鬼之位乃良醫。

占斷解析：

天候：巳（天空），傳丑（太陰），傳丑（太陰）。晴轉陰。
人事：脫上逢脫，干支乘墓，害貴訟直遭曲斷。不利人事。
考試：課傳不見龍雀，干支乘墓，害貴訟直遭曲斷。不利考運。
婚姻：后合占婚吉，天后臨絕，六合臨敗地。姻緣未到。
財祿：財爻逢長生，喜課傳皆子孫爻相生。財漸旺。
升遷：脫上逢脫，干支乘墓，害貴訟直遭曲斷。不利升遷。
疾病：白虎乘辰土尅水，主腎疾，課傳皆土助旺，干支皆入墓。未覓良醫。
失物：玄武臨死地，財爻逢長生，得課傳子孫爻相生。失物復得。
子嗣：天后臨絕，六合臨敗地。子息緣淡。
官司：官鬼爻逢胎絕，課傳皆子孫爻相制。官司可解。

丁未日

干上寅

四課	三課	二課	一課
太陰	六合	太陰	六合
酉	寅	酉	寅
寅	未	寅	丁

妻財	⊙	酉	太陰	初傳
子孫	甲	辰	青龍	中傳
官鬼	辛	亥	貴人	末傳

比用課

畢法賦/詮釋：
傳財化鬼財休覓。　六合乘印臨干支。
鬼乘天乙乃神祇。　太陰乘財逢長生。
龍加生氣吉遲遲。　三傳皆刑末傳貴。
賓主不投刑在上。　貴雖在獄宜臨干。

占斷解析：

天候：酉（太陰），傳辰（青龍），傳亥（貴人）。陰多雲。

人事：賓主不投，干支皆空，貴人入獄，傳財化鬼。不利人事。

考試：青龍臨衰入傳，朱雀入墓，貴人入獄。不利考運。

婚姻：后合占婚吉，天后臨養，六合臨死地。姻緣未到。

財祿：財爻乘酉金逢長生發用，得辰龍六合相生。財漸旺。

升遷：賓主不投，干支皆空，貴人入獄，傳財化鬼。不利升遷。

疾病：白虎乘干祿尅金，主肺疾，喜青龍辰酉相合洩火生金。疾病可癒。

失物：玄武臨敗地，財爻臨干支發用。失物復得。

子嗣：天后臨養，六合臨死地。宜先養後招。

官司：鬼乘天乙乃神祇，更喜父母爻臨干支洩殺生身。官司可解。

- 621 -

丁未日

先春
干上卯

父母	◎	卯	勾陳	初傳
官鬼	☉	亥	貴人	中傳
子孫	丁	未	太常	末傳

四課	三課	二課	一課
貴人	勾陳	貴人	勾陳
亥	卯	亥	卯
卯	未	卯	丁

元首課

畢法賦/詮釋：
腳踏空亡進用宜。　　三傳不離四課凡占利。
任信丁馬須言動。　　貴臨干支官生印。
課傳俱貴轉無依。　　萬事喜忻三六合。
鬼乘天乙乃神祇。

占斷解析：
天候：卯（勾陳），傳亥（貴人），傳丁未（太常）。主天晴。
人事：腳踏空亡進用宜，鬼乘天乙，萬事喜忻三六合。有利人事。
考試：青龍臨衰，朱雀入墓，課傳俱貴轉無依。不利考運。
婚姻：后合占婚吉，天后臨養，六合臨死地。姻緣未到。
財祿：課傳不見財爻，且課傳皆三合父母爻相沖。財運不佳。
升遷：腳踏空亡進用宜，鬼乘天乙，萬事喜忻三六合。有利升遷。
疾病：白虎乘干祿尅金，主肺疾，課傳皆三合木旺生助白虎。未覓良醫。
失物：玄武臨敗地，課傳皆三合父母爻尅財爻。失物難尋。
子嗣：天后臨養，六合臨死地。宜先養後招。
官司：官鬼爻逢胎絕，喜課傳皆三合父母爻洩殺生身。官司可解。

丁未日

干上辰

官鬼	☉	亥	貴人	初傳
子孫	甲	辰	青龍	中傳
子孫	甲	辰	青龍	末傳

四課	三課	二課	一課
朱雀	青龍	朱雀	青龍
丑	辰	丑	辰
辰	未	辰	丁

八專課

畢法賦/詮釋：
干墓併關人宅廢。　　四課皆土逢龍雀。
干支乘墓各昏迷。　　青龍四起雀乘龍。
鬼乘天乙乃神祇。　　六爻現卦防其尅。
龍加生氣吉遲遲。　　大利逃亡出外吉。

占斷解析：

天候：亥（貴人），傳辰（青龍），傳辰（青龍）。陰多雲。
人事：干墓併關，干支乘墓，六爻現卦洩干尅支。不利人事。
考試：干支青龍泮喜，龍加生氣入傳，鬼乘天乙。有利考運。
婚姻：后合占婚吉，天后臨養，六合臨死地。姻緣未到。
財祿：財爻乘酉金逢長生，得辰龍六合相生。財漸旺。
升遷：干墓併關，干支乘墓，六爻現卦洩干尅支。不利升遷。
疾病：白虎乘干祿尅金，主肺疾，喜青龍辰酉相合洩火生金。疾病可癒。
失物：玄武臨敗地，財爻逢長生，得課傳子孫爻相生。失物復得。
子嗣：天后臨養，六合臨死地。宜先養後招。
官司：鬼乘天乙乃神祇，六爻現卦尅官鬼。官司可解。

- 623 -

丁未日

干上巳

子孫	⊙	丑	朱雀	初傳
兄弟	乙	巳	天空	中傳
兄弟	乙	巳	天空	末傳

四課	三課	二課	一課
勾陳	天空	勾陳	天空
卯	巳	卯	巳
巳	未	巳	丁

八專課

畢法賦/詮釋：
空上乘空事莫追。　　驛馬天空臨課傳。
互旺俱旺坐謀宜。　　坐空發用傳天空。
簾幕貴人高甲第。　　四馬乘空三傳空。
鬼乘天乙乃神祇。　　一世漂泊無定蹤。來去俱空豈動移。

占斷解析：
天候：丑（朱雀），傳巳（天空），傳巳（天空）。主天晴。
人事：巳火帝旺乘天空，空上乘空事莫追，來去俱空。不利人事。
考試：龍加生氣，暮貴登天門，鬼乘天乙。有利考運。
婚姻：后合占婚吉，天后臨養，六合臨死地。姻緣未到。
財祿：財爻逢長生，得丑土及巳火三合。財漸旺。
升遷：巳火帝旺乘天空，空上乘空事莫追，來去俱空。不利升遷。
疾病：白虎乘干祿尅金，主肺疾，喜青龍辰酉相合洩火生金。疾病可癒。
失物：玄武入獄，財爻逢長生，得青龍相生。失物復得
子嗣：天后臨養，六合臨死地。宜先養後招。
官司：官鬼爻逢胎絕，喜卯木臨干支上神洩殺生身。官司可解。

丁未日

干上午

父母	◎	卯	勾陳	初傳
兄弟	丙	午	白虎	中傳
兄弟	丙	午	白虎	末傳

四課	三課	二課	一課
天空	白虎	天空	白虎
巳	午	巳	午
午	未	午	丁

八專課

畢法賦/詮釋：
旺祿臨身徒妄作。　　四虎乘祿帶自刑。
權攝不正祿臨支。　　兄弟有難財逢劫。
魁度天門關格定。　　鬼乘天乙乃神祇。
賓主不投刑在上。　　富貴干支逢祿馬。

占斷解析：

天候：卯（勾陳），傳午（白虎），傳午（白虎）。晴有風無雨。
人事：旺祿乘白虎臨干支，賓主不投，魁度天門。不利人事。
考試：青龍臨衰，朱雀入墓，白虎入課傳。不利考運。
婚姻：后合占婚吉，天后臨養，六合臨死地。姻緣未到。
財祿：旺祿臨干支又入傳，富貴干支逢祿馬。財運旺。
升遷：旺祿乘白虎臨干支，賓主不投，魁度天門。不利升遷。
疾病：白虎乘干祿尅金，主肺疾，六爻全火助旺。未覓良醫。
失物：玄武臨敗地，富貴干支逢祿馬。失物復得
子嗣：天后臨養，六合臨死地。宜先養後招。
官司：官鬼爻逢胎絕，六爻現卦助身制殺。官司可解。

- 625 -

丁未日

四課	三課	二課	一課
太常	太常	太常	
未	未	未	未
未	未	未	丁

干上未

子孫	丁	未	太常	初傳
子孫	癸	丑	朱雀	中傳
子孫	庚	戌	天后	末傳

伏吟課

畢法賦/詮釋：

賓主不投刑在上。　　課傳全土子孫旺。
貴登天門高甲第。　　四課皆丁發初傳。
任信丁馬須言動。　　三傳子孫財自生。
六爻現卦防其尅。　　將逢內戰所謀危。

占斷解析：

天候：未（太常），傳丑（朱雀），傳戌（天后）。晴轉雨。
人事：賓主不投，六爻現卦丁馬動，貴登天門高甲第。有利人事。
考試：四課皆太常吉將乘丁馬動，貴登天門高甲第。有利考運。
婚姻：后合占婚吉，天后臨養，六合臨死地。姻緣未到。
財祿：六爻現卦皆子孫，財爻逢長生，得子孫爻相生。財漸旺。
升遷：四課皆太常吉將乘丁馬動，貴登天門高甲第。有利升遷。
疾病：白虎乘干祿尅金，主肺疾，喜六爻現卦洩火生金。疾病可癒。
失物：玄武臨敗地，財爻逢長生，得課傳子孫爻相生。失物復得。
子嗣：天后臨養，六合臨死地。宜先養後招。
官司：課傳不見官鬼爻，六爻現卦皆子孫制殺。官司可解。

丁未日

流金
干上申

妻財	戊	申	六合	初傳
妻財	己	酉	朱雀	中傳
子孫	庚	戌	螣蛇	末傳

四課	三課	二課	一課
朱雀	六合	朱雀	六合
酉	申	酉	申
申	未	申	丁

重審課

畢法賦/詮釋：
所謀多拙逢羅網。　　財爻逢生臨干支。
干支皆敗事傾頹。　　課傳俱財身無依。
六爻現卦防其尅。　　全財病體難康復。龍加生氣吉遲遲。
傳財太旺反財虧。　　鬼乘天乙乃神祇。貴雖在獄宜臨干。

占斷解析：

天候：申（六合），傳酉（朱雀），傳戌（螣蛇）。主天晴。

人事：所謀多拙，干支皆敗，貴人入獄，傳財太旺反財虧。不利人事。

考試：青龍臨干祿，朱雀逢長生入課傳，鬼乘天乙。有利考運。

婚姻：后合占婚吉，天后臨絕，六合臨敗地。姻緣未到。

財祿：課傳皆財，傳財太旺反財虧。財運不佳。

升遷：所謀多拙，干支皆敗，貴人入獄，傳財太旺反財虧。不利升遷。

疾病：白虎乘辰土尅水，主腎疾，喜酉金逢長生相合洩土生水。疾病可癒。

失物：玄武臨死地，傳財太旺反財虧。失物難尋。

子嗣：天后臨絕，六合臨敗地。子息緣淡。

官司：官鬼爻逢胎絕，喜鬼乘天乙乃神祇。官司可解。

- 627 -

丁未日

疑陰
干上酉

	一課	二課	三課	四課	
妻財	己	酉	朱雀		初傳
官鬼	辛	亥	貴人		中傳
子孫	癸	丑	太陰		末傳

四課	三課	二課	一課
貴人	朱雀	貴人	朱雀
亥	酉	亥	酉
酉	未	酉	丁

重審課

畢法賦/詮釋：

畫夜貴加求兩貴。　　酉財長生臨干支。
課傳俱貴轉無依。　　酉亥自刑發初傳。
賓主不投刑有上。　　傳財化鬼財休覓。
鬼乘天乙乃神祇。　　罡塞鬼戶任謀為。

占斷解析：

天候：酉（朱雀），傳亥（貴人），傳丑（太陰）。晴轉陰。
人事：畫夜貴加，課傳俱貴，鬼乘天乙乃神祇。有利人事。
考試：青龍臨干祿，朱雀逢長生，鬼乘天乙。有利考運。
婚姻：后合占婚吉，天后臨絕，六合臨敗地。姻緣未到。
財祿：財爻逢長生臨干支發用，傳財化鬼，鬼乘天乙。財運旺。
升遷：畫夜貴加，課傳俱貴，鬼乘天乙乃神祇。有利升遷。
疾病：白虎乘辰土尅水，主腎疾，喜酉金逢長生相合洩土生水。疾病可癒。
失物：玄武臨死地，喜貴人乘酉財入課傳。失物復得。
子嗣：天后臨絕，六合臨敗地。子息緣淡。
官司：鬼乘天乙入課傳。官司可解。

丁未日

干上戌

官鬼	辛	亥	貴人	初傳
子孫	庚	戌	螣蛇	中傳
子孫	庚	戌	螣蛇	末傳

四課	三課	二課	一課
太陰	螣蛇	太陰	螣蛇
丑	戌	丑	戌
戌	未	戌	丁

八專課

畢法賦/詮釋：
華蓋覆日人昏晦。　　日墓乘墓丑刑戌。
干支乘墓各昏迷。　　課傳四蛇覆干支。
賓主不投刑在上。　　干支乘墓凡占凶。六爻現卦防其尅。
兩蛇夾墓凶難免。　　鬼乘天乙乃神祇。將逢內戰所謀危。

占斷解析：

天候：亥（貴人），傳戌（螣蛇），傳戌（螣蛇）。主天晴。

人事：賓主不投，華蓋覆日，將逢內戰，蛇臨干支。不利人事。

考試：課傳不見龍雀，蛇臨干支，將逢內戰。不利考運。

婚姻：后合占婚吉，天后臨絕，六合臨敗地。姻緣未到。

財祿：財爻逢長生，喜子孫爻乘丑土相生。財漸旺。

升遷：賓主不投，華蓋覆日，將逢內戰，蛇臨干支。不利升遷。

疾病：白虎乘辰土尅水，主腎疾，喜酉金逢長生相合洩土生水。疾病可癒。

失物：玄武臨死地，喜財爻酉金乘長生，得六爻子孫相生。失物復得。

子嗣：天后臨絕，六合臨敗地。子息緣淡。

官司：鬼乘天乙乃神祇，更得六爻全子孫制殺。官司可解。

- 629 -

丁未日

曲直
干上亥

官鬼	辛	亥	貴人	初傳
父母	◎	卯	太常	中傳
子孫	☉	未	勾陳	末傳

四課	三課	二課	一課
太常	貴人	太常	貴人
卯	亥	卯	亥
亥	未	亥	丁

重審課

畢法賦/詮釋：
不行傳者考初時。　課傳三合凡占吉。
任信丁馬須言動。　鬼乘天乙入課傳。
兩貴受尅難干貴。　課傳俱貴轉無依。
鬼乘天乙乃神祇。　萬事喜忻三六合。龍加生氣吉遲遲。

占斷解析：

天候：亥（貴人），傳卯（太常），傳未（勾陳）。主天晴。
人事：貴人臨干支發用，鬼乘天乙，萬事喜忻，任信丁馬。有利人事。
考試：青龍臨干祿，朱雀逢長生，貴人臨干支發用。有利考運。
婚姻：后合占婚吉，天后臨絕，六合臨敗地。姻緣未到。
財祿：課傳皆三合，父母爻旺相沖尅財爻。財運不佳。
升遷：貴人臨干支發用，鬼乘天乙，萬事喜忻，任信丁馬。有利升遷。
疾病：白虎乘辰土尅水，主腎疾，喜酉金逢長生相合洩土生水。疾病可癒。
失物：玄武臨死地，課傳皆三合父母爻旺相尅財。失物難尋。
子嗣：天后臨絕，六合臨敗地。子息緣淡。
官司：鬼乘天乙乃神祇，課傳皆三合父母洩殺生身。官司可解。

戊申日

祿神：巳
驛馬：寅
貴人：丑、未
空亡：寅、卯
長生：寅
帝旺：午
墓庫：戌

戊申日

	干上子			
妻財	壬	子	螣蛇	初傳
兄弟	丁	未	天空	中傳
官鬼	◎	寅	天后	末傳

四課	三課	二課	一課
六合	太陰	天空	螣蛇
戌	卯	未	子
卯	申	子	戌

涉害課

畢法賦/詮釋：
賓主不投刑在上。　　夜貴乘胎財臨干。
三傳互尅眾人欺。　　日墓乘天空臨支。
任信丁馬須言動。　　子刑卯兮戌刑未。胎財死氣損胎推。
后合占婚豈用媒。　　貴人差迭事參差。傳財化鬼財休覓。

占斷解析：
天候：子（螣蛇），傳未（天空），傳寅（天后）。晴偶雨。
人事：賓主不投，三傳互尅，貴人差迭，天空臨干，支逢墓。不利人事。
考試：青龍臨病地，朱雀臨絕，螣蛇臨干發用。不利考運。
婚姻：后合占婚吉，天后乘空亡，六合入墓。姻緣未到。
財祿：傳財化鬼，財爻逢胎絕，兄弟爻旺相。不利財運。
升遷：賓主不投，三傳互尅，貴人差迭，天空臨干，支逢墓。不利升遷。
疾病：白虎乘午火尅金，主肺疾，喜貴人乘丑土洩火生金。疾病可癒。
失物：玄武乘辰土旺相，課傳皆兄弟爻助旺劫財。失物難尋。
子嗣：天后乘空亡，六合入墓。子息緣淡。
官司：官鬼爻逢空亡，喜兄弟爻旺相助身制殺。官司可解。

戊申日

仰玄
干上丑

妻財	壬	子	螣蛇	初傳
子孫	戊	申	青龍	中傳
兄弟	甲	辰	玄武	末傳

四課	三課	二課	一課
螣蛇	玄武	勾陳	貴人
子	辰	酉	丑
辰	申	丑	戊

畢法賦/詮釋：
萬事喜忻三六合。　　貴人臨干三合金。
交中相合交關利。　　青龍入傳三合財。
首尾相見始終宜。　　傳財太旺反財虧。
簾幕貴人高甲第。　　三傳逆生人舉薦。

占斷解析：

天候：子（螣蛇），傳申（青龍），傳辰（玄武）。晴轉陰雨。
人事：貴臨干，玄武臨支，交車相合，萬事喜忻。有利人事。
考試：青龍乘申逢三合，簾幕貴人高甲第，三傳逆生。有利考運。
婚姻：后合占婚吉，天后逢長生，六合入墓。姻緣未到。
財祿：財爻臨支發用，萬事喜忻三六合，傳財太旺反財虧。財旺防劫。
升遷：貴臨干，玄武臨支，交車相合，萬事喜忻。有利升遷。
疾病：白虎乘午火尅金，主肺疾，喜貴人乘丑土洩火生金。疾病可癒。
失物：玄武乘辰土旺相，喜青龍洩土生水。失物復得。
子嗣：天后逢長生，六合入墓。先得女。
官司：官鬼爻逢空亡不入課傳，喜子孫爻入課傳制殺。官司可解。

戊申日

四課	三課	二課	一課
螣蛇	勾陳	太陰	螣蛇
寅	巳	亥	寅
巳	申	寅	戊

干上寅

官鬼	◎	寅	螣蛇	初傳
妻財	⊙	亥	太陰	中傳
子孫	戊	申	白虎	末傳

比用課

畢法賦/詮釋：
三傳遞生人舉薦。　　貴人差迭事參差。
權攝不正祿臨支。　　上下皆合兩心齊。
貴雖在獄宜臨干。　　傳財化鬼財休覓。
富貴干支逢祿馬。　　干支全傷防兩損。腳踏空亡進用宜。

占斷解析：

天候：寅（螣蛇），傳亥（太陰），傳申（白虎）。晴轉陰有風不雨。
人事：干支全傷，傳財化鬼，貴人入獄，權攝不正。人事不利己。
考試：青龍不入課傳，朱雀臨敗地，白虎生螣蛇。不利考運。
婚姻：后合占婚吉，天后臨胎財，六合乘暮貴。婚喜將近。
財祿：財爻臨胎絕，傳財化鬼財休覓。不利財運。
升遷：干支全傷，傳財化鬼，貴人入獄，權攝不正。不利升遷。
疾病：白虎乘申金尅木，主肝疾，喜財爻乘亥水洩金生木。疾病可癒。
失物：玄武入墓，三傳逆生傳財化鬼。失物難尋。
子嗣：天后臨胎，六合臨冠帶，有男有女。子息緣旺。
官司：官鬼爻逢空亡，三傳逆生傳財化鬼。官司難解。

戊申日

極陰 干上卯

兄弟	☉	丑	貴人	初傳
妻財	辛	亥	太陰	中傳
子孫	己	酉	太常	末傳

四課	三課	二課	一課
六合	青龍	貴人	朱雀
辰	午	丑	卯
午	申	卯	戊

重審課

畢法賦/詮釋：

干支全傷防兩損。　貴乘空亡臨干上。
害貴訟直遭曲斷。　青龍乘旺臨支上。
賓主不投刑在上。　干支全逢上尅下。貴人發用課極陰。
龍加生氣吉遲遲。　仕官占吉常人咎。胎財死氣損胎推。

占斷解析：

天候：丑（貴人），傳亥（太陰），傳酉（太常）。主陰轉晴。

人事：青龍帝旺，朱雀乘干祿，貴人臨干發用。人事利己。

考試：青龍帝旺，朱雀乘干祿，貴人臨干發用。有利考運。

婚姻：后合占婚吉，天后臨胎財，六合乘兄弟暗合酉金子孫爻。婚喜將近。

財祿：財爻臨胎財，喜末傳子孫爻相生。財漸旺。

升遷：青龍帝旺，朱雀乘干祿，貴人臨干發用。有利升遷。

疾病：白虎乘申金尅木，主肝疾，喜財爻乘亥水洩金生木。疾病可癒。

失物：玄武入墓，財爻得太常吉將乘子孫相生。失物復得。

子嗣：天后臨胎財，六合臨冠帶，有男有女。子息緣旺。

官司：官鬼爻逢空亡，財爻臨胎財，喜青龍乘午火洩殺生身。官司可解。

戊申日

否極泰來
干上辰

官鬼	◎	卯	朱雀	初傳
官鬼	◎	寅	螣蛇	中傳
兄弟	⊙	丑	貴人	末傳

四課	三課	二課	一課
青龍	天空	朱雀	六合
午	未	卯	辰
未	申	辰	戊

元首課

畢法賦/詮釋：
腳踏空亡進用宜。　　空鬼臨干發初傳。
眾鬼雖彰全不畏。　　丁馬逢天空臨支。
魁度天門關格定。　　龍加生氣吉遲遲。貴人差迭事參差。
空空如也事莫追。　　任信丁馬須言動。來去俱空豈動移。

占斷解析：
天候：卯（朱雀），傳寅（螣蛇），傳丑（貴人）。主天晴。
人事：來去俱空，空空如也，貴人差迭，魁度天門。不利人事。
考試：青龍合空，朱雀空亡，貴人差迭，來去俱空。不利考運。
婚姻：后合占婚吉，天后臨胎財，六合臨冠帶。婚喜將近。
財祿：財爻臨胎財，兄弟爻臨干支得父母爻相生尅財。不利財運
升遷：來去俱空，空空如也，貴人差迭，魁度天門。不利升遷。
疾病：白虎乘申金尅木，主肝疾，四課火土旺生金又來尅木。未覓
　　　良醫。
失物：玄武入墓，財爻臨胎絕。失物難尋。
子嗣：天后臨胎財，六合臨冠帶，有男有女。子息緣旺。
官司：官鬼爻逢空亡，財爻臨胎絕，喜青龍乘午火洩殺生身。官司
　　　可解。

戊申日

干上巳

父母	乙	巳	勾陳	初傳
子孫	戊	申	白虎	中傳
官鬼	◎	寅	螣蛇	末傳

四課	三課	二課	一課
白虎	白虎	勾陳	勾陳
申	申	巳	巳
申	申	巳	戊

伏吟課

畢法賦/詮釋：
賓主不投刑在上。　　上下皆合兩心齊。
三傳互尅眾人欺。　　我求彼事干傳支。
交車相合交關利。　　貴人差迭事參差。
旺祿臨身徒妄作。　　末助初兮三等論。

占斷解析：
天候：巳（勾陳），傳申（白虎），傳寅（螣蛇）。陰轉晴有風。
人事：旺祿臨身虎臨支，賓主不投，貴人差迭，我求彼事。人事不利己。
考試：青龍臨帝旺，朱雀臨敗地，勾陳臨干虎臨支。不利考運。
婚姻：后合占婚吉，天后臨胎財，六合臨冠帶。婚喜將近。
財祿：財爻臨胎絕，喜四課交車相合化為水，財漸旺。
升遷：賓主不投，三傳互尅，我求彼事，貴人差迭。不利升遷。
疾病：白虎乘申金尅木，主肝疾，喜四課相合化為水反生木。疾病可癒。
失物：玄武入墓，財爻臨胎絕，喜干支交合化財。失物復得。
子嗣：天后臨胎財，六合臨冠帶，有男有女。子息緣旺。
官司：官鬼爻逢空亡，喜支上子孫爻相制，干上祿神洩殺生身。官司可解。

- 637 -

戊申日

畢法賦/詮釋：
所謀多拙遭羅網。　青龍乘旺臨干上。
賓主不投刑在上。　日墓覆支發初傳。
任信丁馬須言動。　互旺俱旺坐謀宜。
彼求我事支傳干。　貴人差迭事參差。龍加生氣吉遲遲。

占斷解析：

天候：戌（玄武），傳酉（太常），傳午（青龍）。雨後多雲。

人事：青龍乘旺臨干，太常臨支，互旺俱旺，任信丁馬。有利人事。

考試：青龍乘旺臨干入傳，太常吉將臨宅。有利考運。

婚姻：后合占婚吉，天后臨胎財入天門，六合臨冠帶。婚喜將近。

財祿：財爻臨胎財，喜太常乘子孫爻入課傳相生。財漸旺。

升遷：所謀多拙，賓主不投，干支併關，貴人差迭。不利升遷。

疾病：白虎乘申金尅木，主肝疾，喜青龍午火臨干相制。疾病可癒。

失物：玄武入墓，財爻臨胎財，喜太常乘子孫爻入課傳相生。失物復得。

子嗣：天后臨胎財，六合臨冠帶，有男有女。子息緣旺。

官司：官鬼爻逢長生，喜青龍乘午火洩殺生身。官司可解。

戊申日

干上未

四課	三課	二課	一課
天后	玄武	太常	天空
子	戌	酉	未
戌	申	未	戊

妻財	壬	子	天后	初傳
官鬼	◎	寅	螣蛇	中傳
兄弟	☉	辰	六合	末傳

重審課

畢法賦/詮釋：
不行傳者考初時。　重審課逢向三陽。
貴登天門高甲第。　胎財生氣妻懷孕。
任信丁馬須言動。　龍加生氣吉遲遲。
后合占婚豈用媒。　罡塞鬼戶任謀為。

占斷解析：
天候：子（天后），傳寅（螣蛇），傳辰（六合）。雨後天晴。
人事：貴登天門，罡塞鬼戶，任信丁馬須言動。有利人事。
考試：青龍臨帝旺，貴登天門。有利考運。
婚姻：后合占婚吉，天后臨胎財，六合臨冠帶。婚喜將近。
財祿：財爻臨支發用，喜子孫爻臨干相生，財漸旺。
升遷：貴登天門，罡塞鬼戶，青龍帝旺暗合干上神，信任丁馬。有利升遷。
疾病：白虎乘申金尅木，主肝疾，喜財爻臨胎洩金生木。疾病可癒。
失物：玄武入墓，財爻臨支，喜得干上子孫爻相生。失物復得。
子嗣：天后臨胎財，六合臨冠帶，有男有女。子息緣旺。
官司：官鬼爻逢空亡，喜青龍午火洩殺生身。官司可解。

戊申日

畢法賦/詮釋：
賓主不投刑在上。　干上脫干支上合。
貴雖在獄宜臨干。　三傳三刑驛馬空。
干支值絕凡謀決。　貴人差迭事參差。
彼此猜忌害相隨。　腳踏空亡進用宜。脫上逢脫防虛詐。

占斷解析：
天候：寅（天后），傳巳（太常），傳申（青龍）。雨後多雲。
人事：賓主不投，脫上逢脫，貴人入獄。不利人事。
考試：青龍乘病臨干，朱雀臨絕入宅，貴人入獄。不利考運。
婚姻：后合占婚吉，天后逢長生，六合入墓。姻緣未到。
財祿：財爻逢胎絕，喜青龍子孫爻入課傳相生，財漸旺。
升遷：日支臨病，脫上逢脫，賓主不投，貴人入獄。不利升遷。
疾病：白虎乘午火尅金，主肺疾，喜朱雀乘亥水相制。疾病可癒。
失物：玄武臨冠帶，財爻臨胎絕，喜得青龍相生。失物復得。
子嗣：天后逢長生，六合入墓。先得女。
官司：官鬼爻逢空臨支發用，喜太常乘巳火入傳洩殺生身。官司可解。

戊申日

星斗
干上酉

	一課	二課	三課	四課
	勾陳	貴人	螣蛇	玄武
	酉	丑	子	辰
	戌	酉	申	子

				初傳
兄弟	甲	辰	玄武	
子孫	戊	申	青龍	中傳
妻財	壬	子	螣蛇	末傳

元首課

畢法賦/詮釋：
萬事喜忻三六合。　　貴人臨干。胎財臨宅。
交車相合交關利。　　青龍入傳三合財。
傳財太旺反財虧。　　三傳遞生人舉薦。
貴人差迭事參差。　　胎財生氣妻懷孕。

占斷解析：

天候：辰（玄武），傳申（青龍），傳子（螣蛇）。雨後天晴。
人事：貴人臨干相合，交車相合交關利，三傳遞生。有利人事。
考試：青龍乘病地，朱雀臨絕，貴人差迭。不利考運。
婚姻：后合占婚吉，天后逢長生，六合入墓。姻緣未到。
財祿：財爻逢胎絕，喜臨支入傳又逢三合，財漸旺。
升遷：貴人臨干，交車相合，三傳遞生人舉薦。有利升遷。
疾病：白虎乘午火尅金，主肺疾，喜辰土發傳洩火生金。疾病可癒。
失物：玄武臨冠帶，財爻臨胎絕，喜財爻入宅逢三合。失物復得。
子嗣：天后逢長生，六合入墓。先得女。
官司：官鬼爻逢空亡，喜子孫爻臨干合貴制殺。官司可解。

戊申日

```
干上戌
初傳  官鬼 ◎ 卯 太陰
中傳  子孫 ⊙ 申 青龍
末傳  兄弟 癸 丑 貴人

四課  三課  二課  一課
白虎  貴人  太陰  六合
 午    丑    卯   戌
 丑    申    戌   戌
```

元首課

畢法賦/詮釋：
腳踏空亡進用宜。　　墓神覆日貴臨支。
貴人差迭事參差。　　龍加生氣吉遲遲。
干支乘墓各昏迷。　　卯戌合印生日干。
制鬼之位乃良醫。　　官鬼旬空發初傳。喜懼空亡乃妙機。

占斷解析：

天候：卯（太陰），傳申（青龍），傳丑（貴人）。陰多雲。

人事：干支乘墓各昏迷，貴人差迭事參差，墓神覆日貴臨支。人事不利己。

考試：青龍乘病坐空亡，朱雀臨絕坐虎上。考運不佳。

婚姻：后合占婚吉，天后逢長生，六合入墓。姻緣未到。

財祿：財爻逢胎絕不入課傳，且四課兄弟爻旺相，財運不佳。

升遷：干支乘墓，貴人差迭，墓神覆日貴臨支。升遷不利己。

疾病：白虎乘午火尅金，主肺疾，喜兄弟爻旺洩火生金。疾病可癒。

失物：玄武臨冠帶，財爻臨胎絕，兄弟爻旺尅財。失物難尋。

子嗣：天后逢長生，六合入墓。先得女。

官司：官鬼爻逢空臨干發用，喜六合乘戌土合化火洩殺生身。官司可解。

戊申日

干上亥

四課	三課	二課	一課
青龍	天后	太常	朱雀
申	寅	巳	亥
寅	申	亥	戌

官鬼	◎	寅	天后	初傳
子孫	⊙	申	青龍	中傳
官鬼	◎	寅	天后	末傳

返吟課

畢法賦/詮釋：
三傳互剋眾人欺。　　返吟課乘下賊上。
來去俱空豈動移。　　晝夜貴加求兩貴。
干支值絕凡謀決。　　富貴干支逢祿馬。
制鬼之位乃良醫。　　旺祿臨身徒妄作。交車相合交關利。

占斷解析：
天候：寅（天后），傳申（青龍），傳寅（天后）。陰雨綿綿。
人事：干支值絕，三傳互剋，來去俱空，空空如也事莫追。不利人事。
考試：青龍臨病地入宅互剋，朱雀臨絕巳亥沖。不利考運。
婚姻：后合占婚吉，天后逢長生，六合入墓。姻緣未到。
財祿：財爻逢胎絕，喜逢青龍入傳相生，財漸旺。
升遷：干支值絕，三傳互剋，來去俱空。不利升遷。
疾病：白虎乘午火剋金，主肺疾，喜貴人乘丑土洩火生金。疾病可癒。
失物：玄武入獄，財爻喜逢青龍相生。失物復得。
子嗣：天后逢長生，六合入墓。先得女。
官司：官鬼爻臨支入課傳，喜青龍相制，太常乘巳火洩殺生身。官司可解。

己酉日

祿神：午
驛馬：亥
貴人：申、子
空亡：寅、卯
長生：酉
帝旺：巳
墓庫：丑

己酉日

干上子

兄弟	⊙	未	青龍	初傳
妻財	壬	子	貴人	中傳
父母	乙	巳	白虎	末傳

四課	三課	二課	一課
青龍	天后	白虎	貴人
未	寅	巳	子
寅	酉	子	己

涉害課

畢法賦/詮釋：
任信丁馬須言動。　　三傳不離四課神。
彼求我事支傳干。　　四課皆逢下賊上。
龍加生氣吉遲遲。　　三傳互尅眾人欺。
貴人差迭事參差。　　干支值絕凡謀決。凡事艱難災迴環。

占斷解析：

天候：未（青龍），傳子（貴人），傳巳（白虎）。陰多雲。
人事：三傳互尅，干支值絕，貴人差迭。不利人事。
考試：青龍乘丁馬入宅，貴人臨干，龍加生氣。有利考運。
婚姻：后合占婚吉，天后入墓，六合逢長生。姻緣未到。
財祿：貴人乘財爻臨干，喜子孫爻逢長生相生。財漸旺。
升遷：三傳互尅，干支值絕，貴人差迭。不利升遷。
疾病：白虎乘巳火尅金，主肺疾，喜青龍乘未土洩火生金。疾病可癒。
失物：玄武入獄，貴人乘財爻逢子孫爻相生。失物復得。
子嗣：天后入墓，六合逢長生。先得男。
官司：官鬼爻逢空臨支上，喜父母爻乘巳火洩殺生身。官司可解。

己酉日

四課	三課	二課	一課
六合	玄武	青龍	天后
酉	卯	未	丑
卯	酉	丑	己

干上丑

官鬼	◎	卯	玄武	初傳
子孫	⊙	酉	六合	中傳
官鬼	◎	卯	玄武	末傳

返吟課

畢法賦/詮釋：
來去俱空豈動移。　　柔日返吟三傳空。
空空如也事莫追。　　三傳卯酉門戶動。
干墓併關人宅廢。　　課傳鬼旺身無依。
三傳互尅眾人欺。　　貴雖在獄宜臨干。后合占婚豈用媒。

占斷解析：
天候：卯（玄武），傳酉（六合），傳卯（玄武）。陰雨連連。
人事：三傳互尅，來去俱空，干墓併關，貴人入獄。不利人事。
考試：青龍臨干逢沖，貴人入獄，來去俱空。考運不佳。
婚姻：后合占婚豈用媒。婚喜可期。
財祿：貴人乘財爻臨絕，喜得六合乘子孫爻相生。財漸旺。
升遷：三傳互尅，來去俱空，干墓併關，貴人入獄。不利升遷。
疾病：白虎乘巳火尅金，主肺疾，喜干上逢兄弟爻洩火生金。疾病可癒。
失物：玄武臨病地，貴人乘財爻逢子孫爻乘六合相生。失物復得。
子嗣：天后入墓，六合逢長生。先得男。
官司：官鬼爻逢空入課傳，喜六合乘酉金相制。官司可解。

己酉日

干上寅

四課	三課	二課	一課
螣蛇	太常	六合	太陰
亥	辰	酉	寅
辰	酉	寅	己

妻財	辛	亥	螣蛇	初傳
父母	丙	午	天空	中傳
兄弟	癸	丑	天后	末傳

重審課

畢法賦/詮釋：
交車相合交關利。　官鬼臨干逢空亡。
制鬼之位乃良醫。　驛馬乘財發初傳。
賓主不投刑在上。　初中財祿末傳墓。
后合占婚豈用媒。　貴人差迭事參差。

占斷解析：

天候：亥（螣蛇），傳午（天空），傳丑（天后）。晴偶陣雨。

人事：賓主不投刑在上，官鬼臨干蛇臨支，貴人差迭。不利人事。

考試：龍雀不入課傳，螣蛇發用，末傳入墓，貴人差迭。不利考運。

婚姻：后合占婚吉，天后入墓，六合逢長生。姻緣未到。

財祿：財爻臨胎絕，喜辰酉交車相合子孫相生。財漸旺。

升遷：賓主不投，螣蛇發用，末傳入墓，貴人差迭。不利升遷。

疾病：白虎乘巳火尅金，主肺疾，喜太常乘辰土洩火生金。疾病可癒。

失物：玄武臨病地，財爻逢胎絕，喜交車相合辰酉合金生財。失物復得。

子嗣：天后入墓，六合逢長生。先得男。

官司：官鬼爻逢空臨干，喜父母爻洩殺生身。官司可解。

己酉日

畢法賦/詮釋：
萬事喜忻三六合。　　干上后合財生官。
合中犯殺蜜中砒。　　青龍螣蛇入課傳。
干支全傷防兩損。　　干支全傷防兩損。眾鬼雖彰全不畏。
后合占婚豈用媒。　　三傳遞生人舉薦。貴人差迭事參差。

占斷解析：
天候：巳（青龍），傳丑（螣蛇），傳酉（玄武）。陰雨不定。
人事：萬事喜忻三六合，三傳遞生，青龍臨支，官鬼臨干。人事不利己。
考試：青龍臨支發傳，財生官鬼臨干，貴人差迭。考運不利己。
婚姻：后合占婚吉，天后臨胎財，六合臨病地又逢空。姻緣未到。
財祿：財爻逢胎絕，喜得子孫爻三合旺相相生。財漸旺。
升遷：萬事喜忻三六合，三傳遞生，青龍臨支，官鬼臨干。升遷不利己。
疾病：白虎乘未土尅水，主腎疾，喜酉金逢三合洩土生水。疾病可癒。
失物：玄武逢長生，財爻逢胎絕，喜三傳三合相生。失物復得。
子嗣：天后臨胎，六合臨病地。先得女。
官司：官鬼爻逢空亡得財爻相生，喜子孫爻三合旺相相制。可解。

己酉日

干上辰

父母	丙	午	天空	初傳
官鬼	◎	卯	六合	中傳
妻財	☉	子	貴人	末傳

四課	三課	二課	一課
六合	天空	螣蛇	勾陳
卯	午	丑	辰
午	酉	辰	己

元首課

畢法賦/詮釋：
權攝不正祿臨支。　　干墓併關覆干上。
不行傳者考初時。　　旬空坐天空臨支。
干墓併關人宅廢。　　三傳逆生人舉薦。
貴人差迭事參差。　　賓主不投刑在上。

占斷解析：

天候：午（天空），傳卯（六合），傳子（貴人）。主天晴。
人事：干墓併關，賓主不投，權攝不正，貴人差迭。不利人事。
考試：龍雀不入課傳，初傳逢天空，中末臨空，貴人差迭。不利考運。
婚姻：后合占婚吉，天后臨胎，六合臨病地。姻緣未到。
財祿：財爻逢胎絕，三傳逆生兄弟爻旺相。財運不佳。
升遷：干墓併關，賓主不投，權攝不正，貴人差迭。不利升遷。
疾病：白虎乘未土尅水，主腎疾，喜辰酉交車相合洩土生水。疾病可癒。
失物：玄武逢長生，財爻臨胎絕，兄弟爻旺相。失物難尋。
子嗣：天后臨胎財，六合臨病又逢空。先得女。
官司：官鬼爻逢空亡，喜三傳逆生父母爻洩殺生身。官司可解。

- 649 -

斷問 干上巳

官鬼	◎	卯	六合	初傳
兄弟	☉	丑	螣蛇	中傳
妻財	辛	亥	天后	末傳

四課	三課	二課	一課
青龍	白虎	六合	青龍
巳	未	卯	巳
未	酉	巳	己

嚆矢課

畢法賦/詮釋：

三傳互尅眾人欺。　青龍帝旺臨干上。
龍加生氣吉遲遲。　支上丁神逢龍虎。
六陰相繼盡昏迷。　腳踏空亡進用宜。互生俱生凡事益。
后合占婚豈用媒。　任信丁馬須言動。貴人差迭事參差。

占斷解析：

天候：卯（六合），傳丑（螣蛇），傳亥（天后）。主晴偶雨。
人事：龍加生氣，互生俱生，任信丁馬須言動。有利人事。
考試：青龍帝旺臨干，丁馬冠帶臨支，互生俱生。有利考運。
婚姻：后合占婚吉，天后臨胎，六合臨病地。姻緣未到。
財祿：財爻逢胎絕，課傳皆尅洩無助財爻。財運不佳。
升遷：龍加生氣，互生俱生，任信丁馬須言動。有利升遷。
疾病：白虎乘未土尅水，主腎疾，喜酉金逢長生洩土生水。疾病可癒。
失物：玄武逢長生，財爻逢胎絕，課傳皆印比尅財。失物難尋。
子嗣：天后臨胎財，六合臨病又逢空。先得女。
官司：官鬼爻逢空亡，喜青龍乘父母爻洩殺生身。官司可解。

己酉日

干上午

兄弟	庚	戌	太陰	初傳
父母	丙	午	天空	中傳
子孫	戊	申	太常	末傳

四課	三課	二課	一課
白虎	太常	青龍	天空
未	申	巳	午
申	酉	午	己

昂星課

畢法賦/詮釋：
魁度天門關格定。　夜貴臨宅乘太常。
旺祿臨身徒妄作。　任信丁馬須言動。
龍加生氣吉遲遲。　虎視逢虎力難施。
交車相合交關利。

占斷解析：
天候：戌（太陰），傳午（天空），傳申（太常）。主天晴。
人事：旺祿臨身，龍加生氣，交車相合。有利人事。
考試：青龍臨干，太常臨宅，交車相合。有利考運。
婚姻：后合占婚吉，天后臨胎，六合臨病地。姻緣未到。
財祿：財爻逢胎絕，喜貴人乘財，青龍暗合太常相生。財漸旺。
升遷：旺祿臨身，龍加生氣，交車相合。有利升遷。
疾病：白虎乘未土尅水，主腎疾，喜子孫爻逢長生洩土生水。疾病可癒。
失物：玄武入獄，財爻逢胎絕，喜太常乘申金相生。失物復得。
子嗣：天后臨胎財，六合臨病又逢空。先得女。
官司：官鬼爻逢空亡，喜干上父母爻洩殺生身。官司可解。

- 651 -

己酉日

四課	三課	二課	一課				
玄武	玄武	白虎	白虎				
酉	酉	未	未				
酉	酉	未	己				

干上未

子孫	己	酉	玄武	初傳
兄弟	丁	未	白虎	中傳
兄弟	癸	丑	螣蛇	末傳

伏吟課

畢法賦/詮釋：
任信丁馬須言動。　　伏吟課逢三丁未。
彼求我事支傳干。　　螣蛇乘墓入末傳。
胎財生氣妻懷孕。　　龍加生氣吉遲遲。
貴人差迭事參差。

占斷解析：
天候：酉（玄武），傳未（白虎），傳丑（螣蛇）。雨後天晴。
人事：白虎臨干，玄武臨支，貴人差迭，傳財入墓。不利人事。
考試：龍雀不入課傳，白虎臨干玄武臨支，傳蛇入墓，考運不佳。
婚姻：后合占婚吉，天后臨胎，六合臨病地。姻緣未到。
財祿：財爻逢胎絕，喜子孫爻入課傳相生。財漸旺。
升遷：白虎臨干，玄武臨支，貴人差迭，傳蛇入墓。不利升遷。
疾病：白虎乘未土尅水，主腎疾，喜子孫爻酉金臨宅洩土生水。疾病可癒。
失物：玄武逢長生，財爻臨胎絕，喜玄武反而相生。失物復得。
子嗣：天后臨胎財，六合臨病又逢空。先得女。
官司：官鬼爻逢空亡，喜支上子孫爻相制。官司可解。

己酉日

龍潛陽光身沐皇恩
干上申

妻財	辛	亥	天后	初傳
妻財	壬	子	貴人	中傳
兄弟	癸	丑	騰蛇	末傳

四課	三課	二課	一課
天后	太陰	玄武	太常
亥	戌	酉	申
戌	酉	申	己

畢法賦/詮釋：
尊崇傳內遇三奇。　　干逢長生。支逢驛馬。
貴登天門高甲第。　　三傳潤下貴乘財。
胎財生氣妻懷孕。　　占婚大喜萬事和。
傳財太旺反財虧。　　所謀多拙逢羅網。

占斷解析：

天候：亥（天后），傳子（貴人），傳丑（騰蛇）。雨後天晴。
人事：三傳壬癸辛人中三奇，貴登天門，龍潛陽光。有利人事。
考試：三傳逢三奇，貴登天門，太常臨干六合青龍。有利考運。
婚姻：后合占婚吉，天后臨胎，六合臨病地。姻緣未到。
財祿：胎財臨宅發用會三奇。大利財運。
升遷：三傳逢三奇，貴登天門，太常臨干，太陰臨支。有利升遷。
疾病：白虎乘未土尅水，主腎疾，喜太常乘子孫爻洩土生水。疾病可癒。
失物：玄武逢長生，喜財爻臨宅發用入三傳。失物復得。
子嗣：天后臨胎財，六合臨病又逢空。先得女。
官司：官鬼爻逢空亡，喜子孫爻旺相制殺。官司可解。

己酉日

出戶
干上酉

初傳	兄弟	癸	丑	天后
中傳	官鬼	◎	卯	玄武
末傳	父母	⊙	巳	白虎

四課	三課	二課	一課
天后	螣蛇	螣蛇	六合
丑	亥	亥	酉
亥	酉	酉	己

元首課

畢法賦/詮釋：
不行傳者考初時。　　人宅受脫俱招盜。
兩貴受尅難干貴。　　貴雖在獄宜臨干。
后合占婚豈用媒。　　人宅受脫俱招盜。
賓主不投刑在上。　　干支乘墓各昏迷。

占斷解析：
天候：丑（天后），傳卯（玄武），傳巳（白虎）。有風有雨。
人事：人宅受脫，干支乘墓，兩貴受尅，賓主不投。不利人事。
考試：龍雀不入課傳，雙蛇臨干支，賓主不投。考運不佳。
婚姻：后合占婚吉，六合逢長生，天后入墓。姻緣未到。
財祿：胎財臨宅，得子孫爻逢長生相生。財漸旺。
升遷：人宅受脫，干支乘墓，兩貴受尅，賓主不投。不利升遷。
疾病：白虎乘巳火尅金，主肺疾，喜天后乘丑土洩火生金。疾病可癒。
失物：玄武乘官鬼爻入傳逢空亡，胎財臨干支得子孫爻逢長生相生。失物復得。
子嗣：天后入墓，六合逢長生。先得男。
官司：官鬼爻逢空亡，喜父母爻巳火洩殺生身。官司可解。

己酉日

干上戌

官鬼	◎	卯	玄武	初傳
父母	⊙	午	天空	中傳
子孫	己	酉	六合	末傳

四課	三課	二課	一課
玄武	貴人	天后	朱雀
卯	子	丑	戌
子	酉	戌	己

嚆矢課

畢法賦/詮釋：
腳踏空亡進用宜。　　日墓乘雀臨干上。
交車相合交關利。　　貴人臨支合日墓。
干墓併關人宅廢。　　交車六合上下刑。空上逢空事莫追。
后合占婚豈用媒。　　制鬼之位乃良醫。貴人差迭事參差。

占斷解析：

天候：卯（玄武），傳午（天空），傳酉（六合）。雨後天晴。

人事：腳踏空亡，空上逢空，干墓併關，貴人差迭。不利人事。

考試：青龍乘朱雀沖干上神，貴人臨絕刑官鬼。不利考運。

婚姻：后合占婚吉，天后入墓臨干，六合入傳逢長生。姻緣未到。

財祿：貴人乘財爻臨絕地，又交車相合入墓。不利財運。

升遷：腳踏空亡，空上逢空，干墓併關，貴人差迭。不利升遷。

疾病：白虎乘巳火尅金，主肺疾，喜子丑交車相合洩火生金。疾病可癒。

失物：玄武臨空亡，財爻又交車相合入墓。失物難尋。

子嗣：天后入墓，六合逢長生。先得男。

官司：官鬼爻逢空亡，喜子孫爻入傳逢長生相制。官司可解。

己酉日

曲直
干上亥

四課	三課	二課	一課
白虎	天后	玄武	螣蛇
巳	丑	卯	亥
丑	酉	亥	己

妻財	辛	亥	螣蛇	初傳
官鬼	◎	卯	玄武	中傳
兄弟	☉	未	青龍	末傳

重審課

畢法賦/詮釋：
萬事喜忻三六合。　　驛馬乘財臨干上。
合中犯殺蜜中砒。　　支上白虎三合金。
不行傳者考初時。　　日墓臨宅宅欠寧。任信丁馬須言動。
六陰相繼盡昏迷。　　干支乘墓各昏迷。眾鬼雖彰全不畏。

占斷解析：

天候：亥（螣蛇），傳卯（玄武），傳未（青龍）。晴轉多雲有雨。
人事：萬事喜忻三六合，合中犯殺，六陰相繼。不利人事。
考試：青龍乘丁馬入傳三合官鬼爻，蛇臨干虎臨支。不利考運。
婚姻：后合占婚吉，天后入墓，六合逢長生。姻緣未到。
財祿：胎財臨胎，喜支上神三合子孫爻相生。財漸旺。
升遷：萬事喜忻三六合，合中犯殺，六陰相繼。不利升遷。
疾病：白虎乘巳火尅金，主肺疾，喜丑土臨支洩火生金。疾病可癒。
失物：玄武乘官鬼爻臨空亡，胎財喜支上三合相生。失物復得。
子嗣：天后入墓，六合逢長生。先得男。
官司：三傳三合官鬼爻旺相，喜支上三合子孫爻相制。官司可解。

庚戌日

祿神：申
驛馬：申
貴人：丑、未
空亡：寅、卯
長生：巳
帝旺：酉
墓庫：丑

庚戌日

星斗干上子				
父母	甲	辰	玄武	初傳
兄弟	戊	申	青龍	中傳
子孫	壬	子	螣蛇	末傳

四課	三課	二課	一課
白虎	天后	玄武	螣蛇
午	寅	辰	子
寅	戌	子	庚

涉害課

畢法賦/詮釋：
萬事喜忻三六合。　　玄蛇發用三合水。
合中犯殺蜜中砒。　　財爻臨支生官鬼。
三傳遞生人舉薦。　　脫上逢脫防虛詐。
六陽數足須公用。　　龍加生氣吉遲遲。

占斷解析：
天候：辰（玄武），傳申（青龍），傳子（螣蛇）。雨後多雲轉晴。
人事：六陽數足須公用，萬事喜忻三六合，三傳遞生。有利人事。
考試：青龍乘干祿入傳三合，三傳遞生。有利人事。
婚姻：后合占婚吉，天后臨絕又逢空，六合臨衰。姻緣未到。
財祿：財爻臨胎絕又逢空，財爻臨支三合化鬼。不利財運。
升遷：六陽數足須公用，萬事喜忻三六合，三傳遞生。有利升遷。
疾病：白虎乘午火尅金，主肺疾，喜三傳遞生洩火生金。疾病可癒。
失物：玄武臨養，財爻臨胎絕又逢空亡。失物難尋。
子嗣：天后臨絕，六合臨衰。子息緣淡。
官司：官鬼爻臨支逢財生，喜三傳遞生洩殺生身。官司可解。

庚戌日

干上丑

兄弟	☉	申	青龍	初傳
父母	癸	丑	貴人	中傳
官鬼	丙	午	白虎	末傳

四課	三課	二課	一課
青龍	太陰	白虎	貴人
申	卯	午	丑
卯	戌	丑	庚

畢法賦/詮釋：
虎乘遁鬼殃非淺。　　貴人乘墓臨干上。
三傳逆生人舉薦。　　青龍臨支發初傳。
龍加生氣吉遲遲。　　胎財旬空合支辰。
權攝不正祿臨支。　　貴人差迭事參差。

占斷解析：

天候：申（青龍），傳丑（貴人），傳午（白虎）。主多雲有風。
人事：虎乘遁鬼臨干，青龍乘干祿臨支，貴人差迭。人事不利己。
考試：青龍乘干祿臨支，朱雀臨病地，貴人差迭。考運不利己。
婚姻：后合占婚吉，天后臨絕又逢空，六合臨衰。姻緣未到。
財祿：財爻臨胎絕又逢空，白虎臨干，財爻化鬼。不利財運。
升遷：虎乘遁鬼臨干，青龍乘干祿臨支，貴人差迭。升遷不利己。
疾病：白虎乘午火尅金，主肺疾，喜貴人臨干洩火生金。疾病可癒。
失物：玄武臨養，財爻臨胎絕又逢空亡。失物難尋。
子嗣：天后臨絕，六合臨衰。子息緣淡。
官司：官鬼爻乘白虎臨干入傳，喜三傳逆生洩殺生身。官司可解。

- 659 -

庚戌日

		干上寅		
妻財	◎	寅	天后	初傳
兄弟	⊙	申	青龍	中傳
妻財	◎	寅	天后	末傳

四課	三課	二課	一課
六合	玄武	青龍	天后
戌	辰	申	寅
辰	戌	寅	庚

返吟課

畢法賦/詮釋：
三傳互尅眾人欺。　　寅財旬空祿乘空。
晝夜貴加求兩貴。　　富貴干支逢祿馬。
旺祿臨身徒妄作。　　魁罡臨支宅欠寧。
來去俱空豈動移。　　后合占婚豈用媒。

占斷解析：

天候：寅（天后），傳申（青龍），傳寅（天后）。主多雲有雨。
人事：干支逢祿馬，旺祿臨身，龍加生氣。有利人事。
考試：青龍乘干祿入傳，旺祿臨身，晝夜貴加。有利考運。
婚姻：后合占婚吉，天后臨絕又逢空，六合臨衰。姻緣未到。
財祿：旺祿臨身，祿馬臨干。大利財運。
升遷：干支逢祿馬，旺祿臨身，晝夜貴加。有利升遷。
疾病：白虎乘午火尅金，主肺疾，喜貴人乘丑土洩火生金。疾病可癒。
失物：玄武入獄，祿馬臨身入課傳。失物復得。
子嗣：天后臨絕，六合臨衰。子息緣淡。
官司：官鬼爻逢長生，喜貴人乘丑土洩殺生身。官司可解。

庚戌日

干上卯

四課	三課	二課	一課
騰蛇	太常	六合	太陰
子	巳	戌	卯
巳	戌	卯	庚

父母	⊙	戌	六合	初傳
官鬼	乙	巳	太常	中傳
子孫	壬	子	騰蛇	末傳

比用課

畢法賦/詮釋：
初遭夾尅不由己。　　干上六合化官鬼。
貴人差迭事參差。　　支上子孫入末傳。
胎財死氣損胎推。　　夫婦燕淫各有私。眾鬼雖彰全不畏。
我求彼事干傳支。　　制鬼之位乃良醫。龍加生氣吉遲遲。

占斷解析：

天候：戌（六合），傳巳（太常），傳子（騰蛇）。主天晴。

人事：官鬼臨支，空亡臨干，我求彼事，貴人差迭。人事不利己。

考試：青龍乘貴人入墓，朱雀臨病地。不利考運。

婚姻：后合占婚吉，天后臨絕，六合臨衰。姻緣未到。

財祿：財爻臨胎絕又逢空，傳財化鬼。不利財運。

升遷：官鬼臨支，空亡臨干，我求彼事，貴人差迭。不利升遷。

疾病：白虎乘午火尅金，主肺疾，喜貴人乘丑土洩火生金。疾病可癒。

失物：玄武臨養，財爻臨胎絕又逢空亡。失物難尋。

子嗣：天后臨絕，六合臨衰。子息緣淡。

官司：官鬼爻入課傳，喜貴人乘丑土洩殺生身。官司可解。

庚戌日

	三課	二課	一課
四課	白虎	螣蛇	玄武
天后	午	子	辰
寅	戌	辰	庚
午			

仰玄
干上辰

子孫	壬	子	螣蛇	初傳
兄弟	戊	申	青龍	中傳
父母	甲	辰	玄武	末傳

重審課

畢法賦/詮釋：
三傳逆生人舉薦。　　互生俱生凡事益。
賓主不投刑在上。　　蛇玄發用逢三合。
萬事喜忻三六合。　　虎乘遁鬼殃非淺。
合中犯殺蜜中砒。　　制鬼之位乃良醫。

占斷解析：
天候：子（螣蛇），傳申（青龍），傳辰（玄武）。多雲有雨。
人事：賓主不投，三合蛇虎，合中犯殺，貴人入墓。不利人事。
考試：青龍乘干祿入傳，簾幕貴人登天門。有利考運。
婚姻：后合占婚吉，天后臨絕，六合臨衰。姻緣未到。
財祿：財爻臨胎絕又逢空，傳財化鬼。不利財運。
升遷：賓主不投，三合蛇虎，合中犯殺，貴人入墓。不利升遷。
疾病：白虎乘午火尅金，主肺疾，喜父母爻辰土洩火生金。疾病可癒。
失物：玄武臨養，財爻臨胎絕又逢空亡。失物難尋。
子嗣：天后臨絕，六合臨衰。子息緣淡。
官司：官鬼爻臨支三合化殺，喜青龍三傳三合子孫相制。官司可解。

庚戌日

干上巳

四課	三課	二課	一課
六合	天空	螣蛇	勾陳
辰	未	寅	巳
未	戌	巳	庚

官鬼	乙	巳	勾陳	初傳
妻財	◎	寅	螣蛇	中傳
子孫	⊙	亥	太陰	末傳

元首課

畢法賦/詮釋：
三傳逆生人舉薦。　　干上官鬼逢長生。
不行傳者考初時。　　交互相生合兩利。
金日逢丁凶禍動。　　貴人差迭事參差。
貴雖在獄宜臨干。　　傳財化鬼財休覓。

占斷解析：

天候：巳（勾陳），傳寅（螣蛇），傳亥（太陰）。主天晴。

人事：空亡臨干，天空臨支，不行傳者考初時，官鬼臨干入傳。不利人事。

考試：青龍乘官鬼臨敗地，貴人入獄又入墓。不利考運。

婚姻：后合占婚吉，天后臨死，六合臨養。姻緣未到。

財祿：財爻臨胎絕又逢空，傳財化鬼財休覓。不利財運。

升遷：官鬼臨干發用，支乘天空干逢空，金日逢丁。不利升遷。

疾病：白虎乘干祿尅木，主肝疾，喜末傳亥水洩金生木。疾病可癒。

失物：玄武臨衰，傳財化鬼財休覓。失物難尋。

子嗣：天后臨死地，六合臨養。先得男。

官司：官鬼爻臨干，喜貴人乘丑土洩殺生身。官司可解。

- 663 -

庚戌日

顧祖
干上午

官鬼	丙	午	青龍	初傳
父母	甲	辰	六合	中傳
妻財	◎	寅	螣蛇	末傳

四課	三課	二課	一課
青龍	白虎	六合	青龍
午	申	辰	午
申	戌	午	庚

元首課

畢法賦/詮釋：
六陽數足須公用。　　龍加生氣吉遲遲。
權攝不正祿臨支。　　末助初兮三等論。
眾鬼雖彰全不畏。　　避難逃生須棄舊。
貴人差迭事參差。　　傳財化鬼財休覓。

占斷解析：
天候：午（青龍），傳辰（六合），傳寅（螣蛇）。多雲轉晴。
人事：傳財化鬼，鬼臨課傳，貴人差迭，權攝不正。不利人事。
考試：青龍乘官鬼臨敗地，朱雀乘空亡。不利考運。
婚姻：后合占婚吉，天后臨死地，六合臨養。姻緣未到。
財祿：財爻臨胎絕又逢空，傳財化鬼財休覓。不利財運。
升遷：貴人差迭，眾鬼入課傳，權攝不正，傳財化鬼。不利升遷。
疾病：白虎乘干祿尅木，主肝疾，喜青龍乘午火相制。疾病可癒。
失物：玄武臨衰，財爻臨胎絕又逢空亡。失物難尋。
子嗣：天后臨死地，六合臨養。先得男。
官司：官鬼爻臨干支，喜父母爻臨干洩殺生身。官司可解。

庚戌日

登庸
干上未

				初傳
官鬼	丙	午	青龍	初傳
官鬼	乙	巳	勾陳	中傳
父母	甲	辰	六合	末傳

四課	三課	二課	一課
白虎	太常	青龍	天空
申	酉	午	未
酉	戌	未	庚

畢法賦/詮釋：
魁度天門關隔定。　三傳登庸俱官鬼。
權攝不正祿臨支。　尅干生支病訟忌。
金日逢丁凶禍動。　青龍臨干合官鬼。
眾鬼雖彰全不畏。　旺祿臨支乘白虎。

占斷解析：

天候：午（青龍），傳巳（勾陳），傳辰（六合）。主天晴。
人事：魁度天門關隔定，權攝不正祿臨支，金日逢丁。不利人事。
考試：青龍臨敗地，朱雀臨空，魁度天門，貴塞鬼戶。不利考運。
婚姻：后合占婚吉，天后臨死地，六合臨養。姻緣未到。
財祿：財爻臨胎絕又逢空，四課上神又尅又洩。不利財運。
升遷：魁度天門，干祿臨支，金日逢丁，貴塞鬼戶。不利升遷。
疾病：白虎乘干祿尅木，主肝疾，喜青龍乘午火相制。疾病可癒。
失物：玄武魁度天門，財爻臨胎絕又逢空亡。失物難尋。
子嗣：天后臨死地，六合臨養。先得男。
官司：官鬼爻臨干入傳，喜末傳父母爻洩殺生身。官司可解。

- 665 -

庚戌日

兄弟	戊	申	白虎	初傳
妻財	◎	寅	螣蛇	中傳
官鬼	乙	巳	勾陳	末傳

干上申

四課	三課	二課	一課
玄武	玄武	白虎	白虎
戊	戊	申	申
戊	戊	申	庚

伏吟課

畢法賦/詮釋：
旺祿臨身徒妄作。　　伏吟課逢祿發傳。
賓主不投刑在上。　　中傳逢空當改途。
貴人差迭事參差。
傳財化鬼財休覓。

占斷解析：
天候：申（白虎），傳寅（螣蛇），傳巳（勾陳）。晴有風。
人事：三傳相刑，傳財化鬼，白虎臨干，玄武臨宅。不利人事。
考試：青龍臨敗地，朱雀乘空亡，貴人差迭。不利考運。
婚姻：后合占婚吉，天后臨死地，六合臨養。姻緣未到。
財祿：財爻臨胎絕又逢空，傳財化鬼財休覓。不利財運。
升遷：三傳相刑，傳財化鬼，賓主不投，貴人差迭。不利升遷。
疾病：白虎乘干祿尅木，主肝疾，木臨胎絕又逢空，青龍臨敗地。
　　　未覓良醫。
失物：玄武入獄，財爻臨胎絕又逢空亡。失物難尋。
子嗣：天后臨死地，六合臨養。先得男。
官司：官鬼爻逢長生入傳，傳財化鬼刑尅干祿。官司難解。

庚戌日

龍潛陽光身沐皇恩
干上酉

四課	三課	二課	一課
天后	太陰	玄武	太常
子	亥	戌	酉
亥	戌	酉	庚

子孫	辛	亥	太陰	初傳
子孫	壬	子	天后	中傳
父母	癸	丑	貴人	末傳

重審課

畢法賦/詮釋：
所謀多拙遭羅網。　　干支上神皆自刑。
賓主不投刑在上。　　貴人臨墓入末傳。
尊崇傳內遇三奇。　　太常乘帝旺臨干。太陰乘病臨支。
貴人差迭事參差。　　三傳潤下脫干氣。胎財生氣妻懷孕。

占斷解析：

天候：亥（太陰），傳子（天后），傳丑（貴人）。主天晴。

人事：所謀多拙，賓主不投，貴人差迭。不利人事。

考試：青龍臨敗地，朱雀乘空亡，三傳逢三奇。利仕人不利考運。

婚姻：后合占婚吉，天后臨死地，六合臨養。姻緣未到。

財祿：財爻臨胎絕又逢空，喜三傳三會子孫爻相生。財漸旺。

升遷：所謀多拙，賓主不投，貴人差迭。不利升遷。

疾病：白虎乘干祿尅木，主肝疾，喜三傳三會水局洩金生木。疾病可癒。

失物：玄武臨衰，喜財爻逢三會子孫相生。失物復得。

子嗣：天后臨死地，六合臨養。先得男。

官司：官鬼爻逢長生，喜三傳三會子孫爻相制。官司可解。

- 667 -

庚戌日

子孫	壬	子	天后	初傳
妻財	◎	寅	螣蛇	中傳
父母	☉	辰	六合	末傳

四課	三課	二課	一課
螣蛇	天后	天后	玄武
寅	子	子	戌
子	戌	戌	庚

畢法賦/詮釋：
貴登天門高甲第。　　三傳課逢向三陽。
罡塞鬼户任謀為。　　將逢內戰所謀危。
不行傳者考初時。　　玄武臨干蛇臨支。
后合占婚豈用媒。　　胎財死氣損胎推。

占斷解析：
天候：子（天后），傳寅（螣蛇），傳辰（六合）。雨後天晴。
人事：玄武臨干蛇臨支，衰氣臨干死臨支。不利人事。
考試：貴登天門高甲第。有利考運。
婚姻：后合占婚吉，天后臨死地，六合臨養。姻緣未到。
財祿：財爻臨胎絕又逢空，末傳父母尅子孫無助。財運不佳。
升遷：玄武臨干蛇臨支，衰氣臨干死臨支。不利升遷。
疾病：白虎乘干祿尅木，主肝疾，喜子水發用洩金生木。病可癒。
失物：玄武臨衰，財爻臨胎絕又逢空亡。失物難尋。
子嗣：天后臨死地，六合臨養。先得男。
官司：官鬼爻逢長生，喜末傳父母爻洩殺生身。官司可解。

庚戌日

干上亥

四課	三課	二課	一課
妻財	◎	寅	天后	初傳
官鬼	⊙	巳	太常	中傳
兄弟	戌	申	青龍	末傳

四課	三課	二課	一課
玄武	貴人	天后	朱雀
辰	丑	寅	亥
丑	戌	亥	庚

畢法賦/詮釋：
賓主不投刑在上。　　朱雀臨干貴臨支。
傳財化鬼財休覓。　　青龍臨祿入末傳。
腳踏空亡進用宜。　　貴人差迭事參差。
貴雖在獄宜臨干。　　龍加生氣吉遲遲。

占斷解析：

天候：寅（天后），傳巳（太常），傳申（青龍）。雨後天晴。

人事：三傳三刑，空財臨干，日墓臨支，貴人入獄。不利人事。

考試：朱雀乘祿臨干，青龍臨祿入末傳。有利考運。

婚姻：后合占婚吉，天后臨絕，六合臨衰。姻緣未到。

財祿：財爻臨干入傳發用，又暗合子孫爻相生。財漸旺。

升遷：三傳三刑，空財臨干，日墓臨支，貴人入獄。不利升遷。

疾病：白虎乘午火尅金，主肺疾，喜貴人乘丑土洩火生金。疾病可癒。

失物：玄武臨養，財爻臨干發用，又得干上神相生。失物復得。

子嗣：天后臨絕，六合臨衰。子息緣淡。

官司：官鬼爻逢長生入傳，喜干祿合化子孫爻相制。官司可解。

辛亥日

祿神：酉
驛馬：巳
貴人：午、寅
空亡：寅、卯
長生：子
帝旺：申
墓庫：辰

辛亥日

出戶
干上子

父母	癸	丑	天后	初傳
妻財	◎	卯	螣蛇	中傳
官鬼	☉	巳	六合	末傳

四課	三課	二課	一課
螣蛇	天后	貴人	太陰
卯	丑	寅	子
丑	亥	子	辛

涉害課

畢法賦/詮釋：
不行傳者考初時。　　貴人旬空臨干上。
罡塞鬼戶任謀為。　　支逢金墓尅支辰。
胎財生氣妻懷孕。　　交車相合交關利。
后合占婚豈用媒。　　傳財化鬼財休覓。

占斷解析：

天候：丑（天后），傳卯（螣蛇），傳巳（六合）。雨後天晴。

人事：不行傳者，干支上神逢空亡，傳財化鬼，貴人旬空。不利人事。

考試：青龍臨衰，朱雀入墓，貴人逢空亡。不利考運。

婚姻：后合占婚吉，天后臨養，六合臨死地。姻緣未到。

財祿：財爻臨胎絕又逢空亡，傳財化鬼。不利財運。

升遷：不行傳者，傳財化鬼，貴人旬空。不利升遷。

疾病：白虎乘干祿尅木，主肝疾，喜干上逢子孫爻洩金生木。疾病可癒。

失物：玄武臨敗地，財爻臨胎絕又逢空。失物難尋。

子嗣：天后臨養，六合臨死地。宜先養後招。

官司：官鬼爻入末傳得財爻相生，喜天后乘父母爻洩殺生身。官司可解。

辛亥日

官鬼	⊙	巳	六合	初傳
兄弟	戊	申	天空	中傳
子孫	辛	亥	玄武	末傳

四課	三課	二課	一課
六合	貴人	朱雀	天后
巳	寅	辰	丑
寅	亥	丑	辛

干上丑

嚆矢課

畢法賦/詮釋：
貴登天門高甲第。　　貴逢旬空臨支上。
制鬼之位乃良醫。　　驛馬官鬼發初傳。
干墓併關人宅廢。　　傳財化鬼財休覓。
后合占婚豈用媒。　　賓主不投刑在上。

占斷解析：

天候：巳（六合），傳申（天空），傳亥（玄武）。晴轉陰雨。
人事：賓主不投，干墓併關，傳財化鬼。不利人事。
考試：貴登天門逢空亡，青龍臨衰，朱雀入墓。不利考運。
婚姻：后合占婚吉，天后臨養，六合臨死地。姻緣未到。
財祿：財爻臨胎絕又逢空亡，傳財化鬼。不利財運。
升遷：賓主不投，干墓併關，傳財化鬼。不利升遷。
疾病：白虎乘干祿尅木，主肝疾，喜末傳亥水洩金生木。疾病可癒。
失物：玄武臨敗地，財爻臨胎絕又逢空，。失物難尋。
子嗣：天后臨養，六合臨死地。宜先養後招。
官司：官鬼爻臨支發用，喜得干上父母洩殺生身。官司可解。

辛亥日

從吉
干上寅

四課	三課	二課	一課
白虎	天后	太常	貴人
未	卯	午	寅
卯	亥	寅	辛

父母	⊙	未	白虎	初傳
子孫	辛	亥	六合	中傳
妻財	◎	卯	天后	末傳

畢法賦/詮釋：
萬事喜忻三六合。　　貴乘胎財臨干上。
合中犯殺蜜中砒。　　虎乘丁馬發初傳。
金日逢丁凶禍動。　　后合入傳逢三合。
傳財化鬼財休覓。　　后合占婚豈用媒。龍加生氣吉遲遲。

占斷解析：
天候：未（白虎），傳亥（六合），傳卯（天后）。晴偶雨。
人事：干支上神及末傳皆空亡，傳財化鬼，金日逢丁。不利人事。
考試：青龍臨干祿，朱雀逢長生，龍加生氣。有利考運。
婚姻：后合占婚吉，天后臨絕，六合臨敗地。姻緣未到。
財祿：財爻臨胎絕又逢空亡，傳財化鬼。不利財運。
升遷：干支上神及末傳皆空亡，傳財化鬼，金日逢丁。不利升遷。
疾病：白虎乘未土尅水，主腎疾，喜青龍乘干祿洩土生水。疾病可癒。
失物：玄武臨死地，財爻臨胎絕又逢空。失物難尋。
子嗣：天后臨絕，六合臨敗地。子息緣淡。
官司：官鬼爻臨干交車相合，又得傳財化鬼。官司難解。

辛亥日

妻財	◎	卯	天后	初傳
兄弟	⊙	申	天空	中傳
父母	癸	丑	螣蛇	末傳

四課	三課	二課	一課
青龍	太陰	天空	天后
酉	辰	申	卯
辰	亥	卯	辛

畢法賦/詮釋：
腳踏空亡進用宜。　　胎財旬空乘青龍。
權攝不正祿臨支。　　干祿臨支逢六合。
干支值絕凡謀決。　　朽木難雕別作為。
空上乘空事莫追。　　占產必生占子失。龍加生氣吉遲遲。

占斷解析：

天候：卯（天后），傳申（天空），傳丑（螣蛇）。雨後天晴。
人事：腳踏空亡，空上乘空，干支值絕。不利人事。
考試：青龍臨干祿臨宅六合，朱雀逢長生。有利考運。
婚姻：后合占婚吉，天后臨絕，六合臨敗地。姻緣未到。
財祿：財爻臨胎絕又逢空亡，課傳兄弟爻旺。不利財運。
升遷：腳踏空亡，空上乘空，干支值絕。不利升遷。
疾病：白虎乘未土尅水，主腎疾，喜青龍乘干祿洩土生水。疾病可癒。
失物：玄武臨死地，財爻臨胎絕又逢空。失物難尋。
子嗣：天后臨絕，六合臨敗地。子息緣淡。
官司：官鬼爻臨病死之地，喜末傳父母爻丑土入未傳洩殺生身。官司可解。

辛亥日

干上辰

四課	三課	二課	一課
六合	玄武	勾陳	太陰
亥	巳	戌	辰
巳	亥	辰	辛

官鬼	乙巳	玄武	初傳
子孫	辛亥	六合	中傳
官鬼	乙巳	玄武	末傳

返吟課

畢法賦/詮釋：
兩貴受尅難干貴。　　干上尅支支尅干。
三傳互尅眾人欺。　　返吟課傳巳亥冲。
賓主不投刑在上。　　凡占皆凶濁氣生。眾鬼雖彰全不畏。
制鬼之位乃良醫。　　干墓併關人宅廢。胎財生氣妻懷孕。

占斷解析：
天候：巳（玄武），傳亥（六合），傳巳（玄武）。陰雨不斷。
人事：兩貴受尅，三傳互尅，賓主不投，干墓併關。不利人事。
考試：青龍臨干祿，朱雀逢長生。有利考運。
婚姻：后合占婚吉，天后臨絕，六合臨敗地。姻緣未到。
財祿：財爻臨胎絕又逢空亡，課傳鬼眾。不利財運。
升遷：兩貴受尅，三傳互尅，賓主不投，干墓併關。不利升遷。
疾病：白虎乘未土尅水，主腎疾，喜青龍乘干祿洩土生水。疾病可癒。
失物：玄武臨支發用，財爻臨胎絕又逢空。失物難尋。
子嗣：天后臨絕，六合臨敗地。子息緣淡。
官司：眾鬼雖彰全不畏，喜干上父母洩殺生身。官司可解。

辛亥日

干上巳

				初傳
官鬼	丙	午	太常	
父母	癸	丑	螣蛇	中傳
兄弟	戊	申	天空	末傳

四課	三課	二課	一課
螣蛇	太常	朱雀	玄武
丑	午	子	巳
午	亥	巳	辛

重審課

畢法賦/詮釋：
三傳遞生人舉薦。　　官鬼乘驛馬尅日干。
人宅皆死各衰贏。　　暮貴乘太常臨支上。
簾幕貴人高甲第。　　貴人差迭事參差。
制鬼之位乃良醫。　　胎財生氣妻懷孕。龍加生氣吉遲遲。

占斷解析：
天候：午（太常），傳丑（螣蛇），傳申（天空）。主天晴。
人事：官鬼爻臨干支發用，人宅皆死，貴人差迭。不利人事。
考試：三傳遞生，簾幕貴人，青龍臨祿，朱雀長生。大利考運。
婚姻：后合占婚吉，天后臨絕，六合臨敗地。姻緣未到。
財祿：財爻臨胎絕又逢空亡，官鬼爻入課傳。不利財運。
升遷：官鬼爻臨干支發用，人宅皆死，貴人差迭。不利升遷。
疾病：白虎乘未土尅水，主腎疾，喜青龍乘干祿洩土生水。疾病可癒。
失物：玄武臨死地，財爻臨胎絕又逢空。失物難尋。
子嗣：天后臨絕，六合臨敗地。子息緣淡。
官司：官鬼爻入課傳，喜三傳遞生洩殺生身。官司可解。

辛亥日

正陽
干上午

父母	丁	未	白虎	初傳
妻財	◎	卯	天后	中傳
子孫	☉	亥	六合	末傳

四課	三課	二課	一課
天后	白虎	貴人	太常
卯	未	寅	午
未	亥	午	辛

涉害課

畢法賦/詮釋：
萬事喜忻三六合。　　金日逢丁凶禍動。
合中犯殺蜜中砒。　　后合占婚豈用媒。
干支全傷防兩損。　　晝夜貴加求兩貴。
不行傳者考初時。　　傳財化鬼財休覓。

占斷解析：

天候：丁未（白虎），傳卯（天后），傳亥（六合）。主晴偶陣雨。
人事：官鬼爻臨干丁馬臨支，合中犯殺，干支全傷。不利人事。
考試：青龍臨干祿，朱雀逢長生，貴人乘胎財臨干。有利考運。
婚姻：后合占婚吉，天后臨絕，六合臨敗地。姻緣未到。
財祿：財爻臨胎絕臨干支又乘空亡，傳財化鬼。不利財運。
升遷：官鬼臨干，丁馬臨支，合中犯殺，干支全傷。不利升遷。
疾病：白虎乘未土尅水，主腎疾，喜青龍乘干祿洩土生水。疾病可癒。
失物：玄武臨死地，財爻臨胎絕又逢空。失物難尋。
子嗣：天后臨絕，六合臨敗地。子息緣淡。
官司：官鬼爻臨干，三傳三合財爻，傳財化鬼。官司難解。

辛亥日

官鬼	乙	巳	玄武	初傳
妻財	◎	寅	貴人	中傳
子孫	⊙	亥	六合	末傳

四課	三課	二課	一課
玄武	天空	太陰	白虎
巳	申	辰	未
申	亥	未	辛

元首課

畢法賦/詮釋：

三傳逆生人舉薦。　　虎乘丁馬臨干上。
不行傳者考初時。　　驛馬乘旺臨支辰。
金日逢丁凶禍動。　　龍加生氣吉遲遲。
傳財化鬼財休覓。　　貴人差迭事參差。

占斷解析：

天候：巳（玄武），傳寅（貴人），傳亥（六合）。雨後天晴。

人事：不行傳者考初時，三傳逆生，金日逢丁，傳財化鬼。不利人事。

考試：青龍臨干祿，朱雀逢長生，三傳逆生。有利考運。

婚姻：后合占婚吉，天后臨絕，六合臨敗地。姻緣未到。

財祿：財爻臨胎絕又逢空亡，三傳逆生傳財化鬼。不利財運。

升遷：不行傳者考初時，三傳逆生，金日逢丁，傳財化鬼。不利升遷。

疾病：白虎乘未土尅水，主腎疾，喜青龍乘干祿洩土生水。疾病可癒。

失物：玄武臨死地，財爻臨胎絕又逢空。失物難尋。

子嗣：天后臨絕，六合臨敗地。子息緣淡。

官司：官鬼爻臨支發用，喜父母爻申金六合，子孫爻相制。可解。

辛亥日

顧祖
干上申

官鬼	丙	午	勾陳	初傳
父母	甲	辰	朱雀	中傳
妻財	◎	寅	貴人	末傳

四課	三課	二課	一課
青龍	白虎	勾陳	天空
未	酉	午	申
酉	亥	申	辛

元首課

畢法賦/詮釋：
互旺俱旺坐謀宜。　　間傳顏祖末得貴。
權攝不正祿臨支。　　末傳貴財生官鬼。
金日逢丁凶禍動。　　利見大人仕官吉。
傳財化鬼財休覓。　　青龍乘祿生支辰。胎財生氣妻懷孕。

占斷解析：
天候：午（勾陳），傳辰（朱雀），傳寅（貴人）。主天晴。
人事：官鬼乘天空臨干上，青龍乘干祿臨支，傳財化鬼。人事不利己。
考試：青龍臨衰，朱雀入墓。不利考運。
婚姻：后合占婚吉，天后臨養，六合臨死地。姻緣未到。
財祿：財爻臨胎絕又逢空亡，傳財化鬼。不利財運。
升遷：官鬼乘天空臨干上，青龍乘干祿臨支，傳財化鬼。不利升遷。
疾病：白虎乘酉金尅木，主肝疾，喜酉祿生支再生木。疾病可癒。
失物：玄武臨敗地，財爻臨胎絕又逢空。失物難尋。
子嗣：天后臨養，六合臨死地。宜先養後招。
官司：官鬼爻臨干發用，喜父母爻乘土洩殺生身。官司可解。

- 679 -

辛亥日

```
返駕
干上酉
```

	初傳	中傳	末傳
父母	庚戌 太常		
兄弟	己酉 白虎		
兄弟	戊申 天空		

四課	三課	二課	一課
白虎	太常	天空	白虎
酉	戌	申	酉
戌	亥	酉	辛

畢法賦/詮釋：
旺祿臨身徒妄作。　　退連茹逢返駕課。
魁度天門關格定。　　課體循環事多阻。
權攝不正祿臨支。　　占者利退不利進。
六爻現卦防其尅。　　胎財生氣妻懷孕。

占斷解析：
天候：戌（太常），傳酉（白虎），傳申（天空）。主天晴。
人事：旺祿臨干支，貴人乘胎財，魁度天門。有利人事。
考試：青龍臨衰，朱雀入墓。不利考運。
婚姻：后合占婚吉，天后臨養，六合臨死地。姻緣未到。
財祿：財爻臨胎絕又逢空亡，課傳皆兄弟。不利財運。
升遷：旺祿臨干支，貴人乘胎財，魁度天門。有利升遷。
疾病：白虎乘酉金尅木，主肝疾，六爻現卦金旺。未覓良醫。
失物：玄武臨敗地，財爻臨胎絕又逢空。失物難尋。
子嗣：天后臨養，六合臨死地。宜先養後招。
官司：官鬼爻臨病死之地，父母爻臨支發用洩殺生身。官司可解。

辛亥日

干上戌

四課	三課	二課	一課
玄武	玄武	太常	太常
亥	亥	戌	戌
亥	亥	戌	辛

子孫 辛 亥 玄武 初傳
父母 庚 戌 太常 中傳
父母 丁 未 青龍 末傳

伏吟課

畢法賦/詮釋：
華蓋覆日人昏晦。　玄武臨宅發初傳。
將逢內戰所謀危。　末傳青龍乘丁神。
金日逢丁凶禍動。　丁未凶動又犯刑。
胎財生氣妻懷孕。　信任丁馬須言動。

占斷解析：
天候：亥（玄武），傳戌（太常），傳丁未（青龍）。雨後多雲。
人事：華蓋覆日，將逢內戰，金日逢丁凶禍動。不利人事。
考試：青龍臨衰，朱雀入墓。不利考運。
婚姻：后合占婚吉，天后臨養，六合臨死地。姻緣未到。
財祿：財爻臨胎絕又逢空亡，喜子孫爻臨支發用相生。財漸旺。
升遷：華蓋覆日，將逢內戰，金日逢丁凶禍動。不利升遷。
疾病：白虎乘干祿尅木，主肝疾，喜子孫爻臨支發用洩金生木。疾病可癒。
失物：玄武臨敗地，財爻臨胎絕又逢空。失物難尋。
子嗣：天后臨養，六合臨死地。宜先養後招。
官司：官鬼爻臨病死之地，喜子孫爻臨支發用相制。官司可解。

- 681 -

辛亥日

將泰
干上亥

父母	癸	丑	天后	初傳
妻財	◎	寅	貴人	中傳
妻財	◎	卯	螣蛇	末傳

四課	三課	二課	一課
天后	太陰	太陰	玄武
丑	子	子	亥
子	亥	亥	辛

元首課

畢法賦/詮釋：
所謀多拙遭羅網。　互生俱生凡事益。
傳財太旺反財虧。　順連茹逢將太課。
不行傳者考初時。　貴人差迭事參差。
脫上逢脫防虛詐。　胎財死氣損胎推。

占斷解析：
天候：丑（天后），傳寅（貴人），傳卯（螣蛇）。雨後天晴。
人事：所謀多拙，脫上逢脫，貴人差迭。不利人事。
考試：青龍臨衰，朱雀入墓，貴人差迭。不利考運。
婚姻：后合占婚吉，天后臨養，六合臨死地。姻緣未到。
財祿：財爻臨胎絕又逢空亡，幸子孫爻臨干支相生。財漸旺。
升遷：所謀多拙，脫上逢脫，貴人差迭。不利升遷。
疾病：白虎乘酉金尅木，主肝疾，喜干上子孫爻洩金生木。疾病可癒。
失物：玄武臨敗地，財爻臨胎絕又逢空。失物難尋。
子嗣：天后臨養，六合臨死地。宜先養後招。
官司：官鬼爻臨病死之地，四課全子孫爻相制。官司可解。

壬子日

祿神：亥
驛馬：寅
貴人：卯、巳
空亡：寅、卯
長生：申
帝旺：子
墓庫：辰

壬子日

四課	三課	二課	一課
天后	太陰	太陰	玄武
寅	丑	丑	子
丑	子	子	壬

子孫	◎	寅	天后	初傳
子孫	◎	卯	貴人	中傳
官鬼	⊙	辰	螣蛇	末傳

正和
干上子

知一課

畢法賦/詮釋：
所謀多拙遭羅網。　　三傳三會逢旬空。
空空如也事莫追。　　鬼臨干支上下合。
進茹空亡宜退步。　　制鬼之位乃良醫。
眾鬼雖彰全不畏。　　交車相合交關利。貴人差迭事參差。

占斷解析：
天候：寅（天后），傳卯（貴人），傳辰（螣蛇）。雨後天晴。
人事：進茹空亡，所謀多拙，眾鬼入課傳，空空如也。不利人事。
考試：龍雀不入課傳，鬼眾入課傳，貴人差迭。不利考運。
婚姻：后合占婚吉，天后臨病，六合乘胎財。喜事將近。
財祿：財爻臨胎絕，鬼眾入課傳，交車相合又化鬼。不利財運。
升遷：進茹空亡，所謀多拙，眾鬼入課傳，空空如也。不利升遷。
疾病：白虎乘戌土尅水，主腎疾，喜青龍乘申金洩土生水。疾病可癒。
失物：玄武臨帝旺，財爻臨胎絕。失物難尋。
子嗣：天后臨病，六合臨胎。先得男。
官司：官鬼爻入課傳，喜青龍乘申金逢長生洩殺生身。官司可解。

壬子日

登天
干上丑

官鬼	☉	辰	螣蛇	初傳
妻財	丙	午	六合	中傳
父母	戊	申	青龍	末傳

四課	三課	二課	一課
螣蛇	天后	貴人	太陰
辰	寅	卯	丑
寅	子	丑	壬

重審課

畢法賦/詮釋：
兩貴皆空虛喜期。　　貴人旬空臨干上。
傳財化鬼財休覓。　　蛇墓乘空臨支宅。
制鬼之位乃良醫。　　后合占婚豈用媒。
罜塞鬼戶任謀為。　　干墓併關人宅廢。

占斷解析：

天候：辰（螣蛇），傳午（六合），傳申（青龍）。晴多雲。
人事：兩貴皆空，干墓併關，罜塞鬼戶，傳財化鬼。不利人事。
考試：青龍臨長生，乘午火相尅，朱雀臨絕乘空亡。不利考運。
婚姻：后合占婚吉，天后臨病，六合乘胎財。喜事將近。
財祿：財爻臨胎絕，傳財化鬼財休覓。不利財運。
升遷：兩貴皆空，干墓併關，罜塞鬼戶，傳財化鬼。不利升遷。
疾病：白虎乘戌土尅水，主腎疾，喜青龍入末傳洩土生水。疾病可癒。
失物：玄武臨帝旺，傳財化鬼財休覓。失物難尋。
子嗣：天后臨病，六合臨胎。先得男。
官司：官鬼爻入課傳，喜末傳得申金父母洩殺生身。官司可解。

壬子日

干上寅

四課	三課	二課	一課
六合	貴人	朱雀	天后
午	卯	巳	寅
卯	子	寅	壬

妻財	☉ 午	六合	初傳
父母	己 酉	天空	中傳
兄弟	壬 子	玄武	末傳

彈射課

畢法賦/詮釋：
賓主不投刑在上。　　暮貴乘馬馬旬空。
課傳俱貴轉無依。　　貴人旬空臨支宅。
人宅受脫俱招盜。　　脫上逢脫防虛詐。
兩貴皆空虛喜期。　　傳財太旺反財虧。后合占婚豈用媒。

占斷解析：
天候：午（六合），傳酉（天空），傳子（玄武）。晴偶雨。
人事：賓主不投，人宅受脫，傳財太旺反財虧，脫上逢脫。不利。
考試：朱雀逢絕臨干上，貴人逢空亡臨支，兩者皆空。不利考運。
婚姻：后合占婚吉，天后臨病，六合乘胎財。喜事將近。
財祿：財爻臨干支發用，傳財太旺反財虧，末傳兄弟劫財。不利。
升遷：賓主不投，人宅受脫，傳財太旺反財虧，脫上逢脫。不利。
疾病：白虎乘戌土尅水，主腎疾，喜父母爻酉金洩土生水。疾病可癒。
失物：玄武臨帝旺，財爻臨干支得子孫爻相生。失物復得。
子嗣：天后臨病，六合臨胎。先得男。
官司：官鬼爻不入課傳，喜父母爻入傳洩殺生身。官司可解。

壬子日

從吉
干上卯

四課	三課	二課	一課
青龍	騰蛇	勾陳	貴人
申	辰	未	卯
辰	子	卯	壬

官鬼	☉	未	勾陳	初傳
兄弟	辛	亥	太常	中傳
子孫	◎	卯	貴人	末傳

重審課

畢法賦/詮釋：
萬事喜忻三六合。　　貴人乘空臨干上。
合中犯殺蜜中砒。　　墓神覆支逢三合。
水日逢丁財動之。　　官鬼發傳三合貴。貴登天門高甲第。
　　　　　　　　　　眾鬼雖彰全不畏。彼此猜忌害相隨。

占斷解析：

天候：未（勾陳），傳亥（太常），傳卯（貴人）。主天晴。

人事：萬事喜忻三六合，水日逢丁，貴登天門。有利人事。

考試：青龍逢長生臨宅，丁馬乘官星臨干發用，貴登天門。有利考運。

婚姻：后合占婚吉，天后臨病，六合乘胎財。喜事將近。

財祿：財爻臨胎絕，喜課傳三合子孫爻相生。財漸旺。

升遷：萬事喜忻三六合，水日逢丁，貴登天門。有利升遷。

疾病：白虎乘戌土尅水，主腎疾，喜青龍乘申金洩土生水。疾病可癒。

失物：玄武臨帝旺，財爻臨胎絕，子孫爻空亡無助。失物難尋。

子嗣：天后臨病，六合臨胎。先得男。

官司：官鬼爻入課傳，喜青龍乘申金洩殺生身。官司可解。

- 687 -

壬子日

畢法賦/詮釋：
前後引從升遷吉。　　暮貴乘財臨支上。
干墓併關人宅廢。　　晝貴入傳逢空亡。
華蓋覆日人昏晦。　　官印相生臨干上。
貴雖在獄宜臨干。　　龍加生氣吉遲遲。青龍逢貴卯戌合。

占斷解析：
天候：巳（太陰），傳戌（青龍），傳卯（貴人）。晴多雲。
人事：支上逢絕，暮神覆日，貴人入獄。不利人事。
考試：青龍臨宅，朱雀臨衰，墓神覆日，貴人入獄。不利考運。
婚姻：后合占婚吉，天后入墓臨干，六合帝旺。姻緣未到。
財祿：財爻臨胎絕，傳財化鬼財休囚。不利財運。
升遷：支上逢絕，暮神覆日，貴人入獄。不利升遷。
疾病：白虎乘申金尅木，主肝疾，喜財爻發用合申為水洩金生木。病可癒。
失物：玄武臨胎財，財爻臨胎絕，子孫爻空亡無助。失物難尋。
子嗣：天后入墓，六合臨帝旺。先得男。
官司：官鬼爻入課傳，喜父母爻酉金合化金洩殺生身。官司可解。

壬子日

干上巳

	一課	二課	三課	四課
	太陰	勾陳	玄武	六合
	巳	亥	午	子
	壬	巳	子	午

妻財	丙	午	玄武	初傳
兄弟	壬	子	六合	中傳
妻財	丙	午	玄武	末傳

返吟課

畢法賦/詮釋：
三傳互尅眾人欺。　　返吟課傳上下冲。
兩貴受尅難干貴。　　財祿臨干玄臨宅。
旺祿臨身徒妄作。　　胎財生氣妻懷孕。
干支值絕凡謀決。　　傳財太旺反財虧。

占斷解析：
天候：午（玄武），傳子（六合），傳午（玄武）。陰雨連連。
人事：三傳互尅，兩貴受尅，干支值絕。不利人事。
考試：青龍入獄，朱雀臨衰，兩貴受尅。不利考運。
婚姻：后合占婚吉，天后入墓，六合帝旺。姻緣未到。
財祿：財爻入課傳，三傳四課皆互尅。不利財運。
升遷：三傳互尅，兩貴受尅，干支值絕。不利升遷。
疾病：白虎乘申金尅木，主肝疾，喜六合子水洩金生木。病可癒。
失物：玄武臨胎財，財爻臨胎絕，課傳又互尅。失物難尋。
子嗣：天后入墓，六合臨帝旺。先得男。
官司：官鬼爻不入課傳，但傳財太旺生官鬼，子孫爻臨空亡無制。
　　　官司難解。

壬子日

妻財	丙	午	玄武	初傳
官鬼	癸	丑	朱雀	中傳
父母	戊	申	白虎	末傳

干上午

四課	三課	二課	一課
螣蛇	太常	朱雀	玄武
寅	未	丑	午
未	子	午	壬

重審課

畢法賦/詮釋：
三傳遞生人舉薦。　玄武乘財臨干上。
交車相合交關利。　螣蛇乘空入宅來。
眾鬼雖彰全不畏。　制鬼之位乃良醫。
傳財化鬼財休覓。　水日逢丁財動之。貴人差迭事參差。

占斷解析：

天候：午（玄武），傳丑（朱雀），傳申（白虎）。雨後天晴。

人事：三傳遞生，交車相合，官印相生入傳。有利人事。

考試：青龍乘官星，朱雀合日支，交車相合丁財動。有利考運。

婚姻：后合占婚吉，天后入墓，六合帝旺。姻緣未到。

財祿：財爻臨胎絕，子孫爻空亡無力相生。不利財運。

升遷：三傳遞生，交車相合，官印相生入傳。有利升遷。

疾病：白虎乘申金尅木，主肝疾，喜六合子水洩金生木。疾病可癒。

失物：玄武臨胎財臨干，財爻臨胎絕，喜六合丁財。失物復得。

子嗣：天后入墓，六合臨帝旺。先得男。

官司：官鬼爻入課傳，喜父母爻入末傳洩殺生身。官司可解。

壬子日

正陽
干上未

四課	三課	二課	一課
天后	白虎	貴人	太常
辰	申	卯	未
申	子	未	壬

官鬼	丁	未	太常	初傳
子孫	◎	卯	貴人	中傳
兄弟	☉	亥	勾陳	末傳

涉害課

畢法賦/詮釋：
不行傳者考初時。　　官鬼乘丁發初傳。
水日逢丁財動之。　　貴人旬空逢三合。
萬事喜忻三六合。　　任信丁馬須言動。
合中犯殺蜜中砒。　　貴人差迭事參差。

占斷解析：

天候：丁未（太常），傳卯（貴人），傳亥（勾陳）。主天晴。

人事：水日逢丁財動之，萬事喜忻三六合，丁財動合貴人。有利。

考試：青龍乘戌沖辰，朱雀乘丑沖丁未，貴人差迭。不利考運。

婚姻：后合占婚吉，天后入墓，六合帝旺。姻緣未到。

財祿：財爻臨胎絕，喜三合水局生三合木，再生財爻。財漸旺。

升遷：水日逢丁財動之，萬事喜忻三六合，丁財動合貴人。有利升遷。

疾病：白虎乘申金尅木，主肝疾，喜地支三合水局洩金生木。疾病可癒。

失物：玄武臨財，財爻逢胎絕，子孫爻三合相生。失物復得。

子嗣：天后入墓，六合臨帝旺。先得男。

官司：官鬼爻乘丁神臨干發用，喜父母爻逢長生洩殺生身。官司可解。

壬子日

四課	三課	二課	一課
玄武	天空	太陰	白虎
午	酉	巳	申
酉	子	申	壬

干上申

妻財	丙	午	玄武	初傳
子孫	◎	卯	貴人	中傳
兄弟	☉	子	六合	末傳

比用課

畢法賦/詮釋：
三傳逆生人舉薦。　　白虎乘印臨干上。
不行傳者考初時。　　玄武臨財發初傳。
互生俱生凡事益。　　末傳六合乘帝旺。
貴人差迭事參差。　　胎財生氣妻懷孕。賓主不投刑在上。

占斷解析：

天候：午（玄武），傳卯（貴人），傳子（六合）。雨後天晴。

人事：不行傳者考初時，貴人差迭，賓主不投。不利人事。

考試：青龍乘衰，朱雀乘墓，貴人差迭。不利考運。

婚姻：后合占婚吉，天后入墓，六合帝旺。姻緣未到。

財祿：玄武臨財乘天空，太陰乘財合白虎。不利財運。

升遷：不行傳者考初時，玄武乘財敗門風，賓主不投。不利升遷。

疾病：白虎乘申金尅木，主肝疾，喜末傳子水洩金生木。疾病可癒。

失物：玄武臨胎財，財爻逢太陰暗合白虎。失物難尋。

子嗣：天后入墓，六合臨帝旺。先得男。

官司：官鬼爻不入課傳，喜父母爻臨干支洩殺生身。官司可解。

壬子日

悖戾
干上酉

四課	三課	二課	一課
白虎	青龍	太常	天空
申	戌	未	酉
戌	子	酉	壬

官鬼	庚	戌	青龍	初傳
父母	戊	申	白虎	中傳
妻財	丙	午	玄武	末傳

畢法賦/詮釋：

龍加生氣吉遲遲。　　官印相生臨干上。
水日逢丁財動之。　　印乘青龍臨支上。
末助初兮三等論。　　胎財生氣妻懷孕。
傳財化鬼財休覓。　　晝夜貴加求兩貴。貴人差迭事參差。

占斷解析：

天候：戌（青龍），傳申（白虎），傳午（玄武）。陰偶雨。
人事：龍虎臨支入傳，太常乘天空臨干，貴人差迭。人事不利己。
考試：青龍乘官入宅，水日逢丁財動之，末助初兮。有利考運。
婚姻：后合占婚吉，天后入墓，六合帝旺。姻緣未到。
財祿：財爻臨胎，暗合太常吉將半合青龍。有利財運。
升遷：龍虎臨宅入傳，太常乘天空臨干，貴人差迭。升遷不利己。
疾病：白虎乘申金尅木，主肝疾，喜六合子水洩金生木。疾病可癒。
失物：玄武臨帝旺，傳財化鬼財休覓。失物難尋。
子嗣：天后入墓，六合臨帝旺。先得男。
官司：官鬼爻入課傳，喜父母爻洩殺生身。官司可解。

壬子日

```
返駕
干上戌
```

四課	三課	二課	一課
白虎	太常	天空	白虎
戌	亥	酉	戌
亥	子	戌	壬

官鬼	庚	戌	白虎	初傳
父母	己	酉	天空	中傳
父母	戊	申	青龍	末傳

元首課

畢法賦/詮釋：
虎臨遁鬼殃非淺。　　虎臨干鬼凶速速。
魁度天門關格定。　　三傳退茹三會金。
權攝不正祿臨支。　　龍加生氣吉遲遲。
貴人差迭事參差。

占斷解析：
天候：戌（白虎），傳酉（天空），傳申（青龍）。多雲時晴。
人事：虎乘遁鬼，權攝不正，虎臨干鬼，貴人差迭。人事不利己。
考試：青龍逢長生，朱雀臨絕六合，魁度天門。不利考運。
婚姻：后合占婚吉，天后臨病，六合乘胎財。喜事將近。
財祿：財爻臨胎絕，課傳皆父母爻尅子孫。財運不佳。
升遷：虎乘遁鬼，權攝不正，虎臨干鬼，貴人差迭。不利升遷。
疾病：白虎乘戌土尅水，主腎疾，喜青龍乘申金洩土生水。疾病可癒。
失物：玄武帝旺，財爻逢胎絕，課傳皆父母爻。失物難尋。
子嗣：天后臨病，六合臨胎。先得男。
官司：官鬼爻入課傳，喜青龍乘父母爻洩殺生身。官司可解。

壬子日

干上亥

四課	三課	二課	一課
玄武	玄武	太常	太常
子	子	亥	亥
子	子	亥	壬

兄弟	辛	亥	太常	初傳
兄弟	壬	子	玄武	中傳
子孫	◎	卯	貴人	末傳

伏吟課

畢法賦/詮釋：
旺祿臨身徒妄作。　帝旺臨支伏吟盤。
將逢內戰所謀危。　德祿臨干發初傳。
六爻現卦防其尅。　宅上帝旺物豐隆。
我求彼事干傳支。　貴人差迭事參差。龍加生氣吉遲遲。

占斷解析：
天候：亥（太常），傳子（玄武），傳卯（貴人）。晴偶陣雨。
人事：德祿臨干發用，帝旺臨支，龍加生氣。有利人事。
考試：青龍逢長生，旺祿臨身，德祿登天門。有利考運。
婚姻：后合占婚吉，天后臨病，六合乘胎財。喜事將近。
財祿：財爻臨胎絕，喜旺祿臨身。財漸旺。
升遷：德祿臨干發用，帝旺臨支，龍加生氣。有利升遷。
疾病：白虎乘戌土尅水，主腎疾，喜青龍乘申金洩土生水。疾病可癒。
失物：玄武帝旺，財爻逢胎絕，課傳皆兄弟爻。失物難尋。
子嗣：天后臨病，六合臨胎。先得男。
官司：官鬼爻不入課傳，喜父母爻逢長生洩殺生身。官司可解。

- 695 -

癸丑日

祿神：子
驛馬：亥
貴人：卯、巳
空亡：寅、卯
長生：卯
帝旺：亥
墓庫：未

癸丑日

重陰
干上子

四課	三課	二課	一課
天空	青龍	天空	青龍
亥	子	亥	子
子	丑	子	癸

兄弟	壬	子	青龍	初傳
兄弟	辛	亥	天空	中傳
官鬼	庚	戌	白虎	末傳

重審課

畢法賦/詮釋：
旺祿臨身徒妄作。　　兩蛇夾墓凶難免。
魁度天門關格定。　　三傳逆退課重陰。
互旺俱旺來謀宜。　　虎乘遁鬼殃非淺。
權攝不正祿臨支。　　胎財生氣妻懷孕。龍加生氣吉遲遲。

占斷解析：

天候：子（青龍），傳亥（天空），傳戌（白虎）。陰有風無雨。
人事：青龍乘祿臨干支發用，龍加生氣，貴人乘財。有利人事。
考試：青龍乘祿臨干支，朱雀臨長生。有利考運。
婚姻：后合占婚吉，天后臨絕，六合臨敗地。姻緣未到。
財祿：財爻臨胎絕，課傳兄弟爻旺相。財運不佳。
升遷：青龍乘祿臨干支發用，龍加生氣，貴人乘財。有利升遷。
疾病：白虎乘戌土尅水，主腎疾，喜太常乘酉金洩土生水。疾病可癒。
失物：玄武臨死地，財爻臨胎絕，課傳皆兄弟爻相劫。失物難尋。
子嗣：天后臨絕，六合臨敗地。子息緣淡。
官司：官鬼爻入末傳，喜太常吉將洩殺生身。官司可解。

癸丑日

畢法賦/詮釋：
賓主不投刑在上。　伏吟課逢四課同。
水日逢丁財動之。　丑將臨宅發初傳。
六爻現卦防其尅。　鬼賊當時無畏忌。
已災凶逃返無疑。　傳財化鬼財休覓。

占斷解析：
天候：丑（勾陳），傳戌（白虎），傳丁未（太陰）。陰有風。
人事：賓主不投，水日逢丁，傳財化鬼，課傳全鬼。不利人事。
考試：青龍乘子臨官，朱雀乘暮貴逢長生。有利考運。
婚姻：后合占婚吉，天后臨絕，六合臨敗地。姻緣未到。
財祿：財爻臨胎絕，水日逢丁財動化鬼。不利財運。
升遷：賓主不投，水日逢丁，傳財化鬼，課傳全鬼。不利升遷。
疾病：白虎乘戌土尅水，主腎疾，喜太常乘酉金洩土生水。疾病可癒。
失物：玄武臨死地，財爻臨胎絕，丁財又化鬼。失物難尋。
子嗣：天后臨絕，六合臨敗地。子息緣淡。
官司：課傳俱鬼，無父母爻化殺生身。官司難解。

癸丑日

正和
干上寅

子孫	◎	寅	玄武	初傳
子孫	◎	卯	太陰	中傳
官鬼	⊙	辰	天后	末傳

四課	三課	二課	一課
太陰	玄武	太陰	玄武
卯	寅	卯	寅
寅	丑	寅	癸

畢法賦/詮釋：
所謀多拙遭羅網。　　三傳進茹三會木。
空空如也事莫追。　　玄武臨敗入課傳。
脫上逢脫防虛詐。　　六爻現卦防其尅。
進茹空亡宜退步。　　胎財生氣妻懷孕。

占斷解析：

天候：寅（玄武），傳卯（太陰），傳辰（天后）。雨後天晴。

人事：所謀多拙，六爻全空，空空如也事莫追。不利人事。

考試：青龍臨衰，朱雀入墓，課傳俱空。不利考運。

婚姻：后合占婚吉，天后臨養，六合臨死地。姻緣未到。

財祿：財爻臨胎絕，子孫爻入課傳俱空亡無力相助。不利財運。

升遷：所謀多拙，六爻全空，空空如也事莫追。不利升遷。

疾病：白虎乘子水尅火，主心疾，喜三傳三會木局洩水生火。疾病可癒。

失物：玄武臨敗地，財爻臨胎絕，子孫爻空亡無力相生。失物難尋。

子嗣：天后臨養，六合臨死地。宜先養後招。

官司：官鬼爻入末傳，喜三傳三會子孫爻相制。官司可解。

癸丑日

盈陽
干上卯

子孫	◎	卯	太陰	初傳
妻財	☉	巳	貴人	中傳
官鬼	丁	未	朱雀	末傳

四課	三課	二課	一課
貴人	太陰	貴人	太陰
巳	卯	巳	卯
卯	丑	卯	癸

元首課

畢法賦/詮釋：
晝夜貴加求兩貴。　兩貴皆空虛喜期。
課傳俱貴轉無依。　任信丁馬須言動。
水日逢丁財動之。　傳財化鬼財休覓。
腳踏空亡進用宜。

占斷解析：

天候：卯（太陰），傳巳（貴人），傳丁未（朱雀）。主天晴。

人事：貴人乘空亡入課傳，水日逢丁財動化鬼，兩貴皆空。不利人事。

考試：青龍臨衰，朱雀入墓，兩貴皆空。不利考運。

婚姻：后合占婚吉，天后臨養，六合臨死地。姻緣未到。

財祿：財爻臨胎絕，喜貴人乘財入課傳。財漸旺。

升遷：貴人乘空亡入課傳，水日逢丁財動化鬼，兩貴皆空。不利升遷。

疾病：白虎乘子水尅火，主心疾，喜子孫爻逢長生入課傳洩水生火。疾病可癒。

失物：玄武臨敗地，喜貴人乘財爻入課傳。失物復得。

子嗣：天后臨養，六合臨死地。宜先養後招。

官司：官鬼爻乘丁財化鬼，三傳遞生亦化鬼。官司難解。

癸丑日

干上辰

官鬼	甲	辰	天后	初傳
官鬼	丁	未	朱雀	中傳
官鬼	庚	戌	青龍	末傳

四課	三課	二課	一課
朱雀	天后	朱雀	天后
未	辰	未	辰
辰	丑	辰	癸

畢法賦/詮釋：
水日逢丁財動之。　課傳皆鬼尅日干。
六爻現卦防其尅。　鬼臨三四訟災隨。
干墓併關人宅廢。　催官使者赴官期。
　　　　　　　　　傳財化鬼財休覓。

占斷解析：
天候：辰（天后），傳丁未（朱雀），傳戌（青龍）。晴雨不定多雲。
人事：干墓併關，兩貴皆空，課傳俱鬼，傳財化鬼。不利人事。
考試：青龍乘朱雀，朱雀逢丁入課傳。有利考運。
婚姻：后合占婚吉，天后臨養，六合臨死地。姻緣未到。
財祿：財爻臨胎絕，水日逢丁財動化鬼。不利財運。
升遷：干墓併關，兩貴皆空，課傳俱鬼，傳財化鬼。不利升遷。
疾病：白虎乘子水尅火，主心疾，喜卯木逢長生洩水生火。疾病可癒。
失物：玄武臨敗地，財爻臨胎絕，丁財動化鬼。失物難尋。
子嗣：天后臨養，六合臨死地。宜先養後招。
官司：課傳皆鬼，水日逢丁財動化鬼，鬼眾無制。官司難解。

癸丑日

獻刃
干上巳

父母	巳	酉	勾陳	初傳
官鬼	癸	丑	太常	中傳
妻財	乙	巳	貴人	末傳

四課	三課	二課	一課
勾陳	貴人	勾陳	貴人
酉	巳	酉	巳
巳	丑	巳	癸

涉害課

畢法賦/詮釋：
三傳逆生人舉薦。　　貴財乘胎臨干上。
萬事喜忻三六合。　　酉印乘貴發初傳。
合中犯殺蜜中砒。　　三合從格生日干。
簾幕貴人高甲第。　　課傳俱貴轉無依。

占斷解析：

天候：酉（勾陳），傳丑（太常），傳巳（貴人）。主天晴。
人事：三傳逆生，課傳俱貴，萬事喜忻三六合，簾幕貴人高甲第。有利人事。
考試：貴人臨干支入課傳，簾幕貴人登天門。利考運。
婚姻：后合占婚吉，天后臨養，六合臨死地。姻緣未到。
財祿：財爻臨胎絕，喜貴人乘財臨干支又入末傳。財漸旺。
升遷：三傳逆生，課傳俱貴，萬事喜忻三六合，簾幕貴人高甲第。有利升遷。
疾病：白虎乘子水尅火，主心疾，課傳皆三合金生水尅火。未覓良醫。
失物：玄武臨敗入獄，喜貴人乘財爻臨干支發用。失物復得。
子嗣：天后臨養，六合臨死地。宜先養後招。
官司：官鬼爻乘丑土入傳，喜三合父母爻洩殺生身。官司可解。

癸丑日

干上午

四課	三課	二課	一課
天空	螣蛇	天空	螣蛇
亥	午	亥	午
午	丑	午	癸

妻財	丙	午	螣蛇 初傳
兄弟	辛	亥	天空 中傳
官鬼	甲	辰	天后 末傳

重審課

畢法賦/詮釋：
干支乘絕凡謀決。　　螣蛇乘財臨干支。
前後逼迫難進退。　　馬逢帝旺乘天空。
賓主不投刑在上。　　貴人差迭事參差。
胎財生氣妻懷孕。　　三傳四課皆自刑。三傳互尅眾人欺。

占斷解析：

天候：午（螣蛇），傳亥（天空），傳辰（天后）。晴偶陣雨。
人事：三傳互尅，干支值絕，前後逼迫，賓主不投。不利人事。
考試：青龍臨衰，朱雀入墓，三傳互尅。不利考運。
婚姻：后合占婚吉，天后臨養，六合臨死地。姻緣未到。
財祿：財爻入課傳，喜子孫爻逢長生。財漸旺。
升遷：三傳互尅，干支值絕，前後逼迫，賓主不投。不利升遷。
疾病：白虎乘子水尅火，主心疾，課傳無木洩水生火。未覓良醫。
失物：玄武臨敗地，財爻臨胎絕，喜財爻臨干支入發用。失物復
　　　得。
子嗣：天后臨養，六合臨死地。宜先養後招。
官司：官鬼爻入末傳，得財爻相生，子孫爻空亡。官司難解。

癸丑日

四課	三課	二課	一課
太常	朱雀	太常	朱雀
丑	未	丑	未
未	丑	未	癸

官鬼	丁未	朱雀 初傳
官鬼	癸丑	太常 中傳
官鬼	丁未	朱雀 末傳

返吟課

畢法賦/詮釋：
貴登天門高甲第。　　日墓臨干發初傳。
干支乘墓各昏迷。　　返吟課傳上下冲。
兩貴受尅難干貴。　　水日逢丁財祿動。
六爻現卦防其尅。　　傳財化鬼財休覓。干墓併關人宅廢。

占斷解析：
天候：丁未（朱雀），傳丑（太常），傳丁未（朱雀）。主天晴。
人事：兩貴受尅，干支乘墓，水日逢丁，傳財化鬼。不利人事。
考試：青龍入獄，朱雀入墓，兩貴受尅。不利考運。
婚姻：后合占婚吉，天后臨養，六合臨死地。姻緣未到。
財祿：財爻臨胎絕，水日逢丁財動化鬼。不利財運。
升遷：兩貴受尅，干支乘墓，水日逢丁，傳財化鬼。不利升遷。
疾病：白虎乘子水尅火，主心疾，喜子孫爻卯木逢長生洩水生火。
　　　疾病可癒。
失物：玄武臨敗地，財爻臨胎絕，水日逢丁傳財化鬼。失物難尋。
子嗣：天后臨養，六合臨死地。宜先養後招。
官司：課傳皆鬼，水日逢丁傳財化鬼。官司難解。

癸丑日

干上申

			|初傳
子孫	◎	卯	朱雀
官鬼	☉	戌	白虎	中傳
妻財	乙	巳	貴人	末傳

四課	三課	二課	一課
朱雀	玄武	朱雀	玄武
卯	申	卯	申
申	丑	申	癸

重審課

畢法賦/詮釋：
腳踏空亡進用宜。　玄武死氣臨干支。
人宅皆死各衰贏。　水印生干脫支辰。
將逢內戰所謀危。　末傳財爻乘日貴。虎乘遁鬼殃非淺。
胎財生氣妻懷孕。　貴雖入獄宜臨干。龍加生氣吉遲遲。

占斷解析：

天候：卯（朱雀），傳戌（白虎），傳巳（貴人）。主天晴。

人事：人宅皆死，將逢內戰，干支乘空，貴人入獄。不利人事。

考試：青龍乘貴人入獄，朱雀乘子孫爻逢空。不利考運。

婚姻：后合占婚吉，天后臨絕，六合臨敗地。姻緣未到。

財祿：財爻臨胎絕，喜貴人乘胎財入末傳。財漸旺。

升遷：人宅皆死，將逢內戰，干支乘空，貴人入獄。不利升遷。

疾病：白虎乘戌土剋水，主腎疾，喜父母爻申金洩土生水。疾病可癒。

失物：玄武臨死地，財爻臨胎絕，喜貴人乘財入末傳。失物復得。

子嗣：天后臨絕，六合臨敗地。子息緣淡。

官司：官鬼爻入課傳，喜父母爻洩殺生身。官司可解。

癸丑日

反射
干上酉

四課	三課	二課	一課
貴人	太常	貴人	太常
巳	酉	巳	酉
酉	丑	酉	癸

妻財	乙	巳	貴人	初傳
官鬼	癸	丑	勾陳	中傳
父母	己	酉	太常	末傳

元首課

畢法賦/詮釋：
萬事喜忻三六合。　　貴人乘印生干合支。
合中犯殺蜜中砒。　　苦去甘來樂裏悲。
賓主不投刑在上。　　鬼乘勾陳全不畏。
干支皆敗事傾頹。　　三傳遞生人舉薦。傳財太旺反財虧。

占斷解析：
天候：巳（貴人），傳丑（勾陳），傳酉（太常）。主陰不雨。
人事：貴人臨干支三合，三傳遞生，干支皆得貴人乘吉將。有利人事。
考試：青龍臨干祿，朱雀得長生，貴人乘吉將臨干支。有利考運。
婚姻：后合占婚吉，天后臨絕，六合臨敗地。姻緣未到。
財祿：貴人乘胎財，臨干支入課傳逢三合。有利財運。
升遷：貴人臨干支三合，三傳遞生，干支皆得貴人乘太常吉將。有利升遷。
疾病：白虎乘戌土尅水，主腎疾，喜課傳三合金局洩土生水。疾病可癒。
失物：玄武臨死地，財爻臨胎絕，課傳俱得貴人乘胎財。失物失而復得。
子嗣：天后臨絕，六合臨敗地。子息緣淡。
官司：官鬼爻入課傳，逢三合化父母爻洩殺生身。官司可解。

癸丑日

官鬼	庚	戌	白虎	初傳
官鬼	丁	未	太陰	中傳
官鬼	甲	辰	螣蛇	末傳

四課	三課	二課	一課
太陰	白虎	太陰	白虎
未	戌	未	戌
戌	丑	戌	癸

干上戌

元首課

畢法賦/詮釋：
虎臨干鬼凶速速。　　課傳皆鬼多凶危。
干墓併關人宅廢。　　傳財化鬼財休覓。
六爻現卦防其尅。　　貴人差迭事參差。
水日逢丁財動之。　　龍加生氣吉遲遲。

占斷解析：

天候：戌（白虎），傳丁未（太陰），傳辰（螣蛇）。陰轉晴。
人事：干墓併關，虎乘遁鬼，課傳俱鬼凶速速。不利人事。
考試：龍雀不入課傳，蛇虎入傳。不利考運。
婚姻：后合占婚吉，天后臨絕，六合臨敗地。姻緣未到。
財祿：財爻臨胎絕，水日逢丁財動化鬼。不利財運。
升遷：干墓併關，虎乘遁鬼，課傳俱鬼凶速速。不利升遷。
疾病：白虎乘戌土尅水，主腎疾，課傳俱鬼凶速速。未覓良醫。
失物：玄武臨死地，財爻臨胎絕，水日逢丁財動化鬼。失物難尋。
子嗣：天后臨絕，六合臨敗地。子息緣淡。
官司：課傳俱鬼轉無依，六爻現卦防其尅。官司無解。

癸丑日

時遁
干上亥

兄弟	辛	亥	天空	初傳
父母	己	酉	太常	中傳
官鬼	丁	未	太陰	末傳

四課	三課	二課	一課
太常	天空	太常	天空
酉	亥	酉	亥
亥	丑	亥	癸

重審課

畢法賦/詮釋：
賓主不投刑在上。　　亥馬乘空臨干支。
水日逢丁財動之。　　酉印乘馬入三傳。
三傳逆生人舉薦。　　末傳官鬼丁神動。水日逢丁財生官。
互旺俱旺坐謀宜。　　胎財生氣妻懷孕。龍加生氣吉遲遲。

占斷解析：

天候：亥（天空），傳酉（太常），傳丁未（太陰）。晴轉陰。
人事：水日逢丁財入傳，三傳逆生，互旺俱旺。有利人事。
考試：青龍臨干祿，朱雀逢長生。有利考運。
婚姻：后合占婚吉，天后臨絕，六合臨敗地。姻緣未到。
財祿：財爻臨胎絕，水日逢丁財動化鬼。不利財運。
升遷：水日逢丁財入傳，三傳逆生，互旺俱旺。有利升遷。
疾病：白虎乘戌土尅水，主腎疾，喜太常乘酉金洩土生水。疾病可癒。
失物：玄武臨死地，財爻臨胎絕，水日逢丁財動化鬼。失物難尋。
子嗣：天后臨絕，六合臨敗地。子息緣淡。
官司：水日逢丁財動化鬼，喜三傳逆生洩殺生身。官司可解。

甲寅日

祿神：寅
驛馬：申
貴人：丑、未
空亡：子、丑
長生：亥
帝旺：卯
墓庫：未

甲寅日

四課	三課	二課	一課
玄武	白虎	玄武	白虎
戌	子	戌	子
子	寅	子	甲

悖戾
干上子

妻財	⊙	戌	玄武	初傳
官鬼	庚	申	天后	中傳
子孫	戊	午	螣蛇	末傳

畢法賦/詮釋：
閉口卦體兩般推。　　玄武臨財乘空發用。
干支皆敗事傾頹。　　元首課逢逆間傳。
傳財化鬼財休覓。　　虎乘旬空臨干支。
貴人差迭事參差。　　龍加生氣吉遲遲。制鬼之位乃良醫。

占斷解析：

天候：戌（玄武），傳申（天后），傳午（螣蛇）。雨後轉晴。

人事：玄武臨財，干支皆敗，傳財化鬼，貴人差迭。不利人事。

考試：龍雀不入課傳，玄武臨財，干支皆敗。不利考運。

婚姻：后合占婚吉，天后臨絕，六合臨衰。姻緣未到。

財祿：玄武乘財入課傳，財爻逢空又入墓。不利財運。

升遷：玄武臨財，干支皆敗，傳財化鬼，貴人差迭。不利升遷。

疾病：白虎乘子水尅火，主心疾，喜青龍乘干祿洩水生火。疾病可癒。

失物：玄武臨財爻，財爻逢空又入墓。失物難尋。

子嗣：天后臨絕，六合臨衰。子息緣淡。

官司：官鬼爻入傳，傳財化鬼，喜父母爻臨干支洩殺生身。官司可解。

甲寅日

重陰
干上丑

四課	三課	二課	一課
白虎	天空	白虎	天空
子	丑	子	丑
丑	寅	丑	甲

父母	◎	子	白虎	初傳
父母	☉	亥	太常	中傳
妻財	壬	戌	玄武	末傳

知一課

畢法賦/詮釋：
空上乘空事莫追。　　夜貴臨身空逢空。
干支皆敗事傾頹。　　三傳重陰全無氣。
魁度天門關格定。　　凡謀不利長上凶。
腳踏空亡進用宜。　　貴人差迭事參差。龍加生氣吉遲遲。

占斷解析：

天候：子（白虎），傳亥（太常），傳戌（玄武）。晴偶雨。

人事：空上乘空，干支皆敗，魁度天門關格定。不利人事。

考試：青龍臨干祿，朱雀乘丁馬，龍加生氣。有利考運。

婚姻：后合占婚吉，天后臨絕，六合臨衰。姻緣未到。

財祿：玄武乘財爻入課傳，財爻逢空又入墓。不利財運。

升遷：空上乘空，干支皆敗，魁度天門關格定。不利升遷。

疾病：白虎乘子水尅火，主心疾，喜青龍乘干祿洩水生火。疾病可癒。

失物：玄武乘財爻，財爻逢空又入墓。失物難尋。

子嗣：天后臨絕，六合臨衰。子息緣淡。

官司：官鬼爻臨胎絕，喜白虎乘子水入課傳洩殺生身。官司可解。

甲寅日

四課	三課	二課	一課
青龍	青龍	青龍	青龍
寅	寅	寅	寅
寅	寅	寅	甲

干上寅

兄弟	甲	寅	青龍	初傳
子孫	丁	巳	朱雀	中傳
官鬼	庚	申	天后	末傳

伏吟課

畢法賦/詮釋：
旺祿臨身徒妄作。　　干支乘龍發初傳。
權攝不正祿臨支。　　龍乘生氣吉遲遲。
任信丁馬須言動。　　貴人差迭事參差。
賓主不投刑在上。

占斷解析：
天候：寅（青龍），傳丁巳（朱雀），傳申（天后）。晴偶雨。
人事：青龍乘祿臨課傳，朱雀逢丁馬須言動，龍加生氣。利人事。
考試：干支得青龍乘祿發用，朱雀乘丁馬。大利考運。
婚姻：后合占婚吉，天后臨絕，六合臨衰。姻緣未到。
財祿：財爻逢空又入墓，喜丁馬乘子孫爻動而相生。財漸旺。
升遷：青龍乘祿入課傳，朱雀逢丁馬動生財，龍加生氣。利升遷。
疾病：白虎乘子水尅火，主心疾，喜課傳皆得青龍乘祿洩水生火。疾病可癒。
失物：玄武入獄，財爻逢空又入墓。失物難尋。
子嗣：天后臨絕，六合臨衰。子息緣淡。
官司：官鬼爻入末傳，喜朱雀乘丁馬六合化父母洩殺生身。官司可解。

甲寅日

升階
干上卯

妻財	丙	辰	六合	初傳
子孫	丁	巳	朱雀	中傳
子孫	戊	午	螣蛇	末傳

四課	三課	二課	一課
六合	勾陳	六合	勾陳
辰	卯	辰	卯
卯	寅	卯	甲

重審課

畢法賦/詮釋：

所謀多拙逢羅網。　　人宅受脫俱招盜。
貴人差迭事參差。　　費有餘而得不足。
互旺皆旺坐謀宜。　　三傳升階利攸往。
傳財太旺反財虧。　　任信丁馬須言動。龍加生氣吉遲遲。

占斷解析：

天候：辰（六合），傳丁巳（朱雀），傳午（螣蛇）。主天晴。
人事：三傳升階，朱雀乘丁馬，互旺皆旺，龍加生氣。有利人事。
考試：青龍臨干祿，朱雀乘丁馬，龍加生氣。有利考運。
婚姻：后合占婚吉，天后臨絕，六合臨衰。姻緣未到。
財祿：玄武乘財，財爻逢空又入墓，傳財太旺反財虧。不利財運。
升遷：三傳升階，朱雀乘丁馬，互旺皆旺，龍加生氣。有利升遷。
疾病：白虎乘子水尅火，主心疾，喜兄弟爻臨干支洩水生火。疾病可癒。
失物：玄武臨財爻，財爻逢空又入墓。失物難尋。
子嗣：天后臨絕，六合臨衰。子息緣淡。
官司：官鬼爻臨胎絕，喜三傳升階得子孫爻制殺。官司可解。

甲寅日

四課	三課	二課	一課
螣蛇	六合	螣蛇	六合
午	辰	午	辰
辰	寅	辰	甲

登天
干上辰

妻財	丙	辰	六合	初傳
子孫	戊	午	螣蛇	中傳
官鬼	庚	申	天后	末傳

重審課

畢法賦/詮釋：
簾幕貴人高甲第。　　三傳名曰登三天。
罡塞鬼戶任謀為。　　三傳間進仕官宜。
賓主不投刑在上。　　人宅皆死各衰贏。
后合占婚豈用媒。　　貴人差迭事參差。

占斷解析：
天候：辰（六合），傳午（螣蛇），傳申（天后）。晴偶雨。
人事：人宅皆死，賓主不投，貴人差迭。不利人事。
考試：青龍臨干祿，朱雀暗合官星，簾幕貴人高甲第。有利考運。
婚姻：后合占婚吉，天后臨絕，六合臨衰。姻緣未到。
財祿：財爻臨干支發用，得子孫爻相生。財漸旺。
升遷：人宅皆死，賓主不投，貴人差迭。不利升遷。
疾病：白虎乘子水尅火，主心疾，喜青龍臨干祿洩水生火。疾病可癒。
失物：玄武臨財爻，喜財爻入課傳得午火子孫爻相生。失物復得。
子嗣：天后臨絕，六合臨衰。子息緣淡。
官司：官鬼爻入末傳，喜太常吉將乘印洩殺生身。官司可解。

甲寅日

干上巳

官鬼	庚	申	螣蛇	初傳
父母	癸	亥	勾陳	中傳
兄弟	甲	寅	白虎	末傳

四課	三課	二課	一課
螣蛇	太陰	螣蛇	太陰
申	巳	申	巳
巳	寅	巳	甲

重審課

畢法賦／詮釋：
三傳遞生人舉薦。　丁馬乘祿臨干支。
人宅受脫俱招盜。　申馬乘病巳申合。
眾鬼雖彰全不畏。　德祿乘亥入天門。
制鬼之位乃良醫。　貴雖在獄宜臨干。交車相合交關利。

占斷解析：

天候：申（螣蛇），傳亥（勾陳），傳寅（白虎）。主天晴有風。

人事：三傳遞生，官鬼化祿，交車相合，子孫制官鬼化印。有利人事。

考試：青龍臨敗地，朱雀乘胎，貴人入獄。不利考運。

婚姻：后合占婚吉，天后臨死地，六合臨養。姻緣未到。

財祿：玄武乘財，財爻逢空又入墓。不利財運。

升遷：三傳遞生，官鬼化祿，交車相合，子孫制官鬼化印。有利升遷。

疾病：白虎乘寅木尅土，主胃疾，三傳遞生寅木，子孫爻臨病死之地。未覓良醫。

失物：玄武乘財爻臨衰，財爻逢空又入墓。失物難尋。

子嗣：天后臨死地，六合臨養。先得男。

官司：官鬼爻入課傳，喜三傳官印相生洩殺生身。官司可解。

甲寅日

	一課	二課	三課	四課
	午	戌	午	戌
	甲	寅	戌	午
	天后	六合	天后	六合

干上午

官鬼	庚	申	螣蛇	初傳
子孫	戊	午	天后	中傳
子孫	戊	午	天后	末傳

八專課

畢法賦/詮釋：

賓主不投刑在上。　課逢入傳制官鬼。
人宅皆死各衰贏。　制煞生財不利官。
脫上逢脫防虛詐。　人宅受脫俱招盜。
后合占婚豈用媒。　貴人差迭事參差。制鬼之位乃良醫。

占斷解析：

天候：申（螣蛇），傳午（天后），傳午（天后）。晴轉陰雨。
人事：賓主不投，人宅皆死，脫上逢脫，人宅受脫。不利人事。
考試：青龍臨敗地，朱雀乘胎，貴人差迭。不利考運。
婚姻：后合占婚吉，天后臨死地，六合臨養。姻緣未到。
財祿：玄武乘財，財爻乘六合臨干支。有利財運。
升遷：賓主不投，人宅皆死，脫上逢脫，人宅受脫。不利升遷。
疾病：白虎乘寅木尅土，主胃疾，喜子孫爻午火臨干支洩木生土。
　　　疾病可癒。
失物：玄武乘財爻臨衰，財爻逢空又入墓。失物難尋。
子嗣：天后臨死地，六合臨養。先得男。
官司：官鬼爻發用，喜子孫爻入傳相制。官司可解。

甲寅日

干上未

				初傳
父母	◎	子	青龍	
子孫	⊙	巳	太陰	中傳
妻財	壬	戌	六合	末傳

四課	三課	二課	一課
青龍	貴人	青龍	貴人
子	未	子	未
未	寅	未	甲

知一課

畢法賦/詮釋：
腳踏空亡進用宜。　　干墓併關人宅廢。
干支乘墓各昏迷。　　四課皆逢下尅上。
害貴訟直遭曲斷。　　青龍發用值空亡。
傳財太旺反財虧。　　人宅坐墓甘招晦。

占斷解析：
天候：子（青龍），傳巳（太陰），傳戌（六合）。晴多雲。
人事：腳踏空亡，干支乘墓，害貴訟直遭曲斷。不利人事。
考試：青龍臨敗地又逢空，朱雀乘胎，貴人乘財入墓。不利考運。
婚姻：后合占婚吉，天后臨死地，六合臨養。姻緣未到。
財祿：貴人乘財入墓，財爻逢空又入墓。不利財運。
升遷：腳踏空亡，干支乘墓，害貴訟直遭曲斷。不利升遷。
疾病：白虎乘寅木尅土，主胃疾，喜子孫爻洩木生土。病可癒。
失物：玄武乘財爻臨衰，財爻逢空又入墓。失物難尋。
子嗣：天后臨死地，六合臨養。先得男。
官司：官鬼爻臨胎絕，喜青龍乘父母爻洩殺生身。官司可解。

甲寅日

畢法賦/詮釋：
晝夜貴加求兩貴。　驛馬官鬼傷干尅支。
干支值絕凡謀決。　兩貴皆空虛喜期。
富貴干支逢祿馬。　貴人差迭事參差。
干支全傷防兩損。　三傳互尅眾人欺。

占斷解析：
天候：寅（白虎），傳申（螣蛇），傳寅（白虎）。主天晴有風。
人事：課傳皆互尅，干支全傷，干支值絕，貴人差迭。不利人事。
考試：青龍臨敗地又逢空，干支蛇虎交戰，貴人差迭。不利考運。
婚姻：后合占婚吉，天后臨死地，六合臨養。姻緣未到。
財祿：玄武乘財，財爻逢空又入墓。不利財運。
升遷：課傳皆互尅，干支全傷，干支值絕，貴人差迭。不利升遷。
疾病：白虎乘寅木尅土，主胃疾，喜課傳皆申金相制。疾病可癒。
失物：玄武乘財爻臨衰，財爻逢空又入墓。失物難尋。
子嗣：天后臨死地，六合臨養。先得男。
官司：官鬼爻臨干支又入傳，喜父母爻逢長生洩殺生身。官司可解。

甲寅日

干上酉

初傳	官鬼	辛	酉	朱雀
中傳	妻財	丙	辰	玄武
末傳	父母	癸	亥	勾陳

四課	三課	二課	一課
玄武	朱雀	玄武	朱雀
辰	酉	辰	酉
酉	寅	酉	甲

元首課

畢法賦/詮釋：
萬事喜忻三六合。　　課傳皆刑病訟凶。
合中犯殺蜜中砒。　　玄財合鬼宅不寧。
干支全傷防兩損。　　賓主不投刑在上。
傳財化鬼財休覓。　　貴人差迭事參差。

占斷解析：

天候：酉（朱雀），傳辰（玄武），傳亥（勾陳）。晴轉陰雨。
人事：干支全傷，傳財化鬼，貴人差迭，賓主不投。不利人事。
考試：青龍乘印臨敗地，朱雀乘官入課傳，貴人差迭。不利考運。
婚姻：后合占婚吉，天后臨死地，六合臨養。姻緣未到。
財祿：玄武乘財，傳財化鬼，財爻逢空又入墓。不利財運。
升遷：干支全傷，傳財化鬼，貴人差迭，賓主不投。不利升遷。
疾病：白虎乘寅木尅土，主胃疾，喜課傳皆酉金相制。疾病可癒。
失物：玄武乘財爻臨衰，財爻逢空又入墓。失物難尋。
子嗣：天后臨死地，六合臨養。先得男。
官司：官鬼爻臨胎絕，課傳皆逢財化鬼，喜末傳父母爻洩殺生身。
　　　官司可解。

甲寅日

就爆
干上戌

妻財	壬	戌	六合	初傳
子孫	戊	午	天后	中傳
兄弟	甲	寅	白虎	末傳

四課	三課	二課	一課
天后	六合	天后	六合
午	戌	午	戌
戌	寅	戌	甲

畢法賦/詮釋：
萬事喜忻三六合。　　課傳三合炎上課。
貴登天門高用第。　　三傳就爆合中庸。
三傳逆生人舉薦。　　三傳逆生財逢六合。
后合占婚豈用媒。　　人宅皆死各衰贏。

占斷解析：
天候：戌（六合），傳午（天后），傳戌（白虎）。午後陣雨。
人事：課傳皆逢三合，三傳逆生，貴登天門。有利人事。
考試：青龍乘印，朱雀乘官，貴登天門。有利考運。
婚姻：后合占婚吉，課傳皆得后合三合干祿。婚喜在即。
財祿：三傳逆生干祿化財，貴人乘財入天門。財運漸旺。
升遷：課傳皆逢三合，三傳逆生，貴登天門。有利升遷。
疾病：白虎乘寅木尅土，主胃疾，喜三傳逆生洩木生土。疾病可癒。
失物：玄武乘財爻臨衰，財爻逢空又入墓。失物難尋。
子嗣：天后臨死地，六合臨養。先得男。
官司：官鬼爻臨胎絕，喜課傳皆三合火局子孫制殺。官司可解。

甲寅日

干上亥

妻財	◎	丑	天空	初傳
父母	癸	亥	太常	中傳
父母	癸	亥	太常	末傳

四課	三課	二課	一課
天后	太常	天后	太常
申	亥	申	亥
亥	寅	亥	甲

八專課

畢法賦/詮釋：
賓主不投刑在上。　　課傳長生官生印。
空上乘空事莫追。　　夜貴乘財空乘空。
互生俱生凡事益。　　貴雖在獄宜臨干。
將逢內戰所謀危。　　龍加生氣吉遲遲。

占斷解析：

天候：丑（天空），傳亥（太常），傳亥（太常）。主天晴。
人事：官印相生臨干支，互生俱生凡事益，龍加生氣。有利人事。
考試：官印相生臨干支，龍加生氣。有利考運。
婚姻：后合占婚吉，天后臨絕，六合臨衰。姻緣未到。
財祿：財爻空上逢空發用，玄武臨財，貴人乘財入墓。不利財運。
升遷：官印相生臨干支，互生俱生凡事益，龍加生氣。有利升遷。
疾病：白虎乘子水尅火，主心疾，喜青龍臨干祿洩水生火。疾病可癒。
失物：玄武乘財爻，財爻逢空又入墓。失物難尋。
子嗣：天后臨絕，六合臨衰。子息緣淡。
官司：官鬼爻臨干支，喜太常吉將乘印洩殺生身。官司可解。

- 721 -

乙卯日

祿神：卯
驛馬：巳
貴人：申、子
空亡：子、丑
長生：午
帝旺：寅
墓庫：戌

乙卯日

正陽
干上子

妻財	己	未	天后	初傳
兄弟	乙	卯	白虎	中傳
父母	癸	亥	六合	末傳

四課	三課	二課	一課
天后	六合	貴人	勾陳
未	亥	申	子
亥	卯	子	乙

畢法賦/詮釋：

萬事喜忻三六合。　　晝夜雙貴臨干上。
合中犯殺蜜中砒。　　財爻發用成三合。
后合占婚豈用媒。　　支得長生干逢貴。
鬼乘天乙乃神祇。　　魁度天門關格定。互生俱生凡事益。

占斷解析：

天候：未（天后），傳卯（白虎），傳亥（六合）。雨後天晴。
人事：萬事喜忻三六合，互生俱生凡事益，鬼乘天乙乃神祇。有利人事。
考試：青龍臨衰，朱雀入墓。不利考運。
婚姻：后合占婚吉，天后臨養，六合臨死地。姻緣未到。
財祿：財爻臨宅發用，中傳得祿，末傳三合祿。有利財運。
升遷：萬事喜忻三六合，互生俱生凡事益，鬼乘天乙乃神祇。有利升遷。
疾病：白虎乘卯木尅土，主胃疾，三傳三合木局助旺。未覓良醫。
失物：玄武臨敗地，財爻入墓逢空，又三合兄弟爻劫財。失物難尋。
子嗣：天后臨養，六合臨死地。宜先養後招。
官司：官鬼爻臨胎絕，鬼乘天乙，喜父母爻洩殺生身。官司可解。

- 723 -

乙卯日

干上丑

妻財	◎	丑	青龍	初傳
妻財	☉	戌	朱雀	中傳
妻財	己	未	天后	末傳

四課	三課	二課	一課
螣蛇	勾陳	朱雀	青龍
酉	子	戌	丑
子	卯	丑	乙

重審課

畢法賦/詮釋：
貴登天門高甲地。　　交車相合上下害。
腳踏空亡誰用宜。　　課傳財旺身無依。
賓主不投刑在上。　　空財發用多虛實。
傳財太旺反財虧。　　傳財化鬼財休覓。鬼乘天乙乃神祇。

占斷解析：

天候：丑（青龍），傳戌（朱雀），傳未（天后）。晴雨不定。

人事：腳踏空亡，賓主不投，干支逢空，傳財化鬼。不利人事。

考試：青龍朱雀入課傳，貴登天門高甲第。大利考運。

婚姻：后合占婚吉，天后臨養又入墓，六合臨死地。姻緣未到。

財祿：課傳皆財爻，傳財太旺反財虧，財爻乘財入墓又逢空。不利財運。

升遷：腳踏空亡，賓主不投，干支逢空，傳財化鬼。不利升遷。

疾病：白虎乘卯木剋土，主胃疾，喜戌財合祿化火洩木生土。疾病可癒。

失物：玄武臨敗地，課傳皆財，傳財太旺反財虧。失物難尋。

子嗣：天后臨養，六合臨死地。宜先養後招。

官司：官鬼爻臨支上，課傳皆財，傳財化鬼。官司難解。

乙卯日

極陰
干上寅

妻財	◎	丑	白虎	初傳
父母	☉	亥	玄武	中傳
官鬼	辛	酉	天后	末傳

四課	三課	二課	一課
玄武	白虎	太常	天空
亥	丑	子	寅
丑	卯	寅	乙

涉害課

畢法賦/詮釋：
腳踏空亡進用宜。　　涉害課逢逆間傳。
交車相合交關利。　　三傳極陰事昏晦。
貴雖在獄宜臨干。　　財印逢空官鬼旺。
鬼乘天乙乃神祇。　　吉事難成凶可解。龍加生氣吉遲遲。

占斷解析：
天候：丑（白虎），傳亥（玄武），傳酉（天后）。主陰雨。
人事：交車相合，龍加生氣，鬼乘天乙。有利人事。
考試：青龍臨干祿，朱雀乘貴得長生。有利考運。
婚姻：后合占婚吉，天后臨絕，六合臨敗地。姻緣未到。
財祿：財爻旬空又入墓，末傳官鬼爻又合財化官鬼。不利財運。
升遷：交車相合，龍加生氣，鬼乘天乙。有利升遷。
疾病：白虎乘丑土尅水，主腎疾，喜鬼乘天乙洩土生水。疾病可癒。
失物：玄武臨死地，財爻旬空又入墓。失物難尋。
子嗣：天后臨絕，六合臨敗地。子息緣淡。
官司：官鬼爻臨胎絕，鬼乘天乙，喜父母爻亥水洩殺生身。官司可解。

- 725 -

乙卯日

```
遞傳
干上卯
```

妻財	◎	丑	白虎	初傳
父母	◎	子	太常	中傳
父母	☉	亥	玄武	末傳

四課	三課	二課	一課
白虎	天空	天空	青龍
丑	寅	寅	卯
寅	卯	卯	乙

重審課

畢法賦/詮釋：
旺祿臨身徒妄作。　　三傳會水生干支。
互旺俱旺坐謀宜。　　腳踏空亡進用宜。
魁度天門關格定。　　龍加生氣吉遲遲。
尊崇傳內遇三奇。　　鬼乘天乙乃神祇。空空如也事休追。

占斷解析：
天候：丑（白虎），傳子（太常），傳亥（玄武）。晴偶雨。
人事：旺祿臨身，互旺俱旺，龍加生氣臨干上。有利人事。
考試：青龍乘祿臨干，朱雀得長生，鬼乘天乙。有利考運。
婚姻：后合占婚吉，天后臨絕，六合臨敗地。姻緣未到。
財祿：財爻旬空入宅發用，財爻入墓又逢衰。不利財運。
升遷：旺祿臨身，互旺俱旺，龍加生氣臨干上。有利升遷。
疾病：白虎乘丑土尅水，主腎疾，喜三傳三會水局。疾病可癒。
失物：玄武臨死地，財爻旬空又入墓。失物難尋。
子嗣：天后臨絕，六合臨敗地。子息緣淡。
官司：官鬼爻臨胎絕，鬼乘天乙，喜父母爻洩殺生身。官司可解。

乙卯日

干上辰

妻財	丙	辰	勾陳	初傳
兄弟	乙	卯	青龍	中傳
父母	◎	子	太常	末傳

四課	三課	二課	一課
青龍	青龍	勾陳	勾陳
卯	卯	辰	辰
卯	卯	辰	乙

伏吟課

畢法賦/詮釋：
賓主不投刑在上。　　魁罡乘財臨干上。
權攝不正祿臨支。　　三傳六害又相刑。
華蓋覆日人昏晦。　　財祿入傳印逢空。
彼此猜忌害相隨。　　龍加生氣吉遲遲。鬼乘天乙乃神祇。

占斷解析：

天候：辰（勾陳），傳卯（青龍），傳子（太常）。晴多雲。
人事：勾陳臨干，青龍乘祿臨支，華蓋覆日，賓主不投。人事不利己。
考試：青龍乘祿臨官，朱雀得長生，鬼乘天乙。有利考運。
婚姻：后合占婚吉，天后臨絕，六合臨敗地。姻緣未到。
財祿：財爻入墓又逢衰，喜財爻臨干發用。財漸旺。
升遷：勾陳臨干，青龍乘祿臨支，華蓋覆日，賓主不投。升遷不利己。
疾病：白虎乘丑土尅水，主腎疾，喜青龍乘干祿相制。疾病可癒。
失物：玄武臨死地，喜財爻臨干發用。失物復得。
子嗣：天后臨絕，六合臨敗地。子息緣淡。
官司：官鬼爻臨胎絕，鬼乘天乙，喜父母爻洩殺生身。官司可解。

- 727 -

乙卯日

升階
干上巳

妻財	丙	辰	勾陳	初傳
子孫	丁	巳	六合	中傳
子孫	戊	午	朱雀	末傳

四課	三課	二課	一課
六合	勾陳	朱雀	六合
巳	辰	午	巳
辰	卯	巳	乙

重審課

畢法賦/詮釋：
所謀多拙逢羅網。　　末助初傳三等論。
干支皆敗事傾頹。　　三傳順進格曰升階。
任信丁馬須言動。　　干乘丁馬天罡臨支。
貴人差迭事參差。　　屈尊求俸動則咎。龍加生氣吉遲遲。

占斷解析：
天候：辰（勾陳），傳丁巳（六合），傳午（朱雀）。陰轉晴。
人事：所謀多拙，干支皆敗，貴人差迭。不利人事。
考試：青龍乘干祿，朱雀得長生，任信丁馬須言動。有利考運。
婚姻：后合占婚吉，天后臨絕，六合臨敗地。姻緣未到。
財祿：財爻入墓又逢空，喜子孫爻入傳相生。財漸旺。
升遷：所謀多拙，干支皆敗，貴人差迭。不利升遷。
疾病：白虎乘丑土尅水，主腎疾，喜鬼乘天乙洩土生水。疾病可癒。
失物：玄武入獄，財爻入墓又逢空，喜子孫爻相生。失物復得。
子嗣：天后臨絕，六合臨敗地。子息緣淡。
官司：官鬼爻臨胎絕，喜課傳皆子孫爻相制。官司可解。

乙卯日

涉三淵
干上午

	一課	二課	三課	四課
	朱雀	貴人	六合	螣蛇
	午	申	巳	未
	乙	午	卯	巳

官鬼　庚　申　貴人　初傳
妻財　壬　戌　太陰　中傳
父母　◎　子　太常　末傳

重審課

畢法賦/詮釋：
脫上逢脫防虛詐。　　順進間傳涉三淵。
罡塞鬼戶任謀為。　　人宅受脫俱招盜。
兩貴受尅難干貴。　　干鬼發用丁馬入宅。
鬼乘天乙乃神祇。　　交車相合交關利。龍加生氣吉遲遲。

占斷解析：

天候：申（貴人），傳戌（太陰），傳子（太常）。主天晴。
人事：人宅受脫俱招盜，罡塞鬼戶，兩貴受尅。不利人事。
考試：青龍乘干祿，朱雀得長生，貴人臨干六合。有利考運。
婚姻：后合占婚吉，天后臨絕，六合臨敗地。姻緣未到。
財祿：財爻入墓又逢空，喜子孫爻臨干支相生。財漸旺。
升遷：人宅受脫俱招盜，罡塞鬼戶，兩貴受尅。不利升遷。
疾病：白虎乘丑土尅水，主腎疾，喜鬼乘天乙洩土生水。疾病可癒。
失物：玄武臨死地，喜財爻得子孫爻相生。失物復得。
子嗣：天后臨絕，六合臨敗地。子息緣淡。
官司：官鬼爻臨干發用，鬼乘天乙，喜父母爻入末傳洩殺生身。官司可解。

乙卯日

四課	三課	二課	一課
天后	朱雀	太陰	螣蛇
酉	午	戌	未
午	卯	未	乙

干上未

官鬼	辛	酉	天后	初傳
父母	◎	子	太常	中傳
兄弟	☉	卯	青龍	末傳

涉害課

畢法賦/詮釋：
不行傳者考初時。　官鬼發用乘火自焚。
交車相合交關利。　災不成災福不為福。
干墓併關人宅廢。　支墳財併旅程稽。脫支墓干祿乘空。
制鬼之位乃良醫。　三傳遞生人舉薦。龍加生氣吉遲遲。

占斷解析：

天候：酉（天后），傳子（太常），傳卯（青龍）。雨後多雲。

人事：三傳遞生，交車相合，龍加生氣，鬼乘天乙。有利人事。

考試：青龍乘干祿，朱雀得長生，鬼乘天乙。有利考運。

婚姻：后合占婚吉，天后臨絕，六合臨敗地。姻緣未到。

財祿：財爻入墓又逢空，喜財祿交車相合。財漸旺。

升遷：三傳遞生，交車相合，龍加生氣，鬼乘天乙。有利升遷。

疾病：白虎乘丑土尅水，主腎疾，喜鬼乘天乙洩土生水。疾病可癒。

失物：玄武臨死地，喜財祿交車相合。失物復得。

子嗣：天后臨絕，六合臨敗地。子息緣淡。

官司：官鬼爻臨支發用，喜三傳遞生洩殺生身。官司可解。

乙卯日

曲直
干上申

	一課	二課	三課	四課
	貴人	勾陳	天后	六合
	申	子	未	亥
	乙	申	卯	未

妻財	己	未	天后	初傳
父母	癸	亥	六合	中傳
兄弟	乙	卯	白虎	末傳

畢法賦/詮釋：
萬事喜忻三六合。　鬼乘天乙臨干上。
鬼乘天乙乃神祇。　晝夜貴加求兩貴。
貴雖在獄宜臨干。　支墳財併旅程稽。
后合占婚豈用媒。

占斷解析：
天候：未（天后），傳亥（六合），傳卯（白虎）。雨後天晴有風。
人事：晝夜貴加，鬼乘天乙，萬事喜忻三六合。有利人事。
考試：青龍臨衰，朱雀入墓，貴人入獄。不利考運。
婚姻：后合占婚吉，天后臨養，六合臨死地。姻緣未到。
財祿：財爻入墓又逢空，未土財爻發用三合祿神。財漸旺。
升遷：晝夜貴加，鬼乘天乙，萬事喜忻三六合。有利升遷。
疾病：白虎乘卯木尅土，主胃疾，課傳皆三合卯木。未覓良醫。
失物：玄武臨敗地，財爻發用三合祿神。失物復得。
子嗣：天后臨養，六合臨死地。宜先養後招。
官司：官鬼爻臨干，鬼乘天乙，喜父母爻洩殺生身。官司可解。

- 731 -

乙卯日

```
干上酉
兄弟  甲  寅  天空    初傳
妻財  己  未  天后    中傳
父母  ◎  子  勾陳    末傳

四課  三課  二課  一課
青龍  貴人  天空  螣蛇
 丑    申    寅    酉
 申    卯    酉    乙
```

畢法賦/詮釋：
三傳互尅眾人欺。　　日貴臨支蛇臨干。
鬼乘天乙乃神祇。　　貴人差迭事參差。
干支全傷防兩損。　　夫婦蕪淫各有私。
干支值絕凡謀決。

占斷解析：
天候：寅（天空），傳未（天后），傳子（勾陳）。主陰偶雨。
人事：干支值絕，三傳互尅，干支全傷。不利人事。
考試：青龍臨衰，朱雀入墓，干支值絕。不利考運。
婚姻：后合占婚吉，天后臨養，六合臨死地。姻緣未到。
財祿：財爻入墓又逢空，傳財化鬼。不利財運。
升遷：干支值絕，三傳互尅，干支全傷。不利升遷。
疾病：白虎乘卯木尅土，主胃疾，傳財化鬼相制。疾病可癒。
失物：玄武臨敗地，財爻入墓又逢空，傳財又化鬼。失物難尋。
子嗣：天后臨養，六合臨死地。宜先養後招。
官司：官鬼爻臨干臨支，又得財爻相生。官司難解。

乙卯日

干上戌

兄弟	乙	卯	白虎	初傳
官鬼	辛	酉	螣蛇	中傳
兄弟	乙	卯	白虎	末傳

四課	三課	二課	一課
白虎	螣蛇	太常	朱雀
卯	酉	辰	戌
酉	卯	戌	乙

畢法賦/詮釋：
權攝不正祿臨支。　　返吟課傳上下冲。
交車相合交關利。　　旺祿逢鬼魁罡冲。
合中犯殺蜜中砒。　　傳財化鬼財休覓。
三傳互尅眾人欺。　　干墓併關人宅廢。將逢內戰所謀危。

占斷解析：

天候：卯（白虎），傳酉（螣蛇），傳卯（白虎）。主天晴有風。
人事：三傳互尅，權攝不正，干墓併關，將逢內戰。不利人事。
考試：青龍臨衰，朱雀入墓，兩貴受尅。不利考運。
婚姻：后合占婚吉，天后臨養，六合臨死地。姻緣未到。
財祿：權攝不正祿臨支，傳財化鬼，課傳互尅。不利財運。
升遷：三傳互尅，權攝不正，干墓併關，將逢內戰。不利升遷。
疾病：白虎乘卯木尅土，主胃疾，喜子孫爻逢長生洩木生土。疾病可癒。
失物：玄武臨敗地，財爻入墓逢空又化鬼。失物難尋。
子嗣：天后臨養，六合臨死地。宜先養後招。
官司：官鬼爻入課傳又互尅，財爻又化官鬼。官司難解。

乙卯日

四課	三課	二課	一課
玄武	朱雀	太陰	六合
巳	戌	午	亥
戌	卯	亥	乙

干上亥

子孫	戌	午	太陰	初傳
妻財	◎	丑	青龍	中傳
官鬼	☉	申	貴人	末傳

涉害課

畢法賦/詮釋：
不行傳者考初時。　干逢長生支合財。
人宅皆死各衰贏。　三傳遞生人舉薦。
傳財化鬼財休覓。　干支乘墓各昏迷。
制鬼之位乃良醫。　鬼乘天乙乃神祇。

占斷解析：
天候：午（太陰），傳丑（青龍），傳申（貴人）。主陰多雲。
人事：人宅皆死，傳財化鬼，干支乘墓。不利人事。
考試：青龍臨衰，朱雀入墓。不利考運。
婚姻：后合占婚吉，天后臨養，六合臨死地。姻緣未到。
財祿：財爻入墓又逢空，喜子孫爻臨干發用相生。財漸旺。
升遷：中末傳逢空坐空，人宅皆死，傳財化鬼。不利升遷。
疾病：白虎乘卯木尅土，主胃疾，喜子孫爻洩木生土。疾病可癒。
失物：玄武入獄，財爻入墓逢空，喜得子孫爻相生。失物復得。
子嗣：天后臨養，六合臨死地。宜先養後招。
官司：官鬼爻入末傳，鬼乘天乙，喜父母爻洩殺生身。官司可解。

丙辰日

祿神：巳
驛馬：寅
貴人：亥、酉
空亡：子、丑
長生：寅
帝旺：午
墓庫：戌

丙辰日

干上子

兄弟	戊	午	玄武	初傳
子孫	◎	丑	勾陳	申傳
妻財	⊙	申	天后	末傳

四課	三課	二課	一課
玄武	朱雀	太陰	六合
午	亥	未	子
亥	辰	子	丙

畢法賦/詮釋：
三傳遞生人舉薦。　　官鬼旬空臨日干。
貴人差迭事參差。　　兄弟發用末傳財。
不行傳者考初時。　　龍加生氣吉遲遲。
后合占婚豈用媒。　　制鬼之位乃良醫。

占斷解析：
天候：午（玄武），傳丑（勾陳），傳申（天后）。主陰雨。
人事：官鬼臨干支，貴人差迭，玄武帝旺發用兄弟劫財。不利人事。
考試：青龍不入課傳，朱雀臨絕，貴人差迭。不利考運。
婚姻：后合占婚吉，天后臨病，六合臨胎。姻緣未到。
財祿：玄武帝旺發用劫財，喜三傳遞生財。財漸旺。
升遷：官鬼臨干支，貴人差迭，玄武帝旺發用兄弟劫財。不利升遷。
疾病：白虎乘辰土尅水，主腎疾，喜貴人乘酉金六合化金生水。疾病可癒。
失物：玄武臨帝旺發用，喜三傳遞生財爻旺相。失物復得。
子嗣：天后臨病，六合臨胎。先得男。
官司：官鬼爻臨干支，喜青龍乘寅逢長生洩殺生身。官司可解。

丙辰日

仰玄 干上丑

四課	三課	二課	一課
天后	六合	貴人	勾陳
申	子	酉	丑
子	辰	丑	丙

官鬼	◎	子	六合	初傳
妻財	☉	申	天后	中傳
子孫		丙	辰	白虎	末傳

重審課

畢法賦/詮釋：
萬事喜忻三六合。　　三傳生合潤下。
合中犯殺蜜中砒。　　貴人臨干三合財。
腳踏空亡進用宜。　　后合占婚豈用媒。
傳財化鬼財休覓。　　貴人差迭事參差。制鬼之位乃良醫。

占斷解析：

天候：子（六合），傳申（天后），傳辰（白虎）。晴轉風雨。

人事：干上逢貴暗合，支上天后六合干祿，萬事喜忻三六合。人事利己。

考試：龍雀不入課傳，三傳三合官鬼，貴人差迭。不利考運。

婚姻：后合占婚吉，天后臨病，六合臨胎。姻緣未到。

財祿：財爻乘貴臨干暗合干祿。財漸旺。

升遷：干上逢貴暗合，支上天后六合干祿，萬事喜忻三六合。升遷利己。

疾病：白虎乘辰土尅水，主腎疾，喜三傳逆生三合化水。疾病可癒。

失物：玄武臨帝旺，喜財爻臨干支上神逢三合。失物復得。

子嗣：天后臨病，六合臨胎。先得男。

官司：官鬼爻臨胎絕，喜青龍乘寅印逢長生洩殺生身。官司可解。

丙辰日

畢法賦/詮釋：
任信丁馬須言動。　　閉口卦丁動逢生。
閉口卦體兩般推。　　干逢長生墓臨支。
傳財化鬼財休覓。　　龍加生氣吉遲遲。
干墓併關人宅廢。　　首尾相加閉口卦。貴人差迭事參差。

占斷解析：
天候：亥（朱雀），傳申（天后），傳丁巳（太常）。晴偶陣雨。
人事：龍雀臨干，干墓併關臨支，干祿乘丁馬入末傳。人事利己。
考試：青龍朱雀臨干，干祿乘丁馬暗合貴人。有利考運。
婚姻：后合占婚吉，天后臨病，六合臨胎。姻緣未到。
財祿：財爻入傳，末傳干祿乘丁馬暗合財。財漸旺。
升遷：龍雀臨干，干墓併關臨支，干祿乘丁馬入末傳。升遷利己。
疾病：白虎乘辰土尅水，主腎疾，喜貴人乘酉金六合化金生水。疾病可癒。
失物：玄武乘帝旺，財爻臨病死，喜辰酉、巳申六合。失物復得。
子嗣：天后臨病，六合臨胎。先得男。
官司：官鬼爻臨胎絕，喜青龍臨干六合洩殺生身。官司可解。

丙辰日

極陰
干上卯

四課	三課	二課	一課
六合	青龍	勾陳	天空
子	寅	丑	卯
寅	辰	卯	丙

子孫	◎	丑	勾陳	初傳
官鬼	⊙	亥	朱雀	中傳
妻財	辛	酉	貴人	末傳

畢法賦/詮釋：
貴登天門高甲第。　　父母爻生干尅支。
腳踏空亡進用宜。　　末傳逢貴合日辰。
晝夜貴加求兩貴。　　空上乘空事莫追。
傳財化鬼財休覓。　　彼此猜忌害相隨。

占斷解析：

天候：丑（勾陳），傳亥（朱雀），傳酉（貴人）。主天晴。
人事：腳踏空亡進用宜，貴登天門高甲第，晝夜貴加。有利人事。
考試：青龍臨宅，朱雀入傳，貴登天門。有利考運。
婚姻：后合占婚吉，天后臨病，六合臨胎。姻緣未到。
財祿：貴人乘財入末傳，得子孫爻辰土生合。財漸旺。
升遷：腳踏空亡進用宜，貴登天門高甲第，晝夜貴加。有利升遷。
疾病：白虎乘辰土尅水，主腎疾，喜貴人乘酉金六合化金生水。疾病可癒。
失物：玄武乘帝旺，財爻臨病死，喜辰酉相合相生。失物復得。
子嗣：天后臨病，六合臨胎。先得男。
官司：官鬼爻臨胎絕，喜青龍乘父母爻洩殺生身。官司可解。

- 739 -

丙辰日

父母	乙	卯	天空	初傳
父母	甲	寅	白虎	中傳
子孫	◎	丑	太常	末傳

四課	三課	二課	一課
白虎	天空	天空	青龍
寅	卯	卯	辰
卯	辰	辰	丙

否極泰來
干上辰

元首課

畢法賦/詮釋：
魁度天門關格定。　　退茹逢空反宜進。
干支皆敗事傾頹。　　寅卯生干尅支辰。
貴雖在獄宜臨干。　　所謀多拙逢羅網。
彼此猜忌害相隨。　　龍加生氣吉遲遲。

占斷解析：
天候：卯（天空），傳寅（白虎），傳丑（太常）。主天晴。
人事：所謀多拙，干支皆敗，魁度天門，貴人入獄。不利人事。
考試：青龍乘干祿，朱雀臨衰，貴人入獄。不利考運。
婚姻：后合占婚吉，天后入墓，六合臨帝旺。姻緣未到。
財祿：財爻臨病死之地，喜青龍乘辰太常乘丑生合。財漸旺。
升遷：所謀多拙，干支皆敗，魁度天門，貴人入獄。不利升遷。
疾病：白虎乘寅木尅土，主胃疾，喜兄弟爻乘帝旺洩木生土。疾病可癒。
失物：玄武臨胎，財爻臨病死之地又入獄。失物難尋。
子嗣：天后入墓，六合臨帝旺。先得男。
官司：官鬼爻臨胎絕，喜父母爻入課傳洩殺生身。官司可解。

丙辰日

干上巳

兄弟	丁	巳	勾陳	初傳
妻財	庚	申	螣蛇	中傳
父母	甲	寅	白虎	末傳

四課	三課	二課	一課
青龍	青龍	勾陳	勾陳
辰	辰	巳	巳
辰	辰	巳	丙

伏吟課

畢法賦/詮釋：
賓主不投刑在上。　日祿逢丁發初傳。
三傳互尅眾人欺。　青龍天罡犯自刑。
旺祿臨身徒妄作。　伏吟課傳皆犯刑。祿馬俱動占官吉。
任信丁馬須言動。　簾幕貴人高甲第。龍加生氣吉遲遲。

占斷解析：
天候：丁巳（勾陳），傳申（螣蛇），傳寅（白虎）。天晴有風。
人事：旺祿臨身，龍加生氣，印星乘驛馬，祿馬入傳。有利人事。
考試：龍加生氣，簾幕貴人高甲第。有利考運。
婚姻：后合占婚吉，天后入墓，六合臨帝旺。姻緣未到。
財祿：旺祿臨身祿馬入傳，財爻暗合。財漸旺。
升遷：旺祿臨身，龍加生氣，祿馬入傳，簾幕貴人高甲第。有利升遷。
疾病：白虎乘寅木尅土，主胃疾，喜旺祿臨身洩木生土。病可癒。
失物：玄武臨胎，財爻臨病死，三傳互尅。失物難尋。
子嗣：天后入墓，六合臨帝旺。先得男。
官司：官鬼爻臨胎絕，喜末傳父母爻洩殺生身。官司可解。

丙辰日

四課	三課	二課	一課
六合	勾陳	朱雀	六合
午	巳	未	午
巳	辰	午	丙

干上午

官鬼	癸	亥	太陰	初傳
兄弟	戊	午	六合	中傳
兄弟	戊	午	六合	末傳

別責課

畢法賦/詮釋：
賓主不投刑在上。　　夫婦蕪淫各有私。
權攝不正祿臨支。　　帝旺臨干又生支。
所謀多拙逢羅網。　　守則有餘動未利。制鬼之位乃良醫。
互旺俱旺坐謀宜。　　六爻現卦防其尅。貴人差迭事參差。

占斷解析：
天候：亥（太陰），傳午（六合），傳午（六合）。主天晴。
人事：賓主不投，權攝不正，所謀多拙，貴人差迭。不利人事。
考試：青龍臨支，朱雀乘旺，互旺俱旺。有利考運。
婚姻：后合占婚吉，天后入墓，六合臨帝旺。姻緣未到。
財祿：財爻臨病死，兄弟爻帝旺，六爻現卦尅妻財。不利財運。
升遷：賓主不投，權攝不正，所謀多拙，貴人差迭。不利升遷。
疾病：白虎乘寅木尅土，主胃疾，喜兄弟爻乘帝旺洩木生土。疾病可癒。
失物：玄武臨胎，財爻臨病死，兄弟爻旺相劫財。失物難尋。
子嗣：天后入墓，六合臨帝旺。先得男。
官司：官鬼爻臨胎絕，兄弟爻旺相相制。官司可解。

丙辰日

涉三淵
干上未

四課	三課	二課	一課
螣蛇	六合	貴人	朱雀
申	午	酉	未
午	辰	未	丙

妻財	庚	申	螣蛇	初傳
子孫	壬	戌	天后	中傳
官鬼	◎	子	玄武	末傳

重審課

畢法賦/詮釋：
交車相合交關利。　　間傳課逢涉三淵。
罡塞鬼戶任謀為。　　貴財臨干暗合支。
傳財太旺反財虧。　　蛇財乘旺發初傳。
后合占婚豈用媒。　　喜得財旺官鬼空。貴人差迭事參差。

占斷解析：

天候：申（螣蛇），傳戌（天后），傳子（玄武）。晴轉陰雨。

人事：交車相合財逢劫，傳財太旺反財虧，罡塞鬼戶，貴人差迭。不利人事。

考試：青龍乘日支，貴人乘朱雀臨干。有利考運。

婚姻：后合占婚吉，天后入墓，六合臨帝旺。姻緣未到。

財祿：財爻臨干支發用，貴人乘財暗合日支。財漸旺。

升遷：貴人乘財暗合日支，交車相合兄弟劫財，貴人差迭。不利升遷。

疾病：白虎乘寅木尅土，主胃疾，喜午未相合洩木生土。疾病可癒。

失物：玄武入獄，財爻臨干支交車相合。失物復得。

子嗣：天后入墓，六合臨帝旺。先得男。

官司：官鬼爻臨胎絕，喜父母爻逢長生洩殺生身。官司可解。

丙辰日

```
干上申
     初傳
妻財 庚 申 螣蛇
官鬼 癸 亥 太陰  中傳
父母 甲 寅 白虎  末傳

四課 三課 二課 一課
天后 朱雀 太陰 螣蛇
戌  未  亥  申
未  辰  申  丙
```

重審課

畢法賦/詮釋：
三傳遞生人舉薦。　　三傳財旺生官印。
傳財化鬼財休覓。　　印逢長生登天門。
害貴訟直遭曲斷。　　眷屬豐盛居窄宅。絕處逢生大吉占。
干墓併關人宅廢。　　將逢內戰所謀危。制鬼之位乃良醫。

占斷解析：
天候：申（螣蛇），傳亥（太陰），傳寅（白虎）。天晴有風。
人事：三傳遞生，財官生印，絕處逢生，制鬼之位乃良醫。有利人事。
考試：青龍暗合貴人，朱雀臨宅，三傳遞生。有利考運。
婚姻：后合占婚吉，天后入墓，六合臨帝旺。姻緣未到。
財祿：財爻臨病死，喜貴人乘財暗合青龍。財漸旺。
升遷：干上財化鬼，支上干墓併關，將逢內戰。不利升遷。
疾病：白虎乘寅木尅土，主胃疾，喜六合乘午火帝旺洩木生土。疾病可癒。
失物：玄武臨胎，財爻臨病死，喜貴人乘財暗合日支。失物復得。
子嗣：天后入墓，六合臨帝旺。先得男。
官司：官鬼爻入課傳，喜三傳遞生財官生印洩殺生身。官司可解。

- 744 -

丙辰日

獻刃
干上酉

妻財	辛	酉	貴人	初傳
子孫	◎	丑	太常	中傳
兄弟	⊙	巳	勾陳	末傳

四課	三課	二課	一課
玄武	螣蛇	太常	貴人
子	申	丑	酉
申	辰	酉	丙

重審課

畢法賦/詮釋：
萬事喜忻三六合。　　貴財臨干發初傳。
合中犯殺蜜中砒。　　三傳全財從革格。
不行傳者考初時。　　財貴臨干利仕途。
交車相合交關利。　　貴人差迭事參差。龍加生氣吉遲遲。

占斷解析：

天候：酉（貴人），傳丑（太常），傳巳（勾陳）。主天晴。

人事：貴人乘財臨干發用，三合丁馬乘干祿，交車相合財祿旺。有利人事。

考試：青龍臨日支逢三合，暗合貴人臨干發用。有利考運。

婚姻：后合占婚吉，天后入墓，六合臨帝旺。姻緣未到。

財祿：貴人乘財臨干支發用逢三合。財漸旺。

升遷：貴人乘財臨干發用，三合丁馬乘干祿，交車相合財祿旺。有利升遷。

疾病：白虎乘寅木尅土，主胃疾，喜兄弟爻乘帝旺洩木生土。疾病可癒。

失物：玄武臨胎，財爻逢祿貴三合。失物復得。

子嗣：天后入墓，六合臨帝旺。先得男。

官司：官鬼爻臨胎絕，喜寅木逢長生洩殺生身。官司可解。

丙辰日

干上戌			
父母	甲	寅	青龍	初傳
子孫	己	未	太陰	中傳
官鬼	◎	子	六合	末傳

四課	三課	二課	一課
青龍	貴人	天空	螣蛇
寅	酉	卯	戌
酉	辰	戌	丙

重審課

畢法賦/詮釋：
兩蛇夾墓凶難免。　　旬首發用號六儀。
三傳互尅眾人欺。　　六儀乘貴凡占吉。
末助初兮三等論。　　墓神覆日逢六合。酉貴臨支上下合。
貴雖在獄宜臨干。　　人宅受脫俱招盜。龍加生氣吉遲遲。

占斷解析：
天候：寅（青龍），傳未（太陰），傳子（六合）。多雲轉陰。
人事：三傳互尅，兩蛇夾墓，干墓履干，貴人入獄。不利人事。
考試：青龍逢長生臨支發用，可惜朱雀臨絕，貴人臨獄。不利考運。
婚姻：后合占婚吉，天后臨病，六合臨胎。姻緣未到。
財祿：財爻臨病死，喜貴人乘財臨支上下交合。財漸旺。
升遷：三傳互尅，兩蛇夾墓，干墓履干，貴人臨獄。不利升遷。
疾病：白虎乘辰土尅水，主腎疾，喜貴人乘酉金六合化金生水。疾病可癒。
失物：玄武臨帝旺，財爻臨病死，喜貴人乘財爻入宅。失物復得。
子嗣：天后臨病，六合臨胎。先得男。
官司：官鬼爻臨胎絕，喜青龍乘寅逢長生洩殺生身。官司可解。

丙辰日

干上亥

兄弟	丁	巳	太常	初傳
官鬼	癸	亥	朱雀	中傳
兄弟	丁	巳	太常	末傳

四課	三課	二課	一課
白虎	螣蛇	太常	朱雀
辰	戌	巳	亥
戌	辰	亥	丙

畢法賦/詮釋：
旺祿臨身徒妄作。　　旺祿臨身乘丁發用。
三傳互尅眾人欺。　　丁神反覆動非寧。
任信丁馬須言動。　　祿貴臨干墓覆支。
制鬼之位乃良醫。　　常人災逆仕官吉。兩貴受尅難干貴。

占斷解析：

天候：丁巳（太常），傳亥（朱雀），傳丁巳（太常）。主天晴。

人事：三傳四課互尅，兩貴受尅難干貴，干墓覆支。不利人事。

考試：青龍不入課傳，朱雀臨絕，兩貴受尅。不利考運。

婚姻：后合占婚吉，天后臨病，六合臨胎。姻緣未到。

財祿：旺祿臨身逢官鬼爻相尅，財爻臨病死又反吟。不利財運。

升遷：三傳四課逢反吟，兩貴受尅難干貴，干墓覆支。不利升遷。

疾病：白虎乘辰土尅水，主腎疾，喜貴人乘酉金六合化金生水。疾病可癒。

失物：玄武乘帝旺，財爻臨病死又反吟。失物難尋。

子嗣：天后臨病，六合臨胎。先得男。

官司：官鬼爻臨胎絕，喜青龍乘寅逢長生洩殺生身。官司可解。

丁巳日

祿神：午
驛馬：亥
貴人：酉、亥
空亡：子、丑
長生：酉
帝旺：巳
墓庫：丑

丁巳日

干上子

兄弟	⊙	巳	天空	初傳
子孫	壬	戌	螣蛇	中傳
父母	乙	卯	太常	末傳

四課	三課	二課	一課
太常	螣蛇	天空	天后
卯	戌	巳	子
戌	巳	子	丁

重審課

畢法賦／詮釋：

兩蛇夾墓凶難免。　　官鬼旬空臨干上。
干支值絕凡謀決。　　火墓覆支逢六合。
我求彼事干傳支。　　蛇墓臨巳巳乘空。龍加生氣吉遲遲。
制鬼之位乃良醫。　　鬼乘天乙乃神祇。貴人差迭事參差。

占斷解析：

天候：丁巳（天空），傳戌（螣蛇），傳卯（太常）。主天晴。
人事：兩蛇夾墓，干支值絕，我求彼事干傳支。人事不利己。
考試：青龍臨干祿，朱雀逢長生，鬼乘天乙。有利考運。
婚姻：后合占婚吉，天后臨絕，六合臨敗地。姻緣未到。
財祿：丁馬臨干發用，財爻逢長生，青龍臨干祿。財漸旺。
升遷：兩蛇夾墓，干支值絕，我求彼事干傳支。升遷不利己。
疾病：白虎乘辰土尅水，主腎疾，喜財爻逢長生六合洩土生水。疾病可癒。
失物：玄武臨死地，喜財爻逢長生，暗合丁馬。失物復得。
子嗣：天后臨絕，六合臨敗地。子息緣淡。
官司：官鬼爻臨胎絕，喜父母爻入課傳洩殺生身。官司可解。

丁巳日

干上丑			
兄弟	丁	巳	天空	初傳
官鬼	癸	亥	貴人	中傳
兄弟	丁	巳	天空	末傳

四課	三課	二課	一課
天空	貴人	勾陳	太陰
巳	亥	未	丑
亥	巳	丑	丁

返吟課

畢法賦/詮釋：
脫上逢脫防虛詐。　　丁馬臨宅沖官貴。
三傳互尅眾人欺。　　丁馬反覆宅難安。
任信丁馬須言動。　　兩貴受尅難干貴。
鬼乘天乙乃神祇。　　干支乘墓各昏迷。龍加生氣吉遲遲。

占斷解析：
天候：丁巳（天空），傳亥（貴人），傳丁巳（天空）。主天晴。
人事：課傳互尅，干支乘墓，人宅受脫，兩貴受尅。不利人事。
考試：青龍臨官，朱雀逢長生，鬼乘天乙。有利考運。
婚姻：后合占婚吉，天后臨絕，六合臨敗地。姻緣未到。
財祿：財爻逢長生，又暗合丁馬。財漸旺。
升遷：課傳互尅，干支乘墓，人宅受脫，兩貴受尅。不利升遷。
疾病：白虎乘辰土尅水，主腎疾，喜財爻逢長生六合洩土生水。疾病可癒。
失物：玄武臨死地，喜財爻逢長生，丁馬傳驛馬。失物復得。
子嗣：天后臨絕，六合臨敗地。子息緣淡。
官司：官鬼爻臨胎絕，鬼乘天乙乃神祇。官司可解。

丁巳日

干上寅

妻財	辛	酉	太陰	初傳
子孫	丙	辰	青龍	中傳
官鬼	癸	亥	貴人	末傳

四課	三課	二課	一課
太常	螣蛇	太陰	六合
未	子	酉	寅
子	巳	寅	丁

涉害課

畢法賦/詮釋：
晝夜貴加求兩貴。　暮貴長生發初傳。
人宅皆死各衰贏。　鬼乘天乙入末傳。
傳財化鬼財休覓。　三傳自刑貴傳貴。賓主不投刑在上。
制鬼之位乃良醫。　鬼乘天乙乃神祇。龍加生氣吉遲遲。

占斷解析：

天候：酉（太陰），傳辰（青龍），傳亥（貴人）。陰多雲。

人事：晝夜貴加求兩貴，人宅皆死，傳財化鬼，賓主不投。不利人事。

考試：青龍乘長生，朱雀乘午火臨官，鬼乘天乙。有利考運。

婚姻：后合占婚吉，天后臨養，六合臨死地。姻緣未到。

財祿：財爻逢長生臨干發用，得青龍乘辰暗合。財漸旺。

升遷：晝夜貴加求兩貴，人宅皆死，傳財化鬼，賓主不投。不利升遷。

疾病：白虎乘午火尅金，主肺疾，喜青龍乘辰土洩洩火生金。疾病可癒。

失物：玄武臨敗地，喜財爻逢長生，臨干暗合青龍。失物復得。

子嗣：天后臨養，六合臨死地。宜先養後招。

官司：官鬼爻臨胎絕，喜父母爻臨干暗合洩殺生身。官司可解。

- 751 -

丁巳日

轉輪
干上卯

官鬼	癸	亥	貴人	初傳
子孫	己	未	太常	中傳
父母	乙	卯	勾陳	末傳

四課	三課	二課	一課
太陰	朱雀	貴人	勾陳
酉	丑	亥	卯
丑	巳	卯	丁

畢法賦/詮釋：

萬事喜忻三六合。　　官貴生印臨干上。
合中犯殺蜜中砒。　　日墓覆支三合財。
三傳互尅眾人欺。　　六陰相繼盡昏迷。唯利陰私不利公。
鬼乘天乙乃神祇。　　干支乘墓各昏迷。龍加生氣吉遲遲。

占斷解析：

天候：亥（貴人），傳未（太常），傳卯（勾陳）。晴轉陰。
人事：萬事喜忻三六合，合中犯殺，三傳互尅，干支乘墓。不利。
考試：青龍乘生氣，朱雀乘丁馬，鬼乘天乙。有利考運。
婚姻：后合占婚吉，天后臨養，六合臨死地。姻緣未到。
財祿：財爻逢長生又三合化財，青龍乘辰六合化財。財漸旺。
升遷：萬事喜忻三六合，合中犯殺，三傳互尅，干支乘墓。不利。
疾病：白虎乘午火尅金，主肺疾，喜青龍乘辰土洩火生金。疾病可癒。
失物：玄武臨敗地，喜財爻逢長生臨支上六合青龍。失物復得。
子嗣：天后臨養，六合臨死地。宜先養後招。
官司：官鬼爻臨胎絕，喜三傳三合父母爻洩殺生身鬼乘天乙。官司可解。

丁巳日

干上辰

四課	三課	二課	一課	
官鬼	癸	亥	貴人	初傳
妻財	庚	申	玄武	中傳
兄弟	丁	巳	天空	末傳

四課	三課	二課	一課
貴人	六合	朱雀	青龍
亥	寅	丑	辰
寅	巳	辰	丁

畢法賦/詮釋：
任信丁馬須言動。　　朱雀乘龍臨干上。
鬼乘天乙乃神祇。　　旬尾乘貴發初傳。
閉口卦體兩般推。　　首尾相見臨支上。丁馬俱動出外吉。
干墓併關人宅廢。　　傳財化鬼財休覓。龍加生氣吉遲遲。

占斷解析：
天候：亥（貴人），傳申（玄武），傳丁巳（天空）。晴偶陣雨。
人事：驛馬傳丁馬，鬼乘天乙臨支發用，龍加生氣暗合財。有利人事。
考試：青龍、朱雀臨干上，鬼乘天乙臨支發用。有利考運。
婚姻：后合占婚吉，天后臨養，六合臨死地。姻緣未到。
財祿：財爻入傳暗合丁馬，青龍臨干暗合財爻逢長生。財漸旺。
升遷：驛馬傳丁馬，鬼乘天乙臨支發用，龍加生氣暗和財。有利升遷。
疾病：白虎乘午火尅金，主肺疾，喜青龍暗合財爻洩火生金。疾病可癒。
失物：玄武臨敗地，喜財爻逢長生，得青龍臨干暗合。失物復得。
子嗣：天后臨養，六合臨死地。宜先養後招。
官司：官鬼爻臨胎絕，喜父母爻臨支暗合化木洩殺生身。官司可解。

- 753 -

丁巳日

極陰
干上巳

子孫	◎	丑	朱雀
官鬼	☉	亥	貴人
妻財	辛	酉	太陰

初傳
中傳
末傳

四課	三課	二課	一課
朱雀	勾陳	勾陳	天空
丑	卯	卯	巳
卯	巳	巳	丁

重審課

畢法賦/詮釋：
腳踏空亡進用宜。　　退間傳逢極陰課。
簾幕貴人高甲第。　　印乘丁馬臨身宅。
傳財化鬼財休覓。　　干墓覆支發初傳。
鬼乘天乙乃神祇。　　互生俱生凡事益。晝夜貴加求兩貴。

占斷解析：
天候：丑（朱雀），傳亥（貴人），傳酉（太陰）。晴轉陰。
人事：晝夜雙貴入傳，簾幕貴人登天門，鬼乘天乙，互生俱生。有利人事。
考試：青龍乘午火臨官，晝夜雙貴入傳。有利考運。
婚姻：后合占婚吉，天后臨養，六合臨死地。姻緣未到。
財祿：財爻逢長生，得青龍乘辰土六合化財。財漸旺。
升遷：晝夜雙貴入傳，簾幕貴人登天門，鬼乘天乙，互生俱生。有利升遷。
疾病：白虎乘午火尅金，主肺疾，喜青龍乘辰土洩火生金。疾病可癒。
失物：玄武臨獄，喜財爻逢長生，又得青龍合化財。失物復得。
子嗣：天后臨養，六合臨死地。宜先養後招。
官司：官鬼爻臨胎絕，喜父母爻臨干臨支洩殺生身。官司可解。

丁巳日

否極泰來
干上午

父母	乙	卯	勾陳	初傳
父母	甲	寅	六合	中傳
子孫	◎	丑	朱雀	末傳

四課	三課	二課	一課
勾陳	青龍	天空	白虎
卯	辰	巳	午
辰	巳	午	丁

畢法賦／詮釋：
魁度天門關格定。　魁度天門貴臨胎。
旺祿臨身徒妄作。　青龍臨宅祿臨身。
賓主不投刑在上。　退茹空亡宜進步。
鬼乘天乙乃神祇。　初中逢印生日辰。龍加生氣吉遲遲。

占斷解析：
天候：卯（勾陳），傳寅（六合），傳丑（朱雀）。陰轉晴。
人事：白虎乘干祿臨身，干支上神自刑，魁度天門關格定。不利人事。
考試：青龍臨衰，朱雀入墓，魁度天門。不利考運。
婚姻：后合占婚吉，天后臨養，六合臨死地。姻緣未到。
財祿：財爻逢長生，得青龍乘辰土臨支六合化財。財漸旺。
升遷：白虎乘干祿臨身，干支上神自刑，魁度天門關格定。不利升遷。
疾病：白虎乘干祿尅金，主肺疾，喜青龍乘辰土洩火生金。疾病可癒。
失物：玄武臨敗地，喜財爻逢長生，得青龍合化財。失物復得。
子嗣：天后臨養，六合臨死地。宜先養後招。
官司：官鬼爻臨胎絕，喜父母爻入傳洩殺生身。官司可解。

丁巳日

```
干上未
兄弟  丁  巳  天空   初傳
妻財  庚  申  玄武   中傳
父母  甲  寅  六合   末傳

四課 三課 二課 一課
天空 天空 太常 太常
 巳   巳   未   未
 巳   巳   未   丁
```

伏吟課

畢法賦/詮釋：
賓主不投刑在上。　　日祿在午。干支拱祿。
三傳互剋眾人欺。　　三傳成刑財傳印。
任信丁馬須言動。　　丁馬臨支發初傳。支上雙丁宅非寧。
貴登天門高甲第。　　鬼乘天乙乃神祇。龍加生氣吉遲遲。

占斷解析：

天候：丁巳（天空），傳申（玄武），傳寅（六合）。晴偶雨。

人事：課傳逢丁馬帝旺，干支拱祿，鬼乘天乙，貴登天門。有利人事。

考試：青龍乘衰六合長生，朱雀入墓，但貴登天門。有利考運。

婚姻：后合占婚吉，天后臨養，六合臨死地。姻緣未到。

財祿：財爻逢長生，得青龍乘辰土六合化財。財漸旺。

升遷：課傳逢丁馬帝旺，干支拱祿，鬼乘天乙，貴登天門。有利升遷。

疾病：白虎乘干祿剋金，主肺疾，喜青龍乘辰土洩火生金。疾病可癒。

失物：玄武臨敗地，喜財爻逢長生，得青龍合化財。失物復得。

子嗣：天后臨養，六合臨死地。宜先養後招。

官司：官鬼爻臨胎絕，喜鬼乘天乙生父母爻洩殺生身。可解。

丁巳日

流金
干上申

妻財	庚	申	六合	初傳
妻財	辛	酉	朱雀	中傳
子孫	壬	戌	螣蛇	末傳

四課	三課	二課	一課
勾陳	青龍	朱雀	六合
未	午	酉	申
午	巳	申	丁

重審課

畢法賦／詮釋：

所謀多拙逢羅網。　　財爻六合臨干上。
交車相合交關利。　　三傳三會西方金。
權攝不正祿臨支。　　貴雖在獄宜臨干。
傳財太旺反財虧。　　龍加生氣吉遲遲。

占斷解析：

天候：申（六合），傳酉（朱雀），傳戌（螣蛇）。主天轉。
人事：青龍乘干祿臨宅，朱雀乘財爻逢長生，交車相合。有利人事。
考試：青龍乘干祿臨宅，朱雀乘財爻逢長生。有利考運。
婚姻：后合占婚吉，天后臨絕，六合臨敗地。姻緣未到。
財祿：財爻臨干發用，青龍乘干祿入宅。財漸旺。
升遷：青龍乘干祿臨宅，朱雀乘財爻逢長生，交車相合。有利升遷。
疾病：白虎乘辰土尅水，主腎疾，喜朱雀乘酉金逢長生合化生水。疾病可癒。
失物：玄武臨死地，喜財爻臨干發用。失物復得。
子嗣：天后臨絕，六合臨敗地。子息緣淡。
官司：官鬼爻臨胎絕，喜太常乘父母爻洩殺生身。官司可解。

- 757 -

丁巳日

疑陰
干上酉

妻財	辛	酉	朱雀	初傳
官鬼	癸	亥	貴人	中傳
子孫	◎	丑	太陰	末傳

四課	三課	二課	一課
朱雀	勾陳	貴人	朱雀
酉	未	亥	酉
未	巳	酉	丁

重審課

畢法賦/詮釋：
晝夜貴加求兩貴。　鬼乘天乙乃神祇。
課傳俱貴轉無依。　凝陰之卦利幽私。
賓主不投刑在上。　罡塞鬼戶任謀為。
傳財化鬼財休覓。　龍加生氣吉遲遲。

占斷解析：

天候：酉（朱雀），傳亥（貴人），傳丑（太陰）。晴轉陰。
人事：晝夜貴加求兩貴，罡塞鬼戶任謀為，鬼乘天乙。有利人事。
考試：青龍乘祿臨官，朱雀逢長生，鬼乘天乙乃神祇。有利考運。
婚姻：后合占婚吉，天后臨絕，六合臨敗地。姻緣未到。
財祿：財爻逢長生臨干支發用。財漸旺。
升遷：晝夜貴加求兩貴，罡塞鬼戶任謀為，鬼乘天乙。有利升遷。
疾病：白虎乘辰土尅水，主腎疾，喜朱雀乘酉金逢長生合化生水。疾病可癒。
失物：玄武臨死地，喜財爻臨干支發用。失物復得。
子嗣：天后臨絕，六合臨敗地。子息緣淡。
官司：官鬼爻臨胎絕，喜鬼乘天乙，太常乘父母爻洩殺生身。官司可解。

丁巳日

干上戌

四課	三課	二課	一課
貴人	六合	太陰	螣蛇
亥	申	丑	戌
申	巳	戌	丁

妻財	庚	申	六合	初傳
官鬼	癸	亥	貴人	中傳
父母	甲	寅	玄武	末傳

重審課

畢法賦/詮釋：
干墓併關人宅廢。　貴乘六合臨支上。
三傳遞生人舉薦。　將逢內戰所謀危。
鬼乘天乙乃神祇。　龍加生氣吉遲遲。
首尾相見始終宜。

占斷解析：
天候：申（六合），傳亥（貴人），傳寅（玄武）。晴轉陰雨。
人事：三傳遞生，首尾相見，傳財化鬼，鬼乘天乙。有利人事。
考試：朱雀乘青龍臨干祿，三傳遞生生干支。鬼乘天乙。利考運。
婚姻：后合占婚吉，天后臨絕，六合臨敗地。姻緣未到。
財祿：財爻臨支發用，貴人臨驛馬，青龍乘干祿。財漸旺。
升遷：三傳遞生，首尾相見，傳財化鬼，鬼乘天乙。有利升遷。
疾病：白虎乘辰土尅水，主腎疾，喜朱雀乘酉金逢長生合化生水。
　　　疾病可癒。
失物：玄武臨死地，喜財爻臨宅發用。失物復得。
子嗣：天后臨絕，六合臨敗地。子息緣淡。
官司：官鬼爻臨胎絕，喜三傳遞生洩殺生身。官司可解。

丁巳日

```
獻刃
干上亥
```

四課	三課	二課	一課
太陰	朱雀	太常	貴人
丑	酉	卯	亥
酉	巳	亥	丁

妻財	辛	酉	朱雀	初傳
子孫	◎	丑	太陰	中傳
兄弟	☉	巳	天空	末傳

重審課

畢法賦/詮釋：
不行傳者考初時。　　晝貴臨干。夜貴臨支。
晝夜貴加求兩貴。　　三傳合財財生鬼。
萬事喜忻三六合。　　干支乘墓各昏迷。
課傳俱貴轉無依。　　鬼乘天乙乃神祇。龍加生氣吉遲遲。

占斷解析：
天候：酉（朱雀），傳丑（太陰），傳丁巳（天空）。主天晴。
人事：晝貴臨干暮貴臨支，課傳皆三合財，鬼乘天乙。有利人事。
考試：青龍臨干祿，朱雀逢長生，晝夜貴加。有利考運。
婚姻：后合占婚吉，天后臨絕，六合臨敗地。姻緣未到。
財祿：財爻入宅發用課傳逢三合。財漸旺。
升遷：晝貴臨干暮貴臨支，課傳皆三合財，鬼乘天乙。有利升遷。
疾病：白虎乘辰土尅水，主腎疾，喜財爻發用合土化金生水。疾病可癒。
失物：玄武臨獄，喜財爻臨宅發用逢三合。失物復得。
子嗣：天后臨絕，六合臨敗地。子息緣淡。
官司：官鬼爻臨胎絕，喜干上神官印相生洩殺生身。官司可解。

戊午日

祿神：巳
驛馬：申
貴人：丑、未
空亡：子、丑
長生：寅
帝旺：午
墓庫：戌

戊午日

妻財	◎	子	螣蛇
兄弟	⊙	未	天空
官鬼	甲	寅	天后

初傳
中傳
末傳

干上子

四課	三課	二課	一課
青龍	貴人	天空	螣蛇
申	丑	未	子
丑	午	子	戊

重審課

畢法賦/詮釋：
腳踏空亡進用宜。　　螣蛇乘空臨干上。
兩貴皆空虛喜期。　　貴人臨支亦空亡。
交車相合交關利。　　傳鬼尅干生支辰。
空上乘空事莫追。　　胎財生氣妻懷孕。

占斷解析：

天候：子（螣蛇），傳未（天空），傳寅（天后）。晴偶雨。

人事：腳踏空亡又逢空，干支上神皆逢空，空上乘空事莫追。不利人事。

考試：青龍乘貴，朱雀逢絕，兩貴皆空。不利考運。

婚姻：后合占婚吉，天后逢長生入傳，六合入墓。姻緣未到。

財祿：財爻逢胎絕，喜貴人、青龍臨支相生。財漸旺。

升遷：腳踏空亡又逢空，干支上神皆逢空，空上乘空事莫追。不利升遷。

疾病：白虎乘午火尅金，主肺疾，喜貴人乘丑土洩火生金。疾病可癒。

失物：玄武旺相，財爻逢胎絕，喜貴人乘青龍臨宅相生。失物失而復得。

子嗣：天后逢長生，六合入墓。先得女。

官司：官鬼爻入末傳，喜日支交車相合洩殺生身。官司可解。

戊午日

就燥
干上丑

				初傳
兄弟	壬	戌	六合	初傳
父母	戊	午	白虎	中傳
官鬼	甲	寅	天后	末傳

四課	三課	二課	一課
六合	天后	勾陳	貴人
戌	寅	酉	丑
寅	午	丑	戌

重審課

畢法賦/詮釋：
三傳逆生人舉薦。　　貴人旬空臨干上。
萬事喜忻三六合。　　日墓覆支逢三合。
簾幕貴人高甲第。　　生干旺支鬼化印。
后合占婚豈用媒。　　干支乘墓各昏迷。

占斷解析：
天候：戌（六合），傳午（白虎），傳寅（天后）。晴偶雨。
人事：三傳逆生，后合臨宅六合發用，暮貴登天門，晝貴臨干上。有利人事。
考試：青龍乘胎，朱雀逢絕，喜貴人臨干上，暮貴登天門。有利考運。
婚姻：后合占婚吉，天后逢長生，三傳逆生六合，后合臨宅。婚喜將近。
財祿：財爻逢胎絕不入課傳，三傳合火父母爻相尅。財運不佳。
升遷：三傳逆生，后合臨宅六合發用，暮貴登天門，晝貴臨干上。有利升遷。
疾病：白虎乘午火尅金，主肺疾，喜貴人乘丑土洩火生金。可癒。
失物：玄武旺相，財爻逢胎絕，喜干上貴人乘丑土生金再生財。失物復得。
子嗣：天后逢長生，六合入墓。先得女。
官司：官鬼爻臨支上入傳，喜三傳逆生洩殺生身。官司可解。

- 763 -

戊午日

畢法賦/詮釋：
三傳逆生人舉薦。　日鬼乘蛇臨干上。
貴雖在獄官臨干。　旬首旬尾皆入傳。
傳財化鬼財休覓。　閉口卦體兩般推。
苦去甘來樂裏悲。　胎財生氣妻懷孕。龍加生氣吉遲遲。

占斷解析：
天候：寅（螣蛇），傳亥（太陰），傳申（白虎）。晴轉陰有風。
人事：三傳逆生官鬼，青龍乘帝旺官印相生，干上神逢長生。有利人事。
考試：青龍乘帝旺，朱雀乘青龍。有利考運。
婚姻：后合占婚吉，天后臨胎財，六合臨冠帶。婚喜將近。
財祿：財爻逢胎絕，傳財化鬼財休覓。財運不佳。
升遷：三傳逆生官鬼，青龍乘帝旺官印相生，干上神逢長生。有利升遷。
疾病：白虎乘申金尅木，主肝疾，喜三傳逆生洩金生木。疾病可癒。
失物：玄武入墓，財爻逢胎絕，三傳遞生財化鬼。失物難尋。
子嗣：天后臨胎財，六合臨冠帶，有男有女。子息緣旺。
官司：官鬼爻臨干支，喜青龍帝旺臨日支洩殺生身。官司可解。

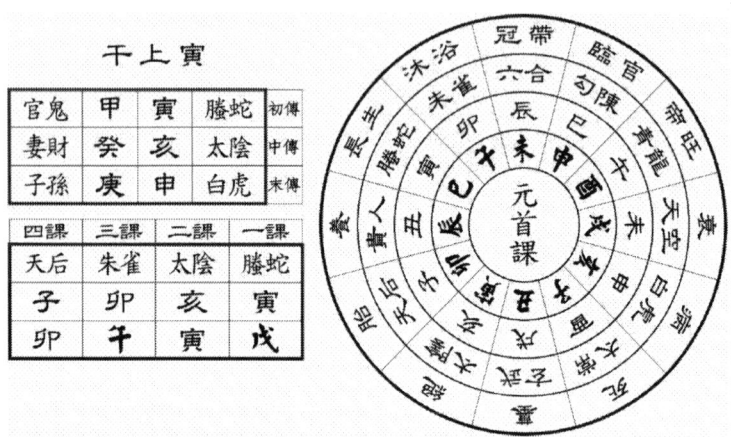

戊午日

極陰
干上卯

兄弟	◎	丑	貴人	初傳
妻財	⊙	亥	太陰	中傳
子孫	辛	酉	太常	末傳

四課	三課	二課	一課
螣蛇	六合	貴人	朱雀
寅	辰	丑	卯
辰	午	卯	戊

重審課

畢法賦／詮釋：
腳踏空亡進用宜。　　貴人乘雀臨干上。
干支皆敗事傾頹。　　鬼乘天罡臨支辰。
眾鬼雖彰全不畏。　　極陰之課占病凶。貴人差迭事參差。
制鬼之位乃良醫。　　彼此猜忌害相隨。龍加生氣吉遲遲。

占斷解析：
天候：丑（貴人），傳亥（太陰），傳酉（太常）。主天晴。
人事：腳踏空亡，干支皆敗，官鬼爻臨干支，貴人差迭。不利。
考試：青龍乘帝旺，朱雀乘祿臨干，貴人臨官星。有利考運。
婚姻：后合占婚吉，天后臨胎財，六合臨冠帶。婚喜將近。
財祿：財爻乘亥入傳，得子孫爻入傳相生。財漸旺。
升遷：腳踏空亡，干支皆敗，官鬼爻臨干支，貴人差迭。不利。
疾病：白虎乘申金尅木，主肝疾，喜財爻入傳洩金生木。疾病可癒。
失物：玄武入墓，喜財爻入傳得子孫爻相生。失物復得。
子嗣：天后臨胎財，六合乘帝旺，有男有女。子息緣旺。
官司：官鬼爻臨臨干、支，喜青龍乘午火帝旺洩殺生身。官司可解。

戊午日

否極泰來
干上辰

官鬼	乙	卯	朱雀	初傳
官鬼	甲	寅	螣蛇	中傳
兄弟	◎	丑	貴人	末傳

四課	三課	二課	一課
六合	勾陳	朱雀	六合
辰	巳	卯	辰
巳	午	辰	戊

元首課

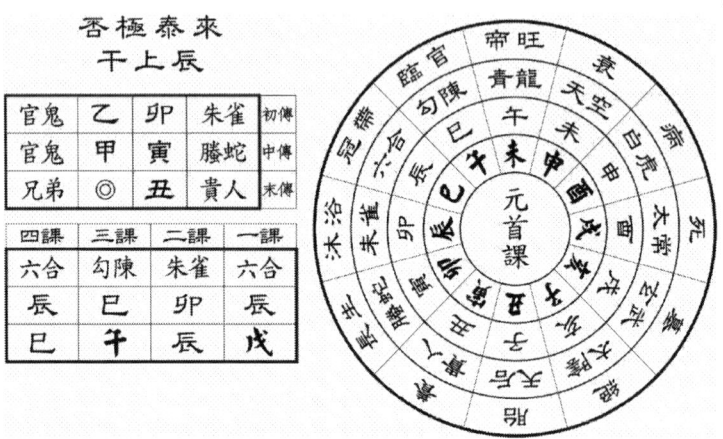

畢法賦/詮釋：
華蓋覆日人昏晦。　　官鬼尅干生日支。
權攝不正祿臨支。　　制鬼之位乃良醫。
魁度天門關格定。　　龍加生氣吉遲遲。
害貴訟直遭曲斷。

占斷解析：

天候：卯（朱雀），傳寅（螣蛇），傳丑（貴人）。主天晴。

人事：華蓋覆日，權攝不正，魁度天門，害貴訟直遭曲斷。不利。

考試：青龍乘帝旺，朱雀乘冠帶臨干，貴人入末傳。有利考運。

婚姻：后合占婚吉，天后臨胎財，六合臨冠帶。婚喜將近。

財祿：財爻逢胎絕，官鬼爻臨干發用洩財爻。財運不佳。

升遷：華蓋覆日，權攝不正，魁度天門，害貴訟直遭曲斷。不利。

疾病：白虎乘申金尅木，主肝疾，喜胎財乘子水洩金生木。疾病可癒。

失物：玄武入墓，財爻逢胎絕，官鬼爻入課傳洩財。失物難尋。

子嗣：天后臨胎財，六合臨冠帶，有男有女。子息緣旺。

官司：官鬼爻臨干發用，課傳皆官鬼，喜日祿臨支洩殺生身。官司可解。

戊午日

干上巳

四課	三課	二課	一課
青龍	青龍	勾陳	勾陳
午	午	巳	巳
午	午	巳	戊

父母	丁	巳	勾陳	初傳
子孫	庚	申	白虎	中傳
官鬼	甲	寅	螣蛇	末傳

伏吟課

畢法賦/詮釋：
任信丁馬須言動。　青龍乘旺臨支上。
三傳互尅眾人欺。　旺祿逢丁發初傳。
賓主不投刑在上。　中傳申馬暗合祿。龍加生氣吉遲遲。
旺祿臨身徒妄作。　貴人差迭事參差。末助初兮三等論。

占斷解析：

天候：丁巳（勾陳），傳申（白虎），傳寅（螣蛇）。主天晴有風。

人事：三傳互尅，賓主不投，旺祿臨身，貴人差迭。不利人事。

考試：青龍乘帝旺入宅，朱雀乘官鬼爻相生，丁馬臨祿。有利考運。

婚姻：后合占婚吉，天后臨胎財，六合臨冠帶。婚喜將近。

財祿：青龍乘帝旺入宅，旺祿乘丁馬臨干。財漸旺。

升遷：青龍臨支，丁馬乘祿臨干，末助初兮官印相生。有利升遷。

疾病：白虎乘申金尅木，主肝疾，喜巳申合化水洩金生木。疾病可癒。

失物：玄武入墓，財爻逢胎絕，四課皆父母爻尅財。失物難尋。

子嗣：天后臨胎財，六合臨冠帶，有男有女。子息緣旺。

官司：官鬼爻逢長生入末傳，喜四課皆父母爻洩殺生身。官司可解。

- 767 -

戊午日

四課	三課	二課	一課
白虎	天空	天空	青龍
申	未	未	午
未	午	午	戊

官鬼	⊙	寅	螣蛇	初傳
父母	戊	午	青龍	中傳
父母	戊	午	青龍	末傳

干上午

別責課

畢法賦/詮釋：
所謀多拙逢羅網。　　支乘青龍臨干生干。
上下皆合兩心齊。　　虎乘夜貴暗合干祿。
賓主不投刑在上。　　彼來生己守之如意。
制鬼之位乃良醫。　　龍加生氣吉遲遲。

占斷解析：
天候：寅（螣蛇），傳午（青龍），傳午（青龍）。晴轉多雲。
人事：青龍臨干，白虎臨支，上下皆合兩心齊，三傳官印相生。有利人事。
考試：青龍乘帝旺，朱雀乘官星，暮貴乘青龍。有利考運。
婚姻：后合占婚吉，天后臨胎財，六合臨冠帶。婚喜將近。
財祿：財爻逢胎絕，課傳皆父母爻旺相相剋。財運不佳。
升遷：青龍臨干，白虎臨支，上下皆合兩心齊，三傳官印相生。有利升遷。
疾病：白虎乘申金尅木，主肝疾，喜青龍帝旺相制。疾病可癒。
失物：玄武入墓，財爻逢胎絕，三傳官印相生相制。失物難尋。
子嗣：天后臨胎財，六合臨冠帶，有男有女。子息緣旺。
官司：官鬼爻發用，喜父母爻午火帝旺洩殺生身。官司可解。

戊午日

涉三淵
干上未

子孫	庚	申	白虎	初傳
兄弟	壬	戌	玄武	中傳
妻財	◎	子	天后	末傳

四課	三課	二課	一課
玄武	白虎	太常	天空
戌	申	酉	未
申	干	未	戊

重審課

畢法賦/詮釋：
貴登天門高甲第。　　夜貴臨干支逢虎。
罡塞鬼戶任謀為。　　支上發用涉三淵。
胎財生氣妻懷孕。　　龍加生氣吉遲遲。
干支乘墓各昏迷。

占斷解析：

天候：申（白虎），傳戌（玄武），傳子（天后）。陰轉雨。

人事：貴登天門，罡塞鬼戶，暮貴臨干，龍加生氣。有利人事。

考試：青龍乘帝旺，朱雀乘貴人登天門，暮貴臨干。有利考運。

婚姻：后合占婚吉，天后臨胎財，六合臨冠帶。婚喜將近。

財祿：財爻逢胎絕，喜子孫爻臨干支發用相生。財漸旺。

升遷：貴登天門，罡塞鬼戶，暮貴臨干，龍加生氣。有利升遷。

疾病：白虎乘申金尅木，主肝疾，喜胎財乘子水洩金生木。疾病可癒。

失物：玄武入墓，財爻逢胎絕，喜子孫爻臨干支發用相生。失物復得。

子嗣：天后臨胎財，六合臨冠帶，有男有女。子息緣旺。

官司：課傳不見官鬼爻，喜子孫爻臨干支發用相制。官司可解。

戊午日

干上申

子孫	辛	酉	勾陳	初傳
妻財	◎	子	螣蛇	中傳
官鬼	☉	卯	太陰	末傳

四課	三課	二課	一課
螣蛇	勾陳	朱雀	青龍
子	酉	亥	申
酉	午	申	戌

重審課

畢法賦/詮釋：
不行傳者考初時。　　青龍乘馬臨干上。
傳財化鬼財休覓。　　螣蛇勾陳臨支上。
賓主不投刑在上。　　三傳遞生人舉薦。
龍加生氣吉遲遲。　　貴雖在獄宜臨干。

占斷解析：
天候：酉（勾陳），傳子（螣蛇），傳卯（太陰）。陰晴不定。
人事：三傳遞生，龍雀臨干，勾蛇臨支，貴人差迭。人事利己。
考試：青龍臨病地，朱雀臨絕，貴人差迭。不利考運。
婚姻：后合占婚吉，天后逢長生，六合入墓。姻緣未到。
財祿：財爻逢胎絕，喜子孫爻旺相相生。財漸旺。
升遷：三傳遞生，龍雀臨干，勾蛇臨支，貴人差迭。升遷利己。
疾病：白虎乘午火尅金，主肺疾，喜貴人乘丑土洩火生金。疾病可癒。
失物：玄武臨冠帶，財爻逢胎絕，喜子孫爻臨干支相生。失物復得。
子嗣：天后逢長生，六合入墓。先得女。
官司：官鬼爻臨末傳，得三傳遞生，喜午火印爻旺相帝旺。洩殺生身。官司可解。

戊午日

炎上
干上酉

官鬼	甲	寅	天后	初傳
父母	戊	午	白虎	中傳
兄弟	壬	戌	六合	末傳

四課	三課	二課	一課
天后	六合	貴人	勾陳
寅	戌	丑	酉
戌	干	酉	戊

畢法賦/詮釋：
萬事喜忻三六合。　　貴乘死氣又逢空。
合中犯殺蜜中砒。　　墓神覆支成三合。
人宅受脫俱招盜。　　生干旺支鬼化印。
后合占婚豈用媒。　　三傳遞生人舉薦。貴人差迭事參差。

占斷解析：
天候：寅（天后），傳午（白虎），傳戌（六合）。雨後天晴。
人事：貴人臨干，墓神覆支，人宅受脫，貴人差迭。不利人事。
考試：青龍乘病地，朱雀臨絕，貴人差迭。不利考運。
婚姻：后合占婚吉，天后逢長生，六合入墓。姻緣未到。
財祿：財爻逢胎絕，喜貴人臨干生子孫爻，再生財爻。財漸旺。
升遷：貴人臨干，墓神覆支，人宅受脫，貴人差迭。不利升遷。
疾病：白虎乘午火尅金，主肺疾，喜貴人乘丑土臨干洩火生金。疾病可癒。
失物：玄武乘財爻，財爻逢胎絕，喜青龍乘申金相生。失物復得。
子嗣：天后逢長生，六合入墓。先得女。
官司：官鬼爻臨支發用，喜三傳逆生洩殺生身。官司可解。

戊午日

畢法賦/詮釋：
賓主不投刑在上。　　墓神覆日逢六合。
干支乘墓各昏迷。　　罡乘朱雀發初傳。
后合占婚豈用媒。　　干墓併關人宅廢。
貴人差迭事參差。　　人宅坐墓干招晦。

占斷解析：
天候：辰（玄武），傳酉（勾陳），傳寅（天后）。主陰雨。
人事：墓神覆支，人宅坐墓，賓主不投，貴人差迭。不利人事。
考試：青龍乘病地，朱雀臨絕，貴人差迭。不利考運。
婚姻：后合占婚吉，天后逢長生，六合入墓。姻緣未到。
財祿：財爻逢胎絕，干上卯戌相合生土尅水。財運不佳。
升遷：墓神覆支，人宅坐墓，賓主不投，貴人差迭。不利升遷。
疾病：白虎乘午火尅金，主肺疾，喜辰土臨支上發用洩火生金。疾病可癒。
失物：玄武臨冠帶，得干上神卯戌合火相生，財爻臨胎絕。失物難尋。
子嗣：天后逢長生，六合入墓。先得女。
官司：官鬼爻入末傳，喜干上神卯戌相合化火洩殺生身。官司可解。

戊午日

干上亥

父母	⊙	午	白虎	初傳
妻財	◎	子	螣蛇	中傳
父母	⊙	午	白虎	末傳

四課	三課	二課	一課
白虎	螣蛇	太常	朱雀
午	子	巳	亥
子	午	亥	戊

返吟課

畢法賦/詮釋：
賓主不投刑在上。　返吟課逢空乘空。
兩貴皆空虛喜期。　喜不成喜凶不凶。
三傳互尅眾人欺。　空空如也事莫追。
來去俱空豈動移。

占斷解析：

天候：午（白虎），傳子（螣蛇），傳午（白虎）。天晴有風。
人事：三傳四課皆互尅，賓主不投刑尅多，兩貴皆空。不利人事。
考試：青龍乘病地，朱雀臨絕，兩貴皆空。不利考運。
婚姻：后合占婚吉，天后逢長生，六合入墓。姻緣未到。
財祿：財爻逢胎絕，課傳又互尅。財運不佳。
升遷：三傳四課皆互尅，賓主不投刑尅多，兩貴皆空。不利升遷。
疾病：白虎乘午火尅金，主肺疾，喜貴人乘丑土洩火生金。疾病可癒。
失物：玄武入獄，財爻臨胎絕又逢刑尅。失物難尋。
子嗣：天后逢長生，六合入墓。先得女。
官司：官鬼爻不入課傳，喜父母爻乘午火洩殺生身。官司可解。

己未日

祿神：午
驛馬：巳
貴人：子、申
空亡：子、丑
長生：酉
帝旺：巳
墓庫：丑

己未日

干上子

父母	☉	巳	白虎	初傳
兄弟	壬	戌	朱雀	中傳
官鬼	乙	卯	玄武	末傳

四課	三課	二課	一課
白虎	貴人	白虎	貴人
巳	子	巳	子
子	未	子	己

知一課

畢法賦/詮釋：
害貴訟直遭曲斷。　　貴人旬空虎發傳。
干支乘絕凡謀決。　　財貴皆空驛馬空。
任信丁馬須言動。　　末傳官鬼乘玄武。
貴人差迭事參差。　　將逢內戰所謀危。龍加生氣吉遲遲。

占斷解析：
天候：丁巳（白虎），傳戌（朱雀），傳卯（玄武）。晴雨不定。
人事：貴臨干支乘空又臨絕，干支乘絕凡謀決，將逢內戰。不利。
考試：龍確不入課傳，朱雀入傳逢內戰，貴人乘空，虎臨干支。不利考運。
婚姻：后合占婚吉，天后入墓，六合逢長生。姻緣未到。
財祿：財爻逢空臨胎絕，喜丁馬帝旺臨干支發用。有利財運。
升遷：貴臨干支乘空又臨絕，干支乘絕凡謀決，將逢內戰。不利。
疾病：白虎乘巳火臨干支發用尅金，主肺疾，喜太常吉將乘辰土洩火合金。疾病可癒。
失物：玄武臨獄，喜丁馬入干支又發用，貴人乘財爻臨干支。失物復得。
子嗣：天后入墓，六合逢長生。先得男。
官司：官鬼爻臨病死之地，三丁馬乘巳火洩殺生身。官司可解。

己未日

四課	三課	二課	一課
青龍	天后	青龍	天后
未	丑	未	丑
丑	未	丑	己

干上丑

父母	丁	巳	白虎	初傳
兄弟	◎	丑	天后	中傳
兄弟	◎	丑	天后	末傳

八專課

畢法賦/詮釋：
不行傳者考初時。　　八專之課逢返吟。
兩貴受剋難干貴。　　動逢空亡難捨難就。
任信丁馬須言動。　　四課不全又逢空。虎乘丁神巳為馬。
干支乘墓各昏迷。　　干墓併關人宅廢。六爻現卦防其剋。

占斷解析：
天候：丁巳（白虎），傳丑（天后），傳丑（天后）。主風雨。
人事：四課不全又逢空，干支乘墓，兩貴受剋，丁馬動而難行。不利人事。
考試：龍乘生氣臨干支逢沖，朱雀臨獄，兩貴受剋。不利考運。
婚姻：后合占婚吉，天后入墓，六合逢長生。姻緣未到。
財祿：財爻逢胎絕，六爻皆兄弟爻現卦劫財。財運不佳。
升遷：四課不全又逢沖，干支乘墓，兩貴受剋，丁馬動而難行。不利升遷。
疾病：白虎乘巳火帝旺剋金，主肺疾，喜六爻皆土洩火生金。疾病可癒。
失物：玄武臨病地，可惜六爻現卦兄弟劫財。失物難尋。
子嗣：天后入墓，六合逢長生。先得男。
官司：官鬼爻臨病死之地，父母爻發用洩殺生身。官司可解。

- 776 -

己未日

干上寅

四課	三課	二課	一課
六合	太陰	六合	太陰
酉	寅	酉	寅
寅	未	寅	己

子孫	辛 酉	六合 初傳
兄弟	丙 辰	太常 中傳
妻財	癸 亥	螣蛇 末傳

畢法賦/詮釋：
夫婦蕪淫各有私。　　六合逢生合太常。
干支全傷防兩損。　　官鬼乘死尅干支。
將逢內戰所謀危。　　三傳自刑凡謀凶。
賓主不投刑在上。　　人宅皆死各衰贏。貴人差迭事參差。

占斷解析：
天候：酉（六合），傳辰（太常），傳亥（螣蛇）。主天晴。
人事：人宅皆死，干支全傷，將逢內戰，賓主不投。不利人事。
考試：龍雀不入課傳，青龍乘貴人臨絕，朱雀臨養。不利考運。
婚姻：后合占婚吉，天后入墓，六合逢長生臨干支。姻緣未到。
財祿：財爻入末傳，得辰酉合金相生。財漸旺。
升遷：人宅皆死，干支全傷，將逢內戰，賓主不投。不利升遷。
疾病：白虎乘巳火尅金，主肺疾，喜太常吉將乘辰土洩火合金。疾病可癒。
失物：玄武臨病地，財爻入末傳，喜初中傳辰酉合金再生財。失物復得。
子嗣：天后入墓，六合逢長生。先得男。
官司：官鬼爻臨干支，喜子孫爻逢長生尅官鬼。官司可解。

己未日

	四課	三課	二課	一課
	天后	六合	天后	六合
	亥	卯	亥	卯
	卯	未	卯	己

先春
干上卯

官鬼	乙	卯	六合	初傳
妻財	癸	亥	天后	中傳
兄弟	己	未	白虎	末傳

元首課

畢法賦/詮釋：

萬事喜忻三六合。　亥財合鬼臨干支。
合中犯殺蜜中砒。　三合木局曲直格。
人宅皆死各衰嬴。　三合旺鬼入課傳。彼此全傷防兩損。
后合占婚豈用媒。　貴雖在獄宜臨干。傳財化鬼財休覓。

占斷解析：

天候：卯（六合），傳亥（天后），傳未（白虎）。陰雨有風。
人事：課傳皆三合化殺，彼此全傷防兩損，傳財化鬼。不利人事。
考試：龍雀不入課傳，后合化殺臨干支發用。不利考運。
婚姻：后合占婚吉，后合占婚豈用媒。婚喜可期。
財祿：財爻臨胎逢貴，可惜傳財化鬼。不利財運。
升遷：課傳皆三合化殺，彼此全傷防兩損，貴人臨獄。不利升遷。
疾病：白虎乘未土尅水，主腎疾，亥水臨課傳三合化殺。未覓良醫。
失物：玄武逢長生，財爻臨胎絕，傳財化鬼。失物難尋。
子嗣：天后臨胎，六合臨病地。先得女。
官司：官鬼爻臨干支，逢財爻相生三合化殺。官司難解。

- 778 -

己未日

干上辰

妻財	癸	亥	天后	初傳
兄弟	丙	辰	勾陳	中傳
兄弟	丙	辰	勾陳	末傳

四課	三課	二課	一課
螣蛇	勾陳	螣蛇	勾陳
丑	辰	丑	辰
辰	未	辰	己

八專課

畢法賦/詮釋：
干墓併關人宅廢。　華蓋覆日人昏晦。
干支乘墓各昏迷。　干支三傳皆自刑。
六爻現卦防其尅。　賓主不投刑在上。
兩蛇夾墓凶難免。　簾暮貴人高甲第。

占斷解析：

天候：亥（天后），傳辰（勾陳），傳辰（勾陳）。主陰雨。
人事：干支乘墓，兩蛇夾墓，干墓併關，賓主不投。不利人事。
考試：龍雀不入課傳，勾蛇臨干支。不利考運。
婚姻：后合占婚吉，天后臨胎財，六合臨病地。姻緣未到。
財祿：財爻逢貴臨胎財，喜酉金子孫爻逢長生相生。財漸旺。
升遷：干支乘墓，兩蛇夾墓，干墓併關，賓主不投。不利升遷。
疾病：白虎臨獄乘未土尅水，主腎疾，喜子孫爻逢長生洩土生水。疾病可愈。
失物：玄武乘酉金逢長生，辰酉合化金生財爻，財爻逢貴人。失物復得。
子嗣：天后臨胎財，六合臨病地。先得女。
官司：官鬼爻臨病死之地，兄弟爻入課傳制殺助身。官司可解。

- 779 -

己未日

兄弟	◎	丑	螣蛇	初傳
父母	丁	巳	青龍	中傳
父母	丁	巳	青龍	末傳

干上巳

四課	三課	二課	一課
六合	青龍	六合	青龍
卯	巳	卯	巳
巳	未	巳	己

八專課

畢法賦/詮釋：
任信丁馬須言動。　八專之課人宅同。
龍加生氣吉遲遲。　課傳遍丁青龍動。
貴人差迭事參差。　六爻現卦防其尅。
互旺俱旺坐謀宜。

占斷解析：
天候：丑（螣蛇），傳丁巳（青龍），傳丁巳（青龍）。主晴多雲。
人事：課傳皆逢丁馬動，青龍帝旺乘丁馬，官印相生再生干支。有利人事。
考試：龍加生氣乘丁馬，官印相生再生干支。有利考運。
婚姻：后合占婚吉，天后臨胎財，六合臨病地。姻緣未到。
財祿：財爻臨胎絕，四課逢官印相生。財運不佳。
升遷：龍加生氣乘丁馬，官印相生再生干支，互旺俱旺。有利升遷。
疾病：白虎乘未土尅水，主腎疾，六爻現卦火又生土。未覓良醫。
失物：玄武逢長生，六爻父母現卦不利財。失物難尋。
子嗣：天后臨胎，六合臨病地。先得女。
官司：官鬼爻臨干支，喜丁馬乘青龍洩殺生身。官司可解。

己未日

干上午

官鬼	乙	卯	六合	初傳
父母	戊	午	天空	中傳
父母	戊	午	天空	末傳

四課	三課	二課	一課
青龍	天空	青龍	天空
巳	午	巳	午
午	未	午	己

八專課

畢法賦/詮釋：
富貴干支逢祿馬。　八專之課人宅不分。
魁度天門關格定。　旺祿臨身又臨支。
賓主不投刑在上。　課傳皆祿仕官吉。
龍加生氣吉遲遲。　互旺皆旺坐謀宜。胎財生氣妻懷孕。

占斷解析：

天候：卯（六合），傳午（天空），傳午（天空）。主天晴。
人事：旺祿臨身又臨宅，富貴干支逢祿馬，龍加生氣。有利人事。
考試：青龍乘干祿臨干支，三傳官印相生。有利考運。
婚姻：后合占婚吉，天后臨胎財，六合臨病地。婚喜可期。
財祿：三傳四課皆逢祿馬，旺祿入課傳。財漸旺。
升遷：旺祿臨身又臨宅，富貴干支逢祿馬，龍加生氣。有利升遷。
疾病：白虎乘未土尅水，主腎疾，課傳皆火生土尅水。未覓良醫。
失物：玄武臨病地，財爻臨胎絕，課傳皆火相尅。失物難尋。
子嗣：天后臨胎財，六合臨病地。先得女。
官司：官鬼爻入傳，喜父母爻午火入課傳，洩殺生身。官司可解。

己未日

四課	三課	二課	一課
白虎	白虎	白虎	白虎
未	未	未	未
未	未	未	己

干上未

兄弟	己	未	白虎	初傳
兄弟	◎	丑	螣蛇	中傳
兄弟	壬	戌	太陰	末傳

伏吟課

畢法賦/詮釋：
賓主不投刑在上。　　伏吟盤逢干支同。
不行傳者考初時。　　獨足之課事難行。
六爻現卦防其尅。　　四課皆虎發初傳。三傳相刑中傳空。
貴人差迭事參差。　　蛇虎入傳占非吉。龍加生氣吉遲遲。

占斷解析：
天候：未（白虎），傳丑（螣蛇），傳戌（太陰）。主天晴。
人事：四課皆白虎發用，三傳相刑，貴人差迭，六爻現卦。不利。
考試：青龍臨帝旺，四課暗合干祿。有利考運。
婚姻：后合占婚吉，天后臨胎財，六合臨病地。婚喜可期。
財祿：財爻臨胎絕，三傳四課兄弟爻現卦尅財。財運不佳。
升遷：四課皆白虎發用，三傳相刑，貴人差迭，六爻現卦。不利。
疾病：白虎乘未土尅水，主腎疾，四課三傳皆土，旺土尅水。未覓良醫。
失物：玄武逢長生，財爻臨胎絕，六爻全兄弟劫財。失物難尋。
子嗣：天后臨胎財，六合臨病地。先得女。
官司：官鬼爻臨病死之地，三傳四課皆兄弟爻化殺助身。官司可解。

己未日

干上申

兄弟	己	未	白虎	初傳
子孫	庚	申	太常	中傳
子孫	庚	申	太常	末傳

四課	三課	二課	一課
玄武	太常	玄武	太常
酉	申	酉	申
申	未	申	己

八專課

畢法賦/詮釋：
貴登天門高甲第。　　申以火土共長生。
所謀多拙逢羅網。　　課傳四逢暮貴人。
脫上逢脫防虛詐。　　六爻現卦防其尅。
干支皆敗事傾頹。　　子孫入傳尅官鬼。

占斷解析：
天候：未（白虎），傳申（太常），傳申（太常）。主天晴。
人事：脫上逢脫，所謀多拙，干支皆敗，六爻現卦尅官。不利人事。
考試：青龍乘巳火帝旺，六合太常乘申金，貴登天門。有利考運。
婚姻：后合占婚吉，天后臨胎財，六合臨病地。婚喜可期。
財祿：財爻臨胎絕，喜子孫爻入課傳相生。財漸旺。
升遷：脫上逢脫，所謀多拙，干支皆敗，六爻現卦尅官。不利升遷。
疾病：白虎乘未土尅水，主腎疾，喜中末傳皆子孫爻洩土生水。疾病可癒。
失物：玄武逢長生，財爻臨胎絕喜六爻子孫現卦相生。失物復得。
子嗣：天后臨胎財，六合臨病地。先得女。
官司：官鬼爻臨病死之地，六爻子孫爻現卦尅官鬼。官司可解。

己未日

```
        干上酉
┌─────┬───┬───┬─────┐
│ 子孫 │ 辛 │ 酉 │ 六合 │ 初傳
│ 子孫 │ 辛 │ 酉 │ 六合 │ 中傳
│ 子孫 │ 辛 │ 酉 │ 六合 │ 末傳
└─────┴───┴───┴─────┘

┌─────┬─────┬─────┬─────┐
│ 四課 │ 三課 │ 二課 │ 一課 │
├─────┼─────┼─────┼─────┤
│ 螣蛇 │ 六合 │ 螣蛇 │ 六合 │
│  亥  │  酉  │  亥  │  酉  │
│  酉  │  未  │  酉  │  己  │
└─────┴─────┴─────┴─────┘
```

八專課

畢法賦/詮釋：
賓主不投刑在上。　　八專獨足逢脫氣。
脫上逢脫防虛詐。　　六合長生入課傳。
兩貴受尅難干貴。　　酉兌為妾忌逢合。
六爻現卦防其尅。　　互生俱生凡事益。罡塞鬼戶任謀為。

占斷解析：
天候：酉（六合），傳酉（六合），傳酉（六合）。主天晴。
人事：六爻現卦防其尅，脫上逢脫，兩貴受尅，賓主不投。不利人事。
考試：青龍臨日支逢冠帶，朱雀乘戌土六合官爻。有利考運。
婚姻：后合占婚吉，天后入墓，六合逢長生臨干支。姻緣未到。
財祿：財爻臨胎絕，喜子孫爻逢長生入課傳相生。財漸旺。
升遷：六爻現卦防其尅，脫上逢脫，兩貴受尅，賓主不投。不利升遷。
疾病：白虎乘巳火尅金，主肺疾，喜財爻亥水得酉金相生制火。疾病可癒。
失物：玄武臨病地，財爻臨胎絕得子孫爻入課傳相生。失物復得。
子嗣：天后入墓，六合逢長生臨干支。先得男。
官司：官鬼爻臨病死之地，六爻子孫爻現卦尅官鬼。官司可解。

己未日

干上戌

妻財	癸	亥	螣蛇	初傳
兄弟	壬	戌	朱雀	中傳
兄弟	壬	戌	朱雀	末傳

四課	三課	二課	一課
天后	朱雀	天后	朱雀
丑	戌	丑	戌
戌	未	戌	己

八專課

畢法賦/詮釋：
干墓併關人宅廢。　墓神乘戌臨干支。
干支乘墓各昏迷。　丑刑戌來戌刑未。
賓主不投刑在上。　眾比爭財憂妻妾。
貴人差迭事參差。　六爻現卦防其尅。

占斷解析：
天候：亥（螣蛇），傳戌（朱雀），傳戌（朱雀）。主天晴。
人事：干支乘墓，六爻皆兄弟劫財，賓主不投，貴人差迭。不利。
考試：青龍臨冠帶，朱雀乘青龍臨干支又入傳。有利考運。
婚姻：后合占婚吉，天后入墓，六合逢長生。姻緣未到。
財祿：財爻臨胎絕，六爻皆兄弟入課傳劫財。財運不佳。
升遷：干支乘墓，六爻皆兄弟劫財，賓主不投，貴人差迭。不利。
疾病：白虎乘巳火尅金，主肺疾，喜太常乘辰土洩火合金。疾病可癒。
失物：玄武臨病地，財爻臨胎絕，六爻全兄弟劫財。失物難尋。
子嗣：天后入墓，六合逢長生。先得男。
官司：官鬼爻臨病死之地，課傳皆兄弟爻旺相，化殺助身。官司可解。

己未日

曲直
干上亥

四課	三課	二課	一課
玄武	螣蛇	玄武	螣蛇
卯	亥	卯	亥
亥	未	亥	己

妻財	癸	亥	螣蛇	初傳
官鬼	乙	卯	玄武	中傳
兄弟	己	未	青龍	末傳

重審課

畢法賦/詮釋：
萬事喜忻三六合。　　胎財生氣妻懷孕。
合中犯殺蜜中砒。　　課傳三合皆官鬼。
賓主不投刑在上。　　鬼眾無印防其尅。
傳財化鬼財休覓。　　貴人差迭事參差。龍加生氣吉遲遲。

占斷解析：
天候：亥（螣蛇），傳卯（玄武），傳未（青龍）。雨後多雲。
人事：課傳皆三合犯殺，賓主不投，傳財化鬼，貴人差迭不利人事。
考試：龍雀不入課傳，玄武螣蛇入課傳，合中犯殺。不利考運。
婚姻：后合占婚吉，天后入墓，六合逢長生。姻緣未到。
財祿：財爻臨胎絕，課傳皆三合傳財化鬼。財運不佳。
升遷：課傳皆三合犯殺，賓主不投，傳財化鬼，貴人差迭。不利升遷。
疾病：白虎乘巳火尅金，主肺疾。課傳皆三合化木生火尅金。未覓良醫。
失物：玄武臨病地，財爻臨胎絕又化鬼。失物難尋。
子嗣：天后入墓，六合逢長生。先得男。
官司：課傳皆三合化殺。官司難解。

庚申日

祿神：申
驛馬：寅
貴人：丑、未
空亡：子、丑
長生：巳
帝旺：酉
墓庫：丑

庚申日

星斗
干上子

父母	☉	辰	玄武	初傳
兄弟	庚	申	青龍	中傳
子孫	◎	子	螣蛇	末傳

四課	三課	二課	一課
玄武	螣蛇	玄武	螣蛇
辰	子	辰	子
子	申	子	庚

元首課

畢法賦/詮釋：
萬事喜忻三六合。　　三傳潤下氣全脫。
脫上逢脫防虛詐。　　玄蛇乘空入課傳。
來去俱空豈動移。　　兩貴皆空虛喜期。
三傳遞生人舉薦。　　人宅皆死各喪贏。龍加生氣生蛇玄。

占斷解析：
天候：辰（玄武），傳申（青龍），傳子（螣蛇）。陰雨轉晴。
人事：來去俱空，脫上逢脫，人宅皆死，兩貴皆空。不利人事。
考試：青龍臨干祿入傳，朱雀臨病地，兩貴皆空。不利考運。
婚姻：后合占婚吉，天后臨絕，六合臨衰。姻緣未到。
財祿：財爻臨胎絕，喜課傳皆三合子孫爻相生。財漸旺。
升遷：來去俱空，脫上逢脫，人宅皆死，兩貴皆空。不利升遷。
疾病：白虎乘午火尅金，主肺疾。喜課傳皆三合水局相制。疾病可癒。
失物：玄武臨養，財爻臨胎絕，喜課傳三合子孫爻相生。失物復得。
子嗣：天后臨絕，六合臨衰。子息緣淡。
官司：官鬼爻不入課傳，喜課傳皆三合子孫爻相制。官司可解。

庚申日

干上丑

妻財	乙	卯	太陰	初傳
父母	◎	丑	貴人	中傳
父母	◎	丑	貴人	末傳

四課	三課	二課	一課
白虎	貴人	白虎	貴人
午	丑	午	丑
丑	申	丑	庚

八專課

畢法賦/詮釋：
不行傳者考初時。　　四貴逢空貴無依。
課傳俱貴轉無依。　　重重入墓覆干支。
互生俱生凡事益。　　印貴逢空占病凶。
兩貴皆空虛喜期。　　虎臨干支凶速速。干支乘墓各昏迷。

占斷解析：
天候：卯（太陰），傳丑（貴人），傳丑（貴人）。陰轉晴。
人事：不行傳者，四貴逢空，虎臨干鬼，干支乘墓。不利人事。
考試：龍雀不入課傳，四貴皆空入課傳。不利考運。
婚姻：后合占婚吉，天后臨絕，六合臨衰。姻緣未到。
財祿：財爻臨胎絕發初傳，虎乘干鬼入課。不利財運。
升遷：不行傳者，四貴逢空，虎臨干鬼，干支乘墓。不利升遷。
疾病：白虎乘午火尅金，主肺疾。喜貴人乘丑土洩火生金。疾病可癒。
失物：玄武臨養，財爻發初傳，官鬼爻臨干支，傳財化鬼。失物難尋。
子嗣：天后臨絕，六合臨衰。子息緣淡。
官司：官鬼爻乘白虎臨干支，喜貴人乘父母爻洩殺生身。官司可解。

- 789 -

庚申日

干上寅

妻財	甲	寅	天后	初傳
兄弟	庚	申	青龍	中傳
妻財	甲	寅	天后	末傳

四課	三課	二課	一課
青龍	天后	青龍	天后
申	寅	申	寅
寅	申	寅	庚

返吟課

畢法賦/詮釋：
富貴干支逢祿馬。　　返吟課逢財逐祿。
晝夜貴加求兩貴。　　干支值絕凡謀決。
兩貴皆空虛喜期。　　四馬逐祿返覆奔馳。
三傳互尅眾人欺。　　馬入絕鄉反不吉。龍加生氣吉遲遲。

占斷解析：
天候：寅（天后），傳申（青龍），傳寅（天后）。主多雲有雨。
人事：課傳皆逢祿馬，晝夜貴加，龍加生氣臨干祿。有利人事。
考試：青龍乘祿臨干支，財爻入課傳，朱雀乘丁馬官星。有利考運。
婚姻：后合占婚吉，天后臨絕，六合臨衰。姻緣未到。
財祿：財爻入課傳，干祿亦入課傳，富貴干支逢祿馬。有利財運。
升遷：課傳皆逢祿馬，晝夜貴加，青龍臨干祿入課傳。有利升遷。
疾病：白虎乘午火尅金，主肺疾。喜貴人乘丑土洩火生金。疾病可癒。
失物：玄武臨獄，課傳皆逢祿馬。失物復得。
子嗣：天后臨絕，六合臨衰。子息緣淡。
官司：官鬼爻不入課傳，喜貴人乘丑土洩殺生身。官司可解。

庚申日

干上卯

四課	三課	二課	一課
六合	太陰	六合	太陰
戌	卯	戌	卯
卯	申	卯	庚

父母	壬	戌	六合	初傳
官鬼	丁	巳	太常	中傳
子孫	◎	子	螣蛇	末傳

知一課

畢法賦/詮釋：
兩貴皆空虛喜期。　　魁星乘財臨干支。
金日逢丁凶禍動'　　合財化火反尅之。
萬事喜忻三六合。　　人宅受尅防兩損。子孫空亡無救神。
合中犯殺蜜中砒。　　胎財生氣妻懷孕。龍加生氣吉遲遲。

占斷解析：

天候：戌（六合），傳丁巳（太常），傳子（螣蛇）。主天晴。

人事：金日逢丁，干支上神六合化殺，官鬼入傳，兩貴皆空。不利人事。

考試：青龍臨干祿臨官，朱雀臨獄，兩貴皆空。不利考運。

婚姻：后合占婚吉，天后臨絕，六合臨衰。姻緣未到。

財祿：財父臨干支，六合戌土化殺，胎財化鬼。不利財運。

升遷：金日逢丁，干支上神六合化殺，官鬼入傳，兩貴皆空。不利升遷。

疾病：白虎乘午火入傳尅金，主肺疾。四課皆胎財六合化殺無制。未覓良醫。

失物：玄武臨衰，財父臨胎絕，卯戌六合財化鬼。失物難尋。

子嗣：天后臨絕，六合臨衰。子息緣淡。

官司：官鬼父乘丁馬入傳，四課六合胎財化鬼。官司難解。

- 791 -

庚申日

仰玄 干上辰

子孫	◎	子	螣蛇	初傳
兄弟	☉	申	青龍	中傳
父母	丙	辰	玄武	末傳

四課	三課	二課	一課
螣蛇	玄武	螣蛇	玄武
子	辰	子	辰
辰	申	辰	庚

重審課

畢法賦/詮釋：
萬事喜忻三六合。　　天罡乘玄臨干支。
互生俱生凡事益。　　螣蛇死氣逢三合。
龍加生氣吉遲遲。　　三傳逆生人舉薦。
腳踏空亡進用宜。　　賓主不投刑在上。貴人差迭事參差。

占斷解析：

天候：子（螣蛇），傳申（青龍），傳辰（玄武）。晴轉陰雨。

人事：三傳逆生，龍加生氣，干支三傳皆三合，干祿入傳。有利人事。

考試：青龍乘祿臨官入傳，干支三傳皆三合。有利考運。

婚姻：后合占婚吉，天后臨絕，六合臨衰。姻緣未到。

財祿：財爻臨胎絕，喜課傳皆三合化子孫爻相生。財漸旺。

升遷：三傳逆生，龍加生氣，干支三傳皆三合，干祿入傳。有利升遷。

疾病：白虎乘午火尅金，主肺疾。喜辰土臨干支洩火生金。疾病可癒。

失物：玄武臨干支，財爻臨胎絕，喜課傳皆三合子孫相生。失物復得。

子嗣：天后臨絕，六合臨衰。子息緣淡。

官司：官鬼爻逢長生，喜課傳皆三合子孫爻相制。官司可解。

庚申日

干上巳

	初傳	中傳	末傳
官鬼	丁巳 勾陳		
妻財	甲寅 螣蛇		
子孫	癸亥 太陰		

四課	三課	二課	一課
螣蛇	勾陳	螣蛇	勾陳
寅	巳	寅	巳
巳	申	巳	庚

元首課

畢法賦/詮釋：
三傳逆生人舉薦。　　兩貴入獄又逢空。
干支全傷防兩損。　　官鬼乘丁占試吉。
賓主不投刑在上。　　互生俱生凡事益。
貴雖在獄宜臨干。　　金日逢丁凶禍動。催官使者覆官期。

占斷解析：
天候：丁巳（勾陳），傳寅（螣蛇），傳亥（太陰）。主天晴。
人事：金日逢丁，干支全傷，賓主不投，貴人臨獄。不利人事。
考試：三傳逆生人舉薦，催官使者覆官期。利考運。
婚姻：后合占婚吉，天后臨死地，六合臨養。姻緣未到。
財祿：財爻臨胎絕，傳財又化鬼。不利財運。
升遷：三傳逆生人舉薦，催官使者覆官期。利升遷。
疾病：白虎乘申金尅木，主肝疾。喜丁馬乘巳相合化水，子孫爻入末傳洩金生木。疾病可癒。
失物：玄武臨衰，喜太陰乘亥水生財爻。失物復得。
子嗣：天后臨死地，六合臨養。先得男。
官司：官鬼爻乘丁馬發用，三傳逆生官鬼。官司難解。

顧祖
干上午

官鬼	戊	午	青龍	初傳
父母	丙	辰	六合	中傳
妻財	甲	寅	螣蛇	末傳

四課	三課	二課	一課
六合	青龍	六合	青龍
辰	午	辰	午
午	申	午	庚

畢法賦/詮釋：
害貴訟直遭曲斷。　　三傳顧祖課八專。
干支皆敗事傾頹。　　干支全傷防兩損。
賓主不投刑在上。　　末助初兮財化鬼。君子宜哉常人忌。
傳財化鬼財休覓。　　眾鬼雖彰全不畏。六合乘印洩殺生身。

占斷解析：
天候：午（青龍），傳辰（六合），傳寅（螣蛇）。主天晴。
人事：干支皆敗，賓主不投，干支全傷，害貴訟直遭曲斷。不利人事。
考試：青龍臨干支發用，朱雀臨胎財。有利考運。
婚姻：后合占婚吉，天后臨死地，六合臨養。姻緣未到。
財祿：財爻臨胎絕，青龍入課傳，傳財又化鬼。不利財運。
升遷：干支皆敗，賓主不投，干支全傷，害貴訟直遭曲斷。不利升遷。
疾病：白虎乘申金尅木，主肝疾。喜青龍臨干支發用相制。疾病可癒。
失物：玄武臨養，財爻臨胎絕，傳財又化鬼。失物難尋。
子嗣：天后臨死地，六合臨養。先得男。
官司：官鬼爻臨干支又發用，喜父母爻洩殺生身。官司可解。

庚申日

干上未

兄弟	辛	酉	太常	初傳
父母	己	未	天空	中傳
父母	己	未	天空	末傳

四課	三課	二課	一課
青龍	天空	青龍	天空
午	未	午	未
未	申	未	庚

八專課

畢法賦/詮釋：
互生俱生凡事益。　　青龍臨干支合夜貴。
貴人差迭事參差。　　課傳四空貴無依。
干支皆敗事傾頹。　　兩貴皆空虛喜期。
交車相合交關利。　　魁度天門關格定。

占斷解析：
天候：酉（太常），傳未（天空），傳未（天空）。主天晴。
人事：課傳暮貴皆乘天空，干支皆敗，兩貴皆空。不利人事。
考試：青龍臨敗地，朱雀臨獄，兩貴皆空。不利考運。
婚姻：后合占婚吉，天后臨死地，六合臨養。姻緣未到。
財祿：財爻臨胎絕，四課交車相合化火，傳財化鬼。不利財運。
升遷：課傳暮貴皆乘天空，干支皆敗，兩貴皆空。不利升遷。
疾病：白虎乘申金尅木，主肝疾。喜青龍臨干支乘午火相制。疾病可癒。
失物：玄武臨衰，財爻臨胎絕，四課又交合化火。失物難尋。
子嗣：天后臨死地，六合臨養。先得男。
官司：官鬼爻乘午火，四課交車相合無制。官司難解。

庚申日

四課	三課	二課	一課
白虎	白虎	白虎	白虎
申	申	申	申
申	申	申	庚

干上申

兄弟	庚	申	白虎	初傳
妻財	甲	寅	螣蛇	中傳
官鬼	丁	巳	勾陳	末傳

伏吟課

畢法賦/詮釋：
旺祿臨身徒妄作。　　伏吟四課皆旺祿。
權攝不正祿臨支。　　課傳五虎多災咎。
金日逢丁凶禍動。　　受虎尅神為病症。三傳三刑財生鬼。
賓主不投刑在上。　　信仕丁馬須言動。貴人差迭事參差。

占斷解析：
天候：申（白虎），傳寅（螣蛇），傳丁巳（勾陳）。有風無雨。
人事：旺祿臨身，權攝不正，賓主不投，金日逢丁。不利人事。
考試：青龍臨敗，朱雀乘胎，四課皆白虎發用。不利考運。
婚姻：后合占婚吉，天后臨死地，六合臨養。姻緣未到。
財祿：財爻臨胎絕，四課皆逢祿，三傳祿傳馬。財祿旺。
升遷：旺祿臨身，權攝不正，賓主不投，貴人差迭。不利升遷。
疾病：白虎乘申金尅木，主肝疾。喜太陰乘亥水洩金生木。疾病可癒。
失物：玄武臨獄，財爻逢胎絕，喜子孫爻乘太陰相生。失物復得。
子嗣：天后臨死地，六合臨養。先得男。
官司：官鬼爻乘丁馬入末傳，喜干祿合化成水相制。官司可解。

庚申日

干上酉

子孫	癸	亥	太陰	初傳
兄弟	辛	酉	太常	中傳
兄弟	辛	酉	太常	末傳

四課	三課	二課	一課
玄武	太常	玄武	太常
戌	酉	戌	酉
酉	申	酉	庚

八專課

畢法賦/詮釋：
所謀多拙逢羅網。　課傳四旺守則昌。
互旺皆旺坐謀宜。　見酉為刃動則傷。
賓主不投刑在上。　酉兌為妾防酒色。
六爻現卦防其尅。　將逢內戰所謀危。兩貴皆空虛喜期。

占斷解析：
天候：亥（太陰），傳酉（太常），傳酉（玄武）。主陰雨。
人事：所謀多拙，賓主不投，將逢內戰，兩貴皆空。不利人事。
考試：課傳不見龍雀，兩貴皆空。不利考運。
婚姻：后合占婚吉，天后臨死地，六合臨養。姻緣未到。
財祿：財爻臨胎絕，兄弟爻臨干支又入傳。不利財運。
升遷：所謀多拙，賓主不投，將逢內戰，兩貴皆空。不利升遷。
疾病：白虎乘申金尅木，主肝疾。課傳金多無制。未覓良醫。
失物：玄武臨干支，財爻臨胎絕，課傳皆兄弟爻劫財。失物難尋。
子嗣：天后臨死地，六合臨養。先得男。
官司：官鬼爻不入課傳，兄弟爻臨干支又入傳生子孫爻制殺。官司可解。

庚申日

四課	三課	二課	一課
天后	玄武	天后	玄武
子	戌	子	戌
戌	申	戌	庚

干上戌

子孫	◎	子	天后	初傳
妻財	☉	寅	螣蛇	中傳
父母	丙	辰	六合	末傳

重審課

畢法賦/詮釋：
貴登天門高甲第。　　后合占婚豈用媒。
罡塞鬼户任謀為。　　三傳向陽財馬動。
互生俱生凡事益。　　胎財生氣妻懷孕。
腳踏空亡進用宜。

占斷解析：
天候：子（天后），傳寅（螣蛇），傳辰（六合）。雨後天晴。
人事：互生俱生，貴登天門，罡塞鬼户。有利人事。
考試：互生俱生，貴登天門，罡塞鬼户。有利考運。
婚姻：后合占婚吉，天后臨死地，六合臨養。姻緣未到。
財祿：財爻入傳，得子孫爻發用相生。財漸旺。
升遷：互生俱生，貴登天門，罡塞鬼户。有利升遷。
疾病：白虎乘申金尅木，主肝疾。喜天后乘子孫爻洩金生木。疾病可癒。
失物：玄武臨干支，財爻臨胎絕，喜子孫爻相生。失物復得。
子嗣：天后臨死地，六合臨養。先得男。
官司：官鬼爻逢長生不入課傳，喜末傳六合乘辰土洩殺生身。官司可解。

庚申日

干上亥

父母	◎	丑	貴人	初傳
子孫	癸	亥	朱雀	中傳
子孫	癸	亥	朱雀	末傳

四課	三課	二課	一課
天后	朱雀	天后	朱雀
寅	亥	寅	亥
亥	申	亥	庚

八專課

畢法賦/詮釋：
人宅受脫俱招盜。　　四亥脫干生驛馬。
脫上逢脫防虛詐。　　亥亥自刑交車合。
賓主不投刑在上。　　兩貴皆空虛喜期。
貴雖在獄宜臨干。　　胎財生氣妻懷孕。龍加生氣吉遲遲。

占斷解析：

天候：丑（貴人），傳亥（朱雀），傳亥（朱雀）。主天晴。

人事：人宅受脫，脫上逢脫，賓主不投，兩貴皆空。不利人事。

考試：青龍臨干祿臨官，朱雀臨干支又入傳。有利考運。

婚姻：后合占婚吉，天后臨絕，六合臨衰。姻緣未到。

財祿：財爻臨干支，得子孫爻六合。財漸旺。

升遷：人宅受脫，脫上逢脫，賓主不投，兩貴皆空。不利升遷。

疾病：白虎乘午火尅金，主肺疾。喜初傳逢貴人乘丑土洩火生金。疾病可癒。

失物：玄武臨養，喜財爻臨干支得子孫爻六合。失物復得。

子嗣：天后臨絕，六合臨衰。子息緣淡。

官司：官鬼爻白虎乘午火，喜初傳貴人乘丑土洩殺生身。官司可解。

- 799 -

辛酉日

祿神：酉
驛馬：亥
貴人：午、寅
空亡：子、丑
長生：子
帝旺：申
墓庫：辰

辛酉日

出戶
干上子

父母	◎	丑	天后	初傳
妻財	☉	卯	螣蛇	中傳
官鬼	丁	巳	六合	末傳

四課	三課	二課	一課
天后	玄武	貴人	太陰
	亥	寅	子
亥	酉	子	辛

元首課

畢法賦/詮釋：
交車相合交關利。　　脫上逢脫防虛詐。
罡塞鬼戶任謀為。　　貴財臨干馬臨支。
金日逢丁凶禍動。　　腳踏空亡進用宜。
后合占婚豈用媒。　　胎財生氣妻懷孕。

占斷解析：
天候：丑（天后），傳卯（螣蛇），傳丁巳（六合）。陰雨轉晴。
人事：貴人臨干，驛馬臨支，交車相合交關利，罡塞鬼戶。有利人事。
考試：青龍乘丁馬，朱雀乘貴人，貴人乘財爻臨胎。有利考運。
婚姻：后合占婚吉，天后臨養，六合臨死地。姻緣未到。
財祿：貴人乘財臨干，驛馬乘子孫爻交車相合。有利財運。
升遷：腳踏空亡進用宜，脫上逢脫防虛詐，官鬼乘丁馬。不利升遷。
疾病：白虎乘酉金尅木，主肝疾，喜子孫爻臨干支洩金生木。疾病可癒。
失物：玄武臨敗地，貴人乘財爻交車相合反生財。失物復得。
子嗣：天后臨養，六合臨死地。先得女。
官司：官鬼爻乘丁馬入末傳，喜青龍乘父母爻洩殺生身。可解。

- 801 -

辛酉日

干上丑

妻財	⊙	卯	螣蛇	初傳
官鬼	戊	午	勾陳	中傳
兄弟	辛	酉	白虎	末傳

四課	三課	二課	一課
螣蛇	太陰	朱雀	天后
卯	子	辰	丑
子	酉	丑	辛

畢法賦/詮釋：
貴登天門高甲第。　　蛇財乘空臨地支。
交車相合交關利。　　金墓乘空臨干上。
干墓併關人宅廢。　　子丑合空辰酉實。
傳財化鬼財休覓。　　表裡皆虛妻財空。

占斷解析：

天候：卯（螣蛇），傳午（勾陳），傳酉（白虎）。晴轉陰有風。

人事：干支皆旬空，干墓併關，傳財化鬼，三傳凶將互剋。不利。

考試：青龍臨衰乘朱雀入墓，蛇臨宅墓覆干。不利考運。

婚姻：后合占婚吉，天后臨養，六合臨死地。姻緣未到。

財祿：財爻臨支發用，傳財化鬼財休覓。不利財運。

升遷：干支皆旬空，干墓併關，傳財化鬼，三傳凶將互剋。不利升遷。

疾病：白虎乘酉金剋木，主肝疾，喜子孫爻入宅洩金生木。疾病可癒。

失物：玄武臨敗地，喜財爻臨支發用，貴人乘胎財。失物復得。

子嗣：天后臨養，六合臨死地。先得女。

官司：官鬼爻入傳，得財爻相生，喜干上父母爻洩殺生身。可解。

辛酉日

炎上
干上寅

妻財	甲	寅	貴人	初傳
官鬼	戊	午	太常	中傳
父母	壬	戌	勾陳	末傳

四課	三課	二課	一課
玄武	螣蛇	太常	貴人
巳	丑	午	寅
丑	酉	寅	辛

重審課

畢法賦/詮釋：
萬事喜忻三六合。　　三傳炎上財化鬼。
合中犯殺蜜中砒。　　玄蛇臨支三合祿。
晝夜貴加求兩貴。　　貴雖在獄宜臨干。
傳財化鬼財休覓。　　胎財生氣妻懷孕。

占斷解析：
天候：寅（貴人），傳午（太常），傳戌（勾陳）。主天晴。
人事：三傳炎上財化鬼，合中犯殺，蛇玄臨宅。不利人事。
考試：青龍臨干祿，朱雀逢長生，貴人與太常臨干上。有利考運。
婚姻：后合占婚吉，天后臨絕，六合臨敗地。姻緣未到。
財祿：貴人乘財爻臨干入傳，三傳炎上財化鬼。不利財運。
升遷：三傳炎上財化鬼，合中犯殺，蛇玄臨宅，雙貴臨干。升遷利己。
疾病：白虎乘未土尅水，主腎疾，喜青龍乘酉金洩土生水。疾病可癒。
失物：玄武臨敗地，貴人乘胎財臨干。失物復得。
子嗣：天后臨絕，六合臨敗地。子息緣淡。
官司：官鬼爻入傳逢三合，合中犯殺無制。官司難解。

- 803 -

辛酉日

畢法賦/詮釋：

不行傳者考初時。　　貴乘青龍臨宅。
三傳互尅眾人欺。　　白虎乘衰發初傳。
害貴訟直遭曲斷。　　末傳玄鬼丁神動。
喜懼空亡乃妙機。　　任信丁馬須言動。龍加生氣吉遲遲。

占斷解析：

天候：未（白虎），傳子（朱雀），傳巳（玄武）。主晴有風雨。
人事：官鬼乘丁馬入末傳，三傳四課互尅，害貴訟直遭曲斷。不利人事。
考試：青龍臨干祿，朱雀逢長生，貴人乘財入宅。有利考運。
婚姻：后合占婚吉，天后臨絕，六合臨敗地。姻緣未到。
財祿：財爻臨干支，貴人乘胎財。財漸旺。
升遷：官鬼乘丁馬入末傳，三傳四課互尅，害貴訟直遭曲斷。不利升遷。
疾病：白虎乘未土尅水，主腎疾，喜青龍乘酉金洩土生水。疾病可癒。
失物：玄武臨死地，財爻臨干支，喜貴人乘財爻臨宅。失物復得。
子嗣：天后臨絕，六合臨敗地。子息緣淡。
官司：官鬼爻乘丁馬入末傳，喜末助初兮官印相生洩殺生身。官司可解。

辛酉日

干上辰

妻財	乙	卯	天后	初傳
兄弟	辛	酉	青龍	中傳
妻財	乙	卯	天后	末傳

四課	三課	二課	一課
青龍	天后	勾陳	太陰
酉	卯	戌	辰
卯	酉	辰	辛

返吟課

畢法賦／詮釋：
三傳互尅眾人欺。　　返吟課傳上下冲。
彼此猜忌害相隨。　　交車相合交關利。
兩貴受尅難干貴。　　賓主不投刑在上。
干墓併關人宅廢。　　權攝不正祿臨支。

占斷解析：

天候：卯（天后），傳酉（青龍），傳卯（天后）。多雲時雨。

人事：三傳四課互尅，干墓併關，兩貴受尅，權攝不正。人事不利己。

考試：青龍臨宅，朱雀逢長生，太常吉將乘朱雀。有利考運。

婚姻：后合占婚吉，天后臨絕，六合臨敗地。姻緣未到。

財祿：貴人乘財爻臨胎，卯木財爻入傳。財漸旺。

升遷：三傳四課互尅，干墓併關，兩貴受尅，權攝不正。升遷不利己。

疾病：白虎乘未土尅水，主腎疾，喜青龍乘酉金洩土生水。疾病可癒。

失物：玄武臨死地，喜財爻發用入末傳，貴人乘財。失物復得。

子嗣：天后臨絕，六合臨敗地。子息緣淡。

官司：官鬼爻臨病死之地，喜太陰乘辰土臨干洩殺生身。官司可解。

辛酉日

畢法賦/詮釋：
簾幕貴人高甲第。　日墓覆支上下合。
制鬼之位乃良醫。　驛馬臨宅發初傳。
金日逢丁凶禍動。　龍加生氣吉遲遲。
貴人差迭事參差。

占斷解析：
天候：亥（六合），傳午（太常），傳丑（螣蛇）。主天晴。
人事：金日逢丁，官鬼臨干，日墓覆支，貴人差迭。不利人事。
考試：青龍臨干祿，朱雀逢長生，簾幕貴人高甲第。有利考運。
婚姻：后合占婚吉，天后臨絕，六合臨敗地。姻緣未到。
財祿：貴人乘財爻臨胎，得子孫爻發用相生。財漸旺。
升遷：金日逢丁，官鬼臨干，日墓覆支，貴人差迭。不利升遷。
疾病：白虎乘未土尅水，主腎疾，喜青龍乘酉金洩土生水。疾病可癒。
失物：玄武臨死地，喜貴人乘財得子孫爻發用相生。失物復得。
子嗣：天后臨絕，六合臨敗地。子息緣淡。
官司：官鬼爻乘午火入傳，喜父母爻入課傳洩殺生身。官司可解。

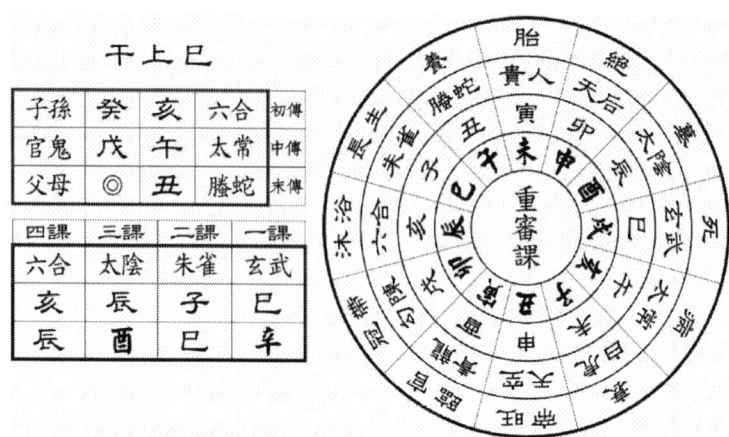

辛酉日

反射
干上午

官鬼	丁	巳	玄武	初傳
父母	◎	丑	螣蛇	中傳
兄弟	⊙	酉	青龍	末傳

四課	三課	二課	一課
螣蛇	玄武	貴人	太常
丑	巳	寅	午
巳	酉	午	辛

畢法賦/詮釋：
畫夜貴加求兩貴。　　雙貴臨干鬼臨支。
干支全傷防兩損。　　酉金逢丁凶禍動。
金日逢丁凶禍動。　　三傳從革合干祿。
不行傳者考初時。　　傳財化鬼財休覓。萬事喜忻三六合。

占斷解析：
天候：丁巳（玄武），傳丑（螣蛇），傳酉（青龍）。雨後多雲。
人事：畫夜雙貴臨干，金日逢丁，蛇玄臨支，青龍乘干祿。人事利己。
考試：青龍乘祿臨官，朱雀逢長生，雙貴臨干。有利考運。
婚姻：后合占婚吉，天后臨絕，六合臨敗地。姻緣未到。
財祿：貴人乘財父臨胎，傳財化鬼，三傳三合兄弟父。不利財運。
升遷：畫夜雙貴臨干，金日逢丁，蛇玄臨支，青龍乘干祿。升遷利己。
疾病：白虎乘未土尅水，主腎疾，喜三傳三合金洩土生水。疾病可癒。
失物：玄武臨死地，傳財化鬼財休覓。失物難尋。
子嗣：天后臨絕，六合臨敗地。子息緣淡。
官司：金日逢丁，傳財化鬼，課傳喜見父母洩殺生身。官司可解。

- 807 -

辛酉日

四課	三課	二課	一課
天后	太常	太陰	白虎
卯	午	辰	未
午	酉	未	辛

官鬼	戊	午	太常	初傳
妻財	乙	卯	天后	中傳
子孫	◎	子	朱雀	末傳

干上未

元首課

畢法賦/詮釋：
三傳逆生人舉薦。　　交車相合上下害。
交車相合交關利。　　幕貴臨支發初傳。
傳財化鬼財休覓。　　干墓併關人宅廢。
制鬼之位乃良醫。　　胎財生氣妻懷孕。

占斷解析：
天候：午（太常），傳卯（天后），傳子（朱雀）。雨後天晴。
人事：三傳逆生財化鬼，傳財化鬼財休覓，干墓併關人宅廢。不利人事。
考試：青龍乘祿臨官，朱雀逢長生，貴人乘財。有利考運。
婚姻：后合占婚吉，天后臨絕，六合臨敗地。姻緣未到。
財祿：財爻臨胎絕，喜末傳子孫爻相生。財漸旺。
升遷：三傳逆生財化鬼，傳財化鬼財休覓，干墓併關人宅廢。不利升遷。
疾病：白虎乘未土尅水，主腎疾，喜青龍乘酉金洩土生水。疾病可癒。
失物：玄武臨死地，喜貴人乘財得子孫爻逢長生相生。失物復得。
子嗣：天后臨絕，六合臨敗地。子息緣淡。
官司：三傳逆生財化鬼，喜干上父母爻洩殺生身。官司可解。

辛酉日

顧祖
干上申

四課	三課	二課	一課
六合	青龍	勾陳	天空
巳	未	午	申
未	酉	申	辛

官鬼	戊	午	勾陳	初傳
父母	丙	辰	朱雀	中傳
妻財	甲	寅	貴人	末傳

元首課

畢法賦/詮釋：
金日逢丁凶禍動。　　逆間傳課逢顧祖。
末助初兮三等論。　　事多逢阻而後成。
傳財化鬼財休覓。　　貴財化鬼鬼生印。
交車相合交關利。　　貴雖在獄宜臨干。

占斷解析：
天候：午（勾陳），傳辰（朱雀），傳寅（貴人）。主天晴。
人事：金日逢丁，交車相合化官鬼，末助初兮財化鬼。不利人事。
考試：青龍乘衰，六合化官鬼，朱雀入墓，貴人臨獄。不利考運。
婚姻：后合占婚吉，天后臨養，六合臨死地。姻緣未到。
財祿：貴人臨財，末助初兮財化鬼，交車相合化官鬼。不利財運。
升遷：金日逢丁，交車相合化官鬼，末助初兮財化鬼。不利升遷。
疾病：白虎乘酉金剋木，主肝疾，喜青龍交車相合相制。病可癒。
失物：玄武臨敗地，喜貴人乘財得子孫爻逢長生相生。失物復得。
子嗣：天后臨養，六合臨死地。宜先養後招。
官司：官鬼爻臨干支，交車相合印化鬼，末助初兮財化鬼。官司難解。

辛酉日

四課	三課	二課	一課
青龍	天空	天空	白虎
未	申	申	酉
申	酉	酉	辛

干上酉

父母	◎	丑	天后	初傳
兄弟	辛	酉	白虎	中傳
兄弟	辛	酉	白虎	末傳

畢法賦/詮釋：
旺祿臨身徒妄作。　青龍臨祿祿臨干。
魁度天門關格定。　白虎入傳重疊現。
賓主不投刑在上。　酉兌為妾防奴婢。
互旺俱旺坐謀宜。　胎財生氣妻懷孕。

占斷解析：
天候：丑（天后），傳酉（白虎），傳酉（白虎）。雨後轉晴有風。
人事：旺祿臨身，青龍乘印臨支，互旺俱旺。有利人事。
考試：旺祿入課傳，青龍乘帝旺臨支，貴人乘財。有利考運。
婚姻：后合占婚吉，天后臨養，六合臨死地。姻緣未到。
財祿：白虎乘旺祿臨干入傳，財爻臨胎絕，兄弟爻旺相。不利財運。
升遷：旺祿臨身，青龍乘印臨支，互旺俱旺。有利升遷。
疾病：白虎乘酉金尅木，主肝疾，喜子孫爻逢長生洩金生木。疾病可癒。
失物：玄武臨敗地，貴人乘財臨胎。失物復得。
子嗣：天后臨養，六合臨死地。宜先養後招。
官司：官鬼爻臨病死之地，喜父母爻乘青龍洩殺生身。官司可解。

辛酉日

干上戌

四課	三課	二課	一課
白虎	白虎	太常	太常
酉	酉	戌	戌
酉	酉	戌	辛

兄弟	辛	酉	白虎	初傳
父母	壬	戌	太常	中傳
父母	己	未	青龍	末傳

伏吟課

畢法賦/詮釋：
賓主不投刑在上。　　太常乘印臨干上。
權攝不正祿臨支。　　旺祿臨支發初傳。
彼求我事支傳干。　　胎財生氣妻懷孕。
彼此猜忌害相隨。　　龍加生氣吉遲遲。

占斷解析：
天候：酉（白虎），傳戌（太常），傳未（青龍）。晴時多雲有風。
人事：旺祿乘虎臨支，彼求我事，太常乘印臨干。人事利己。
考試：青龍入末傳，朱雀入墓，貴人臨胎臨病。不利考運。
婚姻：后合占婚吉，天后臨養，六合臨死地。姻緣未到。
財祿：財爻臨胎絕，課傳父母、兄弟旺相。不利財運。
升遷：旺祿乘虎臨支，彼求我事，太常乘印臨干。升遷利己。
疾病：白虎乘酉金剋木，主肝疾，喜子孫爻逢長生洩金生木。疾病可癒。
失物：玄武臨敗地，喜子孫爻逢長生生財，貴人乘財。失物復得。
子嗣：天后臨養，六合臨敗地。宜先養後招。
官司：官鬼爻臨病死之地，喜父母爻乘青龍洩殺生身。官司可解。

辛酉日

四課	三課	二課	一課
玄武	太常	太陰	玄武
亥	戌	子	亥
戌	酉	亥	辛

初傳 子孫 癸亥 玄武
中傳 子孫 ◎子 太陰
末傳 父母 ◎丑 天后

龍潛陽光身沐皇恩
干上亥

重審課

畢法賦/詮釋：
所謀多拙逢羅網。　三傳三奇三會水。
貴人差迭事參差。　脫上逢脫防虛詐。
尊崇傳內遇三奇。　六爻現卦防其尅。
不行傳者考初時。　干支皆敗事傾頹。

占斷解析：
天候：亥（玄武），傳子（太陰），傳丑（天后）。主陰雨。
人事：所謀多拙，貴人差迭，干支皆敗，六爻子孫爻尅官。不利。
考試：青龍臨衰乘病，朱雀入墓乘絕，貴人差迭。不利考運。
婚姻：后合占婚吉，天后臨養，六合臨死地。姻緣未到。
財祿：財爻臨胎絕，喜貴人乘財，得三傳三會子孫爻相生。財祿漸旺。
升遷：所謀多拙，貴人差迭，干支皆敗，六爻子孫爻尅官。不利。
疾病：白虎乘酉金尅木，主肝疾，喜三傳三會水局洩金生木。疾病可癒。
失物：玄武臨敗地，貴人乘胎財得三會子孫爻相生。失物復得。
子嗣：天后臨養，六合臨死地。宜先養後招。
官司：官鬼爻臨病死之地，課傳皆子孫爻相制。官司可解。

壬戌日

祿神：亥
驛馬：申
貴人：卯、巳
空亡：子、丑
長生：申
帝旺：子
墓庫：辰

壬戌日

龍潛陽光身沐皇恩
干上子

				初傳
兄弟	癸	亥	太常	
兄弟	◎	子	玄武	中傳
官鬼	◎	丑	太陰	末傳

四課	三課	二課	一課
玄武	太常	太陰	玄武
子	亥	丑	子
亥	戌	子	壬

重審課

畢法賦/詮釋：
所謀多拙逢羅網。　　空空如也事莫追。
權攝不正祿臨支。　　六爻現卦防其尅。
尊崇傳內遇三奇。　　貴人差迭事參差。
不行傳者考初時。　　龍加生氣吉遲遲。

占斷解析：
天候：亥（太常），傳子（玄武），傳丑（太陰）。晴轉陰雨。
人事：課傳皆旬空，所謀多拙，空空如也，不行傳者考初時。不利人事。
考試：龍雀不入課傳，玄武入課傳，貴人差迭。不利考運。
婚姻：后合占婚吉，天后臨病地，六合臨胎財。姻緣未到。
財祿：財爻逢胎絕，課傳六爻全兄弟爻劫財。不利財運。
升遷：課傳皆旬空，所謀多拙，空空如也，不行傳者考初時。不利升遷。
疾病：白虎乘戌土尅水，主腎疾。喜青龍乘申金洩土生水。疾病可癒。
失物：玄武乘子水帝旺，課傳皆三合水局助旺。失物難尋。
子嗣：天后臨病地，六合臨胎財。先得男。
官司：官鬼爻臨干發用，喜三傳三會水局洩殺助身。官司可解。

壬戌日

干上丑

兄弟	◎	子	玄武	初傳
子孫	☉	寅	天后	中傳
官鬼	丙	辰	螣蛇	末傳

四課	三課	二課	一課
天后	玄武	貴人	太陰
寅	子	卯	丑
子	戌	丑	壬

重審課

畢法賦/詮釋：
交車相合交關利。　順進間傳向三陽。
罡塞鬼戶任謀為。　四課皆空初傳空。
腳踏空亡進用宜。　胎財生氣妻懷孕。
貴人差迭事參差。

占斷解析：
天候：子（玄武），傳寅（天后），傳辰（螣蛇）。晴雨不定。
人事：貴人乘太陰臨干，交車相合交關利，罡塞鬼戶。有利人事。
考試：青龍逢長生，朱雀乘丁馬臨貴人，交車相合，罡塞鬼戶。有利考運。
婚姻：后合占婚吉，天后臨病地，六合臨胎財。姻緣未到。
財祿：財爻逢胎絕，喜貴人乘子孫爻相生。財漸旺。
升遷：貴人乘太陰臨干，交車相合交關利，罡塞鬼戶。有利升遷。
疾病：白虎乘戌土尅水，主腎疾。喜青龍乘申金洩土生水。疾病可癒。
失物：玄武乘子水臨獄，財爻逢胎絕，喜貴人臨干相生。失物失而復得。
子嗣：天后臨病地，六合臨胎財。先得男。
官司：官鬼爻入末傳，喜青龍乘父母爻洩殺生身。官司可解。

- 815 -

壬戌日

四課	三課	二課	一課
螣蛇	太陰	朱雀	天后
辰	丑	巳	寅
丑	戌	寅	壬

干上寅

官鬼	⊙	辰	螣蛇	初傳
官鬼	己	未	勾陳	中傳
官鬼	壬	戌	白虎	末傳

畢法賦/詮釋：
虎乘遁鬼殃非淺。　　日墓臨支發初傳。
鬼臨三四訟災隨。　　朱雀乘財丁神動。
眾鬼雖彰全不畏。　　制鬼之位乃良醫。
水日逢丁財動之。　　龍加生氣吉遲遲。

占斷解析：
天候：辰（螣蛇），傳未（勾陳），傳戌（白虎）。晴轉陰有風。
人事：三傳蛇傳虎俱乘鬼，鬼臨三四訟災隨，制鬼之位乃良醫。人事利己。
考試：朱雀乘丁馬臨干，青龍逢長生洩殺合化水。有利考運。
婚姻：后合占婚吉，天后臨干，六合臨胎財。婚喜將近。
財祿：水日逢丁財動之，得子孫爻臨干相生。財漸旺。
升遷：三傳蛇傳虎俱乘鬼，鬼臨三四訟災隨，制鬼之位乃良醫。升遷利己。
疾病：白虎乘戌土尅水，主腎疾。喜青龍乘申金洩土生水。疾病可癒。
失物：玄武乘子水帝旺，喜寅木臨干洩水生財爻。失物復得。
子嗣：天后臨病地，六合臨胎財。先得男。
官司：官鬼爻入課傳，喜子孫爻臨干相制，青龍乘申金六合丁馬，洩殺助身。官司可解。

- 816 -

壬戌日

從吉
干上卯

官鬼	己	未	勾陳	初傳
兄弟	癸	亥	太常	中傳
子孫	乙	卯	貴人	末傳

四課	三課	二課	一課
六合	天后	勾陳	貴人
午	寅	未	卯
寅	戌	卯	壬

重審課

畢法賦/詮釋：
貴登天門高甲第。　　祿貴入傳逢三合。
后合占婚豈用媒。　　交車相合交關利。
萬事喜忻三六合。　　龍加生氣吉遲遲。
合中犯殺蜜中砒。

占斷解析：

天候：未（勾陳），傳亥（太常），傳卯（貴人）。主天晴。

人事：萬事喜忻三六合，三傳三合貴人，支上三合財旺，貴登天門。有利人事。

考試：青龍臨長生，朱雀乘丁馬，貴登天門。有利考運。

婚姻：后合占婚吉，天后臨病地，六合臨胎財。姻緣未到。

財祿：午未交車合化財，貴人乘子孫爻相生。財漸旺。

升遷：萬事喜忻三六合，三傳三合貴人，支上三合財旺，貴登天門。有利升遷。

疾病：白虎乘戌土尅水，主腎疾。喜青龍乘申金洩土生水。疾病可癒。

失物：玄武乘子水帝旺，喜貴人乘卯木洩水生財爻。失物復得。

子嗣：天后臨病地，六合臨胎財。先得男。

官司：官鬼爻乘未土臨干發用，喜青龍乘申金洩殺生身。官司可解。

壬戌日

干上辰

官鬼	丙	辰	天后	初傳
父母	辛	酉	天空	中傳
子孫	甲	寅	螣蛇	末傳

四課	三課	二課	一課
白虎	貴人	天空	天后
申	卯	酉	辰
卯	戌	辰	壬

涉害課

畢法賦/詮釋：
華蓋覆日人昏晦。　　天空乘墓入課傳。
彼此猜忌害相隨。　　官印六合再生身。
萬事喜忻三六合。　　日墓臨干宅逢貴。
上下皆合兩心齊。　　貴雖在獄宜臨干。

占斷解析：

天候：辰（天后），傳酉（天空），傳寅（螣蛇）。雨後天晴。

人事：官印相生臨干上，貴人臨支六合，上下皆合兩心齊。有利人事。

考試：青龍臨冠帶乘丁馬，朱雀乘白虎，貴人臨支上下合。有利考運。

婚姻：后合占婚吉，天后入墓，六合臨帝旺。姻緣未到。

財祿：財爻逢胎絕，喜貴人乘子孫爻臨宅六合化火相生。財漸旺。

升遷：官印相生臨干上，貴人臨支六合，上下皆合兩心齊。有利升遷。

疾病：白虎乘申金尅木，主肝疾。喜子水逢帝旺洩金生木。疾病可癒。

失物：玄武乘胎財，喜貴人臨支六合化財，末傳又逢寅木相生。失物復得。

子嗣：天后入墓，六合臨帝旺。先得男。

官司：官鬼爻臨干發用，喜父母爻乘酉金六合洩殺生身。官司可解。

- 818 -

壬戌日

干上巳

妻財	丁	巳	太陰	初傳
兄弟	癸	亥	勾陳	中傳
妻財	丁	巳	太陰	末傳

四課	三課	二課	一課
青龍	天后	勾陳	太陰
戌	辰	亥	巳
辰	戌	巳	壬

返吟課

畢法賦/詮釋：
賓主不投刑在上。　　返吟課逢上下沖。
三傳互尅眾人欺。　　財祿臨干丁神動。
兩貴受尅難干貴。　　日墓臨支官鬼逢。
鬼臨三四訟災隨。　　水日逢丁財祿動。

占斷解析：
天候：丁巳（太陰），傳亥（勾陳），傳丁巳（太陰）。主天晴。
人事：賓主不投，課傳互尅，兩貴受尅，鬼臨三四。不利人事。
考試：青龍臨獄，朱雀乘衰，兩貴受尅。不利考運。
婚姻：后合占婚吉，天后入墓，六合臨帝旺。姻緣未到。
財祿：財爻乘絕臨干發用互尅。不利財運。
升遷：賓主不投，課傳互尅，兩貴受尅，鬼臨三四。不利升遷。
疾病：白虎乘申金尅木，主肝疾。喜丁馬臨干相合化水洩金生木。疾病可癒。
失物：玄武臨胎財，丁馬乘財臨干發用逢兄弟爻互尅。失物難尋。
子嗣：天后入墓，六合臨帝旺。先得男。
官司：鬼臨三四訟災隨，喜父母爻申金逢長生洩殺生身。官司可解。

壬戌日

干上午

四課	三課	二課	一課
六合	太陰	朱雀	玄武
子	巳	丑	午
巳	戌	午	壬

妻財	戊	午	玄武	初傳
官鬼	◎	丑	朱雀	中傳
父母	☉	申	白虎	末傳

重審課

畢法賦/詮釋：
三傳遞生人舉薦。　玄財臨干發初傳。
不行傳者考初時。　丁馬乘財臨支上。
水日逢丁財動之。　財旺生支鬼旬空。
傳財化鬼財休覓。　貴人差迭事參差。

占斷解析：
天候：午（玄武），傳丑（朱雀），傳申（白虎）。主天晴有風。
人事：三傳遞生，水日逢丁，胎財臨干，財生官印。有利人事。
考試：青龍臨冠帶，朱雀臨干，三傳遞生官印。有利考運。
婚姻：后合占婚吉，天后入墓，六合臨帝旺。姻緣未到。
財祿：胎財臨干，水日逢丁財臨支。財漸旺。
升遷：三傳遞生，水日逢丁，胎財臨干，財生官印。有利升遷。
疾病：白虎乘申金剋木，主肝疾。喜丁馬臨支相合化水洩金生木。
　　　疾病可癒。
失物：玄武乘財爻臨干發用，喜三傳遞生官印。失物復得。
子嗣：天后入墓，六合臨帝旺。先得男。
官司：官鬼爻臨干發用，喜末傳父母爻洩殺生身。官司可解。

壬戌日

從吉
干上未

官鬼	己	未	太常	初傳
子孫	乙	卯	貴人	中傳
兄弟	癸	亥	勾陳	末傳

四課	三課	二課	一課
螣蛇	玄武	貴人	太常
寅	午	卯	未
午	戌	未	壬

涉害課

畢法賦/詮釋：
萬事喜忻三六合。　貴臨課傳逢三合。
合中犯殺蜜中砒。　胎財臨宅三合財。
交車相合交關利。　貴人差迭事參差。
制鬼之位乃良醫。

占斷解析：
天候：未（太常），傳卯（貴人），傳亥（勾陳）。主天晴。
人事：萬事喜忻三六合，交車相合，三合曲直制官鬼。有利人事。
考試：貴人臨干暗合青龍，交車相合，貴人太常吉將臨干。有利考運。
婚姻：后合占婚吉，天后入墓，六合臨帝旺。姻緣未到。
財祿：財爻逢胎絕，喜課傳子孫爻相生。財漸旺。
升遷：萬事喜忻三六合，交車相合，三合曲直制官鬼。有利升遷。
疾病：白虎乘申金尅木，主肝疾。喜子水逢帝旺洩金生木。疾病可癒。
失物：玄武臨胎財，子孫爻三合助旺。失物難尋。
子嗣：天后入墓，六合臨帝旺。先得男。
官司：官鬼爻臨干發用，喜三傳三合化木制官鬼。官司可解。

壬戌日

妻財	丁	巳	太陰	初傳
子孫	甲	寅	螣蛇	中傳
兄弟	癸	亥	勾陳	末傳

四課	三課	二課	一課
天后	太常	太陰	白虎
辰	未	巳	申
未	戌	申	壬

干上申

元首課

畢法賦/詮釋：
賓主不投刑在上。　　干上長生逢長生。
三傳逆生人舉薦。　　支上日墓乘官鬼。
水日逢丁財動之。　　末傳逢祿逆生財。
鬼臨三四訟災隨。　　貴人差迭事參差。

占斷解析：
天候：丁巳（太陰），傳寅（螣蛇），傳亥（勾陳）。主天晴。
人事：三傳逆生，水日逢丁，鬼臨三四，干逢相生。人事利己。
考試：青龍乘朱雀，三傳逆生財生官，印逢長生臨干。有利考運。
婚姻：后合占婚吉，天后入墓，六合臨帝旺。姻緣未到。
財祿：財爻逢胎絕，三傳逆生，水日逢丁。財漸旺。
升遷：三傳逆生，水日逢丁，鬼臨三四，干逢相生。升遷利己。
疾病：白虎乘申金尅木，主肝疾。喜丁馬臨干六合化金。病可癒。
失物：玄武臨胎財，財爻臨胎絕，喜三傳逆生，水日逢丁。失物復得。
子嗣：天后入墓，六合臨帝旺。先得男。
官司：鬼臨三四訟災隨，喜父母爻臨干洩殺生身。官司可解。

壬戌日

顧祖
干上酋

	四課	三課	二課	一課
	玄武	白虎	太常	天空
	午	申	未	酉
	申	戌	酉	壬

妻財	戌	午	玄武	初傳
官鬼	丙	辰	天后	中傳
子孫	甲	寅	螣蛇	末傳

畢法賦/詮釋：

末助初兮三等論。　　干支上神脫支生干。
傳財化鬼財休覓。　　三傳逆間課顧祖。
制鬼之位乃良醫。　　財父旺相利婚姻。
晝夜貴加求兩貴。　　貴人差迭事參差。

占斷解析：

天候：午（玄武），傳辰（天后），傳寅（螣蛇）。陰雨轉晴。
人事：末助初兮，傳財化鬼，晝夜貴加，貴人差迭。不利人事。
考試：青龍乘帝旺，朱雀乘貴人，太常吉將乘印臨干。有利考運。
婚姻：后合占婚吉，天后入墓，六合臨帝旺。姻緣未到。
財祿：財爻逢胎絕，末助初兮得子孫爻相生。財漸旺。
升遷：末助初兮，傳財化鬼，晝夜貴加，貴人差迭。不利升遷。
疾病：白虎乘申金尅木，主肝疾。喜子水逢帝旺洩金生木。疾病可癒。
失物：玄武臨胎財，三傳末助初兮得螣蛇相生助旺。失物難尋。
子嗣：天后入墓，六合臨帝旺。先得男。
官司：三傳末助初兮生官鬼，喜干上逢父母爻洩殺生身。官司可解。

壬戌日

```
返駕
干上戌
```

四課	三課	二課	一課
青龍	天空	天空	白虎
申	酉	酉	戌
酉	戌	戌	壬

官鬼	壬	戌	白虎	初傳
父母	辛	酉	天空	中傳
父母	庚	申	青龍	末傳

元首課

畢法賦/詮釋：
魁度天門關格定。　　課傳三會印生身。
干支皆敗事傾頹。　　化鬼為印龍長生。
虎臨干鬼凶速速。　　六卦現卦防其尅。
貴雖在獄宜臨干。　　龍加生氣吉遲遲。

占斷解析：
天候：戌（白虎），傳酉（天空），傳申（青龍）。晴轉多雲。
人事：魁度天門，干支皆敗，虎臨干鬼，貴人差迭。不利人事。
考試：青龍乘印臨支發用，可惜魁度天門關格定。不利考運。
婚姻：后合占婚吉，天后臨病，六合臨胎。姻緣未到。
財祿：財爻逢胎絕，課傳印旺生兄弟爻。不利財運。
升遷：魁度天門，干支皆敗，虎臨干鬼，貴人差迭。不利升遷。
疾病：白虎乘戌土尅水，主腎疾。喜青龍逢長生洩土生水。疾病可癒。
失物：玄武臨子水帝旺，課傳皆父母爻相生。失物難尋。
子嗣：天后臨病，六合臨胎財。先得男。
官司：白虎乘官鬼爻臨干發用，喜三傳三會金局洩殺生身。官司可解。

壬戌日

干上亥

兄弟	癸	亥	太常	初傳
官鬼	壬	戌	白虎	中傳
官鬼	己	未	勾陳	末傳

四課	三課	二課	一課
白虎	白虎	太常	太常
戌	戌	亥	亥
戌	戌	亥	壬

伏吟課

畢法賦/詮釋：
旺祿臨身徒妄作。　　德祿臨干發初傳。
鬼臨三四訟災隨。　　白虎臨支官鬼旺。
虎乘遁鬼殃非淺。　　互旺俱旺坐謀宜。
支乘墓虎有伏屍。　　貴人差迭事參差。

占斷解析：
天候：亥（太常），傳戌（白虎），傳未（勾陳）。主晴有風。
人事：太常吉將乘祿臨干，虎乘遁鬼入課傳，互旺俱旺。人事利己。
考試：龍雀不入課傳，虎乘遁鬼入課傳，貴人差迭。不利考運。
婚姻：后合占婚吉，天后臨病，六合臨胎財。姻緣未到。
財祿：財爻逢胎絕，兄弟爻臨干發用。不利財運。
升遷：太常吉將乘祿臨干，虎乘遁鬼入課傳，互旺俱旺。升遷利己。
疾病：白虎乘戌土尅水，主腎疾。喜青乘申金洩土生水。疾病可癒。
失物：玄武臨帝旺，財爻臨胎絕，貴人差迭。失物難尋。
子嗣：天后臨病，六合臨胎財。先得男。
官司：虎乘遁鬼臨三四爻，喜青龍乘申金洩殺生身。官司可解。

癸亥日

祿神：子
驛馬：巳
貴人：卯、巳
空亡：子、丑
長生：卯
帝旺：亥
墓庫：未

癸亥日

返駕
干上子

四課	三課	二課	一課
太常	白虎	天空	青龍
酉	戌	亥	子
戌	亥	子	癸

初傳　官鬼　壬　戌　白虎
中傳　父母　辛　酉　太常
末傳　父母　庚　申　玄武

元首課

畢法賦/詮釋：
旺祿臨身徒妄作。　　鬼乘白虎臨支發用。
魁度天門關格定。　　三傳三會西方金。
虎乘遁鬼殃非淺。　　水日逢丁財動之。
龍加生氣吉遲遲。　　胎財生氣妻懷孕。

占斷解析：
天候：戌（白虎），傳酉（太常），傳申（玄武）。晴偶雨。
人事：青龍乘旺祿臨身，三傳三會官印相生再生干祿。有利人事。
考試：青龍乘旺祿臨干上，朱雀乘暮貴逢長生。有利考運。
婚姻：后合占婚吉，天后臨絕，六合臨敗地。姻緣未到。
財祿：財爻臨胎絕，喜貴人乘丁馬，水日逢丁。財漸旺。
升遷：青龍乘旺祿臨身，三傳三會官印相生再生干祿。有利升遷。
疾病：白虎乘戌土尅水，主腎疾。喜三傳三會金洩土生水。疾病可癒。
失物：玄武臨死地，財爻臨胎絕，喜貴人乘丁馬臨財。失物復得。
子嗣：天后臨絕，六合臨敗地。子息緣淡。
官司：官鬼爻臨支發用，喜三傳三會化金，洩殺生身。官司可解。

癸亥日

干上丑

官鬼	◎	丑	勾陳	初傳
官鬼	壬	戌	白虎	中傳
官鬼	己	未	太陰	末傳

四課	三課	二課	一課
天空	天空	勾陳	勾陳
亥	亥	丑	丑
亥	亥	丑	癸

伏吟課

畢法賦/詮釋：
虎乘遁鬼殃非淺。　　勾乘旬空臨干上。
喜懼空亡乃妙機。　　三傳全鬼逢三刑。
賓主不投刑在上。　　六卦現卦防其尅。
胎財生氣妻懷孕。　　彼此猜忌害相隨。

占斷解析：
天候：丑（勾陳），傳戌（白虎），傳未（太陰）。主陰天有風。
人事：天空臨支上，官鬼臨干發用，課傳皆鬼防其尅，虎乘遁鬼。不利人事。
考試：青龍臨官，朱雀逢長生，貴人乘財丁馬動。有利考運。
婚姻：后合占婚吉，天后臨絕，六合臨敗地。姻緣未到。
財祿：財爻臨胎絕，課傳皆官鬼與兄弟劫財。不利財運。
升遷：天空臨支上，官鬼臨干發用，課傳皆鬼防其尅，虎乘遁鬼。不利升遷。
疾病：白虎乘戌土尅水，主腎疾。喜太常吉將乘酉金洩土生水。病可癒。
失物：玄武臨死地，財爻臨胎絕，喜貴人乘丁馬臨財。失物復得。
子嗣：天后臨絕，六合臨敗地。子息緣淡。
官司：官鬼爻臨干發用，三傳全鬼，喜太常吉將半合丑土，洩殺生身。官司可解。

癸亥日

將泰
干上寅

四課	三課	二課	一課
太常	白虎	太陰	玄武
丑	子	卯	寅
子	亥	寅	癸

官鬼 ◎ 丑 太常 初傳
子孫 ⊙ 寅 玄武 中傳
子孫 乙 卯 太陰 末傳

元首課

畢法賦/詮釋：
所謀多拙逢羅網。　胎財生氣妻懷孕。
權攝不正祿臨支。　貴雖在獄宜臨干。
腳踏空亡進用宜。　制鬼之位乃良醫。
喜懼空亡乃妙機。

占斷解析：
天候：丑（太常），傳寅（玄武），傳卯（太陰）。晴轉陰雨。
人事：支上逢空亡發用，干逢玄武竊財，所謀多拙。不利人事。
考試：青龍不入課傳，干逢玄武，白虎臨支。不利考運。
婚姻：后合占婚吉，天后臨養，六合臨死地。姻緣未到。
財祿：財爻臨胎絕，喜干上子孫爻入傳相生。財漸旺。
升遷：支上逢空亡發用，干逢玄武竊財，所謀多拙。不利升遷。
疾病：白虎乘子水尅火，主心疾。喜干上子孫爻洩水生火。疾病可癒。
失物：玄武臨敗地，財爻臨胎絕，喜暮貴逢長生相生。失物復得。
子嗣：天后臨養，六合臨死地。宜先養後招。
官司：官鬼爻臨支發用，喜干上子孫爻入傳制殺。官司可解。

癸亥日

官鬼	◎	丑	太常	初傳
子孫	☉	卯	太陰	中傳
妻財	丁	巳	貴人	末傳

出戶
干上卯

四課	三課	二課	一課
太陰	太常	貴人	太陰
卯	丑	巳	卯
丑	亥	卯	癸

涉害課

畢法賦/詮釋：
腳踏空亡進用宜。　　　晝夜雙貴臨干上。
罡塞鬼戶任謀為。　　　夜貴臨宅制官鬼。
晝夜貴加求兩貴。　　　支上空鬼發初傳。
課傳俱貴轉無依。　　　水日逢丁財動之。

占斷解析：
天候：丑（太常），傳卯（太陰），傳丁巳（貴人）。主天晴。
人事：雙貴臨干，罡塞鬼戶，水日逢丁。人事利己。
考試：龍雀不入課傳，雙貴臨干入傳。有利考運。
婚姻：后合占婚吉，天后臨養，六合臨死地。姻緣未到。
財祿：財爻臨胎絕，喜貴人乘丁馬臨財入課傳。財漸旺。
升遷：雙貴臨干，罡塞鬼戶，水日逢丁。升遷利己。
疾病：白虎乘子水尅火，主心疾。喜暮貴臨干洩水生火。疾病可癒。
失物：玄武臨敗地，財爻臨胎絕，喜貴人乘丁馬臨財逢子孫爻相生。失物復得。
子嗣：天后臨養，六合臨死地。宜先養後招。
官司：官鬼爻臨支發用，喜酉金半合丑土，洩殺生身。官司可解。

癸亥日

干上辰

官鬼	☉	辰	天后	初傳
官鬼	己	未	朱雀	中傳
官鬼	壬	戌	青龍	末傳

四課	三課	二課	一課
貴人	玄武	朱雀	天后
巳	寅	未	辰
寅	亥	辰	癸

元首課

畢法賦/詮釋：
眾鬼雖彰全不畏。　天罡臨日發初傳。
制鬼之位乃良醫。　三傳稼穡全為鬼。
水日逢丁財動之。　干墓併關人宅廢。
胎財生氣妻懷孕。

占斷解析：
天候：辰（天后），傳未（朱雀），傳戌（青龍）。雨後多雲時晴。
人事：貴人乘丁馬臨支，官鬼臨干，干墓併關，官鬼現卦。人事不利己。
考試：青龍臨衰，朱雀入墓，干墓併關。不利考運。
婚姻：后合占婚吉，天后臨養，六合臨死地。姻緣未到。
財祿：財爻臨胎絕，貴人乘財化官鬼。財運不佳。
升遷：貴人乘丁馬臨支，官鬼臨干，干墓併關，官鬼現卦。升遷不利己。
疾病：白虎乘子水尅火，主心疾。喜寅木臨支上洩水生火。疾病可癒。
失物：玄武臨敗地，財爻臨胎絕，喜貴人乘丁馬臨財入宅。失物復得。
子嗣：天后臨養，六合臨死地。宜先養後招。
官司：官鬼爻臨干入傳，傳財又化鬼。官司難解。

癸亥日

獻刃
干上巳

父母	辛	酉	勾陳	初傳
官鬼	◎	丑	太常	中傳
妻財	☉	巳	貴人	末傳

四課	三課	二課	一課
朱雀	太陰	勾陳	貴人
未	卯	酉	巳
卯	亥	巳	癸

涉害課

畢法賦/詮釋：
三傳遞生人舉薦。　　財貴臨干。夜貴臨支。
簾幕貴人高甲第。　　丁馬臨日兩貴輔。
萬事喜忻三六合。　　合中犯煞蜜中砒。晝夜貴加求兩貴。
不行傳者考初時。　　傳財化鬼財休覓。水日逢丁財動之。

占斷解析：

天候：酉（勾陳），傳丑（太常），傳巳（貴人）。主天晴。

人事：萬事喜忻三六合，貴乘丁馬臨干，簾幕貴人臨支登天門。大利人事。

考試：朱雀臨宅逢三合，簾幕貴人高甲第，貴人乘丁馬臨干。有利考運。

婚姻：后合占婚吉，天后臨養，六合臨死地。姻緣未到。

財祿：財爻臨胎絕，喜貴人乘丁馬臨干入末傳。財漸旺。

升遷：萬事喜忻三六合，貴人乘丁馬臨干，簾幕貴人臨支登天門。大利升遷。

疾病：白虎乘子水尅火，主心疾。喜卯木臨支三合化木洩水生火。疾病可癒。

失物：玄武臨獄，財爻臨胎絕，喜貴人乘丁馬臨財。失物復得。

子嗣：天后臨養，六合臨死地。宜先養後招。

官司：官鬼爻臨支上，喜三合化子孫爻制殺。官司可解。

癸亥日

```
干上午
┌────┬────┬────┬────┐
│妻財│ ⊙ │ 午 │騰蛇│初傳
├────┼────┼────┼────┤
│兄弟│ 癸 │ 亥 │天空│中傳
├────┼────┼────┼────┤
│官鬼│ 丙 │ 辰 │天后│末傳
└────┴────┴────┴────┘

┌────┬────┬────┬────┐
│四課│三課│二課│一課│
├────┼────┼────┼────┤
│勾陳│天后│天空│騰蛇│
├────┼────┼────┼────┤
│ 酉 │ 辰 │ 亥 │ 午 │
├────┼────┼────┼────┤
│ 辰 │ 亥 │ 午 │ 癸 │
└────┴────┴────┴────┘
```

重審課

畢法賦/詮釋：
害貴訟直遭曲斷。　三傳四課皆自刑。
三傳互尅眾人欺。　財爻臨干鬼臨支。
干支乘絕凡謀決。　鬼乘天罡官生印。
賓主不投刑在上。　傳財化鬼財休覓。

占斷解析：
天候：午（騰蛇），傳亥（天空），傳辰（天后）。晴偶雨。
人事：三傳互尅，賓主不投，干支乘絕，害貴訟直遭曲斷。不利人事。
考試：青龍臨衰，朱雀入墓，賓主不投，害貴訟直遭曲斷。不利考運。
婚姻：后合占婚吉，天后臨養，六合臨死地。姻緣未到。
財祿：財爻臨胎絕，傳財化鬼。不利財運。
升遷：三傳互尅，賓主不投，干支乘絕，害貴訟直遭曲斷。不利升遷。
疾病：白虎乘子水尅火，主心疾。喜卯木逢長生洩水生火。疾病可癒。
失物：玄武臨敗地，財爻臨胎絕，傳財化鬼。失物難尋。
子嗣：天后臨養，六合臨死地。宜先養後招。
官司：官鬼爻入末傳，喜父母爻臨宅化煞為印。官司可解。

癸亥日

	干上未		
妻財	丁	巳	貴人 初傳
兄弟	癸	亥	天空 中傳
妻財	丁	巳	貴人 末傳

四課	三課	二課	一課
天空	貴人	太常	朱雀
亥	巳	丑	未
巳	亥	未	癸

返吟課

畢法賦/詮釋：
貴登天門高甲第。　　返吟課逢上下冲。
三傳互尅眾人欺。　　三丁貴馬動頻頻。
兩貴受尅難干貴。　　課傳俱貴轉無依。
水日逢丁財動之。　　胎財生氣妻懷孕。

占斷解析：
天候：丁巳（貴人），傳亥（天空），傳丁巳（貴人）。主天晴。
人事：貴人乘丁馬臨支發用，貴登天門，水日逢丁。人事不利己。
考試：青龍臨衰，朱雀入墓，喜貴馬入傳，貴登天門。大利考運。
婚姻：后合占婚吉，天后臨養，六合臨死地。姻緣未到。
財祿：財爻臨胎絕，喜貴人乘丁馬臨財，臨支發用。財漸旺。
升遷：貴人乘丁馬臨支發用，貴登天門，水日逢丁。升遷不利己。
疾病：白虎乘子水尅火，主心疾。喜卯木逢長生洩水生火。疾病可癒。
失物：玄武臨敗地，喜貴人乘丁馬臨財入課傳。失物復得。
子嗣：天后臨養，六合臨死地。宜先養後招。
官司：官鬼爻乘墓神臨干，傳財又化鬼，課傳互尅。官司難解。

癸亥日

干上申

子孫	乙	卯	朱雀	初傳
官鬼	壬	戌	白虎	中傳
妻財	丁	巳	貴人	末傳

四課	三課	二課	一課
勾陳	天后	朱雀	玄武
丑	午	卯	申
午	亥	申	癸

畢法賦/詮釋：
晝夜貴加求兩貴。　　夜貴乘印臨干上。
課傳俱貴轉無依。　　財貴乘丁馬入傳。
水日逢丁財動之。　　催官使者赴官期。
傳財化鬼財休覓。　　制鬼之位乃良醫。

占斷解析：
天候：卯（朱雀），傳戌（白虎），傳丁巳（貴人）。主天晴。
人事：申印臨干財臨支，水日逢丁財動之，晝夜貴加。人事利己。
考試：青龍臨干祿，朱雀逢長生，貴人乘丁馬入末傳。有利考運。
婚姻：后合占婚吉，天后臨絕，六合臨敗地。姻緣未到。
財祿：財爻臨胎絕，喜貴人乘丁馬臨財入末傳。財漸旺。
升遷：申印臨干財臨支，水日逢丁財動之，晝夜貴加。升遷利己。
疾病：白虎乘戌土尅水，主腎疾。喜申金臨干洩土生水。疾病可癒。
失物：玄武臨死地，喜貴人乘丁馬臨財入末傳。失物復得。
子嗣：天后臨絕，六合臨敗地。子息緣淡。
官司：虎乘遁鬼殃非淺，喜父母爻臨干洩殺生身。官司可解。

癸亥日

官鬼	己	未	太陰	初傳
子孫	乙	卯	朱雀	中傳
兄弟	癸	亥	天空	末傳

正陽
干上酉

四課	三課	二課	一課
朱雀	太陰	貴人	太常
卯	未	巳	酉
未	亥	酉	癸

涉害課

畢法賦／詮釋：
六陰相繼盡昏迷。　　貴財乘印生日干。
貴人差迭事參差。　　官鬼臨宅入課傳。
萬事喜忻三六合。　　三合曲直化官鬼。水日逢丁財動之。
合中犯殺蜜中砒。　　晝夜貴加求兩貴。胎財生氣妻懷孕。

占斷解析：

天候：未（太陰），傳卯（朱雀），傳亥（天空）。主天晴。

人事：萬事喜忻三六合，晝貴乘丁馬臨干，暮貴臨支逢三合。有利人事。

考試：青龍臨干祿，朱雀乘暮貴臨支，晝夜貴加。有利考運。

婚姻：后合占婚吉，天后臨絕，六合臨敗地。姻緣未到。

財祿：財爻臨胎絕，喜貴人乘丁馬臨財，得三傳三合子孫相生。財漸旺。

升遷：萬事喜忻三六合，晝貴乘丁馬臨干，暮貴臨支逢三合。有利升遷。

疾病：白虎乘戌土尅水，主腎疾。喜太常吉將臨干洩土生水。疾病可癒。

失物：玄武入未傳，財爻臨胎絕，喜貴人乘丁馬臨財。失物復得。

子嗣：天后臨絕，六合臨敗地。子息緣淡。

官司：官鬼爻臨支發用，喜三傳化子孫爻制殺。官司可解。

癸亥日

```
干上戌
```

四課	三課	二課	一課
貴人	玄武	太陰	白虎
巳	申	未	戌
申	亥	戌	癸

妻財	丁	巳	貴人	初傳
子孫	甲	寅	六合	中傳
兄弟	癸	亥	天空	末傳

畢法賦/詮釋：
三傳逆生人舉薦。　　貴財合印臨支上。
水日逢丁財動之。　　干墓併關覆日干。
虎臨干鬼凶速速。　　胎財生氣妻懷孕。
干墓併關人宅廢。　　龍加生氣吉遲遲。

占斷解析：
天候：丁巳（貴人），傳寅（六合），傳亥（天空）。主天晴。
人事：三傳逆生，貴人乘胎財丁馬動，虎乘遁鬼臨干。不利己。
考試：青龍乘干祿臨官，朱雀逢長生暗合官，貴人入宅。有利考運。
婚姻：后合占婚吉，天后臨絕，六合臨敗地。姻緣未到。
財祿：財爻臨胎絕，喜貴人乘丁馬臨財，得三傳逆生。財漸旺。
升遷：三傳逆生，貴人乘胎財丁馬動，虎乘遁鬼臨干。不利己。
疾病：白虎乘戌土尅水，主腎疾。喜父母爻申金臨宅，洩土生水。疾病可癒。
失物：玄武臨死地，喜貴人乘丁馬臨財得三傳逆生。失物復得。
子嗣：天后臨絕，六合臨敗地。子息緣淡。
官司：白虎乘官鬼爻臨干上，喜吉將太常乘干祿，洩殺生身。官司可解。

癸亥日

迴明
干上亥

官鬼	己	未	太陰	初傳
妻財	丁	巳	貴人	中傳
子孫	乙	卯	朱雀	末傳

四課	三課	二課	一課
太陰	太常	太常	天空
未	酉	酉	亥
酉	亥	亥	癸

遙尅課

畢法賦/詮釋：
三傳逆生人舉薦。　　太常乘印臨干支。
水日逢丁財動之。　　支上官鬼發初傳。
晝夜貴加求兩貴。　　賓主不投刑在上。
傳財化鬼財休覓。　　制鬼之位乃良醫。

占斷解析：

天候：未（太陰），傳丁巳（貴人），傳卯（朱雀）。主天晴。

人事：三傳逆生，水日逢丁，晝夜貴加，青龍臨干祿。有利人事。

考試：青龍乘祿臨官，朱雀乘貴人丁馬動，晝夜貴加入傳。有利考運。

婚姻：后合占婚吉，天后臨絕，六合臨敗地。姻緣未到。

財祿：財爻臨胎絕，喜貴人乘丁馬臨財，得子孫爻相生。財漸旺。

升遷：三傳逆生，水日逢丁，晝夜貴加，青龍臨干祿。有利升遷。

疾病：白虎乘戌土尅水，主腎疾。喜太常吉將臨干支洩土生水。疾病可癒。

失物：玄武臨獄，財爻臨胎絕，喜貴人乘丁馬臨財。失物復得。

子嗣：天后臨絕，六合臨敗地。子息緣淡。

官司：三傳逆生，傳財化鬼，喜太常吉將臨干支洩殺生身。官司可解。

大元書局出版叢書目錄

108台北市萬華區南寧路35號1樓 訂購專線02-23087171 手機0934008755　NO.1

編號	命理叢書	作者	定價	編號	命理叢書	作者	定價
1001	術數文化與宗教	鄭志明等	300	1069	九宮數愛情學	謝宏茂	350
1002	天星擇日會通	白漢忠	400	1070	東方人相與女相	黃家騁	500
1003	七政四餘快易通	白漢忠	300	1071	八字必讀3000句	潘強華	500
1004	八字占星與中醫	白漢忠	350	1072	九宮數財運學	謝宏茂	350
1008	考試文昌必勝大全	余雪鴻等	300	1073	增補洪範易知	黃家騁	700
1009	易算與彩票選碼	郭俊義	380	1074	風鑑啟悟(上下)	吳慕亮	1500
1010	歷代帝王名臣命譜	韓雨墨	480	1075	占卜求財靈動數	顏兆鴻	300
1011	八字經典命譜詩評	韓雨墨	480	1076	盲派算命秘術	劉威吾	400
1012	安神位安公媽開運大法	黃春霖等	400	1077	研究占星學的第一本書	黃家騁	600
1014	最新八字命譜總覽(上下冊)	韓雨墨	1200	1078	皇極大數‧易學集成	黃家騁	700
1015	韓雨墨相典	韓雨墨	600	1079	易經管理學	丁潤生	600
1016	命理傳燈錄	顏兆鴻	400	1080	九宮數行銷管理學	謝宏茂	350
1017	現代名人面相八字	韓雨墨	600	1081	盲派算命金鉗訣	劉威吾	400
1018	大衍索隱與易卦圖陣蠡窺	孟昭瑋	500	1083	盲派算命深造	劉威吾	400
1019	鄭氏易譜	鄭時論	500	1084	盲派算命高段秘卷	劉威吾	400
1020	男命女命前定數	顏兆鴻	400	1085	周易通鑑(4巨冊)	吳慕亮	3200
1021	命理傳燈續錄	顏兆鴻	400	1087	盲派算命藏經秘卷	劉威吾	400
1022	曆書(上下冊)	陳怡魁	1500	1089	周易爻文闡微	黃來鎰	800
1023	華山希夷飛星棋譜秘傳	吳慕亮	1500	1091	盲派算命母法秘傳	劉威吾	400
1024	現代圖解易經講義(B5開本)	紫陽居士	1200	1092	命理入門與命譜詩評	韓雨墨	500
1025	易學與醫學	黃家騁	600	1095	盲派算命獨門秘笈	劉威吾	400
1026	樂透開運必勝大全	顏兆鴻	300	1096	盲派算命流星奧語	劉威吾	400
1027	天機大要‧董公選	申泰三	300	1097	增廣切夢刀	丁成勳	700
1028	姓氏探源	吳慕亮	500	1098	命理易知新編	黃家騁編	500
1029	測字姓名學	吳慕亮	500	1099	增補用神精華	王心田	600
1030	六書姓名學	吳慕亮	800	1102	天文干支萬年曆	黃家騁編	800
1031	八字推論	林進興	400	1103	盲派算命一言九鼎	劉威吾	400
1035	六十甲子論命術	陳宥鴻	600	1104	盲派算命實務集成	劉威吾	400
1036	天星斗數要	陳怡魁	400	1108	奇門秘竅通甲演義符應經	甘時望等	600
1037	正宗最新小孔明姓名學	小孔明	400	1109	六柱十二字推命法	文衡富	500
1038	高級擇日全書	陳怡誠	600	1110	周易演義	紀有奎	300
1039	奇門遁甲擇日學	陳怡誠	600	1111	民間算命實務精典	劉威吾	500
1040	實用三合擇日學	陳怡誠	700	1112	神臺‧孔廟之探索(4巨冊)	吳慕亮	2800
1041	三元日課格局詳解	陳怡誠	900	1113	天文星曆表(上下冊)	黃家騁編著	2000
1042	實用三元擇日學(上中下)	陳怡誠	2500	1114	民間算命實務實典	劉威吾	500
1043	茶道與易道	黃來鎰	300	1115	陳怡魁開運學	陳怡魁	800
1044	十二生肖名人八字解碼	韓雨墨‧羅德	300	1116	周易兩讀	李楷林	250
1045	周易64卦詮釋及占卜實務	陳漢聲	400	1117	增補周易兩讀	黃家騁編	600
1046	八字十二宮推論	翁秀花	500	1118	書經破譯	黃家騁編	700
1047	三世相法大全集	袁夫罡	500	1119	增補乙巳占	黃家騁增補	800
1048	小子說易	小子	300	1120	增校周易本義	黃家騁增校	700
1049	研究太陽星座的第一本書	黃家騁	400	1121	命宮星座人相學	黃家騁編著	550
1050	研究月亮星座的第一本書	黃家騁	400	1122	命運的變奏曲	邱秋美	350
1051	韓雨墨萬年曆	韓雨墨	500	1123	六爻神卦推運法	文衡富	500
1052	皇極經世‧太乙神數圖解	黃家騁	700	1124	星海詞林(六冊,平裝普及版)	黃家騁增校	6000
1053	易學提要	黃家騁	600	1125	占星初體驗	謝之通	300
1054	十八飛星箕天紫微斗數全集精鈔本	陳希夷	600	1126	博思心靈易經占卜	邱秋美	400
1055	研究上升星座的第一本書	黃家騁	600	1127	周易演義續集	紀有奎	700
1056	占星運用要訣	白漢忠	300	1128	予凡易經八字姓名學	林予凡	350
1057	增補道藏紫微斗數	黃家騁	500	1129	六爻文字學開運法	文衡富	500
1058	增補中西星要	倪月培	800	1130	來因宮與紫微斗數144訣	吳中誠‧邱秋美	500
1059	研究金星星座的第一本書	黃家騁	500	1131	予凡八字命學轉運法	林予凡	500
1060	面相男權寶鑑	林吉成	500	1132	節氣朔望弦及日月食表	潘強華	500
1061	面相女權寶鑑	林吉成	500	1133	紫微破述	無慶居士	350
1062	相理觀商機合訂本	林吉成	500	1134	陳怡魁食物改運	陳怡魁	300
1063	災凶厄難大圖鑑	林吉成	400	1135	陳怡魁卜筮改運	陳怡魁	300
1064	男氣色大全	林吉成	500	1136	八字宮星精論	林永裕	500
1065	女氣色大全	林吉成	500	1137	易經星象學精要(A4,上下冊)	黃家騁編著	4000
1066	婚姻與創業之成敗(上下冊)	林吉成	1000	1138	周易本義註解與應用,附米卦沖犯秘本	柯一男	400
1067	小子解易	小子	500	1139	彩色圖解命理大全	廖尉揭	500
1068	十二星座人相學	黃家騁	500	1140	大六壬占卜解碼	李長春	1000

大元書局出版叢書目錄

108 台北市萬華區南寧路35號1樓　訂購專線 02-23087171　手機 0934008755

NO.2

編號	堪輿叢書	作者	定價
2001	陽宅改局實證	翁秀花	360
2002	陳怡魁風水改運成功學	陳怡魁	350
2003	陽宅學(上下冊)	陳怡魁	1200
2004	廿四山放水法、宅長煞與天賊煞	李建築	300
2005	地氣與採氣秘笈	韓雨墨	450
2006	陽宅生基512套範例	韓雨墨	300
2007	台灣風水集錦	韓雨墨	300
2010	增校羅經開	吳天洪	300
2011	地理末學	紀大奎	600
2014	萬年通用風水佈局	潘強華	800
2015	三合法地理秘旨全書	陳怡誠	1000
2016	三元六十四卦用爻法	陳怡誠	500
2017	三元地理六十四卦運用	陳怡誠	600
2018	三元地理連山歸藏	陳怡誠	600
2019	三元地理明師盤線秘旨	陳怡誠	500
2020	玄空九星地理學	陳怡誠	400
2021	九星法地理秘旨全書	陳怡誠	500
2022	無悠心神觀龍法流	戴仁	300
2023	堪輿鐵盞燈	戴仁	300
2024	南洋尋龍(彩色)	林進興	800
2025	地理辨正秘傳補述	黃家聘	600
2026	風水正訣與斷驗	黃家聘	500
2027	正宗開運陽宅學	黃家聘	500
2028	永樂大典風水珍鈔補述	黃家聘	700
2029	三元玄空挨星破譯	許秉鏖	500
2030	形巒龍穴大法	余勝唐	500
2031	玄空六法些子真訣	余勝唐	400
2032	玄空秘旨註解	梁正卿	300
2033	中國帝王風水學	黃家聘編著	800
2034	玄空大卦些子壬真訣	余勝唐	400
2035	生存風水學	陳怡魁論著	500
2036	形家長眼法陰宅大全	劉威吾	500
2037	形家長眼法陽宅大全	劉威吾	500
2038	住宅生態環境辭典	謝之迪	350
2039	象界風水與易經	白閻材・白昇永	600

編號	生活叢書	作者	定價
3001	Day Trader 匯市勝訣	賴峰亮	300
3002	匯市勝訣2	賴峰亮	350

編號	養生叢書	作者	定價
5001	仙家修養大法	韓雨墨	500
5002	醫海探賾總覽(上下冊)	吳慕亮	1800
5003	圖解經穴學	陳怡魁	600
5004	健康指壓與聊相	編輯部	400
5005	千古靜坐秘笈	韓雨墨	450
5006	傷寒明理論	成無己	400
5007	千金寶要	郭思	500
5008	脈經	王叔和	400
5009	人體生命節律	黃家聘編著	500
5010	達摩拳術服氣圖說	黃家聘編著	550
5011	十二星座養生學	黃家聘編著	600
5012	葉天士臨證指南醫案	葉天士著	500
5013	古今名醫臨證醫案	白漢忠編著	300
5014	華陀仙翁秘方	本社輯	100

編號	宗教叢書	作者	定價
6001	宗教與民俗醫療	鄭志明	350
6002	宗教的醫療觀與生命教育	鄭志明	350
6003	宗教組織的發展趨勢	鄭志明	350
6004	台灣傳統信仰的鬼神崇拜	鄭志明	350
6005	台灣傳統信仰的宗教詮釋	鄭志明	350
6006	宗教神話與崇拜的起源	鄭志明	350
6007	宗教神話與巫術儀式	鄭志明	350
6008	宗教的生命關懷	鄭志明	350
6009	宗教思潮與對話	鄭志明	350
6010	傳統宗教的傳播	鄭志明	350
6011	宗教與生命教育	鄭志明等	350
6012	台灣童乩的宗教型態	鄭志明	350
6013	從陽宅學說談婚配理論	鄭志明	350
6014	佛教臨終關懷社會功能性	鄭志明	350
6015	「雜阿含經」的瞻病關懷	鄭志明	300
6016	台灣宗教社會觀察	吳惠巧	250
6017	印度六派哲學	孫晶	400

編號	原典叢書	作者	定價
C001	儒學必讀七經:「語孟孝易詩書禮」原典大全	夢溪老人	500

編號	大學用書	作者	定價
7001	人與宗教	吳惠巧	400
7002	政治學新論	吳惠巧	400
7003	公共行政學導論	吳惠巧	450
7004	社會問題分析	吳惠巧	450
7005	都市規劃與區域發展	吳惠巧	650
7006	政府與企業導論	吳惠巧	700

編號	文學叢書	作者	定價
8001	瘀狗仙講古	瘀狗仙	400
8002	讀寫說教半生情	李蓬齡	300
8003	憂怨中國	福來臨	300

編號	文創叢書	作者	定價
A001	給亞亞的信(小說)	馬骏彬	300
A002	樓鳥(小說)	吳威邑	300
A003	宰日(小說)	吳威邑	300
A004	石崎的詩(詩)	姚詩聰	300
A005	阿魚的鄉思組曲(散文)	顏國民	300
A006	黑爪(小說)	吳威邑	300
A007	紅皮(小說)	吳威邑	400
A008	通向火光的雪地(小說)	文西	350
A009	鐘聲再響──我在慕光的日子(散文)	曾慶昌	200
A010	呼日勒的自行車(小說)	何君華	300
A011	一生懸命(小說)	吳威邑	400
A012	我的臉書文章(散文)	王建裕	300
A013	阿魚隨想集(散文)	顏國民	380
A014	臺灣紀行：大陸女孩在臺灣	董玥	300
A015	九天講古與湘夫人文集	顏湘芬	300
A016	西窗抒懷(散文)	王建裕	350
A017	凡塵悲歌(小說)	陳長慶	250
A018	四季花海(詩)	黃其海	350
A019	筆虹吟曲(散文)	王建裕	300
A020	古厝聚魅的時光(散文)	顏湘芬	300
A021	寫給古厝的情書(散文)	顏湘芬	300
A022	金秋進行曲(散文)	蔡明裕	300
A023	筆下春秋(評論)	王建裕	300

大元書局出版叢書目錄　NO.3

108 台北市萬華區南寧路35號1樓　訂購專線 02-23087171　手機 0934008755

編號	教學DVD	作者	定價	編號	羅盤	作者	定價
9001	傳統醫學與掌相（12片）	張法涵	6000	B001	星象家開運羅盤8吋6綜合盤	大元	8600
9002	實用陽宅初中階（12片）	陳國楨	6000	B002	星象家開運羅盤7吋2綜合盤	大元	7200
9003	占驗八字推命學（33堂,隨身碟）	陳啟銓	15000	B003	星象家開運羅盤6吋2綜合盤	大元	6200
9004	風水與巒頭心法（10堂,隨身碟）	陳啟銓	6000	B004	星象家開運羅盤5吋2綜合盤	大元	5200
9005	梅花易數教學課程（9堂,隨身碟）	陳啟銓	3800	B005	星象家開運羅盤3吋2綜合盤	大元	3200
9006	六十甲子論命術（11片）	陳宥潞	6000				
9007	活學活用易經64卦（36片）	黃輝石	9000				
9008	陽宅風水影音課程全集(124堂,4片)	大漢	特6000				
9009	命相姓名影音課程全集(147堂,4片)	大漢	絕版				
9010	占卦玄學影音課程全集(147堂,4片)	大漢	特6000				
9011	閭仙派符籙基礎班(9堂,隨身碟)	玄光上人	6800				
9012	閭仙派符籙高級班(10堂,隨身碟)	玄光上人	8800				
9013	閭仙派符籙職業班(12堂,隨身碟)	玄光上人	9800				
9014	收驚、收煞、改運法班(5堂,隨身碟)	玄光上人	6800				
9015	神獸、法器、開光、化煞班(8堂,隨身碟)	玄光上人	7800				
9016	神佛開光點眼、安公媽(9堂,隨身碟)	玄光上人	8800				
9017	動土開工祭解班(8堂,隨身碟)	玄光上人	7800				
9018	玄光面相學初中高(11堂,隨身碟)	玄光上人	10000				
9019	玄光面相學職業班(8堂,隨身碟)	玄光上人	8800				
9020	玄光面相學執業班(8堂,隨身碟)	玄光上人	8800				
9021	玄光手相學初中級班(8堂,隨身碟)	玄光上人	6800				
9022	玄光手相學高級班(8堂,隨身碟)	玄光上人	7800				
9023	玄光手相學職業班(8堂,隨身碟)	玄光上人	8800				
9024	三合派與形家風水會通(8堂,隨身碟)	於光泰	7000				
9025	梁湘潤八字大破譯(21堂,隨身碟)	於光泰	9000				
9026	梁湘潤陽宅內局大解碼(8堂,隨身碟)	於光泰	6000				
9027	梁湘潤八字基礎整合課程(15堂,隨身碟版)	於光泰	8000				
9028	於光泰擇日會通課程(10堂,隨身碟版)	於光泰	7000				
9029	天魁夫人斗數教學課程(96堂,隨身碟版)	天魁夫人	35000				
9030	梁湘潤八字流年法典課程(10堂,隨身碟版)	於光泰	7000				
9031	黃家騁占星學種子課程(60堂,隨身碟版)	黃家騁	30000				

國家圖書館出版品預行編目資料

大六壬占卜解碼　李長春／編著
大元書局，2025年5月　初版.台北市
848面；　21×14.7公分. ----（命理叢書1140）
　ISBN 978-626-99282-3-1（平裝）

1.CST: 占卜
292.4　　　　　　　　　　　　　　　　114005922

命理叢書1140

大六壬占卜解碼

編著／李長春
出版／大元書局
發行人／顏國民
地址／10851台北市萬華區南寧路35號1樓
電話／（02）23087171，傳真：(02)23080055
郵政劃撥帳號19634769大元書局
網址／www.life16888.com.tw
E-mail／aia.wl68@msa.hinet.net
ID:aia.wl6888
總經銷／旭昇圖書有限公司
地址／235新北市中和區中山路二段352號2樓
電話／(02)22451480　傳真／(02)22451479
定價／1000元
初版／2025年5月
ISBN 978-626-99282-3-1　　（平裝）
版權所有・翻印必究

博客來、金石堂、PChome等網路書店及全國各大書店有售